헨드릭슨 패턴 주석 시리즈

토마스 맨튼 성경주석

야고보서(상)

헨드릭슨 패턴 주석 시리즈

토마스 맨튼 성경주석

야고보서(상)

토마스 맨튼 지음

이길상 옮김

AGAPE
[주]아가페출판사

「헨드릭슨 패턴 주석 시리즈」 개정판을 내면서

온전한 그리스도인이 되기 위해서는 하나님의 말씀에 바로 서야 한다. 성경을 가르치고 설교하고 연구하고 해석하고 묵상하는 모든 이들은 거룩한 계시의 말씀인 성경에 대한 신학적 이해를 바로 세워야 한다. 현대 사회는 세속적 인본주의 세계관, 뉴에이지 세계관, 포스트모더니즘 세계관 등 비기독교 문화와 사상에 잠식되어 있다. 그리스도인은 세상의 기준에 흔들리지 않는 올바른 기독교적 가치로 무장하고 이 시대에 예수 그리스도를 바로 증언할 수 있어야 한다. 기독교 신앙의 본질이 되는 것은 무엇보다도 성경 말씀에 대한 바른 이해와 적용이다.

아가페출판사는 소명의식을 가지고 다년간의 노력을 기울여, 1987~1988년에 복음주의적인 주석으로서 권위를 인정받고 있는 「윌리엄 헨드릭슨 신약주석」 전 20권(원서는 전 11권) 초판본을 이미 한국 교계에 내어 놓은 바 있다. 그러나 애석하게도 헨드릭슨 박사는 로마서 주석을 마지막으로 집필하시고 1982년에 하나님의 부름을 받으셨다. 따라서 아가페 출판사는 헨드릭슨 박사가 미처 저술하지 못한 신약 주석–사도행전·고린도전후서·히브리서·야고보서·베드로전후서·유다서·요 1·2·3서–을 그 분야의 고전적인 주석으로 평가받고 있는 책 중에서 엄선하여 10권을 번역해서 1988년에 헨드릭슨 신약주석 20권과 함께 전 30권으로 출간하였다.

1988년으로부터 주석서 발행 20여년이 지난 2014년 본사는 「헨드릭슨 패턴 주석 시리즈」라는 이름으로 신약 주석 30권에 대한 재발행 작업을 추진하게 되었다. 새롭게 개정하는 「헨드릭슨 패턴 주석 시리즈」의 내용은 1987~1988년 초판본과 동일하되, 기존의 우리말 번역에서 예스러운 표현이나 낯선 한자어는 현재의 한글맞춤법을 기준으로 순화하여 독자들이 읽기에 편하게 조정하였다.

헨드릭슨 박사의 20권 주석 외에 그 분야의 고전으로 인정받는 나머지 10권의 주석서들은 하나님의 말씀이 바로 선포되고 해석되기를 열망하는 학계와 교계의 조언과 추천을 십분 받아들여서 엄선된 책들이다(사도행전-F.F. 브루스 ; 고린도전후서-찰스 핫지 ; 히브리서-존 브라운 ; 야고보서-토마스 맨튼 ; 베드로전후서·유다서-J.N.D. 켈리 ; 요한1·2·3서-F.F. 브루스). 이 10권의 주석서들은 한 신학자의 저작이 아니라, 각각 영어 문화권에서 가장 훌륭하다고 인정받는 성서 해석학자 및 조직 신학자들이 하나님의 말씀을 사모하는 마음으로 오랜 기간에 걸쳐 심혈을 기울여 저술한 책들이다. 사실 이 주석 시리즈 가운데 히브리서와 야고보서는 저술 연도가 상당히 오래되기는 했지만, 아직도 해당 분야의 고전으로서 확고한 위치를 차지하고 있다.

엄선된 주석 시리즈는 헬라어 원문의 의미와 구문상의 관계를 충분히 검토하고, 저자 문제를 비롯한 서론상의 여러 가지 문제점들을 다양하게 다루고 있으며, 교회가 처했던 역사·문화·사회적 배경 등을 학문적으로 충실히 다루고 있다. 그러므로 이 주석 시리즈는 성경 저자들이 의도하는 바를 여러 가지 측면(본질적인 측면과 상황적인 측면)에서 올바로 해석·적용시켜 주는 해당 분야의 고전적인 주석서들이라고 평가할 수 있다. 그리고 이 주석서들은 신학계의 여러 석학들이 올바른 신앙과 심오한 학문·경건한 생활에 근거하여 저술하였으므로, 독자들은 안심하고 이 주석 시리즈에 제시된 하나님의 말씀에 마음을 열 수 있을 것이다. 왜냐하면 이 주석 시리즈에는 성경 본문과 상관없는 지나친 영적 해석이라든가, 하나님의 신비로운 지혜를 알지 못한 채 인본주의적인 해석 원리를 적용하는 과오가 없기 때문이다.

2014년 개정판의 가장 큰 특징은 「개역개정판(4판)」으로 주석서의 성경 본문을 전면 교체하고, 본사의 원문번역성경인 「쉬운성경」 본문을 새롭게 추가하여 성경 본문에 대한 이해도를 높이고자 기획한 것이다. 그 결과로 2014년에 「베드로전후서·유다서」를 시작으로 「사도행전(상)」, 「사도행전(하)」를 한국 교계에 내어놓았다. 그리고 2015년에 「요한 1·2·3서」와 「요한계시록」을 출간했다. 이제 「야고보서(상)」, 「야고보서(하)」에 이어서 「헨드릭슨 패턴 주석 시리즈」는 신약 주석 30권 완간을 목표로 계속 발간될 예정이다.

「헨드릭슨 패턴 주석 시리즈」를 다시 새롭게 출간하도록 은혜를 베푸신 하나님께 우선 감사드리며, 아울러 이 시리즈가 출간되는 데 여러 분야에서 수고하고 봉사한 분들께 감사드린다. 그리고 아가페출판사가 의도하며 기도하는 것 이상으로, 이 시리즈를 통하여 하나님의 말씀이 이 땅에 올바로 심어져 아름다운 꽃들을 활짝 피우고 좋은 열매들이 풍성히 맺히기를 바라는 마음 간절하다.

헨드릭슨 패턴 주석 시리즈 번역위원회

발행인 정 형 철

헌 사

–존경하는 국회의원 알렉산더 포팜(Alexander Popham) 각하께–

각하!

헌사가 때로는 쓸데없는 아첨의 말로 남용되는 수가 종종 있습니다. 그러나 이는 고대로부터 내려온 관습으로서, 실제로는 큰 유익을 줄 수 있는 것입니다. 또한 이 관습을 무시해서는 안 되는 이유는 성경의 기록자 중 한 사람인 누가가 누가복음(1:3)과 사도행전(1:1)에서 헌사를 씀으로써, 그것을 신성한 것으로 만들었기 때문입니다. 누가는 그 두 곳에서, 신앙에 있어서 유명할 뿐 아니라 가문과 지위에 있어서도 탁월한 데오빌로(Theophilus)라는 사람에게 헌사를 썼습니다.[1] 이 헌사의 관습은 그 뒤로 하나님을 경외하는 성도들에 의해 줄곧 지켜져 내려왔습니다. 그들이 헌사를 썼던 이유는 자신이 받은 도움에 대해 공개적이며 정신적인 방식으로 보답하기 위한 목적이었으며, 부분적으로는 교회의 존경을 받는 고귀한 신분의 사람들로 하여금 노작을 추천하게 하여 여러 사람들이 읽을 수 있도록 하기 위한 목적이었습니다. 또 한 가지 목적은 그러한 사람들을 은근히 치켜세워줌으로써 신앙적인 진리들을 고백하고 실천하는 데 더욱 열심을 내도록 하는 것이었습니다. 성경은 흔히 인간의 생활 중에서 현저히 두드러진 상황이나 사건들, 곧 축적된 재물에 낀 녹(약 5:3)이라든지, 복음을 엄숙히 공표한 것 또는 사도들이 발에서 떨어낸 먼지(마 10장) 등이 심판날에 제시될 수 있는 증거들이라고 말합니다. 이 밖에도 성인이 된 교인들이 세례를 받을 때 그 증거로 교회의 제의실에 하얀 제의를 넣어두던 옛 관습을 기억하고 있습니다. 그래서 엘피도포루스(Elpidophorus)

---

1) 편지의 서두에서 친근감을 표현할 때 '각하'(κράτιστε)라는 말을 썼다. 사도행전 24:3과 26:25의 경우에는 높은 귀족들에게 이러한 호칭이 주어졌다. 순교자 유스티누스(Justin Martyr)가 디오그네투스에게 기독교 신앙에 대한 설명을 함에 있어서 그를 부를 때에도 이 칭호가 사용되었다(*Just. Mart. Epist. ad Diog.*).

라는 사람이 신앙을 배신하였을 때, 교회의 한 집사가 '엘피도포루스여! 나는 당신에 대한 불멸의 증거로서 이 제의를 영원토록 간직할 것이다' 라고 말했다고 합니다. 진실로, 책은 이러한 증거들보다 더욱 확실한 증거가 될 만한 것이어서, 책을 쓴 사람이나 그 책을 헌정받은 사람이 만약 책에 쓴 진리에 어긋나는 생각과 행위를 할 경우에는, 그것이 심판날에 증거로 제시될 것입니다. 왜냐하면 책은 그것을 헌정받은 사람의 관심과 후원의 후광을 입는 것이므로 저자나 헌정받은 사람이나 그 책에 대해 똑같은 책임이 있기 때문입니다.

각하! 제가 당신의 이름을 이 책의 서두에서 언급하는 데에는 여러 가지 이유가 있습니다. 하나님이 복을 주셔서 제가 7년 동안 조용히 성공적으로 사역을 감당할 수 있었던 이곳[2]과 당신이 관련을 맺으시게 된 것이 그 시작이었습니다. 그 후 주님께서 당신을 우리와 함께 거하게 하시는 동안에 당신이 설교 시간에 자주 참석했던 일과 신앙을 장려하고 개인적으로 저의 인격을 존중해 주신 일, 그리고 언젠가 폭력의 손길이 저의 지위를 침해하였을 때 당신이 나서서 해결해 주셨던 일들을 저는 아름다운 기억으로 간직하고 있습니다. 주님께서 저를 도구로 삼아 이 작업을 통해서 당신의 영적인 유익을 도모하고, 그 심령에 힘을 주어 열심을 내게 하며, 신앙적으로 성숙하게 함으로써, 당신이 다른 사람의 본이 되어 당신과 같은 덕성을 그들이 모방하려고 애쓰게 되길 바랍니다. 그렇게 되면 그것으로 저의 목적과 기도는 열매를 맺게 될 것입니다. 이러한 헌사로써, 이 책은 저뿐 아니라 당신의 책이 되었습니다. 곧 당신은 제가 증거했던 진리들을 소유하게 되었습니다. 만일 이 책에 엄숙한 신앙적인 고백을 해 놓고 나서, 당신 또는 제가 중생하지 못한 육신의 상태에 빠지게 된다면, 주님의 심판날에 우리로 인하여 이 책이 통탄해 할 것입니다.

존경하는 각하! 당신을 성장하도록 하신 하나님을 영화롭게 하는 일이 당신의 소임이라고 생각하십시오. 신분의 높고 낮음이나 부와 가난은 현세에서만 따질 수 있는 것이며, 그것들은 시간과 함께 사라지고 말 것입

2) 스토크 뉴빙톤(Stoke-Newington).

니다. 심판날에 무덤에서, 그리고 하늘나라에서는 그러한 차별이 없습니다. 무덤은 모든 사회적인 차별을 말소해 버립니다. 백골에는 화관이나 명예의 표지가 없습니다. 욥기 3장 19절은 "거기서는 작은 자와 큰 자가 함께 있고 종이 상전에게서 놓이느니라"라고 말합니다. 따라서 심판날에는 "또 내가 보니 죽은 자들이 큰 자나 작은 자나 그 보좌 앞에 서 있는데"라는 요한계시록 20장 12절의 말씀처럼 될 것입니다. 그 누구도 그리스도의 심판에서 제외될 수 없습니다. 사회적인 차별이 사라질 그때에는 도덕성이 돋보이게 될 것입니다. 따라서 '크고 작고'가 아니라 '선하고 악하고'의 구별이 있게 될 것입니다. 각하! 참으로 성령으로 거듭나는 것보다 더 나은 출생은 없습니다. 또한 언약에 참여하는 것보다 더 나은 보유권은 없으며, 성도들이 빛 가운데서 받은 기업보다 더 나은 기업(땅)은 없습니다. 그리고 우리가 그리스도의 우편에 앉아 천사들과 사람들을 심판하는 것보다 더 나은 장관직은 없습니다(고전 6:2-3). 당신은 이 모든 사실을 알게 될 것입니다. 진실로 이 땅에서 번영을 누리고 신분이 높다고 자랑하며 뽐내는 위대한 사람들의 얼굴이 그날에는 흙빛으로 변하고, 그들은 하나님과 천사들은 물론 성도들의 비웃음을 사게 될 것입니다. 그러나 하나님을 경외하는 성도들은 그때에 일어나, 그들을 향해 "이 사람은 하나님을 자기 힘으로 삼지 아니하고 오직 자기 재물의 풍부함을 의지하며 자기의 악으로 스스로 든든하게 하던 자라 하리로다"(시 52:7)라고 말할 것입니다. 아, 각하! 부와 권세는 그날이 되면 아무런 쓸모가 없습니다. 오히려 그것들은 심판을 더욱 가중시킬 뿐입니다. 지금은 멸시를 받고 신분이 보잘것없어 세상의 변두리로 몰려나 잊혀진 많은 사람들이, 그날에는 그리스도의 팔에 안길 것입니다. 그리고 그리스도는 누가복음 12장 8절에서 말씀하신 것처럼 '아버지, 이 사람이 나의 사람입니다' 하시며, 그들 한 사람 한 사람을 부끄러움 없이 아버지 앞에 소개할 것입니다. 오! 그리스도께서 나를 인정해 주시는 음성을 듣게 된다면 얼마나 기쁘겠습니까? 하늘나라에는 가난이 없습니다. 모두가 영광으로 충만해질 것입니다. 만일 그곳에 어떤 정도의 차이가 있다면, 그것은 하나님의 은혜로 인한 것이지 사람의 위대함 때문이 아닙니다.

각하! 당신은 야고보의 서신을 통해, 당신과 같이 신분이 높은 사람들이 심히 부패되기 쉽다는 사실[3]을 알게 될 것입니다. 그들은 예레미야가, "내가 지도자들에게 가서 그들에게 말하리라 그들은 여호와의 길, 자기 하나님의 법을 안다 하였더니 그들도 일제히 멍에를 꺾고 결박을 끊은지라"(5:5)라고 말한 것과 같습니다. 즉 교만과 육욕에 빠지기 쉬우며, 약한 이를 억압하고, 세상적이며, 하나님의 말씀을 거역하는 방향으로 나가기 쉽습니다. 그러나 신앙인의 눈으로 보기에, 그러한 위치에 있는 사람들은 더욱 광명정대하게 모든 사람들을 이롭게 하고 두루 자비를 베푸는 것이 가장 바람직한 삶의 방식이라고 생각합니다. 기꺼이 선을 행하는 마음, 그리고 선을 행할 수 있는 능력보다 더 위대한 것은 없습니다.[4] 그것이야말로 존재의 영원성이나 능력의 무한성, 그리고 불굴의 사랑과 선을 베푸심으로 인간과 구별되는 하나님의 온전하심과 가장 훌륭하게 닮은 점입니다.[5] 이러한 일을 끊어버리게 되는 것은 바로 인간의 경솔한 야심 때문입니다. 우리 모두는 위대하게 되기를 원하지만, 선하게 되기를 원하지는 않습니다. 그리고 신들과 같은 거룩함이 아니라, 신들과 같은 권세를 얻기를 열망합니다. 세상이 창조된 이후로 피조물들은 위대함을 얻고자 하는 야심 때문에 가장 값비싼 희생을 치렀습니다. 야심은 천사를 악마로 만들었으며, 아담으로 하여금 낙원을 상실하게 하였습니다. 이러한 때마다 우리는 기이한 일을 보게 됩니다. 하나님께서 상수리나무와 백향목을 꺾으시며(암 2:9), 세상의 영광을 퇴색하게 하십니다. 예수 그리스도를 떠나서는 그 어떤 곳도 결코 안전하지 않습니다. 어떠한 폭풍우가 몰려온다고 해도, 당신은 그리스도의 품이 가장 확실한 안식처임을 알게 될 것입니다. 당신이 살아 있는 실천적인 신앙을 가진다면, 주님께서는 당신의

3) 본 서신 1:9,11, 2:1–7, 5:1–5에 대한 각주를 참조하라.

4) "Nihil habet fortuna magna majus quam ut possit, et natura bona melius quam ut velit, benefacere quamplurimis." – *Tullius, Orat. pro Rege Deiotaro.*

5) "*Τρία ἔστιν ἐν οἷς διαφέρων ἔστιν ὁ θεός, αἰδίοτητι ζώης, περιουσίᾳ δυνάμεως, καὶ μὴ διαλείπειν εὐποιεῖν τοὺς ἀνθρώπους.*" – Themistius.

영혼을 자신의 품에 안기게 하실 것입니다.

각하! 당신께 대한 저의 무례함과 거침없는 태도를 용납하시기 바랍니다. 더 이상의 겉치레 말은 제게 부담스러운 것이며, 당신에게도 즐거운 일이 아닐 것입니다. 우리의 이 책은 위대한 이들에게 아첨하는 말을 하는 것이 아니라, (농담이 아닌) 성경적인 의미에서 산들을 낮아지게 해야 합니다(눅 3:5). 각하! 끝으로 주 예수 그리스도의 아버지 하나님께서 그리스도 안에 있는 모든 영적인 복들을 당신에게 내려 주시기를 기원합니다. 또한 당신의 경건하신 부인과 당신의 소망인 어린 자녀들, 그리고 당신의 귀하신 친지들과 친족들에게도 하나님의 복이 넘쳐, 포팜 가문의 이름이 그리스도의 교회에서 드높아지기를 바랍니다. 이제 당신과 당신께 속한 모든 이들이 그리스도교의 모든 법도 안에 머물러 있기를 주님께 기도하면서 헌사를 끝맺고자 합니다.

토마스 맨튼

독자에게 드리는 글

독자들이여! 책을 출판하는 사람들은 흔히 자신들이 펴낸 책의 부족한 점을 자인하고 변명할 셈으로, 약간의 허두의 말을 꺼내는 것이 보통입니다. 그러한 태도는 자신이 펴낸 역작에 대해 누구나 마땅히 가져야 할 겸손한 태도입니다. 그러나 어떤 경우에는 이러한 허두의 말이 죄가 되는 수도 없지 않습니다. 다시 말해서, 펴낸 책이 참으로 무가치한 것이라면, 변명의 글을 싣는다고 해서 그 책이 더욱 가치 있게 되거나 좋은 책이 되는 것은 아니기 때문입니다. 만일 무가치한 책을 가치 있는 것처럼 꾸미려고 한다면, 그것은 양심을 속이는 죄악입니다. 그것은 그리스도께 유죄를 선고하고도 손을 씻어 양심의 가책을 덜어 보려 했던 빌라도의 행위와도 같습니다. 대개 그러한 변명의 글은 눈속임에 불과합니다. 그러한 눈속임으로 그들은 칭찬에 인색한 사람들로부터 쉽게 칭찬과 존경심을 얻어 냅니다. 더욱이 신앙 서적을 펴내면서 이러한 태도를 갖는다면, 그것은 헛되고 사악한 책략에 불과할 것입니다. 곧 그것은 위선일 뿐 아니라, 그들이 펴낸 서적에 담긴 진리에 대한 모욕입니다. 그러한 행위는 진리에 대한 존경심을 약화시키고, 자신들의 명예는 더욱 그럴듯하게 올리기 위한 작태입니다. 아무튼 우리가 말할 수 있는 것은 대중 앞에 나서는 사람들은 누구나 자신의 원래 모습보다 한결 훌륭한 모습으로 대중 앞에 나타나기를 원한다는 것입니다. 그들은 말로 독자들을 현혹하여, 독자 스스로의 선택에 의해서가 아니라 억지로 책을 읽게 만듭니다. 저 자신에 관해서 말하자면 비록 이런 식의 해명이 거의 신임받을 수 없음을 알지만, 저는 대중 앞에 나서고자 하는 욕망이 조금도 없었다고 거리낌 없이 이야기할 수 있습니다. 왜냐하면 제게 주어진 재능은 제 자신의 덕을 세우는 정도일 뿐이라고 믿기 때문입니다. 일주일에 4회의 설교를 해야 하는 정신적인 부담을 계속적으로 떠안고 있는 제가 무엇을 할 수 있겠습니까? 만일 제가 책을 펴낸다면, 어떤 이들은 제가 전혀 출판할 목적 없이 이러한 주제를 선택하여(이 주제는 제가 젊었을 때부터 생각해 왔던 것입니다) 제 강연을 듣는 청중들에게 전했다는 사실을 알고 놀랄 것입니다. 그러나 여러 사역자들과 성도들이, 많은 이들이 유익함을 얻을 수 있도록 주석서를 펴내는 것이 좋겠다고 계속해서 요청을 하는 바람에, 저는 기꺼이 제 자신의 명예나 명성을 조금도 생각하지 않기로 결심하였습니다. 가난한 한 영혼이 과연 어디에서 위로와 유익을 얻을 수 있다고 생각하십니까? 이러한 목적으로 유다서도 출간할 예정이었습니다. 그러나 저는 이번 일과 저의 다른 일들을 계속 수행하느라 지쳐버렸고, 또한 학식 높은 형제 하나[6]가 유다서에 관한 책을 출판할 계획을 갖고 있다는 소식을 들었기 때문에 유다서 출간 계획은 제 심중에만 간직해 두기로 했습니다. 저는 이 주석서에 담긴 내용이 경건하며 유익하리라고 생각합니다. 혹시라도 이 책에서 경건하지 못한 표현이나 하나님께 공손하지 못한 표현, 그리고 자선과 선행을 고무시키는 데에 알맞지 않은 표현이 발견될지도 모르겠습니다. 그렇다면 저는 진정으로 그러한 표현이 말끔히 없어지기를 바라는 마음으로 깊이 뉘우치고 다음번에 그것을 수정할 것입니다. 저는 어떤 이들이 이미 말해진 것 외에 새로운 것은 아무것도 없다는 식의 선입관을 가지고 이런 종류의 책들을 읽으려고 하지 않는다는 것을 잘 알고 있습니다. 저로서도 새로운 것은 아무것도 없다고 생각합니다. 그러나 새로운 것은 없다고 하더라도, 진리는 더욱 생동감 있는 어법과 설명을 통해서 전달되어야 하고, 새로운 감동을 주어야 한다고 생각합니다. 제가 이런 말씀을 드리는 것이 교만하게 보일지도 모르지만, 이 책에 담겨 있는 어떤 주장들은 당신의 신앙생활을 향상시키는 데 분명 도움을 줄 것이라고 감히 말하고 싶습니다. 그러므로 저는 이 책이 현재의 많은 유익한 주석서들 가운데 하나가 될 것이라고 생각합니다. 이 책을 저술함에 있어서, 저는 기존의 야고보서 주석들을 참고해서 제가 처음에 의도했던 것보다 더욱 완벽하게 쓰고자 노력했습니다. 그렇다고 제가 '남의 규범으로 이루어 놓은 것으로 자랑하는 사람'(고후 10:16)이라는 말을 듣는 것은 원하지

---

6) Mr. Jenkins.

않습니다. 여러분이 이 주석서를 읽을 때 주해와 강해를 서로 비교해 가면서 읽기를 바랍니다. 특히 어느 구절의 진정한 의미가 무엇인지 쉽게 결정할 수 없을 때, 더욱 그것들을 비교해 보십시오. 그리고 진리를 생활에 적용할 수 있도록 항상 메모해 가면서 책을 보시기 바랍니다. 만일 어조가 다소 간결하고 비약적인 것처럼 보인다면, 그것은 앞으로 되풀이해서 말하기 위해 일단 보류해 놓은 것으로 생각하십시오. '칭의'(Justification)의 문제에 대해서는 야고보서가 허락하는 만큼, 그리고 독자들이 지루해 하지 않을 정도 내에서 충분하게 다루었습니다. 우리 가운데서 논쟁이 되었던 문제들 중에 제가 기억하는 것들은, 야고보서의 완전함을 입증하기 위해 제 생각이 미치는 데까지 한데 모아 설명하였습니다. 그런 일은 거의 없겠지만, 만일 어떤 구절에 대한 설명이 반복된 것이 있다면, 그것은 바쁜 업무에 시달린 탓이라고 이해해 주십시오. 저는 이 작품에만 몰두할 수는 없었습니다. 한 주간 동안에 많은 업무에 시달려 마음이 분산되었기 때문에, 늘 그런 것은 아니지만 가끔은 제가 썼던 것을 분명하게 기억할 수가 없었습니다. 끝으로, 만일 여러분이 이 책에서 어떤 유익을 얻으셨다면, 제 능력이 더욱 향상되어 주님의 영광을 위해 이바지할 수 있도록 기도해 주십시오. 그것으로 저는 충분한 보답을 받았다고 생각합니다.

토마스 맨튼

차 례

Introduction

야고보서 서론

서 론

– 서신의 명칭과 서신에 대한 예비적 문제들을 제기하고 논함 –

나는 매주일마다 돌아오는 이 설교 시간에 성령의 도우심으로 야고보 서신을 다루려고 한다. 야고보 서신에는 유익하고 실제적인 문제들이 다루어지고 있다. 다른 시간에 이사야 53장의 강해를 통해 위로의 말씀을 전했기 때문에, 이 시간에는 야고보서를 통해 위로보다는 짐을 지우려고 한다. 동시에 계속해서 '믿음'과 '실천'이라는 양대 교리를 설명할 것이며, 우리가 곡식을 밟는 것만 좋아하고 흙덩이를 깨뜨리는 것을 거부하는 에브라임처럼 되지 않기 위해(호 10:11) 우리가 해야 할 의무가 무엇인지를 밝혀 자극을 얻고자 한다. 우리는 모두 위로 받기만을 좋아하고 의무 이행하기는 싫어한다. 또한 우리는 주 예수 그리스도를 아는 지식을 가지고 있으면서도 '게으르고 열매 없는'(벧후 1:8) 신앙 생활에 만족하려는 습성이 있다. 이는 마치 예수님께서 우리에게 요구하시는 것이 자신의 공로에 대한 차가운 지식뿐이라는 식의 태도다. 다시 말해서, 사람들은 예수님께서 우리를 위해 모든 일을 이루셨기 때문에 우리가 해야 할 일은 하나도 남아 있지 않다고 생각한다. 불행하게도 오늘날 많은 사람들이 이러한 잘못된 생각에 사로잡혀 있는 것 같다. 따라서 그들은 은혜를 방종으로, 그 은혜로 인한 능력을 게으름으로 바꾸어 버린다. 사람들은 그리스도의 공로니 성령의 역사니 하는 말들을 자기들의 방종과 게으름을 변호하고 변명하기 위한 진부한 어휘들로 만들어 버렸다. 참되신 하나님께서는 겸손한 죄인들의 빚을 갚아 주시고, 성도들이 하늘나라에 지불해야 하는 비용을 부담하시기 위해 교회에 엄청난 보물 창고를 열어 놓으셨다. 그러나 은혜가 넘친다고 해서 마음대로 그 은혜를 남용하고 죄를 지으며 방탕하라고 허락하시지는 않으셨다. 이것은 마치 방종과 무절제를 위해서가 아니라, 사람들에게 직업을 갖고 정직하게 일하라고 격려하기 위해서 재산을 주식에 투자하고 자선을 베푸는 것과 마찬가지다. 술주정꾼에게 돈을 남겨 주고, 노름판에 쓰려고 주식에 투자하는 사람이 도대체 어디 있겠는가? 다시 한 번 말하지만, 은혜는 무슨 은혜이든지 간에 거저(은혜로) 주어진 것이다. 곧 우리는 '은혜 위에 은혜'[7] (요 1:16), 즉 은혜를 위한 은혜를 받았다. 그러나 은혜와 방법에는 차이점이 있다. 즉 학교 선생이 아이에게 거저 (은혜로) 가르치지만, 아이는 지식을 얻기 위해서 고통을 감수해야만 한다. 또한 인과관계와 순서에는 차이가 있다. 은혜는 결코 수단을 사용하여 얻을 수 없다. 곧 지혜는 지혜의 문 곁에서 기다리는 자에게 분배된다(잠 8:34). 수단을 이용한다고 해서 하나님의 은혜를 억지로 얻을 수는 없지만 은혜가 작용하는 방법을 보여주는 상황은 있다. 다시 말하지만 그리스도와 연합하는 것이 성도의 가장 중요한 의무며, 신앙에 있어서 가장 중요한 일인 것은 분명하다. 그러나 그리스도 안에 있다면 죽거나 수맥이 말라 버릴 나뭇가지는 없다. 신앙이란 게으르게 받아도 되는 은혜가 아니다. 즉 신앙은 어디에서나 선행을 통해서 열매를 맺어야 한다. 이 모든 사실을 강조하기 위해 나는 야고보서를 강해하기로 결정했다. 야고보 사도도 이와 같은 이유로 야고보서를 기록했다. 신앙을 가졌으면서도 나태하여 참된 신앙의 열매를 맺지 못하는 사람들에게 경고함으로써 삶을 개선하도록 하기 위해 야고보서를 쓴 것이다. 초대교회 당시조차도 그리스도인이라는 허울 좋은 명분만을 지닌 채 줄곧 죄와 정욕에 따라 살아가는 사람들이 있었다.

---

7) *χάριν ἀντὶ χάριτος*, id est, non pro ullo merito, sed ex me a bonitate, quod alibi distinctius enunciat apostolus, *χαρίσματα κατὰ ιὴν χάρτν*.– 롬 12:6(Grot. *in locum*).

야고보 서신은 영어로는 '야고보의 보편 서신'(*The Epistle General of James*)으로 불리며, 헬라어 원어로는 *Ἰακώβου τοῦ ἀποστόλου ἐπιστολὴ καθολικὴ*, 즉 '야고보 사도의 보편 서신'이다. 야고보서를 강해하기에 앞서, 그것을 적절하게 탐구하기 위해 몇 가지 예비적 문제들을 제기해 보자.

1. 야고보 서신은 신적인 권위를 가지고 있는가?
2. 성령의 도구가 되어 이 서신을 기록한 야고보는 누구인가?
3. 이 서신은 언제 기록되었는가?
4. 이 서신은 누구에게 보낸 것인가?
5. 이 서신을 쓰게 된 이유 및 그 주제와 범위는 무엇인가?
6. 그 명칭에 있어서 '보편'이란 말을 붙인 것은 무엇 때문인가?

Ⅰ. 야고보서의 정경성

나는 야고보 서신의 신적인 권위에 대한 문제를 논의함에 있어, 경외심과 두려움으로 대하기를 원한다. 기초석을 튼튼하게 쌓지 않는 것은 매우 위험한 일이다. 사실 나는 여기에서 이 문제를 다루고 싶지 않았다. 그러나 이 문제에 대한 논쟁이 너무나 잘 알려진 것이기 때문에, 그것을 다루지 않는다는 것은 야고보 서신의 신적 권위를 의심하는 자들을 부추겨 주는 것과 다름없는 불신과 용기 없는 행위라고 생각되어 이것을 짚고 넘어가기로 했다. 주님께서는 구제책이 올가미로 변할 수 없다는 것을 인정하신다. 그리고 자만심이 강한 사람은 어떤 확실한 것에도 쉽게 승복하지 않는다는 것을 인정하신다. 제롬(Jerome)과 유세비우스(Eusebius)의 글을 보면, 이 서신의 신적 권위를 의심하도록 만드는 구절들이 있다. 그들은 다른 사람들이 야고보서에 대해 말한 내용을 인용했는데, 그것은 야고보서의 권위를 침해하는 내용이다. 나는 그들의 그러한 구절들을 인용해 보이고, 야고보서를 정경(正經)에서 제외시킬 이유가 조금도 없다는 것을 증명해 보이고자 한다. 유세비우스는 다음과 같이 말했다. "야고보서는 그 명칭에 기록된 바와 같이 '보편 서신' 이라 일컬어지는 서신들 중의 첫 번째다.[8] 그러나 우리는 이 서신이 다른 서신들과 같은 명칭을 가지고 있다고 해서 의심에서 벗어날 수 없다는 것을 알아야 한다. 왜냐하면 지금까지 그 누구도 이 서신을 '보편 서신' 이라고 일컬은 적이 없으며, '보편 서신' 이라 불리는 일곱 서신들 중 하나인 유다서에 대해서도 그렇게 부른 적이 없었다. 그런데도 야고보서와 유다서는 교회 내에서 공식적으로 읽혀져 왔다"(*Καὶ τὰ κατὰ τὸν 'Ιακώβον, οὗ ἡ πρώτη τῶν ἐπιστολῶν τῶν ὀνομαζομένων καθολικῶν εἰναι λέγεται, ἰστέον ὡς νοθεύεται μὲν· οὐ πολλοι γοῦν τῶν πάλαι αὐτῆς ἐμνημό ευσαν, ὡς οὐδὲ τῆς λεγομένης 'Ιοῦδα, μίας καὶ αὐτῆς οὔσης τῶν λεγομένων καθολικῶν· ὅμως δ' ἴσμεν καὶ ταύτας μετὰ τῶν λοίπων ἐν πλείσταις ἐκκλησίαις,* &c.[9]). 한편 제롬[10]은 "야고보는 오직 하나의 서신을 썼다. 비록 시간이 경과됨에 따라 야고보서가 조금씩 교회에서 그 권위를 인정받게 되었지만, 그것은 다른 사람이 야고보의 이름으로 세상에 내어놓은 것일 수도 있다고 한다"(*Jacobus unam tantum scripsit epistolam, quœ et ipsa ab alio quodam sub ejus nomine edita esse asseritur, licet paullatim tempore procedente obtinuerit auctoritatem*)라고 말하였다. 이러한 내용이 야고보서의 정경성을 의심한 최초의 견해들이다. 그들이 비록 다른 사람들의 견해를 인용해서 그렇게 언급했다 하더라도 그것이 핑계가 될 수는 없다. 만일 누가 문제시한다고 해서 성경의 어느 한 부분이라도 정경에서 제외된다면, 그것은 마귀로 하여금 그의 목적을 이루게 하는 것이다. 언젠가 사악하고 불순한 지혜를 가진 사람들이 성경 중에 가장 위대한 부분의 정경성을 의심했다. 그들은 자신들의 목적을 달성하기 위한 교회법을 세울 수 없자, 그러한 일에 방해가 되는 성경을 경멸하고 멸시했다. 만일 우리가 성경에 대한 그들의 의심을 받아들인다면 우리의 신앙은 약해지고 지옥의 승리를 보

---

8) Euseb., lib. ii. Hist. Eccles., c. 23.

9) 햄너(Hamner) 박사는 이 구절을 '*ἰστέον μὲν ὡς νοθεύεται*' 로 보았다.

10) Hieron. in Catal. Eccles. Script.

장해 주는 것밖에 안 된다. 게다가 교회는 정경 속의 상당한 부분들, 곧 야고보서는 물론 베드로후서, 요한이·삼서, 요한계시록, 마가복음의 마지막 장(章),[11] 그리고 누가복음 22장에 있는 몇몇 구절들[12]과 요한복음 8장 첫부분,[13] 요한일서 5장에 있는 몇몇 구절 등을 상실하게 될 것이다. 신성 모독이 따로 있는 것인가? 만일 우리가 이러한 자유주의를 허용한다면, 불신앙의 세력이 저지되지 않을 것이며, 그것이 곧 신성 모독이다. 그러나 무엇보다도 교회 전체의 결정이 야고보서를 다른 신약성경과 함께 정경으로 인정하여 우리에게 전해 주었는데, 도대체 몇몇 되지 않는 사람들의 견해가 어떻게 그 결정을 번복시킬 수 있단 말인가? 외적 증거를 살펴본다고 하더라도, 우리는 야고보서의 정경성을 결코 의심할 수 없다. 외적 증거의 실례는 교회 회의와 교부들에게서 쉽게 찾아볼 수 있다. 그들은 만장일치로 야고보서가 신앙에 유익을 주며, 교회가 정경으로 받아들여야 하는 성경이라고 했다. (반드시 그런 것은 아니지만) 일단 사도들의 이름으로 쓰인 성경은 정경으로 받아야 한다.[14] 라오디게아 교회 회의 캐논법 59항, 밀레비스 회의 7항, 카르타고 3차 회의 47항, 오랑주 회의 25항, 카빌로넨스 회의 33항, 그리고 톨레도 회의 3항에 이처럼 규정되어 있다. 한편 이그나티우스(Ignatius)가 에베소서 등을 인용했듯이, 속사도 교부들[15]은 야고보서를 정경으로 인정하고 인용하였다. 이것의 실례는 브로크만(Brochmand)의 야고보서 서론에서, 그리고 요도쿠스 코시우스(Iodocus Coccius)의 『신학의 보고』(*Thesaurus Theologicus*) 1권 6장 23항에서 찾을 수 있다. 또한 레이놀드(Rainold) 박사의 『묵시록에 대하여』(*De Libris Apocryphis*)를 참고하라. 그러한 책들을 보는 가운데, 야고보서가 교부들에게 어느 정도의 권위를 가진 책으로 인정을 받았는지 알게 될 것이다. 한편, 야고보서는 카제탄(Cajetan)이나 에라스무스

11) Hieron., Quest. 3, ad Hedibium et Euthymium을 참조하라.

12) Sextus Senensis Bibl. sanct., lib. i. c. 23,24.

13) Hieron. adversus Pelag., lib. ii.

14) Caranza, Summa Conciliorum, p. 7를 참조하라.

15) 유세비우스는 야고보서가 명백한 가짜들과는 다르다는 것을 알았다.-lib. iii. Eccles. Hist., c. 25.

(Erasmus), 그리고 루터에게서 더욱 가혹한 평가를 받았다. 카제탄과 에라스무스는 아예 야고보서에 관심을 쏟지 않았으며, 루터 역시 야고보서를 정경으로 취급하지 않았다. 루터는 야고보서를 가리켜서, '지푸라기 서신' (*stramineam epistolam*)이라는 무례한 말을 했다. 루터가 이런 말을 했다는 것은 부인할 수 없는 사실이며[16] 변명할 수 없는 것이다. 그러나 루터는 또 다른 곳에서 좀 더 정중한 태도로 야고보서를 언급함으로써, 그전에 했던 말을 취소했던 것처럼 보인다. 루터는 말하기를, "야고보서는 고대의 많은 사람들이 인정하지는 않았다고 하더라도, 내가 판단하기에 유익하고 보배로운 진리들로 구성되어 있다고 본다. 곧 야고보서는 인간이 창안해 낸 교리를 제시하는 것이 아니라, 하나님의 법을 강력하게 권고하고 있다. 그러나 내가 보기에 (편견 없이 말하건대) 이 서신은 사도가 쓴 것 같지는 않다"(*Epistolam hanc, quamvis rejectam a veteribus, pro utili tamen et non contemnenda habeo, vel ob hanc causam quod nihil planè humanœ doctrinœ offerat, ut legem Dei fortiter urgeat; verum ut meam de illa sententiam candide promam extra prœjudicium, existimo nullius esse apostoli*-루터, 서문. Epist. Jacob.)라고 했다. 이것은 분명히 하나님의 탁월한 종이었던 루터의 실수요 잘못이었다. 이 점에서 루터의 추종자들, 예컨대 오지안더(Osiander), 카메라리우스(Camerarius), 부겐하겐(Bugenhagen), 그리고 알타메루스(Althamerus) 등은 이러한 루터의 견해에 동조했다. 특히 알타메루스가 야고보서에 대해 언급했던 불손한 말들이 그로티우스(Grotius)의 *Rivetion Apol. Discuss* P.170에 언급되어 있다. 부당하게

16) 휘터커(Whitaker) 박사는 이를 부인했다. 그러나 루터의 이러한 태도는 1528년판 그의 독일어 성경에서 발견할 수 있다. 일반적으로 그 글은 루터의 저작으로 인정되고 있다. 브로크만은 다음과 같이 기록한다. *Epistola Jacobi vere straminea epistola est, collata cum Evangelio Johannis et ejus Epistola prima, et cum Epistolis Paulinis, imprimis quœ ad Romanos, Galatas, Ephesios scriptœ sunt; nec enim genium indolemque habet evangelicam.* 창세기 주석 22장에서도 그는 다음과 같이 말한다. *Facessant de medio adversarii, cum suo Jacobo, quem toties nobis objiciunt.*

도 그로티우스는 그의 말을 주장하여 교회에 해를 끼쳤다. 이 안드레아스 알타메루스에 관해서는 리벳(Rivet)이 반증(διάλυσις)하고 있으니 참고하라(그로티우스의 같은 책, p.480). 그러나 지금에 와서 현대 루터주의자들은 야고보서에 대한 루터의 견해를 따르지 않고 야고보서를 정경으로 인정하고 있다. 예컨대 훈니우스(Hunnius), 몬트러(Montrer), 게르하르트(Gerhard), 그리고 발터(Walther)의 글에 이러한 사실이 분명히 나타나 있다. 브로크만(Brochmand)은 박식한 루터주의자이자 덴마크 질란드(Zealand)의 감독으로서 야고보서에 대한 매우 가치 있는 주석을 저술하였다. 나는 이 야고보서를 주석함에 있어서 특히 몇몇 헬라어 단어들에 대한 본문 비평적인 설명을 함에 있어서, 그리고 소키누스주의(The Socinian)의 책자들에서 인용한 대부분의 것들을 설명함에 있어서 브로크만에게 큰 도움을 받았다(이 일은 그가 주석을 한참 쓰고 있는 도중에 있었던 일이며, 후에 나는 그를 집에 초청했다). 한편 내가 그를 만날 수 있도록 호의를 베풀어 준 에드워드 레이(Edward Leigh) 경의 친절에도 많은 빚을 졌다. 충실하고 근면한 그는 하나님의 교회에 대단한 유익을 끼치고 있다.

루터가 야고보서를 저급한 것으로 평가했던 이유에 대하여는 앞으로 적당한 시기에 언급할 것이다. 앞서 인용한 루터의 글에도 불구하고, 야고보서에는 다른 정경들이 담고 있는 진리와 충돌되는 내용이 없다. 오히려 야고보서는 다른 정경들과 마찬가지로 복음의 진수를 다루고 있다. 비록 야고보가 그리스도와 복음에 대하여 거의 언급하지 않는 것처럼 보인다고 하더라도, 자세히 살펴보면 야고보서의 많은 구절들이 그리스도와 복음에 대해 말하고 있음을 알게 될 것이다. 예컨대 바울의 빌레몬서도 지금까지 정경으로 인정을 받아 왔지만, 내용상 그리스도의 공로나 죽으심에 대해 언급하고 있지는 않다. 야고보서는 다른 어떤 정경보다도 더욱, 그리스도를 주로 고백하는 이들과 히브리인들이 세속적으로 사는 것에 대해 경고하고 있다. 간단히 말해서 야고보서는 양심을 찌르는 말씀을 담고 있다. 이러한 야고보서는 교회의 결정 아래 정경으로 인정되어 우리에게 주어졌으며, 성령께서도 여느 정경들과 마찬가지로 야고보서를 우리에게 유익과 위로를 주는 정경으로 보증하셨다. 야고보서도 그 명칭이 보여주듯이 정경으로 인정된 다른 서신들처럼 사도에 의해 기록되었다. 우리가 야고보서의 명칭을 의심할 만한 이유는 전혀 없다. 오히려 바울 서신들 서두에 바울의 이름이 언급되어 있는 것보다 더욱 확실하다. 물론 '안드레 행전'을 비롯하여 '사도 야고보의 기도서', '사도들의 정경', '누가의 바울과 테클라 행전', '마가가 쓴 바나바의 일생', '바울의 복음' 등과 같이 사도들의 이름을 빌려 쓴 위경들이 많이 있다. 그러나 하나님의 의로우신 손길에 의해, 이 모든 위경들은 거짓이며 진리와 역사에 위배되는 그릇된 내용을 담고 있다는 것이 밝혀졌다. 반면 야고보서에는 진리에 위배되는 내용이 하나도 없을 뿐 아니라 오히려 중요한 진리를 포함하고 있으며, 그 권위에 있어서도 다른 정경들에 비해 조금도 뒤떨어지지 않는다. 따라서 우리는 야고보서가 우리의 신앙에 유익을 주며, 그 명칭에 있어서도 신뢰와 존경을 받아야 하는 정경임을 알고, 교회에서 다른 정경들과 마찬가지로 존중되어야 한다는 것을 명심해야 한다.

II. 저자

성령의 도구가 되어 야고보서를 저술한 야고보가 과연 누구인지 알아보자. 이 문제에 대해서는 많은 논란이 있다. 대체로, 이 야고보는 사도 야고보임이 확실시되고 있다. 왜냐하면 사도들의 서신 이외에 그 어떤 서신도 신앙의 규범으로 받아들여지지 않았기 때문이다. 야고보가 비록 '주의 종'이라는 말로 자신을 소개했다고 해도, 그것을 근거로 야고보가 사도가 아니었다고 생각할 수는 없다. 그 이유는 야고보서 1장 1절을 설명할 때 밝혀지겠지만, 바울도 종종 자신을 그렇게 불렀기 때문이다. 그러나 문제는 사도들 가운데 야고보라는 이름을 가진 이가 두 사람이라는 데에 있다. 곧 세베대의 아들 야고보와 알패오의 아들 야고보다. 교부시대에는 많은 사람들이 야고보라는 이름을 가진 사람이 세 명이 있었다고 보았다. 곧 큰 야고보 또는 세베대의 아들 야고보, 작은 야고보 또는 알패오의 아들 야고보, 그리고 초블리함(Chobliham)[17] 또는 오블리아스(Oblias) 또는 의인 야고보(James the Just)라고 불리던 예수님의 동생 야고보가 그들이었다. 그리고 의인 야고보는 사도가 아니라 예루살렘 교회의 감독이라고 생각했다. 제롬은 그를 가리켜 '열세 번째 사도' (*decimun tertium apostolum*)라고 불렀다(Isai. lib. v. cap. 7). 도로테우스(Dorotheus)는 그가 예수님이 파송했던 70인 전도인들 중의 한 사람이었다고 생각하고 자신이 작성한 70인 명단의 맨 앞에 의인 야고보의 이름을 기재했지만, 이는 근거 없는 생각이다. 왜냐하면 야고보는 오직 두 명뿐이었으며,[18] 위에서 언급한 세 야고보 중 마지막의 야고보가 알패오의 아들 야고보와 동일인이기 때문이다. 또 한 가지 이유는 '주의 형제 야고보' 는 사도로 여김을 받았으며(갈 1:19) '기둥' 이라고 불려졌기(갈 2:9) 때문이다. 야고보가 주님의 형제라고 불린 것은 그가 그리스도와 한 가족이었던 사실에 기인한다. 어떤 사람들은 그가 예수님의 어머니의 누이였던 이의 아들, 곧 동정녀 마리아의 누이였던 글로바의 아내 마리아의 아들이었다고 생각한다. 어떤 학자는 글로바와 알패오가 동일인이었다고 가정한다.[19] 이에 대해서는 유니우스(Junius)가 반론을 제기했다(Epist. Judæ의 첫머리에서). 한편 라바누스(Rabanus)는 알패오가 죽은 뒤에 그의 아내 마리아가 글로바라는 사람과 재혼했다고 주장한다. 어쨌든 의인 야고보가 알패오의 아들 야고보와 동일인이라면, 그것은 우리의 논지에 잘 들어맞는다. 그러면 이 두 명의 야고보 중에서 누가 진정한 야고보서의 저자인가? 과거로부터 주님의 형제인 작은 야고보 또는 알패오의 아들 야고보라는 사람이 이 서신의 저자라고 생각되어 왔다. 세베대의 아들 야고보는 복음이 전파된 지 얼마 되지 않아 헤롯에게 참수당했다는 행 12:2의 기록이 이러

17) 클레멘스에 의하여 '*περιοκὴ τοῦ λάου ἐν δικαιοσύνῃ*' 가 초블리함으로, 에피파니우스에 의해서 '*τεῖχος τοῦ λάου*' 가 오블리아스로 번역되었다.

18) 클레멘스와 유세비우스, 더 나아가 성경과 사도들 사이에서도 이와 같이 받아들여진다(참조. 마 10:2,3; 막 3:17,18).

19) 허버트 손다이크(Herbert Thorndike)는 그의 저서 『Of the Primitive Government of the Church』의 11-13쪽에서 이 문제에 대해 만족할 만큼 폭넓게 다루고 있다.

한 견해를 뒷받침해 주는 좋은 근거가 된다. 야고보서는 세베대의 아들 야고보가 죽은 지 훨씬 뒤에 기록되었음이 분명하다. 왜냐하면 이미 인용된 야고보서의 몇몇 구절이나 교회의 타락상에 대한 표현이 야고보서에 기록되어 있는 것을 볼 때, 그것은 초기 예루살렘 교회의 모습이 아니기 때문이다. 한편 스페인의 예수회 신부인 유세비우스 나이렘베르기우스(Eusebius Neirembergius)[20]가 인용한 플라비우스 덱스터(Flavius Dexter), 율리우스 톨레타누스(Julius Toletanus), 디다쿠스 다저(Didacus Dazor) 등 기타 몇몇 학자들은 또 다른 견해를 채택한다. 유세비우스 나이렘베르기우스는 고대 고트의 미사 전서(典書)의 권위에 의지하여, 야고보서는 스페인의 성자인 큰 야고보의 저서며 최초로 기록된 신약성경이라고 주장했다. 그러나 이러한 주장은 야고보서를 주님의 형제인 작은 야고보의 저서라고 밝히고 있는 트렌트 종교회의(Trent Council)의 신조와 엇갈린다. 우리는 성령께서 이처럼 귀중한 진리를 교회에 전달하기 위해서 작은 야고보를 도구로 삼으셨다고 믿는다. 저자인 야고보에 대해서 많은 설명을 할 수 있지만, 나는 그 모든 설명을 간단하게 줄여서 제시하고자 한다. 야고보의 실제 직업은 농부였지만,[21] 교회 내에서의 공식적인 직임은 사도였으며, 특히 예루살렘 안팎에서 교회의 감독이라 일컬어졌다. 이것은 그의 탁월함과 그가 그리스도의 형제라는 점, 또는 그에 대한 예루살렘 유대인들의 좋은 평판 때문이었다. 따라서 다른 사도들이 여기저기 다니면서 생명의 말씀을 전파할 때, 야고보는 거의 예루살렘에만 머물렀다(참고. 행 1:14,21과 15장; 갈 1:18,19 등). 그는 성격이 매우 엄격하고 의로웠다. 그래서 오블리아스(사람과 의의 보호자, 백성들의 보루), 또는 의인 야고보라고 불렸다. 그가 너무 정의로웠기 때문에 심지어 그를 싫어하는 자들도 있었다. 요세푸스 같은 사람은, 그에 대해 유대 나라가 파멸한 원인들 중 하나라고까지 곡해해서 말할 정도였다(Joseph. *Antiq.* lib. xx. cap. 16). 야고보는 절제심이 매우 강해서 포도주나 독주

20) Eusebius Neirembergius de Origine Sacræ Scripturæ, lib. xi. cap. 15-19.

21) Clemens, lib. ii. Constit. Apostol., cap. 63.

는 물론 고기도 먹지 않았다. 또한 너무나 경건해서 기도를 자주 하다보니 무릎이 낙타의 발굽처럼 굳어 있었다. 만일 연대적 추산이 사실이라면, 야고보는 베드로가 죽기 6년 전, 곧 요한이 죽기 38년 전인 A.D. 63년에 죽었을 것이다. 야고보는 순교했다. 박해자들은 야고보에게 백성들을 설득시켜 그리스도의 교리를 버리게 하라고 강요했다. 그러나 야고보가 그것을 거절하자, 그를 반대하는 사람들을 시켜 성전 꼭대기에서 그를 밀쳐 떨어뜨렸으며, 결국 야고보는 머리가 깨지면서 뇌수가 쏟아져 죽고 말았다. 이러한 내용이 유세비우스의 글(lib. ii. cap. 23, '*et ibi citatos*')에 자세히 기록되어 있다.

Ⅲ. 저작 연대

야고보서가 기록된 연대가 언제인지 확실하게 말할 수는 없다. 야고보서는 보편 서신들 중에서 가장 먼저 쓰였으며 제일 먼저 정경으로 인정되었다. 따라서 모든 보편 서신들 중에서 (논란이 많지만) 가장 으뜸된다. 헬라어 성경을 보면, 야고보서가 서신들 중에서 가장 앞자리에 놓여 있다. 어떤 사람들은 베드로전·후서가 최초로 쓰였다고 생각하지만, 그것은 증거가 매우 불확실하기 때문에 누구도 확실하게 말할 수 없다. 여하간 야고보서는 교회에 많은 이단들이 나타나기 시작한 뒤, 예루살렘 교회가 그 기능을 다하기 전에 기록된 것이 분명하다. 왜냐하면 바울이 야고보의 위협과 경고의 말씀이 이미 성취된 것으로 살전 2:16에서 언급하고 있기 때문이다. 곧 바울은 여기서 유대인들에게 "노하심이 끝까지 그들에게 임하였느니라"고 말했다. 야고보도 그의 서신 5장에서 유대인들의 완악함을 맹렬히 고발하고 있다. 야고보서의 저작 시기와 순서에 대한 문제를 더 알고자 하는 독자는 유세비우스 나이렘베르기우스의 글(lib. xi. *De Origine Sacrae Scripturæ*, cap. 15)을 참고하기 바란다.

Ⅳ. 수신자

야고보는 1:1에서 수신자들을 가리켜 '열두 지파'라고 밝히고 있다. 우리는 이 열두 지파에 대해 곧 알게 될 것이다. 여기서는 단지 다음과 같은 사실을 아는 것으로 만족하자. 곧 야고보서에는 군데군데 믿지 않는 유대인들을 염두에 두고 쓴 구절들이 많이 있지만, 야고보서 자체는 그리스도교 신앙을 가진 사람들에게 보낸 서신이라는 사실이다. 약 5:1과 거기에서 주석한 주장들을 살펴보기 바란다.

Ⅴ. 저작 동기와 주제

야고보가 서신을 쓰게 된 이유와 그 주제, 그리고 그 범위에 대해 알아보자. 먼저 그가 야고보서를 쓰게 된 이유는 어거스틴(Austin)[22]이 발견한 바와 같이 사도 시대에 일어난 "선한 행위는 무시된다 하더라도 믿음에 대한 단순한 동의만 있으면 구원받기에 충분하다"는 주장을 반박하기 위한 것이었다. 아마도 시몬(Simon) 학파와 같은 이단이 그렇게 주장했음에 틀림없다. 야고보에게 주어진 감독으로서의 임무는 다른 사도들과는 달리 대체로 예루살렘과 사마리아에 있는 교회들에 한정되어 있었다. 그러나 야고보서의 내용 중 이들에게만 해당되는 내용은 일부분에 지나지 않는다. 당시 온 교회는 신앙과 행위가 타락했을 뿐 아니라, 심지어 교회 내에 하나님이 죄의 창조자시라는 이단의 주장까지 등장했다. 또한 삶이 뒷받침되지 않는 알맹이 없는 신앙고백만을 되풀이하는 것으로써 자신들

---

22) 'Excitata fuit tempore apostolorum opinio, sufficere solam fidem ad salutem obtinendam, si vel maxime bona opera negligerentur, contra quam opinionem Apostolicæ Epistolæ Petri, Johannis, Jacobi, Judæ, maxime dirigunt intentionem, ut vehementer adstruant fidem sine operibus nihil prodesse.' –*Aug. Lib. de Fide et Operibus.*

의 구원은 충분하다고 주장하는 자유주의적 교리가 성장하고 편만해 있는 실정이었다. 세상이 새로이 개간되어 복음의 씨앗이 뿌려졌을 때, 아울러 가라지들도 좋은 곡식과 더불어 성장하게 되었다. 야고보는 서신을 통하여 시험과 박해를 당하는 하나님의 백성들을 위로하고, 안일함에 빠져 임박한 심판에 대해 무감각해진 유대인 동료들을 일깨우고자 했다. 더불어 성도들이 어떻게 시험을 견디고, 말씀을 따라 악한 정욕을 죽이고 혀를 재갈 물리며, 하나님의 본질에 대한 올바른 지식을 가질 수 있는지, 또 어떻게 우리의 신앙고백을 좋은 대화와 온유함과 화평과 자선으로 가꾸어 나갈 수 있는지에 대하여 교훈한다. 그리고 마지막으로 야고보는 다가올 심판의 날을 대비하여 어떻게 행동해야 할 것인지에 대하여 가르쳐 준다. 이 모든 것들을 비롯하여 다른 많은 교리들이 야고보서에 내재되어 있다. 따라서 독자들은 야고보서가 오늘날에도 우리에게 커다란 유익이 된다는 것을 알게 될 것이다.

VI. 보편 서신의 정경성

야고보서가 이후 기록된 7편의 서신들처럼 '보편'(catholic)이란 명칭을 얻게 된 이유에 대해 알아보자. 어떤 사본에는 '보편'(*καθολική*)이란 말 대신에 '*κανονική*' 곧 '정경' 이란 명칭이 붙어 있지만 이것은 잘못 기록된 것으로 보인다. 그러면 왜 '보편' 이라고 했을가? 여기에는 많은 이유가 있다. 오이쿠메니우스(Oecumenius)와 그의 견해를 따르는 베자(Beza)는 야고보서가 바울의 로마서나 고린도전서와는 달리 어떤 특정한 민족이나 도시에 보낸 편지가 아니었기 때문이라고 생각한다. 그러나 이러한 설명은 완전하지 못하다. 왜냐하면 '보편' 이라는 동일한 명칭이 붙은 요한 서신에는 '가이오' 나 '택하심을 받은 부녀' 와 같은 개인들의 이름이 언급되어 있기 때문이다. 또 그렇게 볼 때 '보편' 이란 명칭을 붙일 수 있는 서신들은 일곱 편 이상이 있음에 틀림없다. 히브리서의 수신자 역시 베드로전·후서나 야고보서의 수신자와 동일한 사람들이기 때문이다. 한편 어떤 이들은 야고보서가 보편적인 교리를 포함하고 있기 때문에, 또는 보편의 교회가 받아야 할 공적인 진리를 내포하고 있기 때문에 '보편' 서신으로 불린다고 생각한다. 그러나 이러한 견해는 '보편' 이란 명칭이 붙지 않은 다른 서신들의 가치를 격하시키며, 그러한 서신들보다 야고보서를 편애하는 것처럼 보일 수 있다. 파레우스(Pareus)는 과거에 사람들이 무턱대고 경솔하게 그러한 명칭으로 부르던 관습 때문에 서신들에 그러한 명칭이 붙게 되었다고 주장한다. 그러나 가장 믿을 만한 이유는 '보편' 이란 명칭을 붙임으로써 그 보편 서신들이 사도들의 서신이라는 신빙성을 옹호하고, 그것들을 바나바와 이그나티우스, 클레멘스, 폴리캅의 서신들처럼 오래는 되었지만 정경이 아닌 것들과 구별하기 위해서였다는 설명이다. 결국 야고보서에 '보편' 이란 명칭이 붙게 된 것은 어떤 이들이 말한 대로 다른 서신들의 가치를 격하시키려는 것이 아니라,[23] 야고보서가 사도들의 서신들처럼 정경이라는 사실을 밝히기 위함이었다. 이러한 여러 가지 사실을 전제해 놓고, 하나님의 도우심을 의지하여 이제부터 야고보서의 본문을 다루고자 한다.

---

23) 'Ecclesia vetus has epistolas canonicas et catholicas appellavit, non ut aliis quidquam adimeret, sed ut has illis contra nonnullorum sententias adjungeret.' – *Junius in Judam*, p. 10.

James

야고보서 주석 (상)

제 1 장

1:1-27

1 하나님과 주 예수 그리스도의 종 야고보는 흩어져 있는 열두 지파에게 문안하노라
2 내 형제들아 너희가 여러 가지 시험을 당하거든 온전히 기쁘게 여기라 3 이는 너희
믿음의 시련이 인내를 만들어 내는 줄 너희가 앎이라 4 인내를 온전히 이루라 이는 너
희로 온전하고 구비하여 조금도 부족함이 없게 하려 함이라 5 너희 중에 누구든지 지
혜가 부족하거든 모든 사람에게 후히 주시고 꾸짖지 아니하시는 하나님께 구하라 그
리하면 주시리라 6 오직 믿음으로 구하고 조금도 의심하지 말라 의심하는 자는 마치
바람에 밀려 요동하는 바다 물결 같으니 7 이런 사람은 무엇이든지 주께 얻기를 생각
하지 말라 8 두 마음을 품어 모든 일에 정함이 없는 자로다 9 낮은 형제는 자기의 높
음을 자랑하고 10 부한 자는 자기의 낮아짐을 자랑할지니 이는 그가 풀의 꽃과 같이
지나감이라 11 해가 돋고 뜨거운 바람이 불어 풀을 말리면 꽃이 떨어져 그 모양의 아
름다움이 없어지나니 부한 자도 그 행하는 일에 이와 같이 쇠잔하리라 12 시험을 참
는 자는 복이 있나니 이는 시련을 견디어 낸 자가 주께서 자기를 사랑하는 자들에게
약속하신 생명의 면류관을 얻을 것이기 때문이라 13 사람이 시험을 받을 때에 내가
하나님께 시험을 받는다 하지 말지니 하나님은 악에게 시험을 받지도 아니하시고 친
히 아무도 시험하지 아니하시느니라 14 오직 각 사람이 시험을 받는 것은 자기 욕심
에 끌려 미혹됨이니 15 욕심이 잉태한즉 죄를 낳고 죄가 장성한즉 사망을 낳느니라
16 내 사랑하는 형제들아 속지 말라 17 온갖 좋은 은사와 온전한 선물이 다 위로부터
빛들의 아버지께로부터 내려오나니 그는 변함도 없으시고 회전하는 그림자도 없으
시니라 18 그가 그 피조물 중에 우리로 한 첫 열매가 되게 하시려고 자기의 뜻을 따라
진리의 말씀으로 우리를 낳으셨느니라 19 내 사랑하는 형제들아 너희가 알지니 사람
마다 듣기는 속히 하고 말하기는 더디 하며 성내기도 더디 하라 20 사람이 성내는 것
이 하나님의 의를 이루지 못함이라 21 그러므로 모든 더러운 것과 넘치는 악을 내버
리고 너희 영혼을 능히 구원할 바 마음에 심어진 말씀을 온유함으로 받으라 22 너희
는 말씀을 행하는 자가 되고 듣기만 하여 자신을 속이는 자가 되지 말라 23 누구든지
말씀을 듣고 행하지 아니하면 그는 거울로 자기의 생긴 얼굴을 보는 사람과 같아서
24 제 자신을 보고 가서 그 모습이 어떠했는지를 곧 잊어버리거니와 25 자유롭게 하
는 온전한 율법을 들여다보고 있는 자는 듣고 잊어버리는 자가 아니요 실천하는 자니
이 사람은 그 행하는 일에 복을 받으리라 26 누구든지 스스로 경건하다 생각하며 자
기 혀를 재갈 물리지 아니하고 자기 마음을 속이면 이 사람의 경건은 헛것이라 27 하
나님 아버지 앞에서 정결하고 더러움이 없는 경건은 곧 고아와 과부를 그 환난 중에
돌보고 또 자기를 지켜 세속에 물들지 아니하는 그것이니라

1 하나님과 주 예수 그리스도의 종 야고보는 세계 여러 곳에 흩어져 있는 열두 지파에
게 안부를 전합니다. 2 형제 여러분, 여러 가지 시험을 겪을 때 기쁘게 여기십시오.
3 여러분은 믿음의 시련을 통하여 인내심이 성장한다는 것을 알고 있습니다. 4 여러
분이 하는 모든 일을 참고 견디어 조금도 부족함이 없는 완전하고 성숙한 사람이 되
십시오. 5 지혜가 부족한 사람이 있으면 하나님께 구하십시오. 하나님께서는 자비로
우셔서 모든 사람에게 나눠 주시는 것을 즐거워하십니다. 따라서 여러분이 필요로 하
는 지혜를 주실 것입니다. 6 하나님께 구할 때는 믿고 구해야 합니다. 조금도 의심하
지 마십시오. 의심하는 자는 바다 물결같이 바람에 밀려 이리저리 움직이는 것과 같
습니다. 7 그런 사람은 주님께 무엇을 받을까 하고 기대하지 마십시오. 8 왜냐하면 그
는 두 마음을 품어 자기가 하는 일에 방향을 못 잡고 헤매는 자이기 때문입니다. 9 만
일 가난하거든 하나님께서 자기를 영적인 부자로 만드신 것을 자랑스럽게 여기십시
오. 10 만일 부하거든 하나님께서 자신에게 영적인 부족함을 보여주신 것을 자랑하십
시오. 그것은 부자도 들에 핀 꽃과 같이 결국 죽고 말 것이기 때문입니다. 11 해가 떠
올라 점점 더 뜨거워지면, 풀은 마르고 꽃은 떨어집니다. 아무리 아름다운 꽃이라도
시들게 되어 있습니다. 부자도 마찬가지입니다. 자신의 재물을 돌보다가 결국 죽고
말 것입니다. 12 시험을 받은 후, 더 강건해졌다면 복 있는 자입니다. 자신의 믿음을
증명했으므로 하나님께서 그에게 생명의 면류관을 주실 것입니다. 하나님께서는 자
기를 사랑하는 모든 자들에게 영생을 약속하셨습니다. 13 시험을 받을 때에 "하나님
이 나를 시험하고 있어"라고 말하지 마십시오. 하나님은 악에게 시험을 받지도 않으
시며, 사람을 시험하지도 않으십니다. 14 사람이 시험을 받는 것은 자신의 악한 욕심
에 이끌려 유혹을 받기 때문입니다. 15 욕심은 죄를 낳고, 죄는 점점 자라 죽음을 가
져옵니다. 16 사랑하는 형제 여러분, 속지 마십시오. 17 모든 선한 행위와 완전한 선물
들은 빛들을 창조하신 하나님으로부터 위에서 내려오는 것입니다. 하나님께서는 결
코 그림자처럼 변하는 일이 없으십니다. 18 하나님께서는 진리의 말씀을 통하여 우리
에게 생명을 주셨습니다. 그리고 창조하신 것 중에서 우리로 첫 열매가 되게 하셨습
니다. 19 사랑하는 형제 여러분, 다른 사람의 말은 빨리 듣고, 자신의 말은 천천히 하
십시오. 쉽게 화를 내지 말기 바랍니다. 20 화를 내면 하나님께서 원하시는 의로운 삶
을 살 수 없습니다. 21 그러므로 여러분의 삶 가운데 악한 것과 잘못된 일은 모두 없
애 버리십시오. 여러분의 마음에 심겨진 하나님의 가르침을 겸손하게 받으시기 바랍
니다. 이는 여러분의 영혼을 구원하는 가르침입니다. 22 하나님께서 가르쳐 주신 대
로 행하십시오. 듣기만 하고 행하지 않는 사람이 되어서는 안 됩니다. 앉아서 듣기만
한다면 그것은 자신을 속이는 것입니다. 23 하나님의 가르침을 듣고 아무것도 행하지
않는 사람은 거울을 들여다보고 있는 사람과 같습니다. 24 그는 자기 얼굴을 들여다
보고도, 일어나면 금방 자신의 얼굴이 어떠했는지 잊어 버립니다. 25 그러나 사람을
자유케 하는 하나님의 완전한 법을 살피는 사람은 들은 것을 잊어 버리지 않고, 그 말
씀대로 행하는 사람입니다. 이런 사람은 그 행하는 일에 복을 받을 것입니다. 26 스스
로 자신이 경건하다고 생각하면서 말을 함부로 하는 사람은 자신을 속이고 있는 것입

니다. 그의 경건은 아무 가치도 없습니다. 27 하나님께서 받으시는 경건은, 어려운 처지에 있는 고아와 과부를 돌보고, 세상의 악에 물들지 않도록 자신을 잘 지키는 것입니다. 하나님께서는 이런 순수하고 깨끗한 신앙을 보십니다. _아가페 쉬운성경

---

[1] 하나님과 주 예수 그리스도의 종 야고보는 흩어져 있는 열두 지파에게 문안하노라.

예수님의 열두 제자 가운데 야고보라고 불리는 인물은 두 사람이 있다. 한 사람은 세베대의 아들이고, 다른 한 사람은 알패오의 아들이다. 본 서의 저자는 후자다. 좀 더 자세한 것은 서론을 참조하기 바란다.

하나님과 주 예수 그리스도의 종. 때때로 종(*δοῦλος*)이라는 단어는 노예 또는 농노(農奴)와 같이 비참하고 비천한 신분을 가리키는 말로 사용되기도 한다. 예컨대 바울이 갈라디아 교회를 향해서 "너희는…종이나 자유인이나…다 그리스도 예수 안에서 하나이니라"(갈 3:28)라고 말할 때, *δοῦλος*는 자유인(*ἐλεύθερος*)에 대응되는 종의 개념으로 쓰였다. 그러나 이 대사도는 자신이 하나님의 종(*δοῦλος*)이 되는 일을 하나의 영예로 생각하고 있음을 볼 수 있다. 사실 하나님을 위한 사역과 직분은 아무리 사소한 것일지라도 명예로운 일임에 틀림없을 것이다.

그렇다면 본 서신의 저자가 서두에 자신의 사도권을 명기하지 않은 까닭은 무엇일까? 그로티우스는 이 사실을 이유로 들어서, 본 서신의 저자를 세베대의 아들 야고보나 알패오의 아들 야고보는 아니라고 본다. 대신 사도는 아니지만 예루살렘 공의회를 주재했던 제3의 야고보라고 생각한다. 그러나 이 견해의 부당성에 대해서는 서론 부분에서 이미 밝힌 바 있다. 우리는 본 서신의 저자가 자신의 사도권을 언급하지 않은 이유에 대해서 다음과 같이 생각해 볼 수 있다. 첫째로 사도권을 변호할 필요성이 없었다는 점이다. 본 서신의 저자는 바울의 표현대로 기독교 신앙의 기둥같이 여겨지는 인물로서(갈 2:9), 교회에서 누구나 다 아는 영향력 있는 인물이었기 때문에, 굳이 자신의 사도권을 변호할 필요를 느끼지 못했던 것이다. 이와 달리 바울의 경우는 사도권에 대한 공격을 많이 받았기 때문에 자주 그의 서신을 통해서 자신의 사도권을 변호해야 할 필요성을 느

켰던 것이다. 둘째로, 경우에 따라서는 바울도 그의 서신에서 사도라는 호칭을 명시하지 않았다는 점이다. 예컨대, '그리스도 예수를 위하여 갇힌 자 된 바울'(몬 1), '그리스도 예수의 종 바울'(빌 1:1) 등을 들 수 있으며, 데살로니가전 · 후서의 경우에는 바울이라는 이름 이외에 아무런 수식어도 붙어 있지 않다(살전 1:1; 살후 1:1).

한편, 여기에 기록된 '주'(主)라는 말을 앞 단어와 연결시켜서 '하나님이시요 주이신 예수 그리스도의 종'이라는 의미로 보는 견해도 있다. 이는 헬라 교부들이 아리우스주의자들을 대항하여, 그리스도의 신성을 옹호하는 증거로서 제시하던 구절의 해석 방법이기도 하다. 그러나 이러한 독법은 다소 억지가 있다. 따라서 우리말 성경과 같이 '하나님'과 '주'를 독립적으로 읽는 것이 바람직하다고 보며, 또 이것이 사도의 일반적인 어법에도 부합된다. 또한 두 단어를 각각 읽는다고 하더라도 그리스도는 성부 하나님과 동격이 되기 때문에 그리스도의 신성에는 아무런 손상이 가해지지 않는다. 예수 그리스도와 마찬가지로 성부 하나님께서 주(主)가 되시는 것처럼, 성부 하나님과 마찬가지로 예수 그리스도도 하나님이시다. 따라서 야고보는 창조와 섭리의 측면에서 본다면 하나님의 종이며, 구속의 측면에서 본다면 그리스도의 종이다. 특히 야고보는 주 되신 그리스도, 즉 교회의 중보자요 머리 되신 그리스도에 의해서 사도의 한 사람이 되어 그리스도를 위해 봉사하도록 임명받았다.

열두 지파에게. 본 서신의 수신자는 유대인들로서, 기독교 신앙으로 개종한 자들을 가리킨다. 바울은 갈 2:9에서 '할례자에게로'라는 표현을 쓰고 있다. 야고보는 본 서신을 기록함에 있어서 자국어인 히브리어가 아니라 그 당시의 통용어였던 헬라어를 사용하고 있다. 바울이 로마서를 기록할 때도 이와 마찬가지의 경우로서, 라틴어 대신에 헬라어가 사용되었다.

흩어져 있는(*ταῖς ἐν τῇ διασπορᾷ*). 이 말은 유대 땅 밖이나 유대 땅 각지에 흩어져 살던 유대인을 가리키는 것이다. 그러면 이들이 어떠한 연유로 흩어져 살게 되었는가? 여기에 대해서는 다음과 같은 몇 가지의 가능성을 고려해 볼 수 있다. (1) 오래전 포로로 끌려갔던 유대인들이 계속되는 국제 정세의 변화로 인해서 고국에 돌아오지 못하고 이방 나라에 그

대로 머물러 살게 된 경우로 볼 수도 있다. 요 7:35에 기록된 '헬라인 중에 흩어져 사는 자들에게로 가서 헬라인을 가르칠 터인가' 라는 표현은 이런 경우에 해당될 수 있을 것이다. (2) 사도행전 8장에서 언급하는 큰 박해가 원인이 되어 흩어진 경우(1절)도 생각할 수 있다. (3) 로마의 황제 글라우디오의 배척으로 인해 흩어진 경우(행 18:2)도 고려할 수 있다. 글라우디오는 모든 유대인들을 명하여 로마에서 떠나게 했다. 이것이 발단이 되어서, 이와 비슷한 일들이 다른 대도시에서도 발생되었을 것으로 추정할 수 있다. 이로 인해 각처로 흩어진 유대인들 가운데는 기독교인들도 포함되었을 것이다. 요한이 에베소에서 축출된 것이나, 다수의 기독교인들이 알렉산드리아에서 쫓겨난 것은 이런 경우에 해당된다고 볼 수 있다. (4) 자발적인 경우도 생각할 수 있다. 히브리인들 가운데는 아무런 외적 요인이 없어도 그저 자신의 편의에 의해서 일찍부터 길리기아나 본도와 같은 이방지역에서 살던 이들이 있었다. 베드로가 '본도, 갈라디아, 갑바도기아, 아시아와 비두니아에 흩어진 나그네' (벧전 1:1)라고 표현한 것은 이 경우에 해당된다고 볼 수 있다.

문안하노라(*χαίρειν*). 당시에 일반적으로 쓰이던 인사의 형식이었으나 신약성경에는 별반 나타나지 않고 있다. 이에 카제탄은 이런 형식의 인사를 세속적이고 이교적인 인사법이라고 생각한 나머지, 본 서신의 정경성에 의문을 제기하기도 했다. 그러나 이는 재고할 가치가 없는 주장이라고 본다. 왜냐하면 이와 똑같은 형식의 인사말이 신약성경의 다른 곳에서도 역시 쓰이고 있기 때문이다. 예컨대 "은혜를 받은 자여 평안할지어다(*χαῖρε*) 주께서 너와 함께하시도다"(눅 1:28)의 경우나, "사도와 장로 된 형제들은 안디옥과 수리아와 길리기아에 있는 이방인 형제들에게 문안하노라"(행 15:23)의 경우에도 같은 형식의 인사말이 사용되었다. *χαίρειν* 이라는 단어는 보통 '은혜', '자비', '평안' 등의 의미로 사용되지만, 때로는 '문안' 이라는 의미로도 사용된다.

강해 1

하나님의 종 야고보. 야고보는 혈통적으로 예수 그리스도와 동기간이다. 그래서 갈 1:19에서는 히브리 식의 어법을 따라 '주의 형제 야고보' 라고 일컬어졌다. 그러나 고대 학자들의 견해에 의하면[24] 이 갈라디아서에 표현된 '주의 형제' 란, 엄밀하고도 정확한 의미에서 요셉의 아들인 '주의 형제' 라기보다는 외가 쪽의 사촌 형제라는 것이다. 아무튼 야고보는 자신을 '주의 형제' 라 칭하지 않고, '주의 종' 이라고 호칭하고 있다. 이는 그리스도와 내적인 관계를 맺게 됨으로써 얻게 되는 특권이 가장 명예로운 것이기 때문에 그리스도와의 혈육적인 관계보다는 영적인 관계를 부각시키고 있는 것이다. 마리아는 자신의 뱃속에 아기 예수를 잉태하고 있었을 때보다 오히려 그리스도를 자신의 마음속에 모시고 있었을 때가 더욱 복된 상태였다. 야고보에게도 그리스도의 형제로서보다는 그리스도의 종으로서의 신분이 더욱 복된 것이었다. 그리스도께서는 이 점에 대해서 친히 다음과 같이 언급하신 적이 있다. " 한 사람이 예수께 여짜오되 보소서 당신의 어머니와 동생들이 당신께 말하려고 밖에 서 있나이다 하니 말하던 사람에게 대답하여 이르시되 누가 내 어머니이며 내 동생들이냐 하시고 손을 내밀어 제자들을 가리켜 이르시되 나의 어머니와 나의 동생들을 보라 누구든지 하늘에 계신 내 아버지의 뜻대로 하는 자가 내 형제요 자매요 어머니이니라 하시더라"(마 12:47-50). 그리스도와의 참된 관계는 은혜로 이루어지는 것으로서, 믿음으로 그를 영접하는 자는 혈통적인 관계에 있는 자보다 훨씬 더 복되다. 또한 그리스도의 뜻대로 행하기 위하여 힘쓰는 자는, 혈통적으로 그와 가장 가까운 자 못지 않게 그의 사랑과 보살핌을 받게 된다.

강해 2

그리스도의 종이라고 해서 결코 비천해지는 것은 아니다. 바울이 '기둥' 이라고까지 불렀던 야고보는 스스로를 가리켜 '그리스도의 종' 이라고 했다. 이스라엘의 왕이었던 다윗도 시 84:10에서 이르기를 "주의 궁정에서의 한 날이 다른 곳에서의 천 날보다 나은즉 악인의 장막에 사는 것보

24) 유세비우스 에피파니우스(Eusebius Epiphanius)와 그레고리 닛센(Gregory Nissen) 외에 여러 학자들이 있다.

다 내 하나님의 성전 문지기로 있는 것이 좋사오니"라고 고백한 바가 있다. 문지기라는 직분은 성전에서 봉사하는 사람들 가운데서도 가장 낮은 부류에 속한다. 과거에 레위 사람들이 하나님을 떠나서 우상을 좇아 그릇된 길을 걸어갔을 때, 하나님께서는 '그들이 그 죄악을 담당하리라' 고 말씀하셨다. 그러면서 이때 그들이 자기들이 저지른 죄악의 대가로 지위가 낮아져서 성전 안에서의 봉사 사역 중 가장 낮은 직분에 해당하는 문지기의 일을 맡게 될 것이라고 하셨다(참고. 겔 44:10-13). 그럼에도 다윗은 '내 하나님의 집에서 문지기로 있는 것이 좋사오니' 라고 고백하고 있다. 이는 세상적으로 아무리 위대하고 명예로운 일이라 할지라도 성전에서의 가장 하찮은 직분보다도 못하다는 사실을 보여주는 것이다. 바울의 경우를 예로 들어보자. 그는 스스로를 '히브리인 중의 히브리인' 이라고 했다(빌 3:5). 이 말은 그의 가족이나 조상들 중에서, 이방인으로서 유대교로 개종한 경우라고는 전혀 찾아볼 수 없는, 그야말로 순수한 히브리인의 혈통임을 뜻하는 말로서 이는 당시로서는 대단히 명예스러운 일이었다. 그러나 바울은 "그리스도를 위하여 그 모든 것을 잃어버리고 배설물('*σκύβαλα*', 개들이 주워 먹는 음식찌꺼기를 뜻하기도 한다)로 여긴다"고 말했다(빌 3:8).

강해 3

종의 자세로 봉사하는 자들이야말로 가장 명예스럽고도 고귀한 직분을 감당하고 있다고 말할 수 있다. 바울은 고전 4:1에서 "사람이 마땅히 우리를 그리스도의 일꾼이요 하나님의 비밀을 맡은 자로 여길지어다"라고 했다. 당시 고린도 교회의 문제점은 사람을 숭배의 대상으로 삼으려고 하는데 있었다. 고린도 교인들은 자기들을 가르치는 선생을 우두머리로 삼아, 바른 믿음을 저버리면서까지 추종할 정도로 지나친 존경과 경의를 그들에게 쏟았다. 따라서 바울은 고린도 교인들의 잘못을 바로잡기 위해서, 그들은 주가 아니며 한낱 일꾼에 지나지 않을 뿐임을 분명히 말하였다. 바울은 고후 1:24에서도 이 사실을 강조하여, "우리가 너희 믿음을 주관하려는 것이 아니요 오직 너희 기쁨을 돕는 자가 되려 함이니"라고 했다.

이는 자신들은 믿음에 대해서 설명해 줄 뿐이지 믿음에 관련된 조항들을 새로이 규정하는 것이 아니라는 뜻이다. 베드로도 장로들에게 "맡은 자들에게 주장하는 자세를 하지 말고 양 무리의 본이 되라"(벧전 5:3)고 권면하였다. 각자의 양심을 주장하시는 분은 그리스도이시며, 우리는 단지 섬기며 설득할 수 있을 뿐이다. 그리스도께서도 자신의 제자들에게 친히 권면하시기를 "또한 지도자라 칭함을 받지 말라 너희의 지도자는 한 분이시니 곧 그리스도시니라"(마 23:10)라고 하셨다. 우리가 가르치는 모든 권세와 또 그것의 성공적인 결과는 우리 주님께로부터 나온다. 주의 뜻과 말씀에 따라 이루어진 것이 아니라면, 우리는 결코 새로운 것을 믿게 하거나 행하도록 요구해서는 안 된다. 다시 말해서 우리는 자신의 이름을 내기 위해서 애를 쓰거나 자신의 목적을 위해서 행동해서는 안 되고, 오직 그리스도의 종으로서 섬겨야 된다.

강해 4

하나님과 주 예수 그리스도의 종. 우리는 모든 예배에서 성부 하나님을 공경하는 것같이 성자 역시 공경해야 한다. 그래서 모든 계명을 행하되 그것을 통해 그리스도를 경외할 수 있도록 해야 한다. 그러기 위해서는 다음과 같은 사실들이 선행되어야 한다.

"모든 사람으로 아버지를 공경하는 것같이 아들을 공경하게 하려 하심이라"는 요 5:23은, 하나님께서 오직 그리스도 안에서만 영광과 예배를 받으시려는 것에 대해서 이야기하고 있다. 또한 요 14:1에서도 "하나님을 믿으니 또 나를 믿으라"라고 했다. 피조물이 바칠 수 있는 가장 고귀한 경배와 존귀가 믿음이다. 따라서 우리는 성부 하나님을 믿는 것과 마찬가지로, 삼위의 제2위이시며 중보자이신 예수 그리스도를 믿어야 한다. 이를 위해 첫째, 그 계명들을 그리스도 안에서 받아들여야 한다. 만일 계명들 속에서 성부 하나님밖에 볼 수 없다면 그 얼마나 슬픈 일이겠는가! 아담이 하나님을 피해 숨었을 때 그는 그리스도에 대한 약속을 받기 전까지는 하나님 앞에 감히 다시 나타날 수 없었다. 사 33:14에서 경건하지 아니한 자들은 "우리 중에 누가 삼키는 불과 함께 거하겠으며"라고 떨며 말하였다. 죄인들이 그리스도 밖에서 하나님을 볼 때, 그들은 진노와 권능으로 둘러싸인 하나님의 위엄밖에는 다른 어떤 것도 볼 수 없다. 그러나 이제 우리는 "그 안에서 그를 믿음으로 말미암아 담대함과 확신을 가지고 하나님께 나아감"(엡 3:12)을 얻는다. 그 자체로는 공포스러운 하나님의 속성들이 그리스도 안에서는 즐겁고 편안한 것들로 변한다. 이는 마치 바다의 짠물이 육지를 통해 흐르면서 정제되어 강에 이르러서는 단물이 되는 것과 같은 이치다. 이처럼 그리스도 밖에서는 인간의 영혼에 두려움을 불러일으키는 하나님의 속성들이 그리스도 안에서는 확신을 가져다주는 것이다.

둘째, 그리스도로부터 도우심을 받아야 한다. 즉 그리스도 안에서 하나님을 섬겨야 한다. (1) 그리스도를 통하여 섬겨야 한다. "내게 능력 주시는 자[그리스도] 안에서 내가 모든 것을 할 수 있느니라"(빌 4:13). 우리의 손이 하나님의 일을 행할 때, 눈은 그리스도의 손을 향하여 그 도우심을 구해야 한다. "상전의 손을 바라보는 종들의 눈같이…"(시 123:2). 즉 하나님이 친히 주시는 도구를 가지고 그분의 일을 해야 할 것이다. (2) 하나님을 섬기는 모든 일에 있어서 예수 그리스도의 중요성을 인식해야 한다. "그들을 대신하여 죽었다가 다시 살아나신 이를 위하여 살게 하려 함이라"(고후 5:15). 다시 말해, 일반적인 의미에 있어서의 하나님뿐 아니라 우리를 위해 죽으신 하나님(그리스도)을 위해 살아야 한다. 우리는 하나님 나라를 확장하고, 그의 진리를 선전하며, 중보자이신 그리스도의 영광을 널리 펼치는 법을 알아야 한다. (3) 모든 것을 그리스도를 위해 해야 한다. 하나님은 그리스도 안에서 우리에 대하여 새로운 소유권을 주장하실 수 있으며, 그리하여 우리를 그분의 종으로 삼기 위하여 예수 그리스도의 보혈로 사셨다. 율법 아래서는 복종의 주된 동기가 하나님의 주권이었다. 레 19:37과 그 밖의 다른 곳에서 하나님이 '나는 여호와라' 하셨기에 우리는 복종해야 했다. 그러나 이제 그 동기는 감사와 하나님의 사랑, 즉 그리스도 안에 있는 하나님의 사랑이다. "그리스도의 사랑이 우리를 강권하시는도다."

강해 5

흩어져 있는 열두 지파에게. 하나님은 괴로움을 겪고 있는 자신의 종들을 잊지 않으신다. 하나님은 야고보를 감동시키셔서 흩어져 있는 지파들에게 편지를 쓰게 하셨다. 하나님은 자신의 종들이 어려움에 빠져 낙심하고 있을 때, 하늘의 위로를 베풀어 주신다. 사람들은 거룩한 장소에서 벗어나면, 자신들이 하나님의 돌보심을 받지 못한다고 생각할지도 모른다. 그러나 겔 11:16에서 밝히 말하기를, "주 여호와의 말씀에 내가 비록 그들을 멀리 이방인 가운데로 쫓아내어 여러 나라에 흩었으나 그들이 도달한 나라들에서 내가 잠깐 그들에게 성소가 되리라"라고 하셨다. 성전을 원하는 그들에게 하나님께서 친히 거룩한 성소가 되어 주시겠다는 말씀인 것이다. 하나님은 그들을 권고하시고 그들의 심령을 감찰하셔서 그들에게 적절한 위로를 주신다. 또한 그들의 적을 경계하시고, 때맞춰 그들에게 구원의 손길을 펴실 뿐 아니라 쫓겨난 자를 다시 모아(미 4:6) 자신의 '특별한 소유'(말 3:17)로 삼으신다.

강해 6

하나님의 백성들도 자신의 거주지나 고국에서 내쫓겨 흩어짐을 당하는 경우가 없지 않았다. 예컨대 하나님은 사 16:4에서, "나의 쫓겨난 자들이 너와 함께 있게 하되 너 모압은 멸절하는 자 앞에서 그들에게 피할 곳이 되라"고 말씀하심으로써, 자신의 백성 중에 쫓겨난 자들이 있음을 보이셨다. 하나님의 백성들도, "우리의 기업이 외인들에게, 우리의 집들도 이방인들에게 돌아갔나이다"(애 5:2)라고 탄식했던 적이 있다. 또한 그리스도 자신도 머리 둘 곳이 없다고 말씀하셨던 사실을 우리는 기억한다. 히브리서 저자도 '세상이 감당하지 못하는' 사람들에 관해 언급하면서, "그들이 광야와 산과 동굴과 토굴에 유리하였느니라"(히 11:38)라고 기록하고 있다. 크리소스톰은 이 구절에 대해 그들이 산중을 유리하였을지라도 안전하고 조용한 은신처를 얻을 수 없었다고 전한다.[25] 또한 예루살렘에 있는 교회에 큰 핍박이 일어나서 사도 외에는 다 흩어지게 되었으며, 그 흩어진 사람들에 의해 복음이 두루 전해지게 되었다는 사실도 찾아볼 수 있다(참조. 행 8:1-4). 따라서 하나님의 자녀들이 흩어진다고 해서 기이하게 생각할 이유는 없다.

강해 7

흩어져 있는 열두 지파에게. 본 서신의 수신자들이 흩어져 있다는 사실과 관련해서 다음과 같은 세 가지 사항에 대해서 주목해 볼 필요가 있다.

1. 엄중한 하나님의 공의 – 열두 지파는 하나님의 택한 백성인 이스라엘을 가리키는 말이다. 하나님의 백성인 이스라엘이 이방 나라 가운데서 흩어져 살게 되었던 것은 그들이 저지른 죄악 때문이었다. 하나님은 호세아의 입을 통해서 "이스라엘은 완강한 암소처럼 완강하니 이제 여호와께서 어린 양을 넓은 들에서 먹임같이 그들을 먹이시겠느냐"(호 4:16)라고 하셨다. 물론 이것은 이스라엘 백성에게 자유를 주시겠다는 뜻이기도 하다. 그러나 우리를 벗어난 어린 양이 목자의 보살핌을 받지 못한 채, 그 동료들을 떠나서 늑대와 맹수들이 들끓는 숲과 광야에서 홀로 울부짖으며 방황하는 모습을 상상해 보기 바란다. 자유스러운 만큼 거기에는 많은 위험이 도사리고 있음을 알아야 한다. 사나운 맹수들 사이에서 유리하는 어린양처럼, 유대인들은 낯선 이방 나라에 흩어져서 살아가게 되었다. 여기서 우리는 하나님의 공의가 우리에게 보여주는 엄중함에 대해서 한번 생각해 보아야 할 것이다. 자식이 큰 죄악을 저지르지 않고서야 어찌 아버지가 사랑하는 자식을 문밖으로 내쫓겠는가? 그러나 죄악의 결과는 언제나 내쫓김을 수반한다는 사실을 잊지 말아야 한다. 천사를 하늘에서, 아담을 에덴동산에서, 가인을 여호와의 앞에서 쫓겨나게 했던 장본인이 바로 죄악이었다(참고. 창 4:12, 16). 또한 죄악은 하나님의 자녀들을 그 땅에서 떠나도록 만들기도 했다(렘 9:19). 마찬가지로 우리도 하나님을 공경하지 않는다면, 우리의 집이 우리를 용납하지 않고 그곳에서 쫓아내려 할 것임을 알아야 한다. 아모스 6장을 보면, 이스라엘 백성들이 시온에서 편

25) Chrysostom in Heb. xi, "ἀλλα καὶ ἐκεὶ ὄντες ἔφευγον."

안히 지낼 때, 그들이 다윗의 찬미를 자신들의 오락과 유흥을 위한 노래로 변질시켰던 사실이 기록되어 있다. 그들은 "비파 소리에 맞추어 노래를 지절거리며 다윗처럼 자기를 위하여 악기를 제조"(암 6:5)했다. 그러나 바로 이 일 때문에 그들은 자신들의 집에서 쫓겨 나와 흩어짐을 당하고 말았다. 그뿐 아니라 그들은 내쫓긴 이방 나라에 가서도 똑같은 일로 수치를 당해야 했다. 하나님을 찬미하는 성스러운 노래를 이방 나라 백성들의 유흥을 돋구기 위해 불러야 했다. 그래서 그들은 "우리가 바벨론의 여러 강변 거기에 앉아서 시온을 기억하며 울었도다 그중의 버드나무에 우리가 우리의 수금을 걸었나니 이는 우리를 사로잡은 자가 거기서 우리에게 노래를 청하며 우리를 황폐하게 한 자가 기쁨을 청하고 자기들을 위하여 시온의 노래 중 하나를 노래하라 함이로다"(시 137:1-3)라고 뉘우쳤던 것을 볼 수 있다. 이와 같이 우리가 우리의 집과 가정에서 하나님 섬기는 일을 게을리한다면, 우리의 집도 역시 우리를 배척하게 된다는 사실을 알아야 한다. 다윗이 범죄함으로써 가정의 질서를 잃어버리게 되었고, 결국은 자기 집을 떠나서 피신해야만 했던 사실을 기억해 보기 바란다(참조. 삼하 15장). 우리가 멋지고 아름다운 집에서 편안하게 거하게 되더라도 느부갓네살 왕과 같은 마음을 품어서는 안 된다. 그는 바벨론 궁의 지붕에서 거닐면서 "이 큰 바벨론은 내가 능력과 권세로 건설하여 나의 도성으로 삼고 이것으로 내 위엄의 영광을 나타낸 것이 아니냐"(단 4:30)라고 교만하게 말했다. 또한 자기들은 잘 꾸민 집에 살면서, "여호와의 전을 건축할 시기가 이르지 아니하였다"(학 1:2)라고 말하던 유대인들과 같은 마음을 품어서도 안 된다. 그들은 자신들이 편하기 때문에 오히려 하나님을 소홀하게 대접했다. 우리는 언제나 다윗과 같은 마음을 품어야 한다. 다윗은 궁에 평안히 거할 때, 그 마음에 하나님을 공경하려는 열심이 뜨겁게 일어나는 것을 느꼈다. 그래서 선지자 나단에게, "나는 백향목 궁에 살거늘 하나님의 궤는 휘장 가운데에 있도다"(삼하 7:2)라고 자신의 심경을 토로하였다. 여기서 각 경우의 마음 상태를 한번 비교해 보기 바란다. 느부갓네살은 자기의 궁을 거닐면서 교만한 마음으로 '이 큰 바벨론을 내가 건설했노라' 고 큰소리쳤다. 학개서에 등장하는 유대인들은 자신들이 편안한 집에서 살다 보니 하나님 섬기는 일을 소홀히 하여, '여호와의 전을 건축할 시기가 이르지 않았다' 고 말했다. 그러나 다윗은 자신이 백향목으로 만든 아름다운 궁에 거하게 되자 신앙이 더욱 깊어져서 '하나님은 나에게 이처럼 복을 주셨는데, 나는 하나님의 궤를 위해서 한 일이 무엇인가?' 라고 반성하였다. 열두 지파가 흩어지게 되었던 사실을 기억하고, 우리는 가정에서 하나님을 바로 공경하도록 힘써야 한다. 그렇게 하지 않으면, 우리의 집이 우리를 배척하고 우리를 토해 버릴 것이다.

2. 확실한 하나님의 진리-이스라엘 백성은 선지자 호세아의 말과 같이, "그 회중에 들려준 대로"(호 7:12) 징계를 받았다. 우리는 하나님의 공의뿐 아니라 하나님의 말씀이 보여주는 확실성에 대해서도 주목하지 않을 수 없다. 모세의 율법에 미리 경고되어 있지도 않은 재난이 이스라엘 백성에게 임한 적은 없었다. 율법은 다음과 같이 경고하고 있다. "너희가 나를 거슬러 내게 청종하지 아니할진대 내가 너희의 죄대로 너희에게 일곱 배나 더 재앙을 내릴 것이라"(레 26:21). "내가 너희를 여러 민족 중에 흩을 것이요 내가 칼을 빼어 너희를 따르게 하리니 너희의 땅이 황무하며 너희의 성읍이 황폐하리라"(레 26:33). 이와 같은 유형의 경고가 신명기에도 기록되고 있다. "여호와께서 너를 땅 이 끝에서 저 끝까지 만민 중에 흩으시리니"(신 28:64). 여기서 독자들은 이러한 예언들과 야고보가 본 절에서 언급한 상황이 얼마나 잘 부합되는지를 파악할 수 있을 것이다. 한때는 번창했던 이스라엘의 열두 지파가 이제는 이방 나라 가운데 흩어져서 살아가게 되고 만 슬픈 역사를 보여주기 위해서 야고보는 '흩어져 있는 열두 지파' 라는 표현을 사용하고 있다.

3. 끊임없는 하나님의 사랑 - 하나님은 그의 엄중한 공의 속에서도 자기 백성을 잊지 않으시고 그들에게 사랑을 베푸신다. 하나님은 여러 곳에서 흩어져서 살아가는 그리스도인들을 위로하기 위해서 야고보를 들어 사용하셨다. 하나님의 공의로우신 징계로 인해서 택하신 백성들이 범죄한 자들과 함께 고통을 받게 될 경우에, 하나님은 그들을 잊지 않으시고 특별한 위로를 베풀어 주신다. 예컨대, 유대인들이 추방될 때 요한도 에베소에서 황량하고도 외떨어진 밧모 섬으로 추방되었다. 그러나 그곳에

서 요한이 위대한 계시를 받았던 사실을 우리는 잘 알고 있다(참조. 계 1:9). 따라서, 우리는 우리가 어디로 가든지 하나님께서 언제나 우리와 함께하심을 믿어야 한다. 하나님은 무소부재의 하나님으로서 언제나 우리 가까이에 계신다. 비록 우리의 육체는 이곳저곳으로 옮겨 다닐지라도, 우리의 심령은 언제나 그리스도 안에 있다.

[2] 내 형제들아 너희가 여러 가지 시험을 당하거든 온전히 기쁘게 여기라.

내 형제들아. 성경에 자주 사용되는 칭호로서, 본 서신에서도 여러 번 쓰였다. 이 칭호가 본 서신에서 애용되고 있는 이유에 대해 몇 가지 가능성을 생각해 볼 수 있다. 첫째로, 유대인들은 관례상 자기들의 동족을 가리킬 때 '형제'라는 말을 사용하였다는 점이다. 둘째로, 초대교회에서 교인들이 서로를 지칭하고자 할 때 '형제' 또는 '자매'라는 말을 주로 사용하였다는 사실이다.[26] 셋째로, 본 서신의 저자가 자신의 사랑과 호의를 좀 더 나타내고자 하는 의도에서 이 말을 사용했을 가능성이 있다는 점이다. 본 서신에서는 이 세 가지가 복합적으로 작용되었던 것으로 여겨진다.

여러 가지 시험을 당하거든. 당시 기독교 신앙을 가진 유대인들이 받았던 시험은 여러 가지였다. 그들은 이방인의 경멸, 동족의 약탈, 강도의 위험 등 갖가지 시련을 당했다(참조. 고후 11:23-28). 야고보서와 동일한 수신자에게 보내진 베드로전서에도 "너희가 이제 여러 가지 시험으로 말미암아"(1:6)라고 기록되었다. 역시 흩어진 지파를 수신자로 하고 있는 히브리서도 "너희 소유를 빼앗기는 것도 기쁘게 당한 것은"(10:34)이라고 기록함으로써 당시 기독교인들이 비열한 사람들에게 재산을 강제로 약탈 당했던 사실을 보여준다.

시험(*πειρασμός*). 이 말은 죄악으로 인도하는 유혹이라는 뜻으로 쓰이기도 하지만, '온전히 기쁘게 여기라'는 권면과 연결지어 생각해 볼 때 본

26) Tertul. in Apol. cap. 39와 Justin Mart. in fine Apol. 2, 그리고 Clement. Alexand. lib. v. Stromat를 참조하라.

문에서는 고난의 의미로 쓰인 것이 분명하다.

당하거든(ὅταν περιπέσητε). 이는 그러한 고난이 자신도 모르는 사이에 갑작스럽게 닥쳐와서 마음을 괴롭게 만든다는 의미다.

온전히 기쁘게 여기라. 아무리 갑작스러운 시련이라 할지라도 이는 다 하나님의 통치 아래에 놓여 있는 것이기 때문에 전혀 낙심할 필요가 없다. 이 말을 직역하면, '모든 기쁨으로(πᾶσαν χαρὰν) 여기라' 이다. 여기에서 사용된 πᾶσαν은 '최고의' 라는 의미를 지닌다. 이와 비슷한 용례가 딤전 1:15에 기록된 πάσης ἀποδοχῆς ἄξιος(개역개정 성경에는 '모든 사람이 받을 만한' 이라고 번역되어 있다—역주)이다. 이 말은 아무런 의심 없이 최상의 기쁨을 확실히 받을 수 있다는 뜻이다.

강해 1

내 형제들아. 그리스도인들은 서로 간에 형제애로 결속되어 있다. 앞에서 이미 언급한 바와 같이 초대교회 때부터 교인들은 서로를 '형제' 또는 '자매' 라고 불렀다. 이는 당시 이방인들에게 비웃음거리가 되기도 했다. 교부 터툴리안(Tertullian)은 당시의 상황에 대해서, '*Quod fratres nos vocamus, infamant*' (우리는 형제라고 부르기 때문에 경멸을 받는다)라고 말했다. 한편 형제라는 말은 모든 그리스도인들에게 일정한 의무가 부과된다는 사실을 암시하는 말이기도 하다. 자기가 받은 은사와 직분이 아무리 훌륭하다고 할지라도 그리스도인들은 거만하거나 남을 멸시하는 태도를 취해서는 안 된다. 그리스도 안에서 한 지체를 이루는 사람이라면, 그 신분이 아무리 비천하다고 할지라도 역시 한 형제라는 사실을 잊어서는 안 된다. 그리스도께서도 친히 "너희는 다 형제니라"(마 23:8)라고 말씀하심으로써, 우리에게 서로 간의 사랑과 우의를 강조해 주셨다. 사실 우리가 머리 되신 그리스도 안에서 하나로 연합되고 또 동일한 소망을 가지고 있을진대, 이보다 더 많은 사랑을 나눌 수 있는 관계가 또 어디에 있겠는가? 어거스틴이 친구 알리피우스와의 관계를 '*Eodem sanguine Christi glutinati*' 라고 표현했던 것처럼, 그리스도인들은 그리스도의 동일한 피로써 굳게 결속되어 있음을 알아야 한다. 우리는 모두가 본향을 향해서 나아가는 자들로서, 장차 저 하늘나라에서 또다시 만나게 될 것이다. 그럼에도 형제들 간에 '길에서 다투는'(창 45:24) 일이 있다면, 이는 슬픈 일이다. 터툴리아누스는 초대교회의 모습을 "보라, 기독교인들이 어떻게 서로 사랑하고 있는가를!"(*Aspice, ut se mutuo diligunt Christiani*)이라는 말로 묘사하였다(*Apol.* cap. 39.). 그러나 슬프게도 이제는, "보라, 그들이 어떻게 서로를 미워하고 있는가를!"이라고 말해야 될 형편에 처하였는지도 모르겠다.

강해 2

여기라. 불행이라는 것은 우리가 생각하기에 따라서, 단 것이 될 수도 있고 쓴 것이 될 수도 있다. 세네카(Seneca)는 다음과 같이 말했다. "*Levis est dolor si nihil opinio adjecerit.*" 즉, 우리의 슬픔이 불행에 대한 우리 자신의 의견과 느낌에 따라 좌우된다는 것이다. 사실 인간사의 제반 문제는 우리가 그것을 어떻게 여기느냐에 따라서 얼마든지 달라질 수 있다. 따라서 우리는 고난을 당하게 될 경우, 다음과 같이 세 가지 사항을 유의해야 한다.

1. 감각에 의해서 판단하지 말라. 히 12:11은 "무릇 징계가 당시에는 즐거워 보이지 않고 슬퍼 보이나"라고 기록하고 있다. 테오필락투스(Theophylact)[27]는 이 구절에서 *πρὸς τὸ παρὸν*(당시에는)과 *δοκεῖ*(보이다)가 각각 강조되고 있음을 지적하면서, 전자는 감각에 의해서 느끼고 경험하는 것을 가리키는 반면, 후자는 전자의 지시에 따라서 받아들여지게 되는 것을 가리킨다고 보았다. 비록 우리의 감각이 전혀 기쁨을 느끼지 못하고 쓰라림과 고통만을 느낀다고 할지라도, 우리 자신을 그렇게 여기도록 내버려두어서는 안 될 것이다. 그리스도인은 세상의 기준에 따라서 판단하지 않는다는 점에서 세상을 초월해서 살고 있다. 바울은 세상의 모든 고난을 영적인 견지에서 판단한 뒤, 다음과 같은 고백을 하고 있다. "생각하건대 현재의 고난은 장차 우리에게 나타날 영광과 비교할 수 없도

---

27) Theoph. *in loc.*

다"(롬 8:18). 현재의 것에 속한다고 말할 수 있는 감각은 이와 다르게 판단할지도 모른다. 그러나 바울은 '생각하건대' 라고 말함으로써 감각과는 다른 종류의 가치 판단 기준을 채택하고 있음을 보여주고 있다. 히 11:26에서도 "[모세]는 그리스도를 위하여 받는 수모를 애굽의 모든 보화보다 더 큰 재물로 여겼으니"라고 하였다. 여기에서도 우리는 모세의 선택이 자신의 가치 판단에 기초한 것임을 알 수 있다.

2. 초자연적인 빛에 의해서 판단하라. 오직 그리스도의 눈을 가진 사람만이 시야가 밝아져 올바른 판단을 내릴 수 있다. 바울은 "하나님의 일도 하나님의 영 외에는 아무도 알지 못하느니라"(고전 2:11)고 말했다. 우리가 그의 장막 안에 들어가 지성소의 불빛으로 보게 되기까지는 사물을 올바르게 판단하지 못한다는 것이다. 바울은 또한 바로 앞 구절에서 "눈으로 보지 못하고 귀로 듣지 못하고"(고전 2:9)라고도 했다. 바울은 우리가 하늘의 기쁨을 이해할 수 있는 자격이 없다는 사실을 말하려는 것이 아니라, 영적인 일을 육적인 감각으로 이해하려 드는 것이 부적절하다는 사실을 지적하는 것이다. 다시 말해서 자연적 감각으로는 영적인 깊은 것의 가치와 진가를 깨달을 수가 없다는 말이다. 이성이나 본성의 빛으로는 사리를 올바르게 판단하지 못한다. 하나님의 비밀은 하나님의 영이 아니고서는 깨닫기가 어렵기 때문이다. 이상이 고린도전서 2장에서 바울이 가르치고 있는 내용의 핵심이다. 다윗도 시 36:9에서 "주의 빛 안에서 우리가 빛을 보리이다"라고 노래했다. 이는 우리가 주의 영으로 말미암아 영광이나 은혜의 찬란함과 세상의 덧없음을 분별하게 된다는 뜻이다.

3. 초자연적인 기준에 따라 판단하라. 때로는 우리의 이성도 우리가 당하는 슬픔을 가볍게 여기도록 도와주기는 하지만, 이것이 궁극적인 해결책은 되지 못한다. 이스라엘 백성은 교만하고 완악한 마음으로 말하기를 "벽돌이 무너졌으나 우리는 다듬은 돌로 쌓고 뽕나무들이 찍혔으나 우리는 백향목으로 그것을 대신하리라"(사 9:10)고 했다. 그들은 구제책을 알고 있기 때문에 자신들이 불행한 일을 당하더라도 아무런 문제가 없다고 말한다. 그러나 이러한 마음가짐은 올바른 판단이 아니라 악한 생각일 뿐이다. 선지자 예레미야는 이들을 향해서 "네 악한 생각이 네 속에 얼마나

오래 머물겠느냐"(렘 4:14)라고 부르짖고 있다. 육신적인 생각으로 꾀를 부리고 다른 방편을 만들어 내는 것은 올바른 판단력을 키우는 것이 아니라 도리어 판단력을 흐리게 하는 것임을 알아야 한다. 올바른 판단은 언제나 신령한 기준과 믿음의 도리에 따를 때에만 가능한 것이다. 우리가 때로는 불행한 일을 당하더라도 하나님께서 그것을 선으로 만들어 주실 것이라는 믿음을 가질 때, 소망 가운데서 인내할 수 있다.

강해 3

온전히 기쁘게 여기라. 고난은 하나님의 백성에게 자신들의 인내를 시험해 볼 수 있는 좋은 기회를 제공해 줄 뿐 아니라, 큰 기쁨의 원천이 되기도 한다. 만일 세상 사람들이 기독교가 인간을 어둡고 우울하게 만드는 경향이 있다고 생각한다면, 이것은 전혀 근거가 없는 추측일 뿐이다. 바울은 "하나님의 어리석음이 사람보다 지혜롭고 하나님의 약하심이 사람보다 강하니라"(고전 1:25)라고 하였다. 비록 은혜 가운데서는 가장 못한 것에 속한다 할지라도 그것은 세상에서 가장 좋은 것보다 더 나은 것이므로, 어떠한 시험을 만나더라도 온전히 기쁘게 여겨야 한다. 그리스도인은 겨울에도 봄날처럼 즐겁게 노래 부를 수 있는 새와 같다. 또한 그리스도인의 삶은 떨기나무에 불이 붙었으나 그 나무가 사라지지 아니함(출 3:2)과 같다. 그리스도인이 환난 가운데서도 기뻐하는 것은 설교에서나 들을 수 있는 역설적인 진리가 아니라, 일상생활을 통해서 늘 체험하게 되는 생활 방식이다. 그래서 히브리서 저자는 "너희가 갇힌 자를 동정하고 너희 소유를 빼앗기는 것도 기쁘게 당한 것은 더 낫고 영구한 소유가 있는 줄 앎이라"(히 10:34)라고 말한다. 초대교회 성도들은 무모한 박해자들에 의한 강탈과 횡포 등으로 많은 괴로움을 당했지만 기쁨을 잃지 않았다. 바울은 여기서 한걸음 더 나아가 "내가 우리의 모든 환난 가운데서도 위로가 가득하고 기쁨이 넘치는도다"(고후 7:4)라고 말하였다. 환난 가운데서도 *ὑπερπερισσεύομαι τῇ χαρᾷ* 즉, 기쁨이 넘쳐흐른다는 것이다. 이렇게 생각할 때, 낙심 가운데 처해 있는 심령은 아직 참된 그리스도인의 생활 원리에는 이르지 못한 것이라고 여겨진다. 그런데 바울은 여기서도 한걸음 더 나아가, "우리가 환난 중에도 즐거워하나니"(롬 5:3)라고 하였다. 여기에서 사용된 동사 *καυχώμεθα*는 자랑하고 싶어서 견딜 수 없을 정도의 환희를 뜻하는 말로서, 최고의 기쁨을 가리킨다. 이처럼 바울은 자신이 극한 상황에 처해 있으면서도, 기쁨으로 충만한 모습을 우리에게 보여주었다. 그리스도인들의 삶이 세상 사람들의 눈에는 분명히 이상하게 비칠 것이다. 그래서 바울도 이르기를 "근심하는 자 같으나 항상 기뻐하고 가난한 자 같으나 많은 사람을 부요하게 하고 아무것도 없는 자 같으나 모든 것을 가진 자로다"(고후 6:10)라고 했다. 우리는 바로 이것이 우리 그리스도인들의 생활신조라고 말할 수 있다.

〈이의 제기〉

그러나 여러분은 다음과 같이 말할 수 있을 것이다. 성경도 우리가 우리의 인간적인 상태를 느끼지 않을 수 없음을 인정하지 않는가? 고난의 한가운데서 어떻게 즐거워할 수 있단 말인가? 그리스도의 영혼도 '고민하여 죽을 지경' 에까지 이르지 않았던가?

〈답변〉

이 문제에 대해서 다음과 같이 대답할 수 있겠다.

1. 사실 그 같은 고난 속에서 거짓없이 즐거워할 수는 없다. 그렇게 되는 것이 은혜의 결과라고 말할 수 없으며, 그것은 본성에도 어긋나는 것이다. 본성적으로 사람은 고통을 혐오하게 되어 있다. 이 점은 그리스도에게서도 발견할 수 있다. "내 마음이 괴로우니 무슨 말을 하리요 아버지여 나를 구원하여 이때를 면하게 하여 주옵소서"(요 12:27). 비록 그리스도께서는 중보자로서 죽음과 고난을 스스로 선택하셨지만, 그분도 한 인간으로서 우리와 똑같은 감정을 표출하셨다. 고통 그 자체는 괴로운 것이다. 아울러, 그리스도께서 당하신 고난 속에는 그분이 대신 짊어지신 우리의 죄악과 그에 대한 하나님의 진노가 결합되어 있다. "하나님 외에는 어떤 적도 우리를 불행에 빠뜨릴 수 없다"(*Cœlestis ira quos premit miseros facit, humana nullos*). 그러므로 우리가 당하는 고난에 쓰라림과 고통스러움을 가하는 것은 인간의 노여움이 아니라 하나님의 진노다.

2. 그리스도인들의 기쁨은 그들이 당하는 고난에 뒤따라오게 될 영광스

러운 결과와 깊은 관련이 있다고 본다. 고난 뒤에 따라오는 좋은 결과는 다음과 같이 세 가지 국면으로 나누어서 생각해 볼 수 있다.

(1) 우리에게 주어진 명예 – 우리는 그리스도의 진리를 증거하도록 택함을 받은 사람들이다. 바울은 빌립보 교인들에게 "그리스도를 위하여 너희에게 은혜를 주신 것은 다만 그를 믿을 뿐 아니라 또한 그를 위하여 고난도 받게 하려 하심이라"(빌 1:29)고 밝힌 바 있다. 그리스도를 위하여 받는 고난은 하나님의 특별한 은혜로 주어진 것이므로 낙심해서는 안 되며 오히려 감사해야 한다. 그래서 베드로도 "만일 그리스도인으로 고난을 받으면 부끄러워하지 말고 도리어 그 이름으로 하나님께 영광을 돌리라"(벧전 4:16)고 권면하였다. 이러한 가르침은 초대교회의 성도들과 순교자들에게 깊은 영향을 주었다. 실제로 사도행전의 저자는 "사도들은 그 이름을 위하여 능욕 받는 일에 합당한 자로 여기심을 기뻐하면서 공회 앞을 떠나니라"(행 5:41)라고 전한다. *ὅτι κατηξιώθησαν ἀτιμασθῆναι*(능욕 받는 것이 합당하게 여겨졌다)의 본래적 의미는 '불명예를 당하는 명예를 얻었다' 이다. 하나님과 그의 진리를 위해서 싸우는 용사로 우리가 선택받았다는 사실은 명예롭고도 영광스러운 일이 아닐 수 없을 것이다. 바로 이 사실이 우리의 기쁨을 보장해 주는 것이다. 그리스도께서 친히 "나로 말미암아…너희를 거슬러 모든 악한 말을 할 때에는 너희에게 복이 있나니 기뻐하고 즐거워하라"(마 5:11-12상)고 하셨다. 누가는 이를 더욱 실감나게 표현하여 "기뻐하고 뛰놀라"(눅 6:23)고 기록하고 있다.

(2) 교회가 얻게 되는 유익 – 고난에 확고하게 대처하는 것이 곧 세상을 이기는 길이기도 하다. 가지가 자랄수록 더 많은 새싹이 돋아나는 참나무처럼, 교회는 고난을 받게 됨으로써 오히려 생존 의식을 강하게 느끼게 된다.[28] 터툴리아누스는 그리스도교를 부흥시킨 가장 큰 요인이 이방인들에 의한 가혹한 박해였다고 지적한 바 있다.[29] 어거스틴도 이방인들이 그리스도교의 성장을 억압하기 위해 사용했던 갖가지 방법들을 열거하면서, 그럴수록 그리스도교는 더욱 급속하게 성장했다고 말했다.[30] 초대교회 당시만 하더라도 수많은 그리스도인들이 옥에 갇히거나 몸이 찢기는 고문을 당하고 돌에 맞으며 화형에 처해지기도 했지만, 그리스도인의 수

는 계속해서 늘어났다. 처음부터 피로 세움을 받은 교회이기 때문에, 피로 물들어질 그때가 또한 가장 크게 번성하는 때다. 그리스도의 피로 세움을 받은 교회는 순교자의 피로 적셔지면서 더욱 성장해 나갔다. 순교자들은 자신들의 고난과 죽음이 복음의 확산과 교회의 부흥에 공헌한다는 생각에 기뻐했을 것이다.

(3) 우리를 위해 준비된 위로거리 – 하나님은 순교하는 자들과 고난 중에 있는 자기 자녀들을 잊지 않고 위로해 주신다.[31] 몇 개의 실례를 들어보면 다음과 같다. 우선 하나님은 말씀으로 우리를 위로해 주신다. 살전 1:6에서 말씀하시기를 "또 너희는 많은 환난 가운데서 성령의 기쁨으로 말씀을 받아"라고 했다. 복음은 환난을 이기게 하는 능력을 공급해 주는 것이다. 그 다음으로 우리는 고난을 통해서 하나님의 은혜를 더욱 깊이 체험하게 된다. 비가 온 후에 태양 빛이 더욱 밝게 비추는 것처럼, 어려운 고난을 당하게 될 때 하나님의 은혜는 더욱 강하게 부각된다. 또 한 가지 우리가 생각해 볼 수 있는 것은 고난을 통해서 좀 더 빨리 영광에 이를 수 있다는 기쁨을 얻게 된다는 것이다. 주께서 말씀하시기를 "의를 위하여 박해를 받은 자는 복이 있나니 천국이 그들의 것임이라"(마 5:10)라고 하셨다. 이 말씀에 따라서 초대교회의 성도들은 옥중에서 그냥 풀려나는 것보다 처벌당하는 것을 더 기뻐했다.[32] 그리스도와 함께 있고자 하는 뜨거운 열망으로 인해서, 그들은 박해자에게 오히려 감사를 드렸으며 자신들을 불사르게 될 나무에 입맞춤을 했다. 순교자 유스티누스(Justin

---

28) 'Τεμνόμενον θάλλει καὶ τῷ σιδηρῷ ἀντάγωνίζεται.' – *Naz. in Orat.*

29) 'Exquisitior quæque crudelitas vestra illecebra est; magis sectæ, plures efficimur, quoties metimur a vobis,' &c. – *Tertul. in Apol.*

30) 'Ligabantur, includebantur, cædebantur, torquebantur, urebantur, laniabantur, trucidabantur et tamen multiplicabantur.' – *Aug.* lib. xxii. *de Civit. Dei*, c. 6.

31) 헤세(Hesse)의 영주 필립(Philip)이 어떻게 그 지루하고 긴 감옥 생활을 견뎌낼 수 있었는지에 대해 고백했던 내용이다– '*Professus est se divinas martyrum consolationes sensisse.*', Manlius.

32) 'Magis damnati quam absoluti gaudemus.' – *Tertul. in Apol.*

Martyr)는 '*Gratias agimus quod a molestis dominis liberemur*' 라고 기록했다(*Apol.* 1, adversus Gentes). 이는 '우리가 예수 그리스도의 품에 기쁘게 안길 수 있도록 세상의 성가신 일들로부터 우리를 해방시켜 주어 감사하다' 는 뜻이다.

〈이의 제기〉

어떤 사람들은 또 이렇게 말할 것이다. '내가 당하는 고난은 사람의 손으로부터 온 것이 아니라 하나님의 섭리에서 온 것이며, 내 자신의 죄 때문에 받는 것이지 그리스도를 위해 받는 고난이 아니다.'

〈답변〉

사실 하나님의 손으로부터 오는 고난과 인간이 휘두르는 폭력으로 인해 당하는 박해는 서로 다르다. 하나님의 손은 공의롭기 때문에, 우리가 스스로 범한 죄책(罪責)은 우리 영혼을 그리 유쾌하게 만들지 않는다. 그러나 질병이나 친구의 죽음, 그 밖의 하나님의 직접적인 섭리로부터 오는 고난은 하나님의 자녀들에게 있어서 하나의 시련일 뿐이다. 이와 같은 고난을 당할 때는 슬픈 울음이나 겸허함뿐 아니라 거룩한 용기와 확신을 가져야 한다. "너는 멸망과 기근을 비웃으며"(욥 5:22). 믿음은 우리에게 닥치는 모든 것을 초월할 수 있어야 한다. 고난받는 이로 하여금 현재의 모든 사건들을 이겨 내도록 해 주는 것이 믿음의 참된 역할이다. 그러므로 일상적으로 당하는 시련 속에서도 즐거워하고 기뻐할 충분한 이유가 있다. 이는 그리스도의 '상호 이해' 와 같은 것이다. 다시 말해서, 우리의 고난이 그리스도를 위한 것이 아닐지라도 그리스도께서는 우리 안에서, 우리와 함께 아파하신다. 그리스도는 그분의 이름을 위하여 받는 고난이 아닌 이상 그들의 슬픔에 무관심하실 것이라고 생각하는 그리스도인이 있다면, 크게 오해하고 있는 것이다. 또한 '복음의 위로' 라는 것이 오직 순교의 경우에만 해당된다고 생각해서도 안 된다. 우리는 일상적인 고난 속에서 하나님의 은혜와 사랑, 그리고 자신에 대한 연단과 인내를 경험할 수 있기 때문에 즐거워할 수 있다. "우리가 환난 중에도 즐거워하나니 이는 환난은 인내를, 인내는 연단을…이루는 줄 앎이로다"(롬 5:3,4). 고후 12:9-10에서도 "나의 여러 약한 것들에 대하여 자랑하리니 이는 그리스도의 능력이 내게 머물게 하려 함이라"고 했다. 고난은 우리에게 하나님을 더욱 발견하게 하고, 은혜의 능력을 더 많이 깨닫고 느끼게 해주는 동기가 된다. 그러므로 우리는 고난 중에서도 기뻐할 수 있다. 마지막으로, 믿음은 고난 가까이에 있음을 알아야 한다. 그러므로 실패했을 때 좌절하는 것은 핍박을 받고서 좌절하는 것만큼이나 그리스도인의 소망에 합당하지 않은 태도다. 우리는 세상 사람들로 하여금 우리가 모든 처지와 조건을 초월하여 살 수 있으며, 모든 고난은 우리의 소망 아래 있다는 것을 알 수 있도록 살아가야 한다. 결론적으로 말한다면, 우리는 하나님의 섭리로 인해 고난을 당할 때에도 그리스도의 이름을 위해 고난을 당할 때처럼 즐거워해야 한다.

강해 4

당하거든. 갑작스럽게 닥친다는 뜻이다. 우리는 이 말을 통해서 시험이란 원하지 않는 것이며 비자발적인 것이란 사실을 알 수 있다. 이러한 견지에서 고난을 적극적으로 찾아서 감당하는 것이 바람직하다고 보는 터툴리안의 주장은 잘못이다. 주께서도 우리에게 기도를 가르쳐 주실 때, '우리를 시험에 들게 하지 마시옵고'라고 하셨다. 필라스트리우스(Philastrius)의 기록에 의하면 어떤 사람들은 순교에 대한 열정 때문에 다른 사람에게 자신을 죽이도록 강요하기도 했다고 한다. 데오도렛(Theodoret)도 같은 사실을 전했다.[33] 그런 행위는 그것은 한마디로 미친 짓이지 참된 열심은 아니다.

강해 5

여러 가지. 하나님은 자기 백성을 여러 가지 방법으로 훈련시키신다. 바울은 자신이 당했던 위험과 고난을 다음과 같이 열거하고 있다. "여러 번 여행하면서 강의 위험과 강도의 위험과 동족의 위험과 이방인의 위험과 시내의 위험과 광야의 위험과 바다의 위험과 거짓 형제 중의 위험을

33) Theod. lib. iv. Hæret. Fabul.

당하고 또 수고하며 애쓰고 여러 번 자지 못하고 주리며 목마르고 여러 번 굶고 춥고 헐벗었노라"(고후 11:26-27). 우리가 져야 할 십자가는 한 가지만 있는 것은 아니다. 하나님은 여러 방법으로 우리를 훈련시키신다. 물론 그렇게 하시는 데에는 큰 이유가 있다. 만일 우리가 어떤 병에 걸렸다면 그 병에 적합한 치료법을 택해야 한다. 마찬가지로 우리의 교만·시기·탐욕·세속적인 마음·음란·욕정 등의 각종 죄악들이 동일한 방법으로 한꺼번에 다 치료될 수는 없다. 어떤 고난은 우리의 교만을 꺾는 데 도움이 되고, 또 다른 종류의 고난은 우리의 욕망을 꺾는 데 유효하다. 딛 3:3에 기록된 것처럼, 우리에게는 '여러 가지 정욕'이 있기 때문에 '그에 따른 고난'이 따라오기 마련이다. 따라서 불행이 파도와 같이 끊임없이 밀려온다고 할지라도 이를 불평하지 말아야 한다. 그리스도께서도 "나라가 나라를 대적하여 일어나겠고 곳곳에 기근과 지진이 있으리니"(마 24:7)라고 경고하셨다. 그러므로 우리는 '떨며 범죄하지 말아야'(시 4:4) 한다. 하나님이 우리를 단련시키는 방법에는 여러 가지가 있다는 사실을 알고, 무엇을 선택할 것인가에 대해서는 전적으로 하나님의 지혜에 맡기도록 해야 한다. 왜냐하면 자신의 의지로 고통을 감당하겠다고 하는 것은 자기의 뜻대로 하나님을 섬기겠다고 하는 것과 마찬가지로 옳지 못한 일이 되기 때문이다.

강해 6

시험. 하나님의 백성이 당하는 시험은 연단을 위한 시험이다. 시험이라는 말이 일반적으로는 유혹을 뜻하지만, 본문에서는 '연단을 위한 고난'이라는 의미로 쓰였다. 이는 시험의 배후에 하나님이 뜻하시는 목적이 있음을 보여준다. 곧 "네 조상들도 알지 못하던 만나를 광야에서 네게 먹이셨나니 이는 다 너를 낮추시며 너를 시험하사 마침내 네게 복을 주려 하심이었느니라"(신 8:16)고 함과 같다. 또 벧후 2:9에서는 "주께서 경건한 자는 시험에서 건지실 줄 아시고"라고 했다. 따라서 성도가 당하는 환난은 심판이 아니라 죄를 억제하도록 하기 위해 하나님께서 베푸시는 하나의 훈련임을 알아야 한다. 또한 이런 환난을 통해서 하나님께서 우리에게 주신 은혜를 발견하게 되고, 나아가 우리의 믿음, 사랑, 인내, 성실, 끈기 등을 입증해 보일 수 있는 기회를 얻게 된다. 따라서 우리는 언제나 연단을 위한 시험을 받고 있는 사람처럼 살아감으로써 우리의 삶 속에서 아름답지 못한 점들이 발견되지 않도록 해야 한다.

[3] 이는 너희 믿음의 시련이 인내를 만들어 내는 줄 너희가 앎이라.

고난 가운데서도 기뻐해야 할 이유가 처음으로 설명되고 있다. 신자가 고난 가운데서도 기뻐해야 할 이유는, 첫째로 그것이 믿음의 시련이기 때문이며, 둘째로 그것이 결과적으로 '인내를 만들어 내기' 때문이다.

앎이라. 이 말의 뜻은, 알아야만 한다는 식의 의무를 가리키는 것일 수도 있다. 예컨대, 바울이 살전 4:13에서 "형제들아 자는 자들에 관하여는 너희가 알지 못함을 우리가 원하지 아니하노니"라고 한 경우가 그러하다. 그래서 혹자는 야고보가 권면을 하고 있는 것으로 보기도 한다. 즉, 이 말을 '나는 너희가 알기 원하노라' 라는 의미로 해석하는 것이다. 그러나 이 말은 어떤 사실에 대한 단순한 보도로도 볼 수 있다. 즉 성령의 가르침과 체험을 통해서 이미 너희들이 그 사실을 잘 알고 있지 않느냐는 것이다. 아무튼 사도는 박해받는 그리스도인들에게 자신들이 당하는 고난의 성격에 대해서 생각하게 하고, 또 그들이 깨달아 알 수 있도록 영적인 교훈을 줌으로써 성령이 어떻게 그들의 마음속에 기쁨을 심어 주고 있는지를 말해 주고 있다.

너희 믿음의 시련이. 이 구절에서 고난을 나타내는 또 하나의 단어가 새롭게 쓰이고 있다. 앞 절에서는 *πειρασμοῖς*(시험)라는 단어가 쓰였는데 이는 좀 더 일반적인 개념을 나타내는 말이다. 반면 본 절의 경우에는 *δοκίμιον*(시련)이라는 용어가 사용되고 있다. 이것은 인정을 받기 위해서 연단받는 행위를 지칭하는 말이다. 한편 혹자는 다음과 같은 이유를 들어서 바울과 야고보의 진술이 서로 상충된다는 주장을 내세우기도 한다. 즉 바울은 롬 5:4에서 "인내는 연단(*δοκιμὴν*)을, 연단은 소망을 이루는 줄 앎이로다"라고 해서 인내를 앞세우고 있는 반면, 야고보는 본 절에서 "너희 믿음의 시련(*δοκίμιον*)이 인내를 만들어 내는 줄 너희가 앎이라"고 하여 시련을 인내보다 앞에 두고 있다는 것이다. 이에 대한 해결책은 다음의 두 가지로 생각해 볼 수 있다. 첫째, 양자의 경우에 사용된 단어가 완전히 일치하는 것은 아니라는 점이다. 바울은 *δοκιμή*라는 단어를, 야고보는 *δοκίμιον*이라는 용어를 쓰고 있다. 전자는 체험(experience)의 의미가 강한 반면에, 후자는 시련(trial)의 의미를 강하게 내포하고 있다. 둘째, 문맥을 살펴볼 때 바울은 고난의 효과를 가리키고 있지만 야고보는 고난 그 자체를 지칭하고 있다는 점이다. 다시 말해서 바울은 고난에 따르는 효과로서 하나님의 도우심이나 성령의 위로하심을 체험하게 된다는 사실을 강조하고 있고, 야고보는 고난 자체를 통해서 우리의 믿음과 우리가 받은 은혜들이 인정과 연단을 받게 된다는 사실을 강조하고 있다.

인내를 만들어 내는 줄. 여기에서 사용된 동사 *κατεργάζεται*는 강한 의미를 지니는 말로서, 인내를 '완전하게 한다' 는 뜻이다. 불평과 불만의 이유가 될 수밖에 없는 고난 또는 시련이 인내를 온전히 만들어 낸다는 것은 그야말로 역설적인 진리가 아닐 수 없다. 혹자는 이 점을 설명하기 위해서 인간의 본성을 거론하기도 한다. 즉, 우리가 계속적으로 어떤 고난을 당하다 보면, 자신도 모르는 사이에 그것에 익숙해져서 우리의 감각이 무뎌져버려 그것을 고난이라고 여기지 않게 된다는 것이다. 그러나 야고보가 여기서 의도하고 있는 것이 이런 것은 아니라고 본다. 왜냐하면 이는 인내라고 하기보다 차라리 우둔함에 속하는 일이기 때문이다. 본 절이 나타내고 있는 것은, 인내를 이루어 가는 좋은 여건이 시련을 통해 주어진다는 점이다. 이런 관점에서 볼 때, 시련은 하나님이 주시는 복의 범주에 속한다. 여기서 우리가 명심해야 할 것은 형벌과 시련을 명확하게 구별해야 한다는 사실이다. 형벌의 결과는 낙담과 불평이 되겠지만, 시련의 열매는 인내와 기쁜 마음으로 드리는 순종이 될 것이다. 악인에게 있어서는 모든 상황이 올무가 될 수 있다. 그들은 조금만 잘 되면 타락하기 쉽고, 또 조금만 안 되면 낙담하기 쉽다.[34] 그러나 의로운 사람들은, 잘 될 때는 그것을 감사의 조건으로 삼고, 어려움에 처할 때는 그것으로 인내를 이루게 된다. 나무나 풀을 태우는 불이 금이나 은을 제련하는 데도 이용되는 법이다.[35] 이것은 시편 저자가, "여호와는 의인을 감찰하시고(단련시키신다는 뜻) 악인과 폭력을 좋아하는 자를 마음에 미워하시도다"(시 11:5)라고 함과 같다. 결론적으로, 고난은 우리의 믿음을 시험하여 입증하는 일에 도움을 주는 것이며, 하나님이 주시는 복으로 인해 인내라는 열매를 맺게 되는 것이라고 말할 수 있다. 히브리서 저자가 "무릇 징계가 당시에는 즐거워 보이지 않고 슬퍼 보이나 후에 그로 말미암아 연단 받은 자들은 의와 평강의 열매를 맺느니라"(히 12:11)라고 한 것도 같은 맥락에서 이해할 수 있다.

강해 1

앎. 무지는 비극을 부른다. 악을 바로 분별하지 못하면 괴로운 일을 당할 때가 온다. 우리는 사람으로서 이성을, 그리스도인으로서 영적 지혜를 무기로 삼고 있다. 바울은 자족하는 삶을 배웠다(빌 4:11). 그리고 그러한 깨달음은 고르지 못한 형편 속에서도 동일한 마음으로 사도로서의 길을 걷게 해 주었다. 솔로몬은 잠 24:5에서 "지혜 있는 자는 강하고 지식 있는 자는 힘을 더하나니"라고 전제한 뒤, 이어 10절에서는 "네가 만일 환난 날에 낙담하면 네 힘이 미약함을 보임이니라"라고 말한다. 이처럼 평소에 지혜와 지식이 없으면 환난이 닥칠 때 좌절할 수밖에 없다. 사람의 영혼이 쇠잔해 가는 배후에는 이러한 무지와 어리석음이 있다. 어린아이들은 하찮은 일에도 놀라 움츠린다. 만일 우리가 하나님이 어떤 분이시며, 어떤 경륜 아래 우리를 인도하시는지를 깨달은 장성한 사람이라면 고난이 닥쳐도 낙심해서는 안 된다. 이렇듯 '아는' 행위는 우리의 신앙 행보에 중요하게 작용하므로 바른 지식을 얻기 위해 힘써야 한다.

이 문제를 다른 몇 가지 사항을 통해 좀 더 살펴보자. : (1) 일반 지식만으로는 고난 중에 인내할 힘을 얻지 못한다. 이방인들은 일반 은총 안에 계시된 하나님에 대한 '그노스톤'(*τὸ γνῶστον*), 즉 고도의 지식을 지니

34) 'Eum nulla adversitas dejicit, quem nulla prosperitas corrumpit.' – *Greg. Mor.*

35) 'Ignis non est diversus et diversa agit; paleam in cineres vertit; auro sordes tollit.' – *Aug. in Ps. xxxi.*

고 있었다(롬 1:19). 하지만 그들의 생각(διαλογίσμοις, 사고 작용)은 오히려 허망한 데로 기울었다(21절). 자연 만물과 사람의 마음속에 계시되어 있는 신 지식(神知識)을 그대로 받으려 하지 않고, 오히려 인간의 부패한 가치관으로 신 지식을 재정립하려는 헛된 생각으로 인해 하나님을 엉뚱한 대상으로 대치시키고 말았다. 그들은 일반 지식을 풍성히 지니고 있었으나 그것을 마땅히 적용해야 할 특수한 대상에 적용할 만한 지혜가 없었다. 많은 사람들이 일반론에는 능하다. 세네카도 그러했다. 그도 비옥한 전답을 지니고 있을 때는 남들에게 참고 견디라고 격려할 수 있었지만, 막상 자신이 곤궁에 처하자 실의에 빠졌다.[36] 욥에 대한 엘리바스의 충고는 그런 사람들에 대한 일침이 될 만하다. "(네가) 넘어지는 자를 말로 붙들어 주었고 무릎이 약한 자를 강하게 하였거늘 이제 이 일이 네게 이르매 네가 힘들어하고 이 일이 네게 닥치매 네가 놀라는구나"(욥 4:4-5). 그러므로 실제 상황에 접했을 때 난처해하거나 당황하지 않기 위해서는 사실에 대한 지식뿐 아니라, 그 지식을 적용할 수 있을 만한 지혜가 있어야 한다. (2) 믿는 자의 지식은 구체적인 사고 행위와 영적 지혜에서 도출되어야 한다. 이러한 지식이 사람에게 시기적절한 도움과 위로를 주며, 바로 그 안에 믿는 자의 능력이 있다. 우리 자신의 지식 습득 과정을 잘 고찰해 보자. 성령께서 시기적절한 생각으로 역사하시는 사실을 늘 감지할 수 있지 않은가? 예수께서는 제자들에게 큰 위로를 베푸신 뒤, "보혜사 곧…그가 너희에게 모든 것을 가르치고 내가 너희에게 말한 모든 것을 생각나게 하리라(καὶ ἀναμνήσει)"(요 14:26)고 약속하셨다. 이처럼 능력 있고 시기적절한 생각으로 영혼을 위로하시는 것이 성령님의 사역이다. 그러므로 히브리서 저자는 성도들의 낙심을 '하나님께서 권면하신(위로하신) 말씀을 잊은 소치'라고 말한다(히 12:5 참조). 성경 여러 곳에서 지식과 고난의 관계를 어떻게 가르치고 있는지 몇 가지 예를 들어 살펴보자. 사명을 앞에 두고 있는, 혹은 고난에 처해 있는 성도를 분연히 일어서게 만드는 힘은 그가 지니고 있는 분명하고도 실제적인 사상에서 비롯된

36) 'Senecæ prædivitis hortos.' – *Juvenal*.

다. 고난 중에 타락의 길로 들어서지 않기를 원하는가? 그것은 바로 지금 하나님께서 무엇이라고 가르치셨는지를 반추해 봄으로써 가능하다. 그래서 바울은 '우리의 옛 사람이 예수와 함께 십자가에 못 박힌 것을 알라' 고 가르친다(롬 6:6). 바로 이 사실을 앎으로써 고난도 즐거이 견딜 마음이 생긴다. 이와 함께 히 10:34에서는, "너희가 갇힌 자를 동정하고 너희 소유를 빼앗기는 것도 기쁘게 당한 것은 더 낫고 영구한 소유가 있는 줄 앎이라"고 가르치며, 롬 5:3-4에서도 "우리가 환난 중에도 즐거워하나니 이는 환난은 인내를, 인내는 연단을, 연단은 소망을 이루는 줄 앎이로다" 라고 교훈한다. 이외에도 다른 여러 말씀이 성령께서 성도들의 마음속에 다른 생각과 반응을 일깨워 주심으로써 그들을 도우신다는 사실을 가르친다. (3) 다음 생각들이 종종 인내를 가능하게 한다. 첫째, 재난이나 고난은 우연히 임하는 것도 아니지만 단순히 진노의 도구만도 아니며, 오히려 하나님께로부터 온다. 그래서 의인 욥은 "전능자의 화살이 내게 박히매" (욥 6:4)라고 했다. 여기서 '전능자의 화살' 이란 말을 주의하여 보라. 비록 사탄이 그 화살을 쏘았으나, 욥 2:7에서 볼 수 있는 것처럼 그것은 하나님의 화살이었다. 단지 사탄의 활시위를 통해 쏘아졌을 뿐이다. 그렇다면 둘째, 원인 모를 재난이나 고난이 닥칠 때 우리는 다만 그 일을 허락하신 하나님을 경외하고 인정할 수밖에 없다. 그분의 능력은 너무 커서 반항의 대상이 되지 않고, 그분의 의는 지극히 높아 의혹의 대상이 되지 않으며, 그분의 선은 지극히 고결하여 의심의 대상이 되지 않기 때문이다. 이 문제에 대한 더 자세한 내용은 5장에서 다룬다.

강해 2

시험(*δοκίμιον*). 박해가 하나님의 백성들에게 전해지는 효과와 의미는 '시험' 이다. 마치 순금이 불 속에서 정련되듯이, 하나님은 가장 악한 도구들을 가장 맹렬한 시험의 불로 사용하신다. 순결은 죄악에 의해 가장 잘 검증되는 것이다.[37] 그렇다면 하나님은 왜 우리를 시험하시는가? 우선 하

37) 'Probatio innocentiæ nostræ est iniquitas vestra.' – *Tertul. in Apol.*

나님이 어떤 모르는 사실을 시험을 통해 알아내려는 것이 아님은 분명하다. 그분은 전지하시기 때문이다. 오히려 다음 두 가지 이유 중 어느 하나일 것이다. (1) 성도들 자신을 위한 시험 – 즉 시험을 통해서 우리 자신의 모습을 알게 하시기 위함이다. 우리는 시험을 당할 때 자신이 지니고 있는 은사가 참으로 하나님께로부터 온 것인지를 분별하게 되며, 자신이 그 은사를 얼마나 미미하게 혹은 적극적으로 발휘해 왔는지를 발견하게 된다. 그로써 자기 신앙의 현주소를 파악한다. 즉 진실은 겉으로 드러나고야 만다. 금박 입힌 그릇 조각은 닦고 문질러야 빛이 난다. 그런 이유에서 하나님은 그 백성들을 시험하실 때 찌꺼기가 다 녹아 없어질 정도로 화로를 뜨겁게 달구듯 하신다. 이로써 모든 이기적 욕심이 제거되고, 삯꾼의 심정이 주인의 심정으로 변한다. 그러므로 하나님은 우리로 하여금 스스로의 진실됨을 진단해 보도록 고난이라는 강한 방법을 쓰신다. 우리는 이 고난을 통해 자신의 연약함을 발견한다(참조. 마 13장). 마치 돌밭에 떨어진 씨가 파란 떡잎을 내밀고 정상적으로 자라는 듯하다가 여름 뙤약볕에 말라 버리듯, 스스로 강하다고 생각하다가 위기가 닥치면 믿음이 약해지고 마는 우리의 모습을 종종 발견한다. 베드로는 대제사장의 집 뜰에서 뼈저린 시험을 당하기 전까지는 자기의 믿음이 견고한 줄로만 알았다(참조. 마 26:69). 몸이 약한 사람들이 평소에는 괜찮다가 날이 추워지면 뼈마디가 시려 오는 것을 느끼듯, 우리는 시험당할 때에 자신의 연약함을 발견하게 된다. 한편 우리는 시험당할 때에 우리 속에서 역사하는 은사를 발견한다. 낮에는 보이지 않던 별들이 밤이 되면 반짝이는 것과 같다. 계 13:10에서 "성도들의 인내와 믿음이 여기 있느니라"고 역설하는 바, 바로 그러한 고난의 때가 신앙의 덕이 살아서 역사하는 때요, 고귀하고 찬연한 그 자태를 드러내는 때다. 향료가 가장 진한 향기를 발할 때는 태워지거나 짓찧어질 때듯이, 구원의 은혜는 성도들이 고난을 당할 때 그 본연의 향기를 가장 진하게 발한다. 광야에서 이스라엘 백성들을 인도하던 기둥은 낮에는 구름으로 나타났으나 밤에는 불로 나타났다. 이처럼 믿음의 제 모습은 시험을 통과하게 될 때 비로소 완연히 드러난다. 우리도 시험당할 때에 우리 속에 있는 은사가 하나님께로부터 온 것인지 아닌지를 파악하게 되며, 자신이 그 은사를 얼마나 미미하게 혹은 적극적으로 발휘해 왔는지를 발견하게 된다. (2) 세상에 교훈을 주기 위한 시험 – 첫째, 우리의 신앙의 절개를 세상에 드러냄으로써, 믿기는 믿되 연약하여 쉽게 넘어지는 자들을 확고한 믿음 위에 서도록 분발시키고, 또 믿지 않는 자들에게는 회개할 마음을 일으키기 위함이다. 루터는 다음과 같은 명언을 남겼다. "교회는 피와 기도로 온 세상을 변화시킨다"(*Ecclesia totum mundum convertit sanguine et oratione*). 우리가 하나님의 인도하심을 따라 고난의 길에 들어설 때 우리 자신이 검증될 뿐 아니라 우리가 고백하는 신앙도 검증된다. 바울의 매임은 오히려 복음 전파의 진보를 가져왔다. "형제 중 다수가 나의 매임으로 말미암아 주 안에서 신뢰함으로 겁없이 하나님의 말씀을 더욱 담대히 전하게 되었느니라"(빌 1:14). 종교가 번영기로 접어들면 믿는 자들의 갖은 물의로 그 순수함이 얼룩지기 쉽다. 그럴 때 하나님은 교회로 하여금 다시 그 이름을 세상 앞에 선명히 드높이도록 큰 시험을 내리시며, 그 시험은 적지 않은 효과를 발휘한다. 순교자 유스티누스는 그리스도인들의 신앙의 절개를 보고 개종했다(Niceph. lib. iii. cap. 26). 그리고 더 나아가 자신도 그 도(道)를 고백하는데 이르렀다.[38] 그는 기독교인들이 흔쾌히 죽음을 택하는 모습을 보았을 때, '이 사람들은 분명히 정직한 이들이다. 그리고 이들이 믿는 도리에는 훌륭한 면이 있다' 라고 판단했던 것이다. 나는 『트렌트 종교회의』의 저자가 프로테스탄티즘(Protestantism)을 위해 화형을 당한 파리의 귀족 안네 드 부르(Anne de Burg)에 대해 쓴 글을 기억한다. 그에 의하면 안네라는 한 유력한 인물의 죽음과 신앙의 절개가 부화뇌동하는 많은 사람들에게 그가 그 같은 형벌을 받으면서까지 붙들었던 신앙이 무엇인지를 일깨워 주었으며, 그것을 본 많은 사람들이 개신교로 개종하였다고 한다.[39] 둘째, 우리는 심판날에 대비하기 위하여 시험을 받는다. "너희 믿음의 확실함은 불로 연단하여도 없어질 금보다 더 귀하여 예수 그리스도께서 나타나실

38) Justin Mart. in Apol. 2, circa finem.
39) 트렌트 종교회의사, p.418. (제2판) 참조.

때에 칭찬과 영광과 존귀를 얻게 할 것이니라"(벧전 1:7). 그리스도의 엄숙한 심판날에 하나님은 온 세상 앞에서 성도들의 믿음을 의롭다고 선포하시고, 그들의 머리에 인내의 면류관을 씌워 주실 것이다. 이상과 같은 내용이 하나님이 그 백성을 시험 가운데 두시는 이유다.

적용 여기서 우리는 고난을 당할 때 인내와 절개의 자세를 견지해야 할 당위성을 배운다. 하나님은 무작정 우리를 시험하시지 않기 때문이다. 시험이 지니는 다음 네 가지 성격을 알면 고난 중에서도 큰 용기를 얻을 수 있다. (1) 하나님이 우리에게 고난을 주시는 목적은 우리를 멸하시기 위함이 아니라 시험하시기 위함이다. 사람이 금을 용광로에 집어넣는 것은 녹여 없애려 함이 아니라 정련하기 위함인 것과 마찬가지다. 반면에 악인들의 재난은 오직 재앙일 뿐이다(참조. 겔 7:5). 그들의 잔에는 다른 것이 섞여 있지 않으며, 그들이 당하는 재앙은 그들에게서 선한 성품을 가려내기 위한 키질이 아니다. 그 재앙은 곧 멸망을 의미한다. 그러나 믿는 자들에게는 고난이 또 하나의 자산이자 독특한 성품을 길러주는 매체이다. "그들 중 지혜로운 자 몇 사람이 몰락하여 무리 중에서 연단을 받아 정결하게 되며 희게 되어"(단 11:35). 적그리스도의 표상이라고 할 만한 안티오쿠스 에피파네스(로마가 근동을 점령하기 이전에 통치했던 시리아의 왕으로서 B.C. 167에 유대인 말살 정책을 편 인물—역주)의 박해와 유사한 성격의 많은 핍박은 오히려 성도들을 더욱 정결하게 만들었다. (2) 시험의 기한은 정해져 있다. "그들 중 지혜로운 자 몇 사람이 몰락하여 무리 중에서 연단을 받아 정결하게 되며 희게 되어 마지막 때까지 이르게 하리니 이는 아직 정한 기한이 남았음이라"(단 11:35). 성도가 고난의 풀무에 던져지는 것은 우연의 소치나 원수들의 의도에 의한 것이 아닌 하나님의 작정에 의한 것이며, 따라서 그 기한도 정해져 있다. (3) 하나님은 풀무 곁에 앉아 그 속에서 단련되고 있는 금속, 즉 자기 백성들을 살피고 계신다. "그가 은을 연단하여 깨끗하게 하는 자 같이 앉아서"(말 3:3). 마치 은을 연단하는 이가 풀무 안에 넣은 것들이 지나치게 열을 받아 갈라지거나 소실될까봐 옆에 앉아 지켜 보듯, 하나님은 한순간도 놓침 없이 관심을 가지고 고난 속에 있는 그 백성들을 지켜보고 계신다. 바로 이것이 사

48:9-10의 감격적인 말씀이다. "내 영광을 위하여 내가 참고…내가 너를 연단하였으나 은처럼 하지 아니하고." 연단을 하시되 금속을 다루듯 철두철미하게 하시지는 않았다는 말씀이다. 금과 은을 정련할 때는 그 속에 엉겨 있는 불순물이 다 녹아 빠져 나갈 때까지 불로 달군다. 만일 우리가 은이 정련되듯 연단을 받는다면 과연 그 연단의 풀무 속에서 살아나올 길이 있겠는가? 그러므로 하나님은 비록 많은 불순물이 여전히 남아 있을지라도 우리를 고난의 풀무에서 택하였다고 말씀하시는 것이다. (4) 이와 같은 고난은 성도의 신앙의 절개를 입증해 주기도 하지만, 한편으로는 그들의 신앙을 더욱 순결하게 정화시킨다는 사실을 유념하라. 우리는 금처럼 연단을 받아 깨끗해지고 단단해진다. 그래서 베드로는 "너희 믿음의 확실함은 불로 연단하여도 없어질 금보다 더 귀하여"(벧전 1:7)라고 격려하며, 욥은 더 분명한 어조로 "그가 나를 단련하신 후에는 내가 순금같이 되어 나오리라"(욥 23:10)고 고백한다. 고난으로 인해 우리 속에 얽혀 있던 불순물과 찌꺼기들이 용해되어 빠져나가며, 우리를 잠식하고 있던 부패가 깨끗이 일소된다.

강해 3

너희 믿음. 박해의 표적이 되는 주된 은사는 믿음이다. 그래서 벧전 1:7에서는 "너희 믿음의 확실함은 불로 연단하여도…더 귀하여"라고 한다. 모든 신앙의 덕 중에서 사탄이 가장 적대시하는 것이 바로 믿음이며, 하나님이 완전한 모습을 보기 원하시는 것도 믿음이다. 그리고 이 믿음은 다음 이유들로 인해 시험의 대상이 된다. 첫째, 믿음은 그리스도인의 삶 속에 내재해 있는 은사들의 근간이기 때문이다. "의인은 그의 믿음으로 말미암아 살리라"(합 2:4). 우리의 행위는 사랑에 의거하지만, 그 근간이 되는 우리의 생명은 믿음에 의해 발휘된다. 둘째, 믿음은 가히 역동적인 은사로서, 때때로 그릇된 방법을 취하거나 율법에서 어긋난 과정을 택해 무엇을 해보겠다는 어리석음에서 우리 마음을 지켜 주기 때문이다. "내가 한 돌을 시온에 두어 기초를 삼았노니 곧 시험한 돌이요 귀하고 견고한 기촛돌이라 그것을 믿는 이는 다급하게 되지 아니하리로다"(사 28:16). 시험이라는 하나의 분기점을 맞이할 때, 믿음은 성도로 하여금 세상의 가치관이 아닌 하나님의 뜻을 구하는 바른 길을 취해 나가도록 만든다. 참으로 시험 앞에서 사람을 굳건히 견디게 하는 것은 믿음이다. 히브리서 저자는 그 사실을 "어떤 이들은…심한 고문을 받되 구차히 풀려나기를 원하지 아니하였으며"(히 11:35)라고 역설한다. 즉 무서운 형벌로 위협하면서 하나님을 부인하고 더 이상 그를 위해 일하지 않겠다고 하면 살려 주겠다는 제안에도, 옛 성도들은 믿음으로 구차히 타협하지 않았다. 때로 믿음은 성도가 가난에 처해 있을 때 복음의 위로로 인해 힘을 내어 살게 해주며, 물을 구할 수 없는 곳을 지날 때 심지어 바위에서라도 물을 솟구쳐 내게 함으로써 그 능력을 나타낸다. 실로 성도들 앞에는 믿음을 견지해야 할 상황들이 무수히 많다. 그만큼 믿음은 비난과 공박의 대상이 되는 은사다. 다른 모든 은사들은 믿음의 지휘 아래 행진한다. 그렇기 때문에 사탄은 마구잡이로 싸움을 걸어오지 않고 그 공격의 선봉과 비중을 이 믿음이라는 은사를 함락하는 데에 둔다. 하나님마저 적으로 간주하는 사탄 앞에서, 믿음의 사역은 성도로 하여금 하나님이 가까이 계심을 믿게 하며, 비록 하나님이 자신을 멀리 떠나신 것처럼 느껴지는 때라도 하나님을 가까이하도록 고무해 준다.

적용 1. 우리가 믿음을 지니고 그것을 옹호하는 사람이라면 반드시 시험이 올 것을 대비해야 한다. 은사는 이념의 각질을 벗고 실제로 발휘되어야 비로소 진가가 나타난다. 싸움과 전쟁 없이 하늘로 간 성도들은 없다. 믿음은 '칭송'과 '존귀'를 받기 이전에 먼저 시험되어야 한다. 하나님께서 그 사랑하시는 백성들에게 확신을 심어 주실 때는 언제나 어떤 시험이 수반된다는 사실을 우리는 특별히 주목해서 보아야 한다. "전날에 너희가 빛을 받은 후에 고난의 큰 싸움을 견디어 낸 것을 생각하라"(히 10:32). 여기 소개된 이들처럼 어떤 사람들은 빛을 받자마자, 즉 최초로 회개하자마자 신앙 때문에 고난에 던져진다. 그리스도께서 하늘로부터 "이는 내 사랑하는 아들이요"라는 증거를 받으셨을 때도 사탄은 곧 "네가 만일 하나님의 아들이어든"이란 말로 다가왔다(참조. 마 3:17; 4:1). 그 사탄은 구원의 확신을 얻은 우리에게도 다가와 '네가 참으로 하나님의 자녀인가?' 라고 서슴없이 물을 것이다. 창 22:1을 살펴보자. "그 일 후에 하나님이 아브라함을 시험하시려고 그를 부르시되." 그 전에 무슨 일이 있었는가? 바로 하나님과 아브라함 간의 엄숙한 언약, 즉 주께서 그와 그 후손의 하나님이 되시겠다는 언약이 체결되었고, 아브라함은 그 언약에 대한 분명한 확신 가운데 있었다. 성채 안에 물과 식량이 다 구비되었으면 이제 적이 포위해 올 것을 대비해야 한다.

적용 2. 우리가 지금 시험에 처해 있다면 우리의 모든 관심을 믿음에 집중시켜야 한다. 그리스도께서는 마귀가 가장 중요하게 공격의 대상으로 삼는 것이 무엇인지를 아시고 베드로에게 "내가 너를 위하여 네 믿음이 떨어지지 않기를 기도하였노니"(눅 22:32)라고 말씀하셨다. 믿음이 없는 성도는 시험당할 때 아무것도 할 수 없다. 그러므로 믿음을 견지하는 일을 중요한 과제로 삼아야 한다. 여기서 다음 두 가지 사항을 유념하라. (1) 상상을 초월할 만큼 비참한 시험에 처하더라도 믿음을 굳게 잡으라. 풀무 속에 들어가더라도 하나님을 아버지라고 부르라. "내가 그 삼분의 일을 불 가운데에 던져 은같이 연단하며 금같이 시험할 것이라…그들은 말하기를 여호와는 내 하나님이시라 하리라"(슥 13:9). 어떤 고난이 닥쳐도 그것 때문에 아버지의 사랑에서 떠나지 말라. 믿음의 중요한 내용 중 하나는 우리가 십자가 아래서 하나님의 자녀가 되었다는 사실이다. "또 아들들에게 권하는 것같이 너희에게 권면하신 말씀…내 아들아 주의 징계하심을 경히 여기지 말며"(히 12:5). 여기서 히브리서 저자는 고난당하는 자들이 '아들들' 이란 이름으로 불리고 있는 점을 강조하고 있다. 예수께서는 쓴 잔을 받으시면서도 '내 아버지께서 이 잔을 내게 주셨다' 고 말씀하셨다. "아버지께서 주신 잔을 내가 마시지 아니하겠느냐"(요 18:11). 그것이 쓴 잔인 것이 사실일지라도 그분은 여전히 자신의 아버지시라는 말씀이다. (2) 믿음의 다음 과제는 소망을 신선하고 생생하게 보존하는 일이다. 성도들은 언제나 시험을 소망으로 견제한다. 아무리 슬픔과 상실이 심해도 성도는 믿음으로 하나님께서 그것을 갚아 주실 것을 소망함으로써 초연할 줄 안다. 그렇기 때문에 히브리서 저자는 믿음을 *ὑπόστασις τῶν ἐλπιζομένων*, 즉 '바라는 것들의 실상' 이라고 표현한다. 그만큼 믿음은 시험을 소망으로 맞이하게 하며, 소망하는 바가 마치 성도들의 마음에 실제로 도래하여 그들을 즐겁게 하고 있는 것처럼 만들어 준다. 그렇다면 마귀가 폭행을 포함한 자기에게 유리한 여러 방법들을 써서 세상을 한 쪽으로 기울게 할 때 우리는 믿음 안에서 그 맞은편에 소망을 두어야 한다. 그리고 바울이 말한 대로 *λογίζομαι*, 즉 "[내가] 생각하건대 현재의 고난은 장차 우리에게 나타날 영광과 비교할 수 없도다"(롬 8:18)라고 단언해야 한다. 이 모든 고난은 우리의 소망에 비하면 아무것도 아니다. 장차 올 영광에 비할 때 이 고난이 도대체 무엇이란 말인가?

강해 4

만들어 내는 줄(*κατεργάζεται*, 야기하다 · 완전하게 하다). 많은 시련은 인내를 만들어 낸다. 누구나 자동적으로 그렇게 된다는 것이 아니라 성도들에 대한 하나님의 은혜로 그렇게 된다는 말이다. 습관은 반복된 행위에 의해 굳어진다. 그와 같이 성령의 은사를 발휘하여 살수록 더 굳건한 신자가 되는 바, 잦은 시련은 그 은사를 부단히 발휘하게 만드는 것이다. 히브리서 저자는 징계가 그로 말미암아 연단받은 자에게는 '의와 평강의 열매'(*τοῖς γεγυμνασμένοις*)를 맺게 한다고 가르친다(히 12:11). 인내의 열매는 한두 가지 고난 가지고는 결실되지 않는다. 오히려 수없이 많이 겪어 친숙해진 후에야 비로소 그 열매를 볼 수 있다. 하다 못해 지게를 지더라도 그것이 뼈에 닿아 아프고 부자연스러운 시기를 어느 정도 겪은 후에야 몸에 맞게 되고, 그 후 더 많은 짐을 져도 편안함을 느끼게 되면서 비로소 완전하게 사용할 수 있게 되지 않는가? 우리 신체 구조를 살펴보더라도 가장 많이 사용하는 부분이 가장 단단하다.[40] 그리고 바람이 심한 지역에서 자라는 나무일수록 깊이 뿌리를 내리는 법이다. 여기서 다음 몇 가지 교훈을 얻게 된다. (1) 시련이 인내를 만들어 낸다는 사실은 우리가 고난을 당할 때마다 얼마나 성실히 우리 자신을 연단해야 할지를 가르쳐 준다. 바로 그 성실한 연단 과정 속에서 우리는 은혜에 의지하여 사는

---

40) 'Ferendo discimus perferre; solidissima pars est corporis, quam frequens usus agitavit.' – *Seneca*.

습관을 익히며, 인내하는 습성을 얻는다. 반면에 게으름은 멸망을 낳는다. 하나님은 게으른 자들에게서 손을 떼신다. 영적인 일에서나 현세적인 일에서나 "손이 부지런한 자는 부하게 되느니라"(잠 10:4)는 잠언의 말씀은 불변의 진리다. (2) 또한 위 사실은 만일 우리가 어떤 환경을 만나 불평하거나 반발한다면, 그 잘못은 우리의 환경에 있지 않고 바로 우리 마음에 있는 것임을 시사해 준다. 시련을 당할 때 많은 사람들이 환경을 탓하고, 자신들로서는 도무지 달리 행동할 길이 없으며, 그 고통이 너무 크다고 말한다. 하지만 명심하라! 아무리 많은 시련이 닥쳐올지라도 그것을 하나님의 섭리로 인정하고 달게 받는 이들은 인내를 낳게 된다. 우리가 불평할 만하다고 생각하는 바로 그 상황은 하나님이 우리를 인내하는 성도로 만들기 위한 일종의 방편이다. 악은 인내하지 못하는 사람의 감정에 있는 것이지 사람이 처한 상황의 비참함에 있는 것이 아니다. 야고보가 가르친 원리대로, 시련이 크면 클수록 인내도 더욱 커지는 법이다. 시련은 곧 인내를 낳기 때문이다. 성도들에게는 모든 환경이 하나님이 주신 은사를 발휘할 기회일 따름이다.

강해 5

인내. 야고보는 이 편지의 수신자들에게 인내하라는 말로 위로한다. 마치 인내가 그들이 당하는 모든 쓰라린 고난을 싸매 주는 것처럼 권하고 있다. 이 말에는 내적인 은혜를 위해 육체의 안락을 포기하는 것은 유익한 교환이라는 뜻이 담겨 있다. 아무리 혹독한 시련을 당해도 그것을 인내해 내면 그 시련은 아무것도 아닌 셈이다. 인내로써 당하는 병고가 건강보다 차라리 낫고, 인내로써 당하는 손실이 오히려 이득보다 낫다. 현세적인 욕구에서 자유로워지려면, 우리 자신이 즐기고 행하는 그 자체보다 하나님께서 우리 속에서 행하기를 원하시는 바를 더 가치 있게 여겨야 한다. 바울은 고후 12:9에서 다음과 같이 말한다. "나의 여러 약한 것들에 대하여 자랑하리니 이는 그리스도의 능력이 내게 머물게 하려 함이라." 아무튼 곤궁과 재난은 즐겁게 맞이해야 할 일이다. 이는 그런 환경이 사람으로 하여금 더욱더 그리스도를 체험하게 하기 때문이다. 참으로 고난을 짐스럽게 만드는 것은 오직 우리의 현세에 대한 애착일 뿐이다.

강해 6

인내. 이에 대해 좀 더 생각해 보자. 인내는 훌륭한 용도와 가치를 지닌 은사다. 인내 없이는 건실한 사람도, 그리스도인도 될 수 없다. 인내 없이 그리스도인이 될 수 없는 이유는, 인내 그 자체가 그리스도인으로서의 빛을 비추게 할 뿐 아니라 다른 은사들까지 보존해 주기 때문이다. 인내가 없으면 피눈물 나는 고난을 당할 때 무슨 수로 성도의 길을 곧게 걸어갈 수 있을까? 그러므로 베드로는 "너희 믿음에 덕을, 덕에 지식을, 지식에 절제를, 절제에 인내를,…더하라"(벧후 1:5-7)고 명한다. 참된 경건의 모습은 어떠한 것인가? 그것은 믿음을 발판으로 삼아 지식에 의해 인도받으며, 오른손으로는 세상의 유혹에 대해 절제로, 왼손으로는 세상의 고난에 대해 인내로 대응함으로써 보존된다. 진실로 우리는 인내 없이 그리스도인이 될 수 없다. 심지어 진실한 사람이 되는 일도 인내 없이는 불가능하다. 예수께서는 "너희의 인내로 너희 영혼을 얻으리라"(눅 21:19)고 하셨다. 일반 사람들도 인내하는 가운데 자신과 자신의 인생을 관조한다. 만일 참지 못한다면 필요 없는 고민과 불안을 자초할 수밖에 없다. 그것은 실로 자신의 인생과 영혼을 내어주는 행위다. 이로써 결국 인생으로서 누려야 할 평안과 평정을 잃고 만다.

[4] 인내를 온전히 이루라 이는 너희로 온전하고 구비하여 조금도 부족함이 없게 하려 함이라.

본 절에서 야고보는 권면의 말로 인내의 바른 위상을 제시한다. 그것은 지조와 결백 등 온 힘을 다해 믿음을 지켜가는 온전한 인내다. 먼저 각 구절의 의미를 살펴보자.

온전히(ἔργον τέλειον, 온전한 일). 이 단어를 설명하기에 앞서 알아야 할 사실은, 사도 시대에는 많은 사람들이 여러 모양 혹은 오랜 기간 동안의 박해를 당해 처음에는 잘 견디다가 어느 때가 되면 지쳐 버렸다는 점이다. 그래서 야고보는 인내가 충분히 발휘될 때까지, 더 이상 인내할 필요가 없을 때까지, 성도들이 일관된 자세를 견지하기를 바랐던 것이다. 온전한 은사라고 하면 우선 '충분히 발휘된 은사'를 생각하게 된다. 이를테면 아브라함의 믿음을 보통 온전한 믿음이라 하는 것과 같은 이치다. 또한 장기간에 걸친 여러 가지 고난을 '끝까지' 참으면 그것도 온전한 인내라고 일컫는다. 이처럼 '온전'이란 말 속에 시간과 정도의 의미가 모두 내포되어 있다는 점에서 생각해 볼 때, 본문에서 '인내의 온전한 일'이라고 한 말도 고난의 시간과 정도와 양태에 관계없이 결연히 참아내는 것을 뜻한다. 욥의 자세가 이에 대한 좋은 모범이다. 욥은 처음 고난을 당했을 때 잘 견뎌냈다. 그리고 고난에 고난이 겹쳐 왔을 때도 역시 온유하고 잠잠한 심정으로 참아 냈던 바, 바로 이러한 인내가 온전하고 충분히 발휘된 인내다.

이는 너희로 온전하고 구비하여 조금도 부족함이 없게 하려 함이라. 야고보가 이 말을 한 의도는 그리스도인이 현세에서 완전해질 수 있음을 주장하고자 함이 아니다. 야고보는 본 서신 3장 2절에서 "우리가 다 실수가 많으니"라고 가르치는데, 이것은 우리가 이 땅에서 지니고 있는 모든 것은 일부분에 지나지 않는다는 다른 성경의 가르침과 맥을 같이 한다. "우리는 부분적으로 알고 부분적으로 예언하니 온전한 것이 올 때에는 부분적으로 하던 것이 폐하리라"(고전 13:9-10). 이 땅에서의 은사는 불완전할 수밖에 없다. 왜냐하면 그 은사를 사용할 사람들 자신이 불완전하기 때문이다. 그렇다면 여기서 야고보가 사용한 '온전'이란 말의 의미는 다음 세 가지 중 어느 하나일 것이다. 첫째, '진실'(sincerity)이라는 의미다. 이렇게 볼 수 있는 이유는 성경에서 '진실'은 '완전'으로 표현되기도 하기 때문이다. "너는 내 앞에서 행하여 완전하라"(창 17:1). 여기서 '완전하라'는 단어는 원어로 보나 문맥으로 보나 흠정역의 번역대로 '너는…진실하라'(be thou upright)는 의미다. 둘째, 고난의 기간에 중점을 둔 '끝까지'란 의미다. 셋째, '그리스도의 지체들의 완성'이라는 뜻으로, 나의 견해로는 이 의미가 타당한 듯하다. 즉, 그리스도의 지체들인 우리로 하여금 온전하고 구비하여 마땅히 필요한 은사에 결핍이 없게 하기 위함이며, 다른 은사들 위에 인내의 은사를 더함으로써 그리스도의 온전한 형상이 그 지체들 안에서 이루어지도록 하기 위해서다. 또한 그리스도인이 되기 위해 필요한 요건에 부족함이 없게 하기 위함이다. 한편 어떤 이들은 이 구절을 하나님의 공의의 요구를 담고 있는 일종의 법조문으로 해석한다. 그리고 성도는 자기의 양심에 비추어 그 목적, 즉 '내용과 정도상 조금도 모자람이 없는 완전의 상태'를 추구해야 한다고 주장한다. 물론 이런 상태는 우리의 능력의 한계를 벗어난다. 하지만 사람이 당연히 지니고 있어야 할 능력을 우리가 상실했다고 해서 하나님마저 우리에게 요구할 권리를 상실하실 이유는 없다. 이것은 어거스틴의 주장이기도 하다(*O homo, in prœceptione cognosce quid debeas habere, et in correptione cognosce tuo te vitio non habere*).[41] 이러한 생각이 하나님의 주권을 바라보게 하고, 우리를 각성시켜 사명을 수행하게 하며, 자신의 연약함을 깨우쳐 겸손하게 만든다. 스스로의 잘못으로 무능력해질 수밖에 없는 우리가 그렇게 함으로써 하나님이 요구하시는 분량을 이행할 수 있는 힘을 얻는다. 물론 이상과 같은 생각도 옳지만, 앞에서 제시한 세 번째 해석이 좀 더 분명하고 타당하다고 하겠다.

강해 1

우리가 지닌 은사들이 온전한 것인가의 여부는 우리가 여러 모양의 고난에 처해 있을 때 비로소 드러난다. 마치 항해사의 기술이 폭풍우 속에서의 항해에서 나타나듯이, 한 그리스도인의 은사도 크고 다양한 고난 속에서 나타나게 된다.[42] 그러므로 우리 앞에 큰 시련이 닥쳤다면 의연히 서서 '이제는 인내를 온전히 이룰 차례다'라고 말해야 한다. 더 악한 상황을 예상하고 있으면 현재의 고통은 좀 더 참을 만한 것이 된다. 그래서 '이 정도 고난으로서는 믿음과 인내가 온전히 발휘되지 않겠군'이라고 말할 수 있게 된다. 히브리서 저자는 "너희가 죄와 싸우되 아직 피 흘리기까지는 대항하지 아니하고"(히 12:4)라고 했다. 이것은 '우리가 이 정도의 작

---

41) 어거스틴, de Corrept. et Grat. 제3장.

42) 'Gubernatoris artem tranquillum mare et obsequens ventus non ostendit; adversi aliquid incurrat oportet, quod animum probet'. – *Sen. ad Marc.* c. 5.

은 시련 때문에 온전한 인내를 채 보이지도 못하고 지쳐 쓰러져야 하겠는가' 라는 말과 같다. 욥은 이미 슬픈 일을 당한 처지에서도 더 어려운 상황을 자신에게 제시했다. '만일 그가 나를 죽이시더라도 나는 그를 의뢰할 것이다' (욥 13:15, 개역개정 성경에는 '그가 나를 죽이시리니…그러나 그의 앞에서 내 행위를 아뢰리라' 로 번역되었음—역주). 욥은 그와 같은 극단적인 고난이 닥쳐와도 좌절하거나 불평하지 않겠다고 결심한다.

강해 2

은사의 발휘는 그것이 충분하고 온전히 이루어질 때까지, 즉 온전한 일(*ἔργον τέλειον*)에 도달하기까지 결코 중단되어서는 안 된다. 우리의 영혼은 한동안 고양되다가도 다시 넘어지기 쉽다. 바울은 이에 대해 "너희가 달음질을 잘 하더니 누가 너희를 막아 진리를 순종하지 못하게 하더냐"(갈 5:7)라고 책망한다. 이는 '너희가 믿음과 인내의 선한 길에 서서 즐거이 전진하더니 누가 너희를 그 길에서 돌아서게 했느냐' 란 말이다. 이 책망의 내용으로 미루어보아 처음에는 믿음의 길에서 낙심할 정도로 지치게 할 만한 장애 요인이 없었던 듯하다. 세속적 정의감은 사람을 잠시 달아오르게 하여 빛을 발하게 할 수 있으나, 그 후에는 벼락이 땅으로 떨어지듯 시들어 버린다. 신앙의 덕들도 잘못하면 그렇게 될 수 있으며, 본문에서 가르치는 덕(인내)의 경우는 더욱 그렇게 될 위험을 안고 있다. 인내는 고난이 계속되는 한 그에 대한 하나님의 섭리가 끝날 때까지 지속되어야 한다. 처음뿐 아니라, 고난이 갑절로 심화되고 풀무불이 일곱 배나 더 달구어질 때라도 그러해야 한다. 인간적인 '고집' 으로는 처음 한동안의 고난은 참을는지 몰라도, 고통이 계속되고 회복될 기미마저 사라져 버리면 결국 그 고집도 꺾이고 만다. 바울은 처음의 모습을 금세 상실해 버린 갈라디아 교인들을 다음과 같이 책망한다. "너희가 이같이 어리석으냐 성령으로 시작하였다가 이제는 육체로 마치겠느냐"(갈 3:3). 시작만으로는 충분하지 않다. 우리의 믿음의 전진은 처음 출발 당시에 대해 책임질 만한 것이어야 한다.[43] 많이 진보한 후에 비틀거리고 기진해 하는 것[44]은 우리가 하나님의 나라에 합당한 인물이 아님을 보이는 셈이다(참조. 눅

9:62). 에스겔의 예언에 나오는 생물들은 언제나 곧게 앞을 향했으며, 율법에서는 뒤로 기는 게를 부정한 생물로 규정하고 있다(레 11:10 참조). 폭군 네로는 즉위한 지 첫 다섯 해 동안은 현제(賢帝)로 칭송되었다. 그처럼 많은 사람들이 출발은 잘 하지만 곧 좌절해 버린다. 로마의 대주교 리베리우스(Liberius)는 그리스도의 신성을 부인하는 아리우스주의자들을 배척하는 데 누구보다 열심이었기 때문에 당시 교회의 삼손으로 또는 정통교리의 가장 진실한 수호자로 존경을 받았을 뿐 아니라 진리를 수호하기 위해 귀양살이도 감내한 인물이었다. 그러나 불행하게도 나중에는 변절하여 주교의 지위를 다시 얻고(바로니우스는 그렇게 말한다)[45] 아리우스주의자들 편에 서고 말았다. 우리는 이 땅에서 사는 동안 더 온전한 인내를 발휘하는 데 매진하여 "믿음과 오래 참음으로 말미암아 약속들을 기업으로 받는 자들을 본받아" 가야 한다(히 6:12).

강해 3

그리스도인들은 완전을 지향하고 그것을 향해 매진해야 한다. "이는 너희로 온전하고 구비하여 조금도 부족함이 없게 하려 함이라." (1) 그리스도인이라면 절대 완전을 동경하고 사모함이 마땅하다. 성도들은 이 목표와 뜻을 추구함으로써 성장한다. 이 성장의 노정에서 성도들은 죄를 철저히 미워하여 그것이 말끔히 제거될 때까지는 평정을 누리지 못한다. 이처럼 완전을 향한 성장의 과정에는 죄와 싸우는 일이 불가피하다. 먼저 하나님께서 자신들을 의롭다고 칭하신 사실을 확인함으로써 이제는 사람을 죽음으로 몰고 가는 죄의 권세에서 해방되었음을 깨닫는다. 그리고 죄의 궁극적 지배에서 벗어났음에도 불구하고 여전히 자신들을 지배하는 죄의 세력에 맞서 하나님을 의지하여 그것을 타파해 간다. 이로써 성도들은 점

---

43) 'Non incepisse sed perfecisse virtutis est.' – *Aug. ad Frat. in Eremo. Ser.* 8.

44) 'Turpe est cedere oneri, et luctari cum officio quod semel recepisti; non est vir fortis et strenuus qui laborem fugit, nec crescit illi animus ipsa rerum difficultate.' – *Seneca*.

45) 바로니우스(Baronius), 「그리스도의 생애」, p. 357.

차 죄를 극복하고 성화(聖化)되어 간다. 그리고 최종적으로 주께서 그들의 영혼을 부르실 때 죄 자체가 남김없이 제거됨으로써 영화(榮化)된다. 이와 같이 성도들은 한편으로는 온 힘을 다해 죄와 싸워가는 동시에 다른 한편으로는 그 싸움을 극복하고 더 거룩한 자리에 이르기 위한 은사를 하나님께 간구한다. 이것이 이 땅에서의 끊임없는 노정임을 생각해 볼 때 참된 은사를 지니고 있는 사람은 어느 정도의 은사에 만족하려고 하지 않는 것이 당연한 현상이다. 더 높은 수준의 싸움과 목표를 추구하는 성도들은 '이만하면 됐다' 하고 주저앉는 법이 없다. 바울은 빌 3:10-12에서 다음과 같이 말한다. "내가 그리스도와 그 부활의 권능과 그 고난에 참여함을 알고자 하여 그의 죽으심을 본받아 어떻게 해서든지 죽은 자 가운데서 부활에 이르려 하노니 내가 이미 얻었다 함도 아니요 온전히 이루었다 함도 아니라 오직 내가 그리스도 예수께 잡힌 바 된 그것을 잡으려고 달려가노라." 이처럼 바울은 자신의 목표를 부활한 후 성도들과 함께 누리게 될 은혜의 상태에 두었다. (참고로, 여기서 '죽은 자 가운데서 부활'은 '부활 후에 누릴 은혜의 상태'를 비유하기 위한 환유로 사용되었다). 여러분도 익히 아는 바와 같이 자유로운 은사는 광대한 꿈과 희망을 수반한다. 그것은 찬연하고 영원무궁한 의(義)의 상태를 목적으로 하고 있으며, 바로 그 은사야말로 그리스도인들로 하여금 그 목적을 향해 전진하게 하고, 또 부단히 노력하게 만드는 것이다. 그러므로 히브리서 저자는 먼저 "완전한 데로 나아갈지니라"(6:2)라고 격려한 뒤, "한 번 빛을 받고…타락한 자들은…할 수 없나니"(6:4-6)라고 경고한다. 완전을 향해 계속 전진하지 않거나, 시작부터 저급한 목표를 설정하여 추구하는 것은 퇴보하는 것과 마찬가지로, 결국은 타락하고 만다. (2) 그리스도인들은 기독교 교리가 적용되는 모든 부분에 걸쳐 실제적으로 완전해져야 한다. 믿음이 있다면 당연히 인내가 나타나야 하며, 인내가 있다면 사랑과 열심이 보여야 마땅하다. 벧전 1:15은 이 점에 대한 원칙을 제시해 준다. "오직 너희를 부르신 거룩한 이처럼 너희도 모든 행실에 거룩한 자가 되라." 삶의 전 영역을 그 은사(즉, 거룩함)로 맛을 내라는 것이다. 베드로가 '모든 행실에'(*ἐν πασῇ ἀναστροφῇ*, 문자적으로는 '모든 사소한 언어 씀씀이에까지'라는 의미)라고 말한 의도가 바로 그것이다. 고후 8:7도 같은 교훈을 준다. "오직 너희는 믿음과 말과 지식과 모든 간절함과 우리를 사랑하는 이 모든 일에 풍성한 것같이 이 은혜에도 풍성하게 할지니라." 사람의 눈을 의식하여 선을 행하려는 자들에게는 언제나 어느 한 쪽에 결핍이 생기기 마련이다. 고린도 교인들은 지식과 언변에는 매우 능했으나 남을 긍휼히 여기는 마음이 부족했다. 성도로서의 긍지를 지닌 수많은 사람들이 많이 기도하고, 많이 알고, 많이 듣지만, 많이 베풀지는 않는다. '이 은혜' (사랑)에는 풍성하지 못한 사람들이다. 바실(Basil)은 구제에 대한 설교 중에 그러한 사람들에 대해 언급한다. "나는 금식하고 기도하고 탄식하는 많은 사람들을 알고 있습니다(*πάσαν τὴν ἀδάπανον εὐλάβειαν ἐκδιανυμένους*). 그러나 그들은 저급한 종교 행위를 사랑하며 자기 자신의 고통만 아파할 줄 알지, 옹졸하고 비열해서 하나님과 가난한 사람들에게서는 멀리 떠난 자들입니다(*τὶ ὀφέλος τουτοῖς τῆς λοίπης ἀρετῆς*)." 종교 행위에 해당하는 은사들을 제외한 다른 은사들에 온전하지 못한 그들이 종교 행위로부터 무슨 유익을 얻겠는가? 은사들은 서로 긴밀히 연결되어 있다. 벧후 1:5의 "믿음에 덕을 …더하라(*ἐπιχορηγήσατε*)는 말씀대로, 은사들은 춤출 때처럼 함께 손잡고 붙어 있기를 좋아한다. 그러므로 어느 한 은사라도 고의로 무시하거나 게을리 대한다면 그 결과는 전체 은사들에 대한 상실이 된다. 따라서 스스로 다음과 같이 다짐하라. '그리스도인은 아무 일에도 부족함이 있어서는 안 된다. 그런데 내게는 얼마나 심각한 결핍들이 산재해 있는가! 만일 하나님의 저울로 나를 달아 보면 내가 지금 알고 있는 것보다 더 많은 결핍이 있을 텐데! 자, 그러니 더 온전하고 구비된 성도가 되기 위해 노력하자.'
(3) 그리스도인들은 '지속적인 완전' 을 목표로 하여 자기의 사명뿐 아니라 삶 전체에 아무 결핍이 없게 되기를 바란다. 마지막 순간의 배교는 이전까지 쌓아 왔던 명예를 누추하게 만든다. 이제까지 열심히 일해 온 것을 모두 상실하게 되는 셈이다(요이 8). 하나님 편에서 볼 때 이전까지 쏟아온 모든 영적 수고가 무용지물이 되며, 복음을 위해 일하고 고생한 그 모든 것이 상실되어 잊혀지고 만다. 그래서 겔 18:24에서는 "만일 의인이

돌이켜 그 공의에서 떠나 범죄하고 악인이 행하는 모든 가증한 일대로 행하면 살겠느냐 그가 행한 공의로운 일은 하나도 기억함이 되지 아니하리니"라고 가르친다. 율법에서 나실인이 그 몸을 더럽혔으면 모든 것을 새로 시작해야 한다고 규정하는 것에서도 같은 교훈을 얻는다. "자기의 몸을 구별한 때에 그의 몸을 더럽혔은즉 지나간 기간은 무효니라"(민 6:12). 비록 그가 하나님 앞에 자기를 구별하여 드리기 위해 작정한 기간 중 반을 채웠거나 삼분의 이를 채웠다 할지라도, 일단 몸을 더럽히면 모든 것이 무효가 되어 다시 날을 작정하고 새로 시작해야 했다. 배교의 순간도 그와 마찬가지다. 우리가 엄숙한 서원과 헌신의 정신으로 우리 자신을 구별하여 그리스도께 드리고 나서 만일 끝까지 그것을 견지하지 못한다면, 이전의 우리 믿음의 의와 열심과 인내는 다 잊혀지고 만다.

[5] 너희 중에 누구든지 지혜가 부족하거든 모든 사람에게 후히 주시고 꾸짖지 아니하시는 하나님께 구하라 그리하면 주시리라.

앞에서 더 큰 시련이라도 기쁘게 받으려는 마음으로 오늘의 시련을 인내하라고 권고한 야고보는 이제 그로 인해 생길지도 모르는 다음과 같은 우려를 미리 일축한다. 시련을 당할 때 인내할 뿐 아니라 즐거워해야 한다는 것은 너무 감당하기 어려운 이야기다. 만사가 우리를 배척하는 상황에서 어떻게 참아낼 수 있겠는가? 우리의 사명이 바로 이것이라고 말하기는 쉬워도 그런 처지에서 그 사명을 어떻게 수행해 내겠는가?' 야고보도 고난 중에 인내하는 것이 어려운 일이며, 고도의 영적 생활과 지혜가 필요한 일임을 인정한다. 하지만 그렇기 때문에 "너희 중에 누구든지 지혜가 부족하거든…하나님께 구하라 그리하면 주시리라"고 격려하는 것이다. 본 절에서 야고보는 하나님의 속성과 언약을 들어 그들을 권고한다. 이 문제에 대해서는 강해에서 다룬다.

너희 중에 …하거든. 여기서 '…하거든' 이란 단어는 '의심' 이 아닌 '가정' 의 의미로 쓰였다.[46] 그러면 야고보는 왜 이런 가정의 뜻으로 말하는

46) Non dubitantis est, sed supponentis.

가? 지혜가 부족하지 않은 사람이 어디 있는가? 선지자 호세아의 말처럼 우리도 "누가 지혜가 있어…누가 총명이 있어 이런 일을 알겠느냐"(호 14:9)라고 말할 수밖에 없지 않은가? 이제 몇 가지 답변을 통해 이 문제를 생각해 보자. (1) 이런 표현법(가정법)은 어떤 사실을 더욱 강조하여 긍정하는 효과를 낸다. 이를테면 말 1:6에서 하나님은 "내가 아버지일진대 나를 공경함이 어디 있느냐 내가 주인일진대 나를 두려워함이 어디 있느냐"라고 말씀하시는데, 여기서 하나님은 자신이 이스라엘 백성들의 아버지와 주인됨을 의심한다는 말이 아니다. 오히려 이 말은 사실에 대한 강한 긍정의 표현으로서 '너희는 모두 내가 너희의 아버지와 주인임을 당연히 인정할 것이다' 란 의미다. 마찬가지로 본문의 "[만일] 너희 중에…지혜가 부족하거든"이란 말도 '너희는 모두 지혜가 부족하다는 사실을 인정할 것이다' 라는 의미다. 롬 13:9의 "그 외에 다른 계명이 있을지라도"란 구절도 같은 경우에 속한다. 바울도 앞서 열거한 계명들 외에 다른 계명들이 있다는 사실을 모르는 바 아니었으나, 그것을 강하게 긍정한 토대 위에서 이야기를 계속한다. 살후 1:7의 "만일(ϵἴπϵρ)…하나님의 공의시니"(개역개정 성경에는 '만일' 이라는 말이 없다—역주)도 마찬가지 경우다. 바울은 환난을 가하는 자들에게 환난으로 갚는 것이 하나님의 공의임을 당연한 사실로 전제하고서 다음 이야기를 하고 있다. 그러므로 여기서도 '…것이 하나님의 공의이기 때문에' 라는 강한 의미를 지닌다. 본 서신 5장 15절의 "혹시 죄를 범하였을지라도"라는 구절도 죄를 짓는 것이 예외에 해당한다는 의미가 아니라 죄를 짓기 쉬운 연약한 존재임을 인정한 터 위에서 기도를 하라고 권고하는 말이다. (2) 사람은 모두 지혜가 부족하지만 모두 똑같은 정도로 부족한 것은 아니다. 다른 사람들보다 더 깊이 깨달은 위치에서 지혜의 부족을 더 심각히 느끼는 이들도 있다. 그러므로 이 경우에 '지혜가 부족하거든' 이란 말은 '전혀 지혜가 없거든' 혹은 '더 깊이 깨닫고자 한다면' 이란 두 가지 가정 모두를 내포한다.

지혜. 이 단어는 일반적인 의미보다는 본문의 상황에 한정된 의미로 해석해야 한다. 즉 야고보는 고난을 참는 지혜, 혹은 방법을 말하고 있다. 이렇게 말할 수 있는 근거는, 원문에서 본 절의 서두가 바로 앞 절의 말미와 분명히 연결되어 있기 때문이다. 즉 ἐν μηδενὶ λειπόμενοι(조금도 부족함이 없게) 다음에 εἰ δὲ τις ὑμῶν λείπεται(너희 중에 누구든지 지혜가 부족하거든)가 뒤이어 나온다.

구하라. 간구하라는 의미다.

하나님께. '우리의 기도를 즉시 들으시는 하나님께' 의 뜻이다.

모든 사람에게…주시고. 어떤 이들은 이 말에 하나님의 일반 은총과 보편적 사랑이 함축되어 있다고 추정하며, 그것을 기도의 주요 내용으로 간주하려 한다. 모든 사람에게 베푸시는 하나님께서 그의 성도들을 거절하실 리 없다는 것이다. 시편 저자가 노래한 대로 피조물에 대한 하나님의 일반 은총은 그의 백성들의 소망과 확신의 근거가 되기도 한다. "손을 펴사 모든 생물의 소원을 만족하게 하시나이다"(시 145:16). 이러한 일반 은총을 깨달은 시편 저자는 그것을 근거로 자기의 믿음을 견고히 한다. "그는 자기를 경외하는 자들의 소원을 이루시며"(145:19). 모든 생물의 소원을 만족하게 하시는 하나님께서 자기 종들의 소원을 만족시켜 주실 것은 불을 보듯 명확하다는 것이다. 이처럼 하나님의 일반 은총이 있는 바, 그것은 하나님이 임의로 베푸시되 차별이 없는 은혜다. 하지만 이상과 같은 의미가 본문의 의도는 아닌 듯하다. 본문은 기도의 내용보다는 사람들에 대해 이야기한다. 그렇다면 '모든 사람' 이란 말은 유대인 · 헬라인 · 이방인, 부자나 가난한 자, 지위가 높은 자나 낮은 자 등 모든 부류의 사람으로 이해될 수도 있다. 하나님은 은혜를 주시되 사람의 겉모습에 구애됨이 없이 모든 사람에게 베푸신다. 혹은 이보다 더 구체적인 의미에서 '모든 사람' 은 기도하는 모든 사람들을 가리킨다고 할 수 있는데, 이것이 문맥상 가장 적합한 듯하다. 하지만 야고보는 아무 단서 없이 이야기하고 있으므로, 아무도 실망하지 말고 소망 가운데 하나님께 간구하는 것이 바람직한 태도다.

후히. 이 단어는 주로 '꾸밈없이' 란 뜻으로 쓰이는 헬라어 ἁπλῶς에 해당한다. 하지만 본문과 같이 '무엇을 베푼다' 라는 뜻의 단어와 함께 쓰일 때는 종종 '후히' 라는 의미를 지니기도 한다. 이 단어가 쓰인 용례를 살펴보면서 그 의미를 생각해 보자. 마 6:22에서 예수님은 제자들에게 사람의 눈이 '성해야' 함을 가르치신다. 여기서 '성하다'(ἁπλοῦς)란 말은 문자상으로는 '단순하다' 혹은 '순전하다'라는 의미다. 그러나 이 구절이 재물에 대한 태도를 가르치는 문맥에 포함되어 있는 점을 고려할 때, '눈이 관대하여 하나님께 드릴 재물에 미련을 두지 않으면'이란 의미가 함축되어 있다. 즉 재물에 관대하여 자신의 인생의 주인이 재물이 아니라 하나님임을 인정하는 자세가 있어야 인생의 바른 가치를 안다는 뜻이다. 롬 12:8의 "긍휼을 베푸는 자는 즐거움으로 할 것이니라"라는 구절에서 '즐거움으로'의 원어 *ἐν ἁπλότητι*가 본래는 '꾸밈없이'라는 의미지만, 문맥상으로는 '즐거움으로' 혹은 '후하게'란 의미를 지니는 것이 그와 같은 예다. 행 2:46의 "기쁨과 순전한 마음으로 음식을 먹고"에서 '순전한 마음으로'도 '풍성한' 혹은 '후한 마음으로'라는 의미를 지닌다. 고후 8:2의 '풍성한 연보' 역시 원문의 '너희가 꾸밈없이 드릴 풍성한 연보'를 의역한 것이며, 고후 9:11에서도 같은 단어가 '후하게'(개역개정 성경-너그럽게)라는 뜻으로 쓰였다. 이와 같이 '꾸밈없이'라는 말이 종종 '후하게'라는 의미로 쓰이는 이유는 다음 두 가지로 생각된다. (1) 누군가에게 베풀 때는 자발적이고도 꾸밈없는 마음으로 해야 하기 때문이다. 아깝다는 심정으로 주는 사람은 손을 반쯤 움츠리고 마음을 반쯤 닫은 상태로 주는 것으로서, 그런 태도는 있는 그대로 주는 것도, 자발적인 마음으로 주는 것도 아니다. (2) 누군가에게 베푸는 일에 개인의 목적 달성 따위의 불순한 동기가 있어서는 안 되기 때문이다. 삼하 7:21에서 다윗이 고백한 바와 같이, 하나님은 이미 알리신 뜻대로 꾸밈없이 베푸시는 분이시다.

꾸짖지 아니하시는. 우리는 누군가를 구제하거나 도우려 할 때, 그것을 받는 사람의 개인 형편을 나무라는 등 위압적인 자세를 취함으로써, 모처럼 베풀게 된 호의를 무가치하게 만드는 경우가 종종 있다. 그것이 구제에 있어서 '인색한 태도'와 함께 또 하나의 흠이라 할 수 있는데, 구제가 참으로 미덕이 되려면 받는 자는 꼭 기억하되 주는 자는 곧 잊어야 할 필요가 있다.[47] 본문에서 야고보는 사람들 사이에서 흔히 보게 되는 그러한

47) 'Hæc beneficii inter duos lex est, alter oblivisci debet dati statim, alter accepti nunquam.' — *Sen. de Beneficiis.*

태도와는 달리 하나님은 꾸짖지 않고 베푸시는 분임을 가르친다. 그런데 여기서 다음과 같은 이의가 제기될지도 모른다. 이미 베푸신 은혜에 근거하여 책망하신 예들은 어떻게 해석해야 하는가? '예수께서 권능을 가장 많이 행하신 고을들이 회개하지 아니하므로 그때에 책망하시되' 라는 마 11:20의 말씀은 야고보의 가르침과 상반되지 않는가? 이러한 이의 때문에 본 절에 대한 해석도 여러 관점으로 나뉜다. 어떤 이들은 '꾸짖지 아니하시는' 이란 말에 대해, 사람은 누군가를 도울 때 흔히 말투나 표정으로 그를 위압하지만 하나님은 그런 태도를 취하지 않으신다는 의미라고 생각한다. 즉 하나님은 구하는 자를 꾸짖거나 멸시하듯 거절하지 않으시고, 행여 도움을 구하는 자가 쓸모없는 인물이라고 해도 책잡아 외면하지 않으시며, 또한 그 사람이 저지른 과거의 죄 때문에 그냥 돌려보내지는 않으신다. 이러한 견해도 옳으나 오히려 본 절은 좀 더 적극적인 의미에서 '선을 행하는 일에 싫증내지 않으시는 하나님' 을 가르친다고 보는 것이 타당한 듯하다. 하나님은 우리가 아무리 구해도 번거롭다는 이유로 책망하지 않으시는 분이다. 비록 우리가 기도해서 받은 것을 남용할 때는 책망하시지만, 기도하는 것 자체에 대해서는 꾸짖지 않으신다. 또한 우리를 책망하실 때도 우리에게 도움을 베풀기 아까워서가 아니라 우리가 스스로의 잘못을 바라보고 부끄러운 심정을 갖게 하기 위함이며, 또 배은망덕함을 회개하게 만들기 위함이다.

그리하면 주시리라. 여기서 야고보는 하나님의 덕뿐 아니라 하나님의 약속을 주지시키고 있다. "하나님께 구하라 그리하면 주시리라." 하나님이 어떤 분이신가에 대한 설명은 우리에게 정당한 신관(神觀)을 형성시켜 주며, '그리하면 주시리라' 는 약속은 확실한 믿음으로 하나님을 의지하게 해 준다.

강해 1

사람은 누구나 예외 없이 부족한 상태에 놓여 있다. 앞에서 이미 살펴본 대로, '[만일] 너희 중에 누구든지' 라는 가정은 모든 사람에게 해당되는 선언이다. 피조물들이 자충족적(自充足的)인 상태에 있지 않게 하는 것이 하나님의 지혜다. 하나님을 의지해야만 그 뜻에 복종하게 되기 때문이다. 하나님께 매일 충분한 공급을 받아서 하늘에 매달리지 않아도 넉넉히 살 수 있게 된다면 사람은 하나님께 관심을 갖지 않으려 할 것이다. 사람이 의식주 문제에 둔감하게 될수록 신앙에서 멀어지는 것은 우리가 익히 보아온 현상이 아닌가? 하나님께서 종종 가난한 자들에게 복을 약속하시는 것은 그들이야말로 그 약속을 가장 중요하게 받아들일 만한 이들이기 때문이다. "너희 모든 목마른 자들아 물로 나아오라 돈 없는 자도 오라"(사 55:1), "수고하고 무거운 짐 진 자"(마 11:28), "심령이 가난한 자", "의에 주리고 목마른 자"(마 5장), 이런 사람들은 자기의 결핍과 필요를 절감하기 때문에 겸손하며, 하나님이 무엇을 명하든 그대로 행하려고 한다. 그러므로 아무도 자신이 다른 사람들보다 부유한 자라고 생각하지 말라. 오직 하나님 한 분만이 스스로 행복하고 자충족적(*αὐτάρκης*)이실 수 있다. 모든 피조물들은 결핍으로 둘러싸여 있다. 그리고 그러한 상태가 피조물들로 하여금 하나님을 바라보게 한다. "모든 사람의 눈이 주를 앙망하오니 주는…손을 펴사 모든 생물의 소원을 만족하게 하시나이다"(시 145:15-16). 피조물들은 그 눈을 하나님께 향하도록 하기 위해 처음부터 부족을 느끼도록 창조되었다. 확실히 아무 궁핍을 느끼지 못하는 자야말로 가장 궁핍한 사람이다. 자신의 상태는 어떠한지 돌아보라.

강해 2

부족. 부족과 궁핍은 우리로 하여금 하나님께 기도하게 만든다. 하늘을 향한 호소는 궁핍을 지각할 때 비로소 시작된다. 탕자 비유에서 만일 탕자가 빈궁해지지 않았더라면 아버지께로 돌아갈 마음이 생겼을까?(참조. 눅 15:16) 사람이 하나님을 찾을 때는 먼저 자기 사랑에서부터 시작한다. 처음에는 자기의 궁핍을 채움 받고자 하나님께 나아간다. 그러나 육체로 시작하여 영으로 마치는 것이 영으로 시작하여 육체로 마치는 것보다 낫다는 사실을 기억하라. 하나님께서 우리의 이기심을 거룩한 소원으로 변화시켜 주신다면 그 얼마나 고마운 일인가! 만일 예수께서 육신을 입고 이 땅에 계셨을 때 가난한 자, 맹인, 장애인, 정신병자, 중풍병자와 같은 이들이 그토록 많지 않았더라면 예수님께 찾아 나온 사람들도 그처럼 많지는 않았을 것이다. 이와 같이 우리로 하여금 하나님 앞으로 나아가게 하는 일차적인 동기는 '부족' 이다.

강해 3

지혜(본문에서의 의미). 바른 자세로 고난에 대처하기 위해서는 큰 지혜가 필요하다는 것이 본문에서 '지혜' 라는 단어가 가르치는 의미다. 즐거운 마음으로 인내하는 것은 사람이 하나님께 '배워야 하는' 거룩한 도리이자 방법이다. "어떠한 형편에든지 나는 자족하기를 배웠노니…풍부와 궁핍에도 처할 줄 아는 일체의 비결을 배웠노라"(빌 4:11-12). 이러한 교훈은 거저 주어지는 것이 아니라 많은 배움을 필요로 한다. 지혜의 필요성을 다음 몇 가지로 생각해 보자. (1) 고난 가운데로 인도하시는 하나님의 목적을 발견하고, 그 목적이 어떻게 표현되며 어떤 의미를 지니는지를 깨닫기 위함이다. "너희는 매가 예비되었나니 그것을 정하신 이가 누구인지 들을지니라"(미 6:9). 하나님의 모든 섭리에는 일종의 음성이 있는 바, 때로 그 음성은 낮고 작아서 알아들으려면 어떤 기술이 필요하다. 우리의 영혼은 우리가 매사에 하나님의 뜻을 깨달을 때 가장 만족한 상태를 유지한다. (2) 고난의 성격을 알기 위함이다. 그것이 알곡을 골라내기 위한 키질인지 아니면 전체에 대한 심판인지, 그 고난이 어떤 점에서 성도의 유익을 위해 의도되었다고 할 수 있는지, 그리고 성도는 그 고난으로부터 무슨 효과와 유익을 얻을 수 있는지 등을 알기 위해서는 지혜가 필요하다. "주로부터 징벌을 받으며 주의 법으로 교훈하심을 받는 자가 복이 있나니"(시 94:12). 교훈이 수반되는 회초리는 오히려 복이다. (3) 고난의 날에 자기의 사명을 깨닫고 그것에 순종할 수 있기 위해서다. "너도 오늘 평화에 관한 일을 알았더라면 좋을 뻔하였거니와"(눅 19:42). 사람에게는 하나님이 시의적절하게 베푸시는 섭리에 올바로 반응해야 할 사명이 있다. 그 사명을 발견하는 것, 즉 그 상황에서 무엇을 해야 할지를 아는 것이 지혜다. (4) 육체의 열정에 휩쓸리지 않기 위함[48]이다. 육체의 감각과 의지, 열정에 의해 사는 사람은 지혜롭지 못하다. 우리의 감정이 육체가 처해 있는 비참한 상태에서 벗어나려면 적절한 깨우침과 위로를 제공해 줄 지혜가 필요하다. 다윗은 "밤마다 내 양심이 나를 교훈하도다"라고 고백하는데, 이는 주님께 교훈을 얻어 마음의 평정을 얻었다는 말이다. 자, 그렇다면 우리가 어떻게 해야 할 것인가? (1) 인내하려면 지혜를 얻으라. 깨달은 자는 자기의 감정을 최대로 잘 다스리는 사령관을 모시고 있는 셈이다. 조급한 마음은 어리석음의 산물이다. "마음이 조급한 자는 어리석음을 나타내느니라"(잠 14:29). 마음이 침착하면 분노나 슬픔 앞에서 절제한다. 솔로몬은 "노하기를 더디 하는 것이 사람의 슬기"(잠 19:11)라고 말했다. 마찬가지로 슬픔에 압도되지 않도록 막아 주는 것도 슬기다. (2) 세상의 조롱에 당당히 답변하려면 지혜를 얻으라. 세상 사람들은 억압 아래서의 인내, 관대, 온유를 유치하고 어리석은 짓 정도로밖에 여기지 않는다. 하지만 그렇지 않다. 거룩함과 지혜가 서 있을 수 있는 곳은 평정된 마음이다. 그러나 세상이 선을 악이라 부르고, 하나님이 베푸신 여러 은사들을 자기들 멋대로 이름 지어 부르는 것은 전혀 새로운 일이 아니다. 천문학자들이 반짝이는 별들을 황소, 뱀, 용 등으로 이름 붙여 부르듯이 세상 사람들은 가장 빛나고 영광스러운 덕들을 욕되게 일컫는다. 열심을 광신으로, 단정함을 외곬으로, 인내를 바보짓으로 만들어버린다. 그럼에도 야고보는 "너희 중에 누구든지 지혜(인내할 지혜)가 부족하거든"이라는 말로 권면한다. (3) 지혜로운 자라고 평가되기를 원하는가? 그렇다면 인내와 마음의 평정으로써 그 지혜를 내보이라. 사람은 무능하다고 평가받기보다는 차라리 방종하다고 여겨지기를 좋아하는 기질을 가지고 있다. 그래서 "보지 못하는 자들은 보게 하고 보는 자들은 맹인이 되게" 하기 위해 이 땅에 오셨다는 예수님의 말씀을 들은 바리새인들은 스스로 맹인임을 인정하지 않고 "우리도 맹인인가?"라고 묻고 나섰다(참조. 요 9:39-40). 우리는 모두 지혜롭다는 평가를 듣기 좋아하며, 맹인이라든지 어리석다든지라는 식으로 평가되기를 싫어한다. 하지만 아무리 맹인이 아님을 자

---

48) 'Sapiens ad omnen incursum munitus et intentus, non si paupertas, non si ignominia, non si dolor impetum faciant, pedem referet; interritus et contra illa ibit et inter illa.' — *Seneca*.

처해도 격한 감정의 소유자는 어리석은 자이며, 자기의 열정을 다스리지 못하는 사람은 깨달음이 없는 사람임을 잊지 말라.

강해 4

하나님께. 우리는 부족을 느끼는 순간마다 즉시 하나님을 의지해야 한다. 성령은 우리를 성인들의 공덕이 아닌 은혜의 보좌 앞으로 인도한다. 성도들은 성인들의 중재를 필요로 하지 않는다. 우리가 직접 아버지께 나아갈 길을 그리스도께서 친히 열어 놓으셨기 때문이다.

강해 5

위 문제를 좀 더 생각해 보자. 지혜는 반드시 하나님을 지향하기 마련이다. 하나님은 지혜로우시며, 지혜의 샘이시되 영원히 마르지 않는 샘이시다. 그분의 지혜 창고는 주지 말아야 할 사람에게 실수로 줌으로써 축나는 일이 없다. 욥 32:8을 보라. “사람의 속에는 영이 있고 전능자의 숨결이 사람에게 깨달음을 주시나니.” 마치 해가 비춰야만 해시계 바늘이 시간을 가리킬 수 있듯이, 사람에게는 지혜를 사용할 기관이 있으나 그 위에 빛을 주시는 분은 하나님이시다. 따라서 자신의 이성에 의존한다는 생각은 가장 큰 영적 우상숭배 행위다. 참된 지혜는 하나님이 비춰 주시는 빛이다. 사람이 이 빛을 받을 수 있는 방법은 오직 겸손하게 믿는 길밖에 없다. 우리가 우리의 불완전성과 하나님의 절대 완전성을 인정할 때 하나님은 우리를 받으시고, 우리에게 길을 가르쳐 주시며, 그 노정에서 친히 우리를 인도하신다. 그러므로 잠언 저자는 다음과 같이 말한다. “너는 마음을 다하여 여호와를 신뢰하고 네 명철을 의지하지 말라”(잠 3:5). 사람이 자부심을 갖고 스스로의 생각과 관심으로 자기 영혼을 위안하는 것은 오직 자신을 더 어지럽힐 뿐이다. 하나님은 우리가 모든 당면 과제와 고군분투할 때 우리가 하나님을 인정하고 의뢰하기를 원하신다. 우리는 그렇게 하지 않으면 쓰러질 수밖에 없다. 하다못해 이방인들 중에서도 비교적 우수한 민족은 무슨 일을 시작하기에 앞서 반드시 신탁을 의뢰하지 않았던가? 모든 지혜는 하나님께 구해야 하는데, 특히 고난을 인내하기 위한 지혜는 더욱 그러하다. 비참한 형편 중에 있으면서도 스스로 행복하다고 생각하는 것처럼 이성에 위배되는 것은 없다. 성도들은 그러한 본성보다 더 높은 경지에 들어가야 한다. 이성이나 본성도 사람에게 인내하는 법을 가르쳐 주는 것이 사실이나, 하나님의 지혜를 대학교에 비유하자면 이성이나 본성은 초등학교에 지나지 않는다. 그러므로 최선의 길은 본성에 의존하는 것이 아니라 '그 안에는 지혜와 지식의 모든 보화가 감추어져 있는' (골 2:3) 그리스도를 의지하는 일이다.

강해 6

구하라. 하나님은 기도에 의해 모든 것을 나타내신다. 하나님은 우리가 구하지 않으면 아무것도 주지 않으신다. 바로 이것이 하늘의 은사를 내려 주시는 법칙 중 하나다. "그래도 이스라엘 족속이 이같이 자기들에게 이루어 주기를 내게 구하여야 할지라"(겔 36:37). 하나님은 우리에게 자신이 친히 모든 은혜를 내리시는 분임을 알리시되, 그것을 받는 특정한 방법을 통해 알게 하신다. 이처럼 기도라는 방법으로 은혜를 받는다는 것은 성도들에게 위로가 될 뿐 아니라 그들만의 특권이다. 성도들에게는 구하고 받지 못하는 것이 구하지 않고 받는 것보다 낫다.[49] 우리의 소원과 하나님의 응답이 수반되는 기도는 그분과 우리 사이에 바른 관계를 설정해 주는 특별한 방법이다. 그로써 그 명령을 듣는 모든 성도들이 사랑과 감사와 믿음을 더욱 갖게 된다(참조. 시 116:1-2). 우리는 기도해서 얻은 것을 감사한 마음으로 간직한다. 그리고 그러한 감사의 마음은 하나님께서 우리의 꿇어앉은 무릎에 내려 주신 응답을 가장 잘 나타내 준다. 이와 같이 지혜와 모든 선한 선물은 하나님께서 내려 주신다. 즉 기도해서 얻은 것들이다. 은혜는 우리가 구입할 수 없을 정도로 비싸지 않다. 과연 누가 하나님이 자기에게 구하는 자를 부르실 때 그들 중 하나에 속하지 않겠다고 고집하려는가?(참조. 습 3:10). 누가 '여호와를 찾는 족속' 에 속하지 않겠다고 자처하고 나서려는가?(시 24:6)

49) Clem. Alex. lib. vii. Strom.

강해 7

기도는 아무리 심각한 결핍 상황이라도 그 해결책을 마련하게 한다. 사람들이 좌절의 깊은 나락으로 떨어져 신음하는 것은 자기 자신 이상의 것을 바라보지 않기 때문이다. 기도는 수양처럼 자기 회복의 긴 세월을 필요로 하지 않는다. 신음하는 바로 그 순간에 자리를 털고 일어나 기도할 수 있다. 하나님은 우리를 많은 연약함 속에서 겸손하게 하여 기도하게 만드신다. 우리의 본성으로는 어려운 것도 성령께서는 손쉽게 이루신다. 하나님은 우리의 본성의 능력을 상회하는 그런 순종을 요구하시지만 그분이 베푸시는 능력마저 초월할 정도의 순종을 요구하시는 것은 아니다. 그런 의미에서 다음 구절은 명언이다. *Da quod jubes, et jube quod vis*(주께서 명령하시는 바를 주시고, 주께서 뜻하시는 바를 명령하소서). 만일 하나님께서 본성의 능력을 넘어서는 어떤 것을 명령하신다면, 그것은 그 백성으로 하여금 은혜 앞에 무릎 꿇게 하시려는 것이다. 하나님은 그분의 백성이 어쩔 도리 없이 간구해야 할 만한 일을 명하시기를 좋아하신다. 그리고 참으로 하나님이 명령하셨다면 성도는 담대히 나아가 구할 수 있다. 모든 계명에는 다음과 같은 하나의 언약이 따라다닌다. '하나님께 구하라'.

강해 8

피조물에 대한 하나님의 섭리는 선물의 방식으로 베풀어진다. 누가 감히 하나님을 자기 이익에 대한 채무자로 만들고, 대가를 강요하는 듯한 행동을 하려고 하는가? 세상 사람들의 눈으로 볼 때 하나님은 종종 가장 무가치하며 보답할 능력이 없는 자들에게 좋은 것으로 베푸신다. 하나님은 아무리 천한 자라도 자유롭게 초대하신다. "돈 없는 자도 오라 너희는 와서 사 먹되 돈 없이, 값없이 와서…사라"(사 55:1). 나는 나지안젠이 이 구절을 인상 깊게 해석해 놓은 것을 기억한다. *ὢ τῆς εὐχολίας τοῦ συναλλάγματος*(얼마나 맺기 쉬운 계약인가!), *δίδωσιν ἥδιον ἢ λαμβάνουσιν ἕτεροι*(주님은 여느 상인과 달리 자진해서 주시며), *ὤνιον σοὶ τὸ θελῆσαι μόνον τὸ ἄγαθον*(만일 당신이 얻으려는 마음만 가지고 있으면 그것이 자격의 전부다).[50] 비록 당신에게 아무 공로도 없고, 그것을 받으려 나가도록 용기를 줄 만한 것이 당신 속에 전혀 없을지라도, 그럼에도 얻게 될 것이라는 말씀이다. 하나님의 은혜가 그러한 것이기에 복음서에서 맹인들과 다리 저는 자들이 혼인 잔치에 초대받은 것이다(마 22장). 그런 사람들에게 베풀어진 모든 것은 '대가'가 아닌 '선물'임에 분명하다. 그러므로 하나님이 우리에게 많은 것을 베푸셨을 때 마치 하나님께서 다른 사람보다 우리에게 더 많은 일을 행하신 것처럼 여겨지더라도 자랑하고 싶은 마음을 잠잠하게 해야 한다. 공로감은 배은망덕한 자부심이다. 그것은 복음의 빛 안에서는, 그리고 그 명확한 말씀들 안에서는 감히 고개를 들지 못하면서도, 마음속에서 발생하는 말들(*verba mentis*), 즉 은밀한 생각과 수근거림에는 고개를 드는 마음으로, 결국 하나님의 선택에는 그럴 만한 이유가 따른다고 생각하게 만든다. 그렇기 때문에 신 9:4에서 "네가 심중에 이르기를 내 공의로움으로 말미암아…그것을 차지하게 하셨다 하지 말라"고 가르치셨다. 입 밖에 낼 수 없는 심정이라면 마음속으로도 말하지 말라. 참으로 그런 배은망덕한 생각은 무의식중이라도 떠올리지 말라.

강해 9

하나님의 은혜의 초대는 매우 보편적이며 우주적이다. 아무도 배제하지 않는 방대한 초청이다. 그런데 왜 스스로를 자격 없다 하여 제외 시키려고 하는가? "수고하고 무거운 짐을 진 '너희 모든 이들아'(개역개정 성경에는 '자들아'로 번역되었음—역주) 다 내게로 오라"(마 11:28). 이처럼 예수 그리스도께서는 불쌍한 영혼을 그 누구도 제외하지 않고 부르신다. 바로 예수께서 우리처럼 등에 무거운 죄의 짐을 진 사람에게도 '다 내게로 오라'고 부르신다. 본문에서도 마찬가지다. 지혜가 부족한 자들도 일반적인 대상이요(너희 중에 누구든지), 하나님이 그것을 채워 주시려고

50) Greg. Naz. Orat. 40, de Baptismo, circa med.

하는 자들도 일반적인 대상이다(모든 사람에게 주시고). 하나님은 우리가 여기에 해당되지 않는다거나 우리 이름이 어린양의 생명책에서 누락되었다고 말씀하신 일이 없다. 그런 소외감은 까닭 없이 하나님을 불신하려는 악한 질투심에서 나온다.

강해 10

하나님의 선물은 자유롭고 후하다. 하나님은 언제나 우리가 구하는 것보다 더 많이 주신다. 우리에게 주신 은혜를 헤아려 볼 때 우리의 기도는 부족하기 짝이 없다. 더구나 기도를 했다고 해도 우리의 생각과 소원이 완전히 정직했던 것만은 아니었다. 우리는 하나님께 속한 선이 얼마나 풍부하고 무한한지를 헤아릴 수 없다. 그러므로 바울은 하나님을 '우리의 온갖 구하는 것이나 생각하는 것에 더 넘치도록 능히 하실 이'라고 표현한다(엡 3:20 참조). 이쯤에서 사람들의 소원보다, 그것도 종종 광대하고 도량이 큰 기도보다 그에 대한 하나님의 응답이 얼마나 더 뛰어난 것인지를 살펴보는 것이 유익하리라. 그 예를 들어보자. 솔로몬은 지혜를 구했고, 하나님은 후히 내려 주셨다. 그런데 지혜뿐 아니라 부귀와 영광도 아울러 풍성히 내려 주셨다(왕상 3:13). 야곱은 단지 여행에 필요한 음식과 옷을 구했으나 하나님은 지팡이만 가지고 떠난 그에게 두 무리의 대가족을 이루게 하셨다(참조. 창 28:20; 32:10). 아브라함은 한 명의 아들을 구했으나 하나님은 그에게 하늘의 별과 바다의 모래같이 허다한 후손을 주셨다(창 15-17장). 사울은 나귀를 찾기 위해 사무엘에게 갔으나 거기서 왕국에 대한 소식을 듣고 돌아왔다. 집 떠난 탕자는 아버지 집의 품꾼이라도 되었으면 하는 심정으로 돌아왔으나, 아버지는 송아지를 잡고, 반지를 끼우고, 새 옷을 입히는 등 그를 위해 할 수 있는 모든 영예와 즐거움으로 맞아 주었다(참조. 눅 15장). 마 18:26에서 빚진 자는 주인에게 다만 잠시만 참아 줄 것을 소원했다. "내게 참으소서 다 갚으리이다." 그런데 그 다음 절에서 주인은 그 빚을 탕감하여 주었다고 기록한다. 확실히 하나님의 은혜는 우리의 생각보다 훨씬 더 광대하다. 신부는 그리스도를 따라가길 원하였지만 왕은 그녀를 그의 침궁으로 이끌었다(참조. 아 1:4). 다윗은 목전의 위험에서 구원해 주시기를 바랐다. "그들이 나를 위하여 비밀히 친 그물에서 빼내소서"(시 31:4). 그러나 하나님은 그를 영광과 존귀로 끌어올리셨다. "내 발을 넓은 곳에 세우셨음이니이다"(시 31:8). 그러므로 다음 사실을 유념하라. (1) 자기의 생각 안에 하나님을 가두지 말라. 하나님은 "네 입을 크게 열라 내가 채우리라"(시 81:10)고 하신다. 문제는 하나님의 손은 펼쳐져 있는데 우리의 마음이 닫혀 있다는 것이다. 하나님의 은혜는 스가랴서에 소개되고 있는 감람나무의 기름처럼 언제나 흘러 넘치지만(슥 4:12), 우리에게 그것을 담을 그릇이 없을 뿐이다. 이런 점에서 눅 1:46에 기록된 마리아의 고백은 탁월한 것이었다. "내 마음이 하나님 내 구주를 '광대하게 하였음은'"(*μεγαλύνει*, 개역개정 성경에는 '기뻐하였음'으로 번역되었음—역주. 즉, 내 마음에 하나님을 모실 자리를 더 만들었다는 의미). 하나님의 은혜가 항상, 그리고 넘치게 흐를 때, 우리는 생각과 소망을 가능한 한 넓혀야 한다. 영광의 왕이 가까이 오실 때 문은 활짝 열려야 한다(참조. 시 24:7). 우리는 아무리 깊이 생각해도 하나님을 완전히 이해할 수 없다. 우리 마음속에 심겨진 신성의 모든 빛을 다 발휘해도 하나님을 이해하는 일에는 끝이 없다. 그러나 그렇게 함으로써 우리의 하나님에 대한 지식은 더욱더 깊어 가게 된다. (2) 하늘 아버지를 본받아 후히 베풀라. '후히'에 해당하는 원어는 *ἁπλῶς*로서 '자발적이고도 꾸밈없는 구제로써'라는 의미를 지닌다. 그러므로 후하게 베푼다는 것은 두 마음을 품지 않고 있는 그대로 베푼다는 뜻이다. 어떤 이들은 편협한 마음으로 마지못해 하면서도 약속만 후하게 한다. 하나님께서는 공허한 약속들로 우리를 대하지 않으신다는 사실을 기억하라. 어떤 이들은 친절을 베푸는 중에도 관심은 자기 자신에게 있어서 자선을 일종의 상행위로 전락시킨다.[51] 이런 태도는 꾸밈없는 것도, 하나님을 본받는 것도 아니다. 어떤 이들은 인색한 마음으로 베푼다. 그래서 내키는 마음과 내키지 않는 마음으로 마음이 반씩 갈리는데, 이것 역시 하나님을 본받는 태도가 아니다. 또 어떤 이들은 준다고 해놓고서 사람을 속인다.[52] 그것은 오히려 그

---

51) '*Ἐμπορίαν μᾶλλον ἢ χάριν ποιοῦσιν.*' – *Isocrates.*

들을 해치는 친절이며, δῶρα ἄδωρα, 즉 선물이라고 할 수 없는 선물이다. 그런 친절은 오히려 해롭다.[53] 이러한 태도들을 버리고 하늘 아버지와 같이 후하게, 거짓 없이 베풀라.

강해 11

꾸짖지 아니하시는. 사람들은 흔히 그러한 태도를 취하나 하나님은 그렇지 않으신다. 우선 하나님은 사람과는 전혀 다른 방법으로 주신다는 일반적 사실을 유념하라. 하나님의 '무한'을 우리의 '마지막'의 개념으로 추정하거나, 하나님을 우리 식으로 생각하는 것은 큰 잘못이다. 사람의 정신은 최종 결정을 내릴 때 감각과 경험의 원칙과 전제에 의존한다. 그런데 우리는 제한된 속성과 성향을 지니고 있을 뿐이므로 하나님께 대한 정당하고 가치 있는 생각을 형성하지 못한다. '썩어지지 아니하는 하나님의 영광을 썩어질 사람 모양으로 바꾼 것', 즉 하나님을 우리의 육체 형태와 모양에 의거해 마음대로 상상한 것이 이방인들이 행한 우상숭배의 본질이었다(참조. 롬 1:23). 마찬가지로 하나님을 자신들의 생각과 성향의 틀을 기준으로 상상하는 것은 그리스도인의 영적 우상숭배 행위다. '하나님은 우리와 똑같다'는 교만한 생각처럼 우리 믿음에 해를 끼치는 일은 또 없을 것이다(참조. 시 50:21). 쉽게 화를 내고 복수심에 차는 우리로서는 도저히 하나님의 오래 참으시고 용서하시는 은혜를 순수히 믿을 수 없다. 그리고 바로 그런 이유에서 예수께서 하루 일곱 번이라도 형제의 죄를 용서하라고 하셨을 때, 사도들은 마치 자기 자신들에게나 심지어 하나님께라도 그토록 큰 용서의 은혜가 있음을 믿을 수 없다는 듯이 "우리에게 믿음을 더하소서"(눅 17:5)라고 외쳤던 것이다. 그래서 하나님은 자신이 사람과는 전혀 다른 마음의 성향을 지니고 계신다는 사실을 여러 곳에서 그처럼 강하게 나타내시는 듯하다. "내 생각이 너희의 생각과 다르며 내 길은 너희의 길과 다름이니라 여호와의 말씀이니라 이는 하늘이 땅보

52) 'Non est sportula quæ negotiatur.' – *Martial.*

53) Timeo Danaos, et dona ferentes.

다 높음같이 내 길은 너희의 길보다 높으며 내 생각은 너희의 생각보다 높음이니라"(사 55:8-9). 이는 곧 '나는 사람들처럼 육체에 갇혀 있지 않고 완고하지도 않으며 앙심을 품지도 않는다. 땅과 하늘 사이에 광활한 공간과 간격이 놓여 있듯이 물방울 같은 너희와 대양 같은 나 사이에는 큰 차이가 있다' 라는 의미다. 그래서 호 11:9에서는, "내가 다시는 에브라임을 멸하지 아니하리니 이는 내가 하나님이요 사람이 아님이라"라고 하신다. 즉 하나님은 사람들처럼 편협한 마음이나 복수심을 품고 있지 않으시다는 말씀이다. 그러므로 하나님이 무엇을 베푸실 때는 하나님 자신의 방식대로 하신다고 생각하라. 하나님을 사람의 편협하고 누추한 생각으로 헤아리거나 그분을 피조물의 영역에 가둬두지 말라. 삼하 24:23에서 아라우나는 일개의 평민으로서 자기 분수를 모르고, 마치 왕이 신하에게 무엇을 하사하는 듯한 태도로 다윗에게 자기의 타작마당을 내주는 결례를 범했다. 하나님은 무슨 일을 하시든 하나님으로서 하시되, 피조물들의 상태를 초월하여 무한하시고 영원하신 자신의 속성에 해당하는 일을 하신다.

강해 12

꾸짖지 아니하시는. 이 말씀에 대해 좀 더 생각해 보자. 이 구절에서 특히 더 발견하게 되는 것은 하나님이 은혜를 구하러 자주 찾아 나아오는 자기 백성들을 나무라지 않으시며, 그들에게 선을 행하시기를 싫증내지 않으신다는 사실이다. 사람들은 예전에 한 번 했던 일을 들먹이며 변명하는 태도에 익숙하다. 그래서 가난한 자가 찾아와 도움을 호소해도 전에 호의를 베푼 사실을 강조하며 거절하는 것이 예사다. 사실 사람의 재산은 쉽게 없어진다. 사람들을 도와주면 그만큼 재산이 축나기 마련이다. 그래서 아무리 친한 친구라 할지라도 너무 자주 찾아가 도움을 청하면 혹시 의리마저 상하게 되지 않을까 하는 염려 때문에 발걸음 내딛기를 주저하게 된다. 바로 이것이 솔로몬의 충고기도 하다. "너는 이웃집에 자주 다니지 말라 그가 너를 싫어하며 미워할까 두려우니라"(잠 25:17). 사람들의 교제는 그러하다. 그런 상황이 되면 가난해서든지 식상해서든지 곧 친구들을 멀리하게 된다. 그런 점에서 볼 때 이 땅의 친구와 하늘에 계신 우리의 친구와는 얼마나 큰 차이가 있는가! 하나님은 우리가 자주 찾아 나아갈수록 더욱더 반겨 주시고, 더욱 친밀하게 대해 주시며, 더욱 복을 주신다(참조. 욥 22:21). 하나님의 집 대문은 항상 열려 있으며, 그 안에서 하나님은 언제나 우리를 맞이할 채비를 하고 계신다. 그러므로 하나님을 또 찾아가 사랑과 호의를 베풀어 달라고 부탁해도 괜찮은지 염려할 필요가 없다. 고후 1:10은 다음과 같이 가르친다. "그가 이같이 큰 사망에서 우리를 건지셨고 또 건지실 것이며 이후에도 건지시기를 그에게 바라노라." 우리가 기도해서 이미 어떤 은혜를 받은 일이 있다면 그것은 다음 은혜를 받기 위한 첫 단계에 불과하다. 하나님께서 이전에 베푸셨다면 '장래에도' 베푸실 것을 믿을 수 있는 것이다. 인간관계에서는 거듭 도움을 청하러 자주 찾아가는 사람을 일컬어 염치없는 사람이라 하겠지만, 하나님께서는 자기를 그렇게 찾는 사람들의 태도를 '믿음'이라 일컬으신다. 하나님은 이전에 한 번 베푸셨다는 이유로 또 찾아가 구하는 우리를 꾸짖지 않으시는 분이다. 그래서 하나님의 백성은 언제나 다음과 같은 고백을 생활 원리로 삼는다. "여호와께서 나를 사자의 발톱과 곰의 발톱에서 건져내셨은즉 나를 이 블레셋 사람의 손에서도 건져 내시리이다"(삼상 17:37). 그렇다면 이런 사실을 안 우리는 어떤 자세로 살아야 하겠는가? (1) 하나님께서 이미 주신 은혜 위해 더 많은 은혜를 주실 때마다 지치심 없는 그분의 사랑을 찬양하자. 하나님이 다윗과 그 혈통에게 영예 위에 영예를, 특권 위에 특권을 주시겠다고 약속하셨을 때 다윗은 다음과 같이 고백했다. "주 여호와여, 이것이 인간의 규례이겠습니까?"(삼하 7:19, 개역개정 성경에는 '주 여호와여 이것이 사람의 법이니이다'로 번역되었음—역주). 즉 '인간이라면 과연 그렇게 하려고 하겠습니까? 요청하고 또 요청해도 계속 주는 것, 곧 언제까지나 동질의 사랑과 온정으로 은혜를 베푸는 것이 세상 사람들의 관습 속에 과연 있겠습니까?' 다윗은 이러한 반문으로 하나님의 놀라운 사랑을 고백했다. 만일 우리가 하나님께 찾아가듯 자주 사람을 찾아가면 얼마 못 가서 문전박대를 당할 것이 분명하다. 그러나 사랑이 풍성한 하나님은 우리가 아무리 빈번히 찾아가서 아뢰어도 싫증을 내시지 않는다. (2) 하나님이 우리에게 복 주시는 일에 싫증내지 않으신다면, 우리도 그분을 섬기는 일에 싫증내지 않는 것이 도리다. 사명감은 은혜와 긴밀히 연관되어 있다. 하나님이 복 주시는 일에 지치지 않으시므로 우리도 선을 행하되 낙심하지 말아야 한다(참조. 갈 6:9). 하나님의 은혜가 사라지지 않듯 우리의 열심과 열정도 사라지지 않게 하자.

강해 13

그리하면 주시리라. 하나님은 바르게 드린 기도를 기꺼이 받아들이신다. 우리의 세속적인 욕구를 만족시키시는 일은 없으시지만 기도에는 반드시 응답하신다. "구하라 그리하면 너희에게 주실 것이요 찾으라 그리하면 찾아낼 것이요 문을 두드리라 그리하면 너희에게 열릴 것이니"(마 7:7). 만일 구해서 얻지 못했다면 열심히 찾자. 만일 찾아도 얻지 못하면 계속 두드리자. 응답을 받을 때까지 열심을 유지하는 자세가 바람직하다. 그러나 '이와 같은 약속들이 진실한 것인가?' 라는 의문을 품는 사람이 있을지도 모른다. 세베대의 두 아들은 구하긴 했으나 받지 못했다(마 20:22). 어리석은 처녀들은 대문을 두드렸으나 문은 열리지 않았다(마 25:11-12). 교회도 그리스도를 찾지만 찾지 못하는 경우가 있다. "내가 밤에 침상에서 마음으로 사랑하는 자를 찾았노라 찾아도 찾아내지 못하였노라"(아 3:1). 그렇다면 예수께서 가르치신 이러한 말씀이 어떻게 진실하다고 할 수 있겠는가? 이에 대해 상식적으로 유추할 수 있는 원칙들을 몇 가지 제시함으로써 답하고자 한다. 올바른 기도는 입신양명을 구하지 않는다. '거룩한 마음으로 기도하러 왔으면 기도하는 방법도 거룩해야 하며, 기도의 목적도 거룩해야 한다' (*Si bonum petant boni, bene, ad bonum*).[54] 참으로 기도의 바른 자세를 명쾌하게 요약한 명언이다. 하나님께서 받으시는 기도가 되려면 다음 사항이 전제되어야 한다. (1) 기도하는 사람 자신의 문제 : 하나님은 기도의 내용뿐 아니라 기도하는 그 사람이 어떤 사람이며, 무엇에 관심이 있는지도 아울러 살펴보신다. 야고보는

---

54) Grotius in Annot. in Mat. xviii. 19

본 서신 5장 16절에서 “의인의 간구는 역사하는 힘이 큼이니라”라고 가르치는데, 여기서 주목할 것은 *δέησις ἐνεργουμένη*, 즉 힘과 열심을 다해 드리는 기도도 중요하지만 그것이 의인의 기도라야 한다는 점이다. 유대인들은 요 9:31의 “하나님이 죄인의 말을 듣지 아니하시고”라는 말씀을 상식적인 법칙으로 이해했다. 이 내용은 성경에 자주 반복되어 온 터라, 그것을 ‘부정한 사람이 기도를 하면 오히려 기도 자체를 더럽힌다’는 금언으로 가르쳤다. 하지만 이 문제는 차후에 다루기로 하자. (2) 기도의 내용이 선해야 함 : “그의 뜻대로 무엇을 구하면 들으심이라”(요일 5:14). 기도는 반드시 ‘하나님의 계시된 뜻’에 따라 해야 하며, 그것이 바로 순종이다. 그리고 ‘하나님의 은밀하신 뜻’에 순종하겠다는 자세로 기도해야 하는데, 그것이 인내다. 이 두 가지 중 어느 경우도 우리의 정욕이나 상상에 의거한 기도가 아니다. 정욕을 따라 구하는 것은, 마치 발람이 하늘마저도 자기의 저주 계획에 끌어들이려는 생각에서 시행했던 제사처럼 명백한 신성 모독이다. 그리고 우리의 상상을 가장 높은 위치에 놓고 드리는 기도도 분수를 모르는 어리석은 행위다. 하나님은 무엇이 우리에게 가장 필요한지를 아신다. 우리가 철없는 아이들처럼 칼을 갖고 싶어 할 때, 하나님은 현명한 아버지처럼 빵을 주신다. 하나님은 자기 백성이 기도를 드릴 때 선한 것을 구하면 언제나 들으신다. 그러나 여기서 반드시 기억해야 할 점이 있다. 무엇이 선한지를 판단하시는 분은 우리 자신이 아니라 하나님이라는 사실이다. 항상 자신의 뜻을 암암리에 묵인하는 것보다 더 큰 심판을 초래하는 일은 없다.[55] (3) 기도하는 자세가 바르게 되어야 함 : 하나님이 기뻐하시는 때를 기다리면서 믿음(6절)과 간절함(5:17), 그리고 인내와 성실함으로 기도하는 것이 바른 자세다. 하나님은 자동판매기처럼 사람들에게 즉시 응답하시지 않기 때문이다. 자루가 길면 길수록 더 많은 내용물이 담기듯, 기도가 끊임없이 계속되어 하나님께 이를 때 그만

---

55) ‘Sancti ad salutem per omnia exaudiuntur, sed non ad voluntatem, ad voluntatem etiam Dæmones exauditi sunt, et ad porcos quos petiverant ire missi sunt.’—*Aug. in Epist. Johan.* tract. 6. So also (Serm. 53, de Verbis Domimi), ‘Quid prosit medicus novit, non ægrotus.’

큼 응답되는 은혜는 더 큰 법이다. "내가 여호와를 기다리고 기다렸더니 귀를 기울이사 나의 부르짖음을 들으셨도다"(시 40:1). 하나님은 우리가 기다리고 있을 때 은혜 베풀기를 좋아하신다. (4) 기도의 목적이 선해야 함(*ad bonum*) : 우리는 하나님의 영광을 드러내고 높이기 위한 선한 목적으로 기도해야 한다. 여기에 정욕에 의한 기도와 참된 기도의 차이점이 있다. "구하여도 받지 못함은 정욕으로 쓰려고 잘못 구하기 때문이라"(약 4:3). 기도 내용을 일신상의 문제로 종결짓지 말라. 그런 기도라면 짐승들의 본능과 무엇이 다르겠는가? "우리에게 물을 주어 마시게 하라"(출 17:2). 짐승들도 그 정도의 자기 보존은 추구할 수 있다. 기도는 그리스도인의 모든 삶과 같이 하나님을 지향해야 한다. 그러므로 하나님의 영광을 목적으로 삼아 기도하라. 그러면 분명히 응답받을 것이다. 육체의 정욕은 아무리 구해도 채워지는 일이 없다. 하지만 그렇다고 해서 바르게 드린 기도마저 채워지지 못하리라고 의심한다면, 그런 성급한 의심과 그로 인한 실망 때문에 믿음은 크게 흔들리고 만다. 예수께서 요 16:23에서 하신 말씀을 잘 생각해 보라. "진실로 진실로 너희에게 이르노니 너희가 무엇이든지 아버지께 구하는 것을 내 이름으로 주시리라." 예수께서 우리의 소망을 북돋우시기 위해 무제한의 의미로 '무엇이든지' 라고 말씀하신 것이나, 우리의 믿음을 굳세게 하시기 위해 '진실로 진실로' 라고 강조해서 말씀하신 것을 주목하라. 그만큼 우리가 그러한 약속들을 잘 믿지 못하는 자들이기 때문이다.

강해 14

마지막으로, '그리하면 주시리라' 라는 구절을 좀 더 생각해 보자. 야고보는 하나님의 성품뿐 아니라 그분의 약속에 의거하여 권고한다. 하나님께 그러한 성품이 있을 뿐 아니라, 친히 그러한 관대하심을 베푸시기로 약속하셨다는 사실을 생각해 볼 때, 확실히 이 권고는 우리에게 기도할 용기를 북돋아 준다. 항간에 아무리 좋은 소식이 나돌아도 그 소식이 특별히 자기에게 해당되는 것이 아니라면 무슨 유익이 있겠는가? 후히 베푸는 왕이 있다고 하자. 그런데 그 왕이 자기 내키는 대로 주며, 특별히 우리에게 주겠다는 약속을 한 바가 없다면 왕이 후한 것과 우리는 아무 상관도 없다. 시편 저자는 하나님의 덕을 다음과 같이 노래한다. "주는 선하사 선을 행하시오니"(시 119:68). 그러나 그 말씀을 읽는 우리는 하나님께서 약속하신 바를 의지하여 "주는 선하사 선을 '행하실 것입니다'"라고 생각할 수 있다. 만일 하나님이 자신을 보편적인 속성으로만 알리고 마셨다면 우리는 충분한 믿음의 근거를 갖지 못했을 것이다. 하지만 하나님은 언약 안에서 친히 우리의 하나님이 되신다고 알려 주셨다. 그러므로 세상 사람들에게 바로 이것이 기도의 진정한 의미며, 따라서 기도는 헛수고가 아님을 알리자. 사람이 이렇게 약속하신 복을 구할 때 하나님은 실제로 또 다른 약속을 이행하신다. "구하라 그리하면 주시리라."

[6] 오직 믿음으로 구하고 조금도 의심하지 말라 의심하는 자는 마치 바람에 밀려 요동하는 바다 물결 같으니.

여기에서 야고보는 한마디 주의를 준다. 이는 자신이 한 말에 대하여 오해가 없도록 한 조치였다고 볼 수 있다. 즉 모든 간구에 응답이 있는 것은 아니라는 사실이다. 응답받기 위한 간구는 믿음의 간구여야 한다.

오직 믿음으로 구하고. 여기에서 야고보가 말하는 믿음은 여러 측면에서 생각해 볼 수 있다. (1) 엡 3:12에서 표현된 것과 같이, 믿음은 하나님을 신임하는 것, 또는 구체적인 신뢰의 행동으로 볼 수 있다. "우리가 그 안에서 그를 믿음으로 말미암아 담대함과 확신을 가지고 하나님께 나아감을 얻느니라." (2) 우리가 구하는 내용의 정당함에 대한 확신이라고 할 수 있다. 롬 14:23의 "믿음을 따라 하지 아니하는 것은 다 죄니라"는 말씀에서의 바로 그 믿음을 말한다. 이는 우리가 어떤 일의 정당성을 확신함도 없이 실행에 옮긴다면 그것이 죄가 된다는 말이다. (3) '믿고 있는 상태'로 간주할 수 있다. 하나님께서는 오직 자기 백성들, 곧 예수 그리스도에게 관심을 가지는 자들의 간구만을 들으시기 때문이다. "하나님의 약속은 얼마든지 그리스도 안에서 예가 되니"(고후 1:20). 야고보가 말하는 '믿음'에 대한 이 세 가지 뜻 모두 고려해 볼 가치가 있는 것이지만, 나의 생각으로는 첫 번째 설명이 문맥과 가장 가깝고 공식적인 듯하다. 여기에서 문맥상 믿음이 의심과 동요의 반대 개념으로 사용되었고, 특별한 신뢰의 행동을 가리키고 있기 때문이다.

조금도 의심하지 말라(*μηδὲν διακρινόμενος*). 여기에서 '의심한다'는 말은 무슨 뜻인가? 이에 해당하는 헬라어 단어는 어떤 것을 마음으로 의심하는 것을 뜻한다. 행 10:20의 "일어나 내려가 의심하지 말고(*μηδὲν διακρινόμενος*) 함께 가라"는 말씀에 이와 똑같은 말이 사용되었다. 즉 '너의 소명과 성공 여부에 대하여 마음속으로 의심하지 말라'는 뜻이다. 이 말은 흔히 믿음의 행위와 관련되어 사용된다. 롬 4:20의 "믿음이 없어 하나님의 약속을 의심하지 않고"라는 말씀에서 *οὐ διεκρίθη*(그는 의심하지 않는다)라는 말은 그 문제에 대하여 따지지 않고 하나님의 권능과 약속을 마음으로 굳게 잡는다는 뜻이다. 마 21:21에는 "만일 너희가 믿음이 있고 의심하지 아니하면 이 무화과나무에게 된 이런 일만 할 뿐 아니라 이 산더러 들려 바다에 던져지라 하여도 될 것이요"라는 말씀이 기록되어 있다. 이는 만약 제자들이 걱정과 불안을 버리고 그 보장을 마음으로 굳게 믿었다면, 그들 역시 기적을 행했을 것이라는 뜻이다.

의심하는 자는 마치 바람에 밀려 요동하는 바다 물결 같으니. 이는 의심하는 사람들의 상태를 표현해 주는 멋진 비유다. 이 비유는 선지자 이사야(57:20)와 후대의 일반 작가[56]도 사용한 적이 있다. 여기에서 야고보는 의심하는 자(*ἔοικε κλύδωνι*)를 '바다 물결과 같다'고 말하고 있다. 선지자 이사야는 모든 악인들(*κλυδονισθήσονται*, 칠십인역)에 대하여 '그들이 능히 안정하지 못하고…요동하는 바다와 같으니라'고 말하였다.

강해 1

참된 기도를 가리는 시금석은 기도에 대한 믿음이다. 함부로 하는 간구는 모양만 내기 위한 것이지 믿음으로 하는 간구가 아니다. 사람들은 기도하되 자기들이 기도드리는 대상이 내리시는 응답은 생각지도 않는다.

---

56) 'Turbo quidam animos nostros rotat, et involvit fugientes petentesque eadem, et nunc in sublime allevatos, nunc in infima allisos rapit.' — *Seneca de Vita Beata.*

기도는 업무가 아니라 수단이다. 그러므로 기도할 때는 기도의 응답 여부를 분명히 숙고해 보아야 한다. 그 후에 자신의 기도를 바라보고 구체적인 소망과 신뢰를 가지고 기도를 드리라. 기도의 모든 성공(응답)은 믿음에 달려 있다. "여자여 네 믿음이 크도다 네 소원대로 되리라"(마 15:28). 하나님께서는 결코 믿음의 요청을 거절하지 않으신다. '네 소원대로 될지어다.' 막 11:24에도 같은 내용이 기록되어 있다. "그러므로 내가 너희에게 말하노니 무엇이든지 기도하고 구하는 것은 받은 줄로 믿으라 그리하면 너희에게 그대로 되리라." '믿으라 그리하면 너희에게 그대로 되리라' 라는 말씀에 주의하라. 하나님의 속성이 영화롭게 될 때 그것들은 행사되며, 우리의 신뢰에 의해서 하나님의 진리와 권능이 역사하게 되는 것이다. 그렇다면 어떻게 하는 것이 우리가 믿음으로 기도하는 것일까? 이를 위해서는 먼저 그리스도와의 관계가 전제되어야 한다. 모든 기도 시 요구되는 것은 다음과 같다.

1. 예수 그리스도의 은혜와 공로에 대한 실제적인 의존

"그로 말미암아 우리 둘이 한 성령 안에서 아버지께 나아감을 얻게 하려 하심이라"(엡 2:18). 우리는 오직 예수 그리스도 그분을 의지해서만 소망과 신뢰의 마음을 드릴 수 있다. 이에 대한 확신이 없다면, 자아로부터 탈피하여 그분의 공로를 받아들이도록 하라. 이것은 반드시 믿는 자에게 전제되어야 하는 필수적인 일이다. 믿는 자 이외에는 아무도 바르게 기도할 수 없다. 자기들에게 속한 약속을 전혀 가지지 못한 자들이 어떻게 복을 받을 줄 확신할 수 있겠는가? 그러므로 우리는 적어도 의무적으로 그리스도를 공경해야 한다. 우리는 우리같이 무가치한 피조물도 그분 안에서 받아들여질 수 있다는 것을 알아야 한다. "그러므로 우리는 긍휼하심을 받고 때를 따라 돕는 은혜를 얻기 위하여 은혜의 보좌 앞에 담대히 나아갈 것이니라"(히 4:16). 그리스도로 말미암아 우리는 담대하게 그리고 자유롭게 나아갈 수 있다. 우리는 죄인이나 우리의 중보자인 예수 그리스도는 의로우시다. 흔히 사람들이 하나님에 대해서는 의심하지 않지만 자신에 대해서는 그렇지 못하다고 말한다. '나는 사악한 죄인인데 주께서 내 말을 들으실까?' 라고 의심한다. 그러나 이에 대한 나의 대답은 이렇

다. 우리로 하여금 하나님께 대해서는 의심하지 않도록 하고 우리 자신에 대해서는 의심하도록 하는 것은 사탄의 술책이다. 그것은 사실상 하나님을 의심하는 것이나 마찬가지다. 다시 말해서 하나님의 자비에 대해서는 그 자비가 죄인을 용서하고 구원하기에 충분하지 못한 것처럼, 하나님의 권능에 대해서는 도울 힘이 그리 넉넉하지 못한 것처럼 의심하는 것이다. 우리는 하나님 앞에 겸손히 나아가야 한다. 우리는 모두 죄인이다. 우리는 또한 믿음으로 나아가야 한다. 그리스도께서 우리의 구주시다. 우리가 스스로 겸손하게 한다는 구실 아래 하나님께 대하여 천박한 생각들을 갖는다면, 그것은 실로 어리석은 일이 아닐 수 없다. 만일 우리가 지혜를 가졌다면, 모든 은혜가 건축물의 벽돌과 같이 완벽한 균형을 이루며 서로서로 연결되어 있음을 볼 수 있을 것이다. 그러므로 우리는 겸손하되 그리스도 안에서 담대해야 한다.

2. 우리는 오직 믿음으로 기도해야 한다. 기도는 믿음에 의하여 규제되어야 하며, 믿음은 말이 가지는 한계에서 벗어나 방황해서는 안 된다. 만일 우리가 약속을 의지하고 있다면, 하나님께서 정해 놓으신 때에 우리의 간구가 응답되리라고 확신할 수 있다. 그러나 세속적인 욕망을 믿음으로 구할 수는 없다. 요한의 말은 특별히 이러한 사실을 설명하기에 적합하다 하겠다. "그를 향하여 우리가 가진 바 담대함이 이것이니 그의 뜻대로 무엇을 구하면 들으심이라"(요일 5:14). 모든 것은 믿음으로 구할 수 있다. 그리고 어떤 것들은 절대적으로 영적인 복들로서 우리가 간구해야 할 것들이다. 그것들은 정도에 있어서가 아니라 그 본질에 있어서 영적이라 할 것이다. 여기서 정도란 임의적인 것을 의미한다. 다른 것들은 외부적인 복으로서 조건적이다. 기도는 말씀에 따라 하라. 그리하면 그 기도에 따라 결과가 나타날 것이다.

3. 기도할 때마다 우리의 영혼은 하나님의 속성을 실제로 찬미해야 하며, 단호히 현재의 의심과 두려움을 떨쳐 버리고 그 속성들을 붙들어야 한다. 우리는 보통 분명한 약속이 결핍되어 있어서 의심하는 것이 아니라, 하나님께 대한 저급한 생각에서 의심을 하게 된다. 우리는 하나님의 사랑과 권능, 진리가 현재 우리에게 있는 의심과 유혹보다 더 강하다고

생각하지 못한다. 그렇기 때문에 그 많은 죄에서 우리를 건져 내어 의롭게 할 사랑이 하나님께 있다는 사실, 그 엄청난 죽음과 그 위협에서 우리를 건져 내기에 충분한 권능이 하나님께 있다는 사실(고후 1:10), 그리고 그 큰 자비를 내려 주시기에 충분한 선물이 하나님께 있다는 사실을 믿지 못한다. 결국 믿음으로 기도한다는 것은 기도할 때 하나님께 대한 바르고 정당한 생각을 품는 것이다. 그때에 우리는 특별한 의심과 위급한 상황을 충분히 대처해 나갈 수 있음을 알게 된다. "예수께서 집에 들어가시매 맹인들이 그에게 나아오거늘 예수께서 이르시되 내가 능히 이 일 할 줄을 믿느냐 대답하되 주여 그러하오이다 하니 이에 예수께서 그들의 눈을 만지시며 이르시되 너희 믿음대로 되라 하시니"(마 9:28-29). 그리스도께서는 먼저 그 맹인들이 자기의 권능에 대하여 정당한 평가를 내리고 있는지를 알아보시고, 그 다음에 그 평가를 믿음이라 칭하신 뒤 그들에게 복을 주셨다. 하나님께 나아가는 사람들은 하나님께 대한 올바른 인식을 필수적으로 지니고 있어야 한다. 그리스도께서는 자신의 큰 권능에 대하여 두 맹인이 굳게 확증하기를 바라셨다. "내가 능히 이 일 할 줄을 믿느냐… 주여 그러하오이다." 이것이 전부였다. 그러나 우리는 '매 기도시 어떤 믿음이 필요한지 좀 더 분명하게 말해 주시오' 라고 말할 것이다. 나의 답변은 이러하다. 그 질문에 대한 해답은 이미 상당히 주어졌으나 좀 더 만족을 얻고자 한다면, 다음과 같은 법칙들을 고려하라.

(1) 분명한 약속이 주어진 경우에 우리는 하나님의 뜻에 대하여 결코 의심해서는 안 된다. 의심이란 이 약속이 과연 하나님의 말씀이며 뜻인가 하는 의혹에서 반드시 출발하게 마련이다. 이는 사실상 무신론이다. 또 의심은 하나님께서는 결코 자기 말대로 실행하지 않으실 것이라고 생각하는 데서도 시작된다. 이는 하나님을 모독하는 행위다. 또는 그 의심이 하나님께서 그 뜻을 성취하실 능력이 없으신 게 아닌가 하는 두려움에서 출발할 수도 있다. 이는 전혀 터무니없는 의심이며 불신앙이다. 그러므로 하나님의 뜻을 분명히 볼 수 있는 약속을 가지고 있을 때 우리는 그를 향하여 담대함을 가질 수 있다(요일 5:14).

(2) 하나님의 뜻에 대한 분명한 확신이 없는 경우에 믿음은 바로 하나님

의 권능에 영광을 돌리고 그것을 활용한다. 불신앙은 대부분 하나님께서 '하실' (will) 사항보다는 '하실 수 있는' (can) 사항에 걸려 넘어지게 된다. 이는 우리가 부분적으로 경험해 온 바다. 모든 수단이 실패로 돌아가고 기대했던 복도 받을 가망이 전혀 없을 때 두려움은 우리를 찾아온다. 우리를 의심에 빠지게 만드는 것은 하나님의 뜻에 대한 불확실함이 아니라, 하나님의 권능에 대한 그릇된 인식이다. 우리에게 위험과 난관이 닥치게 되면 우리는 하나님의 권능을 믿고 드리는 기도도 안전한 도움을 줄 수 없다는 두려움에 빠지게 된다. 이러한 사실은 성경이 부분적으로 증거하는 바다. 성경을 상고해 보라. 그러면 하나님의 권능과 부요가 믿음의 제일 근거요, 이유임을 발견할 수 있을 것이다. 아브라함은 '약속하신 그것을 또한 능히 이루실 줄을 확신하였기' 때문에 믿었다(롬 4:21). 시 78:19의 '하나님이 광야에서 식탁을 베푸실 수 있으랴' 라는 말씀에서 볼 수 있듯이, 불신앙이란 그 자체가 하나님의 권능에 대한 명백한 불신을 암시하는 말로 표현된다. 이는 의지(will)의 문제가 아니라 능력(can)의 문제다. 왕하 7:2도 이 사실을 보여준다. "여호와께서 하늘에 창을 내신들 어찌 이런 일이 있으리요." 동정녀 마리아도 눅 1:34에서 "어찌 이 일이 있으리이까"(How can these things be?)라고 말하고 있다. 이외에도 많은 구절들이 있다. 사람들은 자신들이 하나님의 뜻을 모르기 때문에 의심하고 있다고 생각하지만 그것은 스스로를 속이고 기만하는 것이다. 그들이 주저하고 머뭇거리는 주요 대상은 하나님의 능력이다. 채무 상환의 경우에 우리는 '갚지 않으려는 의도' (will not)는 숨겨둔 채 '갚을 수 없다' (cannot)는 핑계만 댄다.[57] 믿음의 경우는 이와 정반대인데, 우리는 하나님의 능력을 의심하는 마음을 드러내지 않은 채 그분의 뜻을 모른다는 핑계만 댄다. 그러므로 우리가 믿음으로 해야 할 중요한 일은 하나님의 뜻은 하나님께 맡겨 두고, 하나님의 권능을 인정함으로써 그분께 영광을 돌리는 것이다. 예수 그리스도께서는 맹인들에게 물으셨듯이 우리에게도 다음과 같이 물으신다. "내가 능히 이 일 할 줄을 믿느냐"(마 9:28). 우리의 대답은 "주여

57) 'Non posse prætenditur, non velle in causa est.' —*Seneca*.

그러하오이다"이어야 한다. 그리고 우리는 나병환자처럼 기도해야 한다. "주여 원하시면 저를 깨끗하게 하실 수 있나이다"(마 8:2). 하나님께서 우리의 기도에 응답하든 말든 믿으라. 다시 말해서 마음속으로 "주여 당신은 하실 수 있나이다"라고 말하라.

3) 위와 같은 경우들에서 하나님의 권능이 높여져야 될 뿐 아니라 그의 사랑 또한 영광을 받으셔야 한다. 그러나 불명확한 경우 '어떻게 우리가 하나님의 사랑을 영화롭게 해야 하는가' 라고 물을 수 있다. 나는 두 가지로 대답하겠다. 1) 믿음은 우리 영혼으로 하여금 하나님이 기뻐하시는 일을 하도록 한다. 하나님께서는 선하셔서 우리가 스스로 우리 자신을 그분의 선하심에 맡기도록 하신다. 하나님께서 응답을 허락하시든 그렇지 않으시든지 간에 그분은 지혜로우신 하나님이시요, 우리를 사랑하시는 아버지시며, 가장 선한 일을 행하실 분이시다. 그러므로 우리도 알다시피 어떤 경우에 있어서든지 우리는 다툴 것이 없고, 하나님의 뜻이 이러니 저러니 할 것도 없으며, 다만 나병환자와 같이 "주여 당신은 하실 수 있나이다"라고 말함으로써 우리를 하나님께 맡길 뿐이다. 자신을 그분의 뜻에 맡기라. 그리고 그분의 힘으로 그분께 간구하라. 이것이 참되고 순전한 믿음의 역사다. 우리 자신의 처지를 하나님의 사랑에 담대히 부탁할 때, 즉 그분께서 보시기에 선한 것을 행하시도록 그분께 맡길 때 하나님께서는 선한 일을 행하여 주신다. 성경에 기록되어 있듯이 모든 세속적인 일에 있어서 하나님의 자녀들은 자신을 그분의 처분에 맡겼다. 이는 하나님의 자녀들이 그분의 마음에 사랑이 가득함을 알기 때문이다. 그리고 하늘에 계신 그들의 아버지께서 최상으로 생각하는 것이 최선의 것임을 알기 때문이요, 이것이 바로 심령의 불안과 혼란스러움을 떨쳐버리는 방법이기 때문이다. "너의 행사를 여호와께 맡기라 그리하면 네가 경영하는 것이 이루어지리라"(잠 16:3). 하나님의 자녀는 자신의 일을 복종하는 마음으로 하나님의 뜻에 맡기고 잠잠히 기다린다. 2) 믿음은 우리의 영혼으로 하여금 간구한 자비에 대하여 어떤 소망을 가지도록 작용한다. 소망이란 무언가 노력하도록 하는 원천이 된다. 하나님을 바라봄에 소망이 없다면, 우리는 기도하지도, 하나님을 의지하지도 않는다(애 3:29 참조). 위선자

들의 자만은 "우리가 그에게 기도한들 무슨 소용이 있으랴"(욥 21:15) 하는 것이다. 우리도 알다시피, 전염병이 돌고, 억압이 있고, 기근 등이 발생할 때 보존하시겠다는 어떤 구체적인 약속이 있다(말 3:14). 비록 그 약속들이 문자 그대로 엄격하게 지켜지지는 않지만, 상당히 성취되었으며 대부분(ἐπὶ τὸ πλεῖστον) 실행되고 있다. 비록 십자가와 별도로 설명되어야 할지라도(왜냐하면 하나님께서는 오직 은혜의 언약에 의해서만 의무감을 가지시며, 또 은혜의 언약 안에서 시 89:32의 말씀처럼 '채찍으로 그들의 죄악을 벌할' 자유를 여전히 가지시기 때문이다) 하나님의 자녀들은 그 약속들이 성취되었던 사실을 많이 경험하고 있다. 그래서 그들은 하나님을 향하여 소망을 품지 않을 수 없으며, 더 나아가 하나님께서 응답하실 것이라고 생각하게 된다. 이 약속들이 우리의 처지에 들어맞고 종종 성취되었기 때문에, 그것들은 최소한 어렴풋한 소망을 갖게 한다. 그러면 어떻게 이러한 약속들을 선하신 하나님께 기도로 구할 수 있을까? 그리고 다윗처럼 "주의 종에게 하신 말씀을 기억하소서 주께서 내게 소망을 가지게 하셨나이다"(시 119:49)라고 말하지 않을 수 있을까? 우리는 하나님께 무엇을 지시할 수 없으며, 우리의 생각으로 하나님의 뜻을 제한해서도 안 된다. 다만 복종하는 마음으로 소망을 품으라.

(4) 하나님과 더욱 친밀한 교제를 나누고 있는 사람들 가운데 어떤 사람들은 어떤 구체적인 일에 대한 특별한 믿음을 가지고 있을 수도 있다. 그런 사람들은 기도할 때 성령이 주신 어떤 특별한 직감에 의해서, 시 27:3에서 다윗이 말한 바와 같이 그러한 상황에 대해서도 '나는 태연하리라'고 말한다. 그렇다고 이런 현상이 흔히 있는 일이라고 말하는 것은 아니다. 그러나 경우에 따라서는 그럴 수도 있다. 성령께서 자의로 자신을 자기 백성에게 나타내실 수 있다는 사실을 부정해서는 안 된다. 그러나 특권은 보편적인 성격을 띠지 않는다. 이는 하나님의 주권에 속한 하나님 자신의 행위다. 결코 법과 규칙에 의한 것이 아니다. 그러나 내가 지금 마음에 품고 이야기하는 것은 공통적인 것이다. 즉 특수한 경우에 있어서, 실제로 우리의 심령이 하나님을 전적으로 신뢰함으로 하나님께 가까이 있을 때, 우리는 더 큰 소망을 품을 수도 있다. 부언하자면 우리가 기도함

에 있어서 복종하는 마음으로, 그리고 소망을 가지고 구체적인 약속을 이루어 달라고 하나님께 매달릴 때 더 큰 소망을 가질 수 있다는 말이다. 하나님께서는 하나님을 의지하는 영혼들을 실망시키지 않기 때문이다. 우리의 영혼은 두 가지를 주장함으로써 하나님께 매달릴 수 있다. 첫째는 하나님께서 우리의 영혼을 초대하실 때 주셨던 큰 약속이며, 둘째는 신뢰하는 영혼들에게 하셨던 다른 약속에 의해서다. 후자는 사 26:3에서 찾아볼 수 있다. "주께서 심지가 견고한 자를 평강하고 평강하도록 지키시리니 이는 그가 주를 신뢰함이니이다." 정직한 사람은 배반하지 않는다. 그리고 하나님께서는 그 이유 때문에(*eo nomine*), 즉 사람들이 하나님을 신뢰하기 때문에 그들에게 선을 베푸시겠다고 말씀하신다. 그러므로 하나님의 권능을 높이며 소망을 가지고 그분의 뜻에 자신을 맡긴 이상, 그들은 그들 안에 있는 소망에 대한 새로운 증거를 가지고 있는 것이다. 시 91:2-3에서 볼 수 있듯이, 하나님의 성령과 믿는 자의 영혼 사이에 대화가 있다는 사실을 주목할 필요가 있다. 먼저 믿는 자의 영혼이 "나는 여호와를 향하여 말하기를 그는 나의 피난처요 나의 요새요 내가 의뢰하는 하나님이라"라고 말한다. 이 말에는 하나님을 겸손히 그러면서도 실제적으로 의뢰하겠다는 단호하고 굳은 결의가 담겨 있다. 이에 성령께서 3절에서 대답하신다. "그가 너를 새 사냥꾼의 올무에서와 심한 전염병에서 건지실 것임이로다." 이 대답 속에는 분명한 장담 아래 하나의 약속이 드러나 있으며, 이러한 약속은 적어도 좀 더 큰 소망을 갖고 간구하지 않았더라면 거의 없었을 것이 확실한 약속이다.

믿음으로 기도하라는 이 공통적인 그러면서도 유용한 가르침에 대한 나의 생각은 이상과 같다.

강해 2

조금도 의심하지 말라. 이 말은 문자적으로 '아무것도 변론하지 말라'는 뜻이다. 이 말로 미루어볼 때 사람의 본성은 하나님의 은혜와 약속에 관하여 의심하기 쉽다는 사실을 알 수 있다. 교만한 이성은 계시에 허리를 굽히려 들지 않는다. 우리는 하나님의 증거 외에 다른 증거를 가지지 못한 경우에 쉽게 헐뜯고 의심하는 경향이 있다. 의심이란 모든 약속을 믿지 못하고 따지는 것을 말한다. "분노와 다툼이 없이 거룩한 손을 들어 기도하기를 원하노라"(딤전 2:8)라고 번역된 곳에서 '다툼이 없이'는 원어로 *χωρὶς διαλογίσμου*, 즉 '추론이나 변론 없이'를 뜻한다. 추론이나 변론 등은 분명한 말씀을 불확실한 우리의 생각과 논리에 맡기며, 하나님의 약속을 우리의 이성의 재판에 회부한다. 그러므로 그러한 공상, 또는 추론(*λογίσμους*)을 버리라. 그러한 것들은 그리스도 안에 있는 하나님께 대한 지식을 배격하고 스스로를 높이는 것들이다. 육적인 논리는 신앙의 가장 나쁜 적이다. 우리의 신앙의 적인 이성을 신앙의 종으로 만들 수 있다면, 그야말로 큰 유익을 얻게 될 것이다. 롬 6:11에서 바울은 즉 "너희 자신을 죄에 대하여는 죽은 자요 그리스도 예수 안에서 하나님께 대하여는 살아 있는 자로 여길지어다(*λογίζεσθε*)"라고 말한다. 우리의 이성이 믿음을 출발시키고 믿음의 결론을 맺는 데 기여할 때, 그 이성은 적절한 기능을 발휘하고 있다.

강해 3

의심을 적게 하면 할수록 그리스도인은 참된 신앙의 본질에 더욱 가까이 이르게 된다. 마음을 하나님께 두기 위해서는 은혜를 사용해야 한다. 마음을 풀어 방종하게 되면 연약해지게 된다. "믿음이 작은 자여 왜 의심하였느냐"(마 14:31). 이 말의 뜻은 믿음이 전혀 없다는 것이 아니라 믿음이 연약하다는 것이다. 손이 떨리면 무엇인가를 쥘 수는 있으나 힘 있게 쥘 수는 없다. 그러므로 이제 우리는 의심과 육적인 논쟁 따위는 치워버리되, 특별히 기도할 때는 더욱 그러해야 한다. '분노와 다툼 없이' 나아오라는 것은 화평의 하나님께 분을 품지 말고, 또한 자비의 하나님을 의심하지 말고 기도하라는 뜻이다. 우리 자신을 하나님의 약속과 처분에 맡기는 것이 더 좋을지, 아니면 자신의 세속적인 걱정거리에 맡기는 것이 더 좋을지를 따져보지 말라. 마음이 소망과 두려움 사이에서, 인간적인 도움과 하나님 사이에서 요동하는 것은 전혀 신앙이 없는 것이다. 눅 12:29에서 우리의 구주께서는 "너희는 무엇을 먹을까 무엇을 마실까…근심하지도 말라(μὴ μετεωρίζεσθε)" 고 말씀하신다. 공중을 헤매는 유성과 같이 (그 단어의 뜻이 그렇다) 하나님께서 우리를 위하여 무엇을 하시고자 하는지에 대해서는 깨닫지 못한 채 먹을 것과 마실 것에만 집착하지 말라는 뜻이다. 예수 그리스도 안에 계시된 하나님의 모든 속성들을 철저하게 신뢰할 때 영혼의 모든 불안과 염려는 사라지게 된다. 그리스도 안에서 분명한 기업을 얻고 하나님의 속성들을 좀 더 명확하게 인식하라. 무지처럼 우리를 혼란시키는 것은 없다. 무지는 사람의 영혼을 어렴풋한 생각으로 가득 채운다. 그러나 믿음은 영혼을 안정시키며 좀 더 큰 평안을 제공한다.

강해 4

요동하는 바다 물결 같으니. 이 말로부터, 의심은 마음을 혼란시키며 괴롭힌다는 사실을 알 수 있다. 불신자는 바다 물결같이 항상 요동한다. 그러나 믿는 자는 견고한 나무같이 아무리 흔들어도 깊은 뿌리로 인해 든든히 견딘다. 우리는 우리 자신의 감정의 파도에 휩쓸리는 한 언제나 고통과 매임 속에서 살게 된다. 믿음이 안정을 제공할 때에 비로소 영혼 속에 평화와 안식이 찾아온다. "내 영혼아 네 평안함으로 돌아갈지어다 여호와께서 너를 후대하심이로다"(시 116:7). 하나님의 사랑을 기초로 한 신앙은 우리의 감각과 느낌에 평정을 가져온다. '의심의 교리를 가르치는 사람들(*exercent carnificinam animarum*)은 양심도 없는 작자들이요, 사람들로 하여금 그들 자신의 혼란스런 생각이 주는 고통에 그대로 잠기게 하는 사람들이다' 라고 칼빈이 말했다. 로마의 황충들(로마 천주교를 빗댄 표현-역주)은 전갈과 같이 꼬리에 쏘는 침을 가지고 있는 자들이며(계 9:10), 이에 찔린 사람들은 죽기를 구할 것이다(6절). 반(反)그리스도적 교훈들은 사람들의 양심에 평안과 위로를 주기보다는 찌르고 상처를 내기 때문에, 사람들은 그 걱정에서 벗어나기 위하여 죽기를 바라게 된다. 사람이 자신에게 짐이 되고 공포가 되는 것보다 더 비참한 것은 이 세상에 없으며 그보다 더 큰 불행도 없다. 그리고 심적으로 고통받는 것보다 더 고통스러운 것 또한 없다. 그러므로 이제는 하나님께 나아가 그곳에 자신의 영혼을 안주시키라. 자기 자신의 의심을 소중히 간직하는 사람은 솔직함이 아니라 질병을 껴안고 있는 것이다.

[7] 이런 사람은 무엇이든지 주께 얻기를 생각하지 말라.

이런 사람은…생각하지 말라. 이 말씀은, 그런 사람들은 하나님께 아무것도 기대할 수 없으며 하나님께 대한 신뢰도 가질 수 없음을 보여준다. 야고보는 '그가 아무것도 받지 못할 것이다' 라고 말하지 않고, '그로 하여금 자기가 받게 될 것이라고 생각하게 하지 말라' 고 가르치고 있다. 즉 하나님은 풍성한 자비로 그들에게 무엇이든지 줄 수 있으나, 그 사람들은 아무것도 기대할 수 없다는 뜻이다. 또한 그들의 헛된 희망을 견제하기 위하여 그 사람으로 하여금 생각하게 하지 말라고 한 것이다. 사람은 스스로를 속이는 경향이 있다. 그래서 기꺼이 자기의 영혼을 인도하여 정욕적인 소망에 맡겨 버린다. 그러므로 야고보는 그런 사람으로 하여금 생각하게 하지 말라, 즉 어림짐작으로 스스로를 속이지 말라고 말한다.

무엇이든지…얻기를. 믿음으로 귀착하지 않는 그러한 의심은 기도를 방해할 뿐 아니라 기도를 전적으로 공허하고 무익한 것으로 만들어 버린다. 하나님의 백성들에게도 간혹 의심이 생기지만 그들은 그것을 극복하고 이겨 낸다. 이런 경우 의심이란 언제나 우리로 하여금 아무런 복도 누리지 못하게 하는 것이 아니라, 언제든 생겼다가도 극복되는 것으로 이해되어야 할 것이다.

주께(*παρὰ τοῦ Κυρίου*). '그리스도로부터' 라는 뜻이다. 신약에서 잘 사용되는 관용어 가운데 주(主)라는 말은 가장 보편적으로 중보자 되시는 그분을 가리킨다. 중보자로서 그리스도는 우리의 기도를 하나님께 아뢰는 분이시며, 모든 복을 하나님께로부터 가져다 주는 분이시다. 그러므로 바울은 고전 8:6에서 "그러나 우리에게는 한 하나님 곧 아버지가 계시니 만물이 그에게서 났고 우리도 그를 위하여 있고 또한 한 주 예수 그리스도께서 계시니 만물이 그로 말미암고 우리도 그로 말미암아 있느니라"라고 말하고 있다. 이방인들은 많은 신들을 섬기고 있는 까닭에 예배의 대상 또한 많이 있으며, 그런 만큼 그들에게는 주(主)도 많고 매개자가 되는 권세들도 많이 있다. 그들은 그 중간적인 권세들이 신들과 인간 사이를 중재하며 인간의 기도와 탄원을 신들에게 전달하고 신들로부터 봉헌의 대가와 호의를 인간에게 전달해 준다고 생각한다. '그러나 우리에게는 한 하나님(한 분 전능하신 하나님) 곧 아버지(복의 제1근원이며 원천)가 계시며 또한 한 주(한 중보자) 예수 그리스도가 계신다' 라고 바울은 말한다. 아버지께로서 우리에게 주어지는 만물은 그로 말미암고(*δι' οὗ τὰ πάντα καὶ ἡμεῖς δι' αὐτοῦ*), 또 그에 의해서만 우리가 하나님께 다가갈 수 있다.

강해 1

불신자들도 무엇인가를 받을 수는 있지만 하나님께로부터는 아무것도 기대할 수 없다. 믿지 않는 자들은 이중으로 비참한 상태에 놓여 있다. (1) 그들은 소망이나 위로에 대한 생각을 조금이라도 가질 수가 없다. 그들은 약속에 대한 보증을 받지 못했기 때문이다. 애써 수고를 해도 그 결과가 여전히 불확실하고, 기도를 해도 확실한 소망을 가질 수 없다는 것이 얼마나 비참한 일인가! 비록 일이 다 끝난다 할지라도 그런 사람들은 인정이나 복을 기대할 수도 없다. 그러나 하나님의 자녀들은 확실한 터 위에 서 있다. 바울은 "그러므로 나는 달음질하기를 향방 없는 것같이 아니하고"(고전 9:26)라고 말하고 있다. 이 말은 공연히 헛된 달음질을 하고 있는 것은 아닌지 의심하지 않는다는 말이다. 그래서 솔로몬은 잠 11:18에서 "공의를 뿌린 자의 상은 확실하니라"라고 말하고 있다. 하나님의 자녀들은 하나님의 흔들리지 않는 약속을 가지고 있으며, 따라서 복을 기대할 수가 있다. 그러나 악한 자들은, 그들이 뛰든지 앉든지 간에 어떤 소망을 품을 수 없고 언제나 똑같은 상황에 처할 뿐이다.[58] 혹 그들이 달음질한다 할지라도 그 달음질은 불확실하다. 혹 그들이 기도한다 할지라도 그 기도는 불확실하다. 그들은 자기 일을 하되 그 후에 기쁨이 있을지 없을지도 모르는 노예와 같다. 그래서 일을 다 마친 후에도 여전히 그들의 생각은 불안과 어지러움으로 가득 차 있다. 실로 그것은 그들의 성향에 적합한

58) *'Τὸ στάδιον Περικλῆς εἰτ' ἔδραμεν, εἰτ' ἐκάθητο, Οὐδεις οἶδεν ὅλως· δαιμόνιος βραδύτης.' — Grœc. Epigram.*

일종의 형벌이다. 그들은 기도하되 기도의 응답을 바라지 않는다. 불확실한 목적을 가지고 아무렇게나 화살을 쏜 후에 그 화살을 추적하지 않는 어린아이처럼, 그들은 의무를 이행하되 그 의무를 행함으로 오는 복을 살펴보지 않는다. 세속적인 정욕으로 사는 사람들은 단지 짐작으로 살 뿐이며 진짜 귀중한 목표를 놓치고 살고 있다. (2) 혹 믿지 않는 사람들은 무엇인가를 받는다 해도 그것이 약속에 의해 혹은 기도의 응답으로 온 것이라고 여기지 않는다. 주인집의 자녀가 식사를 할 때, 개들도 상 밑에 흘린 것을 먹을 수 있게 되는 경우가 있다. 이처럼 불신자들이 누리는 위로란 모두 하나님의 후한 은혜가 흘러넘친 결과다. 우리가 얻은 즐거움에서 하나님의 사랑을 볼 수도 없고, 언약에 의해서라기보다는 우연에 의해서 우리에게 복이 주어졌다면, 실로 이는 큰 불행이 아닐 수 없다. 그런 사람들은 야곱이 했던 것처럼 그들이 누리게 된 위로 중 그 어떤 것들에서도 은총과 진실하심을 찾아낼 수 없다(창 32:10). 그러므로 이러한 비참한 상태에서 벗어나 확실한 소망과 기대를 가질 수 있도록 그리스도 안에서 확실한 기업을 얻으라. 불신앙은 언제나 우리로 하여금 불안에 떨게 한다. 의심은 새로운 도전이다. 만일 우리의 탄원이 상대방에게 도전으로 받아들여진다면, 그 사람에게서 무엇을 바랄 수 있겠는가? 하나님께 간구하는 것을 부끄럽게 여기는 사람은 하나님을 모욕하는 것이다.

강해 2

생각하지 말라. 야고보가 이 같은 말을 한 또 다른 이유는 다음과 같다. 사람은 보통 헛된 소망과 망상을 품음으로써 스스로를 속인다. 그들은 잘못된 생각을 하고 있다. "속으로 아브라함이 우리 조상이라고 생각하지 말라"(마 3:9). 육적인 담대함은 무엇인가 헛된 원칙과 생각에 그 뿌리를 두고 있다. 그래서 사람들은, 하나님은 공정하지 않으시고, 지옥은 뜨겁지 않으며, 악마는 그렇게 검지도 않고, 성경도 그렇게 엄격하지 않다고 생각한다. 사도들은 도처에서 이러한 육적인 생각에 맞닥뜨렸다. 그래서 이렇게 경계하고 있다. "미혹을 받지 말라 음행하는 자나 우상숭배 하는 자나 간음하는 자나…"(고전 6:9). 사람들은 그러한 생각으로 스스로를 속이는 경향이 있다. 갈 6:7에도 같은 말이 기록되어 있다. "스스로 속이지 말라 하나님은 업신여김을 받지 아니하시나니." 사람들은 만일 자기들이 의무에서 벗어나기 위한 임시변통 혹은 계략을 고안해 낼 수 있다면 모든 것이 잘 되어 나가리라는 생각에 사로잡혀 있다. 하나님은 어떤 속임수에도 업신여김을 받지 않으신다. 그렇게 되리라는 생각은 공상에 불과하다. 그러므로 즉시 자신의 은밀한 생각을 살펴보라. 모든 타락한 행동은 무엇인가 어떤 헛된 망상에 그 기초를 두고 있기 마련이다. 그리고 이런 헛된 망상으로부터 공허한 말이 튀어나오게 된다. 그러나 바울은 엡 5:6에서 "누구든지 헛된 말로 너희를 속이지 못하게 하라"고 말하고 있다. 모든 실질적인 잘못은 가치 있는 판단을 찾으려는 인간 본연의 생각에 있다. 그 생각은 죄에 대하여 변명하고 심판을 모면하려는 생각이나 헛된 꿈에 사로잡히게 하는 생각이기 마련이다. 그리고 이와 같이 하다 보니 어리석은 사람은 스스로를 속이는 자가 되어 결국 자기 생각에 속고 만다. 자연과 사회에 관한 모든 면에 있어서 우리는 진리를 알게 되기를 희구한다. 많은 사람들이 속이고 있지만, 기꺼이 속고자 하는 사람은 아무도 없다.[59] 그러나 영적인 면에 있어서 우리는 헛된 소망을 품을 때보다, 즉 바보의 낙원에 들어갈 때보다 더 행복감을 느낀 적이 없다고 생각한다.

강해 3

얻기를. 우리가 어떤 것을 간구했는데도 받지 못하는 원인은 하나님께 있는 것이 아니라 우리 자신에게 있다. 주시는 분은 얼마든지 아낌없이 주시나 우리는 의심을 품고 기도한다. 하나님께서는 베푸시고자 하나 우리는 받을 수 없다. 알다시피 사람들은 불신을 당할 때 마음이 상하는 법이다. 그래서 의심이라는 것은 사람들을 신실하지 못하게 하는 지름길이다. 그러므로 우리가 하나님을 불신하면서도 하나님께로부터 무엇인가를 기대한다는 것은 어불성설임이 확실하다. 예수께서는 마르다에게 "네가 믿으면 하나님의 영광을 보리라"고 말씀하셨다(요 11:40). 전능자께서는

59) 'Gaudium de veritate omnes volunt, multos expertus sum qui velint fallere, qui autem falli neminem.' —*Aug. lib. x. Confes.* cap. 13.

아무런 제한도 받지 않으신다. 그러나 사람이 불신할 경우에는 하나님께서도 어쩔 수 없으시다. "거기서는 아무 권능도 행하실 수 없어 다만 소수의 병자에게 안수하여 고치실 뿐이었고 그들이 믿지 않음을 이상히 여기셨더라"(막 6:5-6). 예수께서는 그곳에서 아무것도 하실 수가 없었다. 자신에게 권능이 없기 때문이 아니라 사람들 속에 믿음의 성향이 결여되어 있었기 때문에 행하시고자 하지 않으셨다. 막 9:22-23에도 같은 내용이 기록되어 있다. 한 아버지가 귀신들린 아들을 위해 달려와 "무엇을 하실 수 있거든 우리를 불쌍히 여기사 도와주옵소서"라고 말하자, 예수께서는 "할 수 있거든이 무슨 말이냐 믿는 자에게는 능히 하지 못할 일이 없느니라"라고 답변해 주셨다. 낙심 중에 있던 아버지는 '무엇을 하실 수 있거든' 이라고 말했지만, 거룩하신 우리 주님께서는 '네가 믿는다면' 이라고 말씀하셨다. 이는 '내 권능 같은 것은 의심하지 말고 네 자신의 믿음이나 돌아보라' 라고 말씀하시는 것과 다를 바 없다. 즉 '네가 믿는다면 나는 할 수 있다' 는 뜻이다. 만일 우리가 하나님께서 능히 주실 수 있다는 것을 쉽게 받아들인다면 응답을 받는 데 시간이 오래 걸리지는 않을 것이다. 만일 우리가 믿기만 한다면, 전능자의 권능은 극도의 악인도 구해 주실 수 있으며, 무한하신 사랑으로 극도의 죄인도 용서하실 수 있다. "믿는 자에게는 능히 하지 못할 일이 없느니라." 즉, 하나님께서는 믿는 자의 위로와 필요를 위해서 모든 일을 다 하실 수 있다는 뜻이다. 믿음은 하나님께서 정해 놓으신 확고부동한 규례다. 하나님께서는 자신이 정해 놓으신 길에서 치우치지 않으신다. 그러므로 만일 우리가 받지 못한다면 그것은 하나님의 권능이 모자라서가 아니라 우리 자신의 믿음이 부족한 까닭이다.

강해 4

무엇이든지. 이 말에는 지혜뿐 아니라 다른 모든 것이 포함될 수 있다. 하나님께서는 최소한의 자비도 불신자들에게는 너무 과하다고 생각하신다. 하나님의 관점에서 볼 때 신앙보다 좋은 것은 하나도 없으며, 불신앙보다 나쁜 것도 없다. 하나님께서 육체로 거하시던 시절에, 믿음에 대하여 그에 상응하는 결실을 주시지 않은 적이 결코 없었다는 사실은 주목할 필요가 있다. 그리스도께서 믿음을 보셨을 때 그냥 지나치셨던 적이 없다. 그리스도께서는 때때로 우리가 원하고 바라는 것을 모두 공급하신다. "네 믿음이 크도다 네 소원대로 되리라"(마 15:28). 믿음은 그리스도께 만족을 드린다. 그러므로 그리스도께서도 신자들을 만족하게 하실 것이 틀림없다. 자신이 원하는 것을 갈망하라. 그러면 그분께서 주실 것이다. 그와 정반대의 사람은 무엇이든지 주께 얻기를 생각하지 말라. 그처럼 자비로우신 마음도 불신 앞에서는 아무것도 행하실 수 없다! 믿는 자는 모든 것을 얻게 되지만 그렇지 않은 자들은 아무것도 얻지 못한다.

강해 5

주께. 우리가 드리는 기도의 결실은 그리스도의 손으로부터 나온다. 예수 그리스도는 하나님과 우리 인간 사이에 계신 중보자로서, 하나님이 주시는 복을 우리에게 전달해 주시며 우리의 기도를 아버지께 아뢰어 주신다. 그리스도께서는 "너희가 내 이름으로 무엇을 구하든지 내가 행하리니 이는 아버지로 하여금 아들로 말미암아 영광을 받으시게 하려 함이라"[60] (요 14:13)라고 말씀하셨다. '내가 행하리니' 라는 말에 주목하라. 그리스도께서는 복을 전달하는 권세를 받으셨다. 우리는 성부 하나님께 구하지만, 복은 그리스도를 통하여 우리에게 온다. 그리고 이 모든 일에 있어서 아버지께서 배제되시는 것이 아니라 영광을 받으신다. 우리는 감히 성부 하나님께 나아가 아뢸 수 없는 무가치한 존재들이다. 따라서 이러한 점을 깊이 깨달을 때 그리스도야말로 우리의 진정한 중보자이심을 알 수 있다. 우리가 그리스도를 통하여 아버지께 나아갈 때 하나님께서는 영광을 누리신다. 우리가 이러한 사실들을 알면서 기도로 하나님께 나아갈 때마다 하나님께서는 기도 가운데 담겨 있는 우리의 생각을 더욱 분명하고 명확하게 하신다. 우리는 아들의 이름으로 아버지께 나아가야 하며, 성령을 통하여 모든 것을 바라보아야 한다. 성령께서 그리스도의 영으로서 역사

60) 'Mirum novumque dictu quod patri exhibeatur petitio et filius exaudiat, cum exauditio ad eum pertineat cui est porrecta petitio.' — *Simon de Cassia*, lib. xiii. cap. 2.

하여 아들을 영화롭게 하듯이(요 16:4) 아들도 아버지께 영광을 드린다. 우리가 기도할 때 성부의 사랑과 성자의 공로, 그리고 성령의 권능, 이 세 가지를 생각한다면 얼마나 훌륭한 소망과 확신의 근거를 가지게 되겠는가! 아버지께서 오게 하여 주지 아니하시면 아무도 아들에게 올 수 없으며(요 6:65 참조), 아들로 말미암지 않고는 그 누구도 아버지께로 올 자가 없다(요 14:6 참조). 또한 성령으로 말미암지 않고는 아무도 아들과 연합될 수 없다. 그러므로 우리는 성령 안에서 '평안의 매는 줄' 로 한 몸이 되었다(엡 4:3).

[8] 두 마음을 품어 모든 일에 정함이 없는 자로다.

야고보는 불신앙인의 불행에 대하여 일반적인 고찰을 하기 시작한다. 그는 불신앙에 대하여 두 가지를 말하는데, 하나는 두 마음을 품는다는 사실이며 다른 하나는 정함이 없다는 사실이다. 아마도 이런 사람들의 기질과 그가 하나님께 대하여 앞서 한 말 사이에는 어떤 은밀한 대립이 있는 것 같다. 하나님께서는 우리에게 단 마음으로 후히(ἁπλῶς) 주시지만(5절), 우리는 두 마음으로 기대한다. 우리의 신뢰는 확실하지 않지만 그분의 자비는 아낌없기 때문이다. 이 말씀을 좀 더 구체적으로 살펴보도록 하자.

두 마음을 품어…자(δίψυχος ἀνὴρ). 이 말은 두 영혼을 가진 사람을 의미한다. 그러므로 다음과 같은 뜻으로 볼 수 있다. (1) 위선자 : 본 서신 4장 8절에서 이와 똑같은 뜻으로 이 단어가 쓰이고 있다. "두 마음을 품은 자들아(δίψυχοι) 마음을 성결하게 하라." 야고보는 죄인들에게 손을 깨끗이 하라는 말로 말문을 열고, 위선자들(겉과 속이 다르기 때문에 야고보는 '두 마음을 품은 자' 라고 부르고 있다)에게 마음을 성결하게 하라, 즉 내적으로 좀 더 진실한 태도를 보이라는 말로 끝을 맺고 있다. 이 말은 히브리 사람들이 사기꾼, 즉 속이는 사람을 표현할 때 사용하는 말과 아주 잘 어울린다. "그들이…두 마음으로 말하는도다"(시 12:2). 여기서 '두 마음으로' 에 해당하는 히브리어는 문자적으로 '한 마음에 또 하나의 마음을 보태서' 를 뜻한다. 히브리인들은 어떤 사물이나 내용이 이중적이거나 오해를 불러일으킬 여지가 있는 경우에 이러한 표현 방식을 채택한다. 따라서 속이는 저울은 히브리어로 '한 저울과 한 저울'이라는 말로 표현된다(참조. 잠 20:23). 데오프라스투스(Theophrastus)는 파플라고니아(Paphlagonia)의 자고새가 두 개의 심장을 가지고 있다고 말했는데, 그처럼 모든 위선자들은 두 마음 혹은 두 영혼을 가지고 있다. 언제인가 한 몸에 두 영혼을 지니고 있음을 뽐냈던 몹쓸 치한에 대하여 읽은 적이 있는데, 그 사람은 영혼 하나는 하나님을 위해, 다른 하나는 어떤 다른 헛된 것을 위해 가지고 있던 자였다.[61] (2) 또한 '두 마음을 가진 자'라는 말은 마치 두 생각 혹은 두 영혼을 가진 것처럼 두 가지의 다른 방법과 의견 사이에서 방황하며 갈피를 잡지 못하는 사람을 가리킨다. 확실히 사도 시대에 그런 자들이 있었다. 유대교에 물든 형제들은 어떤 때는 유대인처럼 행하고 어떤 때는 기독교인들과 함께 행하면서, 믿음을 세우고 진리에 뿌리박기 위해서 필요한 어떤 노력도 전혀 기울이지 않았다. 그보다 훨씬 오래 전에도 그들과 비슷한 사람들이 있었다. "이와 같이 그들이 여호와도 경외하고…자기의 신들도 섬겼더라"(왕하 17:33). 그들은 우상과 하나님 사이를 구별하지 않았다. 이렇게 구별하지 않는 그들의 마음을 호세아 선지자는 두 마음, 즉 분열된 마음이라 칭하고 있다. "그들이 두 마음을 품었으니 이제 벌을 받을 것이라"(호 10:2). 아타나시우스(Athanasius)는, 어떤 때는 이것을 주장했다가 얼마 지나지 않아 곧 다른 것을 주장하는 유세비우스주의자들[62]에게 이 표현을 적용하여, 어느 누구도 그들 가운데에서 어떤 확고부동한 뜻이나 길을 볼 수 없을 것이라고 말했다. (3) 문맥을 잘 살펴보면 두 마음을 품은 자란 불확실한 상태로 이리저리 흔들리며 요동하는 마음을 가진 사람을 가리킨다. 그들은 추측의 파도에 실려 떠올랐다가, 하나님을 받아들이는 일에 관해서는 소망과 공포 사이에서 갈팡질팡하여 결국 절망의 깊은 수렁으로 빠진다. 나는 야고보가 의도했던 바

---

61) 'Professus est se habere duas animas in eodem corpore, unam Deo dicatam, alteram unicuique illam vellet.'—*Callenucius lib. v. Hist. Neap.*

62) 아리우스파 사람들로서 니고메디아(Nicomedia)의 아리우스파 주교 유세비우스의 이름을 따서 붙인 명칭이다. 유세비우스는 한때 자신의 이단 교리를 취소했으나, 이내 다시 그 교리에 심취되었다.—*Socrat. Scholast.* lib. i. cap. 25.

가 이 뜻에 가장 부합된다고 생각한다.

정함이 없는(ἀκατάστατος). 이런 사람에게는 언제라도 하나님께 가까이 나아가거나 하나님을 떠나고자 하는 마음이 있으므로 일관성이 없다. 신앙에 관한 한 그는 뚜렷한 방향을 제시하지 않는다.

모든 일에. 어떤 이들은 이 말씀을 주로 기도에 적용시킨다. 왜냐하면 기도의 응답에 대하여 심중에 의심이 있는 자들은 때때로 기도하기를 중단하고, 양심에 가책이 생길 때에만 이따금씩 기도하기 때문이다. 그러나 나는 그것이 일반적인 원리이며, 기도는 그 원리의 부수적인 결과일 뿐이라고 생각한다. 왜냐하면 야고보가 '모든 일에' 라고 말하고 있기 때문이다. 히브리어로 '길' (개역개정 성경에는 '일' 로 번역되었음-역주)이란 말은 어떤 모략, 행위, 사상 또는 의도를 가리킨다. 그러므로 이 말은 그들의 모든 생각과 행동 및 처신이 끊임없이 이리저리 방황하는 것을 가리킨다.

강해 1

참된 믿음이 없는 위선자들은 두 마음을 품은 사람이다. 이들은 성령의 인도에 따르는 생활을 원하면서도 자신의 정욕에 의해 이끌림을 받는다. 그러므로 안정을 취할 수 없다. 두려움과 세상에 대한 사랑, 그리고 세속적인 욕망과 이권에 의해서 그들은 이리저리로 이끌려 다닌다. 왜냐하면 그들은 확실한 법도나 지침을 가지고 있지 않기 때문이다. 시 112:7은 거룩한 사람들에 대하여 다음과 같이 말한다. "그는 흉한 소문을 두려워하지 아니함이여 여호와를 의뢰하고 그의 마음을 굳게 정하였도다." 거룩한 사람들은 확실한 법도에 따라 걸으며 확실한 약속을 바라보고 있다. 그러므로 비록 상황이 바뀐다 할지라도 그들의 마음은 변함이 없다. 그들이 가진 소망의 기초가 변함없이 동일하기 때문이다. 세속적인 인간들의 마음은 전해 듣는 소식에 따라 들뜨기도 하고 침울해지기도 한다. 또한 일의 형편이 의심스러울 때 그들의 소망은 불확실하게 되는 법이다. 이는 그들의 마음이 불확실한 대상들을 의지하고 바라보기 때문이다. 예레미야 선지자의 말대로 그들은 '흉한 소문을 듣고 낙담' 한다(렘 49:23). 말하자면 되어가는 일의 형세에 따라서 시시각각으로 그들의 마음 상태도 변한다는 말이다. 시편에 나타나 있는 다윗의 기도는 이러한 두 마음, 즉 딴 마음을 이해하는 데 중요한 열쇠를 제공하고 있다. "일심으로 주의 이름을 경외하게 하소서"(시 86:11). 여기서 '일심으로'는 칠십역에는 *ἕνωσον τὴν καρδίαν μοῦ*(내 마음을 하나로 만드사)라고 번역되어 있다. 즉, 이 구절은 '그런 마음을 여호와를 경외하는 일에만 전념하게 하옵소서'라는 뜻이다. 이 말은 다음과 같은 사실을 함축하고 있다. 하나님과 세상적인 유익 사이에서 갈피를 잡지 못할 때 사람들은 두 마음을 품은 것이라고 볼 수 있다. 한마음은 그들로 하여금 의무감을 불러일으키며, 딴마음은 세상의 두려움으로 그들을 낙담하게 한다. 마음은 한 가지 방법과 유행을 따르는 *μοναχῶς*(일편단심, 아퀼라[Aquila]가 이 말을 채택했음)가 아니다. 세상 정욕을 따르는 사람들이 지니고 있는 이러한 두 마음은 소망과 신념에 관해서 두 가지 면을 나타낸다. (1) 소망에 관한 한 이들은 기대와 탐욕, 의심과 두려움 사이에서 갈피를 잡지 못한다. 한때는 확신에 가득 차서 기도를 올리다가도 잠시 후면 한숨을 지으며 슬픔과 절망에 빠져든다. 아마도 시편 저자가 악인을 바람에 나는 겨(시 1:4)에 비유한 이유 중의 하나가 여기에 있을 것이다. 왜냐하면 악인들은 견고함이나 안정 및 일관성이 없고, 확실한 목표에 따라 삶을 영위하기보다는 어렴풋한 짐작과 추측에 따라 살아가면서 이리저리 밀려다니기 때문이다. (2) 신념에 관한 한, 위선자들은 보통 양심과 세상적인 정욕 사이에서 갈등하면서 의혹 속에 흔들리며 요동한다. 마치 구약의 이스라엘 백성들처럼 양심으로는 하나님께 향하면서 정욕으로는 바알에게 끌리고 있다. 엘리야 선지자는 그러한 사람들에게 "너희가 어느 때까지 둘(영어 성경에는 '두 신념'으로 되어 있음-역주) 사이에서 머뭇머뭇하려느냐"(왕상 18:21)라고 말했다. 이런 자들의 행위는 영적 간음죄에 해당한다. 이러한 이중 순종은 그들의 정욕적인 속셈에 의해서 나타난 현상이지만, 흔히는 그들 자신에게 해를 끼치는 결과를 초래한다. 왜냐하면 이러한 이중적인 태도는 하나님도 미워하시는 바요, 사람들도 혐오하는 것이기 때문이다. 하나님께서는 그러한 행위를 가증히 여기신다. "내가 네 행위를 아노니 네가 차지도 아니하고 뜨겁지도 아니하도다 네가 차든지 뜨겁든지 하기를 원하노라"(계

3:15). 미적지근한 태도야말로 비위를 상하게 하고 구토를 일으킨다. 미온적인 그리스도인들 역시 하나님께는 그렇게 역겨운 존재들이다. 하나님의 도는 그러한 미온적인 태도에 의해서가 아니라 오직 진솔한 성실성에 의해 영광을 거둔다. 그리고 사람 역시 그런 태도를 혐오한다. 솔론(Solon)을 예로 들면, 그는 내전이 일어났을 때 그 어느 편에도 가담하지 않는 사람은 좋은 시민이 못 된다고 판단하였다. 중간적인 입장을 취하는 사람[63]은 칼을 든 두 명의 무사 사이에 있는 자처럼 양쪽에서 수난을 당하기 마련이다. 고백하건대 경건한 사람일지라도 때때로 갈 바를 몰라 당황할 때가 있다. 일을 양심적으로 하는 사람들은 어떤 일을 결정하든지 성급하게 서두르지 않기 때문에 실천에 옮기기 전에 약간 주저한다. 물론 그것은 연약함의 표시다. 그러나 그들이 만족할 만큼 애를 썼으면 하나님께서 그것을 눈감아 주신다. 그러나 하나님의 자녀는 가능한 한 그렇게 허약한 모습은 보이지 말아야 한다. 요지부동함은 '이미 있는 진리에 서서' (벧후 1:12) 꾸준히 노력하여 얻어지는 결과다. 즉, 오늘날 우리 시대의 수많은 진리의 쟁론 속에서 고결하게 섬으로써 이루어진다. 고리타분한 신념들, 즉 이권이나 따지고 또 거기에서 출발한 신념들은 거들떠볼 필요도 없다. 그러므로 '지금 있는 진리' (*ἐν τῇ παρούσῃ ἀληθείᾳ*)에 적극적인 태도로 굳게 서는 것이 좋은 일이다. 그러나 양쪽의 허구(거짓됨)가 명백하고 양쪽의 실수가 모두 더러운 것일 때, 우리가 과연 어느 쪽을 택해야 할지 모를 경우도 있음을 이야기하지 않을 수 없다. 이때는 우리가 추종할 사람보다 피해야 할 사람을 찾는 것이 더 낫다. 그러므로 이런 경우에는 망설임과 냉담이 있을 수도 있다. 그러나 이러한 경우는 지금 다루는 내용이 아니며 계속 관심을 두어야 할 내용도 아니다. 그러나 양심을 따르면 이권을 위하여 비천한 행동을 취하지는 않을 것이다.[64]

강해 2

마음의 의심은 우리의 삶과 생활에 안정을 가져오지 못하게 하는 주요

63) '*Μέσος ἀπ' ἀμφοτέρων κακῶς πάσχει*'—*Nazar. Orat.* 13.

64) 'Bonus animus nunquam erranti obsequium accommodat.'—*Ambros.*

원인이다. 의심하는 자들의 마음은 이중적이어서 그 길은 불안정하다. 거기에는 세네카가 말했듯이 *nusquam residentis animi volutatio*(영혼의 불확실한 요동)가 있고, 그 후에 *vita pendens*(의심에 찬 삶)가 따른다.[65] 우리의 행동은 우리의 생각의 반영이며 거울이다. 그러므로 마음에 정함이 없으면 그 삶은 매우 불안정하다. 여기에서 우리는 두 가지 경우를 살펴보는 것이 좋을 듯하다. 하나는 복음이 주는 소망에 마음을 고정시킨 경우와 다른 하나는 복음의 도리에 마음을 고정시킨 경우다. 믿음이란 때로는 믿는 교리를 의미하기도 하지만 때로는 우리로 하여금 믿게 하는 은혜를 의미하기도 한다.[66] 복음의 소망에 대한 확실한 기대는 순종을 낳으며, 복음의 교리에 대한 확실한 믿음은 초지일관의 태도를 낳게 한다.

1. 하나님과 끊임없이 동행하는 자들은 하나님의 사랑하심에 대하여 큰 확신을 지니고 있는 사람들이다. 믿음은 순종의 어머니다. 그리고 확고한 신뢰는 분명한 삶을 택하게 한다. 그리스도와의 관계가 느슨하게 될 때 사람들은 의무감을 상실하게 되며, 방황하는 신앙으로 말미암아 곧 생활에 정함이 없어지게 되고 그 인생의 행보가 흔들리게 된다. 인간은 성공 여부가 의심스런 일에는 기쁘게, 그리고 즉각적으로 달려들지 않는다.[67] 그러므로 하나님께서 우리를 받아들이실지 거절하실지 확신할 수 없을 때, 즉 우리의 신뢰하는 마음이 불안정할 때 우리의 생활도 역시 불안하게 된다. 이따금씩 우리가 열정적인 기분에 사로잡힐 때만 하나님을 섬기게 된다. 확신이 쓸모없는 가르침이라고 주장하는 것은 세상의 중상모략이다. '여호와를 기뻐하는 것' 보다 우리의 영혼에 활력을 주고 의무를 행하려는 마음을 주는 것은 없다. " 근심하지 말라 여호와로 인하여 기뻐하는 것이 너희의 힘이니라"(느 8:10). 신령한 기쁨으로 영혼을 채우는 믿음은 우리의 모든 의무와 일에 필요한 능력을 공급한다. 우리가 하나님의 은혜에 대하여 생생한 이해를 가지게 될 때 우리는 활기찬 삶을 영위하게 된다.

65) Sen. lib. de Tranquill.

66) 'Fides quæ creditur, et fides qua creditur.'

67) '*Προαίρεσις οὐκ ἔστιν ἀδυνάτων.*'—*Arist. Ethic.*

2. 진리의 근거를 굳게 믿는 사람만이 일관성 있게 그 진리에 대하여 고백할 수 있다. 반만 믿는다면 언제나 흔들리게 마련이다. 나는 베드로가 *ἴδιον στήριγμον*(우리 자신의 견고함, 개역개정 성경에는 '굳센 데' 로 번역되었음—역주)이라고 말한 것을 기억하고 있다. "무법한 자들의 미혹에 이끌려 너희가 굳센 데서 떨어질까 삼가라"(벧후 3:17). 모든 신자들은 자기의 정신 내에 적절한 모래주머니, 즉 자기를 안정시키고 지지해 주는 견고하면서도 합리적인 터전을 가지고 있으며, 또한 가지고 있어야 한다. 그렇지 않으면 우리를 묶고 있는 고리가 끊어질 때 곧장 우리는 흩어지게 된다. 또 다른 곳에서는, 믿는 자라면 '속에 있는 소망에 관한 이유(*λόγον*)' (벧전 3:15)를 댈 수 있도록 하라고 권고한다. 여기서 이유란 그로 하여금 그 진리에 동의하지 않을 수 없게 하는 내적인 동기들을 가리킨다. 또한 살전 5:21을 보면, 바울은 우리에게 먼저 '범사에 헤아려' 그 다음에 '좋은 것을 취하라' 고 권고한다. 충분한 확신을 갖지 못하고 일에 임하거나 증거 없이 결말을 맺으려고 하는 것은 안전하지 못한 일이다. 무엇이든 정밀하게 헤아리고 나서야 비로소 확실한 것을 잡을 수 있다. 그러므로 이제는 자신의 신앙의 근거가 무엇인지 이해하려고 노력하라. 만일 우리가 무지한 채로 어떤 진리를 사랑하고 있다고 한다면 그 사랑은 오래 지속될 수 없다. 시험해 보지도 않고 길을 택하는 것은 단지 맹신일 뿐이다. 이러한 것은 즉시 쓸모없게 될 뿐 아니라 오도되게 된다. 또한 절반쯤만 믿으면서 택하는 것은 위선이라 할 수 있다. 그리고 그 위선은 아직 얻지 못한 다른 편의 마음에 의해서 곧 그 실상이 드러나게 되고 만다. 그러므로 그 길을 좇는 것을 미련한 행위로, 그리고 확신하기 전에 고백하는 것을 경박한 행위로 간주하라.

[9] 낮은 형제는 자기의 높음을 자랑하고.

야고보는 필요상 본론에서 벗어나 기도에 관하여 이야기를 했지만, 이제 그것을 마쳤기 때문에 즐거운 마음으로 고난을 견디라는 본론으로 다시 돌아온다. 그리고 여기에서 그 주장에 대한 다른 이유를 제시한다. 즉 의를 위해 세상에서 억압받는 것은 하나님을 향해서 높아지는 것이기 때문이다. 그러한 사람들이 누리게 될 영적인 위로와 특권을 생각해 볼 때, 그들은 슬퍼하기보다는 오히려 자랑하고 영화롭게 생각해야 할 만한 충분한 이유를 가지고 있다. 이제 이 말씀의 뜻을 살펴보기로 하자.

형제. 즉 그리스도인을 가리킨다. 하나님의 백성들은 서로를 '형제' 라는 말로 표현한다. 선하고 경건한 사람들 사이에(*inter bonos*) 가장 진실한 우정과 형제애가 존재하고 있기 때문이다. 악한 자들의 연합이란 형제애라기보다는 파당이며 음모이다. 그러므로 성경에서 이 말이 항상 하나님의 백성을 가리키는 개념으로 쓰이고 있음을 볼 수 있다. 그 말이 한정되지 않고 그냥 '형제' 라고 쓰였을 때 보통 성도를 가리킨다고 이해하면 된다. 여기서도 야고보는 '그리스도인' 이라는 말 대신에 '형제' 라는 말을 쓰고 있다. 바울도 고전 16:20에서 "모든 형제도 너희에게 문안하니"라고 쓰고 있다. '모든 형제' 라는 말은 '모든 성도' 를 뜻한다. 때로 '거룩한 형제' 라고 부르기도 하며(살전 5:27, 개역개정 성경에는 '거룩한' 이란 말이 번역되지 않았음—역주), 또 때로는 그냥 '모든 형제' 라고 부르기도 한다(살전 5:26). 이 사랑스런 애칭을 사용하여 상대방을 형제 혹은 자매로 부르던 관습은, 앞에서 우리가 보았듯이 터툴리안 때까지 계속되었다.

낮은. 이 말에 해당하는 헬라어는 *τάπεινος*이다. 히브리어 단어 עבן처럼 이 말은 겸손함도 의미하고 비천함도 의미한다. 또 겸손과 비천함의 상태, 즉 고난과 겸비를 의미하기도 한다. 그러나 여기서는 겸손한 마음이 아니라 비천한 상태를 의미하고 있다. 그러므로 이 단어를 '낮은' 으로 옮기는 것이 적절하다. 또한 이 말은 다음 절의 '부(富)한' 이라는 말과 대구(對句)를 이루고 있기 때문이다. 이와 같은 대조는 잠 16:19에서도 나타난다. "겸손한 자와 함께하여 마음을 낮추는 것이 교만한 자와 함께하여 탈취물을 나누는 것보다 나으니라." 여기에서 '겸손한' 이라는 말은 마음이 겸손하다는 뜻이 아니라 상태가 낮다는 뜻이다. 왜냐하면 이 말이 '탈취물을 나눈다' 는 말에 반대되는 개념으로 쓰였기 때문이다. 눅 1:48 역시 마찬가지다. "그의 여종의 비천함을 돌보셨음이라". 여기에서 '비천함' 이란 말에 사용된 표현도 *τὴν ταπείνωσιν*이다. 겸손과 비천함이 동일한 단어로 표현되는 이유는 비천한 상태에 처한 사람의 마음은 겸손해지기 때문이다. 그러나 유념해야 할 것은 '낮다' 는 말이 단순히 물질적으로 가난한 사람을 뜻하는 것이 아니라는 사실이다. 겸손과 굴욕이 핍박과 고난을 의미하듯 이 말은 그리스도를 위하여 가난해진 자를 의미한다. 시 9:12-13도 그처럼 사용되고 있다. 12절에 "가난한 자의 부르짖음을 잊지 아니하시도다"라는 말이 기록되어 있는데, 난외주를 보면 '가난한 자' 를 '고난당하는 자' (개역개정 성경에는 난외주에 '겸비한 자' 로 번역되었음—역주)로 바꾸어 쓰고 있다. 13절에는 '주여 나를 미워하는 자에게서 받는 나의 고통을 보소서' 라는 표현이 나온다. 여기서 '고통' 은 원어로 '굴욕' 을 뜻한다. 그러므로 본문에서 *ἄδελφος τάπεινος*(낮은 형제)는 신앙의 대적들에 의해서 비천하게 된 사람을 가리킨다.

자랑하고. 이에 해당하는 헬라어 *καυχάσθω*는 '자랑하다' , '기뻐하다' 라는 뜻이다. 이는 기쁨을 표시하는 최고의 행동이다. 이것이 지나치면 기쁨은 변질되고, 이성의 한계를 벗어나기 시작한다. 그것은 기쁨의 첫 번째 변질이며, 영혼으로 하여금 과다한 감정에 놀라게 한다. 왜냐하면 그 다음 단계가 몹시 악한 것이기 때문이다. 기쁨은 의기양양하게 되었을 때 증대되기 시작하지만, 그것이 지나쳐 무례에 이르게 되면 아무것도 아니다. 그렇다면 어떻게 낮은 형제들이 자랑하고 기뻐해야 할까? 자랑하는 것이 마땅한 것인가? 나의 대답은 이러하다. (1) 다음과 같이 좀 더 심각성이 덜한 악에 대한 허용의 의미로 이해할 수 있다. 고난 속에서 불평하고 낙담하며 악한 수단들을 사용하여 그 속에서 빠져 나오려고 하는 것보다는 차라리 자랑하는 것이 더 낫다. 무거운 짐을 지고 신음하기보다는 그 고난을 특권으로 여기고 자랑하라. 이것이 내가 말하는 심각성이 좀 더 덜한 악이다. 이러한 식의 양보는 성경에 이따금씩 등장한다. 잠 5:19의 "(너는) 그의 사랑을 항상 연모하라"는 말에 해당하는 히브리어를 직역하면, '너는 그녀의 사랑 안에서 희열을 느끼라' 가 된다. 칠십인역은 이를 '너는 그녀의 사랑을 열렬히 추구하라' (*τῇ φιλίᾳ αὐτῆς περιφερόμενος πόλλοστος ἔσῃ*)로 옮기고 있다. 또 영어 성경에는 '너는 그녀의 사랑으로 황홀감을 맛보라' 로 번역되어 있다. 이 말은 확실히 도를 넘어선 정도의 의미를 함축하고 있다. 부적절하게 육체의 황홀감과 쾌락만을 추구하는 것은 죄악이다. 그렇다면 이를 어떻게 이해해야 할 것인가? 성경이 지나친 애정을 허락하고 있단 말인가? 결단코 아니다. 단지 심각성이 좀 더 덜한 악을 표시할 따름이다. 창녀의 품에 안겨 자신을 망각하기보다는 젊어서 취한 아내의 품을 항상 만족하게 여기며, '그녀의 사랑 안에서 희열을 느끼라' 는 뜻이다. (2) 이 말은 우리 그리스도인들의 여러 특권이 지니고 있는 가치를 함축하고 있다고 볼 수 있다. 즉, '그로 하여금 그의 특권들을 자랑할 만한 것으로 여기게 하라' 는 말이다. 아무리 세상에서 우리의 상태가 비천하고 처참하게 보일지라도 그리스도를 위한 고난은 부끄러워할 것이 아니요, 오히려 자랑할 것이라는 뜻이다. (3) 영어 성경에서 '자랑하다' 는 말 대신 '즐거워하라' 는 말로 번역된 것처럼, 이 단어의 뜻을 좀 더 부드럽게 약화시킬 수도 있다. 그러나 사실 여기서 그런 식으로 의미를 완화시킬 필요성은 전혀 없다. 바울도 롬 5:3에서 똑같은 단어를 사용하지만 거기서는 분명히 '환난 중에도 즐거워하나니' 라고 말하기 때문이다. 그러나 이에 대해서는 나중에 좀 더 다루겠다.

자기의 높음(ἐν τῷ ὕψει αὐτοῦ). '자기의 탁월함' 이라는 뜻이다. 이 말은 두 가지로 이해할 수 있다. (1) 일반적으로, 영적 지위의 가치와 영광이 불행과 명료한 고난을 보상하기 위해서 제시되기 때문에 여기서도 '그리스도의 한 형제요 지체라는 사실' 을 가리키는 말로 볼 수 있다. "내가 네 환난과 궁핍을 알거니와 실상은 네가 부요한 자니라"(계 2:9). 즉, 외면적으로는 가난하지만 영적으로는 부요하다는 뜻이다. (2) 좀 더 특수하게는 환난의 영광을 가리킨다고 볼 수 있다. 그리스도와 관계된 어떤 일을 위해서 고난을 받도록 선택되었다는 것은 가치 있는 일이다. 그러한 고난은 확실히 일종의 큰 승진이요, 승귀(昇貴)다.

강해 1

하나님의 백성은 모두 한 형제다. 이 사실에 대해서는 앞에서도 살펴본 바지만 여기에서는 좀 더 직접적으로 '낮은 형제' 에 대해서 살펴보기로 하자. 그들은 동일하신 성령님에 의해 태어난 자들이며, 동일한 말씀이라는 불멸의 씨에 의해 태어난 자들이다. 이들에 대해서는 사회적으로 또는 공동체적으로 많은 애정이 요구된다. 터툴리아누스가 말한 것처럼 모든 사람은 자연적으로(*Jure matris naturoe*)[68] 한 형제다. 그러나 그는 핍박자들에 관해서 다음과 같이 이야기했다. "너희는 불충실한 사람들이기 때문에 교회는 너희들을 형제라고 부를 수 없다"(*Vos mali fratres, quia parum homines*). 그렇다면 이제 우리 상호 간의 관계를 고찰해 보기로 하자. 우리는 형제다. 첫 번째 이유는 그 형제 관계가 우정과 같이 선택에 기초한 관계가 아니라 본성에 기초한 자연적인 관계기 때문이며, 또 다른 이유는 동등한 사람들 사이의 관계기 때문이다. 부자(父子) 관계는 자연적인 관계기는 하지만 동등한 관계가 아니기 때문에 서로 간의 애정보다는 아래로부터 위로의 존경이 더 필요한 관계다. 그러나 동등한 관계에서는 서로 간의 조화와 균형이 더욱 많이 나타나기 때문에 더 많은 사랑이 존재하게 된다. 그러므로 형제로서 살고, 형제로서 사랑하라. 이 사랑스러운 관계에는 거리낌이나 거추장스런 몸가짐이 필요 없다. 바울은 "형제가 형제와 더불어 고발할 뿐더러 믿지 아니하는 자들 앞에서 하느냐"(고전 6:6)라는 경악에 찬 말을 한 적이 있다. 이 구절에는 두 가지 잘못된 점이 지적되어 있다. 첫째는 싸우고 있는 사람들에 대한 것으로서, 형제가 형제로 더불어 다투고 있다는 점이며, 둘째는 그들의 다툼이 불신자들에게 알려지게 했다는 점이다. 창 13:7-8에 기록된 사건도 그러하다. "그러므로 아브람의 가축의 목자와 롯의 가축의 목자가 서로 다투고 또 가나안 사람과 브리스 사람도 그 땅에 거주하였는지라." 아직 정복되지 않은 가나안 사람들이 이 두 무리의 분열을 지켜보고 있는데도 그들은 다툼을 했다. 아브람이 이 사건을 어떻게 종결지었는지를 보라. "우리는 한 친족이라 나나 너나 내 목자나 네 목자나 서로 다투게 하지 말자." 형제 간에는 다툼과 같은 것이 없음을 기억하라. 그 결합이 긴밀하면 할수록 어떤 마찰이 생길 경우, 그 분리는 더 큰 것이다. 자연적인 결속은 인위적인 결속보다 강한 것이지만 일단 깨지고 나면 다시 결속시키기가 힘들다. 바느질한 부분이 터졌을 경우에는 다시 바느질하면 되지만 옷감의 해진

68) Tertul. in Apol. cap. 39.

곳은 그리 쉽게 고쳐지지 않는다. 이에 대해 솔로몬은 잠 18:19에서 다음과 같이 말했다. "노엽게 한 형제와 화목하기가 견고한 성을 취하기보다 어려운즉 이러한 다툼은 산성 문빗장 같으니라." 즉, 난공불락의 산성을 공략하기가 어렵듯이 그들이 화목하는 것 또한 그처럼 어렵다는 뜻이다. 그러나 이것이 그 관계에 적당하지 않은 것을 피하기 위해서 요구되는 것의 전부는 아니다. 우리는 형제 관계에 요구되는 모든 의무를 충실하게 실천해야 한다. 거기에는 서로 간의 유익을 위한 상호 노력이 포함된다. "내가 내 형제와 친구를 위하여 이제 말하리니 네 가운데에 평안이 있을지어다"(시 122:8). 즉 서로 형제 관계이기 때문에 하나님께 그 형제가 잘되기를 진심으로 기도하겠다는 의미다.

강해 2

낮은 형제. 야고보는 단순히 '형제'라고 말하지 않고 '낮은 형제'라고 말하고 있다. 비천함이 내에서의 교회 내에서의 관계를 와해시킬 수는 없다. 기독교적인 존경이란 이러한 외부적인 것들에 의해 유발되는 것이 아니다. 사람은 그러한 외부적인 것들에 의해서 등급이 매겨질 수 있는 존재가 아니다. 그러므로 그리스도인은 말할 것도 없고 짐승들까지도 그러한 편견의 대상이 되어서는 안 된다. 우리는 말을 고를 때 힘과 신속성을 보고 가늠하지 말에 씌워 준 뻔지르르한 마구를 보고 고르지 않는다. 그렇듯이 그리스도인들이 바라보아야 할 것은 이러한 외부적인 장식물들이 아니라 인격의 특출함이다. "우리 주 예수 그리스도에 대한 믿음을 너희가 가졌으니 사람을 차별하여 대하지 말라"(약 2:1). 즉 외적인 지위와 상태의 호화로움이나 천함에 따라서 그들의 인격을 분별하지 말라는 권면이다. 가난한 자를 업신여기는 것은 하나님의 교회를 업신여기는 것이다. "너희가 먹고 마실 집이 없느냐 너희가 하나님의 교회를 업신여기고 빈궁한 자들을 부끄럽게 하느냐"(고전 11:22). 애찬 때 고린도 교회 교인들은 가난한 자들을 경홀히 여기고 애찬에 필요한 비용을 지불하지 못하는 자들을 부끄럽게 만들었다. 바울은 그런 행위가 바로 교회, 즉 그리스도의 지체인 사람들을 업신여기는 행동이라고 말한다.[69] 왜냐하면 그가

*ἐκκλησίαν*과 *οἶκον*을 공적인 장소와 사적인 장소로서 대립시키는 것이 아니라, 공적인 행동과 사적인 행동으로서 대립시키기 때문이다. 즉 바울은 이처럼 말하고 있다. '너희가 집에서는 친한 사람들을 초대할 권리가 있는 것이 사실이지만, 공적인 회합을 가졌을 때는 가난한 자들과 같이 교회에서 상당수를 차지하는 사람들을 배제시켜서는 안 된다.

강해 3

낮은 형제. 이 말에 관해서 한 가지 더 살펴볼 것이 있다. 여기에서 주의해야 할 것은 낮은 사람이라고 하지 않고 낮은 형제라고 불렀다는 사실이다. 우리에게 기쁨과 위로의 원인이 되는 것은 빈곤 그 자체가 아니라 빈곤을 바라보는 기독교 신앙이다. 많은 신자들이 이 세상에서 고난을 당하기 때문에 기뻐한다. 그들은 장차 올 세상에서는 자기들이 자유로워질 것이라고 생각한다. 이는 마치 많은 불경건한 불쌍한 인간들이 죽음과 함께 자기들의 고통이 끝날 것이라고 생각하는 것과 같다. 그러나 깊이 생각해야 할 것은 단순한 비천함은 위로가 될 수 없다는 사실이다. 오직 믿음의 형제만이 생활의 어려움과 비천한 상태를 즐거워할 수 있다. 성경이 "가난한 자의 송사라고 해서 편벽되이 두둔하지 말지니라"(출 23:3)라고 말하고 있다는 사실을 유념해야 한다. 사람들은 아마도 이 말이 차라리 부자에게 해당된 말이었으면 하고 바랄 것이다. 사람들의 마음속에는 어리석은 동정심이 있어서 쉽게 '그 사람은 가난한 사람이니까 슬쩍 눈감아 주자' 라는 경향이 있다. 그러나 사람의 속에 있는 그러한 값싼 동정심을 정죄하시는 하나님께서는 우리가 단지 빈곤하다는 사실만으로 우리를 동정하지는 않으신다. 마태복음에 "심령이 가난한 자는 복이 있나니"(마 5:3)라는 말씀이 있다. 여기서 가난한 부분은 지갑이 아니라 심령(*πνεύματι*)이라는 점을 주목하라. 많은 인간들이 세상에서 당하고 있는 환난은 미래에 닥칠 불행의 보증이며 서론, 즉 '재난의 시작' 이다(마

---

69) Spanhemius, *Dubia Evangelica*, part iii. dub. 77을 참조하라. 주로 이 일에 관해서 다루고 있다.

24:8). 지금 우리 가족들이 극도의 궁핍에 시달리고 있으며 우리가 또한 비참함과 어려움에 억눌려 있다 해도, 이 모든 것은 장차 임할 지옥의 그림자에 불과하다. 세상의 모든 거지가 나사로와 같이 아브라함의 품에 들어가는 것은 아니다. 여기에서도 비참한 생활을 하고, 장차 올 세상에서도 비참한 생활을 할 수 있다. 하나님께서는 우리가 어려움을 당하고 있다고 해서 무조건 우리를 불쌍히 여기시지는 않으며 오히려 벌을 내리실 것이다. 결국 이렇게 대함으로써 우리에게 경고를 주시는 것이다. 한번 생각해 보라. 다 허물어져 가는 담벼락과 누더기 옷을 보고, 가족들이 굶주림에 배를 움켜쥐고 배고파하는 소리를 들을 때 누구인들 슬픔에 잠기지 않겠는가? 또 돈이 없어 헐벗고 궁색해지며 주변에 살고 있는 이웃들의 비웃음거리가 될 때 슬픔에 잠기지 않겠는가? 그러나 더욱더 슬퍼해야 할 이유는 이런 것들이 겨우 슬픔의 시작이기 때문이다. 지금 우리는 소량의 음식을 얻으려고 부르짖는다. 그러나 그때에는 혀를 적실 한 방울의 물을 얻으려고 아우성을 칠 것이다. 그리고 지금 우리는 사람들의 조롱거리다. 그러나 그때에는 하나님과 사람들 및 천사들의 조롱거리가 될 것이다. 우리는 지혜롭게 판단해야 한다. 지금이라도 우리는 다른 이들처럼 그리스도를 소유할 수 있다. 마치 부자든 가난한 자든 자기들의 생명의 속전을 위해서 똑같이 값을 냈듯이 말이다(출 30:15). 그러나 만일 그렇게 하지 않는다면 우리는 다른 이들과 마찬가지로 멸망하고 말 것이다. 하나님께서는 부자들에게 특별한 호의를 베풀지는 않으시는 것처럼 가난한 자들에 대해서도 무조건적인 연민을 가지시지는 않는다.

강해 4

낮은(*τάπεινος*). '겸손한', '지위가 낮은'을 뜻한다. 비천한 사람일수록 그들의 마음을 겸손으로 채워야 할 가장 큰 이유가 있다. 그들의 상태는 언제나 겸손한 미덕을 나타내게 한다. 가난에 교만이 따르는 것은 매우 바람직하지 못한 경우다. 솔로몬이 본 매우 기이한 광경 중 하나에는 이러한 모습도 있었다. 즉 '종들은 말을 타고 고관들은 종들처럼 땅에 걸어 다니는'(전 10:7) 광경이었다. 비천하면서도 교만한 자는 교만의 화신이 아닐 수 없다. 그러므로 가난한 자에게는 교만에 빠질 유혹이 더 적은 반면에, 겸손해야 할 이유는 더 많다. 느부갓네살 왕의 경우는 변명의 여지가 약간 있다. 왜냐하면 그는 금으로 거대한 신상을 만들었는데, 이것이 그에게 큰 시험거리가 되었기 때문이다. 우리의 감정을 제외하더라도, 우리가 처한 상황은 우리의 기개를 꺾어 내리는 경향이 있다. 높은 지위에 있는 자들이 허영을 드러내는 것도 환영받지 못할 일이다. 그러나 낮은 자리에 처해 있는 사람이 사치스런 옷차림새를 한다면 그것은 더 역겨운 모습이다. 그러나 불행하게도 우리는 그러한 상황을 종종 접하게 된다. 사람들은 보통 적은 재산이나 모자라는 인격을 교만으로 보충하기라도 하듯 그들의 처지와는 어울리지 않게 행동하면서 살아간다. 반면에 자질이 뛰어나면서도 마치 정오의 태양이 그림자를 늘어뜨리지 않듯이 겸손히 행하는 자들도 있다.

강해 5

낮은. 이 말을 다시 고찰해 보자. 하나님께서는 자기 백성일지라도 가장 비천한 부류에 속하게 하실 수 있다. 어떤 형제가 그의 외적 처지에 있어서 비천하게(*τάπεινος*) 될 수도 있다. 하나님의 아들 역시 '구원의 주'이시나 '멸시를 받아 사람들에게 버림받았다(사 53:3). 이 말에 해당되는 히브리어는 *chadal ischim, desitio virorum*으로, '사람들로부터 외면당하고 있음' 을 의미한다. 즉, 그분께서 사람이라고 할 수 없을 정도의 모습으로 나타나서 더 천한 생물로 보였음을 암시한다. 시편 22편에서 다윗도 "나는 벌레요 사람이 아니라 사람의 비방거리요"(22:6)라고 말했다. 사람들 가운데서 사람이 아니라 벌레로 취급받을 만큼 비천하기 때문에 사람들이 다윗을 사람으로 여기지 않고 비방했고, 오히려 벌레 또는 피조물 중에서 가장 미천한 것들을 표현하는 말이 있다면 그 말이 다윗을 호칭하는 데 가장 적합하다는 것이다. 그렇다면 큰 슬픔과 비탄 속에서도 '나는 아직 성도의 상태 이하로 비천하게 되지는 않았다' 고 말하라. 미천하면서 버림까지 받는 형제도 있을 수 있기 때문이다.

강해 6

낮은 형제는…자랑하고. 앞에서도 언급한 바 있듯이 아무리 고달프고 힘겨운 처지가 됐을지라도 불평하는 것은 용납될 수 없다. 비록 우리가 비참한(ταπεινος) 처지에 놓일지라도 주 안에서 즐거워하고 기뻐할 수 있다. 사람이 아무리 낮은 처지에 떨어졌을지라도 거기에는 도움이 될 만한 영적 위로가 반드시 있다. 지옥과 같은 곳에서도 만약 잘 살펴보기만 한다면, 불평을 그치게 하는 무엇인가가 있기 마련이며, 우리의 상태로 인한 비통함을 누그러뜨리는 그 무엇인가가 있기 마련이다. 아무리 우리에게 극도로 불행한 일, 예를 들어 빈곤, 상품의 손실, 감옥살이 등이 닥쳤을지라도 이 모든 일 가운데에는 무엇인가 그것을 극복해 낼 수 있도록 하는 기반이 있다. 낮은 형제도 그가 자랑스럽게 여길 만한 무엇인가를 발견할 수 있다. 우리는 비참한 처지를 핑계로 정욕을 두둔하지 말아야 하며, 자기 자신을 비난해야 마땅한 때에 자기의 처한 형편을 비난하지 말아야 한다. 죄를 저지르게 하는 것은 우리의 정욕이지 비참한 환경이 아니다. 쑥이 독은 아니다. 그러나 불행하게도 옛 사람 아담이 우리 속에 들어 있는 것을 볼 수 있다. "하나님이 주셔서 나와 함께 있게 하신 여자 그가 그 나무 열매를 내게 주므로 내가 먹었나이다"(창 3:12). 우리는 자기 종아리를 쳐야 할 때에 천재(天災)를 탓한다. '내가 겪는 것 같은 그러한 수난은 결코 없을 것이다' 라고 말하는 것은 단지 어리석은 항변에 지나지 않는다. 예레미야애가서에도 그러한 사람들이 묘사되어 있다. "지나가는 모든 사람들이여 너희에게는…나의 고통과 같은 고통이 있는가 볼지어다"(애 1:12). 사람들은 보통 자기의 처지를 탓하고 불평을 정당화한다. 그러나 명심해야 할 사실은 아무리 우리가 당하는 수모가 크다 할지라도 우리의 정욕이 표출되는 것을 정당화시킬 수는 없다는 사실이다. 낮은 처지라 할지라도 그에 해당하는 위로가 있기 때문이다.

강해 7

자랑하고. 그리스도인들에게는 해도 좋은 자랑이 있다. 그렇다면 그 외의 것을 자랑해서는 안 되는가? 그리스도인이라면 당연히 갖는 특권이 바로 그것이다. 이 점에 대해서 설명하고자 한다.

1. 어떤 식으로 자랑해서는 안 되는가? (1) 자기 자신, 자기 공로, 자기 가치를 드러내어서는 안 된다. 그런 의미에서 고전 4:7의 바울의 책망은 정당하다. "누가 너를 남달리 구별하였느냐 네게 있는 것 중에 받지 아니한 것이 무엇이냐 네가 받았은즉 어찌하여 받지 아니한 것같이 자랑하느냐." 마치 우리가 받은 은사와 은혜들을 우리가 스스로 획득한 것인 양, 또한 우리 자신의 명예를 위한 것인 양 우리 자신을 자랑하는 것은 일종의 악한 자랑이다. 그러한 모든 자랑은, 바울이 롬 3:27에서 말했듯이 은혜와 반대되는 것이다. "그런즉 자랑할 데가 어디냐(*Ποῦ οὖν ἡ καύχησις*) 있을 수가 없느니라." (2) 다른 사람들에게 자신을 뽐내서는 안 된다. 성경은 교만의 여지를 허락하지 않고 있다. "내게 가까이하지 말라 나는 너보다 거룩함이라"(사 65:5)라고 말하는 것은 위선자들이나 하는 말이다. 다른 사람들을 이 세상에 속해 있는 사람들로 여기며 경멸하고 오만불손하게 대하는 것은 누가 그런 차이를 주셨는지를 망각했다는 표시가 아닐 수 없다. 바울은 그러한 부류의 사람들을 책망한다. "네가…어찌하여 네 형제를 업신여기느냐"(*τί ἐξουθενεῖς*)(롬 14:10). 터툴리아누스는 이 구절을 '왜 형제에게 아무것도 행하지 않느냐?'(*Cur nullificas?*)라고 해석했다. 타인들에게 아무것도 베풀지 않는 자는 하나님께서 그에게 '만유'가 되신다는 사실을 망각한 자다. 그러나 은혜는 이러한 성격과는 아주 다른 것이다. "범사에 온유함을 모든 사람에게 나타낼 것을 기억하게 하라 우리도 전에는 어리석은 자요 순종하지 아니한 자요…피차 미워한 자였으나"(딛 3:2-3). 그러므로 은혜가 그러한 구별을 만들어 놓기 이전에 우리가 어떠한 자였는지를 잊어버리지 않도록 현재 우리가 어떤 처지에 있는지를 생각하도록 하라.

2. 어떤 식으로 자랑해야 할 것인가? (1) 만일 자랑이 하나님의 영광을 위한 것이라면, 자기 자신이 아니라 하나님을 높이라. "내 영혼이 여호와를 자랑하리니"(시 34:2). 즉, 그분의 선하심과 인자하심, 권능을 자랑하겠다는 뜻이다. 우리가 오직 하나님 외에는 자랑할 것이 없다는 것을 아

는 것이 좋은 일이다. 부(富)도, 재력도, 지혜도 자랑할 것이 못되며 여호와 하나님만이 그 대상이 되신다. "지혜로운 자는 그의 지혜를 자랑하지 말라 용사는 그의 용맹을 자랑하지 말라 부자는 그의 부함을 자랑하지 말라 자랑하는 자는 이것으로 자랑할지니 곧 명철하여 나를 아는 것과 나 여호와는 사랑과 정의와 공의를 땅에 행하는 자인 줄 깨닫는 것이라 나는 이 일을 기뻐하노라 여호와의 말씀이니라"(렘 9:23-24). 하나님을 높이는 것은 다른 사람들로 하여금 하나님을 찬양하도록 만들 뿐 아니라 우리 속에 하나님에 대한 사랑이 많이 있음을 입증하는 것이다. 우리가 어떤 것을 심히 아낄 때 그것 이외에는 아무것도 자랑할 만한 것이 없다고 말하는 것처럼, 우리가 하나님 외에 다른 아무것도 자랑하지 않게 될 때, 그것은 그 영혼이 다른 그 무엇보다도 하나님만을 높이 받든다는 증거다. ⑵ 자신이 가진 특권들의 가치를 나타내라. 세상은 우리가 십자가에 못 박힌 그리스도를 얻기 위하여 매우 어려운 장사를 한다고 생각한다. "우리가 환난 중에도 즐거워하나니"(롬 5:3). 여기서 바울이 말하고 있는 내용은 우리의 환난이나 수난 자체를 자랑스럽게 여겨야 한다는 것이 아니라, 많은 고난이 있는 현실 속에서도 즐거워해야 한다는 것이다. 우리가 무엇인가 자랑할 것을 얻기 위하여 자기 예찬이라는 우상에게 우리 몸을 헌신하고, 우리의 명예나 명성을 위해서 순교를 한다고 하더라도, 그로 말미암아 얻을 수 있는 위안은 보잘것없는 것이다. 바울이 여기에서 말하는 것은 그런 뜻이 아니다. 오히려 우리가 환난 중에서도 즐거워하는 것은 세상으로 하여금 우리가 그리스도를 위해서 하는 일은 어떤 일이든지 명예롭게 생각한다는 것을 알도록 하기 위함이다. 또한 세상이 우리의 신앙 고백을 우습게 여기고 핍박할지라도 우리는 그 신앙 고백을 결단코 부끄러워하지 않는다는 것을 알리기 위함이다. 바울의 이 말은 베드로에 의해 잘 풀이되고 있다. "만일 그리스도인으로 고난을 받으면 부끄러워하지 말고 도리어 그 이름으로 하나님께 영광을 돌리라"(벧전 4:16). 세상은 그것을 수치라고 생각하지만, 우리는 그리스도를 위해 받는 능욕을 영광이라 생각한다. 성직자들이 종종 말하듯이, 하늘나라의 상급을 바라보라. 그리스도께서 '그 앞에 있는 기쁨'과 비교하여 십자가를 가벼운 수치로 여기셨듯이(히 12:2) 우리도 우리의 소망을 올바로 인식함으로써 모든 유혹을 뿌리친다면 그런 일은 매우 순결하게 감당할 수 있게 된다. 모세도 애굽의 보화를 하늘나라의 상급에 비추어서 아무것도 아닌 것으로 여겼다(히 11:26). 그러므로 이것을 우리는 자랑할 수 있다. 즉, 우리의 신앙 고백과 소망의 영광스러움으로 세상의 수치를 감내해 낼 수 있다. 이제 어떻게 자랑할 수 있는지를 알았으니 하나님과 그분의 도에 대하여 알고 있는 바, 곧 그 가치를 선포하라.

강해 8

자기의 높음. 은혜는 발탁이며 승진이다. 그러므로 미천한 자리에 있는 사람들은 그들의 지위가 아무리 낮은 데 있다 할지라도 그것에 상관없이 그 지위가 높아질 수 있다. 기독교가 주는 위로의 힘은 모두 육체에게는 불가사의한 일이요 모순덩어리처럼 보인다. 가난한 것이 승진한 것이요, 종은 주께 속한 자유인이다(고전 7:22). 기독교가 누리는 특권은 세상의 모든 불명예를 벗겨 버릴 수 있다. 기독교인 노예와 종은 사탄의 독재와 죄의 예속 상태에서 구출된다. 그러므로 그들은 '주께 속한 자유인' 이다. 그래서 야고보는 '하나님이 세상에서 가난한 자를 택하사 믿음에 부요하게 하셨다' (약 2:5)고 말한다. 그리스도인에게는 이 같은 영적 보화와 내적인 부요가 최상의 것이다. 그리스도인의 생애는 신비로 가득 차 있다. 가난하지만 부요하며, 미천하지만 지위가 높고, 사람들에게서는 내쫓김을 당하지만 성도들과 천사들의 반열에 들어가며, 세상에서는 멸시와 천대를 받지만 하나님께로부터는 사랑을 받는다. 고전 4:13에서는 "우리가 지금까지 세상의 더러운 것과 만물의 찌꺼기같이 되었도다"라고 말하고 있지만, 말 3:17에는 "나는 내가 정한 날에 그들을 나의 특별한 소유로 삼을 것이요"라고 기록되어 있다. 만물의 꼴찌가 아니라, 약속의 땅에 있는 복락을 유업으로 상속받게 될 성도로 여기시겠다는 말씀이다. 만물은 독창적으로 만들어졌다. 자신이 지니고 있는 특권들의 본질을 상고해 보라. 그리하면 그것들을 승진으로 간주하지 않을 수 없게 된다. 우리는 '하나님의 자녀' (요 1:12)라고 불린다. "영접하는 자 곧 그 이름을 믿는 자들에게는 하나님의 자녀가 되는 권세"(ἐξουσίαν), 즉 특권을 주셨다. 그리고 '그리스도의 지체'가 되어 소망의 문이 열린다. 또한 '약속들의 상속자', 즉 '그리스도와 함께한 상속자'(롬 8:17)가 되고, '신성한 성품에 참여하는 자'(벧후 1:4)가 된다. 이 얼마나 놀라운 특권인가! 우리가 썩어빠진 막대기처럼 될 뻔했을 때 다행히 이 사악한 세상에서 분리되었으며, 우리가 마른 낙엽처럼 땅 위를 정처 없이 굴러다닐 뻔했을 때 도리어 그리스도와 연합되지 않았는가! 그러므로 다음의 내용을 명심하라.

1. 결코 하나님의 섭리에 대해서 불평하지 말라. 비록 다른 것들은 갖지 못했다 할지라도, 우리가 가장 좋은 것들을 가지고 있다는 점을 자랑하라. 하나님의 양자가 되었다는 것만으로도 세상 그 무엇에 비길 수 없을 만큼 가치가 있다. 황금을 소유하지 못했다고 불평하지 말라. 사람이란 본디 악하고 무가치한 속물적인 존재다. 세상의 쾌락을 결코 시샘하지 말라. 어떤 구실을 대도 불평하는 것은 위장된 질투에 불과하다. 하나님께서는 우리가 다른 방향의 발전을 이룩하도록 부르셨다는 사실을 생각하라. 만일 우리가 그 특권과 부르심을 피조물들의 영광보다 하찮게 여긴다면, 우리는 하나님의 후한 은혜를 무시하는 죄를 저지르는 것이다. 그들은 배부르고 그 위세 또한 당당하지만, 우리가 받는 위로는 더욱 좋은 것이며 훨씬 더 만족스러운 것이다. "자족하는 마음이 있으면 경건은 큰 이익이 되느니라"(딤전 6:6). 이 구절은 '경건함은 세상적인 유익과 상반되는 만족스러운 유익을 준다'라는 뜻으로 풀이할 수도 있다. 사람들은 아무리 많이 얻어도 만족하지 못하지만, 경건은 자족과 안정감을 주기 때문에 큰 유익을 가져다준다. 바울의 이 말씀은 솔로몬의 잠언 가운데 나타나는 한 구절과 유사하다. "여호와께서 주시는 복은 사람을 부하게 하고 근심을 겸하여 주지 아니하시느니라"(잠 10:22).

2. 특권 의식을 가지고 마음을 새롭게 하라. 하나님의 백성들은 가장 어려운 상황에서 높임을 받는다. 혹시 지금 헐벗고 있는가? 곧 '깨끗한 세마포 옷'(계 19:8)을 입게 될 것이다. 이 세마포 옷은 '성도의 옳은 행실'(δικαιώματα)이다. 원문에서는 이 말이 복수로 쓰였는데 그 이유는 칭의와 성화를 함축하고 있기 때문이다. 혹시 지금 굶주리고 있는가? 하나님

께서 그 성산(聖山)에서 '기름진 것과 오래 저장하였던 맑은 포도주' (사 25:6)를 제공하실 것이다. 여기서 오래 저장하였던 맑은 포도주는 가장 품질이 좋은 신선한 포도주를 가리킨다. 혹시 지금 기갈에 허덕이는가? 우리에게는 '영생하도록 솟아나는 샘물' (요 4:14)이 있다. 혹시 미천하고 비참한가? 우리는 영광을 가지고 있으며 면류관을 소유하고 있다. 우리의 어떤 결핍도 이 내적인 공급에 의해 다 채워질 수 있음을 보이기 위해서 이 표현들이 사용되었다.

강해 9

좀 더 특별한 사실을 고찰해 보기로 하자. 우리가 그리스도를 위해서 능욕을 당하고 가장 비참한 처지에 빠졌다 해도 그것이 우리에게는 영광이라는 사실이다. "사도들은 그 이름을 위하여 능욕 받는 일에 합당한 자로 여기심을 기뻐하면서 공회 앞을 떠나니라"(행 5:41). 이러한 영광을 그들에게 입혀 주신 것은 바로 하나님의 은혜였다. 그러므로 하나님의 은총인 것을 심판으로 여겨서는 안 된다. 그리스도를 위해 받는 비난은 불쾌한 일이 아니라 우리로서는 감사드려야 할 일이다. 보통 하나님의 백성이 당하는 수난에는 이러한 위로가 뒤따른다. 아무것도 공로 없이는 오지 않는 것처럼, 유익을 주지 않고 지나쳐 버리는 것은 하나도 없다. 그러므로 여기에서 그들에게 행해진 일이 무엇이든지, 그것은 영광이요 높은 상급이다. 하나님이나 사람들에게서 아무런 고난도 받지 않는 하나님의 백성들은 얼마나 복된 이들인가! 그러나 그들은 어떤 것에서 위로를 얻을 것인가!

[10] 부한 자는 자기의 낮아짐을 자랑할지니 이는 그가 풀의 꽃과 같이 지나감이라.

야고보는 비참한 상태를 자랑하고 즐거워하라는 권면을 한 후, 계속해서 그 반대의 경우 곧 부한 상태에 대하여 말한다. 어떤 사람들은 이 말씀이 일종의 풍자라고 생각한다.[70] 야고보가 여기에서 세상적인 영광에 대한 자신의 편견을 나타냈다는 것이다. 즉, 부자들의 높은 지위는 모두 굴욕이요 수치다. 그러므로 그가 자랑하려 한다면, 그로 하여금 자기의 부도덕함을 자랑하고 그의 처지의 불안정함을 자랑하게 하라. 이것이 그들이 자랑할 수 있는 모든 것이며, 이는 순식간에 사라져버릴 저속한 쾌락에 지나지 않는다. 이상이 야고보의 생각이라는 것이다. 그러나 내가 보기에 이 말씀은 오히려 일종의 권고 또는 가르침이라고 생각된다. 왜냐하면 야고보가 이 말을 하되 부한 그리스도인, 즉 부한 형제에게 충고의 형식으로 말하고 있기 때문이다. 이러한 사실은 그의 말을 좀 더 살펴봄으로써 더욱 분명해질 것이다.

부한 자. 이 말은 상류 계급이나 귀인들, 또는 어떤 외적인 우수성에 의해서 인정을 받은 사람들을 가리킨다. 또한 좀 더 특별한 경우로서 아직 핍박에 접하지 않은 자들을 가리킨다. 어떤 이들은, 저자가 앞서 '낮은 형제' 라는 말을 사용한 것처럼 여기서 '부한 형제' 라는 말을 사용하지 않고 단지 '부한 자' 라고 한 점을 지적한다. 그러한 신분과 계급에 있는 자들이 그리스도께 헌신하는 경우는 드물다는 것이다. 그러나 이 견해는 매우 의심스럽다.

자기의 낮아짐을. 우리는 여기서 본문의 의미를 완전하게 나타내기 위하여 동사가 하나 필요하다는 것을 눈여겨 보아야 한다(헬라어 원문과 영어 성경에는 '부한 자는 자기의 낮아짐을, 이는 풀의 꽃과 같이 지나감이라' 로 되어 있음–역주). 그 내용은 도대체 무엇일까? 오이쿠메니우스는 부한 자의 상태가 불안정한 점을 고려하여 *αἰσχυνέσθω*(그로 하여금 부끄럽게 하라)를 덧붙인다. 다른 사람들도 그와 동일한 의미로 생각하여, *καυχάσθω*(자랑하다, 기뻐하다)의 반대말이 그 뜻을 보충하기 위해 도입되어야 한다고 보고 *ταπεινούσθω*(그로 하여금 겸손하게 하라)를 덧붙인다. 그러나 의미는 마찬가지다. 이와 비슷한 추측을 가능하게 하는 문장을 딤전 4:3에서 볼 수 있다. 원문은 다음과 같이 되어 있다. *Κωλυόντων γαμεῖν καὶ ἀπέχεσθαι τῶν βρωμάτων*(혼인을 금하고 어떤 음식물은 먹지 말라는 것을). 이 문장에는 '금하다' 의 반대말 '명하다' 가 생략되어

---

70) Tho. Lyra.

있다. 에피파니우스(Epiphanius)는 그 부분을 인용할 때, 단어를 보충하여 *κωλυόντων γαμεῖν καὶ κελευόντων ἀπέχεσθαι βρωμάτων*으로 읽었다. 영어 성경에서도 이와 같이 '명하라' 는 동사를 넣어 '혼인을 금하고 어떤 음식물은 먹지 말라는 것을 명하라' 는 뜻으로 번역했다(개역개정 성경에는 '혼인을 금하고 어떤 음식물은 먹지 말라' 로 번역되었음–역주). 그러한 경우가 딤전 2:12에도 나타난다. '(내가) 여자가 가르치는 것을 허락하지 아니하고 조용할 것을 명하노니' (개역개정 성경에는 '여자가 가르치는 것과…을 허락하지 아니하노니 오직 조용할지니라' 로 번역되었음–역주). '허락하지 아니한다', 즉 '금한다' 의 반대말은 '명령한다' 이다. 그러므로 뒷부분의 뜻은 '조용할 것을 명한다' 이다. 따라서 야고보서의 이 구절도 '낮은 형제는 자기의 높음을 자랑하고, 부한 자는 자기의 낮아짐을 겸허히 여기라' 가 된다. 많은 사람들이 이와 같은 방법으로 이해한다. 그러나 이것은 말의 연결과 순서에 다소 혼동을 주는 것 같다. 나는 언제나 매끄러운 의미가 최상의 의미라고 여기고 있다. 그러므로 나는 앞 구절에서 사용된 *καυχάσθω*를 반복시키는 다른 사람들의 견해를 오히려 더 선호하는 편이다. '가난한 형제는 자기가 영적으로 높아짐을 즐거워하고, 부한 자는 영적으로 겸손하게 됨을 즐거워하라.' 그렇게 해서 은혜는 양자(兩者)로 하여금 하나님 앞에서 균등하게 만든다. 하나님의 관점에서는 양자가 똑같은 수준에 머물러 있다. 요컨대 너무 낮은 자리에 있는 가난한 자들은 높아지고, 너무 높은 자리에 있는 부한 자들은 겸비하게 된다. 이는 양자 모두에게 영광이요, 즐거워해야 할 일이다.

자기의 낮아짐. 어떤 사람들은 이 낮아짐을 외적인 것으로 생각한다. 즉, 자신의 면류관이 진흙 속에 던져지고 모든 것을 다 빼앗겨 버린 채 낮은 형제의 처지로 전락한 상태를 뜻한다고 본다. 그러나 이것은 적절한 견해가 아닌 듯하다. 왜냐하면 야고보는 부함과 결부되는 낮아짐에 관해서 말하고 있기 때문이다. '부한' (*πλούσιος*)이란 말은 재산의 많음과 지위의 높음을 뜻한다. 어떤 사람들은 좀 더 구체적으로 말한다. 비록 재산은 많이 있지만 그리스도인이기 때문에 가난한 자처럼 천한 대우를 받는다고 생각한다. 그러나 이러한 견해는 이 구절의 마지막 부분에서 설명된

'이는 풀의 꽃과 같이 지나감이라' 라는 이유와 부합되지 않는다. 그러므로 이는 일종의 마음의 상태, 즉 높은 처지에 있으면서도 낮은 마음을 가진다고 이해하는 것이 더 적절할 듯하다. 그래서 '낮아짐' 이란 우리 인간의 죄성에 대한 통찰에서 나온 겸손을 가리키거나(하나님께서 죄를 깨닫게 하사 겸손하게 하신 자들은 복되다), 세상의 모든 쾌락이 헛되다는 사실을 통찰한 데서 우러나온 겸손을 뜻하는 것으로 보인다. 우리 마음에서 외적인 우수성을 선호하는 경향이 사라지고 십자가를 언제나 예비하면서 살아가게 될 때, 비록 그다지 높아지지는 못했을지라도 우리가 '낮아졌다' 고 말할 수 있는 것이 아닌가 생각된다. 이것은 뒷부분에 추가되어 있는 이유와도 적절하게 맞아 떨어진다. 그리고 바울의 말과도 어울린다. "네가 이 세대에서 부한 자들을 명하여 마음을 높이지 말고 정함이 없는 재물에 소망을 두지 말고 오직 우리에게 모든 것을 후히 주사 누리게 하시는 하나님께 두며"(딤전 6:17). 이는 부한 자들로 하여금 하나님께서 이 세상에서 자신들을 최고로 높여 주셨을 때 그 마음 중심은 가장 낮은 자리에 있다는 것을 자랑하라는 권면이다.

이는 그가 풀의 꽃과 같이 지나감이라. 야고보는 왜 사람들이 번영을 이룩하고 풍족을 누릴 때 낮은 마음을 품어야 하는지 그 이유를 제시한다. 이는 그들의 유복한 상태가 그 영광과 미(美)를 뽐내자마자 곧 사라져 버리는 들판의 꽃 한 송이와 같기 때문이다. 이는 성경에서 자주 사용되고 있는 비유다. "그들은 풀과 같이 속히 베임을 당할 것이며 푸른 채소같이 쇠잔할 것임이로다"(시 37:2). "그는 꽃과 같이 자라나서 시들며 그림자같이 지나가며 머물지 아니하거늘"(욥 14:2). "모든 육체는 풀이요 그의 모든 아름다움은 들의 꽃과 같으니 풀은 마르고 꽃이 시듦은 여호와의 기운이 그 위에 붊이라"(사 40:6-7). 이외에도 다른 많은 구절들이 있다. 비유에 대해서는 강해에서 좀 더 깊이 다루기로 하겠다. 여기에서 고찰한 것은 단 하나, 즉 야고보가 들의 꽃과 같이 사라져 버린다고 말한 것은 그의 '부요' 가 아니라, '그 자신' 이라는 점이다. 다시 말해 그와 함께 그의 부도 역시 사라져 버린다고 말하고 있다. 우리가 많은 재산을 소유한다 할지라도 스스로 자신의 생명을 붙들 수는 없다. 우리가 사라지면 재물도 사라진다. 들의 꽃이 시들어 버리듯 섭리의 방향 전환은 손쉬운 일이다.

강해 1

'부' 가 기독교와 전적으로 모순되는 것은 아니다. 본문에서 '부한 자' 는 '부한 형제' 를 가리킨다. 일반적인 경우를 보더라도 부란 커다란 함정이 아닐 수 없다. 부에 대한 염려와 부가 주는 쾌락에 관계하지 않고 세상에서 살아가는 것은 쉬운 일이 아니다. 달은 만월이 되면 기우는 법이다. 우리도 보통 충족할 때에 실수를 저지르게 된다. 그러므로 우리 주님께서는 "낙타가 바늘귀로 들어가는 것이 부자가 하나님의 나라에 들어가는 것보다 쉬우니라"(마 19:24)라고 말씀하셨다. 이 말은 불가능함을 가리키는 유대 격언이다. 부한 사람들은 이 말씀을 종종 되새겨 보아야 한다. 부자들이 하나님의 나라에 들어간다면 약대도 바늘귀를 통과할 수 있을 것이다. 약대나 코끼리가 바늘귀를 통과하는 것은 자연계에서 보기 힘든 기적이다. 부자가 그리스도를 얻고 천국의 사랑을 얻는다는 것 역시 아주 희귀한 은혜의 기적이다. 세상의 모든 사람들 중에서도 특히 부자는 영적인 가치에 대해서는 거의 깨닫지 못하기 때문이다. 그리스도께서는 부를 사랑하는 자들에게 비천한 몸으로 오셨다. 그리스도를 모르는 이방인이었던 플라톤도 그리스도와 거의 동일한 말을 했는데, 그 내용은 인간이 탁월하게 부하게 되고 동시에 탁월하게 선하게 된다는 것은 불가능하다는 것이다.[71] 은혜의 길은 보통 매우 협소하여 부와 명예라는 거대한 짐을 버리지 않는 자들은 통과할 수 없다.[72] 그렇다면 우리는 '도대체 그리스도인들에게 무엇을 하라고 할 작정이냐' 고 반문할 수 있다. 호화판으로 낭비해서 재산과 소유를 없애 버려야 한다는 말인가, 아니면 아낌없이 자선을 베풀어 다른 사람들을 채워 줌으로써 자신들은 빈털터리가 되라는 말

---

71) '*Ἀγαθὸν ὄντα διαφερόντως καὶ πλούσιον εἶναι διαφερόντως ἀδύνατον.*' — *Plato.*

72) 'Non possunt in cœlum aspicere, quoniam mens eorum in humum prona, terræque defixa est; virtutis autem via non capit magna onera portantes.' —*Lactant. lib. sept.*

인가? 이에 대한 나의 대답은 모두 '아니오' 다. 주님의 이 말씀에 대한 바른 이해를 돕는 두 구절이 있다. 하나는 위에서 언급된 구절의 문맥에 있는 것으로서 "하나님으로서는 다 하실 수 있느니라"(마 19:26)라는 말이다. 하나님의 나라에 들어가기 어렵다는 사실은 사람에게만 절망적인 것이지 하나님께는 아니다. 하나님께서는 우리의 마음이 세상으로 향하지 않게 하심으로 부요가 우리에게 아무런 장애가 되지 않도록 하실 수 있다. 욥의 경우 그는 하나님의 섭리에 의해 막대한 부를 소유하였고, 또 그 은혜에 의해 탁월하게 선한 생활을 했다. "그와 같이 온전하고 정직하여 하나님을 경외하며 악에서 떠난 자는 세상에 없느니라"(욥 1:8). 다른 구절은 막 10:23-24이다. "예수께서 둘러 보시고 제자들에게 이르시되 재물이 있는 자(영어 성경에는 '재물을 가진 자' 로 번역되었음-역주)는 하나님의 나라에 들어가기가 심히 어렵도다 하시니 제자들이 그 말씀에 놀라는지라 예수께서 다시 대답하여 이르시되 얘들아 (재물을 신뢰하는 자가) 하나님의 나라에 들어가기가 얼마나 어려운지." 문제가 되는 것은 재물을 가지고 있다는 사실이 아니라, 그 재물을 신뢰하고 있다는 사실이다. 소유가 풍부하다는 것은 기독교에 방해가 되지 않는다. 방해가 되는 것은 그 풍부한 소유를 그릇되게 사용하는 것이다. 이 모든 것을 종합해 보면 다음과 같다. 부를 의지하면서 하나님의 나라에 들어가는 것은 불가능하다. 그리고 우리 인간들로서는 부를 소유하고 있으면서 그 부를 의지하지 않는다는 것이 어려운 일이다. 그러므로 모든 사람들 중에서도 부한 사람들은 매우 조심해야 한다. 사람은 부하면서 동시에 선할 수도 있다. 그러나 그것도 하나님께서 때때로 약간의 은혜의 기적을 베푸시기 때문이다. 죄로 말미암아 발생된 오염이 소유와 재물에 뒤섞이게 되면 소유가 바로 파멸을 몰고 오는 장본인이 된다. 율법에 따라 이스라엘 사람들은 부자든 가난한 자이든 똑같은 속전을 지불해야 했는데(출 30:15), 이 사실은 그들이 한 분 그리스도 안에서 같은 기업을 누린다는 것을 가리킨다. 어거스틴은 가난했던 나사로가 부자인 아브라함의 품에서 구원되었다고 주장했다.[73] 부 자체는 약속에 따른 하나님의 복이다. 시 112:3은 여호와를 경외하는 자에 대하여 '부와 재물이 그의 집에 있음이여' 라고 말하고 있다. 세상적인 약속들이 일종의 예외로 이해되어야 함에도 불구하고 하나님께서 필요하다고 인정하실 때에는 부요와 재물이 따른다. 부요와 재물이 항상 있는 것은 아니지만 현재 있는 것은 무엇이나 하나님이 주신 복에 의한 것이요 약속의 열매인 것이지, 우연한 것이나 형평을 잃은 섭리의 결과가 아니다. 하나님께서 주시는 복에 따른 부는, 은혜에 대한 방해물이 아니라 은혜를 꾸미는 장식물이다. 이런 의미에서 잠 14:24을 생각해 볼 수 있다. "지혜로운 자의 재물은 그의 면류관이요 미련한 자의 소유는 다만 미련한 것이니라." 부하면서 지혜로운 사람은 더욱 돋보인다. 소유는 덕을 장식해 줄 수는 있지만, 어리석음을 가려주지는 않는다. 원숭이가 금고리를 끼고 있다 할지라도 단지 한 마리의 원숭이에 불과하듯이, 미련한 자는 여전히 미련한 자일 뿐이다. 솔로몬이 전 7:11에서 '지혜는 유산같이 아름답고' 라고 말한 것이 바로 이러한 의미에서가 아니었을까 생각된다. 즉, 유산과 함께 지혜를 얻을 수 있다면 더욱 유용하고 좋은 것이라는 뜻이다. 이렇게 해서 우리는 '부' 라는 것이 선한 자와 악한 자를 구별하지 않고 주어지는 복이며, 부 자체를 전적으로 악하게 생각해서도 안 되고 유일한 선이라고 생각해서도 안 된다는 사실을 살펴보았다.[74)]

강해 2

부한 자의 겸손은 그의 영광이다. 사람의 고매한 인격은 그의 지위가 갖고 있는 영광이나 광채에서 나오는 것이 아니라 겸손한 마음에서 나온다. 겸손은 옷이다. "긍휼과 자비와 겸손과 온유와 오래 참음을 옷 입고"(골 3:12). 겸손은 또한 장식이다. "겸손으로 허리를 동이라"(벧전 5:5). '동이라' 로 번역된 *ἐγκομβώσασθε*는 물건을 단단하게 조일 때 아름답게 꾸며 주는 매듭을 의미하는 단어에서 파생된 동사다. 사람들은 보통 겸손이 품위를 떨어뜨리며, 온유는 명예와 권위를 실추시킨다고 생각한다. 그러나 우리는 하나님께서 겸손을 장식으로 여기신다는 사실을 알아야 한다. 그것은 가면이 아니라 장식이다. 하나님이 보시기에는 물론 사람이

73) 'Servatur pauper Lazarus, sed in sinu Abrahami divitis.' –*August. in Ps. li.*

74) 'Dantur bonis ne putentur mala, malis ne putentur bona.' –*August.*

보기에도 교만처럼 비천한 것은 없다. 하나님 앞에서는 소유나 외적인 멋을 가지고 자신의 가치를 헤아리지 말고, 미덕을 가지고 헤아리도록 하라. 높은 마음은 하나님께서 보시기에 낮은 지위와 마찬가지다. 오직 가난한 마음만이 유익한데 이는 그 마음이 은혜로 가득해지기 때문이다. 혹 자랑할 마음이 있다면 하나님의 사랑을 주장할 수 있다는 사실을 자랑하도록 하라. 낮은 마음이 높은 지위보다도 하나님의 사랑에 대한 더욱 훌륭한 증거다. 이는 사람들에 대한 경우에 있어서도 마찬가지다. 어거스틴이 말한 것처럼 자기의 위대함 때문에 들뜨지 않는 사람이 참으로 위대한 사람이다. 우리는 갖고 있는 소유 때문에 다른 사람들보다 더 뛰어나게 되는 것이 아니라 온유함 때문에 그렇게 된다. 사도들은 아무것도 소유하지 않았지만 모든 것을 소유했다. 겸손한 마음을 가진 사람들이 있다면 그들이 우리보다 더욱 많이 가진 자들이다.

강해 3

세속적인 유익을 우리를 타락시키는 주범으로 여기는 것이 겸손하게 되는 방법이다. 가난한 자들은 자기의 높음을 자랑해야 하며, 부한 자들은 자기의 낮아짐을 자랑해야 한다. 명예나 부요는 우리로 하여금 다른 사람들 위에 서게 하기보다는 다른 사람들 밑에 서게 하며, 우리에게 무엇인가를 보태주기보다는 빼앗아 간다. 우리가 세상에 속한 것을 더 많이 가졌기 때문에 성령에 속한 것을 더 적게 가지게 된다. 하나님께서는 양면으로 복을 주시지 않는다. 그러므로 풍요롭게 지낼 때 이 마음을 지니도록 하라. 그 외에 달리 해야 할 일은 아무것도 없다. 사람들은 보통 여우가 포도를 보고 욕하듯이 자기에게 결핍되어 있는 것에 대해 헐뜯고 중상한다. 무지한 사람들이 지식을 비난하는 것이 한 가지 예다. 그러나 우리가 부자라고 할 때, 자기의 낮아짐을 자랑하면서 이 모든 것이 성도들의 특권에 비교하면 지극히 형편없는 것이라고 말할 수 있겠는가? 이렇게 말할 수 있다면 마음 자세를 바르게 한 것이다. 그렇게 될 때 부를 잃게 되더라도 개의치 않게 된다. 만일 우리가 부를 잃는다면 그것은 우리를 낮추는 것들의 일부를 버리게 되는 것이며, 만일 부를 지킨다면 우리를 좀 더 높이 하나님께로 가까이 가게 하는 것을 지키지 않는 것이다. 이것이 바로 '어떤 것을 가진 자들은 없는 자같이 하라' 는 말에 담긴 의미다(참조. 고전 7:30). 즉, 집에는 소유를 둘지언정 마음에는 두지 말라는 의미다. 이것이 재물을 소유하면서 동시에 겸손함을 얻을 수 있는 방법이다. "누구든지 자기를 높이는 자는 낮아지고 누구든지 자기를 낮추는 자는 높아지리라"(마 23:12). 부라는 것은, 우리가 그것에 대해서 그렇게 생각하지 않는다 할지라도 우리를 낮추는 것이다.

강해 4

만일 우리가 세속적인 즐거움 속에서 낮아지고자 한다면, 세속적인 즐거움들이 덧없다는 사실을 명심해야 한다. 이것이 바로 야고보가 '이는 그가 풀의 꽃과 같이 지나감이라' 고 말한 이유다. 만일 우리가 이 세상의 헛됨과 우리 자신의 존재의 덧없음을 망각하고 있으면 우리는 세상적인 사람이 된다. "그들의 속 생각에 그들의 집은 영원히 있고 그들의 거처는 대대에 이르리라 하여 그들의 토지를 자기 이름으로 부르도다"(시 49:11). 사람들은 자신이 영원히 살 것이라고 생각하거나, 아니면 자신을 영원히 기억시켜 줄 자식에게 부를 몰려 주겠다고 생각한다. 자식은 자자손손 대를 이을 존재이므로, 어떤 사람은 자식이 *nodosa œternitas*, 즉 '일종의 마디마디 연결된 영원' 이라고 말했다. 자식의 수명이 다하여 끊어진다 해도 또 그 후손의 생명이 그 수명을 이어가므로 계속해서 자신의 이름과 가문을 계승시킬 수 있다는 꿈을 꾼다. 그러나 불행스럽게도 이러한 속생각은 헛된 망상에 지나지 않는다. 이런 헛된 도피를 통해 인간은 참된 영원성을 상실한 것에 대한 보상을 받으려고 한다. 그러나 이는 말 그대로 헛된 일이다. 왜냐하면 우리는 반드시 멸망할 수밖에 없는 존재요, 우리의 소유도 사라질 것이기 때문이다. 사람이든 외적인 상태이든 모두가 일시적이다. 야고보는 인간이 '풀의 꽃과 같이 지나간다' 고 말한다. 인간이란 그 자체가 풀과 같이 곧 시들어 버리는 존재며 또 그 외부적인 상태는 풀의 꽃과 같이 바람에 쉬이 떨어진다. 그래서 벧전 1:24은 "모든 육체는 풀과 같고 그 모든 영광은 풀의 꽃과 같으니"라고 말하고 있다. 줄기는 계속 남아 있지만, 꽃은 몇 번이고 떨어진다. 그렇게 인간은 그가 오랫동안 모아왔던 모든 것이 섭리에 의해서 일순간에 물거품처럼 사라져 버리는 것을 보게 되고, 그 자신 역시 시들어 버려 볼품없이 앙상해진 줄기같이 사람들의 비웃음과 냉소를 받으며 살게 된다. 성경은 이러한 주제를 논함에 있어서 우리 자신의 존재의 덧없음과 우리가 가진 부의 무상함을 이야기한다. 인간 존재의 무상함은 눅 12:20에 언급되어 있다. "하나님은 이르시되 어리석은 자여 오늘 밤에 네 영혼을 도로 찾으리니." 이 세상에서 인간은 계속해서 땀 흘려 수고하되 때때로 머리를 쥐어짜고, 기력을 소모하며, 양심에 고통을 느끼는 등 힘겹게 살아간다. 그리고 모든 것을 성취하고 나면 누에처럼 자신이 이룩해 놓은 것 속에서 죽는다. 하나님께서는 그들이 사냥감을 굽기 전에 그 생명을 취하신다. 때로는 외적인 것들의 덧없음이 성경에서 언급되기도 한다. 만일 우리 인간이 그것들로부터 떠나지 않는다면, 그것들이 우리로부터 떠날 것이다. 자신의 생애 중에 행복을 이루는 것뿐 아니라 그 꽃이 사라진 후, 즉 경멸과 수치의 거름더미 위에 자신이 던져지는 것을 보는 이들도 많다. 진실로 우리가 망하기도 전에 사라져 버릴 것들을 자랑한다는 것은 미친 짓이나 다름없다. 그것은 마치 행복한 시절을 보내면서 불행한 시절을 맞기 위해 살아가는 것처럼 너무도 비참한 일이 아닐 수 없다. 바울은 '이 세대에서 부한 자들을 명하여 마음을 높이지 말고 정함이 없는 재물에 소망을 두지 말라'(딤전 6:17)고 권고한다. 신뢰하기 위해서는 그 대상이 확실해야 하는 법이다. 신뢰란 변함이 없는 선(善)의 품 안에서 영혼이 평안히 쉬는 것을 의미하기 때문이다. 그러므로 불확실한 것은 신뢰의 기초를 제공할 수 없다. 그러한 것이 질투할 대상이나 즐길 만한 것이 될지는 모르지만 신뢰할 대상은 될 수 없다. "네가 어찌 허무한 것에 주목하겠느냐 정녕히 재물은 스스로 날개를 내어 하늘을 나는 독수리처럼 날아가리라"(잠 23:5). 외적인 부요함은 결단코 우리에게 최상의 것이 될 수 없다. 그것들은 오히려 무가치한 것이다. 솔로몬은 그것들을 '허무한 것'이라고 부르고 있다. 세상에서 그 누가 허무한 것을 사랑하며, 존재하지도 않는 것을 자랑하겠는가?

강해 5

세속적인 쾌락의 불확실성은, 아름답지만 곧장 시들어 버리는 꽃과 흡사하다. 이 비유는 다른 곳에서도 사용되고 있다. 강해해 나가는 과정에서 이미 몇 군데 살펴본 바이지만, 조금 더 그 예를 찾아보자. "인생은 그 날이 풀과 같으며 그 영화가 들의 꽃과 같도다 그것은 바람이 지나가면 없어지나니 그 있던 자리도 다시 알지 못하거니와"(시 103:15-16). 꽃이 떨어지고 마치 겁을 먹은 듯 뿌리가 땅 속에 숨어버리면 그 자리는 흔적도 찾을 수 없게 된다. 이처럼 많은 사람들이 세상에서 북적북적대며 살지만 섭리에 의해서 순식간에 생명이 끊어져 버린다. 그때에 세상은 그들을 기억해 주지 않으며, 그들은 흔적조차 남지 않게 된다. 그래서 베드로는 "모든 육체는 풀과 같고 그 모든 영광은 풀의 꽃과 같으니 풀은 마르고 꽃은 떨어지되"(벧전 1:24)라고 말한다. '모든 육체는 풀이고 그 풀은 마른다' 는 진리가 계속 반복된다. 따라서 우리는 이 구절을 되새기며 우리의 마음과 생각 속에 간직해 두어야 한다. 간단히 말해서 우리는 이 비유로부터 두 가지 교훈을 얻을 수 있다.

1. 세상에 속한 것이 좀 특별한 것이라 해도 그것이 우리를 현혹시킬 수는 없다. 이는 세상에 속한 것이란 결국은 사라져 버리는 것이기 때문이다. 꽃은 향기로울 뿐 아니라 우리의 눈길을 끌기도 하지만, 그 아름다움이 오래 가지는 않는다. 영혼은 그 자체의 영원성에 걸맞는 행복을 얻기 위해서 영원한 선을 바라보아야 한다. 불멸의 영혼이 어찌 잠깐 있다가 사라져 버릴 것으로부터 충분한 만족을 얻을 수 있겠는가? 그러나 이 사실은 사람들 앞에서 큰소리로 이야기할 것이라기보다는 개인적으로 묵상해야 할 점이다. 피조물의 헛됨에 대하여 천명하는 것은 쉬운 일이다. 그것은 모든 사람들의 관심사며 만인의 주제다. 그러나 그에 대하여 신중하게 생각하고, 그 생각의 중심에 하나님께서 계시기를 간구하라. 피조물이 유혹해 올 때 그것들의 헛됨을 망각하여 그 아름다움에 현혹되지 않도록 주의하라. 꽃은 우아하지만 곧 없어질 것이라고 말하라. 풀도 싱싱하게 보이지만 덧없는 것이다.

2. 가장 아름다운 것들이 가장 먼저 시든다. 피조물들은 가장 훌륭한 상

태에 도달하게 되면 곧 쇠퇴하기 시작하게 되어 있다. 꽃이 활짝 피면 곧 시들기 시작한다. 태양은 천정(天頂)에 달하면 곧 기울기 시작한다. 사람은 노년이 되어 손이 떨리고 거동이 불편하게 되었을 때, 즉 건강이 가장 악화된 상태에 있을 때만 인생의 헛됨을 깨닫는 것은 아니다. "사람은 그가 든든히 서 있는 때에도 진실로 모두가 허사뿐이니이다"(시 39:5). 우리가 알다시피 많은 경우, 사람들이 번영을 구가하기 시작하자마자 곧 그 꽃이 시들어 떨어지고 말라 버린다. 바울은 가장 높은 상태에 있을 때에도 몸에 사탄의 사자를 가지고 있었다(고후 12:7). 선지자 아모스는 '풀을 벤 후 풀이 다시 움돋기 시작할 때에 주께서 메뚜기를 지으신' (암 7:1) 일에 대하여 말하고 있다. 대지가 푸르름을 되찾고 신록을 만회하자마자 풀밭을 해칠 황충이 몰려왔다. 이는 그들이 번영하기 시작하자 곧 새로운 고난이 찾아왔다는 뜻이다. 그러므로 우리는 외부적인 것들이 풍요해졌을 때 이런 것들을 의심해 보아야 한다. 다윗은 하나님께서 자기에게 큰 승리를 주셨을 때 이미 패배에 대하여 생각했다. 시편 60편의 내용을 그 표제와 비교해 보라. 풍요로움 속에 있을 때 기근과 결핍에 대하여 미리 생각하는 것이 현명한 일이다. 사람으로서는 언제 무엇이 뒤바뀔지 전혀 알 수 없다. 왕하 4:13에는 선지자의 도움을 필요로 하지 않았던 한 여인이 나타난다. 그녀는 "나는 내 백성 중에 거주하나이다"라고 말했다. 즉, 법정에서 도움을 줄 사람들이 필요 없다는 말이다. 그러나 얼마 후 이 여인은 선지자의 사환의 도움이 필요한 처지에 놓이게 되었다(왕하 8:5). 여호와 하나님께서는 우리의 부와 처지가 얼마나 빨리 뒤바뀔 것인지를 알고 계신다. 그 상태가 최고의 경지에 이르렀다면, 머지않아 쇠퇴를 겪게 된다.

[11] 해가 돋고 뜨거운 바람이 불어 풀을 말리면 꽃이 떨어져 그 모양의 아름다움이 없어지나니 부한 자도 그 행하는 일에 이와 같이 쇠잔하리라.

야고보는 앞 절과 이어지는 비유를 말하며 그것을 본 절의 하반절에서 적용시키고 있다. 본 절은 하반절 외에는 더 이상의 설명을 필요로 하지 않는다.

이와 같이…하리라. ‘이와 같이…할 수도 있다(so may)’ 는 말이다. 이 구절은 반드시 일어날 일에 대한 절대적인 단정이 아니라 있을지도 모르는 일에 대한 진술이다. 그러므로 여기에서 미래시제는 ‘가능법’ 으로 사용되었다. 우리는 “어찌하여 악인이 생존하고 장수하며 세력이 강하냐 그들의 후손이 앞에서 그들과 함께 굳게 서고 자손이 그들의 목전에서 그러하구나 그들의 집이 평안하여 두려움이 없고 하나님의 매가 그들 위에 임하지 아니하며 그들의 수소는 새끼를 배고 그들의 암소는 낙태하는 일이 없이 새끼를 낳는구나”(욥 21:7-10)라고 지적했던 욥의 말에 충분히 공감한다. 그러므로 야고보는 언제나 그렇게 된다고 말하는 것이 아니라, 그렇게 될 가능성이 있으며 실제로 대개는 결과적으로 그렇게 되었다고 말하는 것이다. 또한 결국에 있어서는 분명히 그들의 운명이 될 일을 나타내고 있다.

부한 자. 이 단어는 경건하거나 불경건하거나에 상관없이 일반적으로 부유한 자들에 대해 사용될 수 있는데, 좀 더 특별하게는 자신의 재물을 신뢰하는 불경건한 자들을 가리킨다.

쇠잔하리라(*μαρανθήσεται*). 이 단어는 초목들이 그 생기와 아름다움을 상실하였을 때의 상태를 적절하게 표현해 주고 있다.

그 행하는 일에. 에라스무스와 가그네우스(Gagneus) 같은 이들은 *ἐν πορίαις*(그의 부와 함께)라고 해독한다. 칼빈도 이 해독이 문맥에 더 잘 어울린다고 생각했다. 그래서 이 구절을 ‘부한 자와 그의 모든 부는 이와 같이 쇠잔하리라’ 는 뜻으로 해석하였다. 그러나 좀 더 일반적으로 받아들여지는 해석은 우리가 따르고 있는 *ἐν πορείαις*(그 행하는 일에)이다. 이 말은 강조를 나타내는 것으로 다음과 같은 의미를 내포하고 있다. ‘사람들은 열심과 성실을 다하여 바다와 땅을 가로질러 이곳저곳을 뛰어다니며 재물을 추구하지만 결국 그 재물은 풀의 꽃처럼 시들어 버린다.’

강해 1

이 연속적인 비유에 나오는 꽃의 무상함에서 우리는 스스로 얻는 위로의 무상함을 생각하라는 암시를 받게 된다. 우리는 비유와 상징을 좋아한다. 왜냐하면 비유와 상징은 우리로 하여금 환상과 공상을 통해 비유의 대상에 대한 이중적 시야를 갖게 하기 때문이다. 이중적 시야란 대상에 대한 심상과 실상이다. 하나님께서는 과거에 자신의 백성들을 상징을 통해 가르치셨다. 지금도 하나님께서는 평범하고 일반적인 사물들에서 취한 비유들로 우리를 가르치신다. 우리가 이 비유들을 묵상하면 깊은 영적인 교훈들을 깨닫게 된다. 이처럼 모든 평범한 사물들은 그것이 거룩한 목적으로 사용될 때 신령하고 신성한 것으로 바뀐다. 그러면 이제 이 진리를 묵상해 보도록 하자. 아름다운 꽃들로 가득 찬 정원을 바라볼 때, 동시에 뜨거운 바람에 의해서 그 모든 것이 순식간에 사라져 버린다는 것을 기억하라. 본문에서 나타나는 *ἥλιος σὺντῷ καύσωνι*는 문자적으로 뜨거운 바람을 동반하는 태양이라는 뜻이다. 이곳에서 사용된 *καύσων*이라는 단어는 대개 본 절에서처럼 뜨거운 바람으로 번역된다. 기온이 높은 중동 지방에서 이 바람은 종종 해가 뜰 때 불어온다. "해가 뜰 때에 하나님이 뜨거운 동풍을 예비하셨고"(욘 4:8). 에스겔 17:10과 호세아서의 여러 곳에도 '마르게 하는 동풍'이라는 말이 나온다. 이 바람은 모든 것을 마르게 하는 뜨겁고 고통스러운 바람으로, 항상 하나님의 심판을 비유한다. 시편 저자가 '그것은 바람이 지나가면 없어지나니'라고 말했을 때의 바람이 바로 이것이다(시 103:16). 이 부분은 주석에서 다루어지지 않았기 때문에 여기에서 간단히 설명하고자 한다. 이삭이 했던 것처럼 정원이나 들에 나가 묵상을 할 때(창 24:63) 그가 다음과 같이 생각했을 거라고 상상해 보라. '이곳에 정말 아름다운 광경이 있구나. 그러나 슬프게도 이 아름다움은 단지 한 계절 동안만 있다가 저절로 시들어 버릴 것이다. 게다가 동풍이 이것들을 순식간에 말려 버릴지도 모른다. 이처럼 봄철의 꽃들과 같은 모든 세상적 위안들은 한창 때에는 매력적으로 보일지 모르지만 결국은 사라져 버릴 것이다.'

강해 2

인간적 위안들은 이처럼 저절로 사라지기도 하지만, 특별히 섭리의 손이 그것들 위에 임할 때에도 소멸되고 만다. 중동 지방에서 꽃은 저절로 시들기도 하지만 대개는 뜨거운 동풍이 몰아칠 때 말라 죽는다. 이처럼 우리의 마음은 언제나 외적인 요인들에 의해 흔들리는데, 특히 공개적으로 고립에 빠질 때 더욱 그렇다. 위대한 것들만을 추구하는 것은 섭리를 거스리는 죄악이다. 하나님께서 모든 것을 뒤엎으실 때, 꽃이 뜨거운 바람에 시드는 것처럼 세상적 영광은 순식간에 무너져 버리고 말 것이다. 렘 45:4-5에는 "여호와께서 이와 같이 말씀하시기를 보라 나는 내가 세운 것을 헐기도 하며 내가 심은 것을 뽑기도 하나니 온 땅에 그리하겠거늘 네가 너를 위하여 큰일을 찾느냐"라는 말씀이 기록되어 있다. 이는 사람이 하나님께 분명히 버림을 받았음에도 계속해서 번영을 추구하는 상태를 말한다. 이것은 마치 꽃을 시들게 하는 바람이 불어오고 있을 때에 꽃을 심고 있는 것과 같다. 그러므로 우리는 하나님의 섭리가 우리의 대적이 되지 않도록 주의해야 한다. 그렇게 되면 우리가 위안으로 삼고 있는 것들은 더욱 빨리 사라지고 말 것이기 때문이다. 하나님의 섭리가 우리의 대적이 될 때 우리가 하나님께 기대할 수 있는 것은 따뜻한 은사가 아니라 오직 뜨거운 불밖에 없다. 이처럼 하나님의 섭리가 우리의 대적이 되게 하고, 그럼으로써 피조물들을 더욱 헛된 것으로 만드는 특별한 죄악의 경우가 세 가지가 있다.

1. 우리가 정욕을 만족시키기 위하여 우리에게 위안을 주는 것들을 악용하는 때다. 자만과 음란이 있는 곳에서 우리가 예상할 수 있는 것은 뜨거운 불밖에 없다. 분명히 우리의 꽃은 시들고 말라 버릴 것이다. '교만함과 음식물의 풍족함과 태평함' (겔 16:49)에 젖어 있을 때, 아름답던 소돔에 내려진 것은 바로 뜨거운 불이었다. 살비안(Salvian)의 글에 보면 하나님께서 이런 죄악들을 간과하지 않으시고 하늘로부터 지옥의 비를 내리실 것이라는 표현이 있다.[75]

2. 우리에게 위안을 주는 것들을 신뢰의 대상으로 삼았을 때다. 하나님께서는 어떠한 경쟁자도 용납하지 않으신다. 신뢰는 피조물의 가장 아름답고 고상한 존경의 표시이므로 도중에서 가로채이지 않고 하나님께 상

---

75) 'Pluit Gehennam e cœlo.' —*Salvian de Provid.*

달되어야 한다. 인간이 피조물로 우상을 만드는 것을 하나님께서는 결코 용납하지 않으신다. 그럴 때 하나님의 질투의 불길은 뜨겁게 불타오른다. 하나님께서는 유다의 의뢰하는 것과 의지하는 것을 제하여 버리셨다(사 3:1). 즉, 그들이 만든 우상을 하나님께서 제하셨다. 재물이 가족을 행복하게 해 주고 모든 재난과 운수의 변동 중에도 안전을 준다고 생각하여 살아 계신 하나님 앞에서 재물을 택하고 그것에 의지할 때, 하나님께서는 우리가 의뢰하고 의지하는 것을 분명히 제하여 버리신다. 그리고 그것이 아무런 도움을 주지 못한다는 사실을 확실히 보여주신다(딤전 6:17).

3. 우리가 잘못된 방법으로 그것들을 얻을 때다. 이렇게 얻은 재물은 속에 숯불이 들어 있는 고기 같아서 (마치 제단에서 날아온 독수리같이), 그 집을 완전히 태워 버린다. "재앙을 피하기 위하여 높은 데 깃들이려 하며 자기 집을 위하여 부당한 이익을 취하는 자에게 화 있을진저"(합 2:9). 우리는 재물이 자신을 흥하게 해 줄 수 있는 가장 빠른 수단이라고 생각하지만 그렇지 않다. 오히려 이렇게 얻은 재물은 모든 것을 멸망시킬 수 있는 가장 빠른 수단이다. "너희 금과 은은 녹이 슬었으니 이 녹이 너희에게 증거가 되며 불같이 너희 살을 먹으리라"(약 5:3). 곧 불의하게 얻은 재물은 하나님의 타오르는 진노의 불을 우리와 우리 가족들에게로 이끈다는 뜻이다.

다음으로는 '그 행하는 일' 이란 말을 생각해 보기로 하자.

강해 3

세속적인 사람들은 재물을 추구하는 데 큰 관심과 열심을 갖고 있다. 부유한 자들은 자신의 목적을 이루기 위한 여러 가지 방법을 가지고 있으며, 그에 따라 이곳저곳으로 발을 옮긴다. 이들은 자신들의 욕심을 추구하는 데 있어서는, 고전 13:7에서처럼 '모든 것을 참으며 모든 것을 믿으며 모든 것을 바라며' 까지 자신을 부인하고 있다. 사람들이 자신을 멸망시키는 것을 얻기 위해 고통을 감수하는 것은 실로 놀랍다. 재물을 얻고자 하는 자들의 끊임없는 관심과 진지한 노력, 그리고 지칠 줄 모르는 근면을 관찰해 보면, 그것은 천국의 보화와 너무나 잘 어울린다. 가나안에 가면 매우 무성하게 자랄 식물이 아직 애굽에서 자라는 것은 슬픈 일이다. 곧 우리의 열심과 근면이 바른 위치를 얻지 못해 하나님을 향해 부요하게 되기보다는 세상에서 부요하게 되는 데 더 많이 기울여지고 있다(눅 12:21). 타락한 인간은 무죄한 상태에 있던 사람과 같지 않고 그 근사치에 불과하다. 즉, 타락한 인간도 역시 애착심과 기호를 소유하고 있기는 한데 그것들이 바르게 자리를 잡지 못하고 뒤집혀 있기 때문이다. 그렇기 때문에 인간은 그 대상에 혼동을 일으키며 가치의 척도에 있어서도 실패를 범한다. 세속적인 사람들의 수고와 관심을 살펴보면, 두 번째로 다음과 같은 말을 하게 된다. '그것들에 대한 정욕이 나에 대한 하나님의 사랑보다 더 큰 능력을 갖고 있는 것일까? 나는 세상 사람들보다 더 고상한 동기들을 소유하고 있고 또한 더 확실한 상급을 소유하고 있다(잠 11:18). 그런데 왜 천국의 영적인 덕들로써 나의 영혼을 부요하게 하려는 열심은 그들보다 더 크지 않은가?' 확실히 은혜는 능동적인 것이며 타락만큼 강력한 효력을 갖고 있다. 그런데 왜 우리의 동기와 열심은 그처럼 차이가 나고 불균형한 것일까? 이 잘못은 은혜에 있는 것이 아니라 우리 자신에게 있다. 은혜는 어린이의 손에 들려 있는 날카로운 무기와 같다. 그런데 그것이 너무 힘없이 휘둘려지기 때문에 거의 영향력을 발휘하지 못한다. 신념의 차원에서 볼 때, 성도가 아닌 세상 사람들이 우리보다 낫다. 그리고 동기의 차원에서는 우리와 비교할 수 없을 정도로 강하다. 분명히 우리는 그들보다 더 고상한 동기를 갖고 있다. 그러나 그들은 더 완전한 신념을 소유하고 있다. 그들은 자신이 행하는 바를 위하여 전심전력을 다한다. 그러나 우리의 신념은 여러 가지가 혼합되어 있다. 그러므로 은혜의 역사가 세상의 썩어질 것들의 역사보다 상당히 약하게 나타나기 마련이다. 이것은 슬픈 일이다. 교회사에 나오는 팜부스(Pambus)라는 사람은 창기가 매우 정성스럽게 만든 비싼 옷을 입고 있는 것을 보고 눈물을 흘렸다고 한다. 그가 눈물을 흘린 이유는 첫째, 누군가가 그녀의 타락을 위해 그처럼 큰 수고를 한 것을 보았기 때문이었고, 둘째, 그녀가 자신의 음탕한 애인을 기쁘게 하기 위해 정성을 다한 것만큼 자신은 하나님을 기쁘시게 하기 위해 정성을 다하지 못하였기 때문이었다. 우리는 사람들이 이 세상에서 많은 수고와 고생을 하고 바쁘게 활동하며 고통까지 자초하는 모습과, '스스로 날개를 달고 날아가 버릴 재물'을 얻기 위해 하는 모든 일들을 보게 된다. 이를 보면서 우리는 그리스도를 위해 거의 그렇게 하지 못한 자기 자신을 부끄럽게 여겨야 한다. 또한 그들이 세상을 위해 그렇게 많은 일을 행하는 데 비해, 우리가 천국을 위해 바치는 힘과 열심은 그것과 전혀 비교도 할 수 없을 정도라는 사실에 대해서도 자성해야 한다.

강해 4

마지막으로 역시 ἐν ταῖς πορείαις(그 행하는 일)에 대해 생각해 보기로 하자. 하나님의 손길이 우리를 대적하신다면 우리의 모든 노력은 무익하다. 자신의 일만 행하는 부한 자는 뜨거운 바람 앞의 꽃과 같다. 즉, 그의 모든 근면과 고심에도 불구하고 하나님께서는 순식간에 그를 쇠하게 하신다. 그들은 '삯을 받아도 그것을 구멍 뚫어진 전대에 넣는'(학 1:6) 것과 같다. 그들의 수익은 그들을 부유하게 하지 못한다는 뜻이다. 베드로는 그리스도를 배 안에 모셔들이기까지 '밤이 새도록 수고하였으되 잡은 것이 없었다'(눅 5:5)고 말했다. 이와 마찬가지로 우리도 우리와 함께하시는 하나님을 모시기 전에는 아무것도, 즉 아무런 위로와 소득도 얻지 못한다. "너희가 일찍이 일어나고 늦게 누우며 수고의 떡을 먹음이 헛되도다 그러므로 여호와께서 그의 사랑하시는 자에게는 잠을 주시는도다"(시 127:2). 어떤 이들은 이 시편 구절을 좀 더 특별하고 제한된 의미로 받아들인다. 여기서 "다윗이 나타내고 있는 바는 다음과 같다. 즉 솔로몬의 통치를 반대하는 모든 선동들이 많은 관심과 뜨거운 지지를 받을지라도 결국 무익하게 될 것이며, 압살롬과 아도니야가 야심에 찬 계획들을 세우는 데 고심할지라도 하나님께서는 여디디야, 즉 자신의 사랑하시는 자에게 평안을 주신다. 따라서 이스라엘 왕국은 솔로몬에게 평온하고 무사하게 이양될 것이며, 솔로몬은 압살롬이나 아도니야가 했던 것과 같은 수고를 전혀 하지 않아도 백성들의 사랑과 존경을 받을 것이다." 이상이 앞에서 말한, 이 시편 구절을 특별하고 제한된 의미로 받아들이는 사람들의 해석이다. 이렇게 주석을 하는 사람들은 첫째로 '솔로몬의 시'(영어 성경에는

'솔로몬을 위한 시' 로 번역되었음–역주)라는 이 시편의 제목에 근거를 두고 있으며, 둘째로는 여디디야, 즉 여호와께 사랑을 입은 자로 칭해지는 솔로몬의 별명을 그 기초로 삼는다. 삼하 12:24-25에도 이 시편 구절에 사용된 여디디야라는 단어가 나오기는 한다. 그러나 나는 이 해석이 너무 지나치다고 생각한다. 왜냐하면 이 시편이 솔로몬에 관한 것이라고 표제에 적혀 있기는 하지만, 솔로몬에 대한 예언을 목적으로 쓰였다기보다는 솔로몬의 행동 방침을 나타내는 것이라고 생각하기 때문이다. 즉 역시 '솔로몬을 위한 시' 라는 표제가 붙은 시편 72편이 솔로몬에게 한 왕국의 모범과 그것에 관련된 업무에 대한 것을 나타낸 것처럼, 본 시편도 한 가정의 모범과 그에 따르는 부수적인 관심사와 복에 대하여 기록했다고 생각한다. 그러므로 이 구절들은 솔로몬에게만 국한되는 것이 아니라, 좀 더 보편적이며 무제한적인 대상을 향하는 것으로 보아야 한다. 또한 간과해서는 안 될 것은 칠십인역도 역시 그 대상을 복수로 간주하여 *τοῖς ἀγαπητοῖς αὐτοῦ ὕπνον*(그의 사랑하는 자들에게 잠을)으로 번역했다는 사실이다. 이는 이 문장이 보편적인 사람들을 그 대상으로 하고 있음을 보여준다. 그렇게 볼 때에 이 구절이 의미하는 바는, 비록 세상 사람들이 심한 대우를 받는 일도 없고, 골치 썩는 일도 없으며, 정신적으로 피로하거나 양심의 가책을 받는 일이 전혀 없을지라도, 그들이 행하는 모든 일은 언제나 헛되다는 것이다. 하나님께서는 그들을 인정하시지도 않고, 위로도 주시지 않는다. 그러나 하나님께서 사랑하시는 자들은 비록 세속적인 것들을 갖지는 못했을지라도 하나님이 주시는 수면과 안식을 소유하고 있다. 그들은 묵묵히 하나님의 뜻에 순종하며 조용히 하나님의 복을 기다린다. 이제 우리는 이러한 복을 받기 위하여 이와 같은 섭리를 인정해야 한다. 하나님 없는 수고는 번영할 수 없다. 하나님을 거역하고, 하나님의 말씀에 나타나는 그분의 뜻을 거역하는 수고는 반드시 실패한다.

[12] 시험을 참는 자는 복이 있나니 이는 시련을 견디어 낸 자가 주께서 자기를 사랑하는 자들에게 약속하신 생명의 면류관을 얻을 것이기 때문이라.

본 절에서 야고보는 하나의 총괄적인 문장으로 앞의 모든 설교를 결론 짓는다. 이 내용은 본 서신에 자주 나타나는 것이므로 간단하게 다루고자 한다.

복이 있나니. 이미 복을 받았다는 뜻을 나타낸다. 이러한 사람들은 세상이 그들을 판단하는 것같이 그렇게 가련한 사람들이 아니다. 이 구절은 기독교의 역설로서, 욥 5:17의 "볼지어다 하나님께 징계받는 자에게는 복이 있나니"라는 말씀을 연상시킨다. 이것은 불가사의한 일이다. 그러므로 욥은 세상을 향해 이 일을 주목하여 보라고 '볼지어다' 라고 말한 것이다. 야고보도 세상의 판단에 상반하여 그들에 대해 '복이 있나니' 라고 말한다.

자(*ἀνὴρ*). 이 단어는 남성을 나타내는 명사다. 그래서 어떤 사람들은[76] 이 성경 구절에 대해 부자연스러운 해석을 무리하게 시도해 왔다. 그러나 우리는 야고보가 본 서신 전체에서 이 단어를 남성과 여성 모두에 대해 즐겨 사용하는 것을 볼 수 있다. 예를 들어 1:23의 *ἄνδρι παρακύψαντι*(자기의 생긴 얼굴을 보는 사람) 등이다. 이 단어는 히브리어 이쉬(*isch*)에 해당하는 단어인데, 그것 역시 여성을 포함하는 말이다.

참는(*ὃς ὑπομένει*). 이 말은 참을성 있게, 그리고 꾸준하게 견디는 것을 나타낸다. 악한 자도 고난을 받는다. 그러나 그들은 참지를 못한다. 그들은 마지못해 고난을 받으면서 불평과 함께 하나님을 원망하는 말을 한다. 그러나 경건한 사람은 고난을 참는다. 그들은 불평하지 않고, 연약해지지도 않으며, 하나님을 욕하지도 않고, 인내와 끈기로 그 고난을 견디어 낸다. 참는다는 말은 히 12:7의 "너희가 참음은 징계를 받기 위함이라 하나님이 아들과 같이 너희를 대우하시나니"라는 말씀에 나오는 것처럼 좋은 의미로 사용되는 말이다. 우리가 평탄한 삶 속에서 하나님을 아버지로 여겨야 한다는 것의 의미를 깨닫기는 어렵다. 그러나 고난을 참으며 견디어 낼 때 그것을 깨달을 수 있게 된다. 야고보가 요구하는 참음은 바로 이러한 것이다.

---

76) 'Beatus vir, non mollis vel effœminatus, sed *vir*, dictus a virtute animi, virore fidei, vigore spei.'—*Aquinas in locum.*

시험. 앞에서 말한 고난을 여기서는 이렇게 칭한다. 고난의 본질은 죄에 대한 벌이다. 그러나 경건한 자들에게 고난은 하나의 시험에 불과하다. 왜냐하면 가장 두렵고 큰 고난인 죽음이 경건한 자들에게는 영생으로 들어가는 문이 되기 때문이다.

시련을 견디어 낸 자가(*δοκιμος γενόμενος*, 영어 성경에는 '시험받다'로 번역되었음—역주). 이 단어는 자주 '칭찬받다'로도 번역된다. 롬 14:18의 "사람에게도 칭찬을 받느니라"와 고전 11:19의 "옳다 인정함을 받은 자들"이라는 구절에서처럼, 본 절에서도 *δόκιμοι*는 사람이 믿음에 있어서 바르고 견실하다고 인정받는 때를 나타내고 있다. 이 말은 불 가운데에서 우수성이 판별되는 금속들에서 취한 비유다.

얻을 것이기 때문이라. 이 말은 값없이 얻음을 나타낸다. 왜냐하면 노력 없이 면류관을 얻을 자는 없다고 하지만(딤후 2:5), 노력에 대한 보상으로 면류관이 주어지는 것은 아니기 때문이다. 성경의 여러 곳에 나오는 바와 같이 하나님께서는 사람의 행위에 따라 모든 것을 주시지만 사람의 행위에 대한 보상으로 모든 것을 주시는 것은 아니다. 행위에 대한 보상에 관한 구절들은 가톨릭교도인 훼루스(Ferus)[77]가 인정한 바와 같이, 처벌되지 않는 악행이 없는 것과 마찬가지로 보상되지 않는 선행도 없다는 것을 다만 암시하는 것일 뿐이다.

생명의 면류관. 성경은 하나님의 은사들을 자주 면류관으로 나타낸다. 때때로 이 면류관은 하나님께서 피조물들에게 주시는 존귀를 나타내기도 한다. "영화와 존귀로 관을 씌우셨나이다"(시 8:5). 그리고 때로는 하나님의 충만한 사랑을 뜻하기도 한다. 우리는 모든 면에서 이 사랑을 경험하고 있다. 그러므로 시편 저자는 "인자와 긍휼로 관을 씌우시며"(103:4)라고 노래했다. 그러나 대개 면류관은 다음과 같은 세 가지 면에서 우리가 천국에서 받을 유업에 적용된다. (1) 면류관은 주권의 상징이므로 천국 유업의 존귀함을 나타낸다. 곧 면류관은 우리가 그리스도 안에서 받은 나라와 왕권의 존엄성을 상징하는 것이다. "내 아버지께서 나라를 내게 맡기

77) Ferus in Mat. in cap. 16, v. 27.

신 것같이 나도 너희에게 맡겨"(눅 22:29). 우리에게 십자가를 맡기신 그리스도께서는 우리에게 면류관까지도 맡기셨다. 교회가 받은 그리스도의 유산들 중의 하나는 그리스도 자신의 십자가다. 그러므로 루터는 *Ecclesia est hœres crucis*(교회는 십자가의 상속자다)라고 말했다. 우리는 눅 22:29에서 그리스도께서 *διατίθημι*(내가 유언한다)라는 단어를 사용하신 것을 발견할 수 있다. 즉, 그리스도께서는 나라를 제자들에게 맡기시겠다고 유언하셨다. 이상이 천국의 영광이 면류관으로 표현되는 첫 번째 이유다. (2) 면류관은 천국의 무한하고 영원한 충만을 나타낸다. 둥근 형태는 충만과 영원의 상징이다. 그러므로 시편 저자는 "주의 앞에는 충만한 기쁨이 있고 주의 오른쪽에는 영원한 즐거움이 있나이다"(16:11)라고 노래했다. (3) 면류관을 수고 후에 받는 것처럼 천국의 유업도 수고 후에 받는다. 면류관은 무엇인가를 정복한 후에 받는 것이었다. 경주를 하는 자들 앞에 놓여진 면류관도 있었는데, 바로 바울이 고전 9:24-25에서 가리키는 것이다. "운동장에서 달음질하는 자들이 다 달릴지라도 오직 상을 받는 사람은 한 사람인 줄을 너희가 알지 못하느냐 너희도 상을 받도록 이와 같이 달음질하라 이기기를 다투는 자마다 모든 일에 절제하나니 그들은 썩을 승리자의 관을 얻고자 하되 우리는 썩지 아니할 것을 얻고자 하노라." 고린도 지방에서 열리던 경주와 경기의 상은 꽃과 풀잎으로 만든 화관에 불과했다. 그것은 곧 시들어 버리는 화관이었다. 그러나 우리는 썩지 않는 영광의 면류관, 또는 베드로가 칭하는 바와 같이 '시들지 아니하는 영광의 관' (벧전 5:4)을 얻기 위해 달음질하는 자들이다.

이상으로 우리는 천국이 면류관으로 표현되는 이유를 살펴보았다. 이 면류관은 때로는 '영광의 면류관' 으로 불려 그 광휘를 나타내기도 하고, 또 때로는 '의의 면류관' (딤후 4:8)으로 칭해져 그 근거와 기원을 나타내기도 한다. 이 면류관의 근거와 기원은 약속으로 보증되는 하나님의 진리로서 성경에서 하나님의 의로 칭해진다. 그런가 하면 이 면류관은 때때로 계 2:10에 나오는 바와 같이 '생명의 관' 이라 칭해지기도 한다. "네가 죽도록 충성하라 그리하면 내가 생명의 관을 네게 주리라." 이 면류관이 생명의 면류관이라고 칭해지는 이유는 영생을 얻은 사람이 아니면 이 면류관을 소유할 수 없기 때문이다. 또 다른 이유는 이 면류관의 지속성에 기인한다. 이 면류관은 꽃으로 만든 면류관처럼 시들어 말라 버리는 것이 아니라, 영원토록 빛날 살아 있는 면류관이다.

주께서…약속하신. 이 말은 부언된 것으로 우리가 약속의 보증을 소유하고 있다는 확실성을 나타내기도 하고, 또한 기대의 근거를 나타내기도 한다. 이 기대의 근거는 우리의 공로로 말미암은 것이 아니라 하나님의 약속으로 말미암은 것이다. 여기에 어떤 특별한 약속이 진술되고 있지는 않다. 이런 식으로 말하는 것은 하나님의 모든 말씀에 나타나는 일반적인 경향이다. 율법에는 은혜의 약속이 나온다. "나를 사랑하고 내 계명을 지키는 자에게는 천 대까지 은혜를 베푸느니라"(출 20:6). 모든 일이 세속적인 방법에 따라 처리되고 있었던 때에는 약속에 대한 표현도 역시 세속적이었다. 구약 성경에 약속되는 복들이 '기름진 분깃', '장수', '자손의 복' 등으로 표현되는 이유가 바로 이것이다. 본 서신에서는 이러한 모든 표현들을 문자적으로 이해하지 말고, 천국의 희락과 영생을 상징한 것으로 이해해야 한다. 그러므로 계명에 나오는 '주를 사랑하는 자에게 천 대까지 베풀어지는 은혜' 라는 말은 야고보의 서신에서는 '주를 사랑하는 자에게 주시는 영생의 면류관' 으로 표현되었다. 끝까지 인내하는 자에게는 영원한 상급이 주어진다.

자기를 사랑하는 자들에게. 이 말은 하나님의 백성을 나타내는 일반적인 묘사다. 그런데 왜 하나님을 섬기는 자들이나 하나님께 순종하는 자들 또는 그밖의 다른 것으로 묘사하지 않고, 하나님을 사랑하는 자들이라고 묘사했을까? 이에 대해 나는 다음과 같이 세 가지로 대답한다. (1) 사랑은 율법 전체의 요지며, 모든 계명의 축이기 때문이다. 사랑은 십계명을 한마디로 요약한 말이다. 그러므로 바울은 롬 13:10에서 '사랑은 율법의 완성(*πλήρωμα νόμου*)이니라' 라고 말했다. (2) 사랑은 그리스도에 대한 우리의 관심을 나타내는 중요한 특징이기 때문이다. 믿음은 약속들에 대한 권리를 부여하고, 사랑은 그 권리를 입증한다. 그러므로 사랑은 매우 자주 약속들에 대한 조건, 즉 약속들에 대한 우리의 관심을 입증하는 조건으로 기술된다. "자기를 사랑하는 자들에게 약속하신 나라를 상속으로 받게 하지 아니하셨느냐”(약 2:5). 야고보는 ‘주를 경외하는 자들에게’ 또는 ‘주를 의뢰하는 자들에게’ 라고 말하지 않는다. 비록 이러한 의미가 함축되었다고 할지라도 그가 선택한 말은 대체적으로 ‘자기를 사랑하는 자들에게’ 이다. 바울도 롬 8:28에서 “하나님을 사랑하는 자 곧 그의 뜻대로 부르심을 입은 자들에게는 모든 것이 합력하여 선을 이루느니라”라고 말하는데, 이 구절에서 하나님을 사랑함은 실제적인 소명과 선택의 발견으로 나타난다. (3) 인내가 사랑의 열매기 때문이다. 많이 사랑하는 자는 많은 고난을 받을 것이다(*Nihil est quod non tolerat qui perfecte diligit*). 그러므로 야고보는 시험을 참는 것에 대해 말한 다음, 하나님을 사랑하는 자들에게 약속된 생명의 면류관을 언급하며 그들에게 용기를 북돋아 준다. 야고보가 말하는 바를 소극적으로 표현하면, 하나님을 사랑하지 않는 자는 하나님을 위한 고난을 견디지 못한다.

강해 1

하나님의 백성들은 고난을 받아도 그것으로 인하여 비참하게 되지 않는다. 기독교인과 세상 사람 사이에는 엄청난 차이가 있다. 세상 사람의 가장 좋은 재산은 허사며(시 39:5), 기독교인의 가장 안 좋은 재산은 행복이다. 하나님을 사랑하는 자는 높게 던지나 낮게 던지나 항상 동일한 모습을 유지하는 주사위와 같다.[78] 그는 때때로 고통을 받기도 하지만 언제나 행복하다. 여기에는 다음과 같은 두 가지 이유가 있다. 1. 외적인 불행이 그의 행복을 감소시킬 수 없기 때문이다. 2. 외적인 불행이 때로는 행복을 증진시키기 때문이다.

1. 고난은 그리스도인의 행복을 감소시키지 못한다. 사람은 행복을 상실할 때 비참해진다. 우리는 최고선을 선택하였기 때문에 하나님의 위로를 소유하고 있다. 시 144:12-15은 복 있는 백성에 대해 말하고 있다. 사람들은 양이 천천과 만만으로 번성하고, 곳간에는 백곡이 가득하며, 수소는 튼튼하고, 거리에는 슬피 부르짖음이 없는 그 같은 환경 속에 있는 사

78) ‘*Τετράγωνος ἀνὴρ.—Arist.*’

람이 복이 있다고 말한다. 그러나 이런 사람들은 순식간에 비참한 사람으로 바뀔 수 있다. 왜냐하면 욥이 일순간에 모든 것을 상실하였던 것처럼, 위에서 말한 모든 것들은 사소한 운세의 변화와 함께 사라질 수도 있기 때문이다. 그러나 "여호와를 자기 하나님으로 삼는 백성은 복이 있도다"(시 144:15)라고 말하는 사람, 곧 하나님을 기뻐하는 것을 행복이라고 생각하는 사람은 모든 것을 상실하였을 때에도 행복할 수 있다. 왜냐하면 하나님을 상실하지는 않았기 때문이다. 우리는 고통을 통해 우리가 선택하고 애착하는 것이 무엇인지를 알게 된다. 외적인 십자가들이 가장 큰 불행이 된다면, 그것은 하나님을 최고선으로 선택하지 않았다는 표시다. 왜냐하면 아무 위안도 없다고 하는 우리의 비관은 우리가 향락 가운데 즐기던 행복으로 인해 나타나는 것이기 때문이다. 하나님 안에서 위로를 구하는 사람은 "비록 무화과나무가 무성하지 못하며 포도나무에 열매가 없으며 감람나무에 소출이 없으며 밭에 먹을 것이 없으며 우리에 양이 없으며 외양간에 소가 없을지라도" 하나님을 인하여 즐거워할 수 있다(합 3:17-18). 위에 열거한 일들은 세상 사람들에게 즉시 타격을 줄 수 있는 큰 불행들이다. 그러나 하박국 선지자는 모든 신자들을 대표하여 "나는 여호와로 말미암아 즐거워하며 나의 구원의 하나님으로 말미암아 기뻐하리로다"(합 3:18)라고 말한다. 하나님의 언약과 관계를 맺은 사람은 이 세상의 모든 것들이 결핍된 가장 곤궁한 상태에 있을 때에도 충분한 행복과 위로를 소유하고 있다.

2. 때때로 고난은 행복을 증대시키는데, 그것은 고난이 더 큰 위로와 은혜를 경험하게 하는 원인이 되기도 하기 때문이다. 하나님께서 헛된 고난을 주시는 경우는 좀처럼 없다. 이처럼 엄숙한 하나님의 섭리는 인간들을 더 나은 상태가 되게 하거나, 아니면 더 악한 상태가 되게 하기도 한다. 하나님의 자녀들은 고난으로부터 유익을 얻는다. 왜냐하면 외적인 손실을 내적인 기쁨으로 보상해 주시는 것이 하나님의 방침이기 때문이다. "그리스도의 고난이 우리에게 넘친 것같이 우리가 받는 위로도 그리스도로 말미암아 넘치는도다"(고후 1:5). 곧 내적인 위로와 경험들은 외적인 고난들과 정비례한다. 영적인 경험들보다 세상 재물을 더 좋아하는 사람은 그리

스도인의 마음을 소유한 자가 아니다. 우리는 애굽의 향락과 보화보다, 우리에게 하나님의 더 많은 것을 소유하게 하는 광야를 절대적으로 선택해야 한다. 이제 사람들이 불행하다고 간주하는 사람들이 실은 복 있는 사람들일지도 모른다는 사실을 기억하라. 만사가 뜻대로 되는 자들이 언제나 행복한 자들은 아니다. 오히려 불행을 승리와 인내로 참아 내는 사람들이야말로 항상 행복한 사람들이다. 세상 사람들은 외적인 환경에 따라 판단을 하기 때문에 자주 오류를 범한다. 살비안은 이에 대해 *Nemo aliorum sensu miser est, sed suo*(경건한 사람의 행복이나 불행은 세상 사람들의 느낌에 의해 판단될 수 없고, 그 자신의 느낌에 의해서라야 판단될 수 있다)라고 하였다.[79] 그런 사람의 행복은 세상 사람들의 행복과 다르다. 바울은 "만일 그리스도 안에서 우리가 바라는 것이 다만 이 세상의 삶뿐이면 모든 사람 가운데 우리가 더욱 불쌍한 자이리라"(고전 15:19)라고 말했다. 세상적인 행복이 그리스도인이 받는 복의 전부라고 한다면, 그리스도인은 '불행한 자' 일 뿐 아니라 '가장 불쌍한 자' 라는 것이다. 세상적인 사람과 경건한 사람의 주된 차이는 그들이 생각하는 최고선과 삶의 궁극적 목적에 있다. 그러므로 세상적인 사람은 신령한 사람의 행복을 판단할 수 없다. 바울은 고전 2:15에서 "신령한 자는 모든 것을 판단하나 자기는 아무에게도 판단을 받지 아니하느니라"라고 말한다. 세상적인 자들은 신령한 자의 상태가 비참하다고 생각한다. 그러나 신령한 자는 세상적인 자들의 상태가 허무한 것을 알고 있다. 세상적인 자들은 신령한 자를 판단할 수 없으나 신령한 자는 성령님의 조명에 의해 모든 것을 판단한다. 하나님을 자신의 최고선이라고 생각하는 사람들은 '하나님의 낯' 이 어두워지는 것 외에는 아무런 다른 불행이 없다고 생각한다. 그 밖의 다른 모든 경우에 있어서는 참는 자가 복이 있다. 그들은 고난에 의해서는 아무런 손실을 당하지 않고 오직 죄에 의해서만 손실을 당한다.

79) Sal. de. Gub. Dei, lib. i.

강해 2

모든 고난들 중에서 우리가 그리스도를 위하여 참아 내는 고난이 가장 즐거운 고난이다. 야고보가 '시험을 참는 자는 복이 있도다' 라고 말했는데, 여기서 시험은 기독교 신앙 때문에 받는 박해다. 하나님의 섭리로 인한 고난은 분명히 징계다. 그러나 우리에게 대한 사람들의 난폭한 행위는 시련이다. 우리가 징계로 인하여 교훈을 얻기 때문에 징계에는 위로와 복이 따른다. "여호와여 주로부터 징벌을 받으며 주의 법으로 교훈하심을 받는 자가 복이 있나니"(시 94:12). 여호와께로부터 온 징계에 교훈이 있다면 그 가운데 위로도 있다는 것을 기억하라. 그렇지만 선한 양심을 위해 고난을 겪는 소명을 받는 것은 훨씬 더 즐거운 일이다. "의를 위하여 박해를 받은 자는 복이 있나니"(마 5:10). 의를 위하여 받는 고난에는 더 분명한 복이 있다. 징계는 죄악을 시정할 목적을 가지고 있는 것이므로 좀 더 낮은 것이다. 그러나 시련은 은혜를 나타내는 것을 그 목표로 삼고 있으므로 그보다 더 즐거운 것이다. 징계는 범죄를 암시한다. 즉, 우리가 죄악을 범했거나 또는 죄를 지을 가능성이 있기 때문에 하나님께서 매를 드신다. 그러나 시련은 우리가 가장 작은 죄를 택하기보다는 가장 큰 고난을 기쁘게 택한다는 것을 세상으로 알게 하기 위하여 우리에게 주어진다. 그러므로 우리에게 시련이 더 큰 기쁨과 복이 되는 것은 분명하다. 간단히 말해서 징계는 우리의 타락을 드러내는 무언의 책망이다. 그러나 시련은 책망이 아니라 우리의 결백을 공적으로 드러내는 것이기 때문에 그만큼 우리에게 존귀와 영광이 된다. 그러므로 우리는 그리스도를 위하여 고난을 받으라는 소명을 받을 때 이러한 위안이 있음을 기억해야 한다. 그리스도를 위하여 불행을 견디는 것은 복된 일이다. 이럴 때에 우리는 단지 자신의 심령이 바른가를 확인만 하면 된다. 곧 그 고난이 참으로 그리스도를 위한 것인지, 또한 자신의 심령이 그리스도에게 합당한지를 확인하는 것이다.

1. 그 고난이 참으로 그리스도를 위한 것인가? 순교에 있어서 중요한 것은 피와 고통이 아니라 그 동기다. 우리는 자신의 분쟁에 그리스도의 이름을 갖다 붙이기를 좋아하는 경향이 있다. 그러므로 그 고난이 확실한

근거에 기초를 두고 있는지 살펴봐야 한다. 우리가 받는 고난이 우리 자신의 나쁜 행실이 조금이라도 개입되어서 발생한 것이라면 그 영광은 훼손을 받게 된다(벧전 4:15). 그렇게 되면 우리는 순수하고 경건한 동기를 가졌을 때와 같이 즐거울 수가 없다. 우리의 생각에 시련 같기도 하고 처벌 같기도 한 혼란스러운 고난들은 즐겁게 받아들일 수가 없다.

2. 우리의 심령이 그리스도에게 합당한가? 종교의 권능뿐 아니라 종교의 형식도 종종 박해를 자초할 수 있다. 세상 사람들은 비록 형식을 덜 증오하기는 하지만, 기본적으로 이 두 가지를 모두 증오한다. 고난을 받으면서 공허한 형식밖에는 자신을 증명할 길이 없다면 이 얼마나 슬픈 일인가! 그러한 사람들은 선한 양심을 파멸시키거나, 자기 종파에 대한 고집스러운 집착 때문에 완고해진 마음을 대신해서 튼튼한 몸을 희생시킬 뿐이다. 또 정말 불행하게도 이러한 자들은 허세와 세상의 칭찬이라는 비천한 행동 원칙 외에는 의지할 것이 아무것도 없다. 이러한 고난들에는 아무런 복도 없다는 것을 기억하라. 시편 저자가 "무릇 주는 마음의 비밀을 아시나이다 우리가 종일 주를 위하여 죽임을 당하게 되며 도살할 양 같이 여김을 받았나이다"(시 44:21-22)라고 호소한 것처럼, 우리도 자신의 올바름을 하나님의 전지하심에 호소하며 기꺼이 고난을 받아야 한다. 우리가 과연 자신의 비밀을 모두 아시는 하나님께 호소하며, '하나님을 위해 제가 세상의 이런 위험에 접하게 되었습니다' 라고 말할 수 있겠는가?

강해 3

시련을 견디어 낸 자. 이 말씀에서 우리는 면류관을 얻으려면 그 전에 하나의 시련을 통과해야 한다는 것을 알게 된다. 시련과 씨름을 하여 단련된 후에라야 우리는 고난들로 인해 유익과 은혜와 영광을 소유할 수 있다. 이 사실은 히 12:11에 명확하게 나타난다. "그로 말미암아 연단 받은 자들은(*τοῖς γεγυμνασμένοις*) 의와 평강의 열매를 맺느니라." 희락과 복은 금방 얻을 수 있는 것이 아니라 꾸준한 노력과 기도 가운데 하나님과 긴 시간 동안 씨름을 하여 친숙해진 후에 얻을 수 있다. 그러므로 야고보는 '시련을 견디어 낸 자가 면류관을 얻을 것임이니라' 라고 말하는 것이다. 구약에서 성전을 건축할 때에는 하나님의 집에서 망치 소리가 들리지 않게 하기 위해서 돌들을 미리 깎고 다듬은 뒤에 성전으로 가져왔다. 이와 마찬가지로 살아 있는 돌인 우리도 새 예루살렘에 놓이기 전에 먼저 다듬어져야 한다. 바울은 딤후 2:5에서 "경기하는 자가 법대로 경기하지 아니하면 승리자의 관을 얻지 못할 것이며"라고 말한다. 즉, 운동 경기에 참가하고 있는 선수가 그 경기의 조건과 규칙들을 이행하지 않는다면 그는 상을 기대할 수 없다. 이와 마찬가지로 우리도 기독교의 모든 단계들을 통과하지 않으면 하나님의 상을 기대할 수 없다. 시련은 천국과 동행하는 것이 아니라 언제나 천국에 선행한다. 하나님께서는 우리를 영화롭게 하기 전에 우선 우리를 죄와 세상으로부터 격리시키신다. 이것이 바로 바울이 '성도의 기업의 부분을 얻기에 합당하게 하심' (골 1:12)이라고 칭하는 바다. 수많은 고난들은 이러한 하나님의 역사를 도와준다. 이 고난들은 우리로 하여금 성도의 교제를 얻기에 합당하게 해 준다. 하나님께서 우리에게 면류관을 주실 때 실상 그 면류관을 받는 대상은 우리 안에 있는 하나님 자신의 은사다.[80] 그러므로 우리는 더 큰 인내로 시련들을 참아야 한다. 바울은 "제자들의 마음을 굳게 하여 이 믿음에 머물러 있으라 권하고 또 우리가 하나님의 나라에 들어가려면 많은 환난을 겪어야 할 것이라"(행 14:22)라고 했는데, 이것은 누구에게나 예외 없이 필연적이다. 시련을 겪지 않고 천국에 들어간 자는 하나도 없다. 가나안으로 가는 길이 쓸쓸한 광야와 사막을 통과하였던 것과 같이, 천국으로 가는 길도 많은 고난을 통과하는 길이다. 시련 없이 생을 지내는 사람은 자신을 완전히 알지 못하며, 또한 자신의 강직함을 발견할 기회도 얻지 못한다.[81]

80) 'Deus nihil coronat nisi dona sua.' —*Aug.*, lib. v. hom. 14.

81) 'Miserum te judico qoud nunquam fuisti miser; transistis sine adversario vitam; nemo sciet quid potueris; ne tu quidem ipse; opus est ad notitiam sui experimento, quæ quisque posset nisi tentando non didicit.' —*Sen. lib. de Provid.*, cap. 4.

강해 4

우리의 영광스러운 소망을 고난과 대립시키는 것은 좋은 일이다. 시련들은 여전히 존재하고 있지만 그 가운데서도 우리는 면류관을 소망한다. 곧 이것이 유혹을 물리치며 영혼과 육체 간의 싸움에서 승리할 수 있는 비결이다. 그러므로 바울은 우리가 보이는 것이 아니라 보이지 않는 것을 소망할 때 속사람이 강건해진다고 말했다. 그 이유는 보이는 것은 잠깐이고 보이지 않는 것은 영원하기 때문이다(고후 4:18). 우리가 받는 고난들과 정반대되는 우리의 소망들은 그 고난들을 감당하기에 가볍고 쉬운 것으로 보이게 한다. 그러므로 구세주께서는 우리가 의를 위하여 핍박을 받을 때 하나님의 나라가 우리의 것임을 생각하라고 명하셨다(마 5:10). 비록 우리가 소유하고 있는 것을 모두 빼앗긴다 해도 천국만은 빼앗기지 않는다. 곧 재물을 상실할지라도 영광의 면류관에 대한 보장만은 상실하지 않고 소유하고 있다. 그러므로 바실(Basil)은, 찬서리가 내리는 밤에 벌거벗겨진 채 밤을 지새우며 다음 날 불태워질 것을 기다리던 순교자들이 이 소망으로 얼마나 큰 위로를 받았는지에 대하여 말하였다. '겨울 날씨는 살을 에이는 듯하나 낙원은 즐거운 곳이다. 우리는 이곳에서 추위에 떨고 있으나 아브라함의 품은 이 모든 괴로움에 대한 충분한 보상이 될 것이다."[82] 이제 우리는 이 천국의 지혜를 사용하여 우리 소망의 영광과 진리를 고찰해 보도록 하자.

1. 소망의 영광 : 고통 중에 있는 사람을 더욱 괴롭히는 두 가지가 있는데 곧 치욕과 죽음이다. 이러한 두려움에 대해 하나님께서 예비해 놓으신 바를 보라. 하나님께서는 우리가 받는 치욕스런 고통에 대해서는 면류관을 약속하셨고, 일시적인 죽음에 대해서는 생명의 면류관을 약속하셨다. 결국 사람이 하나님을 위해 상실하게 되는 것은 아무것도 없는데, 이는 하나님께서 상실한 것을 크게 보상해 주시며, 또한 다시 보충해 주시기 때문이다. 곧 가시 면류관은 영광의 면류관으로 바뀌며, 생명의 상실은

---

82) '*Δριμὺς ὁ χείμων, ἀλλὰ γλυκὺς ὁ παράδεισος ἀλγεινὴ ἥ μήνις ἀλλ ἡδεῖα ἡ ἀπόλαυσις. μικρὸν ἀναμείνωμεν καὶ ὁ κόλπος ἡμᾶς θάλψει τοῦ πατριάρχου,*' &c.—*Basil ad 40 Martyr.*

생명의 구원을 예비하는 수단이 된다(마 10:39). 그러므로 우리의 소망을 우리의 비참함과 대조시키는 것은 좋은 일이다. 왜냐하면 우리는 현재의 위험과 고통들을 소망하는 것이 아니라, 면류관 곧 우리를 위해 예비된 생명의 면류관을 소망하기 때문이다.[83] 구원의 소망이 없는 극한 불행은 영혼을 질식시킨다. 그러므로 이 약속들은 감정이 가장 메마를 듯한 상황에 꼭 들어맞는 위로를 줌으로써, 어찌할 수 없을 정도로 곤경에 몰린 믿음에 즉각적인 해결책을 소유하게 한다. 스데반이 고통 중에 "하늘을 우러러 주목하여 하나님의 영광과 및 예수께서 하나님 우편에 서신 것을" (행 7:55) 보았던 것도 이러한 경우였다. 그가 본 환상에는 기적적이고도 특이한 황홀 상태의 요소가 있다. 왜냐하면 하늘의 영광은 그의 영혼에만 나타난 것이 아니라 그의 감각에까지 나타났기 때문이다. 이러한 일은 하나님의 자녀들이 고난 받을 때에 흔히 일어나는 일이다. 이런 일이 일어날 때 그들의 심령은 자신들의 소망하는 바들을 좀 더 확실하고 뚜렷하게 생각하게 되며, 그럼으로 말미암아 위험과 유혹을 물리치고 승리하게 된다. 모세와 엘리야가 그리스도가 받으실 고난에 대해 이야기하러 내려왔을 때, 그들도 역시 이러한 영광스러운 모습으로 나타났다는 것은 주목할 만한 일이다. "영광 중에 나타나서 장차 예수께서 예루살렘에서 별세하실 것을 말할새"(눅 9:31). 분명히 그들의 모습은 그들이 전달하고자 했던 내용의 가혹성을 완화시키는 모습이었다. 가시 면류관이 영광의 면류관을 상기시켜 주는 것처럼, 우리는 수치와 슬픔에 싸일 때 광채 나는 영광스러운 옷을 생각해야 한다. 왜냐하면 십자가에 대한 하나님의 말씀을 전달하는 모세와 엘리야가 빛나는 영광의 옷을 입고 있었기 때문이다.

2. 소망의 진실함 : 우리가 기대하는 면류관은 '영광의 면류관' 일 뿐 아니라 '의의 면류관' (딤후 4:8)이기도 하다. 이는 의로우신 하나님께서 주신 것이기 때문이다. 하나님께서는 은혜로 약속을 하신다. 일단 약속이 맺어진 다음에는 성경에서 종종 하나님의 의로 칭해지는 하나님의 진실하심에 의해 그 약속을 이행하실 의무를 가지신다.[84] 그런데 우리가 의로

---

83) 'Pericula non respicit martyr, coronas respicit.'—*Basil, ubi supra.*

우신 하나님의 약속을 소유하고 있으면서도 의심하여 퇴보할 수 있다고 생각하는가? 하나님께서는 너무나 거룩하신 분이시기 때문에 거짓말을 하실 수 없다. '거짓이 없으신 하나님'(딛 1:2)께서는 불변하시기 때문에 후회하시지도 않고, 마음을 바꾸시지도 않는다(민 23:19). 또한 하나님께서는 전능하시기 때문에 예상하시는 바가 빗나가지도 않고, 방해를 받지도 않는다(욥 9:12). 그런가 하면 하나님께서는 자비로우시기 때문에 작은 일이라도 그냥 스쳐 지나가시는 법이 없다. "어찌 그 말씀하신 바를 행하지 않으시며 하신 말씀을 실행하지 않으시랴"(민 23:19). 우리의 믿음이 하나님의 약속들처럼 확고하여 하나님의 진실하심보다는 우리의 관심사로 인하여 생겨나는 의심이 더 이상 없다면 얼마나 좋을까! 하나님의 모든 약속은 네 개의 기둥 위에 세워진다. 곧 첫째는 거짓을 행하지 않으시는 하나님의 공의 또는 거룩하심이며, 둘째는 작은 일도 무시하지 않으시는 하나님의 은혜 또는 자비하심이며, 셋째는 마음을 바꾸지 않으시는 하나님의 진실하심이며, 넷째는 모든 것을 이루실 수 있는 하나님의 권능이다.

강해 5

끝으로 말할 것은 하나님께서 기쁘게 받으시는 인내는 단순한 인내가 아니라 사랑에서 우러나온 인내라는 것이다. 하나님께서는 '고난 받는 자들' 에게가 아니라 '자기를 사랑하는 자들' 에게 면류관을 약속하셨다. 그리스도를 사랑하지 않으면서도 그리스도를 위하여, 엄밀히 말해서는 그리스도 때문에 고난을 받을 수도 있다. 그러나 그것은 아무런 가치도 없는 일이다. "내 몸을 불사르게 내줄지라도 사랑이 없으면 내게 아무 유익이 없느니라"(고전 13:3). 사랑이 없는 자들은 타고난 완악함 때문에 계속 자기 길로 행하며, 앞에서 말했던 것처럼 튼튼한 몸을 완고한 마음에 굴복시킬 뿐이다. 그러므로 그들의 몸은 불에 탈지언정 영혼은 하나님의 영광에 대한 열심이나 사랑으로 불타지는 않는다. 그러나 그런 상황에서도

84) 'Promittendo se debitorem fecit.'—*Aug.*

그리스도를 위하여 죽으려는 마음을 지닌 채 그리스도에 대한 열망을 버리지 않는 사람들도 많이 있다. 선한 동기 때문에 죽는 악한 자는 제사 드리기 위해 베어낸 개의 머리에 불과하다. 단순한 고난으로 악한 생활에 대한 용서를 구할 수 있다고 생각하지 말라. 그리스도께서는 팔복을 말씀하시는 과정에서 맨 마지막에 "의를 위하여 박해를 받은 자는 복이 있나니"(마 5:10)라고 말씀하셨다. 곧 "심령이 가난한 자는 복이 있나니", "마음이 청결한 자는 복이 있나니" 등을 말씀하신 다음, "박해를 받은 자는 복이 있나니"라고 말씀하셨다. 이 사실은 순교자라면 반드시 이 모든 미덕들을 겸비해야 한다는 점을 암시한다. 먼저 미덕을 요구하시고, 그 다음에 순교를 요구하신다. 외적인 나쁜 형편보다는 마음속의 악한 욕망을 정복하기가 더 어렵다. 마음속의 악한 욕망은 우리의 본성에 깊이 뿌리 박혀 있기 때문에 거의 정복되지 않는다. 율법에 의하면, 제사장들은 번제물로 드리기 위해 가져온 짐승들이 흠이 있거나 병에 걸리지 않았는지 살펴보아야 했다. 흠이 있는 번제물은 하나님께 드릴 수 없었다. 간단히 말해서 계명을 지키는 사랑이 우리로 하여금 계명들을 위해 기꺼이 고난을 감당할 수 있게 해 준다. 쿠르티우스의 칼라누스(Calanus in Curtius)가 기꺼이 자기 몸을 불사르게 내어 준 것처럼, 철학도 고난을 견디라는 교훈을 준다. 그러나 은혜가 가르치는 바는 오직 악한 욕망을 정복하라는 것일 뿐이다. 우리는 본성을 폭력으로 억누르려고 하는 수많은 위대한 정신의 소유자들 또는 음울한 정신의 소유자들에 대해 보고 듣는다. 그러나 그들도 타락과 직면하게 될 때에는 어쩔 도리가 없다. 악한 욕망을 제거하기보다는 손발을 잘라내기가 더 쉽고, 유혹을 물리치기보다는 적군을 물리치기가 더 쉽다. 그러므로 성경은 육신을 외적인 대적이라고 부른다. "그와 함께하는 자는 육신의 팔이요"(대하 32:8). 사실 육신은 악한 욕망만큼 흉포한 대적은 아니다. 그러나 성경은 영적 전투를 본질적으로 차이가 있는 좀 더 고등한 일로 나타낸다. "우리의 씨름은 혈과 육을 상대하는 것이 아니요"(엡 6:12). 우리는 하나님을 위하여 더 훌륭하게 죽을 수 있도록 하나님을 위한 행함을 배워야 한다. 왜냐하면 악한 자는 그의 행위를 더럽히는 것처럼 그의 고난을 더럽히기 때문이다. 그러한 자의 피는 제단을 더럽히는 돼지의 피와 같을 뿐이다.

본 절에서 다른 사항들이 더 언급될 수도 있으나, 이외의 것은 주석 부분에서 설명하거나, 아니면 그와 관련된 문제가 논의될 본서 2:5의 강해 부분에서 보충할 것이다.

[13] 사람이 시험을 받을 때에 내가 하나님께 시험을 받는다 하지 말지니 하나님은 악에게 시험을 받지도 아니하시고 친히 아무도 시험하지 아니하시느니라.

야고보는 이제 또 다른 시험을 언급한다. 그는 외적인 시련에 대한 말을 끝마치고 다음으로는 내적인 유혹들에 대해 말하며 그 유혹의 원인에 대한 불경스러운 죄를 짓지 말라고 권면한다. 앞에서 말한 외적인 시험은 하나님께서 주시는 것이 분명하다. 그러나 이 내적인 시험, 또는 죄를 짓게 하는 유혹은 야고보가 본 절과 이어지는 절들에서 증명하는 바와 같이, 순결하시고 거룩하신 하나님의 본성과 완전히 모순된다.

사람이 시험을 받을 때에(*μηδείς πειραζόμενος*). 죄의 유혹을 받을 때를 의미한다. 왜냐하면 이 단어는 성경에서 주로 죄의 유혹이란 의미로 사용되기 때문이다. *δοκιμάζειν*(시련)이 죄의 유혹이 아닌 다른 시험들을 나타내는 특유의 단어라면 *πειράζειν*은 죄의 유혹을 나타내는 특정 단어다. 그러므로 마귀는 *ὁ πειράζων*(시험하는 자)라고 불린다(마 4:3). 우리는 주기도문에서 '우리를 시험에(*εἰς πειρασμὸν*) 들게 하지 마시옵고'(마 6:13)라고 기도하는데, 이런 기도를 드리는 주된 목적은 악의 유혹에 빠지지 않기 위함이다. 마찬가지로 본 절에서도 '사람이 시험을 받을 때'란 말은 죄의 유혹을 받아 그 유혹에 넘어졌을 때를 의미한다.

(말)하지 말지니. 말 또는 생각으로 표현하는 것을 의미한다. 왜냐하면 생각은 *verbum mentis*(마음의 말)이기 때문이다. 이러한 불경스러운 말을 감히 입밖으로 내지 않는 사람일지라도 심중으로는 그런 생각을 품을 수도 있다. 이 말속에서 야고보는, 사람들이 불경스러운 말을 하고, 또 그에 대해 변명을 하는 경향이 있음을 암시하고 있다.

내가 하나님께 시험을 받는다. 이 말은 '나를 유혹하는 이가 바로 하나님이다', 또는 '하나님이 나로 하여금 악을 저지르게 하신다'는 의미다. 또한 '하나님이 내가 죄를 범하는 것을 원하지 않으신다면, 왜 내가 죄를 범하는 것을 막지 않으시는가?' 라는 뜻을 나타내기도 한다.

하나님은 악에게 시험을 받지도 아니하시고. 여기에 하나님의 변할 수 없는 거룩하심에 기초한 이유가 나타나고 있다. 곧 하나님께서는 절대로 악의 꾀임을 받거나 유혹을 받지도 않으시는 분이시다. 간혹 이 구절을 능동태로 봄으로써 '하나님은 악의 유혹자가 아니시다' 라고 해석하는 이들이 있다. 그러나 그러한 해석은 본 절의 하반절과 조화가 되지 않는다. 클레멘스 로마누스(Clemens Romanus)[85]의 살메론(Salmeron) 같은 이들은 이 구절을 '하나님은 악한 자들의 유혹자가 아니시라, 고통으로써 선한 사람들을 유혹하는 분이시다' 라고 번역한다. 이 번역은 그럴 듯하지만, 모든 경우에 그런 것은 아니며, 원문과도 조화가 되지 않는다. 원문에 나타난 단어는 악한 사람들을 뜻하는 *τῶν κακῶν*이 아니라, 악한 사물들을 뜻하는 무관사로 된 *κακῶν*이다. 요컨대 하나님께서는 어떤 외부적 조건이든 내적인 악한 동기에 의해서든 부정한 일을 저지르실 수 없다.

친히 아무도 시험하지 아니하시느니라. 하나님께서는 유혹하는 것을 즐기시지 않을 뿐 아니라 사람들이 자신의 거룩한 본성을 닮기를 바라신다. 하나님께서는 내적으로나 외적으로나 섭리에 의하여 우리를 죄로 이끌지 않으신다.

강해 1

사람이…하지 말지니. 이 말씀을 볼 때, 사람에게는 자신의 범죄 책임을 남에게 전가하는 경향이 있다는 것을 알게 된다. 사람들은 자신이 어리석기 때문에 유혹을 받으면서도 그 죄의 책임과 허물을 남에게 전가시키려고 애를 쓰곤 한다. 예를 들면, 아론은 자신의 범죄를 백성들에게 전가시켜 그들의 유혹 탓이라고 변명했다. "그들이 내게 말하기를 우리를

85) '*'Αδόκιμος ἀνὴρ ἀπείραστος παρὰ τῷ θεῷ.*'—*Clem. Rom. lib. ii. Const.*, cap. 8.

위하여 우리를 인도할 신을 만들라…내가 불에 던졌더니 이 송아지가 나왔나이다"(출 32:23-24). 마치 금송아지 우상이 고안에 의해 만들어진 것이 아니라 우연히 생겨난 것이라고 암시하려는 것처럼, 그가 '거기에서 나왔나이다' 라고 말한 점을 주목하라. 이와 마찬가지로 빌라도도 "나는 무죄하니 너희가 당하라"(마 27:24)고 말하며 책임을 백성들의 선동에 미루었다. 자신의 과실에 대한 책임을 교사들에게 미루는 어리석은 자들도 있다. 곧 그들은 잘못 가르침을 받았기 때문에 자신이 잘못을 저질렀다고 주장한다. 예레미야는 "슬프도소이다 주 여호와여 주께서 진실로 이 백성과 예루살렘을 크게 속이셨나이다"(렘 4:10)라고 말했다. 그런데 이 말은 여호와의 선지자들이 자신들에게 잘못된 말을 하여 자신들이 잘못하였으므로 여호와가 자신들을 속인 것이라고 예루살렘 백성들이 말하게 되었다는 뜻이다. 이와 같은 예는 사울 왕에게서도 발견된다. 그는 아말렉과의 전투에서 여호와께로부터 그들의 모든 소유를 진멸하라는 명령을 받았으나, 이를 어기고 아말렉 사람들과 보잘것없는 짐승들은 진멸했지만 기름진 좋은 양과 소는 남겨 두었다. 이에 사무엘이 그의 잘못을 추궁하자, 그는 백성들이 그것을 원하였고(삼상 15:15), 또 그들이 자신을 위협했기 때문이라고(15:21) 변명하였다. 이처럼 많은 사람들은 자신이 화를 낼 경우, 그것은 다른 사람들이 화를 돋구었기 때문이며, 저주를 했을 때도 그것은 다른 사람들이 자신을 충동질했기 때문이라고 말한다. 이것은 슬로밋의 아들이 싸움을 하다가 여호와의 이름을 모독하며 저주하였던 것과 같다(레 24:10-11). 술을 많이 마셨기 때문이라는 핑계나, 하나님을 욕한 것이 아니라 사람들을 욕한 것이라는 핑계로 책임을 면할 수는 없다. 그러므로 우리는 다음의 두 가지 사항을 주의해야 한다.

(1) 쓸데없는 변명을 하지 않도록 주의하라. 변명을 하기보다는 묵묵히 잘못을 시인하는 편이 더 바람직한 태도다. 하나님께서는 사람들이 변명하기를 포기할 때 매우 기뻐하신다. 레 13:45에는 "나병 환자는 옷을 찢고 머리를 풀며 윗입술을 가리고 외치기를 부정하다 부정하다 할 것이요"라는 말씀이 기록되어 있다. 곧 윗입술만을 가리고 모든 것을 드러내라는 명령이다. 이는 무언가 변명을 하기 위해 입을 벌려서는 안 된다는 뜻이

다. 다른 말을 하지 말고 오직 죄를 고백하는 것, 곧 자신의 나병을 시인하는 것만이 그가 할 수 있는 최선이기 때문이다. 참고적으로 말하면, 히브리인들에게 있어서 윗입술을 가리는 것은 수치스러운 일을 뉘우친다는 표시였다.

(2) 모든 변명은 헛되고 무익한 것이며 하나님께 인정을 받지 못한다는 것을 깨달으라. 아론은 변명을 했지만 그 때문에 책망을 받았다. 빌라도는 손을 씻었지만 자신의 죄는 씻어 버릴 수 없었다. 주님을 십자가에 못 박았던 빌라도는, 후에 자신도 십자가에 못 박히고 말았다.[86] 가르침을 잘못 받았다는 이유로 무지를 변명할 수는 없다. 맹인이 맹인을 인도하면 한 사람만이 아니라 둘이 다 구덩이에 빠진다(마 15:14). 곧 인도하는 맹인이나 따라오는 맹인이나 모두 구덩이에 빠지게 된다. 그러므로 겔 3:18은 “그 악인은 그의 죄악 중에서 죽으려니와 내가 그의 피 값을 네 손에서 찾을 것이고”라고 말한다. 이런 경우 가르치는 자도 악하지만 그 가르침을 받아 현혹되는 자도 역시 악하다. 사울은 여호와의 말씀에 순종하지 않고 백성들의 소리를 따랐기 때문에 왕위를 빼앗겼다(삼상 15:23). 슬로밋의 아들은 무심결에 여호와의 이름을 모독하였지만 돌에 맞아 죽었다(레 24:14). 모세의 경우에 있어서도, 비록 ‘백성들이 그의 뜻을 거역했기’ 때문이기는 하지만, ‘그의 입술로 망령되이 말하여’ 여호와의 진노를 받았다(시 106:33-34). 그러므로 아무 말도 하지 말고 ‘부정하다 부정하다’ 는 말만 하는 것이 가장 좋다.

강해 2

사람들은 자신의 잘못에 대해 스스로 책임지려 하기보다는 그것을 하나님께 전가하려는 성향이 있다. 그들은 마음속으로 하나님을 원망한다. 내가 사탄의 시험을 받아 죄를 지었다는 식으로 죄의 책임을 완전히 사탄에게 뒤집어 씌우는 것도 어리석은 짓이다. 분명한 것은 유혹하는 사탄이 없었더라도 우리는 스스로 유혹을 받았을 것이라는 점이다. 사탄이 미끼

86) Euseb. Eccles. Hist., lib. ii. cap. 7.

로 삼을 만한 생각을 하지 않았다면 그의 유혹이나 시험이 역사할 수 없었을 것이므로 죄의 책임은 자신에게 있다. 그 밖에도 어떤 죄악들은 우리 자신의 타락한 본성에 그 기원을 두고 발생한다. 이것은 짐승들에게 있어서 기형적인 새끼를 낳는 것이 영양섭취로 인하여 일어나는 수도 있지만, 어떤 때는 정상적인 교미를 통해서도 그런 일이 발생하는 것과 마찬가지다. 따라서 자신이 다른 것들에 의해 유혹을 받았노라고 그 책임을 돌리는 것은 무익한 일이다. 우리 자신의 협력 없이 이루어지는 행위란 있을 수 없다. 그러므로 그 책임은 우리 자신이 져야 한다. '나는 하나님께 시험을 받은 거야' 라고 말하면서 하나님께 책임을 전가시키는 것은 하나님을 모독하는 것이다. 그럼에도 우리에게는 그렇게 말하는 경향이 있으며, 또한 분명히 그렇게 쉽게 생각하기도 한다. 사람들은 혹 비열한 일을 할 때에도 스스로를 그렇게 생각하지 않는다. 왜냐하면 '사람의 행위가 자기 보기에는 모두 깨끗하기' (잠 16:2) 때문이다. 자신의 모습을 가장 훌륭하게 보여주는 안경을 끼고 싶은 것이 인간의 본성이다. 따라서 자신의 부끄러운 면을 기꺼이 드러내 보이려고 하는 것은 이러한 인간의 본성에 어긋나는 일이다. 자신의 실제 모습보다 더 깨끗하고 훌륭한 모습으로 스스로를 보고자 원하는 인간의 본성은 죄의 문제에 있어서 다음과 같이 나타난다. 첫째로, 죄의 책임을 하나님께 돌려버림으로써 가장 평안한 마음 상태가 되고자 한다. 죄악을 처벌해야 할 분이 죄의 책임을 지실 때, 사람은 극심한 공포와 속박으로부터 해방을 얻는다. 그러므로 하나님께서 우리 죄악을 믿음을 통해 그리스도에게 담당시키실 때 우리 영혼은 가장 큰 만족을 누린다. "여호와께서는 우리 모두의 죄악을 그에게 담당시키셨도다"(사 53:6). 그런데 우리는 하나님의 능력과 섭리를 비방함으로써 가증스럽게 죄의 책임을 하나님께 떠맡기려고 한다. 왜냐하면 일단 하나님을 죄인으로 만들면 우리 마음이 편안해질 것이기 때문이다. 우리는 우리와 똑같이 불완전하고 죄사함을 필요로 하는 사람들에게 죄의 책임을 돌려보았자 별로 마음에 큰 위로를 얻지 못한다. 그러므로 완전하시고 죄가 없으신 하나님을 우리 범죄의 동반자로 끌어들이려고 악랄하게 흉계를 꾸민다. 둘째로, 우리는 인간 속에 있는 악한 욕망, 곧 하나님의 존재에 오점을 남기고자 하는 욕망을 통해 스스로를 더 나은 자로 나타내고자 한다. 사람은 본성적으로 하나님을 증오한다. 그래서 악한 생각을 통해 하나님의 영광을 더럽히고 모욕하여 천한 것으로 만든다. 우리가 하나님의 존재 자체를 부정할 수는 없다. 그렇기 때문에 우리는 하나님의 이름을 더럽히는데, 이것은 세상에서 가장 악한 일이다. 마치 이것은 한 인간이 악을 행하는 것보다는 차라리 존재하지 않는 것이 더 나은 것과 마찬가지다. 우리는 하나님을 우리 중의 한 사람으로 생각한다. "네가 나를 너와 같은 줄로 생각하였도다"(시 50:21). 바울은 "그들이 하나님의 진리를 거짓 것으로 바꾸었다"(롬 1:25)고 말했다. 그러므로 우리는 죄악을 하나님께 돌리는 이 사악함을 경계해야 한다. 우리에게 당연하게 생각되는 것일수록 우리는 그것에 대해 더욱 주의를 기울여야 한다. 우리는 다음과 같은 여러 가지 방법으로 우리의 죄악을 하나님께 뒤집어씌운다.

(1) 첫째로, 우리는 하나님의 섭리, 환경 조건, 시대, 우리 주위의 사람들, 만나는 사람들이 우리가 나아가는 길이나 우리의 사정에 대한 시험거리로 주어진 것이라고 비난하며 우리 죄악을 하나님께 전가한다. 즉, 우리는 하나님께서 우리의 유익을 위해 정해 놓으신 것을 도리어 우리를 죄악으로 유혹하는 것이라고 생각하며 비난한다. 아담은 "하나님이 주셔서 나와 함께 있게 하신 여자 그가 그 나무 열매를 내게 주므로 내가 먹었나이다"(창 3:12)라고 말했다. '하나님이 내게 주신 그 여자' 라는 말이 실은 완곡하게 하나님을 비난하는 말이라는 것을 주의하여 보라. 많은 사람들은 자신의 비뚤어진 마음의 심각성을 다음과 같이 변명한다. 즉, 하나님께서 자신에게 너무나 많은 불행과 낙심되는 일들을 감당하게 하셨고, 또한 너무 어려운 시대에 두셨기 때문에 어쩔 도리가 없었다는 변명이다. 그러나 하나님께서 우리에게 불행을 주시는 이유는 우리를 더 비참하게 만들기 위해서가 아니라 더 낫게 하기 위해서라는 것을 기억해야 한다. 고전 10:13-14에서 바울은 이 점을 주장하고 있는 듯하다. 곧 사람들이 우상을 숭배하게 되었을 때, 그 책임은 그들이 당한 고난이나 시련에 있는 것이 아니라 그것들을 이겨 내지 못한 그들 자신에게 있다는 것이다. 이처럼 사람들은 죄의 책임을 하나님의 섭리에 돌림으로써 스스로를 책

망하기보다는 환경을 원망하며 하나님께서 죄를 짓도록 유혹하셨다고 주장한다. 하나님의 섭리에 의하여 유혹의 대상이 주어질 수도 있으나 그것이 정욕을 강제로 유발하거나 자극하는 것은 아니다. 즉, 그 대상이 범죄할 수 있는 여건을 조성시키기는 하지만, 죄를 범하도록 올가미를 놓는 것은 사탄이다. 아이 성의 모든 것을 진멸해야만 하는 아간 앞에 황금이라는 시험거리가 놓인 것, 다윗의 눈에 밧세바의 벗은 모습이 들어온 것, 물질에 약한 사람이 많은 재물을 소유하고 겁이 많은 사람이 박해를 만나게 되는 것 등은 모두 하나님의 섭리로 말미암은 것이다. 그러나 하나님께서 그곳에 죄악을 존재하게 하신 것은 아니다. 우리는 여자의 아름다움이나 포도주의 즐거움같이 우리가 죄를 범하는 데 있어서 동기를 제공했던 외적인 사물이나 사람들을 비난해서는 안 된다. 이것들은 우리의 더 나은 삶을 위하여 하나님께서 만드신 창조물들인데, 우리가 그것들을 죄악의 덫으로 바꾼 것이다. 하나님의 선하심 또는 영광이 어떤 피조물에 많이 나타나면 나타날수록 우리는 그것에 유혹되지 않도록 더 경계해야 한다. 왜냐하면 그렇게 함으로써 그것은 피조물로서 창조자이신 하나님을 생각나게 해 주기 때문이다. 아름다움은 그 자체에 있어서는 하나님의 존엄과 영광의 그림자이며 모상(模相)이라고 할 수 있다. 다만 우리는 육욕을 자극할 만한 동작이나 행동을 하지 않도록 조심해야 한다. 이에 관해 베드로의 "정욕 때문에 세상에서 썩어질 것"(벧후 1:4)이라는 표현은 매우 주목할 만하다. 세상은 단지 객체에 불과할 뿐이며, 원인은 정욕에 있다. 곧, 사람들이 탐욕스럽거나 호색적이거나 또는 나약해지는 원인은 황금이나 포도주, 여자에게 있는 것이 아니라 사악한 성정과 기질에 있다. 그러므로 요한이 하나님의 사랑과 반대되는 세상적인 것들을 요약할 때, 객관적인 사물들을 지적하지 않고 정욕을 말했다는 사실은 주목할 만한 일이다. 곧, 죄의 책임은 인간의 정욕에 있다. 요한은 세상에 있는 모든 것을 쾌락이나 명예, 이익이라고 말하지 않고 "육신의 정욕과 안목의 정욕과 이생의 자랑"이라고 말한 다음, 이런 것들은 "다 아버지께로부터 온 것이 아니요 세상으로부터 온 것이라"(요일 2:16)고 선언한다. 이런 것들은 재물과 명예, 그리고 그밖의 외적인 객체들과 같이 하나님께로부터 온 것이 아니라, 마치 거미의 독이 몸 밖에 있지 않고 그 속에 있는 것처럼 사람이 만든 세상, 즉 우리 자신 속에 있는 부속물들이다.

⑵ 둘째로, 우리는 하나님의 은혜가 제대로 완전하게 그 효력을 발휘하지 못했다는 이유로 우리의 죄악을 하나님에게 뒤집어씌운다. 사람들은 자신들이 달리 어떻게 할 수 없었다고 말한다. 곧, 하나님께서 자기들에게 더 많은 은혜를 주시지 않았기 때문이라고 핑계한다. "사람이 미련하므로 자기 길을 굽게 하고 마음으로 여호와를 원망하느니라"(잠 19:3). 그들은 하나님께서 무심하다고 말하기도 한다. 즉, 하나님께서 더 많은 은혜를 주시지 않았다는 것이다. 그들은 '무엇이든지 그 알지 못하는 것을 비방하고' (유 10), 그 다음에는 하나님께서 능력을 주시지 않았다고 불평한다. 사람들은 하나님이 짚은 주지 않으면서 벽돌을 만들어 내라고 요구하는 바로와 같다고 생각한다. 복음서에 나오는 종은 자신이 받은 달란트를 늘리지 못한 과실을 주인에게 돌리려 하였다. "당신은 굳은 사람이라 심지 않은 데서 거두고 헤치지 않은 데서 모으는 줄을 내가 알았으므로" (마 25:24).

⑶ 셋째로, 사람들은 모든 실패를 운명, 곧 자신이 태어날 때 빛났던 불행한 별들에 돌리려고 한다. 그들은 이것이 피조물에 대한 연구에 근거한 것일 뿐이라고 말은 하지만 실은 하나님에 대한 은폐된 악담이다. 열두 궁성을 때를 따라 이끌어 내며, 별들에게 행로를 명하시는 이가 누구인가? 바로 여호와 아니신가? 사람들은 감히 공개적으로, 그리고 분명하게 하나님께 대항할 수는 없기 때문에 피조물들에 영향을 주는 다른 것을 언급한다. 이것은 마치 욥이 자신의 태어난 날이 불길하였다고 그날을 매도하였던 것과 같다(욥 3:3).

⑷ 넷째로, 사람들은 화를 내는 이유도 모르면서 화를 낸다. 그들은 어떠한 거룩한 비난이라도 그것이 자신에게 향하는 것을 싫어한다. 그러므로 그들은 양심의 찔림과 가책을 느낄 때 성을 내지만 자신이 왜 성을 내는지는 알지 못한다. 그들은 하나님께도 덤벼들고 싶지만 감히 그러지는 못한다. 곧 "여호와께서 웃사를 치시므로 다윗이 분했던' (삼하 6:8) 것과 같다. 다윗은 분하였지만 자신을 분노하게 하신 분과 다투지는 못하는 자

신의 어리석음과 무지에 대해 화를 냈을 것이다. 악한 자들은 노골적으로 하나님께 분노를 표현한다. "그가 굶주릴 때에 격분하여 자기의 왕과 자기의 하나님을 저주할 것이며"(사 8:21). 죄는 불행으로 변해 사람을 괴롭게 한다. 그럴 때에 사람들은 저주와 악담을 하고, 또한 격렬하고 미친 듯한 행동을 당연하게 여기며, 하나님이나 섭리, 다른 피조물 등 자신을 제외한 모든 것을 비난한다. 그러므로 계 16:21은 "사람들이 그 우박의 재앙 때문에 하나님을 비방하니"라고 말한다. 곧 그들의 광란적인 분노가 마침내 하나님께 대한 저주로 터져 나온다. 그러나 하나님의 자녀들은 이러한 분노를 좀 더 은밀하게 나타낸다. 그들은 심중에 폭풍이 몰아쳐도 감히 터뜨리지는 않는다. 마치 요나서 4장에서 볼 수 있는 요나의 모습과 같다. 요나는 애가 타고 울화가 치밀었지만 그 분노를 누구에게 토해 내야 할지는 몰랐다.

(5) 다섯째로, 가장 심한 것은 하나님께서 우리 마음속에 어떤 암시를 주고 권유를 하여 악으로 기울어지게 했다고 생각하는 것이다. 사탄이 공상이나 육체의 감각을 통해 우리에게 악을 행하도록 우리 마음속에서 권고할 수는 있다. 그러나 하나님께서는 절대로 그런 일을 하지 않으신다. 그 이유를 좀 더 상세하게 살펴보자. 마 5:37에는 "이에서 지나는 것은 악으로부터 나느니라"는 말씀이 기록되어 있는데, 여기에서 '악으로부터'라는 단어는 원문에서 ἐκ πονηροῦ로, 악한 마음뿐 아니라 악한 뱀도 가리킨다. 따라서 이 말씀은 '이에서 지나는 것은 악마와 우리의 타락함에서 발생하는 것이다' 라는 뜻을 나타낸다. 곧, 이러한 모든 것은 주님의 권고가 아니라 사탄의 권고다.

(6) 마지막으로, 우리는 하나님의 명령들이 우리에게 죄를 강요한다고 잘못 이해하고 평가할 때, 우리 자신의 죄악을 하나님께 전가하게 된다. '우리가 죄를 짓는 것을 누가 도울 수 있는가? 하나님이 도왔을 것이다' 라고 하면서 마치 그것이 모든 죄악들에 대한 변명이라도 되는 것처럼 말한다. 비록 하나님께서 죄의 존재를 허락하시기는 했지만 악을 우리 안에 넣거나 강요하신 것은 아니다. 하나님께서는 절대로 악을 우리 안에 넣지 않으셨다. 따라서 본 서신 1장 14절에 기록된 바와 같이, 우리를 악으로

이끄는 것은 우리 자신의 욕심이다. 하나님께서는 우리에게 악한 성질이나 습관들을 주시지 않으셨으므로 이런 것들은 우리 자신에게서 나온 것들이다. 하나님께서는 우리의 의지가 악한 행동으로 기울게 하는 육체적인 강제 수단도 쓰지 않으셨고, 우리에게 악을 행하라고 하는 조언이나 명령이 담긴 도덕적 강요도 하지 않으셨다. 하나님께서는 우리가 제멋대로 하게 내버려 두시는 한편, 우리를 자신의 섭리 안에 두시고 자신의 정하신 뜻을 성취해 나가신다. 여기서 하나님의 정하신 뜻이란 우리에게 올무가 되는 일을 가리킨다. 이상이 하나님께서 행하신 역사의 전부며, 이 부분은 앞으로 더 충분하게 밝혀질 것이다. 이제부터는 우리 본성 중에 존재하며 우리로 하나님을 훼방하고 자신을 변명하게 하는 악한 경향에 주의를 집중하고자 한다.

강해 3

하나님은 악에게 시험을 받지도 아니하시고. 이 말씀에서 우리는 하나님께서 선하심과 거룩하심에 있어서 불변하시며, 또한 유혹의 영향력을 초월하신다는 사실을 알게 된다. 사람들은 유혹을 받아 금방 변절하여 빗나가지만, 하나님께서는 유혹을 받지 않으신다. 사람은 악하고 어리석어 하나님을 하나님의 피조물처럼 판단하려고 한다. 그러므로 우리는 자신이 유혹을 받으니까 하나님도 유혹을 받는다고 생각하고, 또한 하나님께서 유혹을 받아 어쩔 수 없이 우리의 죄악에 굴복할 것이라는 망상을 한다. 만일 사람들이 그렇게 생각하지 않았다면 왜 하나님께서 자신들의 악한 계획들을 성공시켜 주시기를 바라며, 더 나아가 부정한 소득과 불순한 의도들을 성취시켜 주시기를 바라겠는가? 이러한 바람은 잠 7:14에서 비유하듯이, 창기가 자신의 부정한 일이 번성하기를 바라며 서원과 화목제를 드리는 것과 같다. 일반적으로 우리는 하나님도 유혹을 받을 수 있고, 우리의 타락한 목적들을 순순히 받아들여 역사하실 것이라고 생각하며 하나님과 상대한다. 그러므로 솔로몬은 잠 21:27에서 악한 사업과 계획을 성취하기 위해 하늘의 은총을 얻고자 하는 악한 뜻으로 제물을 드리는 자들에 대해 말하고 있다. 모압 왕은 제단 일곱 개와 수송아지 일곱 마리와 숫양 일곱 마리라는 엄청난 제물로 하나님을 유혹하려고 하였으며(민 23:1), 어떤 선지자들은 자신들이 즐기고 있는 직권 남용에 하나님을 끌어들이려고 생각하였다. "내가 부요하게 되었은즉 여호와께 찬송하리라"(슥 11:5). 하나님을 유혹하여 자신들의 이익을 얻고자 할 때, 악한 자들은 종교를 가장한다. 그들은 마치 하나님을 꾀어 자신들의 은밀한 일에 가담시키고, 또한 자기들의 도당(徒黨)과 음모 속으로 끌어들일 수 있을 것으로 생각한다. 이 얼마나 하나님에 대해 비열한 생각을 하고 있는 것인가! 하나님이 하나의 우상이나 혹은 속물적인 예배자의 조종에 의해 움직이는 꼭두각시 인형처럼 느껴지게 될 때, 하나님의 말씀이 코에 걸면 코걸이, 귀에 걸면 귀걸이가 되는 것은 자명한 일이다. 이러한 신성 모독 행위는 마땅히 저지되어야 한다. 하나님께서는 절대 유혹을 받지 않으시며, 언제나 변함없이 의로우시고 거룩하시다. "주께서는 눈이 정결하시므로 악을 차마 보지 못하시며 패역을 차마 보지 못하시거늘"(합 1:13). 하나님께서는 절대로 패역을 선하게 보지 않으신다. 그렇다면 유혹에 이끌려 쉽게 곁길로 나가는 우리는 얼마나 두려워 떨어야 할 것인가! 우리가 시험을 받지 않으시는 하나님 앞에 어떻게 설 수 있겠는가? 이 문제는 다음과 같이 두 가지 측면에서 생각해 볼 수 있다.

(1) 위와 같은 사실은 우리들로 하여금 하나님께 관심을 가지며 그분과 더 많은 교제를 갖도록 자극시켜 준다. 신자는 "신성한 성품에 참여하는 자"(벧후 1:4)다. 신성한 성품을 많이 소유하면 할수록, 우리는 유혹들에 더 강력하게 저항할 수 있게 된다. 그러나 우리는 신성한 성품보다 인간적인 성품을 더 많이 소유하고 있기 때문에 쉽게 빗나간다. 또한 쉽게 변하기 때문에 죄와 사탄에 대한 기억이 완전히 사라진다 해도 스스로가 사탄의 부하가 될 수 있다. 그러나 하나님은 불변하시고 부동하신 분이시다. 그러므로 우리는 신성한 성품을 더욱 갈망하여, 유혹하는 자가 왔을 때 우리 안에 그가 차지할 자리가 없게 만들어야 한다. 우리에게 있어서 불변하시는 거룩하신 하나님을 더욱 닮아가는 것보다 더 큰 일은 없다.

(2) 우리는 위의 사실을 다음과 같은 목적에 적절히 사용할 수도 있다. 본성적인 생각들, 곧 하나님의 거룩하심과 반대되는 생각들이 우리 마음

속에서 솟아오를 때 다음과 같이 말하라. '하나님은 절대로 죄의 주체자가 되실 수 없다. 반대로 하나님은 죄의 보복자시다. 하나님께서는 거룩이 가는 길을 가시고, 거룩이 머무는 장소에 머무시며, 절대로 악을 향해 곁길로 나가실 수 없으시다.' 어느 누가 성경의 하나님에 대하여 말할 때, 그분이 우리에게 주신 의의 율법, 곧 그분의 거룩하심의 영원한 말씀과 일치하지 않는 말을 할 때에도 위와 같이 이야기하라. 이 같은 사실이 하나님의 불변적인 속성인 순결과 공의에 조금이라도 어긋난다고 생각하지 말라. 왜냐하면 '하나님은 시험을 받지 아니하시기' 때문이다. 하나님께서 아브라함에게 아들을 바치라고 명하신 것은 악한 일이 아니었다. 왜냐하면 한편으로 하나님께서는 자신이 원하신다면 언제라도 자기 피조물의 생명을 요구하실 수 있으며, 다른 한편으로 하나님께서는 율법을 주신 분이시므로 자신의 법을 실시하실 수도 있기 때문이다. 그리고 만일 인간의 어떤 특별한 법칙이라도 그것이 하나님의 일반적인 명령을 손상시킨다면 그것은 전혀 유효하지 않다. 즉, 우리는 하나님께서 요구하시는 것은 어떤 일이라도 행해야 한다. 하나님께서는 인간의 규칙에 속박되지 않으신다. 도덕률은 인간에 대한 규칙이지 하나님에 대한 규칙은 아니다. 우리는 어떠한 경우에 있어서도 하나님의 영광을 구해야 한다. 왜냐하면 하나님께서는 어떤 작은 죄나 악이라도 절대 행하실 수 없는 분이시기 때문이다.

강해 4

친히 아무도 시험하지 아니하시느니라. 이 말씀은 여호와께서는 유혹자가 아니시라는 것을 나타낸다. 모든 선의 창조주이신 하나님께서는 동시에 죄의 창조자일 수가 없다. 하나님께서는 우리를 거룩하게 하시기 위하여 마음에 와 닿도록 자주 설득은 하실지언정 우리의 죄를 유발하는 어떤 암시를 주지는 않으신다. 사람들을 악으로 유혹하는 자들은 분명히 하나님의 성품과 다른 자들이다. 왜냐하면 하나님께서는 친히 아무도 시험하지 않으시기 때문이다. 그러나 인간들은 다음과 같은 여러 가지 방법으로 다른 사람을 시험한다.

⑴ 우리는 명령을 통해 다른 사람을 시험하기도 하는데, 곧 자신의 권력을 사용하여 죄악을 은근히 장려하는 때다. 이것은 여로보암의 특성이었다. 여로보암은 '이스라엘로 범죄하게' 하였다. '느밧의 아들 여로보암이 이스라엘로 범죄하게 하였다'는 말은 성경에 계속하여 되풀이되고 있으며, 이는 곧 이스라엘 민족 전체가 지은 죄악의 책임을 그에게 돌리는 것이다. 이스라엘은 그를 파멸시켰고, 그는 이스라엘을 파멸시켰다. 대하 33:9에는 "유다와 예루살렘 주민이 므낫세의 꾀임을 받고 악을 행한 것이 여호와께서 이스라엘 자손 앞에서 멸하신 모든 나라보다 더욱 심하였더라"는 기록이 있다. 여기서 '꾀임을 받았다'는 말을 주의하여 보라. 이 말은 곧 예루살렘 거민이 므낫세 때문에 악을 행하였다고 비난하는 말이다. 요한계시록 7장에는 각 지파들이 계수되고 있는데, 단 지파와 에브라임 지파는 전혀 언급되지 않는다. 이에 대해 다음과 같은 이유를 부여하는 사람들이 있다. 즉, 단 지파는 최초로 우상숭배의 본보기를 보인 지도적 지파였으며(삿 18장), 에브라임 지파는 권력에 의해 우상숭배에 빠졌던 지파였다.

⑵ 사람들은 간청과 애원으로 다른 사람들을 유혹하기도 하는데, 곧 타인들의 육체의 정욕을 부추기는 역할을 하는 때다. "여러 가지 고운 말로 유혹하며 입술의 호리는 말로 꾀므로"(잠 7:21). 여자가 남자를 혹하게 한 다음 꾀었다는 사실을 주의하여 보라. 먼저 남자는 마음이 기울어지기 시작하는데 그렇게 되면 그는 더 이상 저항할 수가 없다. 하와처럼 여자가 유혹의 사과를 내밀 때, 그 결과 어떠한 죄악이 뒤따라올지는 쉽게 상상해 볼 수 있다. 간청은 풀무처럼 바람을 일으켜 우리 속에 감추어져 있던 죄의 잠재적 불씨들을 불꽃으로 피어오르게 만든다.

⑶ 악한 방법으로 사람들의 비위를 맞추며 악을 조장하는 자들은 아합의 선지자들처럼 선을 악이라 하고, 악을 선이라고 말한다. 그들의 말은 '진보하고 번영하라'는 말뿐이다. 지옥의 구렁텅이에 깊이 빠진 영혼에게 그들은 '평안하다 평안하다'라고 외친다. 이 얼마나 하나님의 성품과 차이가 있는가! 하나님께서는 아무도 시험하지 않으신다. 그러나 이들은 꾀고 유혹하는 것을 업으로 삼는 인간의 탈을 쓴 악마들이자 영혼의 살해자

들이며, 실로 에피파니우스가 노바트인들(Novatians)을 칭했던 것처럼) 회개의 살해자들이다.[87] 이들보다는 지옥에 빠진 자가 오히려 더 사랑을 소유하고 있었는데, 곧 그는 자기 형제들이 '이 고통 받는 곳에 오지 않도록'(눅 16:28) 말해 주고 싶어 했다. 사람들을 악한 길로 유혹하는 자들은 지옥의 대리인들로서, 사탄을 위하여 협상하고, 악한 자의 손을 강하게 하며, 천국을 향하여 가는 자들을 낙심시키고 좌절시키는 자들이다. 그러므로 베드로는 그들에 대해 "그릇되게 행하는 사람들에게서 겨우 피한 자들을 음란으로써 육체의 정욕 중에서 유혹하는도다"(벧후 2:18)라고 말했다. 이 말씀 중에 '겨우 피한'에 해당하는 원문은 *τοὺς ὄντως ἀποφυγόντας*로 '실제로, 또는 진실로 피한'이란 뜻이다. 따라서 본문의 의미는 '복음을 고백하기 시작한' 자들을 가리킨다. 그러나 어떤 사본들에는 *ὀλίγως ἀποφυγόντας*(죄악으로부터 겨우 피한)로 표기되기도 한다. 라틴역은 이 독법을 따라 *eos qui paululum effugiunt*로 번역하였고, 시리아어 역본과 아람어 역본들은 이 라틴어 번역을 따랐다.[88] 이 구절은 자라나는 은혜의 어린 싹을 시들어 버리게 하는 이러한 일을 하나님께서 얼마나 악한 것으로 생각하시는지를 보여준다. 유혹하는 자들은 어린 싹과 같은 신자들이 어떤 변화를 고백하자마자 그들을 다시 원상태로 돌려놓는 자들이며, 겨우 탈출하여 거룩한 생활을 향해 가는 사람들로 하여금 길을 잃고 헤매게 하는 자들이다. 이것은 사탄의 뚜렷한 특징으로서, 곧 계 12:4에 나타난 용과 같다. 그는 해산하려는 여자 앞에서 아이가 태어나자마자 삼키려고 지키고 있다. 이러한 자들은 연약한 사람들이 갖고 있는 믿음의 초기적 경향과 기질을 유리하게 이용한다. 연약한 사람들은 아직 죄악의 영향을 강하게 받고 있으면서도 그리스도의 부요함과 은혜는 사모하는 자들이다. 그렇기 때문에 유혹하는 자들은 잘못된 주장들을 갖고 침입해 들어와서 자유와 복음이라는 미명으로 그들을 타락시켜 과거의 방탕한 생활로 되돌아가게 만든다.

---

87) *'Τοὺς φονεῖς τῆς μετανοίας.'—Epiphan.*

88) Jerom. lib. iii. contra Jovin. et Aug. de Fide et Operibus, cap. 25를 참조하라.

적용 하나님은 아무도 시험하지 않으신다는 그 사실에서 우리는 하나님이 죄의 창조자이실 수가 없다는 사실도 알게 된다. 나는 여기서 이 점에 대해 약간 상세하게 설명할 기회를 갖고자 한다. 먼저 나는 이 사실을 나타내고 있는 것으로 보이는 몇몇 구절들을 규명한 다음, 이어서 죄에 대한 하나님의 능력과 협력을 증명할 것이다.

[I] 성경 구절들의 규명 – 이 문제에 대한 성경 구절들은 몇 가지 등급으로 나뉜다. 창 22:1("하나님이 아브라함을 시험하시려고")과 그 밖의 여러 구절들은 하나님께서 직접 시험하셨다고 분명히 말하는 것처럼 보인다. 그러나 이 시험은 믿음의 시험이지 죄의 유혹이 아니다. 시험 중에는 시련에 대한 시험과 유혹에 대한 시험이 있는데[89] 이 둘은 서로 다르다. 하나님께서는 그들을 선동하여 죄를 짓게 하신 것이 아니라 그들의 순종을 시험하신 것이다. 그러나 하나님께서 자극하고 선동하여 죄를 짓게 하셨다는 의미처럼 보이는 구절들도 있다고 말하는 사람들이 있다. 즉, 대상 5:26("하나님이 앗수르 왕 불의 마음을 일으키시며 앗수르 왕 디글랏빌레셀의 마음을 일으키시매 곧 르우벤과 갓과 므낫세 반 지파를 사로잡아")과 같은 구절들이다. 그러나 위선을 행하는 민족을 처벌하심은 악한 일이 아니라 공정하고 거룩한 일이며, 또한 그것은 하나님께서 잘못을 고쳐 주시기 위해 사용하시는 징계 중의 하나다. 그러므로 하나님의 선동하심(일으키심)은 곧 하나님의 섭리를 지칭하는 말이다. 삼하 24:1에는 "여호와께서 다시 이스라엘을 향하여 진노하사 그들을 치시려고 다윗을 격동시키사('he moved David' –영어성경) 가서 이스라엘과 유다의 인구를 조사하라 하신지라"라는 말씀이 기록되어 있다. 그러나 이 구절의 병행 구절인 대상 21:1에는 "사탄이 일어나 이스라엘을 대적하고 다윗을 충동하여 이스라엘을 계수하게 하니라"로 기록한다. 어떤 학자들은 이렇게 한 구절을 다른 구절로써 설명하는 방법을 사용하여, 삼하 24:1에서 다윗을 감동 또는 격동한 자('he' –영어성경)는 사탄이라고 주장한다. 즉 '여호와께서 이스라엘을 향하여 진노하셨고 그(사탄)가 다윗을 격동했다' 는 해석이다.

---

89) 'Diabolus tentat; Deus probat.' —*Tertul. de Orat.*

또는 격동한 인물이 마지막 선행사인 여호와를 언급한다고 볼 때에 여호와의 진노가 격동하였다는 의미도 된다. 즉, 여호와께서 격노하셔서 다윗에게서 떠나심으로 사탄이 다윗을 격동시키는 것을 허용하셨다는 것이다. 성경에는 하나님께서 어떤 일이 행해지는 것을 허용하셨다는 말이 종종 나온다. 예를 들면, 슥 13:7의 "칼아 깨어서 내 목자, 내 짝 된 자를 치라"는 구절로, 이 말씀은 하나님께서 그리스도에게 자행된 폭행을 조장하셨다는 뜻을 나타낸다. 이러한 표현이 자주 사용되는 이유는 하나님의 죄 가운데 있어서의 능동성, 그리고 죄에 대한 능동성 때문이다. 즉, 하나님께서는 죄악을 단순하게 허용만 하신 것이 아니라 상황과 기회를 적재적소에 예비하셔서 죄악을 제한하시고 또한 지배하심으로써 선에 기여하게 만드신다. 시 105:25에는 "또 그 대적들의 마음이 변하게 하여 그의 백성을 미워하게 하시며 그의 종들에게 교활하게 행하게 하셨도다"라는 말씀이 있다. 이 구절의 의미는 하나님께서 자기 백성에게 유익이 되게 하시려고 그러한 상황을 만드셨다는 것이다. 즉, 애굽인들이 이스라엘 백성을 시기하고 질투하여 괴롭힐 때 하나님께서는 그들의 적개심을 내버려 두심으로 자기 백성에게 선한 기회를 주셨다. 롬 1:2 ; 살후 2:11 등의 여러 구절들에도 하나님께서 죄인들의 마음을 완악하게 하셨고, 눈을 멀게 하셨으며, 그들을 사악한 감정에 내어 주셨고, 크게 미혹하게 하셨다는 등의 표현이 등장한다. 나는 이 모든 구절들에 대해 다음과 같이 총괄적으로 답변한다. 곧 하나님께서 이런 일을 행하심은 선한 자들이 악하게 되도록 시험하시는 것이 아니라, 단지 가장 공정하게 악한 자들을 악으로 처벌하시는 것뿐이라는 것이다. 완악하게 하심, 눈을 멀게 하심 등은 그들의 사악함에 상응하는 처벌일 뿐이지, 그들에게서 어떤 선한 자질을 빼앗는 것은 아니다. 특히 성경은 하나님께서 악한 자들의 마음을 온유하게 하지 않으셨을 때, 그것을 하나님께서 그들을 완악하게 하셨다고 말한다. 그러나 이는 하나님께서 그들 속에 어떤 악을 집어넣으시는 것이 아니라 단지 은혜를 보류하시는 것일 뿐이다. 완악한 것은 인간의 죄며, 그것을 그대로 내버려 두심은 하나님의 심판이다. 이는 마치 얼음과 암흑이 태양의 빛을 싫어함같이 악한 자들도 하나님의 빛을 싫어하기 때문에 하나님께서 조명해 주시지 않는 것인데, 사람들은 그것을 가리켜 하나님께서 눈을 멀게 하였다고 말한다. 하나님께서는 사람들에게 악을 넣으시거나 또는 죄인들에게서 어떤 선한 것을 빼앗은 것이 아니라, 단지 그들에게 더 많은 은혜 주시기를 거절하셨고 또한 그들이 소유하고 있는 선한 것들을 확인시켜 주시기를 거절하셨을 뿐이다. 마찬가지로 하나님께서 우리의 악을 제지하지 않으시고 우리 멋대로 사탄의 유혹에 대처하도록 내버려 두신 것을, 우리는 하나님께서 우리를 정욕에 내어 주었다고 말한다. 또한 우리가 큰 속임수에 스스로 빠지는 것을 하나님께서 방임하셨을 때, 우리는 하나님께서 큰 속임수를 행하셨다고 말한다. 하나님께서는 사실 우리가 이러한 유혹들에 대해 어떻게 행동할 것인지를 미리 알고 계신다. 그러나 어떤 일을 미리 알고 있는 것이 그 일의 원인은 아니다.

이에 관해 어떤 이들은 왕상 22:22, 곧 "너는 꾀겠고 또 이루리라 나가서 그리하라"라는 구절을 강조하며 내세운다. 그러나 이 말은 하나님의 섭리를 우회적으로 나타내는 것으로, 위탁이나 위임을 암시하고 있지 않을 뿐 아니라 허용조차도 나타내고 있지 않다.

또 어떤 이들은 창 45:5, 8의 "근심하지 마소서 한탄하지 마소서 하나님이 생명을 구원하시려고 나를 당신들보다 먼저 보내셨나이다", "나를 이리로 보낸 이는 당신들이 아니요 하나님이시라"는 구절들과 같이 직접적으로 하나님에게 죄를 돌리는 것처럼 보이는 구절들을 강조하여 내세운다. 이 구절에서 요셉을 애굽으로 보낸 죄악된 행위의 주체가 사람에게서 하나님에게로 옮겨지고 있다. 이와 비슷한 것으로 왕상 12:15에는 "왕이 이같이 백성의 말을 듣지 아니하였으니 이 일은 여호와께로 말미암아 난 것이라"는 구절이 있다. 즉, 이 구절은 백성들의 반란이 여호와로 인한 것임을 뜻한다는 것이다. 나는 여기에 대해 다음과 같이 말한다. 이런 일들을 여호와의 역사라고 말하는 이유는, 여호와께서 그 일들을 선하게 해결하심으로 영광을 거두셨고, 그 일들로 자신의 뜻과 계획을 이루셨기 때문이다. 이 외에도 강조되는 몇몇 다른 구절들이 있는데, 곧 하나님께서 그리스도를 상함과 괴로움을 당하게 하는 악한 행위에 내어 주셨다고 말하는 구절들이다. 그러나 이 구절들은 성경의 다른 구절들에서 증명되는 바와 같이, 하나님께서 모든 피조물들의 행위에 협력하시는 협조와 협력의 섭리를 암시하는 것일 뿐이다.

[Ⅱ] 이제부터 죄에 대한 하나님의 능력과 협력을 논하고자 한다. 하나님께서 사람들의 죄악 가운데에서 행하신 모든 역사를 다음과 같은 명제로 나타낼 수 있다.

1. 하나님이 없었다면 죄는 전혀 존재하지 않았을 것이며, 또 하나님의 죄에 대한 금령이 없었다면 죄악된 행위도 없었을 것은 확실하다. 바울은 "율법이 없는 곳에는 범법도 없느니라"(롬 4:15)고 말했다. 그러나 내가 말하고자 하는 주된 의미는 하나님의 허용과 예지가 없었다면, 그리고 부가하여 하나님의 뜻하심과 협력이 없었다면 어떠한 일도 일어날 수 없다는 것이다. 하나님의 뜻이 아닌 일은 일어날 수 없다. 만일 그렇게 된다면 하나님은 전지하신 분이 아니시기 때문이다. 또한 하나님의 뜻에 어긋나는 일도 있을 수 없다. 혹 그렇게 된다면 하나님은 전능하신 분이 아니시기 때문이다. 우리의 활동 중에 하나님께서 베푸시는 섭리의 계속적인 지원과 협력을 필요로 하지 않는 것은 하나도 없다. 만일 하나님께서 우리가 존재하고 활동함에 있어서 우리를 지원해 주지 않으신다면 우리는 아무 일도 행할 수 없다.

2. 그럼에도 하나님께서는 절대로 죄악의 직접적인 조성자로 간주되거나, 또는 피조물들의 바르지 못한 행위의 근원으로 간주될 수 없다. 마치 햇빛이 퇴비 위를 비추지만 퇴비에 의해 햇빛이 오염되지 않는 것처럼, 하나님의 섭리는 죄악과 관련되어 있지만 죄악을 내포하고 있지는 않다. 처음부터 끝까지 인간의 죄악과 관련하고 있는 섭리의 모든 활동들을 집합하고 요약해 볼 때, 이 사실은 가장 잘 입증될 것이다. 하나님이 행하시는 섭리의 활동들을 간단히 요약하면 다음과 같다.

(1) 예지와 예정 : 하나님께서는 미래에 있을 일을 의도하시고 또한 정하셨다. 많은 사람들이 자칫 하나님을 죄의 조성자로 만들게 될까봐 예지는 인정하나 예정은 부정한다. 그러나 이들은 전혀 두려워하지 않아도 될 것을 두려워한다. 성경은 예정과 예지를 모두 분명하게 하나님의 섭리로 돌리고 있다. "그가 하나님께서 정하신 뜻과 미리 아신 대로 내준 바 되었

거늘"(행 2:23). 여기서 베드로가 '미리 아신 대로'(τῇ προγνώσει)라고 만 말하는 것이 아니라, 결정하시는 분의 뜻을 암시하는 '정하신 뜻'(ὡρισμένῃ βουλῇ)이라고 말하고 있음을 주의해 보라. 그러나 이 말이 하나님의 죄에 대한 책임이나 악을 나타내는 것은 아니다. 왜냐하면 하나님께서는 그 일로부터 선을 나타내고자 그것을 정하신 것이기 때문이다. 악한 자들은 정반대의 목적을 갖고 있다. 그러므로 요셉은 형제들이 보복을 두려워할 때 "두려워하지 마소서 내가 하나님을 대신하리이까"(창 50:19)라고 말했는데, 그 의미는 '이러한 일이 일어난 것이 나의 계획이겠습니까, 아니면 하나님의 뜻이겠습니까? 그런데 내가 어찌 하나님의 뜻에 저항하겠습니까?'인 것이다. 요셉은 이어서 20절에서는 "당신들은 나를 해하려 하였으나 하나님은 그것을 선으로 바꾸사 오늘과 같이 많은 백성의 생명을 구원하게 하시려 하셨나니"라고 말하고 있다. 이는 즉 '하나님께서는 당신들이 계획한 것과는 다른 뜻을 정하셨다. 당신들의 목적한 바는 분명히 악했으나 하나님의 목적하신 바는 선하였다' 는 뜻이다.

(2) 죄악이 허용되는 경우가 있다. 곧, 하나님의 뜻에 의해 죄가 존재하는 것으로 나타나는 경우가 있으나, 그것이 죄를 강제하거나 강요하는 것은 아니다. 왜냐하면 하나님께서는 단지 우리가 멋대로 행하고 선택하도록 방임하시는 것일 뿐이기 때문이다. 즉, 하나님께서는 우리를 제지하지 않겠다고 결심하시는 것이다. "하나님이 지나간 세대에는 모든 민족으로 자기들의 길들을 가게 방임하셨으나"(행 14:16), 하나님께서는 죄악을 저지할 의무가 없으시다. 그러므로 하나님의 허용이 잘못은 아니다. "누가 주께 먼저 드려서 갚으심을 받겠느냐"(롬 11:35). 은혜가 빚이라면 은혜를 주지 않음은 불의가 될 것이다. 그렇게 되면 하나님께서는 노예처럼 피동적으로 행동하셔야 할 것이며, 자신의 무기력한 경영에 의한 인간들의 실패를 비난할 수 없을 것이다. 그러나 하나님께서는 자유로우신 분으로 자연의 필연성에 얽매이지 않으시며, 어떤 외적 규칙이나 법칙에 구속을 받지도 않으신다. 또한 사람들의 공적에 의해 강요받지도 않으시고, 스스로 기뻐하시는 대로 행하실 수 있다. 그러므로 하나님께서 속박에 얽매이지 않는 자유로우신 분이심을 인해 하나님을 비난하는 것은 수치를 모르는

인간의 건방진 행동이다.[90)]

(3) 하나님께서는 행위의 죄악성에 협력을 하시는 것이 아니라 행위 자체에 협력을 하신다. 행 17:28에는 "우리가 그를 힘입어 살며 기동하며 존재하느니라"는 말씀이 있다. 하나님께서는 피조물들을 독립적이며 완전무결하게 창조하지 않으셨다. 우리는 원래 하나님으로 '말미암은' 존재일 뿐 아니라 지금도 하나님 '안에 있는' 존재다. 우리는 하나님 안에 존재하고, 하나님 안에 살며, 또 하나님 안에서 기동하되 *κινούμεθα*, 곧 하나님 안에서 피동적으로 움직이며 행동하는 존재다. 모든 피조물의 형상과 모습은 물 위에 찍은 도장 같아서, 도장을 거두면 아무것도 남지 않는다. 즉 하나님께서 섭리의 영향력을 거두시면 모든 피조물은 즉시 자신의 본래 모습인 허무로 돌아간다. 그러므로 모든 행위에는 하나님의 지원과 협력이 필요하다. 인간의 행위나 동작 그 자체는 선하며, 하나님께로부터 나온다. 그러나 그 행위가 정도(正道)에서 벗어나거나 비뚤어졌을 때, 그것은 인간으로부터 나온 행위다. 다시 말해서, 그것은 악한 의지로부터 나오는 행위며, 그 점에서 피조물의 그 자체로서 선하고 자유로운 행위와는 구별되어야 한다.

(4) 하나님께서 죄인을 제멋대로 하게 내버려 두시는 것을 가리켜 유기(遺棄)라고 한다. 하나님께서는 주권적으로, 즉 자신이 원하시는 대로 은혜의 공급을 일시 정지하시기도 하신다. 사실은 정지하신다기보다는 거두시는 것이다. 그러나 하나님께서는 반드시 공의롭고 지혜롭게 이 일을 행하신다. 하나님께서 자신의 자녀들을 시험하시고자 하여 지혜롭게 은혜를 일시 거두시는 경우가 있다. "바벨론 방백들이 히스기야에게 사신을 보내어 그 땅에서 나타난 이적을 물을 때에 하나님이 히스기야를 떠나시고 그의 심중에 있는 것을 다 알고자 하사 시험하셨더라"(대하 32:31). 때

---

90) 'Homo Deum non nisi ex sensu suo metitur, nec de auctoritate ejus cogitat, quin eam circumcidat, nec de libertate quin ei fibulam impositam velit; Pelagiani omnes nascimur, immo cum supercilio pharisaico. Hic character vix delebilis est: Homo sibi obnoxium Deum existimat, non se Deo,' &c.—*Spanhem. de Gratia Universali, in Prœf. ad Lect.*

때로 하나님께서는 악한 자들을 처벌하시기 위해 공의로 은혜를 거두시기도 하신다. "그러므로 내가 그의 마음을 완악한 대로 버려 두어 그의 임의대로 행하게 하였도다"(시 81:12). 하나님께서 인간의 성정을 조절하고 다스리는 은혜를 거두어 가실 때, 인간은 정욕의 충동적이며 격렬한 지배를 받는 상태에 놓이게 된다. 그러나 이 모든 일에 대해 하나님을 비난할 수는 없다. 그 이유는, 한편으로 하나님께는 인간들에게 은혜를 계속적으로 공급해 주어야 할 의무가 없기 때문이고, 다른 한편으로는 일반적인 은총의 빛이나 죄의 억제책이 파괴되었을 때, 하나님이 인간들에게 이미 주신 것들을 거두어 가시는 것이 오히려 당연하게 여겨지기 때문이다. 사람들이 본성의 눈을 스스로 가리고 있다면, 하나님께서는 그처럼 보고 싶어 하지 않는 자들에게는 보지 말라고 그 눈을 어둡게 하실 것이다. 사람들이 포도원의 울타리를 계속 부수고 있다면 하나님께서는 공의로써 그 울타리를 뽑아 버리실 것이다. 그 다음에 포도원이 먹힘을 당하게 된다면 비난을 받을 자가 누구겠는가?(사 5:5). 인간들의 계획과 자유 선택은 결국 혼란만을 일으킨다. 그러므로 성경은 하나님의 유기에 대해 '그 임의대로 하게, 즉 그들이 자기 성향에 따라 멋대로 행하게 하였도다' 라고 말한다.

(5) 하나님께서는 때로, 사람들을 부추기어 죄악 된 일을 하게 만드는 악한 수단들을 허용하시기도 하신다. 이 악한 수단에는 세속적인 친구, 악한 이웃, 거짓 선지자 등이 있다. "내가 나가서 거짓말하는 영이 되어 그[아합]의 모든 선지자들의 입에 있겠나이다 여호와께서 이르시되 너는 꾀겠고 또 이루리라 나가서 그리하라"(왕상 22:22). 이 섭리 계획에는 악령이 직접 참여해 악한 수단을 허용해 주시기를 하나님께 청하고 있다. 욥 12:16에는 "속은 자와 속이는 자가 다 그에게 속하였으므로"라는 말씀이 있다. 하나님께서는 모든 속이는 수단들을 지배하시는 주권자시다. 이 수단들은 그 활동 범위가 하나님이 정해 놓으신 한계 내에 제한되어 있기 때문에 하나님께서 허용하시는 한도 이상은 역사할 수 없다.

(6) 여러 가지 상황들을 올무가 되게 하는 섭리도 있다. 그러나 이로 인하여 하나님의 명예가 훼손되는 것은 아니다. 왜냐하면 이 섭리와 대상들

이 그 자체에 있어서는 선하며, 본질적으로 죄의 유혹이 아니라 의무감을 유발하는 동기기 때문이다. 악한 자들은 가장 선한 것을 악용하는 자들이다. 곧 그들의 타락성은 하나님의 말씀에 의해 자극을 받으며, 그들의 죄악은 계명에 의해 힘을 얻는다. "이 백성의 마음을 둔하게 하며('make fat' -영어성경)"(사 6:10). 이는 마치 모든 짐승들 중에서 가장 비대한 심장을 갖고 있는 나귀가 가장 둔한 것과 같다.[91] 이사야 선지자는 백성들의 마음을 둔하게 하라는 명령을 받았기 때문에 그들을 교훈하고 각성시켜야 할 설교가 오히려 그들을 더 우둔하고 완악하게 했다. 또한 악한 자들은 자비와 불행까지도 악용한다. "그들의 밥상이 올무가 되게 하시며 그들의 평안이 덫이 되게 하소서"(시 69:22). 죄인은 거미처럼 모든 것으로부터 독을 빨아 마시며, 또 바다와 같이 하늘에서 내리는 단비와 강에서 흘러들어오는 신선한 물을 짠물로 바꾸어 버린다. 그러므로 그들의 밥상과 그들의 평안은 모두 그들에게 올무와 덫이 된다. 렘 6:21도 이런 의미에서 "내가 이 백성 앞에 장애물을 두리니"라고 말한다. 즉, 모든 상황과 운명이 그들을 멸망시키는 수단이 된다. 하나님께서는 이러한 모든 일들을 가장 의롭게 행하심으로 자신의 영광스러운 공의를 입증하신다.

(7) 하나님께서는 인간들을 사탄의 권세와 그들 자신의 부끄러운 욕심에 넘겨주시는 경우도 있다(이러한 경우를 '법적 양도'라는 용어로 표현한다). "하나님께서 그들을 부끄러운 욕심에 내버려 두셨으니"(롬 1:26). 이것은 하나님께서 사람들의 *κοίνας ἐννοίας*(정상적인 사고력)가 끊어지고 모든 억제력이 사라지는 것을 묵인하시는 것으로, 실제에 있어서는 우리가 스스로를 포기하는 것이다. 그러나 하나님께서는 자신의 목적하신 바에 유익하실 때에만 이러한 일을 하신다.

(8) 죄를 제한하심 : 하나님께서는 은혜의 양(量)을 자신의 선하심과 기뻐하심에 따라 정하시는 것처럼 죄의 양도 그러한 방식으로 정하신다. 즉, 죄는 하나님의 영광에 기여하는 한도 내에서 정해진다. "진실로 사람의 노여움은 주를 찬송하게 될 것이요 그 남은 노여움은 주께서 금하시리

---

91) Plutarch.

이다"(시 76:10). 하나님께서는 사람의 격노도 자신의 영광에 기여하는 범위 내에서만 허용하셨다. 그리고 그 격노가 정해진 양과 경계의 섭리를 초과할 때에는 즉시 억제하신다.

(9) 하나님께서는 죄악을 자신의 영광으로 바꾸어 사용하신다. "그러나 나의 거짓말로 하나님의 참되심이 더 풍성하여 그의 영광이 되었다면"(롬 3:7). 하나님께서는 너무 선하시기 때문에 악에서 선을 이끌어 낼 수 있는 경우를 제외하고는 악을 용납하실 수 없다. 이러한 결과만을 놓고 볼 때 죄는 그레고리(Gregory)가 아담의 죄에 대한 칭한 바와 같이 *felix culpa*, 즉 '행복한 타락' 이라고 칭할 수도 있다. 왜냐하면 죄가 하나님의 영광에 기여했기 때문이다. 죄로 인하여 얼마나 많은 하나님의 속성들이 드러나게 되었는지를 살펴보는 것은 우리에게 매우 유익한 일이다. 그것은 곧 죄악을 용서하시는 긍휼, 죄악을 처벌하시는 공의, 죄악을 규제하시는 지혜, 죄악을 지배하시는 권능 등이다. 우리의 선하신 하나님께서는 인간이 범한 죄악의 모든 면을 자신의 영광으로 바꾸신다. 죄악의 어두운 경향과 음울한 그늘이 없었다면, 하나님의 섭리는 절반도 채 드러나지 않았을 것이다. 우리는 죄악을 묵인하심에 대해 절대로 하나님을 비난하지 말아야 한다. 왜냐하면 죄악을 묵인하시는 하나님은 곧 죄악을 용서하심으로 자신의 많은 긍휼을 나타내시기를 기뻐하시는 하나님이시기 때문이다.

[14] 오직 각 사람이 시험을 받는 것은 자기 욕심에 끌려 미혹됨이니.

본 절에서 야고보는 하나님의 섭리와 뜻이라는 미명 아래 죄를 합리화시키려는 견해를 일축하면서, 죄의 본질적이고 진정한 원인이 무엇인지 밝혀 준다. 죄를 짓게 하는 실제 원인은 외부에 있지 않고 각 사람의 마음 속에 있다. 욕심이 바로 그것이다. 즉, 사람은 죄를 움트게 할 만한 양식과 연료(*fons et fomes*)를 마음에 품고 다닌다. 욕심(혹은 정욕)은 강제와 속임수라는 두 가지 방법으로 사람을 억지로 끌고 가기도 하고 꾀어 가기도 하는데, 이에 대해서는 후에 자세히 논의하기로 하자.

오직 각 사람이 시험을 받는 것은. 야고보는 '각 사람' 즉 '모든 사람' 이라 하여 시험받는 것을 보편적인 현상으로 말하고 있는데, 이는 그리스도 외에는 아무도 시험을 감당해 낼 수 있는 사람이 없기 때문이다.

자기 욕심에 끌려. 야고보가 '자기' 욕심이라고 표현하는 이유는 우리 모두가 공통적으로 부패한 본성을 지니고 있으나, 사람마다 각각 자기 본성에 특별히 뿌리 박혀 있는 몇 가지 '죄의 성향'을 지니고 있기 때문이다. 그리고 더 나아가, 이 말에는 사람이 시험을 받게 되는 이유가 외부의 유혹이나 온갖 강제적인 세력 때문이라는 생각을 배제하려는 의도가 엿보인다. 자기 본성보다 더 큰 적은 없다.

자기 욕심. '욕심'에 대해서 설명하기 위해 우선 몇 가지 전제들을 생각해 보기로 하자. (1) 사람의 마음은 주로 욕구로 이루어져 있다. 그래서 항상 무엇을 갈망하다가 그것이 나타나면 스폰지처럼 그것을 흡수하여 만족을 채우곤 한다. 사람의 모든 심리 작용은, 심지어 그 심리 작용 중에서 가장 먼저 일어나는 지적인 작용까지도 의지와 욕구에서 비롯된다. 심리 작용이 욕구 외에 의지에 의해서도 비롯된다는 것은 바울이 엡 2:3에서 '마음의 원하는 것'(영어성경에는 'the wills of the mind'로 번역되었음—역주)이라고 한 말에 근거한 것으로, 이 점에 대해서는 차후에 설명하기로 하자. (2) 적어도 마음의 성향, 즉 가장 활발하고 지배적인 마음의 기능은 욕구라 할 수 있다. 다시 말해서 *δύναμις ἐπιθυμητική*, 즉 욕구의 세력이 가장 지배적인 마음의 성향이다. (3) 사람은 타락한 이래로 다른 어떤 요소보다 자신의 욕구에 의지해 왔으며, 그 욕구에 입각해서 행동하고 일을 추구해 왔다. 그런데 이 기능이 전적으로 부패하게 되면서 여타 마음의 모든 성향들마저 부패되고 훼손되어 버렸다. 그런 이유에서 롬 7:23에서는 타락으로 인해 저급하고 열등하게 되어 버린 욕구, 즉 모든 욕심을 '지체 속에 있는 죄의 법'이라고 표현한다. 이처럼 욕구 혹은 욕심이 사람의 온 마음을 지배하게 되었다. 본문에서 모든 죄를 욕심으로 표현한 것은 바로 이런 이유에서였다고 생각된다. 물론 엄밀하게 말하자면, 욕심은 인간 본성 전체를 가리키는 것이 아니라 그중 한 가지 기능만을 가리킬 뿐이다. 그러나 사람 안에는 은밀한 의지와 욕구가 있어서 그것으로 인해 모든 행동이 야기되며, 그중에서 특히 욕구는 마음을 부추겨 행동하게 만드는 가장 지배적인 기능이다. 따라서 성경은 죄를 욕심(정욕)

이란 단어와 사람 속의 여러 욕구들에 잘 부합되는 단어들을 사용하여 표현한다. 구약성경에서는 '죄' 라는 단어를 지적인 면을 부각시키는 말로 표현하는 것이 사실이다. 이를테면 죄를 '꾀', '모략', '간계' 라는 단어로 표현하였으며, 죄를 짓는 것을 '자기 꾀를 좇아 행함', '자기 임의대로 행함' 등으로 나타냈다. 반면에 신약성경은 '정욕' 이나 '욕심' 등 욕구와 관련된 단어를 즐겨 사용한다. 나의 견해로는, 이러한 차이점이 한편으로는 지적인 의미의 단어를 사용하여 감정적 의미를 표출하는 히브리적인 표현 방식에 기인하며, 다른 한편으로는 처음부터 극히 교만하고 우상숭배 기질을 지니고 있는 세상의 상태에 기인하는 듯하다. 구약성경이 '모략' 이나 '꾀' 와 같은 용어를 사용한 것은 전자와 같은 의미에서다. 그리고 그것은 욕구에 의해 더 짐승에 가까워지고, 더 깊은 죄로 빠져든다는 의미와 다를 바 없다. 그러므로 신약성경은 그것을 '욕심' 혹은 '정욕' 등으로 표현한다. 하지만 주의하여 보면, 구약성경에도 의지와 욕구에 속하는 단어가 지적인 의미의 단어에 연결되어 쓰이는 경우가 있다, '자기의 마음의 꾀', '사람 마음에 있는 모략' 등이 그 예다. 즉, 그런 간계가 사람의 마음과 욕구에 의해 부추겨지고 선동되는 것으로 본 것이다. 이상과 같은 전제가 왜 성경에서 죄를 욕심이나 정욕으로 표현하고 있는지에 대한 설명이 될 것이다.

본론으로 돌아와서, 욕심은 다음의 두 가지 면으로 생각할 수 있다. (1) 하나의 세력, (2) 하나의 행위.

1. 욕심은 근본적으로 선을 추구하기에는 부적합한 반면, 악에 걸맞는 성향을 지니고 있는 하나의 세력으로서, 영혼의 모든 기능에 작용한다. 이것은 부패한 거름더미가 때로는 악한 생각에 의해 지식으로 냄새를 피우고, 때로는 욕심과 부패한 욕구에 의해 의지로 악취를 내는 것과 같으며, 또한 모든 죄를 잉태해 내는 모체기도 하다. 이 세력을 욕심 혹은 정욕이라 부르는 것과 같이, 영(靈)과 정반대의 개념으로 육체라고도 한다. "육체의 소욕은 성령을 거스르고"(갈 5:17). 이처럼 갈라디아서에서는 이 세력을 육체로 표현하는데, 그 육체의 행위는 근본적으로 욕심(소욕)으로 발휘된다.

2. 욕심이나 정욕을 하나의 행위로 본다면, 그 행위는 바로 우리 속에 있는 육체적 본성이 발휘됨으로써 드러난다. 이러한 욕심에는 저급한 것과 고등한 것 두 가지가 있다. 엡 2:3에서는 욕심을 "육체와 마음의 원하는 것"(육체가 원하는 것과 마음이 원하는 것)이라고 말한다. (1) 육체의 소욕은 정욕, 방탕, 술 취함, 탐욕 등에서 발생하는 좀 더 열등하고 짐승에 가까운 본능으로서, 더욱 강하게는 '육신의 정욕' 이라고 표현되기도 한다. "세상에 있는 모든 것이 육신의 정욕과 안목의 정욕과 이생의 자랑이니"(요일 2:16). 육신의 정욕은 마음이 온통 쾌락과 모든 감각적이고 육체적인 기쁨을 향하고 있음을 뜻한다. 이런 것들이 종합되어 간헐적으로 고개를 들고 일어설 때 악한 행위로 표출된다. 아리스토텔레스는 그것을 *ἐπιθυμίαι θηριώδεις*, 즉 짐승의 본능이라 표현했다.[92] 사람이 짐승과 같이 그런 본능을 가지고 있기 때문이기도 하지만, 사람이 그처럼 짐승의 경지로 떨어졌기 때문이기도 하다. 이쯤 되면 육체의 정욕이 무엇인지 밝히 드러난 셈이다. 사람은 다른 어떤 요소보다 감각적이고 육체적인 대상의 노예가 되기 쉬운 까닭에, 육체의 정욕은 때로 다른 어떤 부패한 본성까지도 포함하는 광범위한 말로 사용된다. 부패한 본성 중 한 부분이 타락한 사람의 성향 전체를 가리키는 것이다. (2) 마음의 소욕은 육체의 소욕과는 달리, 세속적인 논리 ·사고·욕구·시기·야망·자랑·질투·악의 등 타락한 정신의 산물이다. 이러한 마음의 소욕은 부패하여 무질서하게 혼동된 정신이나 의지에 뿌리를 내리고 있다. 이런 여러 가지 마음의 소욕은 성경에서 욕심이란 단어가 어떤 뜻으로 쓰였는지를 이해하는 데 좋은 예가 될 것이다. 이 욕심은 사람 속에 있는 마음의 악한 성향으로서 원죄의 직접적 산물(*impetus primo primi*)이다.

끌려 미혹됨. 이 두 단어의 관계에 대해 견해가 분분하다. 어떤 이들은 야고보가 이 두 단어를 사용해서 죄의 두 가지 원인을 제시했다고 생각한다. 그 첫째가 내적 원인, 즉 '욕심에 끌려' 라는 단어에 그 의미가 암시되어 있다. 둘째는 외적 원인으로 외부 대상에 속해 있는 쾌락이며, 마음을

92) Arist. Ethic., lib. vii. cap. 6.

미혹하는 올무다. '미혹하다' 라는 말 자체에 그런 의미가 함축되어 있다. 플라톤이 말한 대로 *ἡδονὴ δέλεαρ κακῶν*, 즉 쾌락은 죄의 올무다. 피스카토르(Piscator)와 영어의 흠정역도 이런 해석에 동조하여 본문을 '그가 자기 욕심에 끌리고, 또한 미혹됨이니' 라고 번역함으로써, 자기 욕심에 끌리고 외부 대상에 의해 미혹된다는 의미로 설명해 주는 듯하다. 이에 반해 원문에는 '그가 자기 욕심에 끌려 미혹됨이니' 라고 표현되어 있어서 '끌려' 와 '미혹됨' 이란 단어의 위치가 모두 욕심에 걸리게 되어 있다. 또 어떤 이들은 이 두 단어를 죄에 빠져드는 여러 단계를 가리키는 것이라고 주장한다. 처음에는 하나님에게서 떨어져 나오고, 그 후 죄에 의해 미혹되며, 그런 뒤에 다음 절에서 볼 수 있듯이 '죄가 장성한즉', '낳느니라' 등 점차 깊은 죄로 빠져들어가는 과정을 말한다는 견해다. 한편, 파레우스(Pareus)나 그로티우스(Grotius) 같은 이들은 이 두 단어가 죄의 두 가지 측면이라 설명한다. 즉 그들에게 있어서 '끌려' 라는 단어는 참된 선에서 떠난 것을 뜻하고, '미혹됨' 이란 단어는 악에 결합하는 것을 의미한다. 은혜에도 소극적인 면과 적극적인 면, 즉 악에서 떠나 선에 귀속되는 일이 있듯이, 그 반대 경우인 죄에 있어서도 선한 것으로부터 이탈하는 것과 악한 것에 미혹되는 것이 있다. 나로서는 이런 여러 견해들이 본문에 대한 적절한 설명으로 여겨지지 않는다. 본문은 외부 대상이나 악의 여러 면에 대해 말하는 것이 아니라, 오직 우리가 욕심에 의해 타락하는 여러 양상을 말하고 있을 뿐이다. 욕심은 그 세력으로 사람을 타락하게 한다. 그런 의미에서 원문에 '질질 끌려가다' 란 뜻의 *ἐξελκόμενος*가 쓰였다. 즉 자신의 맹렬한 욕망의 세력에 끌려가는 것이다. 또 한편으로 욕심은 감언과 유혹으로써 사람을 타락시킨다. 역시 그런 의미에서 원문에 *δελεαζόμενος*란 단어가 사용되었다. 곧 외부 세력에 의해 미혹된다기보다는 쾌락과 만족을 가져다 줄 것만 같은 상황에 스스로 미혹된다.

강해 1

악의 근원은 사람 자신에게, 즉 자기 욕심(*ἡ ἰδία ἐπιθυμία*) 안에 있으며, 그것은 마치 하와가 우리 속에 도사리고 있는 것과 같다. 부패한 본성을 지닌 우리로서는 죄의 소재를 다른 데로 돌릴 여지가 없다. 죄를 잉태한 것은 다름 아닌 우리 마음이다. 모든 사람은 아폴로도루스(Apollodorus)가 굴 속에 있을 때 들었던 *ἔγω σοὶ τούτων αἰτία*(이 일의 원인은 바로 나였다)[93]라는 양심의 소리를 들을 수 있다. 다른 외부 요인이 함께 작용할 수도 있겠으나 모든 것의 근원은 바로 우리 안에 뿌리 박혀 있다. 그러므로 '스스로 자기를 쳐서 복종시키고' 자기 자신에 대해 분개하기 전에는 결코 겸손해질 수 없다. 죄를 짓게 된 것이 하나님 때문이었다고 말하지 말라. 그분은 애초에 청결한 마음을 주셨으나 사람이 악한 의도로 그 마음을 얼룩지게 했을 뿐이다. 어떤 물질에 불을 지피기 전에는 아무 냄새도 나지 않다가 일단 타오르자 악취가 난다면, 그것은 불꽃 때문이 아니라 그 물질이 썩었기 때문이다. 따라서 마귀에게도 책임을 전가할 수 없다. '욕심이 없다면 유혹이 아무 일도 벌일 수 없다.'[94] 다음과 같은 나지안젠의 말이 떠오른다. *τὸ πῦρ παρ' ἡμῶν, ἥδε φλὸξ τοῦ πνεύματος*(불길은 비록 마귀의 것일지언정 그것을 피어오르게 한 장작은 우리 마음속에 있다). 세상에 책임을 전가할 수도 없다. 세상에 수많은 미혹이 널려 있는 것은 사실이나 그것에 걸려든 것은 우리의 잘못이다. 만일 다말이 암논의 품에 안기기를 거절했듯이 우리도 세상의 유혹을 거절했더라면, 세상이 강제로 죄짓게 하지는 못했을 것이다. 전례를 들먹이지 말라. 우리 자신을 악에 가까이 둔 요인은 바로 우리 안에도 있다. 전례를 놓고 볼 때, 사람이 죄와 결탁하고자 하는 마음을 품지 않는 상황에서는 죄에 대해 염증을 느끼곤 했다. 롯은 소돔에서 살기에는 너무 의로웠으며, 아나카르시스(Anacharsis)는 스키타이에서 살기에 너무 절도 있는 사람이었다. 불경건한 전례를 대하면 대할수록 혐오감만 더 늘어날 뿐 그것을 닮고자 하는 마음은 생기지 않는다. 핑계대려 하지 말라. 다윗이 벌거벗은 밧세바를 본 것은 의도적인 행위가 아니었다. 그럼에도 그는 "내가…범죄하여…악을 행하였사오니"(시 51:4)라고 말했다. 또한 그럴 수밖

93) Plut. de sera Num. Vindict.

94) 'Diaboli decipientis calliditas, et hominis consentientis voluntas.'—*Aug. de Peccat. Orig.* lib. ii. cap. 37.

에 없는 상황이었다고도 말하지 말라. 선한 사람은 최악의 상황일수록 진가를 발휘하며, 세대가 가장 어그러져 있을 때 가장 밝게 빛난다(빌 2:15). 그리고 세태가 방탕으로 치달을수록 "세월을 아끼라 때가 악하니라"(엡 5:16)라는 말씀과 같이 자기의 의무에 온 관심을 기울인다. 마치 불꽃이 살을 에는 추위 속에서 가장 뜨겁게 느껴지듯, 그리고 어둠이 깊을수록 별이 더욱 밝게 빛나듯 선한 사람도 그러하다. 그리고 사람에게 선천적으로 욕구가 주어졌기 때문에 죄를 지을 수밖에 없었다고 말하지도 말라. 그것은 마치 왕으로부터 권력을 부여받았기 때문에 왕에게 반란을 일으키겠다는 말과 같으며, 왕이 베푼 호의를 사용하여 왕에게 대적할 수 있다고 말하는 것과 같다. 사람이 죄를 짓게 되는 데에는 많은 요인이 있다. 하지만 대부분의 문제는 그 사람 자체에 있다. 모든 것을 악하게 만들어 놓는 것은 다름 아닌 우리 자신의 악한 본성이다.

강해 2

각 사람은 무엇보다도 자기 속에 있는 욕구들을 잘 살펴야 한다. 모든 죄는 *ἐπιθυμία*, 즉 정욕 혹은 욕구라 불린다. 하나님께서는 우리에게 마음을 요구하셨다. "내 아들아 네 마음을 내게 주며"(잠 23:26). 즉 온갖 욕구들의 온상인 그 마음을 요구하신다. 그러므로 스스로의 힘으로 욕구를 억눌러 자신의 결백을 호소하려는 것은 하나님의 자녀답지 못한 태도다. 하나님의 자녀는 오히려 모든 욕구를 주의 이름을 기억하여 그 이름을 사모하는 데로 향하게 해야 한다(사 26:8; 느 1:11). 죄로 하여금 최초로 그 모습을 드러내게 하는 것은 정욕 혹은 욕구다. 어떤 대상에 대한 욕구의 방향이나 경향에 따라 모든 행동이 야기된다. 사람의 마음속에는 어떤 생각이나 견해가 형성되기 이전에 *ὄρεξις*, 즉 일반적인 성향이 내재해 있다. 자, 그렇다면 자신의 정욕 혹은 욕구를 살펴보라. 모든 사람의 성향은 그 욕구로 인해서 좌우된다. 그 욕구가 어떤 성향을 띠고 있는가에 따라 세속적인 사람이 되기도 하고, 경건한 사람이 되기도 한다. 사람이 살아 있을 동안에는 항상 욕구가 따르기 마련이다. 그리고 육체뿐 아니라 영혼도 그 욕구를 지니고 있다. 우리 속에서는 그 욕구가 어떻게 작용하고 있는가?

강해 3

정욕이 마음을 사로잡는 방법은 강제적인 힘과 속임수, 즉 끌고 가는 것과 미혹하는 것 두 가지다. 첫째, 정욕은 우리의 마음을 강제적인 힘으로 끌고 간다(ἐξελκόμε-νος). 마음속에 일어나는 욕구가 그릇된 것인지의 여부를 판단할 수 있는 한 가지 방법은, 그 욕구가 육체의 만족을 위해 지나치게 강제적인 힘을 발휘하고 있지는 않은지 살피는 일이다. 만일 욕구가 맹렬하게 솟아오른다면 그에 대해 회의적인 태도를 가지고 휩쓸리지 않는 것이 바른 태도다. 다윗은 자기 욕구 때문에 부하의 생명을 잃을 뻔했다는 생각에, 그토록 마시고 싶어 하던 베들레헴 우물물을 건드리지도 않았다(삼하 23:17). 불일 듯 일어나는 욕구는 결코 정당한 것일 수 없다. 탐욕은 더러움의 표식이다(엡 4:19). 마음이 끓어오르거나 타오르는 것은 사랑 때문이 아니라 정욕 때문이다. 혹 자신의 마음이 그런 정욕에 의해 쾌락의 대상에게로 강제로 끌려가고 있다고 느껴질 때, 만일 결백하려면 가만히 있지 말고 반항하며 절규하라. 우리가 죄의 세력에 이끌려 들어갈 때 절규한다는 것은 죄가 우리의 동의 없이 일방적으로 우리의 마음에 죄를 범해 놓았다는 표시다. 롬 7:24에서처럼 하나님을 향해 "오호라 나는 곤고한 사람이로다 이 사망의 몸에서 누가 나를 건져내랴"라고 부르짖으면, 죄와 동떨어진 입장에서 우리 마음속에 작용하고 있는 다음과 같은 죄의 세력을 발견할 수 있을 것이다.

1. 마음속에서 정욕이 이성의 판단을 짓밟고 넘어서게 되면 결국 짐승 같은 격정에 사로잡혀 끌려다니게 된다. "그들은 두루 다니는 살진 수말 같이 각기 이웃의 아내를 따르며 소리지르는도다"(렘 5:8). 이처럼 그들은 살진 말같이 스스로를 제재할 힘이 없다. 렘 8:6에서는 "전쟁터로 향하여 달리는 말같이 각각 그 길로 행하도다"라고 표현한다. 말은 전장의 소음으로 제정신을 잃고 마구 날뛰다가 위험에 처하게 되며, 창이나 불길 속으로도 뛰어든다. 정욕에 사로잡힌 자들은 그렇게 고삐 풀린 말처럼 방종하여 이성과 자제력을 잃고 어떠한 계획이나 되새김 없이 행동한다. 우리

속에 도사리고 있는 정욕도 우리에게 생각하거나 말할 틈을 주지 않는다.

2. 그 정욕이 제재를 받게 되어 더욱 격렬히 솟아오를 때, 게다가 그 제재라는 것이 매우 미미하여 마치 석탄에 물을 끼얹는 것과 같을 때, 정욕의 불은 더욱 맹렬히 타오른다. 바울은 이렇게 타오르는 정욕을 *πάθος ἐπιθυμίας*, 즉 '정욕의 격렬함' (the passionateness of lust)이라 표현한다. 흠정역에서는 이 구절을 단순히 '색욕' (the lust of concupiscence, 살전 4:5)이라고 번역했으나 원문에는 정욕이 맹렬히 작용한다는 의미가 내포되어 있다. 이 강제적 세력은 육체의 욕망이 때를 가리지 않고 일어나는 현상에서 가장 두드러지게 나타난다. 즉 육체의 욕망은 이성을 어지럽히고, 마음에 갈등을 일으키며, 육체를 강압하기 때문에 그 현상에서 강제적인 정욕의 세력을 가장 잘 감지할 수 있다. 물론 이 강제적 세력은 다른 죄들 속에서도 작용한다. 바울은 로마서에서 이 강제력에 대해 다음과 같이 말한다. "서로 향하여 음욕이 불일 듯하매"(롬 1:27). 이성이 음욕으로 어지럽혀지고 그 힘을 쓸 수 없게 되면 더 이상 그 음욕을 막아낼 도리가 없다. 그 상황에서는 은혜조차도 억눌리게 된다.

3. 정욕이 그 갈증을 채울 때까지 마음에 충동과 갈등을 일으키는 현상을 성경은 번민 혹은 병으로 표현한다. 물론 번민이나 병은 가장 뛰어나고 영적인 대상에게만 바쳐야 할 고결한 연모의 일종이긴 하지만, 다르게 쓰여 정욕의 세력을 나타내기도 한다. 그리스도를 향하여 병이 드는 것은 성도로서 당연한 일이다(참조. 아 2:5). 그리스도께서는 지고의 연모를 받으시기에 합당한 분이시기 때문이다. 그러나 여타의 외적이고 육체적인 대상을 향하여 병이 드는 것은 마음속에 강렬한 죄의 세력이 들끓고 있다는 증거다. 암논이 다말을 인하여 병들었던 것도 그런 이유에서였다(참조. 삼하 13:2). 그것은 정욕과 더러움에서 생겨나 마침내 죽음에 이르게 하는 병이었다. 아합은 탐욕 때문에 병들었고(참조. 왕상 21:4), 하만도 명예로 인해 병들었다(참조. 에 5장). 모든 강제적 연모는 마음을 억누르고 무기력하게 만든다. 그것은 육체와 마음을 함께 박아 버리는 수많은 못과 같아서 육체를 허약하고 무기력하게 만들고 만다.

이처럼 정욕이 강제력을 지니고 있다는 사실에서 다음 몇 가지 현상의 이유를 발견하게 된다.

1. 악인들이 왜 그처럼 죄악에 혈안이 되어 손해를 자초하면서까지 그 죄악에 몸을 던지는지를 알게 된다. "거짓으로 끈을 삼아 죄악을 끌며 수레 줄로 함같이 죄악을 끄는 자는 화 있을진저"(사 5:18). 멍에를 맨 짐승들이 자기 뒤에 매달려 있는 짐을 온 힘을 다해 끌고 가듯이 악인들도 고생을 무릅쓰고 악을 끌고 가며, 그것을 행하는 것이 어렵고 간단하지 않아도 결국 그 죄악을 범하고 만다. 그런 의미에서 렘 9:5에서는 "악을 행하기에 지치거늘"이라고 묘사한다. 이렇게 되는 이유가 무엇인가? 죄 속에는 악인들이 감당해 낼 수 없는 강제력이 있기 때문이다.

2. 하나님의 자녀들이라 할지라도 그들이 원하는 바, 즉 단호하게 시험을 물리치고 맡은 사명을 잘 완수해 내지 못하는 이유를 알게 된다. 온갖 정욕은 하나님의 자녀들에게도 강렬하게 작용할 수 있다. 야고보가 "각 사람이 시험을 받는 것은"이라고 했을 때 여기에 믿는 자들도 포함되어 있다는 점은 주목할 만하다. 악한 자는 오직 죄를 저지를 뿐이며 그가 하는 일은 악으로 일관된다. 하지만 믿는 자들의 행위라고 해서 반드시 선한 것은 아니다. "내가 원하는 바 선은 행하지 아니하고 도리어 원하지 아니하는 바 악을 행하는도다"(롬 7:19). 비록 죄를 짓겠다고 단호히 결심하는 것은 아니나, 그럼에도 은혜를 멀리하게 될 수도 있다. 그래서 갈 5:17에서는 "너희가 원하는 것을 하지 못하게 하려 함이니라"고 말한다. 정욕의 강제적인 세력이 은혜를 의지하여 살려는 생각을 산산이 부숴버린다.

둘째, 정욕의 두 번째 양상은 속임수, 즉 미혹됨(δελεαζόμενος)이다. 정욕은 사람으로 하여금 쾌락이라는 유혹에 빠져들게 하며, 결국 사람을 쾌락의 강한 지배 아래 놓이게 한다. "여러 가지 정욕과 행락에 종노릇 한 자요"(딛 3:3). 이렇게 하여 일단 쾌락에 빠져들면 회개하기가 어렵게 된다. 정욕은 즐거움과 쾌락을 약속해 주기 때문이다. 욥 20:12은 "그는 비록 악을 달게 여겨 혀 밑에 감추며"라는 구절로 그 사실을 잘 설명해 준다. 이것은 달콤한 과자가 빨리 녹아 없어지지 않게 하기 위해 그것을 혀 밑에 두는 어린아이들을 빗대어 한 말씀이다. 여기서 '달콤한 악'이라 함은 단지 고기, 술, 그리고 몸을 편하게 하는 것 등 감각적인 악만을 의미하는 것이 아니라 시기, 악의, 다른 이들을 억누르기 위한 모함 등 정신적인 악까지도 포함한다. "(이 무리는) 행악하기를 기뻐하며 악인의 패역을 즐거워하나니"(잠 2:14). 정욕에 사로잡힌 사람에게는 복수나 남을 억압하는 일마저도 달콤하게 느껴진다. 그래서 잠 10:23에서는 "미련한 자는 행악으로 낙을 삼는 것같이"라고 말한다. 미련한 자는 남에게 불행이 되는 일이 자기에게는 낙인 줄로만 안다. 그러므로 다음과 같은 점을 유념해야 한다.

1. 지나치게 즐거움을 주는 것들에 대해 일단 의심해 보는 태도를 길러나가라. 쾌락의 대상은 사람을 지나치게 들뜨게 하고 악한 기쁨으로 설레게 해서 마음을 온통 사로잡아 버린다. 우리가 세상의 달콤한 것들로 마음이 설레기 시작한다면 그때야말로 강력한 결단을 내려야 할 순간이다. 세상이 지나치게 큰 기쁨으로 우리 속에 와 있다면 이미 우리의 발은 올무에 걸린 셈이다. 그러므로 매사에 있어서 유념해야 할 점은 그것이 얼마나 큰 쾌락을 주는가가 아니라, 얼마만큼 유용한 것인가를 살피는 것이다. 쾌락을 줄 것처럼 보이는 것은 정욕의 미끼다. 아리스토텔레스 같은 철학자도 이 점을 간파하여 본성의 욕구는 당위적인 것으로(πρὸς τὰ ἀναγκαῖα) 지향되어야 한다고 말했다.[95] 솔로몬도 잠 23:31에서 "포도주는 붉고 잔에서 번쩍이며 순하게 내려가나니 너는 그것을 보지도 말지어다"라고 말한다. 스스로의 생각에 덫을 만들어 놓을 필요가 없으며, 눈에 보기 좋다고 해서 맛볼 필요도 없다. 이방인들 중에서조차 극치의 미(美)는 미혹될까 두려워 보려 하지 않았다는 설화가 있다. 음녀의 입술은 처음 만날 때는 꿀을 떨어뜨리지만 나중에는 쑥같이 쓰다(잠 5:3-4). 이것은 요한계시록에서 입에는 꿀같이 달지만 배에서는 쓰게 되었다고 한 것과 같은 내용이다(참조. 계 10:10). 하나님께서는 모든 육체적 쾌락이 충족되고 난 뒤에는 비애의 심정을 느끼도록 사람의 본능을 지으셨다.

2. 그러므로 매우 주의해야 할 필요가 있다. 쾌락은 정욕의 미끼 중 하나다. 사실상 모든 죄는 쾌락을 사랑하는 데서 기인한다. 그러므로 주의

95) Arist. Eth., lib. vii. cap. vi.

해야 한다. 대낮에 걸어오는 마귀의 유혹이 가장 위험하다. 그것은 마치 미소와 입맞춤으로 배반하는 것과 같은 가장 큰 불행을 초래할 수 있다. 불신자들은 쾌락을 경험하면 곧 거기서 멀어지게 될 것이라는 생각에서 이따금 쾌락을 권장하기도 한다. 툴리(Tully)[96]가 젊은이들에게 쾌락을 맛봄으로써 그것을 경멸하는 법을 배우자(*voluptates experiendo contemnat*)고 한 것도 그런 뜻에서였다. 마치 정욕이 일상적인 것이 되면 이내 시들해져 사라질 것으로 생각했다. 그러나 그러한 태도는 정욕을 치료하는 것이라기보다는 오히려 정욕의 미끼가 된다. 그들이 그 이상의 방법을 모른다는 것은 참으로 안타까운 일이다. 물론 그렇게 하면 호기심이 해소되는 것은 사실이나, 영혼은 더 오염되고 말초적이 되고 만다. 악한 사람들은 일단 그런 쾌락의 올무에 걸리게 되면 극한 공허감을 느끼면서, 육체의 쾌락이란 결코 충족될 수 없다고 생각한다. 그들에게는 모든 쾌락이 너무 짧게 느껴진다. 그것은 마치 고기와 술맛을 더 오래 즐기기 위해 목이 두루미처럼 길어졌으면 하고 바라는 것과 같다. 그래서 타키투스(Tacitus)는 대식가에 대해서 말하기를, 비록 음식을 많이 먹어 배는 채울 수 있으나 그의 상상과 욕심은 충족시킬 수 없다고 하였다. 육체의 요구는 쉽게 충족되나 눈의 요구는 그보다 훨씬 충족시키기 어렵다(*quod edere non potuit, oculo devoravit*).

[15] 욕심이 잉태한즉 죄를 낳고 죄가 장성한즉 사망을 낳느니라.

욕심이 …한즉. 야고보는 14절에 이어 본 절에서 죄가 어떻게 발전되는지를 묘사한다. 욕심이 사람의 마음을 강제적인 힘으로 끌고 가며, 또한 쾌락으로 미혹하게 되면 마음속에 죄가 잉태된다. 잉태된 것은 태어나기 마련이어서 곧 죄가 태어나며, 죄가 자란 후에는 죽음을 불러온다.

잉태한즉. 죄가 욕구 안에 충동으로 심겨지는 순간부터 의지가 그 욕구의 충동을 동의할 때까지 점차 뚜렷한 모습으로 자라가는 양상을 죄가 잉태되는 것으로 표현했다. 죄 혹은 부패한 본성은 사람의 마음을 육체적

96) M.T. Cicero in Orat. pro Rege Deiot.

생각에 의해 쾌락의 대상에 빠져 들게 하며, 결국 그 마음을 악한 정욕에 꼼짝없이 가두려는 기질이 있기 때문이다. 바로 그러한 육체적 생각에서 얻어지는 자극이나 쾌락이 죄가 잉태된 현상이다.

죄를 낳고. 즉 죄가 충분히 자라나 의지의 적극적인 동의와 명령에 의해 우리 마음속에 작용하며, 또 겉으로 구체적인 행위로도 나타난다는 의미다. 전자는 죄가 잉태된 후 마음속에서 점차 그 모습을 갖추며 자라가는 것이며, 후자는 잉태되었던 죄가 행위로 태어나는 것을 말한다.

죄. 구체적인 죄를 가리킨다. 이런 의미에서, 가톨릭교회가 '원하지 않는데도 일어나는 정욕은 죄가 아니다' 라고 주장하는 것은 문제를 바로 알지 못한 소치다. 주님께서는 무의식중에 발생하는 정욕도 죄라고 분명히 말씀하신다. "음욕을 품고 여자를 보는 자마다 마음에 이미 간음하였느니라"(마 5:28). 비록 그런 음욕이 스쳐가는 생각에서 일어난 것으로서 꼭 마음이 원하는 바가 아니었다 하더라도 이미 간음한 것이다. 그렇다면 이 말씀이 "죄가 기회를 타서…내 속에서 온갖 탐심을 이루었나니"(롬 7:8)란 바울의 말과, 본문의 "욕심이…죄를 낳고"란 구절과 어떻게 조화를 이룰 수 있는지에 대해 의문이 생길지도 모른다. 나의 견해는 이렇다. 즉, 바울은 죄라는 단어를 야고보가 본문에서 표현한 욕심, 이른바 악한 본성 혹은 영혼의 악한 성향으로 이해했으며, 욕심이란 단어는 악한 본성이 실제적으로 발현되는 것으로 이해했다. 이에 반해 야고보는 죄를 마음속에서 불완전한 모습으로 있던 욕구가 뚜렷한 양상으로서 겉으로 발현되는 것으로 이해했다.

죄가 장성한즉. 죄가 장성한다는 말은, 죄가 구체적인 모습을 갖추고 외부적 행위로 여러 차례 나타남으로 인해 더 큰 세력이 되다가 마침내 습관으로 굳어지는 것을 가리킨다. 그런데 왜 야고보는 '장성한즉' (when it is finished-KJV)이라고 했을까? 그렇다면 사람이 완전한 의식 중에 죄를 계획하고 구체적인 행동으로 그것을 실행하다가 마침내 그것이 습관으로 굳어지기 전에는, 사람 마음속에 산발적으로 일어나는 기타 여러 욕구, 즉 모든 부패한 충동은 하찮은 것에 불과하다는 말인가? 이에 대해 다음과 같이 답할 수 있다. (1) 야고보는 본문에서 이 죄와 저 죄를 구분하려고 하는 것이 아니라, 동일한 죄의 전체 과정과 양태 및 죄의 방향과 그 발전 단계에 대해서 말하고 있다. 야고보는 이렇게 함으로써 죄가 하찮은 것인지 장성한 것인지를 논하려는 것보다는, 죄에는 반드시 사망과 지옥이 따라온다는 것을 보이려 했다. 모든 죄는 정도가 큰지 작은지를 떠나 그 성격상 죽음을 내포하고 있으며, 죄인을 죽음과 형벌로 넘겨주는 구실을 한다. 그러나 사람들은 죄가 자기들을 억지로 잡아 끌고 가기 전에 이미 스스로 죄에 물들어 있는 것이 보통이다. (2) 사망은 죄가 어떠한 단계에 있든지 간에 예외 없이 적용되는 열매라고 할 수 있다. 즉, 죄를 잉태하였을 때뿐 아니라 죄를 낳게 되었을 때도, 또한 죄를 낳게 되었을 때뿐 아니라 그것이 장성했을 때도 예외 없이 사망이 적용된다. 아이에게 관심을 갖는 것은 그 아버지뿐 아니라 할아버지, 증조할아버지도 모두 같다. 마찬가지로 사망은 죄의 문 앞뿐 아니라 욕심의 문 앞에도 놓여 있다. (3) 본문은 야고보가 사람에게 일어나는 일의 순서에 따라 말한 것으로 이해하는 것이 옳다. 마음속에 욕심이 생기고, 죄가 잉태되며, 그것이 뚜렷하게 수치스런 죄의 행위로 드러나게 되면, 사람들은 그제서야 위기 의식을 느끼며 그 결과에 대해 조바심을 낸다.

낳고. 마음이 죄에 꼼짝 없이 묶이게 되는 것을 말한다. 죄가 이렇게 대두되어 가는 과정에는 다음과 같은 구분이 있다. 즉 욕심은 죄의 모체지만 사망은 죄의 대가다. 카제탄(Cajetan)은 죄와 사망의 관계를 *generat meritoriè*라는 구절로 잘 설명한다. 마치 노동에는 그에 대한 수당이 따라오듯이 죄에도 그에 걸맞는 사망이 따라온다.

사망. 이것이 저주에 가장 적합한 단어다. 여기에는 첫째 사망과 둘째 사망이 포함된다. 야고보는 죄의 가장 중대한 원인, 즉 욕심을 제시한 것처럼 죄의 궁극적이고도 최악의 결과인 사망을 제시하고 있다. 이 사망은 한 번 죽고 마는 것이 아니다. 만일 그렇다면 그 상태가 지속될 수 없기 때문에 이 사망에는 또 다른 죽음, 즉 영원히 죽음의 상태에 처해 있는 것까지 포함된다. 그것을 죽음이라고 부르는 이유는 그 상태에서는 삶의 욕구도, 즐거움도 없기 때문이다. *Vivere nolunt, mori nesciunt*, 즉 그들은 살려는 의욕도 없고 게다가 죽을 수도 없다.

강해 1

죄는 점진적으로 영혼을 침식시킨다. 야고보는 본 절에서 그 과정을 잘 분석하고 있다. 욕심은 강하고 왕성한 충동을 일으키며, 생각을 들뜨고 설레게 하는 바, 그 여세로 마음으로 하여금 충분하고도 명확한 결정을 내리게 한다. 그렇게 되면 죄가 태어나 뚜렷한 모습으로 나타나며 점차 강해져서 결국 그 사람을 파멸로 몰고 간다. 마음이 죄에 의해 침식되어 가는 과정과 그 과정 속에서 마음이 어떤 연속적인 경향을 띠게 되는지를 규명하기 위해서, 마음속에서 일어나는 실질적인 문제들을 일관성 있게 조망해 보는 것이 유익하다. 첫째로 *ὄρεξις*, 즉 정욕이 발생한다. 이 단계는 단지 외부 대상에 의해 자극을 받는 정도로 마음속에서 그 대상을 갈망하게 된다. 그 다음에는 *ὅρμη*, 즉 충동의 단계로서 말초적인 욕망의 충동 혹은 저급한 심정으로 상상에 의해 그 대상을 경험한 뒤 그것을 쾌락을 줄 만한 것으로 이해한다. 그리고 그런 감각을 다소 즐김에 따라 그 대상에게 마음이 쏠리게 된다. 그런 후에 그 대상이 어떤 것인지 살피게 되는데, 이미 마음속에는 그 대상에 대한 호기심이 가득해서, 그것이 유용한 것인가를 판단하기보다는 될 수 있는 대로 그 대상을 취하는 데로 관심이 집중된다. 그렇게 해서 지성과 사고가 의지에게 그 대상을 취할 수 있는 몇 가지 방법을 제시하는 단계인 *βούλησις*, 즉 협의의 단계에 이른다. 지성과 사고에 의해 그 대상을 파악한 뒤 마음속에 그것을 성취해야겠다는 의지가 굳어지면, 곧 이어 구체적으로 어떤 대상을 선택하게 되는 *αἵρεσις* 단계를 거쳐 *βούλημα*, 즉 정욕이 불타올라 행동으로 옮기는 단계에 이른다. 그처럼 죄는 상상에 의해서 정욕으로 나타나고, 상상은 정욕에 사로잡혀 이성을 눈멀게 하며, 그런 후에는 온 마음이 그 정욕을 추구하는 데로 몰린다. 만일 이와 같은 논법이 이해하기에 너무 복잡하게 느껴진다면 본문에 축약된 형태로 설명되어 있는 과정을 잘 살펴보라. 우선 정욕 혹은 부패한 본성이 있고, 그 다음에 욕심 혹은 죄와 밀접한 마음의 성향이 생긴다. 이어 그것으로 기쁨을 느끼는 단계가 있고, 그런 다음에는 온 마음의 소원에 따라 그것이 행동으로 옮겨지며, 마침내 사망이 대두된다. 다윗도 시 1:1에서 이와 유사한 과정을 보여준다. "복 있는 사람은 악인들의 꾀를 따르지 아니하며 죄인들의 길에 서지 아니하며 오만한 자들의 자리에 앉지 아니하고". 죄는 결코 한 자리에 머물러 있지 않는다. 처음에는 **악인**, 다음에는 **죄인**, 그리고는 **오만한 자**가 되고, 그 대상은 **꾀**, **길**, **자리**로 바뀐다. 그리고 처음에는 따르고, 다음에는 서고, 그 다음에는 앉는다. 여기에서 사람, 대상, 행위 이 세 가지에 해당하는 용어가 각기 다른 것을 뚜렷이 발견할 수 있다. 첫째, 사람들은 악을 좋아하고, 다음에는 그 악을 따라 **걸으며**, 그 다음에는 그 악이 **습관화된다**. 또한 처음에는 죄의 길로 들어서고, 다음에는 그 길이 옳다고 **확증하며**, 그 다음에는 **공공연하게 주장한다**. 주님께서 싫어하시는 일을 하는 것이 '악인의 꾀를 따르는 것' 이고, 쾌락을 계속해서 도모하는 것이 '죄인의 길에 서는 것' 이며, 양심의 제재와 꾸짖음을 거스르며 마음을 완고하게 하는 것이 가장 악한 경지로 들어가는 것으로서, 시 1:1의 표현에 의하면 '오만한 자들의 자리에 앉는 것' 이다. 칠십인역에서는 '오만한 자들의 자리' 를 '역병이 들끓는 속에' (*τῶν λοιμῶν*)라고 표현했다. 이상과 같은 내용에서 사람들이 **동의**에서 **쾌락**으로, **쾌락**에서 **완고함**으로 치닫는 모습을 보게 된다.

적용 1. 현명한 사람이라면 늦기 전에 죄에서 돌이켜야 한다. 타락의 징후가 나타나는 처음 순간부터 우리 마음을 허는 '작은 여우' 를 잡아야 한다(참조. 아 2:15). 바벨론이 예루살렘이 멸망하던 날 행한 대로, 바벨론의 어린아이들을 바위에 메어쳐야 한다(참조. 시 137:9). 시편 137편에 대한 위고(Hugo)의 주해는 원문과는 잘 부합하지 않지만 신앙적이다. *Sit nihil in te Babylonicum*(바벨론의 가장 적은 자라도 반드시 없애야 한다). 즉, 바벨론이 행한 대로 어른뿐 아니라 어린아이들까지도 모두 바위에 메어쳐야 한다. 그리스도인들은 정욕에 민감하게 대처하면서 생을 보내야 한다. 마음속의 다툼은 순식간에 일어났다가 사라지는 것이므로 하나님의 은혜를 힙입지 않으면 한순간의 결정으로 영원히 파멸당할 수도 있다. '마귀에게 틈을 타게' (엡 4:27 참조) 하는 것은 위험한 일이다. 마귀는 우리 마음에 일어나는 충동을 이용해 행위로 옮기도록 몰아붙이며, 그렇게 해서 일단 한 번 죄를 지으면 계속해서 그 죄를 반복하게 한다. 그러면 결국 그 죄가 우리의 습관이 되며 마음도 완악하게 된다. 전 10:13은 "그의 입의 말들의 시작은 우매요 그의 입의 결말들은 심히 미친 것이니라"라고 말한다. 어리석음으로 시작하여 격정으로 치닫는다. 바닷물을 막고 있는 방파제에 생긴 조그만 틈을 제때에 보수하지 않으면 전체가 다 무너져 버리게 된다. 죄는 우리가 느낄 수 있을 정도로 마음속에 조금씩 침입해 들어오는데, 그러다가 마귀의 올무에 한 번 걸려 버리면 순식간에 마귀의 뜻대로 끌려다니게 된다.

적용 2. 사소하게 보이는 죄라고 해서 겁 없이 범해서는 안 된다. 선지서에서 '신 한 켤레'라는 지극히 하찮은 이득을 보고 '의인(혹은 가난한 자)을 파는 행위'가 무거운 죄로 평가되고 있듯이(참조. 암 2:6), 사람에게는 아무리 하찮은 죄일지라도 그것은 하나님께 대한 범죄다. 우리에게는 이런 위험이 없는가? 영혼이 파멸되는 것은 꼭 커다란 범죄 때문만은 아니다. 사소하게 보이는 죄 때문에도 그렇게 될 수 있다. 시험거리를 가벼이 취급하면 불행한 결과가 초래된다. 시저 같은 위인을 죽게 한 것은 다름아닌 보잘것없는 머리핀이었다. 태아를 질식시켜 죽이는 것이 살인 행위이듯이, 영적으로 거듭나려고 하는 사람들을 억누르고 질식시키는 것은 영적인 살인임을 명심하라.[97] 하지만 그와 반대로 바벨론의 어린 아이들을 메어치는 일이나 아직 성숙하지 않고 잉태되어 점차 자라나는 죄를 억누르는 일에는 단호해야 할 필요가 있다. 우리는 죄를 증오하되 그 가장자리에 있는 죄의 경향까지도 경계해야 한다. 악은 어떤 모양이라도 버려야 한다(살전 5:22). 버나드(Bernard)의 말대로, 만일 뭔가 잘 보이지 않고 복잡하게 여겨진다면 거기서 멀찌감치 떨어져 있는 것이 현명한 태도다.

97) 'Homicidii festinatio est prohibere nasci; etiam conceptum utero dum adhuc sanguis in hominem delibatur dissolvere non licet, nec refert natura natam quis eripiat animam an nascentem disturbet.'—*Tertul. in Apol.*

강해 2

정욕은 의지의 동의를 얻게 되면 마음을 온통 독점하고 만다. 의지의 명령은 모든 행위의 근거가 되기 때문이다. 의지가 한 곳으로 굳어지면 그에 따른 마땅히 해야 할 의무도 자연스레 행할 수 있다. "내가 이르기를 내 허물을 여호와께 자복하리라"(시 32:5). 다윗은 회개하기로 결심하자 더 이상 침묵을 지킬 수 없었다. 그 반대의 경우도 마찬가지다. 모든 죄의 행위도 의지의 굳은 선택과 결정에 근거한다. 바로는 흥분해서 "내가 쫓으리라 내가 따라잡으리라"(개역개정 성경에는 '내가 뒤쫓아 따라잡아 …(하)리라' 로 번역되었음–역주)라고 말했다(참조. 출 15:9). 그의 의지가 그로 하여금 포악한 행위를 하게 만들었다. 이처럼 어떤 길을 갈 것인지를 선택하는 일에 있어서 의지의 결정은 가장 중요한 요소다. 신앙도 우리가 그것을 일생의 과업으로 여기고 마음을 굳게 정하는 데서 생겨난다. 행 11:23에서 바나바가 새로 개종한 사람들에게 "굳건한 마음으로(*τῇ προθέσι τῆς καρδίας*) 주와 함께 머물러 있으라"고 권한 것도 그런 의미에서다. 바울도 딤후 3:10에서 자기가 살아온 신실한 삶에 대해 말하는 중에, 그것을 *προθέσιν*, 이른바 '의향' 이라고 부른다. 이와 마찬가지로 죄의 상태도 사람이 그의 의지로 현세적이고 육체적인 선택을 함으로써 성립한다. 그래서 바울은 '부하려는 자', 곧 어떻게 하면 부자가 되고 땅을 더 많이 차지하게 될까를 깊이 연구하고 마음을 쏟기로 결심한 자는 정욕에 떨어진다고 말한다(참조. 딤전 6:9). 하나님의 자녀도 죄의 세력에 억눌릴 수는 있으나 대부분 그런 순간일지라도 자기 의지를 굳혀 적극적으로 죄에 참여하지는 않는다. 그래서 롬 7:16에서는 "내가 원하지 아니하는 그것을 행하면"이라고 말한다. 설혹 그가 의지를 잘못 굳혔다 하더라도 그것은 온 마음이 원해서 하는 것은 아니다. 새 사람의 본성으로부터 그런 결정에 대한 반발이 끊임없이 일어나기 때문이다. 물론 때로는 하나님의 자녀라 할지라도 오랜 계획과 궁리 끝에, 그리고 단호한 결심으로 죄를 짓는 일이 있는 것이 사실이다(이를테면 익히 아는 바와 같이, 다윗은 단발적이 아닌 연속적인 음모로써 죄를 범했다). 그러나 이것은 그들이 죄를 지을 때 그러했다는 것이지, 그들 삶의 과정이나 상태가 그러했다는 것은 아니다. 하나님의 자녀들이 지니는 삶의 자세와 목적은 기본적으로 신앙적이다. 자, 그렇다면 우리는 생각 속에 정욕이 생겨날 때 그 정욕이 의지의 동조를 얻어 행동을 결정하지 못하도록 노력해야 한다. 의지가 죄를 짓기로 결정하여 그 행동이 자발적이 되면 될수록 죄는 더욱 악한 양상을 띠게 된다.

강해 3

마음속에 품고 있는 것은 보통 일상생활이나 대화 가운데 표출되기 마련이다. 이와 마찬가지로 마음속에 욕심을 품고 있으면 죄로 나타난다. 베드로가 그리스도인들에게 무엇보다 마음을 살피라고 권하는 것도 이런 이유에서다. "육체의 정욕을 제어하라…정직한 말을 하라"(벧전 2:11-12, 개역개정 성경에는 '행실을 선하게 가져' 로 번역되었음-역주). 나무 속에 벌레가 살고 있다면 마침내 그 나무가 썩어 버리듯이, 마음속에 욕심이 있는 한 대화가 깨끗할 리 없다. 욕심이 얼마나 그 모습을 빨리 드러내는가! 자존심이 눈에 투영되면 그 눈은 '교만한 눈' (잠 6:17)으로 보이며, 발에 미치면 걸음걸이가 오만하게 보인다. 정욕에 가득 찬 마음은 이내 탐욕스런 눈과 시선으로 나타나고 만다. 속은 비었으나 화려한 것을 좋아하는 정신은 사치스런 옷으로 그 모습을 드러내며, 더러운 마음은 추잡한 대화로 나타난다. 눈, 발, 입, 생활, 이 모든 것은 마음속에 자리잡고 있는 것을 쉽게 외부로 드러낸다. 그리스 신화에 나오는 모모스(Momus, 비난과 조소의 신)는 다른 사람이 다 볼 수 있도록 각 사람의 마음에 창문을 만들어 놓지 않았다고 제우스와 다툰다. 그러나 구태여 사람 마음을 들여다볼 필요가 없다. 그 안에 무엇이 들었는지는 시간이 자연히 밝혀 줄 것이기 때문이다. 마음속에 정욕을 품고 사는 삶도 마찬가지다. 정욕은 가만히 있지 않고 밖으로 표출되기를 즐긴다. 자, 그렇다면 다음 사실을 명심하라.

1. 위선은 끝까지 감추고 있을 수 없다. 그 가면은 곧 벗겨지고 만다. 사람들은 죄를 숨긴 채 자긍하지만 곧 '미워함' 을 받게 될 것이다(참조. 시 36:2). 즉, 추문에 휩싸이고 그로 인해 고생할 것이다. 하나님은 단호하게

말씀하신다. "속임으로 그 미움을 감출지라도 그의 악이 회중 앞에 드러나리라"(잠 26:26). 가식과 허구는 오래가지 못한다. 단지 어떤 죄는 다른 죄보다 먼저 드러날 따름이다. 바울은 딤전 5:25에서 "그렇지 아니한 것도 숨길 수 없느니라"고 말한다. 즉, 선행이 아닌 것들도 드러날 것이라는 의미다.

2. 정욕과 그에 따라 일어나는 상상을 가볍게 여겨서는 안 된다. 이런 것은 제어되지 않으면 죄로 무르익게 되고 결국 타락한 행실을 초래하게 된다. 우리가 괜찮겠지 하고 소홀히 하는 동안 죄는 점점 더 성장해 간다. 머릿속에 떠오르는 이런저런 생각을 그대로 방치해 두면 그 생각에 마음만 따라 움직이는 것이 아니라 시험까지도 붙어오기 마련이다. 다윗은 밧세바가 아름답다고 생각했을 때 이미 격정에 사로잡히게 되었다. 이처럼 정욕으로 말미암아 일어나는 생각을 단호히 배제하지 못하고 은연중에 즐기는 것은 해로운 일이다.

3. 우리의 악한 의도가 방해받는다는 것, 또한 죄악 된 생각이 사산(死産)된다는 것은 그 얼마나 은혜로운 일인가! 우리가 원하지 않더라도 행할 수밖에 없었던 죄악들, 이러한 것들은 단지 제지되는 것만으로도 복이라 아니할 수 없다. 욕망은 안에서 일어나 밖으로 나간다. 하나님은 아비멜렉으로 하여금 사라를 범하지 못하게 막으신 것이 은혜임을 그에게 깨닫게 하셨다. "너를 막아 내게 범죄하지 아니하게 하였나니"(창 20:6). 다윗은 자신이 분한 마음에 나발과 그의 권속들을 성급히 처형하려 할 때 그 일을 막아 주신 하나님을 찬양했다. "오늘 너를 보내어 나를 영접하게 하신 이스라엘의 하나님 여호와를 찬송할지로다"(삼상 25:32). 하나님께서는 사울의 마음이 그리스도인들에 대한 복수심과 악의로 들끓어 말을 타고 다메섹으로 향할 때, 그를 치셔서 그리스도인들을 박해하는 일을 막아 주셨다(참조. 행 9장). 우리의 죄의 길에 하나님이 그 섭리로 울타리를 치실 때, 그것을 범상한 일로 여기지 말라(참조. 호 2:6). 비록 우리가 마음에 일어나는 정욕을 다 막지 못하였음에도 그 정욕에 대한 형벌에까지 이르지 않는 것은 바로 그런 섭리 때문이다. 우리는 제정신을 잃고 틀림없이 격정에 사로잡혀 곁길로 나갈 뻔하였으나 하나님께서 길에 가시로

울타리를 쳐 놓으신 까닭에 형벌을 면했다(참조. 호 2:6).

강해 4

죄의 최종적인 결과는 사망이다. 그래서 바울은 "그 마지막이 사망임이라"(롬 6:21)라고 말한다. 죄는 가슴 설레고 흡족한 달콤함으로 시작해서 쾌락과 만족을 줄 것처럼 약속하지만, 그 종국은 사망이다. 그래서 겔 18:4에서는 "범죄하는 그 영혼은 죽으리라"고 말한다. 이것은 오직 하나님의 자유로우신 은혜 안에서만 예외가 허용되는 명확한 법이다. 그리고 그 형벌은 현세적인 죽음뿐 아니라 영원한 죽음이다. 이 법은 인간 본성에 심겨 있어서, 이방인들이라 할지라도 그 사실을 의식하고 있다. "그들이 이 같은 일을 행하는 자는 사형에 해당한다고 하나님께서 정하심을 알고도"(롬 1:32). 즉, 바울은 이방인들도 그 사실을 알고 있다고 말한다. 양심이 신에게 잘못을 범한 사실을 의식하고 있으면 그 신으로부터 엄격한 공의가 내려질 것을 두려워하기 마련이다. 고대 그리스의 엄격한 입법가 드라코(Draco)는 '왜 서로 비중이 다른 죄에 대해서 모두 사형을 적용했는가' 라는 질문을 받았다. 드라코는, 자신도 죄들이 모두 같지 않다는 것을 알지만 아무리 작은 죄라도 죽음의 벌을 받는 대가를 치러야 하기 때문이라고 대답했다. 드라코 같은 사람이 이방인들로 하여금 신의 정의에 대해 그토록 불만을 갖게 한 중요 요인이었다. 이는 그들이 죽음의 공포로 인해 죄책에 시달리는 자기 영혼을 구원할 길을 전혀 찾을 수 없었기 때문이다. 그러므로 그리스도의 보혈이 양심에 끼친 첫 번째 영향은 '죽은 행실에서 깨끗하게' (히 9:14) 하는 것이다. 즉, 양심이 스스로의 행위로 인해 받는 사형 언도로부터 자유롭게 되도록 하는 것이다. 가톨릭 교도들은 이 문제에 대해, 사람의 본성에는 용서받을 수 있는 가벼운 죄도 있다고 주장함으로써 오히려 이방인보다 못한 생각을 하고 있다. 물론 요일 5:17에서 "사망에 이르지 아니하는 죄도 있도다"라고 말하는 것이 사실이나 이 구절은 결과에 대해 이야기하는 것이지, 결코 대가에 대해 이야기하는 것은 아니다. 말이나 악한 생각 등 아무리 작은 죄라도 죽음을 당할 만한 충분한 이유를 지니고 있다. '하나님이 지나치게 극단적이지 않으신가' 라고 생각하지 말라. 심판날에 고작 그 정도의 항변을 하려고 한다면 가볍게 기각되고 말 것이다. 모덴(David a Mauden)[98]이란 유명한 가톨릭 학자는 오직 다음과 같은 죄들만 사망에 이른다고 말한다. (1) 성경에 하나님께서 가증하게 여기시거나 싫어하신다고 기록된 죄, (2) '화 있을진저' 라고 표현된 죄, (3) 영원한 죽음에 합당하다고 분명히 언급된 죄, (4) 하늘나라의 문을 가로막고 그리로 들어갈 수 없게 만드는 죄, (5) 본성적으로 하나님과 이웃 사랑을 배척하는 죄. 만일 말씀이 없었다면 이런 내용이 현명한 지침이 될 수도 있었을 것이다. 물론 하나님께서 다른 죄보다 이런 죄들을 더욱 싫어하신다고 기록되어 있는 것은 사실이다. 따라서 우리도 정신을 차려 이런 죄들을 멀리해야 하겠으나, 죄는 크고 작음의 구분 없이 그 성격상 죽음에 합당한 것이다.

적용 1. 죄의 결국이 사망이라는 사실에서, 어떻게 하면 정욕의 세력을 멈추게 할 수 있을지를 배우게 된다. 정욕을 따라가다가는 결국 죽음과 저주에 다다르게 된다. 이 엄정한 사실을 명심하여 쾌락이 손짓해 올 때 그 앞을 막아서는 화염검으로 삼으라. 하나님께서 얼마나 지혜롭게 그 사실을 가르쳐 주셨는지 잘 관찰해 보라. 대부분의 죄는 쾌락을 수반하고 있다. 하지만 불행하게도 그 속에는 죽음이 도사리고 있다. 그런데 하나님께서는 사람 속에 죽음에 대한 두려움을 심어 주셔서 쾌락을 견제하게 만드셨다. 한편 세속성(하나님 없이 살려는 생각)과 같은 죄의 또 다른 부분도 마찬가지로 심각한 것으로서, 이런 경우에도 윤리적으로도 별문제가 없고 부끄러움을 느낄 만한 더러운 행위를 하지 않았음에도 두려움을 일으키는 무서운 어떤 것이 존재한다. 그러므로 우리는 경성해야 한다. "나를 미워하는 자는 사망을 사랑하느니라"(잠 8:36)라는 말씀에 귀를 기울여야 한다. 피조물이 자기의 죽음을 좋아한다는 것은 이치에 맞지 않는다. 모든 피조물은 자기 보호 본능을 지니고 있기 때문이다. 그런데 왜 영혼을 위태롭게 하면서까지 육신을 즐겁게 해야 하는가? 하나님께서는 열심을 내셔서 다음과 같이 우리를 깨우쳐 주신다. "이스라엘 족속아…어찌

98) David a Mauden in Prefat. Comment. in Decalog.

죽고자 하느냐"(겔 33:11). 이는 곧 왜 자청하여 네 영혼을 던져 죽음을 마시려고 하느냐? 왜 너희는 하찮은 잔을 위해 진노의 잔을 마시려고 하느냐? 이 땅에서 몇 자 되지 않는 땅을 차지하기 위해 지옥을 유업으로 만들 작정인 것이냐라는 의미다. 죄는 그 순간에는 달콤하지만 곧 죽음으로 변하고 만다. 죄의 최선은 곧 사라지고 그 뒤에는 최악이 버티고 서 있다.

적용 2. 죄의 결국이 사망이란 사실에서, 우리가 죄 때문에 죽지 않으려면 죄를 죽여야 함을 배울 수 있다. 죄는 저절로 죽는 것이 아니라 죽여야만 없어진다. 즉, 죄가 죽든지 죄인이 죽든지 둘 중의 하나다. 죄의 생명과 죄인의 생명은 우물에 달려 있는 두 개의 두레박과 같아서, 하나가 올라오면 다른 하나는 내려가게 되어 있다. 죄가 살면 죄인은 반드시 죽는다. 죄에는 늘 악이 함께하는데, 그 악에는 **죄 안에** 있는 악과 **죄를 뒤따르는** 악이 있다. 죄 안에 있는 악이란 하나님이 주신 율법을 범하는 것이며, 죄를 **뒤따르는** 악이란 죄에 대한 형벌을 말한다. 죄 안에 있는 악을 깨닫지 못하는 자는 죄에 뒤따르는 악을 느끼게 될 것이다. 중생한 사람에게 하나님의 모든 섭리는 사람은 살리고 죄는 멸하도록 역사하신다. "주께서는…그들의 행한 대로 갚기는 하셨으나 그들을 용서하신 하나님이시니이다"(시 99:8). 하나님은 죄인은 아끼시고 죄는 벌하신다. 그러나 죄를 죽이지 않는 사람은 자기 죄를 아끼다가 결국 그 죄 대신에 자기가 죽어간다. 바울이 최초로 하나님의 계명이 자기에게 이를 때에 "죄는 살아나고 나는 죽었도다"(롬 7:9)라고 고백한 것도 그런 의미에서다. 죄가 더 강하게 부각되어 그는 두려움과 정죄감에 휩싸였다. 만일 그렇다면 우리가 정죄되는 것보다는 죄가 정죄되는 것이 더 낫지 아니한가! 바울은 죄를 정죄하는 것을 "죄로 말미암아…육신에 죄를 정하사"(롬 8:3)라는 말로 표현했다. 즉 그리스도께서 죄에 대한 속죄물이 되심으로써, 죄는 정죄되고 죄인은 구속함을 받는다. 그러므로 각자 스스로를 돌아보라. "네 생명으로 그의 생명을 대신하거나"(왕상 20:39)라는 선지자의 비유와 같이 내가 죽는 것보다는 죄가 죽는 것이 낫다. 그러므로 자기 죄를 죽이면 그 영혼은 살아난다.

적용 3. 죄악의 상태에서 우리를 건져내신 하나님께 감사하라. 우리의 영혼은 사망의 올무에서 해방되었다. 다시는 그 지긋지긋한 소돔을 돌아보지 말라. 그리고 거기서 건져내 주신 하나님께 감사하라. "나를 훈계하신 여호와를 송축할지라"(시 16:7). 우리는 평생 사탄의 노예요, 정욕의 부하로서 응당 사망밖에 받을 몫이 없었지만, 하나님께서 그곳에서 우리를 불러내셔서 생명과 평안을 주셨다. 성경에서 회개는 '어둠에서 밝은 빛으로 불러내심' 으로 표현된다. 실로 대단한 일이다. 그러나 또 어떤 곳에서는 '죽음에서 생명으로 옮김' 이라고 표현되는 바, 그것은 더욱 큰 사건이다. 회개는 다름 아닌 죽음에서 생명으로 변화하는 것이다. 만일 주님의 은혜로 이런 큰 변화를 겪지 않았으면 우리는 일생을 쾌락과 허영으로 소비해 버리고, 그 후에는 지옥으로 갈 수밖에 없었을 것이다. 우리를 그 무서운 사망에서 건져 주신 하나님의 이름이 영원무궁토록 존귀를 받으시옵소서!

[16] 내 사랑하는 형제들아 속지 말라.

야고보는 하나님께서 과연 죄의 원인이신가에 대해 형제들과 변론하면서, 하나님께 대한 그런 무례한 생각을 버릴 것을 권고한다. 본문에는 해석상 그리 어려운 부분이 없다.

속지 말라(*μὴ πλανᾶσθε*). 문자적 의미로는 '방황하지 말라' 이다. 이 구절은 양들의 형태를 비유한 것으로서, 때로 행동에 있어서의 실수나 의의 척도로서의 말씀을 떠나 자기 마음대로 했다 말았다 하는 것을 가리키는 데 쓰인다. 사 63:17의 "우리로 주의 길에서 떠나게 하시며"란 구절도 같은 뜻으로 쓰였다. 때로 법관이 오판을 하거나 진리의 표준으로서의 계명을 어기는 것 등에 대해서도 이 단어를 주로 사용한다.

내 사랑하는 형제들아. 야고보는 그들의 잘못에 대해 반박하면서도 그들 자체에 대해서는 매우 온유한 어조로 말한다. 이는 애정과 부드러움이 깃든 호칭이다.

강해 1

어떤 사람들에 대해 충분히 확인해 보지도 않은 채 '잘못' 이라고 낙인 찍어 버리는 것은 옳지 못한 행위다. 그러므로 야고보는 그 당사자들과 변론한 후에야 비로소 '속지 말라' 고 권고한다. (1) 무절제한 책망은 좋은 효과를 낼 수 없다. 상대방을 무조건 이단이라 몰아붙이고 죄를 추궁하면서 우리의 견해를 피력하려 한다면, 상대방을 외곬으로 만들며 우리의 증거에 대해 맹목적인 반감만 갖게 할 뿐이다. 그리고 줏대 없는 사람 외에 그런 원색적인 어투를 두려워할 사람은 아무도 없다. 차근차근 증명해 가는 것이 다짜고짜 비난하는 것보다 훨씬 낫다. 하지만 대부분의 사람들은 너무 성급하게 격정에 사로잡히곤 한다. 마 23:13-33에서 주님이 경고의 말씀을 하실 때 그 이유까지 낱낱이 제시하시는 것은 주목할 만하다. "화 있을진저…너희는 천국문을 사람들 앞에서 닫고", "화 있을진저…너희는 과부의 가산을 삼키며"(개역개정 성경에는 이 구절이 생략되어 있다. 영어 흠정역은 23:14이다-역주). 무절제한 책망으로는 한 사람도 돌이키게 할 수 없다. 그러므로 비판을 할 때 조리 있는 말로 무엇이 이설(異說)이고, 무엇이 적그리스적인 사상인지를 밝혀내야 한다. (2) 하나님의 거룩한 진리를 훼손하는 것은 간단한 일이다. 가톨릭 교도들이 얼마나 빈번히 우리를 이교도나 분열주의자라고 비난하는가? "이 사람들은 무엇이든지 그 알지 못하는 것을 비방하는도다"(유 10). 사람들은 자신과 다른 어떤 교리에 대해 변론으로써 결론이 내려지더라도 그것에 순복할 마음이 없을 때 그 교리를 비판하고 나선다. "나는 그들이 이단이라 하는 도를 따라 조상의 하나님을 섬기고"(행 24:14). 유대인들은 정당한 재판을 하더라도 그 결과가 어떻든 바울이 전하는 도를 받아들일 마음이 전혀 없었으므로, 그를 이단으로 몰아세웠다. 사람들은 어떤 사실을 자세히 살펴보지도 않은 채 너무 성급하게 정죄해 버리며, 그래서 진리를 그처럼 자주 왜곡한다. 만일 비난보다 토론에 의해 일을 처리해 왔더라면, 오늘날 우리들 사이에 이처럼 많은 차이점이 존재하지는 않았을 것이다. 순수한 진리일수록 더욱 시기에 가득 찬 비난의 대상이 된다. 네로의 박해 아래에서 그리스도인들은 '미신을 일삼는 악한 무리들'(Genus hominum superstitionis malificœ)[99]로 일컬어졌었다.

적용 그렇다면 우리는 이런 세대를 사는 동안 될 수 있는 대로 격정을 자제하고 논리에 더욱 충실하기를 배워 나가자. 그렇게 함으로써 감정보다 논리에 의해 사물을 판단할 수 있게 되며, 어떤 대상을 막연하게가 아니라 좀 더 구체적으로 다룰 수 있게 될 것이다. 이것이 사람을 진리 가운데 견고하게 설 수 있게 해 주는 방법이다. 도덕적인 문제에 있어서 말씀이 효력을 발휘하는 경우는 오직 그 말씀이 구체적인 상황에 적용될 때다. 멀리서 울리는 천둥소리는 우리를 깜짝 놀라게 하지 못한다. 즉, 막연한 비난은 추상적인 인상밖에는 남기지 못한다. 그러므로 구체적으로 무엇이 잘못인지를 지적한 다음에 그것을 잘못이라 말하라. 실제로 교부 시대에는 그러했다. 어떤 이들의 글에 의하면[100] 당시 교부들이 처음에는 분쟁을 피하기 위해서 펠라기우스(Pelagius)나 그의 제자들의 인격과 그들의 구체적인 교리들에는 간섭하지 않은 채, 사람이 지닌 본성의 능력에 관한 잘못된 견해에 대해서만 전반적으로 비판했다고 한다. 그러나 후에 가서는 그들의 잘못의 원인을 더 구체적으로 바라보게 되었다고 전한다. 초점이 없는 말은 무용하다. 무딘 쇳덩어리는 접촉점이 너무 많아 살갗을 뚫지 못하지만, 바늘은 오직 한 군데의 접촉점을 갖기 때문에 바로 뚫고 들어간다. 각 사람의 공적을 낱낱이 구분해 놓고 나서야 불이 그 공적을 시험한다(참조. 고전 3:13). 여기서 감정보다는 논리에 더 충실하라고 주장하는 이유는, 구체적인 판단이 뒷받침되지 않은 열정이란 대개 막연한 채로 남아 있기 때문이며, 또 아는 것이 적을수록 더 부정확하면서도 비난 일색의 말을 하기 때문이다.

강해 2

우리는 악한 일을 피하듯 실수도 범하지 않도록 주의해야 한다. 보지 못하는 것은 걷지 못하는 것보다 못하다. 보지 못하면 사람을 잘못된 길로 인도할 수 있기 때문이다. 빛을 보지 못하는 자는 넘어지기 마련이다. 롬 1:28에 의하면 그들은 먼저 '상실한 마음대로' (*εἰς νοῦν ἀδόκιμον*) 내버려진 채, '합당하지 못한 일을 하게' 방치된 상태에 머물게 된다. 마음

99) Tacit. Annal., lib. xv ; Sueton. in Nero, cap. 16

100) Usser de Britann. Eccl. Primordiis, p. 221를 참조하라.

속에 떠오르는 어떤 견해들은 행동에 영향을 미치기에는 다소 미약하고 거의 관계가 없는 듯하지만, 그럼에도 행동에 어느 정도 영향을 미친다. 그런 견해가 마음을 어리석게 만들어 놓으면 그 마음에서 바른 삶이 나올 수 없다. 은혜와 은혜 사이처럼 진리와 진리 사이에도 연계점과 동질성이 있다. 그러므로 잘못된 사색은 오직 실제적인 오류의 근거가 될 뿐이다. 다시 말해서 자유 의지나 만민 구원설과 같이 진리를 더 드러내 주는 듯 보이는 오류들도 있는 바, 실제로 잘 고찰해 보면 그런 오류들은 진리에 대한 가장 심각한 방해물들이다. 그러므로 그러한 견해들을 주장하는 자들이 가장 방종한 삶을 살았으며(벧후 2장에서 사도가 죄에 빠진 사람들의 특징으로 설명해 놓은 대로), 헛되고 육욕적인 삶을 살았다는 사실 자체가 하나님의 엄격한 심판이었다. 바울은 우리 안에서 행하시는 분은 하나님이시기 때문에 두렵고 떨림으로 우리의 구원을 이루라고 말한다(참조. 빌 2:12-13). 그러므로 거짓된 생각을 조심하라. 그 거짓된 생각들이 우리의 마음 주변에 산재해 있다. 사람들은 행동으로 드러나는 악, 즉 겉으로 드러나는 추한 행위만 삼가면 되는 줄로 생각한다. 하지만 육체뿐 아니라 영에도 더러움이 있다는 사실을 명심하라(참조. 고후 7:1). 그리고 악한 행실과 마찬가지로 헛된 마음도 하나님께서 악하고 추하게 여기시는 것임을 기억하라. 헛된 생각과 우상숭배는 술 취함이나 음행과 똑같이 위험하다. 그러므로 죄를 짓게 하고 이단에 빠지게 만드는 것을 주의하여 피해야 하듯이, 그릇된 생각을 갖도록 미혹하는 것들에 대해서도 각별히 조심해야 한다. 실제로 죄를 짓거나 이단에 빠지는 것에 비해 그릇된 생각을 갖는 것은 훨씬 더 흔한 일이므로 그런 생각을 갖도록 현혹하는 것에 미혹되지 말아야 한다. 만일 미혹된다면 우리의 본성은 쉽사리 이단으로 치닫고 말 것이다. 많은 사람들이 이러저러한 견해들을 가볍게 수용하는 이유는 그 견해들이 끼치는 위험의 결과를 알지 못하기 때문이다. 모든 그릇된 이론들은 겉으로는 드러나지 않으면서도 쉬지 않고 사람의 삶과 대화에 영향을 끼치고 있다.

강해 3

속지 말라. 즉 이 문제에 대해 오해하지 말라는 의미다. 왜냐하면 '어떻게 하나님께서 사람의 행위는 발생하게 하시면서 그 행위로 유발된 악은 발생하게 하시지 않는 것인가', '어떻게 그분이 만물의 근원이시면서 죄의 근원은 아니신가' 라는 문제를 이해하기 무척 어렵기 때문이다. 그러므로 야고보는 아무리 이런 사실이 이해하기 어려운 것이라 하더라도 오해하지 말라고 권고한다. 이 말은 사람들이 평이하고 쉽게 이해할 수 없는 진리에 대해서는 다른 방향으로 해석하려고 하는 성향을 지니고 있다는 점을 시사해 준다. 수많은 말씀들이 이해하기 복잡하고 어려운 까닭에 여러 갈래로 해석된다. 게다가 그릇된 해석은 사실과 거의 엇비슷해서 무엇이 오류인지 구별해 내기가 매우 어렵다. 즉 사람의 본성은 잘못된 생각에 빠지기 매우 쉬워서, 어떤 말씀을 대하고 난 뒤 그것이 무슨 뜻인지 정확히 깨닫기 힘들 때, 그냥 자기의 편견대로 해석하고 만다. 모든 진리 안에는 의심하고 논쟁하기를 좋아하는 사람들로 하여금 쉽게 걸려 넘어지게 만드는 난해함이 잠재해 있다. "이 말씀은 어렵도다 누가 들을 수 있느냐(즉, 누가 이해할 수 있느냐)"(요 6:60), "그때부터 그의 제자 중에서 많은 사람이 떠나가고 다시 그와 함께 다니지 아니하더라"(요 6:66). 이 기록에서 그 사실을 더 잘 알 수 있다. 사람들은 어떤 난제에 대하여 자신이 취한 편견을 옹호해 줄 만한 논리나 기타 증거를 지니고 있을 때, 스스로 바르게 깨우친 위치에 있다고 생각한다. 그러나 하나님은 오류를 범할 수 있는 마음을 지닌 그들에게 그러한 난제를 그대로 남겨 두신다. 예수를 좇던 바리새인들과 백성들이 더 이상 예수를 따르지 않기로 작정하고도 자기들의 결정이 옳다고 생각한 이유는, 그분이 하시는 말씀이 자기들로서는 알아듣기 어렵다는 데 있었다. 또한 그들은 마치 그 어려움이 그분에게서 이탈해 나오는 것을 정당화시켜 주는 것인 양 생각했다. 이와 같이 진리에 난해함의 가림막들이 있어서 보통 식견으로는 깨달을 수가 없을 때, 사람들은 각기 나름대로의 견해를 가져도 되는 것으로 생각한다. 유대인들이 예수를 메시아가 아니라고 단언하게 된 것도, 예수께서 자기 동족들이 모두 만족하게 여길 만한 길을 걷지 않으셨기 때문이었다.

이처럼 진리가 간단히 이해될 수 있는 형태로 주어지지 않고 그 본의를 이해하려면 노력과 땀이 필요하기 때문에 많은 사람들이 그 진리를 거절한다. 하지만 하나님께서는 결코 논쟁을 일삼고 말꼬투리 잡기를 즐겨하는 자들(*hominibus prœfracti ingenii*)[101]을 일일이 만족시켜 주려고 하지 않으신다. 그러므로 진리는 알고자 하는 마음이 있는 자들에게는 매우 명확하게 드러나는 반면, 스스로의 편견에 얽매어 있는 자들에게는 복잡하고 어렵게 보인다. 사람들은 진리를 깨닫기 위해 기도나 연구, 토론 등의 수고를 감내하려 하지 않는다. 그들은 명철을 얻기 위해 힘껏 소리 높이기를 싫어하고, 감추어진 보배를 찾듯이 애써 그것을 찾으려고 하지 않는다(참조. 잠 2:4). 오히려 진리를 깨닫는 데 있어서 쉽고 간단한 방법을 좋아하며, 하나님도 사람에게 이해하기 복잡하고 어려운 사실들을 구태여 믿으라고 요구하지 않으신다는 헛된 생각에 빠져 곧 드러나고 마는 잘못된 견해를 고집한다. 그들은 든든하고 견고한 것을 붙잡으려 하지 않고, 오히려 겉보기에 그럴 듯한 것이나 첫눈에 자기들의 생각과 견해에 잘 조화될 만한 것을 찾는다.

적용 1. 그러므로 진리의 길을 가로막고 있는 어려움이라는 장애물로 인해 낙심하지 않으려면, 그 말씀을 해석할 수 있는 은혜, 또 그 말씀을 가르치기 위한 '말문' 이 열리는 은혜, 그리고 스스로의 마음을 성찰할 수 있는 은혜를 주님께 구해야 할 필요성을 절실히 느낄 것이다. 우리는 주께서 우리에게 맑은 정신과 명료한 표현력을 주시고, 또 우리로부터 그것을 듣는 이들에게는 바른 깨달음을 주시기를 구해야 한다. 이렇게 하는 것이 '왜 하나님께서 세상을 이처럼 의혹과 모호함 가운데 버려두어야 하셨는가' 라는 하나님의 섭리에 대한 본질적인 물음에 접근하는 바람직한 태도다. 크리소스톰(Chrysostom)은 성도들이라면 '주님 더 간단한 법을 내리소서' 라고 기도하지 않고, 다윗처럼 "내 눈을 열어서 주의 율법에서 놀라운 것을 보게 하소서"(시 119:18)라고 기도한다고 말했다. 맹인이나 의도적으로 눈을 감고 있는 사람이 '하나님께서 태양을 만들어 주시면 우리가

101) Camero de Eccles.

보겠나이다' 라고 말하는 것은 참으로 어리석은 말이다. 말씀을 맡은 사역자는 성령의 은사로 성경의 문을 열어 달라고 기도해야 하고, 일반 성도는 성령의 은혜로 우리의 지성과 사고의 눈을 뜨게 해 달라고 기도해야 한다. 그렇게 함으로써 하나님의 마음을 분별하기에 이르게 된다.

적용 2. 진리를 어둡게 하고 하나님의 일들을 더욱 흐려놓는 자들이 얼마나 책망을 받게 될 것인지를 배우게 된다. 그들은 '무지한 말로 생각을 어둡게 하는 자' (욥 38:2), 즉 말하는 방법이나 태도로 사람들의 이해에 혼란을 줌으로써 주어진 말씀의 의미를 바로 깨닫지 못하게 하는 자들이다. 많은 사람들이 스스로의 발로 먼지를 일으킴으로써 성경의 빛과 영광을 어둡게 한다. 그런 사람들은 자신들이 간단히 해결할 수 있는 문제를 어렵게 만들어 놓고는 마치 그 문제를 가지고 씨름이나 하는 듯이 말한다. 그러나 그것은 다른 사람들도 자기들과 같이 그런 지식을 가지게 될 것을 시기하거나 혹은 자기들만이 그 지식을 독점해서 긍지를 누리려는 태도임이 분명하다.

강해 4

속지 말라. 이 구절에 대해 좀 더 생각해 보기로 하자. 속지 말라는 문제는 결코 쉽게 지나칠 수 있는 성격의 말이 아니다. 하나님의 영예에 앞서 언급한 것과 같은 심각한 해를 끼치는 이런 잘못을 범하길 원하는가? 이런 잘못으로 빚어지는 결과가 그렇게 위험한 것이므로 야고보는 더욱 진지하게 말하는 것이다. 속지 말라! 하나님의 속성에 대해 그릇된 생각을 갖는 것은 매우 위험한 일이다. 부패한 사람으로서는 하나님께 대해 그릇된 생각을 갖는 것이 무엇보다 자연스런 일이겠으나 사실 그보다 위험한 일도 없다. 모든 행동이 하나님을 어떻게 이해하고 있는가에 달려 있으므로 우리는 하나님의 영광에 대해 항상 올바로 이해하고 있어야 한다. 롬 1:23-24에서 그 예를 볼 수 있다. 즉 "하나님의 영광을…바꾸었느니라"라고 전제한 뒤, 그 결과로 "하나님께서 그들을…더러움에 내버려 두사"라고 기록하고 있다. 성경은 우상숭배를 종종 간음으로 설명한다. 육체적인 더러움과 영적인 더러움은 보통 함께 수반되기 때문이다. 하나님께 대한 그릇된 생각은 영혼을 더럽히며, 사람에게서 경건에 대한 감각과 관심을 앗아가 버린다. 그러므로 이런 잘못을 범하지 않도록 주의해야 한다. 자신의 생각 속에서 하나님의 속성과 그 영광이 조금도 손상되지 않도록 하라. 만일 하나님께 대해 갖고 있는 생각을 저급하게 하거나 하나님의 영광을 바로 이해하지 못하게 할 만한 것들이 마음속에 떠오른다면, 또는 누가 그런 암시를 해 온다면, 무엇이든 거부하라.

강해 5

내 사랑하는 형제들아. 누군가를 잘못에서 돌이키도록 하는 방법 중에서 부드러운 설득보다 더 좋은 것은 없다. 왕 앞에 나아가 말하려면 비단결 같은 극진한 말(*φήμασι βυσσίνοις*)을 사용해야 한다는 이야기가 있다. 우리는 분명히 우리와 다른 사람들에 대해서는 훨씬 상냥하게, 이를테면 비단결같이 부드럽게 말해야 할 필요가 있다. 비록 언짢은 내용의 말을 하게 되더라도 태도까지 그와 같아서는 안 된다. 그것은 마치 알약의 표면이 당분으로 입혀져야 목 안으로 쉽게 넘어가는 것과 같은 이치다. 심하게 몰아붙이면 설득을 하기는커녕 오히려 한 사람씩 잃어버리게 되고, 결국 그들을 반대편 입장에 서게 만든다. 로마 성직자들은 터툴리아누스가 몬타누스파에 대해 호의적인 태도로 말한 것에 대해 호되게 비판함으로써 터툴리아누스가 몬타누스파에 가담하는 결과를 가져왔다.[102] 온유한 태도는 아직 아무 편에도 속하지 않은 자들을 얻을 수 있다. 반대편 견해를 지니고 있는 사람들은, 우리가 자신들에 대해서 화를 내며 격하게 말하리라고 지레 생각한다. 그러므로 가능한 한 그렇게 생각할 만한 소지를 남기지 않는 것이 좋다. 더구나 고의로 잘못된 생각을 가진 것이 아니라, 심성이 약하여 그런 생각에 빠진 자들을 대할 때는 더욱 그러하다. "내 사랑하는 형제들아 속지 말라." 이 시대를 사는 우리도 이러한 지혜를 얻기를 바란다. "거역하는 자를 온유함으로 훈계할지니 혹 하나님이 그들에게 회개함을 주사 진리를 알게 하실까 하며"(딤후 2:25). 그릇된 생

102) 'Prorsus in Mcntani partes transivit.' —*Pamel. in Vita Tertul.*

각에 굳어버린 사람들은 아직 그렇게까지 되지 않은 사람들에 비해 심한 비난을 잘 받아넘긴다. 정반대의 견해를 주장하는 그들은 각각 자기들의 견해가 옳다고 선언만 하면 된다고 생각하기 때문이다. 즉 그들에게 있어서 중요한 문제는 생각의 옳고 그름이라기보다는 자존심이다. 이에 비하면 행동으로 나타나는 죄는 마음을 더 부끄럽게 하며, 뻔뻔스럽게 자기가 잘했다고 대꾸할 만한 것이 없다는 생각이 들게 한다. 이는 사람이 스스로 잘못을 꾸짖을 정도로 겉으로 드러나는 행위에는 약하기 때문이다. 그러나 생각 속에서 범하는 잘못에 관한 한, 대부분의 사람은 스스로의 견해가 남들의 생각에 비해 나으면 나았지 못하지는 않다고 생각하기 때문에, 그들을 말씀으로 권고할 때는 더욱 온유하게 할 필요가 있다. 만일 그렇지 않고 심하게 대한다면 그 태도에 자존심이 상하여 정작 권고해야 할 문제 자체를 도외시하게 만들고 만다. 그렇게 되면 진리의 문제가 자존심의 문제로 전락하게 된다.

[17] 온갖 좋은 은사와 온전한 선물이 다 위로부터 빛들의 아버지께로부터 내려오나니 그는 변함도 없으시고 회전하는 그림자도 없으시니라.

야고보는 앞 절에서 하나님이 죄의 원인이 아니시라는 사실을 설명하기 위해서 사용한 논식을 본 절에서도 그대로 사용하여, 하나님이 온갖 좋은 것 특히 영적인 은사와 은혜들을 우리에게 베풀어 주시는 분이시라는 것을 설명한다. 이 말씀에는 모든 선한 것을 지으신 이는 악의 근원이 될 수 없다는 논리가 암시되어 있다. '온갖 좋은 은사와 온전한 선물'이 하나님께로부터 내려온다. 그리고 야고보는 이 논리를 태양에 대한 암시를 사용해 더욱 강조한 후, 하반절에서 하나님을 본질적이고도 변함없으신 선(善)으로 표현한다.

온갖 좋은 은사. 불가타역은 이 구절을 '최고의 선물'(the best gift)이라고 번역했다. 그것이 비록 원문에 대한 직역은 아닐지라도 의미상으로는 잘 부합된다. 야고보가 은사를 선(善), 곧 좋은 것으로 표현한 이유는 다음과 같다. (1) 이 은사(선물)라는 개념에서 '혼미하게 된 마음'(고후 4:4), '제어하기 어려운 감정'(참조. 엡 2:3) 등 선물이라기보다는 오히려 손해라고 해야 옳을 사탄의 선물을 배제하기 위함이다. 이런 사탄의 선물은 '아래'에서 주어진 것이며 선한 것이 아니다. (2) 야고보가 말하는 은사들이 어떤 종류의 것인지를 밝히기 위함이다. 이 은사는 일반 은총이 아니라 바울이 엡 1:3에서 표현한 바, '신령한 복'(*πνευματικὰς εὐλογίας*)이다. 물론 모든 보편적인 은혜도 하늘로부터 내려오는 것이 사실이지만, 야고보가 본 절에서 말하고자 하는 것은 '선' 그리고 '완전'이라는 속성으로 나타나는 특별 은사들이다. 혹자는 '좋은 은사'(*δόσις ἀγαθή*)를 땅에서의 복으로, '온전한 선물'(*δώρημα τέλειον*)을 하늘의 영적 복으로 해석하여 두 구절을 구분하기도 한다. 그러나 이런 해석은 너무 지나치게 정밀한 듯하다. 이 두 구절은 각기 다른 관점에서 점진적인 방법으로 동일한 은혜를 가리키고 있다. 앞뒤 문맥을 살펴 볼 때 이 두 은혜가 서로 일치한다는 점을 보더라도 그렇다. 앞부분에서 야고보는 하나님께서 죄를 만드신 분이신가라는 문제를 끄집어내었던 바, 하나님께서는 특별한, 그리고 구원의 은혜를 내리시는 분이라는 본 절의 설명보다 그러한 가설을 일축하기에 적합한 논리는 없다. 그리고 다음 문맥에서 야고보는 중생에 대해서 이야기하는데, 이 점에서도 앞에서 말한 두 은혜가 하나님께로부터 온 것이 분명하다. 따라서 특별 은혜와 일반 은혜가 동시에 내려진 것이라고 볼 만한 소지가 전혀 없다.

온전한 선물. 이것은 어떤 방식으로든 우리를 온전함에 이르도록 하는 은사인데, 중생하게 하시는 최초의 은혜뿐 아니라 영적인 삶의 모든 과정, 그리고 결국 영화와 영생에 이르기까지 계속 내리시는 은혜를 포함한다. 그리고 이 모든 것이 하나님의 선물이다. 영원한 죽음은 삯이지만, 영원한 생명은 선물이다. 그러므로 바울은 롬 6:23에서 사망과 영생을 비교할 때, 둘 다 똑같이 선물(은사)이란 용어를 쓰지 않고 각각 달리 표현했다. 종합해서 말하자면, 중생으로 말미암아 새 생명이 탄생하는 순간뿐 아니라 은혜로 장성해 결국 영화롭게 될 때까지의 모든 점진적인 과정이 선물로 주어지며, 또한 이는 하나님이 기뻐하시는 뜻 가운데 베푸시는 은총의 소산이다.

위로부터. 즉 '하늘로부터'라는 뜻이다. 다른 구절에서도 하늘을 '위'

로 표현한다. "위로부터 오시는 이는 만물 위에 계시고…하늘로부터 오시는 이는 만물 위에 계시나니"(요 3:31). 그리고 여기에서 '하늘'은 하나님 대신 쓰인 용어다. "내가 하늘과 아버지께 죄를 지었사오니"(눅 15:21). 즉 하나님과 이 땅에서의 아버지께 죄를 얻었다는 뜻이다. 여기서 우리가 받은 은혜가 위로부터 온 것이라고 말하는 데는 그럴 만한 특별한 이유가 있는 듯하다. 그것은 다름 아니라 그런 은혜들이 그곳에서 계획되었고, 그 은혜들이 지향하고 추구하는 곳이 또한 그곳이며, 그곳에서 그 은혜들을 완전히 누릴 수 있기 때문이다. 그러므로 엡 1:3에서는 우리가 "하늘에 속한 모든 신령한 복"을 받았다고 이야기한다. '하늘에 속한'이란 말도 결국 그곳에서 모든 신령한 복이 유래했으며, 또한 그곳에서 그 복이 완성될 것이란 의미로 사용된다.

내려오나니. '떨어지다'란 표현을 사용하지 않은 이유는, 아퀴나스에 따르면 우리가 받은 복이 우연한 것이 아니라 정상적인 방법에 의한 것임을 나타내고자 함이다.

빛들의 아버지께로부터. 즉 '하나님께로부터'라는 의미다. **아버지**란 말은 가끔 '창시자' 혹은 '제1원인'이란 의미로 사용된다. "그는 장막에 거주하며 가축을 치는 자의 조상이 되었고…그는 수금과 퉁소를 잡는 모든 자의 조상이 되었으며"(창 4:20-21). 여기서 조상이란 단어는 창시자란 뜻이다. 그런 의미에서 하나님도 '모든 영의 아버지'(히 12:9)라고 표현된다. 이는 모든 영들이 육체의 혈통이라는 물리적 과정을 거쳐서 만들어진 것이 아니라 하나님께서 즉시 창조하신 대상이기 때문이다. 그렇다면 **빛들의 아버지**란 무엇을 의미하는가? 어떤 이들은 이 말이 단지 '영광스러운 아버지'를 의미할 뿐이라고 이해한다. 히브리어에서는 소유격이 형용사구로, 복수 소유격이 최상급으로 쓰이는 것이 보통이므로, 본 절의 '빛들의'가 최상급의 의미로 쓰여 '영광스러운'을 뜻할 것이라는 생각이다. 그러나 나의 견해로는 본 절이 하나님을 모든 행성에 빛을 발산해 보내는 태양에 비유하여 묘사한 것으로 여겨진다. 태양이 모든 행성에서 발하는 빛의 근원인 것처럼 하나님도 모든 완전함의 근원이신 바, 본 절에서는 그 완전함을 빛으로 묘사하여 하나님을 '빛들의 아버지'라고 표현한 것이다. 그러므로 성경은 보통 빛을 하나님의 속성으로, 어둠을 마귀의 속성으로 설명한다. 눅 22:53에서 "이제는 너희 때요 어둠의 권세로다", 즉 사탄을 어둠의 권세라고 한 것도 그중 한 예가 될 것이다. '빛들의 아버지' 란 용어에 대해서는 후에 더 설명하기로 하자.

그는 변함도 없으시고. '변함' 에 해당하는 원어는 *παραλλαγή*로서, 천문학 용어다. 이 단어는 천체에 속한 행성들이 공전과 자전으로 그 위치를 수시로 달리함으로 발생하는 시차(視差)에서 파생한 것으로서, 야고보가 본문에서 의도하고자 하는 바와 가장 잘 어울리는 단어다. 천체를 비추는 물리적인 빛은 행성의 위치에 따라 변하기도 하고, 없어지기도 하며, 희미해지기도 한다. 그러나 우리의 태양이신 하나님은 언제나 같은 밝기와 광채로 빛을 비춰 주신다.

회전하는 그림자도 없으시니라. '회전하는 그림자' 에 해당하는 원어는 *τροπῆς ἀποσκίασμα*로서, 앞 구절에서와 마찬가지로 계속해서 비유가 사용되었다. 행성들은 그 위치와 광도(光度)에 따라서 그 모습도 여러 가지로 보인다. 또한 해가 우리 위에 가까이 떠 있을수록 그림자는 작아지고, 멀어질수록 그림자는 커진다. 이처럼 그림자의 변화에 의해서 해의 움직임과 회전을 감지하게 된다. 그러나 영적인 빛들의 아버지께서는 물리적인 빛들의 근원인 해와 같지 않으시다. 하나님께는 아무런 회전하는 그림자도 없으시다. 즉 하나님은 조금도 움직이거나 변하지 않으시고, 부분적으로라도 일정하지 않은 것이 없으시며, 언제나 동일하게 계신다. 하나님은 뜨고 지는 일이 없으며, 구름으로 가리워지거나 어둠 속으로 사라질 수 없는 그러한 태양이시다.

강해 1

온갖 선한(좋은) 것들은 위로부터 내려온다. 즉, 하나님께서 우리에게 내려주시는 것이다. 악 자체는 위로부터 내려온 것이 아니다. "샘이 한 구멍으로 어찌 단물과 쓴 물을 내겠느냐"(약 3:11). 플라톤은, 신은 선하시되 변함없이 선하시므로 악이 하나님께로부터 온 것일 수 없다고 했다. 악이 하나님께로부터 오지 않은 이유는 하나님이 선하시기 때문이라는 논리다.

이것은 만일 악(evil, 죄악·재앙 ·불행에 대한 총칭)을 죄악(wickedness)이란 의미로 이해할 경우에는 옳은 생각이다. 그러나 재앙이나 불행까지도 포함하여 그렇게 말한다면 "여호와의 행하심이 없는데 재앙이 어찌 성읍에 임하겠느냐"(암 3:6)라는 말씀과 모순된다. 죄악이 위로부터 내려온 것이 아닌 반면, 선은 위에서 솟아나는 맑은 샘으로서 말씀과 기도 혹은 성례라는 일종의 통로나 운반 매체를 통해 내려온다. 그러므로 이러한 일상의 은혜를 얻으려면 노력과 관심이 있어야 한다. 하지만 노력과 관심을 쏟아야 하는 것이 사실일지라도 우리가 누리는 그 신선한 샘물은 근원적으로 하나님께 있다. 그러므로 우리는 이 은혜를 얻어 누리는 삶을 살면서 마치 병아리가 물 한 모금 먹고 하늘 한 번 쳐다보듯 그런 자세로 살아야 한다. 그러나 마치 새 옷을 갖게 된 어린아이가 정작 그 옷을 갖게 해 주신 분이 부모라는 사실을 모르고 양복점 주인에게 고맙다고 말하는 것과 같이, 하나님 외에 다른 대상을 쳐다보는 것이 우리의 혈과 육의 성향임을 고백하지 않을 수 없다. 그렇게 하여 하나님께 마땅히 드려야 할 믿음과 경외를 일시적 도움을 준 자들에게 빼앗기는 일을 겪게 된다. 그러므로 하나님께서는 종종 중간에서 우리의 믿음과 경외를 가로채는 것들을 저주하시고, 그러한 우리의 노력을 헛되게 하신다. 하나님의 질투는 경쟁자를 결코 용납하지 않으신다. 하나님은 우리에게 선한 모든 것을 내리시고, 그로써 우리가 드리는 영광을 즐겨 받으시기 때문에, 그 영광을 다른 대상에게 부여하는 것을 용납하실 수 없다. 하나님께서 모세의 손을 써서 이적을 베푸시려는 뜻을 보이셨을 때, 먼저 그 손에 나병이 생기게 하신 것도 바로 그런 의미에서다(참조. 출 4:6). 모세는 이로써 자기 손에 능력이 있어 이적을 행한 것이 아니며, 자기 손은 단지 언제든 나병이 발병할 수 있는 피조물의 손에 불과하다는 사실을 미리 경고 받았다. 하나님께서 우리 안에 있는 모든 선한 것을 내려 주시는 분임을 아는 것은 우리로 하여금 다음과 같은 여러 가지 타락에 빠지지 않도록 미리 막아주기에 매우 유용하다. (1) 스스로에게 영광을 돌림 : 누가 위에서 내려온 것을 가지고 자기 것인 양 뽐내려 하는가? 우리는 타인의 업적과 명예를 사취해 자기 것인 양 자랑하는 자를 비열하다고 생각한다. 그래서 바울도 '남의 규범으로 이루어 놓은 것' (고후 10:16)으로 자랑하기를 원하지 않는다로 말했다. 우리의 규범 안에도 모든 선한 것이 예비되어 있다. 그러나 그것은 우리에게 내려진 하늘의 선물이다. 따라서 우리의 소유나 업적이 아니라 하나님의 것이다. (2) 무례함 혹은 다른 이에게 자랑함 : 만일 모든 것이 우리 스스로에게서 나온 것이라면 가장 지위가 높은 자가 가장 고결한 정신을 가지고 있을 것이다. "누가 너를 남달리 구별하였느냐"(고전 4:7). 육욕적이며 연약한 영혼들은 쾌락을 즐김으로써 정욕을 채운다. 탁자의 받침대가 곧으면 그 위에 물건을 많이 올려놓을수록 그 받침대는 더 곧아지면서 안정을 유지한다. 반면에 그것이 휘어 있다면 올려놓은 물건이 많을수록 그 무게에 더욱 더 휘어 버린다. 이처럼 하나님이 육욕적인 사람들을 간과하시면 하실수록 그들의 영혼은 더욱 비뚤어져 간다. (3) 더 많이 받은 자들을 질투함 : 이것은 하나님의 손이 선하실 때 우리 눈은 악해지는 것을 의미한다. 질투는 하나님께 대한 반항이며, 그분의 자유와 호의를 거스르는 것이다. 하나님께서는 우리의 뜻에 상관없이, 친히 그 뜻대로 은혜와 복을 나눠 주신다. 우리가 해야 할 바는 하나님이 주시는 대로 기쁘게 받고, 그것을 유용히 사용할 수 있도록 은혜를 구하는 일이다.

강해 2

우리가 위로부터 무엇을 받든지 간에 우리는 그것을 선물로서 받는다. 우리는 '받은 것' 외에는 아무것도 소유하고 있지 않으며, 그 받은 것도 우리의 노력의 대가와 상관없이 '자유로이' 받은 것이다. 우리는 하나님께 대해 그 선물을 내려 달라고 정당히 요구할 만한 아무것도 가지고 있지 않다. 하늘의 은혜들은 흥정의 대상이 아니다. 하나님께서 우리를 은혜의 향연에 초대하셨을 때는 단지 주인의 자격으로서가 아니라 왕의 자격으로서 그렇게 하신 것이다. 즉, 하나님은 우리를 매수하신 것이 아니라 당당히 취하셨다. 그 향연에는 돈 없는 자들(즉, 자기는 그 자리에 참석할 만한 아무런 자격도 없다고 생각하는 자들)이 가장 큰 환대를 받았다(참조. 사 55:1). 어떤 신학자들은 우리가 만일 죄 없는 상태에 있다 할지라도 그것 자체가 공로가 될 수는 없다고 말한다. 언약의 조건이 행위에 달려 있었던 것으로 보이는 시대에서조차도 그 신학자들의 말과 같이 단순히 행했다는(*impetrare*) 그 사실 때문에 언약을 얻을 수 있었던 것이며, 결코 행위 자체에 그럴 만한 공로(*mereri*)가 있었기 때문은 아니었다. 피조물의 행위와 그에 대한 창조주의 보상 관계를 공로나 가치라는 개념으로 설명하는 것은 적절하지 못한 일이다. 더구나 타락 이후에는 그런 개념들이 더욱더 부적절하게 된 것은 더 이상 말할 필요가 없다. 오히려 공로와는 정반대 개념인 죄가 은혜를 더하게 한다. 왜냐하면 타락 이후에는 모든 은혜(giving) 안에 용서(forgiving)의 개념이 내포되어 있으며, 단지 복만이 아니라 죄 사함의 의미가 그 안에 담겨 있기 때문이다. 그래서 은혜는 더욱 필요하고 고마운 것이 되었다. 이미 오래전에 스콜라 학자들은, 죄가 은혜로 하여금 복과 용서를 베풀 여지를 갑절이나 마련해 주었으므로 죄인들이 죄 없는 사람들보다 더 감사할 이유가 있다고 결론지어 말한 바 있다. 그처럼 우리는 더 큰 은혜를 받았다. 그렇다면 우리가 매사에 그러한 하나님의 사랑을 느끼면서 오직 하나님의 영광을 목적으로 살아야 옳지 않겠는가!

강해 3

하나님의 모든 선물 중에서 영적인 복이 가장 크다. 본 절에서는 이 복을 좋고 온전한 선물이라고 표현하는데, 그 이유는 그것이 우리를 선하고 온전하게 만들어 주기 때문이다. 그런 점에서 "너희가 악한 자라도 좋은 것으로 자식에게 줄 줄 알거든 하물며 하늘에 계신 너희 아버지께서 구하는 자에게 좋은 것으로 주시지 않겠느냐"(마 7:11)라는 말씀은 새겨 볼 만한다. 이 말씀과 병행구인 눅 11:13에서는 "구하는 자에게 성령을 주시지 않겠느냐"라고 기록한다. 그러므로 마 7:11의 '좋은 것'이나 본 절의 '선물'은 모두 성령을 가리킨다. 최고선(하나님의 영)이 없는 상태에서는 아무것도 선하다고 할 수 없다(*Nihil bonum sine summo bono*).[103] 하나님을 의지하지 않는 자들에게 베풀어 주시는 은혜들은 그들을 구원하기

103) Aug. lib. iv. contra Jul.

위한 일정한 체계 아래서 내려 주시는 것이 아니라 산발적으로 주시는 것이지만, 하나님께서 기뻐하는 자들에게는 늘 최고의 선물(성령)을 내려 주신다. 시 17:14은 하나님의 진노의 대상이 되는 자들, 즉 강포하고 피 흘리기를 즐겨하는 자들이 재물에 부요한 반면, 하나님을 앙망하는 자들은 성령에 부요한 사실을 말해 준다. 정작 중요한 은혜에는 무관심하고 기타 부수적인 은혜만을 갈망하는 자들이 있는 바, 그들에게는 그토록 갈망하던 재산이 올무가 될 수 있으며 삶 자체가 짐이 될 수 있다. 그러나 영적인 은혜를 갈망하는 자들에게는 하나님의 은혜와 사랑이 결코 짐이 되지 않는다. 그래서 시 63:3에서는 주의 인자하심이 생명보다 낫다고 한다. 그렇다면 팥죽 한 그릇을 장자권보다 더 낫게 여기는 것이나 선하고 온전한 선물보다 헛된 욕망에 관심을 더 두는 것은 세상에 속한 생각이다. 이런 점에서 다윗은 하나님께 옳은 것을 구했다. "여호와여 주의 백성에게 베푸시는 은혜로 나를 기억하시며 주의 구원으로 나를 돌보사"(시 106:4). 다윗은 모든 종류의 은혜를 구하지 않고 오직 하나님께서 자기 백성에게 베푸시는 은혜를 구했다. 즉, 모든 선물을 다 구하지 않고 오직 선하고 온전한 선물만을 구했다. 이와 같은 기도가 시 119:132에서도 소개된다. "주의 이름을 사랑하는 자들에게 베푸시던 대로 내게 돌이키사 내게 은혜를 베푸소서." 주께서 세상에 보편적으로 내리시는 그 은혜가 아니라 자기 백성, 즉 기뻐하시는 자들에게 내리시던 그 은혜를 구하고 있다는 사실을 주목하라. 최고의 은혜를 바라는 마음에 만족을 줄 수 있는 것은 오직 하나님의 최고의 은혜밖에 없다.

강해 4

야고보는 하나님을 빛들의 아버지라고 표현한다. 빛은 순전하고 깨끗한 특성을 지니고 있으며, 모든 물질 가운데 가장 순수하고 영적인 것이어서 종종 하나님의 본질이나 영광, 그리고 하나님께로부터 기인한 피조물들의 본질이나 완전함 등을 묘사하는 데 쓰인다. 하나님의 본질을 묘사하기 위해 쓰인 예는 요일 1:5에서 찾아볼 수 있다. "하나님은 빛이시라 그에게는 어둠이 조금도 없으시다는 것이니라." 이 구절에서 빛은 순전하고 무엇이 섞이지 않은 창조물이므로 하나님의 본질의 단일성을 묘사하기 위해 사용되었다. 하나님의 영광을 묘사하기 위해 쓰인 예는 딤전 6:16로 "가까이 가지 못할 빛에 거하시고", 즉 도무지 상상할 수 없는 영광 안에 거하신다는 의미다. 마찬가지로 그리스도께서도 아버지로부터 인격과 속성을 부여받았다는 점에 입각하여, 니케아 신조는 그리스도를 '빛으로부터 오신 빛이시요 참 하나님으로부터 오신 참 하나님이시다' (*φῶς ἐκ φῶτος, θεὸς ἀλήθινος ἐκ θεοῦ ἀληθίνου*)라고 표현한다. 피조물인 경우에도 하나님으로부터 그 완전성을 부여받은 존재들은 빛들이라 일컬어진다. 그래서 천사들을 '광명의 천사' (고후 11:14)로, 성도들을 '빛의 아들들' 로 표현했다. 신자와 불신자를 막론하고 사유 기능을 지닌 모든 피조물들도 그들 속에 있는 지혜와 지성, 사고 때문에 빛들로 표현되기도 한다. 그래서 요 1:9에서는 "세상에 와서 각 사람에게 비추는 빛이 있었나니"라고 말한다. 즉, 이성이라는 빛으로 비추었다는 의미다. 모든 초의 심지는 불꽃에 의해 불이 붙는다. 이처럼 이성, 지혜, 거룩함, 행복 등이 종종 빛들로 묘사되는데, 이 모든 것들이 하나님께로부터 나왔다. 별들이 다른 데서부터 오는 빛을 받아 반사하듯이 모든 피조물도 그러하다. 피조물에게서 어떤 명료하고 탁월한 모습을 발견하게 될 때, 그것이 단지 하나님의 영광을 반사하는 섬광이나 빛에 지나지 않음을 기억하라. 지혜로운 사람은 별을 보고 그리스도를 생각하듯이 우리도 세상에 있는 뛰어난 모든 것들을 대할 때 '빛들의 근원이며 아버지' 신 하나님을 떠올려야 마땅하다. 그러므로 마 5:16에서 주님은 "이같이 너희 빛이 사람 앞에 비치게 하여 그들로 너희 착한 행실을 보고 [너희가 아니라] 하늘에 계신 너희 아버지께 영광을 돌리게 하라"고 말씀하신다. 촛불이 밝고 깨끗하게 타오르는 모습을 볼 때 그것이 하나님으로 말미암아 점화되고 타오른다는 것을 명심하라. 사람들 중에 어떤 빛이 있더라도, 즉 복음의 비밀을 보고 느낄 수 있는 힘이 있더라도 혹은 그들이 '타오르고 빛을 발산' 하더라도, 즉 그들이 거룩한 대화의 불꽃을 일으키더라도, 그들은 단지 위에서 내려온 빛과 영광을 발견한 자에 지나지 않는다는 사실을 기억해야 한다. 하나님께서 빛들의 아버지라는 사실에서 다음 몇 가지 교훈을 얻을 수 있다.

1. 스스로를 하나님께 의뢰해야 한다. 만일 은혜나 지식, 혹은 안위라는 빛을 얻고자 한다면 그분이 비추시는 빛을 받아야 하며, 그 불꽃에 불이 붙어야 한다. 우리는 주께서 그 영광으로 채워 주시기 전에는 어둠 가운데 있는 한낱 육신에 불과하다. 하나님께서 우리와 함께 계시지 않는다면 우리가 얼마나 난처한 지경에 빠지게 되겠는가! 캄캄한 밤에는 두려움에 떨고 길을 잃게 될 뿐이다. 우리 영혼도 하나님께서 늘 우리 안에 계심으로 비춰 주시는 빛이 없다면 똑같은 처지가 되고 만다. 해가 지고 나면 풀이 시들어 버리듯, 영혼들의 태양이신 하나님께서 우리를 떠나신다면 우리 속에는 오직 불안과 쓰린 번민만 맴돌 것이다. 그러므로 주께서 우리 영혼에 잠시 번쩍이고 없어질 섬광으로가 아니라 영원한 빛으로 비춰 주시기를 기도하라. 그럼으로써 그 빛은 안위와 은혜로 끊임없이 우리와 함께 거한다. 우리 마음속에 경건한 생각이 솟아나 마음을 밝게 비추더라도 그것이 섬광에 그쳐 버린다면, 빛이 곧 사라짐에 따라 이전과 같은 어둠 속으로 묻히게 될 것이다. 그러나 하나님께서 꺼지지 않는 빛으로 비춰 주실 때 우리는 거룩한 말씀의 빛을 발하게 된다. "일어나라 빛을 발하라 이는 네 빛이 이르렀고 여호와의 영광이 네 위에 임하였음이니라"(사 60:1). 우리는 달처럼 어두운 존재인지라 자력으로 빛을 만들어 낼 수 없다. 주께서 우리를 비추셔야만 우리도 그 빛을 발할 수 있다. 평안에 있어서도 역시 마찬가지다. "그들이 주를 앙망하고 광채를 내었으니 그들의 얼굴은 부끄럽지 아니하리로다"(시 34:5).

2. 하나님께서 빛들의 아버지란 사실은 왜 악인들이 하나님을 미워하는지 그 이유를 밝혀 준다. "곧 빛이 세상에 왔으되 사람들이 자기 행위가 악하므로 빛보다 어둠을 더 사랑한 것이니라"(요 3:19). 그리고 요한은 계속해서 "악을 행하는 자마다 빛을 미워하여 빛으로 오지 아니하나니"(요 3:20)라고 한다. 어둠 속에 있기를 좋아하는 사람들은 하나님이나 하나님을 대표하는 그 어느 것에 대해서도 견디지를 못한다. 라헬이 라반의 드라빔 수색을 견딜 수 없어 했듯이 악인들도 하나님의 눈을 견딜 수 없어 한다. 그분은 빛들의 아버지이시므로 모든 것을 밝히 드러내시며 샅샅이 찾아내신다.

3. 하나님의 자녀들은 이와 같은 사실에서 순결하고 정직한 걸음을 걷는 것을 배워야 한다. “너희가…이제는 주 안에서 빛이라 빛의 자녀들처럼 행하라”(엡 5:8). 그렇게 행함으로써 아버지의 영광을 닮아 가도록 하라. 그러면 자신 안에 남아 있는 잘못들을 달 표면에 나타나는 얼룩과 같이 곧 발견해 낼 수 있다. 세상의 빛들인 성도들은 희미하게 비춰서는 안 된다. 가장 캄캄한 밤에 별빛이 가장 찬란히 빛나듯, 가장 악한 상황에서도 가장 밝게 빛을 발해야 한다. 그러므로 바울은 “어그러지고 거스르는 세대 가운데서 하나님의 흠 없는 자녀로 세상에서 그들 가운데 빛들로 나타내며”(빌 2:15)라고 권고한다.

강해 5

주님의 거룩하심과 그 영광은 변함이 없다. 주님은 언제나 같은 광도로 비추시는 태양이다. 하나님과 그분 속에 있는 모든 것은 불변하다. 이 불변성이 진주 구슬을 꿰는 비단실같이 주님께 속한 다른 모든 것을 꿰고 있는 속성이다. 그러므로 하나님의 은혜도 불변하다. “그의 인자하심이 영원하고”(시 100:5). 하나님의 능력도 마찬가지다. 그래서 사 26:4에서는 그분을 일컬어 ‘영원한 반석’이라고 한다. 또한 하나님의 계획도 그러하다. 브래드워딘(Bradwardine)은 ‘하나님은 외적인 표현은 달리하기도 하시지만 내적인 계획은 전혀 변경하지 않으신다’(*Mutat sententiam, sed non decretum*)고 했다. 하나님은 어떤 상황을 변경하기로 뜻하는 일은 있을지언정 친히 뜻하신 바를 변경하지는 않으신다. 하나님의 사랑도 마찬가지로 불변하다. 하나님께서 우리를 향해 지니고 계신 마음은 우리의 외적 조건이 변하더라도 동일하다. 우리의 신분과 의견은 변하나 하나님은 변하지 않으신다. 그러므로 욥이 “주께서 돌이켜 내게 잔혹하게 하시고”(30:21)라고 했을 때, 그것은 단지 자신의 느낌과 판단력에 따라 한 말에 지나지 않는다. 그러므로 다음 사실들을 유념해야 한다.

1. 사람이 가변적일수록 점점 더 하나님과 닮는 바가 없어진다. 목표가 쉽게 변하며, 그것마저 용두사미가 되어 버리는 자신의 모습을 바라볼 때 사람은 스스로를 미워해야 한다. 하나님은 변함없이 거룩하시지만 사람

은 방황을 즐기려는 심성을 지니고 있다. 하나님은 언제나 동일하시지만 사람은 쉽게 마음이 변한다. '너희를 부르신 이를 이같이 속히 떠나 다른 복음을 따르는 것' (갈 1:6), '쉽게 마음이 흔들림' (살후 2:2), '온갖 교훈의 풍조에 밀려 요동함' (엡 4:14). 그러므로 끊임없이 '배우고 확신한 일' (딤후 3:14)에 거해야만 하나님의 온전하심을 더욱 닮아갈 수 있다.

2. 주님께서 자신의 마음을 바로 세우고 굳게 붙들어 주시기를 기도하라. 결코 변함이 없으신 하나님께서는 우리를 모든 지옥 문에 빠지지 않도록 구하시며, 흔들리지 않는 은혜의 나라로 옮겨 주실 수 있는 분이시다. 그러므로 주님께서 후회함이 없는 그런 선물, 즉 영원한 은혜의 열매 그리고 영원한 영광의 보증을 내려주실 때까지 잠잠하지 말아야 한다.

3. 자신을 변함없는 선이신 주님께 맡기라. 세상에 큰 변화가 있을지라도 언제나 변함없는 주님만을 바라보라. 세상에는 항구성이 거의 없지만, 주님은 언제나 변함이 없으시다. "천지는 없어지려니와 주는 영존하시겠고 그것들은 다 옷같이 낡으리니 의복같이 바꾸시면 바뀌려니와 주는 한결같으시고 주의 연대는 무궁하리이다."(시 102:26-27). 천 조각은 시간이 지나면 그냥 썩어 없어지거나 좀이 먹어 없어진다. 그리고 의복은 매일 닳고 해어진다. 이와 마찬가지로 모든 피조물도 천 조각이 좀에 먹히듯 혹은 의복이 닳아 해어지듯 사라져 가기 마련이다. 그러나 하나님께서는 변하지 않으신다. 영원의 이마에는 주름이 없다. 그리고 그 은혜의 팔은 마르지 않으며, 사랑의 내장은 닳아 없어지거나 쇠하지 않는다. 참으로 이 사실이야말로 교회가 극히 비통한 상황에 처하게 되더라도 위안이 될 만한 일이다. 그런 어려운 조건 속에서 피조물의 안색은 변할 수 있을지 모르나 하나님은 여전히 동일하시기 때문이다. 아 1:3에서는 '네 이름이 쏟은 향기름 같으므로' 라고 했다. 그 말 그대로 '불변' 이라는 하나님의 이름은 환부에 부어진 기름과 같아서 지친 영혼을 소생시키는 최상의 강장제다. 이스라엘 백성들이 절망에 빠져 있을 때, 하나님께서 모세를 통해 주시고자 했던 신임장은 "스스로 있는 자가 나를 너희에게 보내셨다"(출 3:14)란 말씀이었다. 그들의 하나님께서 조상 때와 마찬가지로 신적 존재로서의 대의(大意)와 영광을 여전히 지니고 계신다는 사실은 이스

라엘 백성에게 충분한 위로가 되었다. 하나님께서는 오늘날에도 여전히 '나다' (I AM)라고 말씀하신다. 하나님께는 아무런 변화도, 과거도, 현재도 없고, 오직 구분할 수 없는 영원 속에 변함없이 계신다. 그러므로 '나는 스스로 있는 자다' 라고 말씀하신다. 선지자 말라기는 다음과 같이 말한다. "나 여호와는 변하지 아니하나니(칠십인역, *ἔγω κύριος, οὐκ ἠλλοίωμαι*) 그러므로 야곱의 자손들아 너희가 소멸되지 아니하느니라" (말 3:6). 우리들의 안위는 하나님의 불변성에 놓여 있다. 우리는 혹 망하더라도 철저히 망하지는 않는다. 왜냐하면 주께서 결코 변하실 리 없기 때문이다.

[18] 그가 그 피조물 중에 우리로 한 첫 열매가 되게 하시려고 자기의 뜻을 따라 진리의 말씀으로 우리를 낳으셨느니라.

앞 문맥에서 주요 의도가 하나님을 영적 선물들을 내리시는 분으로 밝히는 것이었던 바, 본 절에서는 중생의 사실을 들어 그것을 예증한다.

자기의 뜻을 따라(자기의 선한 뜻을 좇아-KJV). 본 절에서 '뜻' (*βουληθεὶς*)이란 단어가 사용된 것은 하나님께서 스스로 그것을 원하시고 의도하셨기 때문이다. 이 단어가 쓰인 이유에 대해서 다음과 같이 덧붙일 수 있다. (1) 강제나 당위의 개념을 부정하기 위함이다. 하나님께서는 그 누구라도 굳이 구원하실 필요가 없었다. (2) 공로의 개념을 배척하기 위함이다. 우리는 하나님께 대해 구원해 달라고 요청할 수 없는 존재들이며, 그럼에도 우리를 구원하신 것은 오로지 하나님의 기뻐하신 뜻으로 된 일이다. *βουληθεὶς*란 단어가 피조물에게 선을 행하시려는 하나님의 자연적인 마음의 성향과 의도를 설명하기 위해 바울이 사용한 *εὐδοκία*란 단어와 동의어란 점에서 더욱 그러하다. 이에 관해 엡 1:11은 "모든 일을 그의 뜻의 결정대로 일하시는 이의 계획"으로, 1:7은 "은혜의 풍성함"으로, 벧전 1:3은 "그의 많으신 긍휼대로 예수 그리스도를 죽은 자 가운데서 부활하게 하심으로 말미암아 우리를 거듭나게 하사 산 소망이 있게 하시며"라는 말로 표현한다. 또 어떤 곳에서는 '아버지의 기뻐하심' 으로 설명하기도 한다.

우리를 낳으셨느니라. '낳다' 라는 단어가 자연적 출생의 의미를 포함하고 있는 것은 당연한 사실이다. 그러면서 때로는 '창조하다' 라는 뜻으로 쓰이기도 한다. 우리는 창조된 사람이므로 신의 *γένος*, 즉 '그의 소생' 으로도 표현된다(참조. 행 17:28). 그런데 어떤 이들은 본 절에 기록된 대로, 하나님께서 우리를 재창조하신 사실에 '그의 소생' 이란 단어를 적용시킨다. 그래서 인간들을 그의 첫 열매, 혹은 인간을 '용감한 자연의 걸작품' (*τολμηροτάτης τῆς φύσεως ἄγαλμα*)이라 한 조로아스터(자라투스트라)의 말처럼 모든 피조물 가운데 선택된 걸작의 의미로 규정한다. 그러나 그것은 본 절을 잘못 이해한 소치다. 왜냐하면 야고보는 '진리의 말씀으로' 낳았다는 의미로 말하고 있기 때문이다. 그리고 진리의 말씀으로 낳았다는 이 사실을, 다음 절에서 그 말씀을 들어야만 되는 의무를 더욱 깨닫고 의식하라고 권고하는 논거로 삼는다. 그러므로 본 절에서 '낳다' 라는 말은 우리 영혼에게 베푸신 은혜의 역사를 의미하는 데 사용된 것이다. 이와 유사한 비유가 다른 곳에서도 소개된다. "너희가 거듭난 것은 썩어질 씨로 된 것이 아니요 썩지 아니할 씨로 된 것이니 살아 있고 항상 있는 하나님의 말씀으로 되었느니라"(벧전 1:23), "우리를 거듭나게 하사 산 소망이 있게 하시며"(벧전 1:3). 여기서 이 두 예문을 소개한 이유는 은혜의 사역에 존재하는 두 가지 측면을 나타내기 위함이다. 전자는 *quâ regeneramur*, 즉 그것에 의해 우리가 태어났다는 것이며, 후자는 *quâ renascimur*, 즉 그것에 의해 우리가 다시 태어났다는 것이다. 전자는 순전히 하나님의 역사며, 후자는 우리 속에 심겨진 삶이 밖으로 표출된다는 뜻을 함축한다. 이러한 구분은 어떤 신학적 주장들을 밝히 드러내 줄 만한 것이지만 그 주장들은 본문에서 다룰 사항이 아니므로 더 자세한 설명은 피하기로 한다.

진리의 말씀으로. 이 구절은 하나님께서 무엇으로 우리를 낳으셨는지 가르쳐 준다. 본 절을 창조와 관련짓는 자들은 '진리의 말씀' 을 영원 전부터 계신 아버지의 말씀으로서 그로 말미암아 모든 것이 창조된 예수 그리스도로 이해한다(참조. 요 1:1-2; 히 1:3). 그러나 이 구절은 종종 '진리의 말씀' 이라고 표현되는 복음을 뜻하는 것이 분명하며, 아울러 하나님께서 우리를 자녀로 삼으시는 일반적인 방법이기도 하다.

그 피조물 중에 우리로 한 첫 열매가 되게 하시려고. 본 절을 창조 사역과 관련짓는 이들은 야고보가 피조물 중에 사람이 특별히 선택된 최상의 피조물이라는 의미로 이 구절을 말했다고 주장한다. 이것은 "주의 손으로 만드신 것을 다스리게 하시고 만물을 그의 발 아래 두셨으니"라는 시 8:6의 말씀을 인간에 대한 묘사로 전제한 주장이다. 그러나 나의 견해로는 '첫 열매' 라는 말이 중생한 자들의 고귀함과 특권을 가리키는 듯하다. 이는 모든 곡식 중 주께 감사 예물로 바쳐지는 것이 첫 열매의 특권이듯이, 신자들을 비롯하여 모든 사람들 중에서 회개하고 나온 사람들도 하나님께서 쓰실 목적으로 구별되기 때문이다. 모든 것의 첫 열매(초태생)는 주님의 것이라고 말씀하신 바 있다. 그 이유는 첫째, 그 백성들에 대한 주님의 권리를 나타내시려는 뜻이 있고, 둘째, 초태생을 바침으로써 주님께 감사한 마음을 표현하도록 하시려는 뜻도 있다. 그 백성들은 모든 것을 주님께로부터 받았기 때문에, 첫 열매를 드림으로써 그 은혜를 인정해야 마땅했다. "네 재물과 네 소산물의 처음 익은 열매로 여호와를 공경하라"(잠 3:9). 이것이 그들이 하나님께 드려야 할 영광과 경외였다. 한편 '첫 열매' 라는 말은 하나님의 백성을 가리키는 말로도 쓰인다. 이스라엘은 하나님께서 모든 민족 가운데서 불러내신 특별한 백성이었기 때문이다. 그래서 렘 2:3은 "이스라엘은 여호와를 위한 성물 곧 그의 소산 중 첫 열매이니", 즉 이스라엘이 온 백성 중에서 구별되어 하나님께 드려졌다고 기록한다. 계 14:4에서 순결한 자들로 비유된 거룩한 성도들을 "사람 가운데에서 속량함을 받아 처음 익은 열매로 하나님과 어린양에게 속한 자들이니"라고 말한 것도 같은 이치에서다. 이들은 가장 고귀한 자들이며 그리스도의 기업이다. 그런 이유에서 교회도 '장자들의 모임' (히 12:23)이라고 불린다. 온 세상이 평범한 인간들에 의해 존재하는 반면, 교회는 주님의 소유다.

강해 1

하나님께서 사람을 거듭나게 하시는 것은 어떤 당위나 의무 때문이 아니라, 친히 그런 뜻을 지니시고 또 그 일을 기뻐하시기 때문이다. 야고보는 '자기의 뜻을 따라' 라는 구절로 이 사실을 강력히 시사하고 있다. 롬 9:18에서도 "하나님께서 하고자 하시는 자를 긍휼히 여기시고 하고자 하시는 자를 완악하게 하시느니라"라고 말한다. 하나님의 의지가 그분의 모든 행동에 대한 이유다. 하나님께서 행하시는 일의 가장 중요한 동인(動因)은 바로 하나님 스스로의 의지와 사랑, 긍휼임을 우리는 깨닫게 될 것이다. 하나님은 이외의 다른 어떤 외부적인 동인에 얽매어 어쩔 수 없이 행동하지 않으시며, 또 사람의 믿음과 행위를 미리 내다보고 선택하지도 않으신다. 단지 친히 기뻐하시는 바에 따라 행하신다. "너희가 나를 택한 것이 아니요 내가 너희를 택하여 세웠나니"(요 15:16). 이처럼 우리가 주님의 백성이 될 만한 소양이 있는가 없는가를 측정하시기 전에 먼저 일방적으로 우리를 선택하시고 우리로 하여금 그 백성답게 되어 나가기를 원하신다. 모세는 하나님께서 왜 이스라엘을 그처럼 사랑하시는지의 이유를 설명할 때 단지 사랑하시기 때문이라고 말했다. "여호와께서 너희를 기뻐하시고 너희를 택하심은…다만 너희를 사랑하심으로 말미암아…"(신 7:7-8). 이처럼 하나님의 사랑에는 아무 조건도 없으며, 어떤 대가를 바라는 마음도 없다. 그래서 시편 저자는 "나를 기뻐하시므로 나를 구원하셨도다"(시 18:19)라고 고백한다. 그것이 주님께서 우리를 구원하신 이유의 전부다. 주님께서 구원하시기를 원하셨다. "내가 그들의 반역을 고치고 기쁘게 그들을 사랑하리니"(호 14:4)라는 말씀이 주께서 행하시는 모든 일의 시작이요 근원이다. 이런 사실들에서 몇 가지 교훈을 얻게 된다. (1) 하나님은 오직 자신의 뜻을 따라 마음을 작정하고 계획하시므로 우리는 마음을 다해 그분의 은혜를 앙망해야 한다. 우리를 낳으시고 다른 이들을 버리신 것도 바로 그 뜻대로 된 일이다. 주님은 구하고 싶은 자를 구하시고, 버리고 싶은 자를 버리신다(참조. 롬 9:18). 사람들은 대체로 왜 하나님께서 어떤 이들은 선택하시는 반면, 또 어떤 이들은 버리시는지 그 이유에 대해 매우 건성으로 생각한다. 우리가 이 문제에 대해 지금까지 해 온 생각이 있다면, 그것을 하나님의 뜻과 기뻐하심이라는 최상의 동인에 비춰 보아야 한다. "옳소이다 이렇게 된 것이 아버지의 뜻이니이다"(마

11:26). 그리스도께서는 슬기롭다고 자처하는 자들이 복음을 배척하는 반면, 어린아이와 같은 이들은 그것을 받아들이는 상황을 보시고서 이 말씀 외에 다른 이유를 덧붙이지 않으셨다. 바로 이것이 모든 논쟁의 최종 결론이다. 하나님의 모든 성도들이 바로 이런 은혜를 받았으니 얼마나 감사해야 할 일인가! 우리에게 이런 은혜를 베풀기로 작정하시고, 또 이런 일에 우리를 다른 사람과 구별하신 것이 친히 하나님께서 뜻하신 바였음을 알 때 비로소 하나님이 베푸시는 사랑의 임의성을 명확히 깨닫게 된다. 어떻게 보면 하나님은 우리와 그리스도 간에도 차별을 두셨다. *εὐμένεια πάτρος σ' ἀποκτείνει, ἀλλοῖς γίγνεται σωτηρία*[104](아버지의 선하신 뜻이 당신을 죽이고 다른 이들을 구하셨나이다). 하나님은 그리스도를 죽이시고 우리를 구원하고자 하셨다. 위 인용문과 같은 절에 그리스도께서 상함을 받으시고 우리는 구원을 얻게 된 일이 케퍼스(*chephers*), 즉 '하나님의 기쁨' 으로 표현된다. 이 글의 바탕이 되는 사 53:10에서도 "여호와께서 그에게 상함을 받게 하시기를 원하사"라고 한 뒤 '나의 기쁨', 즉 하나님께서 자신이 선택한 자들을 구원하심으로써 얻으시는 기쁨이 '그의 손으로 성취될 것이다' (개역개정 성경에는 '그의 손으로 여호와께서 기뻐하시는 뜻을 성취하리로다' 로 번역되었음–역주)라고 기록한다. (2) 하나님의 사랑이 자유롭다는 사실에서, 사람을 거듭나게 하셔서 그 백성으로 삼으시는 일을 왜 그처럼 임의대로 하시는지 그 이유를 깨닫게 된다. 하나님은 친히 원하시는 대로 역사하신다. 이스라엘의 거룩하신 분의 뜻이 우리의 좁은 소견 안에 한정되어 있을 수는 없다. 그래서 요 3:8에서 주님은 '바람이 임의로 불매' 라고 말씀하셨다. 모든 일은 한 결을 따라 일사천리로 되는 것이 아니라 성령의 자유로운 의지에 따라 이루어진다. 따라서 하나님께서 하시는 대로 순응해야 한다. 그리스도께서는 고라신과 벳새다에서는 많은 이적을 행하셨으나 두로와 시돈에서는 전혀 행하지 않으셨다. 또한 이스라엘이 율법과 규례를 받았을 때 그 외의 세상 나라들은 그들 자신 속에 본성으로 주어져 있는 희미한 이성의 등불밖에 가진

104) Nazianz. in his *Christius Patiens*.

것이 없었다. 이처럼 성령께서 어떤 도구를 쓰셔서 그 역사를 이루실 때 어떤 이들은 그 도구만 소유하는 반면, 다른 이들은 그 도구를 사용하시는 성령의 역사를 받는다. "주여 어찌하여 자기를 우리에게는 나타내시고 세상에는 아니하려 하시나이까"(요 14:22). 즉, 제자들에게만 그 특별한 계시가 주어졌다. 아 1:3-4의 표현대로 처녀들, 즉 평범한 그리스도인들이 왕궁에 머물러 있을 때 왕의 신부는 침궁으로 이끌려간다. 다음 두 구절을 잠시 살펴보기로 하자. 행 9:7에서는 "같이 가던 사람들[사울의 일행]은 소리만 듣고"라고 기록했다. 그런데 행 22:9에서는 "나와 함께 있는 사람들이…소리는 듣지 못하더라"고 하였다. 솔로몬 글라시우스(Solomon Glassius)는 상이하게 보이는 이 두 구절을 다음과 같이 일치시킨다. '사울의 일행은 소리를 듣긴 들었으나 그 소리를 명확히 그리스도의 소리로 듣지 못했다.' 즉, 어떤 이들은 외적인 소리, 즉 사람의 소리는 들었지만 그 속에서 울리는 성령의 소리는 듣지 못했다. 이처럼 같은 소리를 들은 사람들 간에도 큰 차이가 있다. 은혜를 받는 양에 있어서도 그러하다. 어떤 이들에게는 더 많은 은혜가 주어지지만 다른 이들에게는 그보다 적은 은혜가 내려진다. 비록 모두가 중대한 영향을 받더라도 그들 하나하나가 받은 영향은 모두 같지 않다. "자기의 기쁘신 뜻을 따라(*κατὰ τὴν εὐδοκίαν*, 개역개정 성경에는 '뜻을 위하여'로 번역되었음-역주) 너희에게 소원을 두고 행하게 하시나니"(빌 2:13). 하나님께서 사람을 대하시는 태도도 일률적이 아니라 매우 다양한 형태로 나타난다. 어떤 이들에게는 사랑으로, 또 어떤 이들에게는 엄위로 대하신다. "…너희가 불붙는 가운데서 빼낸 나무 조각같이 되었으나…"(암 4:11). 어떤 이들은 십자가와 고난의 시대를 살다 가지만, 또 어떤 이들은 평온한 시대를 살다가 돌아간다. 어떤 이들은 자연스럽게 믿게 되지만, 또 어떤 이들은 더 감각적으로 혹은 큰 놀라움을 겪으며 믿게 된다. 성령께서 어떤 이들에게는 잔잔한 바람결처럼 임하시고 조용히 은혜를 비춰 주시지만, 또 어떤 이들에게는 돌풍과 같이 큰 두려움과 강제력으로 임하신다. 시간에 있어서도 그러하다. 어떤 이들은 오랜 세월이 지난 뒤 중생을 체험하며, 그 전까지는 베데스다 못가의 병자처럼 연못가에서 기다린다. 하지만 어떤 이들은 예기치 않고 있다가 갑작스럽게 중생을 체험한다. “부지중에 내 마음이 나를 내 귀한 백성의 수레 가운데에 이르게 하였구나”(아 6:12). 그러므로 하나님을 어느 하나의 틀 안에 국한시켜서는 안 되며, 우리 영혼을 향한 그 선하신 뜻에 따라 무슨 방법을 사용하시든지 잠잠히 기다려야 한다.

강해 2

한 영혼이 하나님께 부름을 받았다는 것은 곧 새로 거듭났다는 것을 의미한다. 하나님께서 ‘우리를 낳으셨다’ 는 말에는 반드시 ‘새로 지으셨다’ 는 사실이 포함된다. 중생하기 전의 사람은 모든 것이 뒤죽박죽이어서 자신의 의지로 구원 사역에 능동적인 영향을 미칠 수 없을 뿐더러, 하나님의 은혜에 조금도 보탬이 될 수 없기 때문이다. 그러므로 고후 5:17에서는 그 은혜를 ‘새로운 창조’(καίνη κτίσις, 개역개정 성경에는 ‘새로운 피조물’ 로 번역되었음—역주)라고 표현한다. 그 이전에는 모든 것이 혼돈과 깊은 공허 상태에 있었다는 말이다. 다른 곳에서도 ‘거듭남’ 이란 말로 이 사실을 설명한다(참조. 요 3:3). 그래서 성도들을 ‘그리스도의 씨’ 라고 일컫는다(참조. 사 53:10). 이 문제는 너무 명백한 사실이므로 더 이상 길게 설명하지 않으려 한다. 우리가 하나님의 은혜로 새로 지음을 받았다는 사실에서 다음 교훈을 얻게 된다. (1) 우리 본성이 얼마나 더럽고 부패했었는지 새삼 느끼게 된다. 그러므로 거듭난다는 일은 마음을 고쳐먹고 행동을 개선한다고 해서 되는 일이 아니라, 오직 하나님께서 다시 창조하셔야 비로소 가능한 일이다. 집이 나병에 오염되었다면 구석구석을 샅샅이 닦아내도 아무 소용없다. 다만 그 집을 허물어 내고 다시 지어야 한다. 어떤 이들은 예수께서 죽은 야이로의 딸에 대해서 ‘이 아이가 죽은 것이 아니라 잔다’ 고 말씀하신 것을 이 문제와 연관지으려 한다. 마치 아담과 그 후손들이 처하게 된 상태가 잠들어 있거나 기절해 있는 것과 같다는 주장이다. 그러나 그렇지 않다. 아담과 그 후손들이 처한 상황은 죽음이었다. 그러므로 성령께서는 우리들의 거듭남 혹은 신생(新生)을 창조와 부활이라는 두 개념으로 엄숙히 말씀하신다. (2) 회개하는 일에 있어서 사람은 단지 수동적일 뿐이다. 회개는 ‘낳아지는’ 것이며, 우리는 마치 어머니 뱃속에 있는 아기같이 우리 자신의 형성에 아무런 기여도 하지 못한다. "그는 우리를 지으신 이요 우리는 그의 것이니"(시 100:3). 우리는 이 일에 조금도 참여하지 않았다. (3) 회개에는 두 가지 양상이 있다. 첫째, 신생이 있게 된다. 육체의 생명은 혈통에서 생겨난다. 그런데 엡 4:18에서는 이런 혈통을 통해 생명을 지닌 자연인에 대해서 "하나님의 생명에서 떠나 있도다"라고 말한다. 그들은 모두 성령을 통해서 이루어지는 하나님의 생명의 역사에 낯선 자들이다. 그러나 영혼이 거듭나게 되면 그 속에서 하나님의 생명이 약동하며, 그러면 그 영혼은 더 이상 하나님을 향해 죽은 자가 아니다. 바울은 갈 2:20에서 "내가 사는 것이 아니요 오직 내 안에 그리스도께서 사시는 것이라"라고 말한다. 사람은 그리스도와 아무런 이해관계도 맺을 수 없으며 오직 그분으로부터 생명을 받을 뿐이다. 둘째, 변개(變改)가 있게 된다. 하나님께서는 구원하시기 위해 부르신 사람 속에 모든 은혜의 씨앗들을 심어 주시므로 그런 사람들에게는 변화가 일어나게 된다. 그래서 거짓되고 음란하며 경솔한 마음이 변하여 영적이고 경건하며 거룩한 상태로 변해 간다. "너희가 전에는 어둠이더니 이제는 주 안에서 빛이라"(엡 5:8). 중생하기 전과 중생한 후 사이에는 괄목할 만한 변화가 있기 마련이다. 그러므로 만일 믿는다고 하면서 믿기 이전과 똑같은 상태에 머물러 있다면 어떻게 거듭났다고 말할 수 있겠는가? 그런 이들은 여전히 더럽고, 여전히 음란하며, 여전히 세속적이다. 아무튼 그들은 믿기 이전의 처절한 영혼의 상태 그대로 존재한다.

강해 3

우리를 낳는 일은 하나님께만 속한 고유한 사역이다. "그가…우리를 낳으셨느니라." 이 구절은 본 절의 경우와 같이 때로 성부 하나님께서 하신 일로 표현되기도 하고, 또 어떤 곳에서는 성자 하나님의 역사로 묘사되기도 한다. 그 예로, 사 53:10은 성도들을 일컬어 '그의 씨' 라고 한다. 한편 이를 성령 하나님의 역사라고 말하기도 한다(참조. 요 3:6). 이것을 종합해 보면, 낳으신 것은 성부 하나님의 뜻이고('자기의 뜻을 따라…우리를 낳으셨느니라'), 성자 하나님의 공로이며(갈 4:5에 의하면, 그분의 철저한 순종으로 우리가 '아들의 명분' 을 얻었다.), 성령 하나님의 효력이다(그분이 영혼을 덮으심으로 새로운 피조물이 부화하여 밖으로 나오게 되었다). 딛 3:5-6에서는 이 일을 삼위 하나님의 역사로 표현한다. "우리를 구원하시되 우리가 행한 바 의로운 행위로 말미암지 아니하고 오직 그의 긍휼하심을 따라 중생의 씻음과 성령의 새롭게 하심으로 하셨나니 우리 구주 예수 그리스도로 말미암아 우리에게 그 성령을 풍성히 부어 주사." 엡 2:10에서는 하나님과 그리스도의 사역으로 묘사한다. "우리는 그가 만드신 바라 그리스도 예수 안에서 선한 일을 위하여 지으심을 받은 자니 이 일은 하나님이 전에 예비하사 우리로 그 가운데서 행하게 하려 하심이니라." 한편, 복음을 전하는 사역자들도 '낳은 자' 라고 불리지만 그것은 단지 하나님의 손에 들린 도구로서 그렇게 불리는 것뿐이다. 바울은 그런 의미에서 "내가…너희를 낳았음이라"(고전 4:15)라고 했으며, 오네시모에 대해서도 "갇힌 중에서 낳은 아들"(몬 10)이라고 말했다. 하나님께서 자기에게 속한 영예를 그 쓰시는 종들에게 전가하는 경우도 많다.

그렇다면 여기서 우리가 생각해 봐야 할 것은 무엇인가?

1. 잘못된 생각을 버리라. 우리는 스스로 어떻게 할 수 없는 기이한 존재이므로 자신의 힘으로 거듭날 수 없다. 그러므로 자기 자신이나 구원의 도구가 되는 매개체에서 눈을 돌려 하나님을 바라보라. 바로 그분이 자기 형상을 따라 우리를 새로 지으셨다. 요 1:13에 의하면, 우리는 "혈통으로나 육정으로나 사람의 뜻으로 나지 아니하고 오직 하나님께로부터 난 자들"이다. 혈통으로 나지 않았다는 것은 외적인 더러운 방법으로 나지 않았다는 뜻이며, 육정으로 나지 않았다는 것은 사람이 육체의 정욕을 만족시킴으로써 자녀를 잉태하게 되는 그런 육체의 방법으로 나지 않았다는 뜻이다. 또한 사람의 뜻으로 나지 아니하였다는 것은 우리가 계획하고 소원해서 된 것이 아니라는 뜻이다. 그것은 오직 성령의 능력으로 된 일이다. 이상과 같은 요 1:13의 의도는, 우리를 거듭나게 한 동인에 대한 부정확하거나 잘못된 생각을 버리고, 거듭나는 것이 어떤 것인지 그리고 그 동인이 무엇인지에 대한 바른 견해를 갖도록 하기 위함이다.

2. 우리는 새로 태어남으로 인해 대단히 영광스런 관계를 맺게 되었다.

즉, 하나님께서 우리를 낳으셨다. 하나님이 우리의 아버지가 되셔서 사랑과 자비와 보호, 그리고 우리 피조물들에게 소중하고 힘이 될 만한 것을 주시겠다고 약속하신다. "너희 하늘 아버지께서 이 모든 것이 너희에게 있어야 할 줄을 아시느니라"(마 6:32). 이런 관계는 하나님께서 약속해 주실 뿐 아니라 그의 자녀들에 의해서 주장되기도 한다. "주는 우리 아버지시라 아브라함은 우리를 모르고 이스라엘은 우리를 인정하지 아니할지라도 여호와여, 주는 우리의 아버지시라"(사 63:16). 육신의 아버지께도 안위가 있지만 하늘 아버지께는 더 큰 안위가 있다. 악한 자라도 좋은 아버지가 될 수 있다(참조. 마 7:11). 단지 그들 속에 잠재해 있는 부성애에 따라 본능적으로 행동하더라도 그러하다. 그렇다면 선하신 하나님께서는 얼마나 좋은 아버지가 되시겠는가? *Tam pater nemo, tam pius nemo,*[105] 즉 그처럼 좋으신 아버지는 세상 천지에 없다.

강해 4

하나님께서 우리를 낳으시는 정상적인 방도는 복음이다. "진리의 말씀으로 우리를 낳으셨느니라", "그리스도 예수 안에서 내가 복음으로써 너희를 낳았음이라"(고전 4:15). 여기에서는 쓰시는 자와 쓰임을 받은 자, 그리고 그 방도가 소개된다. 바울은 쓰임을 받은 자이고('내가 너희를 낳았음이라'), 복음은 방도이며(복음으로써), 쓰시는 자는 예수 그리스도시다('그리스도 예수 안에서'). 그래서 벧전 1:23에서도, 복음을 사람을 중생하게 하는 도구로 표현한다. "너희가 거듭난 것은…썩지 아니할 씨로 된 것이니." 실제로 말씀은 마음속에 뿌려지면 순종에 의해 자라나는 씨다. 그런데 엄밀한 의미에서 복음이라고 할 수 있는 것은 말씀의 어떤 한 부분이다. 모세는 우리를 가나안 접경까지 인도할 수 있으나 그 안으로 들어가게 하는 이는 여호수아다. 다시 말해서 율법은 길을 예비하고 닦아 주지만, 회개의 은혜를 가져다 주는 것은 다름 아닌 복음이다. 그러므로 말씀을 대할 때 하나님께서 그 말씀을 사용하시기를 기다려야 한다. 이렇

105) Tertul. in lib. de Orat. Dom.

게 잘 알려지고 평상적인 은혜의 방도를 포기하는 것은 어리석은 일이다. 지혜는 지혜의 문 앞에서만 얻을 수 있다. "누구든지…날마다 내 문 곁에서 기다리며 문설주 옆에서 기다리는 자는 복이 있나니"(잠 8:34). 38년 된 중풍병자로서는 베데스다 못 옆에 움직이지 못하고 누워 있었던 것이 오히려 커다란 유익이었다(참조. 요 5장). 이처럼 하나님께서는 원하시는 때에 그 방도를 사용하신다. 그러므로 말씀을 간절히 사모하라. "믿음은 들음에서 나며 들음은 그리스도의 말씀으로 말미암았느니라"(롬 10:17). 은혜 없이는 구원을 얻을 수 없고, 말씀 없이는 은혜를 받을 수 없다. 이 사실을 신중히 받아들여, 말씀 안에서 하나님의 인도하심을 앙망하는 일에 더욱 착념하고 민감하게 될 수 있도록 마음을 일깨워야 한다. 물론 우리가 거듭난 것은 전적으로 하나님의 은혜로 말미암은 것임에 틀림없다. 하지만 그 일이 진리의 말씀으로 된 것임을 잊지 말라. 하늘이 열매 맺을 수 있는 여건을 다 조성해 준다 하더라도 사람이 직접 밭을 일구어야 한다. 성령의 능력을 강조한다 하면서 하나님께서 내려주신 은혜의 방도는 게을리하는 것이 이 시대의 궤변 중 하나다.

강해 5

복음은 진리의 말씀이다. 본 절에서만 이렇게 표현되는 것이 아니라 성경 여러 부분에서 그처럼 말한다(참조. 고후 6:7; 엡 1:13; 골 1:5; 딤후 2:15). 성경을 읽다 보면, 복음에 관한 문제에 대해서는 늘 단호하고 확실한 어조로 말하고 있음을 발견할 수 있다. 복음이 주는 안위는 풍성하고, 또 그 도리는 매우 놀라운 것이어서 과연 그럴까 하고 의심하기 쉬운 까닭에, 성경은 우리들로 하여금 더 뚜렷한 확신을 갖도록 해 준다. "미쁘다 모든 사람이 받을 만한 이 말이여 그리스도 예수께서 죄인을 구원하시려고 세상에 임하셨다 하였도다"(딤전 1:15). 우리는 복음을 믿기지 않는 사실로 여기거나 기껏해야 막연한 진리로 생각하기 쉽다. 그러므로 바울은 '미쁘다…이 말이여' 라고 전제한다. 사 53:4에서도 "그는 실로 우리의 질고를 지고 우리의 슬픔을 당하였거늘"이라고 했다. 우리는 참으로 죄인이다. 그러나 그리스도께서 구속주이신 것도 그와 더불어 참된 사실이다.

우리는 본능적으로 그리스도의 위로보다는 죄책감에 더욱 민감하다. 바울은 롬 1:32에서 이방인들에 관해서 “그들이 이 같은 일을 행하는 자는 사형에 해당한다고 하나님께서 정하심을 알고도 자기들만 행할 뿐 아니라 또한 그런 일을 행하는 자들을 옳다 하느니라”라고 기록한다. 우리의 본능은 죄에 대해 민감한 반면, 복음이 주는 위안에 대해서는 종종 모호하고 의심스런 마음으로 바라본다. 그렇기 때문에 성경은 그처럼 확고한 어조로 말하고 있다. 우리가 죄인인 것이 사실인가? 그리스도께서 우리 죄를 지시고 슬픔을 담당하신 것도 사실이다. “어린양의 혼인 잔치에 청함을 받은 자들은 복이 있도다…이것은 하나님의 참되신 말씀이라”(계 19:9). 이 구절에서도 같은 어조를 발견할 수 있다. 또한 계 22:6에서 하늘의 영광에 대해 말할 때도 “이 말은 신실하고 참된지라”라고 강조한다. 성령께서는 우리가 가장 의심하기 쉬운 점이 무엇인지를 미리 아시고 앞에서 예시한 말씀에서와 같이 그 점을 든든히 보장해 주신다. 그러므로 그리스도의 제사장직도 하나님의 맹세로써 소개된다. “여호와는 맹세하고 변하지 아니하시리라 이르시기를 너는 멜기세덱의 서열을 따라 영원한 제사장이라 하셨도다”(시 110:4). 일상적 사고력의 범위를 훨씬 넘어서 있는 사실들은 쉽게 믿어지지 않으므로 확고한 단언이나 맹세가 그 앞에 전제되는 것이다.

적용 성경이 복음의 진리를 특별히 단호한 어조로 증거하는 이유는 듣는 우리로 하여금 그 진리를 인정하고 그 위에 든든히 서게 하기 위함이다. 그런데 하나님께서 참되고 신실하다고 특별히 강조해 주신 이 말씀을 우리가 소홀히 취급하고 있다면 이 얼마나 이상한 일인가! 그렇다면 우리는 “하나님을 믿지 아니하는 자는 하나님을 거짓말하는 자로 만드나니”(요일 5:10)라는 평가를 받아 마땅하다. 왜냐하면 이 진리가 단순한 외침으로 그치지 않고, 맹세로써 보증되어 우리에게 전해졌기 때문이다. 주께서는 이 진리가 신실하고 참된 말씀이라고 증거해 주셨다. 그러므로 만일 이렇게 좋은 진리가 사실일 리 없다고 망설이거나, 무관심하고 반신반의하는 태도로 그 말씀을 대하거나, 또 혹은 죄의식에 깊이 사로잡힌 나머지 자기 같은 죄인은 그런 위안을 받지 못할 것이라고 자포자기한다면,

그것은 분명히 하나님을 거짓말하는 자로 만드는 것이다. 그리고 그것은 하나님께서 매순간마다 큰 성의를 가지고 맹세와 확증으로써 보증해 주신 이 진리를 경시하고 자기 판단과 경험을 앞세우는 어리석은 짓이다. 그러므로 그런 상태에서 머뭇거리고 있지 말라. 이 세상에 복음처럼 확실한 사실이 없다는 믿음을 굳게 다지라. 혹시 마음속에 복음이 세상을 현혹하고도 남을 만한 근사한 조작이나 기발한 이념 체계일지도 모른다는 의혹이 있지 않은가? 또는 복음을 그리스도의 우화(*Fabula Christi*)라고 한 어느 저속한 교황의 말대로 그것을 무지몽매한 사람들을 설레게 하는 황금빛 환상쯤으로 여기려는 악한 생각이 마음속에 은밀히 도사리고 있지는 않은가? 그렇다면 그런 사고방식을 말끔히 지워 버리라. 피조물들이 힘을 합해 지혜를 다 짜낸다 하더라도 복음과 같이 사람들에게 만족을 줄 만한 내용과 체계를 지닌 진리를 과연 궁리조차 해 낼 수 있겠는가? 복음이란 인간이 궁리해 낼 수 없는 진리일진대, 동의는 하되 확신은 못하겠다는 태도는 그 권위를 업신여기는 짓이다.

사람이 복음을 받아들이는 태도에는 여러 양태가 있다. 그리고 이 양태들 중 어떤 것은 매우 불완전한 것이다. 첫째, '추측'이 있다. 이것은 복음을 다만 개연적(蓋然的)인 사실로 여기고 그것에 약간의 관심을 기울이는 태도다. 즉, 복음이 사실일 수도 있고 아닐 수도 있다는 마음의 태도다. 이런 태도는 복음 진리에 대한 무관심과 경시로 특징지어진다. 그리고 분명한 입장을 밝히지 못한 채 단지 추측이나 하며, 이래도 좋고 저래도 좋다는 안일한 생각을 하는 사람들의 사고방식이 이 부류에 속한다. 둘째, 추측보다 한 단계 높은 동의는 복음에 대해 자신의 '의견'을 갖는 것이다. 마음속에 복음이 참이라는 생각이 강하게 떠오르긴 하지만, 또한 반대에 대한 두려움(*formido oppositi*)도 자리 잡고 있어서 전심으로 믿지 못하게 되는 경우가 이에 속한다. 이렇게 복음 진리에 대해 자기 의견을 갖는 사람은 그것을 참이라고 얼마든지 시인할 수는 있으나, 그것은 자신의 입장을 고수하는 정도밖에 되지 못한다. 셋째, 복음에 대해 의견을 갖는 것보다 좀 더 깊이 동의를 표하는 태도로서 '약한 믿음'(*ὀλιγοπιστία*)이 있다. 이것은 진리의 말씀을 들을 때 그것을 시인할 뿐 아니라 어느 정도 애정과 집착을 갖는 태도다. 하지만 이런 태도를 지닌 사람들은 진리를 참되고 선한 것으로 인정하면서도 그것에 착념하는 정도에 있어서는 매우 기복이 심하고 불완전하다. 마지막으로, 약한 믿음보다 동의하는 정도가 더 깊은 태도는 '확신' 이다. 물론 이 확신은 복음 그 자체로부터 주어지는 것이지, 그 진리 속에서 위안을 얻으려는 우리의 관심에서 생긴 것은 결코 아니다. 이 사실은 바울이 데살로니가 교회에 한 다음 말씀 안에서 잘 드러난다. "복음이…큰 확신으로 [너희에게] 된 것임이라"(살전 1:5). 즉 데살로니가 교인들은 복음 진리를 의심과 반론을 초월한 확신 가운데 받았다는 말이다. 또한 바울은 이 확신에 대해 골 2:2에서는 다음과 같이 표현한다. "그리스도께 관한 비밀들을 이해하는 충분한 확신"(개역개정 성경에는 '확실한 이해의 모든 풍성함과 하나님의 비밀인 그리스도를 깨닫게 하려 함' 으로 번역되었음—역주). 여기서 바울이 말하는 '확신' 이란 이 복음 진리를 무슨 일이 있어도 끝까지 고백하겠다는 '결심' 과 그러한 실제 경험이 수반되는 복음에 대한 '이해' 를 가리킨다.

| 질문 | 어떻게 하면 복음을 그처럼 전적으로 받아들일 수 있을까? 성령의 불가항력적인 권고 외에 무엇이 복음을 진리의 말씀으로 확신하게 해주는 올바른 방편과 논리가 될까?

| 답변 | 이 질문은 항시 대답할 만한 가치를 지니고 있다. 그만큼 우리는 무신론에 익숙해져 있기 때문이다. 만일 스스로를 무신론자라고 자처하는 사람이 하나도 없다 하더라도 우리 자신의 가슴 속에는 무신론적 기질이 허다히 잠재해 있다. 특히 오늘날에는 우리가 믿는 바와 전혀 다른 부패하고 신성 모독적인 교리들과 하나님 백성들 간의 분열이라는 서글픈 현상들로 말미암아 종교상의 무신론과 회의론이 판을 치고 있다. 그래서 같은 성도라고 하는 사람들일지라도 서로 자기가 옳다고 주장함으로써 우리는 그들 모두에 대해 일단 의심하는 현실이 되어 버렸다. 그리스도께서는 이런 일을 미리 우려하시고, 다음 말씀으로 교회의 통일을 위해 기도하셨다. "그들로…하나가 되게 하려 함은 아버지께서 나를 보내신 것…을 세상으로 알게 하려 함이로소이다"(요 17:23). 교회에 분쟁이 생기면 세상에 무신론이 더욱 성행하기 마련이다. 그렇게 되는 데에는 종교라

는 핑계로 빚어지는 온갖 물의와 악행이 적지 않은 원인으로 작용한다. 그런 행위로 그리스도께서 실질적으로 부인되며(딛 1:16), 다시 십자가에 못 박혀 드러내 놓고 욕을 당하신다(히 6:6). 다시 말해서 주님께서 마치 범죄자처럼 세상에 알려지고 그의 원수들에게 조롱과 멸시를 받게 되신다. 우리가 그런 잘못을 범하지 않으려면 복음 진리를 분명하고 논리 정연하게 인식하고 있어야 하며, 그 터 위에서 믿음으로 꾸준히 자신을 정립해 가야 할 필요성이 절실하다. 교부들과 스콜라 학자들은 복음을 옹호하기 위한 많은 논증을 남겨 두었다. 하지만 나는 스콜라 학자들의 논리보다는 락탄티우스(Lactantius), 터툴리아누스, 순교자 유스티누스, 키릴로스(Cyril) 등과 같은 교부들의 논리에 더 호감이 간다. 이들 교부들의 주장은 실제적이고 자연스러우면서도 그것을 대할 때마다 변함없이 큰 경외심을 불러일으키기 때문이다. 하지만 의심을 품지 않는 자는 열등한 사람으로 여겼던 스콜라 학자들의 논리는 지나치게 교묘하고 사변적인 데다가 좀처럼 이해하기 힘들고, 실제적인 진리를 대할 때 갖게 되는 경외심마저 일으키지 못한다. 교부들의 가르침에서 볼 수 있듯이, 종교에서 기대할 수 있는 모든 탁월한 특성들이 다른 종교들과는 비교할 수 없을 정도로 우리가 믿는 기독교 혹은 복음 교리 안에서 현저히 발견된다면, 복음이 과연 진리의 말씀임을 인정할 수밖에 없다. 한 종교의 우수성은 다음 세 가지 특징으로 판가름난다. 1. 선행에 대한 보상의 우수성, 2. 도(道)의 순수성, 3. 신앙 준칙의 확실성. 이제 이 세 가지 특징을 가지고 복음을 검토해 봄으로써 과연 복음에 필적할 만한 다른 교훈이 있는지 살펴보기로 하자.

1. 선행에 대한 보상의 우수성 : 이 특성은 한 종교의 매우 중요한 완결요소들 중 하나다. 그래서 히브리서 저자는 "하나님이 계신 것과 또한 그가 자기를 찾는 자들에게 상 주시는 이심을 믿는 것"(히 11:6)을 종교와 신앙의 기본 원칙으로 제시한다. '하나님께 나아가는 자', 즉 하나님께 경배드리려 하는 자는 그분의 살아 계심을 필연적으로 믿어야 하겠지만, 그와 아울러 그분이 주실 상도 반드시 믿어야 한다. 히브리서 저자가 하나님께서 주실 상에 대해 언급한 이유는, 본래 사람들에게는 온 힘을 다해 소기

의 행복과 보상을 얻고자 하는 심성이 있기 때문이다. 그런데 타락 이래로 사람들은 '많은 꾀' 를 내놓았다(전 7:29). 사람들은 마치 소돔인들이 눈이 어두워져 롯의 집 문 앞에서 더듬거렸듯이, 자신의 정욕을 충분히 해소시켜 줄 만한 어떤 보상을 찾아 여기저기 더듬고 다닌다. 이것이 이방인들이 처해 있는 비참한 상실과 혼돈의 상태다. 테렌티우스 바로(Terentius Varro)라는 인물이 최고선에 대해 288가지나 되는 견해를 피력했었다고 전하는 어거스틴의 글[106]에서, 그들이 처한 혼돈의 일면을 보게 된다. 어떤 이들은 쾌락과 같이 감각을 만족시켜 줄 만한 것들을 최고선의 위치에 둔다. 그러나 쾌락은 사람을 짐승으로 전락시킬 뿐이다. 아무 죄책감도 없이 쾌락을 즐기는 것은 짐승들이 추구하는 행복이기 때문이다. 키케로(Tullius Cicero)의 말대로 '온종일 쾌락 속에서 보내고 싶어 하는 자' (*qui unum diem velit esse in voluptate*)는 인간이라 불릴 자격이 없다. 쾌락으로 나날을 보내려는 행위는 사람의 본성에 크게 어긋날 뿐 아니라 정상적인 사고 활동에 막대한 지장과 혼란을 초래하며, 결과적으로도 결코 충족될 수 없다. 또한 어떤 이들은 윤리적인 덕에서 더 나은 보상을 찾으려 한다. 그래서 누구나 선하게 살면 적들에 대한 승리, 장수, 행복한 노후 생활 등을 누릴 수 있게 된다고 가르친다. 하지만 실상은 많은 사람들이 착하게 사는데도, 이런 복들과 거리가 멀다. 한편 어떤 이들은 일종의 영원성을 꿈꾼다. 즉, 자신의 이름과 업적이 후세에 길이 보존되는 것을 최고선으로 삼는다. 하지만 그 이름이 아무리 오래 보존된다 하더라도 그것은 진정한 영원에 비할 때 한 자락 그림자에 지나지 않으며, 이름 없이 살다 죽어간 사람들에게 미안한 마음을 가져야 하는 행복이다. 역사상 가장 선량하게 살다 간 사람들도 덕을 실행했다는 그 자체로 만족했을 뿐이며, 그 차원을 넘어서 자기 행실에 상응하는 보상은 받을 수 없었다. 그런데도 그들은 덕 그 자체가 보상이라고 말하며, 팔라리스(Phalaris, 그리스 시대 시칠리아의 포악한 왕–역주)의 구리 황소(구리로 황소 모형을 만들어, 그 속에 희생자를 가두고 불에 태워 고문함–역

106) August. de Civit. Dei, lib. xix. cap. 1.

주) 속에 들어간 것 같은 견딜 수 없는 고통 속에서도 덕을 잃지 않으면 행복한 사람이라고 스스로를 위로한다. 그러나 성경은 "만일…우리가 바라는 것이 다만 이 세상의 삶뿐이면 모든 사람 가운데 우리가 더욱 불쌍한 자이리라"(고전 15:19)라고 말한다. 기독교는 의로움에도 불구하고 당하는 고난에 대해 이 땅에서의 보상을 제시해 주는 일이 거의 없다. 그러나 복음은 높은 곳에 우뚝 세워져 그것을 바라보는 사람들에게 참되고 살아 있는 소망을 심어 준다. 이 소망은 사람과 같이 생각할 줄 아는 뛰어난 피조물에게 가장 적절하고 순수한 것으로서, 장차 하나님 나라가 완성될 때 그리스도 안에서 영원히 복을 누리며 하나님을 즐거워하는 성도들의 상황을 제시해 준다. 따라서 이 희망은 터키인들이 그리던 공상 속의 파라다이스가 아니다. 오히려 "주의 오른쪽에는 영원한 즐거움이 있나이다"(시 16:11)라고 노래한 다윗의 시처럼 하나님과 함께 거함으로써 누리게 되는 영원한 즐거움, 완전한 지식, 완전한 사랑, 하나님으로 가득 찬 마음이다. 이처럼 복음은 거룩한 삶을 사는 이들에게 공정하고 가장 좋은 보상을 해 줌으로써 다른 모든 종교의 교훈을 능가한다.

2. 도(道)의 순수성 : 다음과 같은 다윗의 고백처럼 기독교 신앙이 제시하는 모든 도덕적 의무의 범위는 무한히 넓다. "모든 완전한 것이 다 끝이 있어도 주의 계명들은 심히 넓으니이다"(시 119:96). 모든 행동과 사상, 환경을 망라할 정도로 그 계명의 범위가 무한히 넓다. 하나님의 율법을 직접 받지 않은 이방인들조차도 어렴풋이나마 이 계명들에 대한 의무감을 지니고 있다. 바울은 롬 2:15에서 '율법의 행위'(ἔργον νόμου)가 그들 마음속에 새겨져 있다고 말한다. 즉, 그들도 율법에 대한 어렴풋한 생각을 지니고 있어서 그것을 행해야 한다는 의무감을 느낀다는 말이다. 이런 의무감이 그들로 하여금 포악한 죄를 저지르지 못하게 제재를 가하고, 자기들의 신에게 제물 상납 및 주문과 기도 등 경건한 행동을 하도록 이끌어준다. 또한 그들에게 일반 은총으로 부여된 모든 지혜는 스스로의 삶을 비교적 규모 있게 세워가게 하며, 또 절제하게도 만든다. 하만이 모르드개에 대해 증오와 악의가 끓어오를 때 스스로 참은 것이 그 일례다(참조. 에 5:10). 하지만 다음과 같은 락탄티우스의 이방인들에 대한 평가에서 볼

수 있는 대로, 그들은 고행을 하되 참된 고행을 할 줄 모르며, 율법을 알되 그 영적 의미는 알지 못한다. *Sapientia eorum plerumque abscondit vitia, non abscindit*(그들의 모든 지혜는 정욕을 소멸하려는 것보다 감추려는 데 있고, 정욕을 막으려고 하기보다 그것이 죄로 드러나지 않게 하기에 급급하다). 그러나 기독교 신앙은 죄뿐 아니라 정욕 자체도 금한다. 그래서 베드로는 "사랑하는 자들아 거류민과 나그네 같은 너희를 권하노니 영혼을 거슬러 싸우는 육체의 정욕을 제어하라"(벧전 2:11)고 말한다. 앞에서 말한 대로 죄의 뿌리가 되는 정욕들을 반드시 돌에 내리쳐야 한다(참조. 1:15; 시 137:9). 주님의 계명은 이웃뿐 아니라 원수까지도 사랑하라고 명령할 정도로 공정하다. 그리고 그것은 영적인 법이므로 모든 면에서 완전하다. "여호와의 율법은 완전하여 영혼을 소성시키며"(시 19:7)란 말씀과 같이, 율법은 사람의 외적 행위를 지도할 뿐 아니라 정신과 마음속까지 스며들어 간다. 우리가 소유한 율법은 이처럼 완전하다.

3. 신앙 준칙의 확실성 : 피조물이 신에게 대해 지닐 수 있는 최고의 경외심 중 하나는 믿음과 의뢰심이다. 믿음은 마음 깊은 곳에서 우러나오는 평온하고 고요한 활동이므로 반드시 확실한 바탕과 근거 위에 서야만 제대로 발휘될 수 있다. 그런데 세상에 알려진 모든 종교를 둘러보더라도 복음 외에는 믿을 만한 근거를 지닌 도리를 발견할 수 없다. 구체적으로 말해서, 일반 은혜나 구원 은혜를 위해 하나님을 의지하는 데 있어서, 복음처럼 믿을 만한 근거를 지닌 도리는 없다.

(1) 일반 은혜를 위해 : 복음처럼 하나님이 자신을 잘 계시해 주신 것은 없다. 그런데 복음을 모르는 이방인들은 하나님을 매우 막연하고 희미하게밖에 알 수 없으므로 성경은 보통 그들을 가리켜 "소망 없는 다른 이"(살전 4:13)라고 표현한다. 주님께서는 자기 백성들이 의식주 문제로 인해 염려하는 것에 대해서 "그러므로 염려하여 이르기를 무엇을 먹을까 무엇을 마실까 무엇을 입을까 하지 말라 이는 다 이방인들이 구하는 것이라"(마 6:31-32)라고 권고하셨다. 이 말씀 안에는, 이런 생활의 염려가 오직 아무 확고한 원칙도 없이 사는 이방인들에게나 걸맞는 태도며, 하늘 아버지의 섭리와 보살핌을 아는 백성들이라면 그런 염려를 해서는 안 된다는

의미가 내포되어 있다. 물론 이방인들도 약간이나마 신성에 대해 의식하고 있는 것이 사실이다. 롬 1:20에 기록된 대로 그들도 하나님의 속성에 대한 어느 정도의 지식(*τὸ γνῶστον τοῦ θεοῦ*)을 지니고 있다. 그래서 하나님을 어떤 믿음의 대상으로 표현하거나 그분의 광대하심에 대해 구체적으로 생각과 이해를 발전시켜 나가려 했음에도 그 논리의 방향이 잘못되었던 까닭에 그들의 신앙적 행위 자체가 이미 허망하고 어리석은 짓이다. 그러나 이제는 복음 안에서 하나님이 분명한 믿음의 대상으로 밝혀졌으므로, 믿음은 기독교인들이 드려야 할 엄숙하고 정결한 예배의 한 부분을 이루게 되었다. 이 사실에 대해 루터는 다음과 같이 정확히 지적한다. *Id agit tota scriptura, ut credamus Deum esse misericordem*(성경 전체가 의도하는 바는 사람으로 하여금 하나님을 견고하게 믿고 의지하도록 하려는 것이다). 그러므로 시편 저자는 하나님께서 세상과 교회를 각각 다른 식으로 다스리신다는 사실을 노래하면서, 특히 "주의 증거들이 매우 확실하고"(시 93:5)라는 표현으로 그분이 교회를 통치하시는 방식을 구분지어 설명한다. 하나님은 세상 사람들에게는 희미하게 자신을 계시하셨지만, 믿는 자들에게는 분명한 원칙들을 쥐어 주셨다.

⑵ 구원 은혜를 위해 : 구원의 문제는 모든 종교의 진위를 판가름하는 기준이다. 사람에게 가장 확실한 구원의 소망을 제시해 주는 종교가 최선의 종교다. 렘 6:16에서 하나님은 다음과 같이 권고하신다. "너희는 길에 서서 보며 옛적 길 곧 선한 길이 어디인지 알아보고 그리로 가라 너희 심령이 평강을 얻으리라." 곧 지난 역사를 되돌아보아 자신들의 심령에 가장 큰 평안을 주는 최선의 신앙이 무엇이었는지 알아보고 그것을 선택하라는 말씀이다. 한편, 심령의 평안을 저해하는 요소는 대략 세 가지 상태로 구분되는데, 곧 사람이 하나님에게서 멀어져 있는 상태와 심판에 대한 두려움, 그리고 의무감에서 비롯되는 불안이다. 그러므로 다음 세 가지 요소들, 즉 하나님과 인간, 공의와 자비, 평강과 의무감이 반드시 함께 조화를 이룬 상태를 유지하고 있어야만 심령이 든든한 평강을 누릴 수 있다.

1) 하나님과 인간이 화목하게 되어야만 한다. 이방인들 중에서도 지혜

로운 자들은 사람의 행복을 신과 최대한 가까이 있는 상태에 두었다. 플라톤이 그중 한 사람이다. 또한 아리스토텔레스의 글에 의하면, 쾰리우스 로디기누스(Cœlius Rhodiginus)라는 사람은 호머의 시구(詩句) 가운데 '여러 신들과 유한한 인간들이 함께 살게 되기 전에는 결코 바람직한 상태가 이루어질 수 없다' 라는 구절을 특히 좋아했다고 한다. 이와 같은 예에서 볼 수 있듯이, 사람 속에는 일반적으로 영원한 선을 더듬어 느끼게 할 만한 본성이 존재한다. "이는 사람으로 혹 하나님을 더듬어 찾아 발견하게 하려 하심이로되"(행 17:27). 그러나 하나님으로부터 멀어져 있고 죄책감에 시달리는 사람이 어떻게 하나님과 교제를 나눌 수 있겠는가? 지푸라기가 어떻게 타오르는 불길과 함께 상존할 수 있겠는가? 죄 많은 피조물들이 어찌 두려움 없이 하나님을 생각할 수 있으며, 그분의 영광에 모조리 불타 버림 없이 그분 앞에 나아갈 수 있겠는가? 이방인들도 이 점에 대해 조금은 의식하고 있었다. 그래서 죄에 물들고 유한한 인간들이 그냥 그 상태로 높은 신들 앞에 나아가면 그 신들의 명예를 더럽히게 된다고 생각했다. 그 결과, 신과 인간의 중간에 위치한 영웅들이나 반신(半神)들을 창안해 내고, 그들로 하여금 인간의 기도를 신들에게 상납하고 신들의 축복을 인간에게 전달해 주는 중재자 역할을 하게 했다. 플루타르크(Plutarch)는 이 사실에 대해 다음과 같이 말한다. *διὰ δαιμονίων πᾶσα ὁμιλία καὶ διάλεκτος μεταξὺ θεῶν καὶ ἀνθρώπων*(이들 중재 세력에 의해서 신들과 인간들 사이에 모든 교류가 이루어졌다). 바울은 고전 8:5에서 이와 같은 이방인들의 신화를 염두에 두고 다음과 같이 말한다. "비록 하늘에나 땅에나 신이라 불리는 자가 있어 많은 신과 많은 주가 있으나." 즉 이방인들은 많은 신(궁극적인 경배의 대상들)과 많은 주(신과 인간의 중재자들)를 섬긴다는 말이다. 바울은 이런 사실을 전제로 하여 계속해서 6절에서는 "그러나 우리에게는 한 하나님 곧 아버지가 계시니…한 주 예수 그리스도께서 계시니"라고 기록해 나간다. 즉, 한 분의 지극히 높으신 존재와 한 분의 중재자가 계신다는 말인데, 바로 이것이 우리가 하나님과 나누는 교제에 대해 성경이 가르쳐 주는 가장 뛰어나고 확실한 방법이다. 이방인들이 지어낸 신들과 교제 방안은 허황된 것이어서 사람에게 진정한 평안을 줄 수 없다. 그러나 복음 안에는 우리가 평안을 얻고 소망을 품을 수 있을 만한 놀라운 대책이 마련되어 있다. 그것은 바로 예수께서 신성과 인성을 한 몸에 지니고 이 땅에 오셨다는 사실이다. 하나님의 아들이 사람의 아들이 되심으로써 사람의 아들들도 하나님의 아들들이 될 수 있도록 하셨다. 그러므로 베드로는 그리스도께서 이루신 중대한 사역이 바로 우리를 하나님 앞으로 인도하신 것, 즉 하나님과 사람을 연합시키신 것이라고 말한다(참조. 벧전 3:18). 이 문제에 대해 히브리서 저자도, 우리가 휘장 곧 예수의 육체를 통해 하나님께 나아갈 수 있게 되었다고 말한다(참조. 히 10:20). 이 표현은 휘장이 지성소(*sanctum sanctorum*)의 영광을 가려 주며, 또 그리로 들어가는 입구가 되는 성소를 비유한 것이다. 이처럼 그리스도께서 성육신하신 사건은 사실상 피조물이 감히 가까이할 수 없을 정도로 찬란한 하나님의 영광과 빛의 칼날을 무디게 해서 그들로 하여금 두려움 없이 그 영광 앞에 나아와 교제할 수 있도록 만들어 주었다. 그리스도는 진정한 야곱의 사다리시다(참조. 요 1:51). 그 사다리는 밑으로 땅에 닿아 있고(그분의 인성을 가리킴) 위로는 하늘에 닿아 있어서(그분의 신성을 가리킴) 우리로 하여금 그리로 올라가서 하나님과 교제를 나눌 수 있게 해 주셨다. *ascende per hominem et pervenies ad Deum*이란 어느 교부의 표현대로, 우리는 그리스도의 인성을 의지하여 하나님께 올라가서 그분과 교제를 나눌 수 있게 되었다.

2) 공의와 자비가 함께 수반되어야 한다. 자비를 얻지 못하면 공의가 집행될 것을 두려워할 수밖에 없다. 죄인들은 하나님의 진노의 손길을 면할 길이 없기 때문에 죄책감이 생길 때마다 마음에 엄습해 오는 두려움에 떤다. 그들이 이러한 절망과 고통 속에 처해 있는 이유는 "그들이 이 같은 일을 행하는 자는 사형에 해당한다고 하나님께서 정하심을 알고도"(롬 1:32)라는 말씀과 같이 스스로 하나님의 준엄한 공의를 의식하고 있기 때문이다. 그러므로 '어떻게 하면 그 무서운 공의의 요구를 만족시키고 우리 영혼을 두려움에서 건져 낼 수 있을까' 라는 의문을 갖지 않을 수 없다. 미 6:6-7에도 '무엇을 가지고 나아가야 여호와께서 기뻐하실까' 라는 같은 의미의 질문이 제기된다. 계시에 대해 캄캄한 이방인들은 공로가 될

만한 행위들을 함으로써 신들을 달랠 수 있다고 생각했다(사람 속에는 그러한 개념이 본능적으로 심겨 있기 때문이다). 그래서 값비싼 제물들, '곧 천천의 숫양이나 만만의 강물 같은 기름', 수백 마리의 제물들을 바치기도 하고, 바알 선지자들이 자해하듯 자기 몸에 상처를 내서 고통을 당하기도 하며, 혹은 자녀를 제물로 바치는 등 사람의 본성으로는 도무지 납득할 수 없는 극단적 행동을 하기도 했다. 본능적 사랑은 물이 위에서 아래로 흐르듯 부모가 자식에게 베푸는 것임을 생각해 볼 때, 그토록 귀여운 자식을 제물로 드리는 일이란 실로 엄청난 자기 부인의 행위가 아닐 수 없다. 그것뿐이 아니다. 그들은 신의 두려운 진노를 달래기 위해 자식들 중에서도 특히 자신의 모든 희망이 걸려 있는 맏아들까지라도 서슴없이 바쳤다. 자신이 가장 아끼는 것을 바치는 행위가 신을 달래기 위한 최선책이라고 생각했다. 선지자 미가 당시의 세속적인 유대인들도 이방인들 중에서 성행하던 그러한 풍습을 받아들였다. 그들로서는 의례적인 제사가 하나님을 기쁘시게 하거나 양심의 평강을 누리게 하기에는 너무 미미한 방법이라고 생각했기 때문이다. 더구나 '온 산의 가축을 다 소유하고 계신 하나님께서 그까짓 소 한 마리를 바친다고 해서 기뻐하시겠는가' 라는 생각도 했을 것이다(참조. 시 50:10). 물론 그것은 하나님께서 친히 정해 주신 경배 방법이었다. 하지만 그럼에도 "이에 따라 드리는 예물과 제사는 섬기는 자를 그 양심상 온전하게 할 수 없나니"(히 9:9)라는 말씀처럼, 장차 그 제사의 실체로 오실 그리스도께 대한 믿음이 없이 경배를 드리는 자는 양심의 평안을 누릴 수 없게 되어 있었다. 그런데 의례적인 제사에서 양심의 평안을 얻을 수 없었던 세속적인 유대인들은 그 이유를 그리스도께 대한 믿음 없이 경배를 드려온 자신들의 태도에서 찾지 않고, 미온적이고 감질나는 제사 방법에서 찾으려 했다. 그 결과 자기 자녀를 몰록에게 제물로 바치기 위하여 불로 지나가게 하는 극단적인 풍습까지도 받아들였다(참조. 왕하 23:10). 주변 민족 문화에 대한 단순한 모방 심리로서는 그런 잔인한 풍습을 받아들일 수 없었을 것이다. 오직 그들의 양심을 사로잡고 있던 심판에 대한 공포심만이 그들을 그토록 잔인하고 본성에 거스르는 행위를 하도록 충동할 수 있었다. 선지자 미가는 "내 허물을 위하여 내 맏아들을, 내 영혼의 죄로 말미암아 내 몸의 열매를 드릴까"(미 6:7)라는 말로 그러한 잔인한 이교적 풍습에 대해 암시하고 있다. 이상과 같은 내용으로부터 하나님의 공의에 손상을 입히고서 그것을 보상하지 못해 어쩔 줄 몰라하는 사람들의 모습을 발견하게 된다. 그러나 복음 안에서는 인애와 진리(공의)가 같이 만나고, 의와 화평(진리)이 서로 입맞추고 있다(시 85:10). 그러므로 복음 안에 있는 우리들은 "여호와는 은혜로우시며 의로우시며"(시 116:5), "내 사랑하는 자는 희고도 붉어"(아 5:10)라고 찬양할 수 있게 되었다. 의를 침해당하신 하나님이 계신 것과 마찬가지로 그 침해받은 의를 대신 만족시켜 주시는 하나님이 계셔서, 공의와 자비가 같은 빛과 영광으로 함께 비추고 있기 때문이다. 즉, 다음 말씀과 같이 우리는 그리스도 안에서 세상에게는 여전히 두려움의 대상인 공의와 친숙하게 되었고, 그것을 소망과 도우심의 주된 원천으로 삼게 되었다. "만일 우리가 우리 죄를 자백하면 그는 미쁘시고 의로우사 우리 죄를 사하시며 우리를 모든 불의에서 깨끗하게 하실 것이요"(요일 1:9). 사람들은 흔히 용서가 엄격한 의보다 자유로운 은혜에 더 잘 어울리는 행위이므로 '미쁘시고 의로우사' 라는 말보다 '미쁘시고 은혜로우시사' 란 말이 더 적절한 표현이 아니겠느냐고 생각할지도 모른다. 그러나 하나님의 공의는 조금도 남김없이 그리스도 안에서 다 충족되었다. 따라서 하나님은 죄인에게 용서를 베푸시더라도 결코 자신의 공의를 손상시키는 일이 없으시다. 그러므로 바울은 그리스도 안에서 사죄를 받고 일생을 그분을 위해 바친 사람의 것으로 예비된 면류관을 '은혜의 면류관' 이라 하지 않고 '의의 면류관' 으로 표현했다(참조. 딤후 4:8). 성경 전체의 맥락은 그리스도인들의 모든 희망과 안위가 하나님의 의에 달려 있다는 사실에 집중된다. 바울의 말을 그대로 받아들인다면, 하나님께서 그리스도를 구속자로 정하신 큰 뜻은 공의를 조금도 가리지 않으면서 죄인을 용서해 주시기 위함이었음을 발견하게 된다. 다시 말해 사람들이 받아야 할 모든 죄의 형벌을 그리스도로 하여금 대신 다 받게 하심으로써 공의를 더욱 굳게 세우신 후에, 그들에게 훨씬 자유로운 방법으로 은혜를 베풀고자 하심이었다. 바울은 롬 3:25-26에서 이 문제에 대해 상세히 설명해 준다. "이 예수를 하나님이 그의 피로써 믿음으로 말미암는 화목제물로 세우셨으니 이는 하나님께서 길이 참으시는 중에 전에 지은 죄를 간과하심으로 자기의 의로우심을 나타내려 하심이니." 바울은 이 말을 한 뒤 다음 구절에서 그 내용을 거듭 강조한다. "곧 이때에 자기의 의로우심을 나타내사 자기도 의로우시며 또한 예수 믿는 자를 의롭다 하려 하심이라." 즉, 공의로우신 하나님께서 죄를 그냥 덮어둔 채 은혜를 베푸시면 그 의가 더 이상 의로서 존속하지 못하게 되는 상황에서, 그리스도께서 모든 죄의 대가를 받으심으로 친히 그 의를 밝히 드러내셨고, 또한 그리스도의 공로를 믿는 자들도 의롭다고 인정해 주셨다.

3) 양심이 죄책에서 벗어나 평강을 누리려면 율법에 대한 의무감과 마음의 평안이 함께 공존해야 한다. 모든 종교가 추구하고 있는 목적은 *ut anima sit subjecta Deo et pacata sibi*, 즉 자신이 신으로 섬기는 대상에게 복종하고 그로 인해 마음의 평정을 얻는 데에 있다. 그런데 율법을 지키지 않으면 안 된다는 강박 관념 아래서 어떻게 마음의 평정을 누릴 수 있겠는가? 양심이란 규율을 간소하게 하여 의무감을 줄인다고 해서 잠잠해지는 것이 아니다. 그래서 이교도들도 육체의 정욕이 불타올라 이성을 뒤흔들어 놓을 때 비록 그것이 실정법을 어긴 것이 아님에도 불구하고 양심의 평온을 누릴 수 없었다. 그리고 그들은 그 정욕을 어떻게 제재해야 하는지 몰라 자기 몸에 상처를 내서라도 그 상태에서 벗어나고자 했다. 이를테면 여인을 볼 때마다 정욕을 품지 않을 수 없다면 차라리 자기의 눈을 빼는 등, 자기 속에 있는 부정한 마음 대신에 죄 없는 몸에 분노를 표했던 것이다. 복음의 빛을 받은 우리는 율법의 요구를 이루기 전에는 마음의 평정을 누릴 수 없다는 사실을 이교도들보다 훨씬 뼈저리게 느낀다. 그러나 비록 양심의 참된 평화가 그리스도의 속죄 안에서 주어지는 것이라 할지라도, 그것은 그리스도가 명하신 일을 함으로써 얻어지는 것이지 그냥 자연적으로 생겨나는 것은 아니다. 그래서 예수께서는 "수고하고 무거운 짐 진 자들아 다 내게로 오라 내가 너희를 쉬게 하리라"(마 11:28)라고 하신 뒤에 "나의 멍에를 메고 내게 배우라 그리하면 너희 마음이 쉼을 얻으리니"(마 11:29)라고 말씀하셨다. 우리가 평안을 얻으려면 그

리스도께 나아가야 하듯이 우리 마음속에서 참으로 그 평안을 누리고자 한다면 그분이 가르치신 바를 지켜 행해야 한다. 그리스도의 계명 안에 거하는 사람은 복음 안에 얼마나 큰 평안이 예비되어 있는지를 깨닫게 될 것이다. 복음 안에는 연약함을 제거해 주시는 성령이 계시며, 모든 결핍과 약점을 대신 담당해 주는 그리스도의 공로가 있다. 따라서 그 안에 거하는 자에게 율법이 요구하는 바를 지켜 행할 수 있게 해 주며, 양심의 평화도 누리게 해 준다. 그런 사람들은 강력한 성령의 도우심을 받으므로 더 이상 자신의 연약함 때문에 절망할 필요가 없다. 또한 그들은 속에서 일어나는 정욕을 소멸해 주시는 하나님을 모시고 있으므로 자기 눈을 빼 버릴 필요도 없다.[107] 그리고 그들은 그리스도께서 철저히 순종하심으로써 얻으신 공로를 충분히 의지하기 때문에 죄책감에 휩싸여 절망할 필요도 없다. 간단히 말해서 그들은 자신이 복음 안에서 얼마나 많이 성장해야 될 사람인가를 깨달을 때 동시에 그로 인해 누리게 될 평안에 대한 가장 달콤한 소망을 품을 수 있다. 그리고 그때 다윗과 같이 "내가 주의 모든 계명에 주의할 때에는 부끄럽지 아니하리이다"(시 119:6)라는 고백을 하게 된다.

복음이 진리의 말씀이라는 주제에 대한 긴 설명은 여기서 맺고 다음 문제를 살펴보기로 하자.

강해 6

하나님의 자녀들이 그분의 첫 열매라는 점에 대해서 살펴보자. '첫 열매' 라는 단어에는 그들의 '고귀함' 과 '의무' 라는 두 가지 사실이 암시되어 있다. 이 두 가지를 중심으로 '첫 열매' 라고 한 야고보의 표현이 얼마나 큰 의미를 지니고 있는지 살펴보고자 한다.

1. '첫 열매' 라는 단어는 두 가지 면에서 하나님의 백성들의 고귀함을

107) 'Democritus excæcavit seipsum quod mulieres sine concupiscentiâ aspicere non posset, et doleret si non esset potitus: at Christianus salvis oculis fœminam videt; animo adversus libidinem cæcus est.'—*Tertul. in Apol.*, cap. 46.

가리킨다.

(1) 그들은 '주님의 기업' 이자 '자기 백성'(λάος περιούσιος, 딛 2:14) 이며, 하나님께서 보석같이 귀중히 돌보시는 백성이다. 세상이 하나님의 소유물이라면 그 백성은 그중 보석에 해당한다. 본문의 '피조물 중에'(κτισμάτων)란 말은 바로 그 백성의 의미를 강조하기 위한 표현이다. 세상 사람들은 단지 하나님의 일반적인 피조물에 불과하지만 우리는 그분의 첫 열매다. 주님께서는 우리의 하나님이라고 불리기를 기뻐하신다. "여호와를 자기 하나님으로 삼는 백성은 복이 있도다"(시 144:15)라는 말씀과 같이 하나님께서는 그 백성들의 이익과 안위를 위해 스스로를 내어주셨다. 만유의 주재이신 그분께서 친히 우리의 하나님이 되셨다. 어떤 이는 하나님과 우리가 부모와 자녀의 관계를 맺는 것은 기쁜 일이지만, 창조주와 피조물의 관계만을 맺고 있다면 그 사실로 인해 기뻐해야 할 이유는 하나도 없다(*Tolle meum et tolle Deum*)고 말했다. 하나님께서 우리를 '첫 열매' 로 생각하시고, 자신의 재산과 기업으로 여기신다는 사실이야말로 하나님이 우리에게 얼마나 큰 사랑을 베푸셨는지를 단적으로 보여주는 뚜렷한 증거가 아닌가!

(2) 그들은 세상의 핵심이다. 다음 말씀에서 볼 수 있듯이, 보통 첫 열매는 나머지 다른 열매들의 축복을 위해 드려졌다. "네 재물과 네 소산물의 처음 익은 열매로 여호와를 공경하라 그리하면 네 창고가 가득히 차고 네 포도즙 틀에 새 포도즙이 넘치리라"(잠 3:9-10). 본문에서도 마찬가지다. 하나님의 백성들은 '포도송이에 내린 복' 이어서 그들 덕택에 다른 사람들도 좋은 것을 누리게 된다. 그들은 한 나라의 '병거와 마병'(왕하 2:12), 즉 그 나라의 원동력이다. 이렇게 생각할 때 하만이 유대인들을 멸하려는 계획을 품고 아하수에로 왕에게 '그들을 용납하는 것이 왕에게 무익하니이다' 라고 고한 것은 왜곡된 간언이었다(참조. 에 3:8). 그들은 하나님께서 모든 민족에게 복을 주시기 위해 먼저 선택하신 첫 열매다.

2. '첫 열매' 라는 단어는 하나님 백성들의 의무에 대해서도 암시해 준다.

(1) 평생을 다해 감사를 드려야 함 : 구약의 성도들은 첫 열매를 감사의

증표로 하나님께 드렸다. 가인은 첫 열매를 드리지 않았기 때문에 감사하지 않은 자의 대명사로 불린다. 하나님의 첫 열매인 우리는 하나님께서 우리에게 베푸신 은혜를 기억하고 사랑과 감사가 넘치는 삶을 살아야 한다. 그러므로 바울은 우리에게 베푸신 하나님의 은혜가 얼마나 큰지를 바로 깨달아 삶 전체를 그분께 산 제물로 드리라고 권한다(롬 12:1). 그리스도께서 오셔서 친히 자기 몸을 모든 사람을 위한 속죄 제물로 드리셨기 때문에 복음 아래 있는 우리들은 더 이상 속죄제를 드릴 필요가 없다. 이제 우리가 드려야 할 모든 제물은 감사 제물로 집약되었다. 자, 그렇다면 형식에 의미를 둔 제사가 아니라 복음으로 충분히 밝혀진 바, 그 본의를 음미하며 드리는 제사(*λογικὴ λάτρεια*, 영적 제사)로 우리 몸을 주께 드리자. 이것이 하나님께서 그의 첫 열매로 거듭나게 하신 가장 중요한 이유다. 다음 사가랴의 예언에서 볼 수 있는 대로, 복음 아래 있는 자들이 주께 대해 지니는 순종의 원칙과 동기는 두려움이 아니라 감사다. "우리가 원수의 손에서 건지심을 받고 종신토록 주의 앞에서 성결과 의로 두려움이 없이 섬기게 하리라 하셨도다"(눅 1:74-75). 우리는 구체적인 삶의 현장에서 늘 하나님께 감사함으로 자신이 하나님의 첫 열매임을 나타내 보여야 한다.

(2) 거룩함 : 일반적으로 첫 열매는 하나님 앞에 거룩하게 구별되었다. 하나님께 드려지는 것들은 반드시 거룩해야 했다. 그래서 개나 나귀와 같이 본질상 가증하다고 규정된 가축들의 처음 난 것은 직접 하나님의 것으로 구별되지 못하고 반드시 양이나 돈으로 대속(代贖)된 뒤에야 구별될 수 있었다(참조. 출 13:12-13; 레 27:26). 하나님께서는 더러운 것을 그대로 묵인하지 못하는 분이시다. 하나님의 백성이 죄를 품고 있다면 하나님은 그 죄를 다른 세상 사람들 속에 들끓고 있는 죄보다 더 미워하고 언짢아하신다. 하나님께서 예레미야를 통해 하신 말씀을 주목하여 보라. "이스라엘 자손과 유다 자손이 예로부터 내 눈 앞에 악을 행하였을 뿐이라"(렘 32:30). 칠십인역은 이 구절을 "오직 그들만이 내 앞에서 악을 행해온 자들이다"(*μόνοι ποιοῦντες τὴν ἁμαρτίαν*)라고 번역했다. 여기서 다른 이방 민족들의 죄에는 아예 관심을 두지 않고, 오직 자기의 기업 이

스라엘만을 죄인이라고 책망하시는 하나님의 모습을 볼 수 있다.

(3) 하나님께 드려짐 : 성도들은 모두 하나님께 드려져야 할 존재들이다. 드려지되 조금도 남김없이 모두 다 드려져야 한다. 우리의 시간, 재능, 힘, 그리고 관심 등 모든 것이 주님의 것이다. 이런 것들이 당장에는 우리 것처럼 보인다 할지라도 우리 취향대로 사용해서는 안 된다. 오직 주님께 어떻게 기쁨을 드릴 수 있을까 하는 데에 초점을 두고 이 모든 것들을 사용해야 한다. '이것은 내 것이다' 라는 마음을 품고 있는 자들은 첫 열매가 아니다. 하나님께서 우리에게 새 생명을 주시고 첫 열매로 삼으신 것은 우리 자신의 방식과 목적대로 마음껏 살아 보라고 하시기 위함이 아니었다. 만일 우리에게 주어진 그 모든 것들이 진정 우리의 것이라면 우리의 취향대로 사용해도 되겠지만, 그 모든 것들은 하나님의 것이기 때문에 결코 그렇게 사용해서는 안 된다. 사람이 첫 열매를 주님께 바친 후에는 더 이상 그것에 대해 주장할 권리가 없듯이 첫 열매로 바쳐진 우리들도 우리 자신에 대해 아무 권리가 없다. 그러므로 다음 사항을 유념하라. 1) 우리는 우리 방식대로 살아서는 안 된다. 우리를 이끌어 가는 안내자는 우리의 욕구나 의지가 아니라 하나님의 뜻이다. 솔로몬은 "사람의 행위가 자기 보기에는 모두 정직하여도"(잠 21:2)라고 말한다. 사람은 마음이 부패하여 자기 방식의 삶을 선하고 즐겁게 느끼며, 욕구나 의지가 부패하여 언제나 자기 방식대로 행동할 태세를 갖추고 있다. 그래서 선지자 이사야는 "우리는 다 양 같아서 그릇 행하여 각기 제 길로 갔거늘"(사 53:6)이라고 했다. 그러므로 우리는 하나님의 심정과 뜻을 배워야 하는 존재임을 명심하라. 우리 자신의 계획은 우리를 속일 것이며, 우리 자신의 열정도 결국 우리를 배반할 것이기 때문이다. 2) 하나님을 떠나 우리 자신의 목표를 따로 설정하지 말자. "그가 모든 사람을 대신하여 죽으심은 살아 있는 자들로 하여금 다시는 그들 자신을 위하여 살지 않고 오직 그들을 대신하여 죽었다가 다시 살아나신 이를 위하여 살게 하려 함이라"(고후 5:15). 이와 같은 바울의 권고대로 우리는 자기의 기쁨, 자기의 이익, 자기의 명예, 자기의 관심을 추구하지 말자. 우리는 모두 하나님께 바쳐진 존재이므로 우리 안에 자기 것이라 주장할 만한 아무런 권리나 자산이 없다. 모든 것

을 하나님께 바친 사람이라면 자기 추구나 자기 만족에 조금도 미련을 두지 않는다.[108] 모든 기쁨과 명예, 이익은 하나님을 기쁘시게 해 드릴 만한 것인가의 여부에 따라 취사선택이 결정되어야 한다.

[19] [그러므로] 내 사랑하는 형제들아…사람마다 듣기는 속히 하고 말하기는 더디 하며 성내기도 더디 하라.

[그러므로] 내 사랑하는 형제들아. (원문에서) '그러므로' 란 접속사가 쓰인 것에서 볼 수 있듯이, 본 절은 앞 절에서 추론된 내용이다. 그런데 어떤 이들은 18절과 본 절을 동등 관계로 보고 '하나님께서 너희를 낳으셨다. 그러므로 중생한 자들답게 생활하라' 란 의미로 해석한다. 그들은 이 두 절을 일반적인 전제 관계로 파악하고 그에 맞춰 본 절에 최대한도의 의미와 해석을 부여하려고 한다. 그러나 나의 견해로는 이러한 시도가 다음 두 가지 이유에서 부적절하다고 생각된다. 첫째, 복음의 용도는 말의 표현 방식 등과 같은 저차원적 예절 문제를 다루는 데 있지 않기 때문이다. 더구나 야고보가 중생과 같은 비중 있는 문제를 그처럼 사소한 문제에 곧바로 적용했을 리 없다. 구태여 그렇게 끼워 맞춰 생각한다 하더라도 그 의미가 분명하지 않을 뿐 아니라 중생과 같이 중요한 영적인 문제를 단순한 예절 규칙으로 끌어내리기에는 두 절 사이에 너무 큰 간격이 존재한다. 둘째, 차후에 소개되는 내용을 보더라도 본 절은 중생의 문제와 직접 관련되지 않는 것이 분명하다. 야고보는 뒷부분의 21절에서 말씀을 바른 자세로 받으라고 권고하는데, 이 권고는 바로 본 절인 19절과 다음 20절에서 이끌어 낸 것이다. 그러므로 나는 18절과 본 절의 관계를 다음과 같이 표현하고자 한다. 야고보는 진리의 말씀을 회개의 수단으로 전제한 뒤(18절), 그 전제 위에서 말씀을 부지런히 듣고 그것을 귀중히 여겨 함부로 평가하지 말라고 권하고 있다(19절). 이처럼 본 절을 앞 절과 대등 관계로 보아 확대 해석하지 않고 앞 절에 귀속시켜 해석하면 다음과 같이 전체 문맥의 연결이 더 자연스럽고 의미도 분명해진다. 하나님이 말씀으

108) 'Nesciunt suis parcere qui nihil suum norunt.' –*Ambros.*

로 우리를 낳으셨다는 사실에서 하나님이 그 말씀을 얼마나 중요하게 여기셨는지를 알 수 있다. 그러므로 '듣기는 속히 하고' (유순한 자세와 배우겠다는 마음을 가지고 말씀 안에서 하나님의 뜻을 잠잠히 기대하고), '말하기는 더디 하며' (믿음으로 받아야 할 일에 대해서 경솔하게 자기의 판단이나 견해를 앞세우지 말며), '성내기도 더디 하라' (자기 생각과 다르다고 해서 화를 내가며 편견을 내세우지 말라). 이런 견지에서 본 절을 대하면 전체 문맥이 쉽게 이해될 것이다. 나의 생각으로는 성경 자체가 말하는 바를 충분히 고찰하는 것이 말씀에 접근하는 바람직한 태도라고 여겨진다. 여러 사람이 말씀을 공부하거나 토론을 할 경우에는 이런 태도가 더욱 절실하다. 모두가 이 같은 원칙을 가지고 토론에 임한다면 각자 개인적인 발언만 일삼음으로써 중구난방에 빠지는 일은 없을 것이며, 다른 사람이 자기와 다른 견해를 주장한다고 해서 감정이 상할 일도 없을 것이다. 또한 자기 의견을 자존심과 관련지어 토론 주제에는 아랑곳하지 않고 서로 인신공격을 가하게 되는 상황에 처하는 일도 생기지 않을 것이다. 그리스도인들이 개최하는 회합이나 대회에서처럼 말 많고, 고함이 오가며, 자제하는 모습을 찾기 어려운 경우도 드물다. 본 절에서 야고보가 가르치고자 하는 주요 의도는 바로 이러한 사람들로 하여금 말씀을 진지하게 경청하는 자세를 지니게 하려는 것이다.

강해 1

그러므로. 하나님께서 말씀을 통해 우리에게 나눠주시는 유익을 생각해 볼 때 말씀을 잠잠히 기다리라는 말은 매우 중요한 권고가 된다. 하나님께서 제정하신 모든 계명 안에는 명령과 약속이 함께 내포되어 있다. 명령이 우리의 당위를 지적해 주는 것이라면, 약속은 우리를 격려하기 위한 것이다. 또한 명령이 우리로 하여금 순종하도록 만드는 것이라면 약속은 우리로 하여금 믿음을 갖도록 하는 것이다. 한 예로, "들으라 그리하면 너희의 영혼이 살리라"(사 55:3)는 말씀 안에는 이 두 가지 요소가 분명히 구분되어 나타난다. '들으라' 라는 말씀은 명령이고, '너희의 영혼이 살리라' 라는 말씀은 약속이다. 우리에게 주어진 어떠한 의무도 단지 의무로 그치지 않고 약속을 이루는 거룩한 도구가 된다는 사실이 곧 하나님의 은혜다. 이처럼 하나님께서는 비록 계명을 내려 주실 때도 단지 주권으로써가 아니라 은혜로써 하셨다. 그렇다면 그리스도인들은 계명을 대할 때 그 근거만이 아니라 목적도 함께 바라봄으로써 즐거운 마음으로 그것을 준행해야 한다. 우리가 계명을 다 지킨다고 해서 하나님이 우리에게서 무엇을 얻으시겠는가? 하나님은 오직 우리의 유익을 위해서 계명을 내려 주셨다. 다음 잠언 말씀이 그 사실을 말해 준다. "네가 만일 지혜로우면 그 지혜가 네게 유익할 것이나"(잠 9:12). 하나님은 우리가 말씀 앞에 가까이 나아가는 것을 기뻐하시고 그로 인해 우리에게 평안을 내려 주신다. 그러므로 말씀을 대할 때마다 그것으로 인해 누리게 될 큰 특권에 대해 잘 생각해 보라. 그리고 다음과 같은 말로 말씀을 듣는 스스로의 자세를 가다듬어라. "나는 내 영혼을 살리기 위해, 그리고 내 영혼이 하나님을 더욱 닮아가기를 바라는 마음으로 말씀을 들으리라." 하지만 불행히도 많은 그리스도인들은 하나님이 계명 안에서 그들에게 베푸시고자 하는 만큼의 은혜를 채 기대하지 않는다.

강해 2

'그러므로' 라는 추론 접속사에 대해 좀 더 살펴보기로 하자. 말씀대로 살려고 하는 사람일수록 계명에 더욱 깊이 순종하게 된다. 그러므로 야고보는 하나님께서 우리에게 진리의 말씀을 낳아 주셨으므로 거기서 한 걸음 더 나아가 '부지런히 그 말씀을 들으라' (듣기를 속히 하라)고 권한다. 어떤 길에 좋은 것이 있을 줄 안다면 그 길 걷기를 마다할 사람이 어디 있으며, 계명을 실천하는 데에 유익이 있음을 깨달았다면 그 계명을 소홀히 여길 사람이 어디 있겠는가? 하나님께서 우리로 하여금 계명을 지키도록 해 주셨다면 우리는 그분의 진리의 인(印)을 받은 셈이며, 그분의 멍에를 멜 때 주시는 안식을 이미 경험한 셈이다. 한편 스탠카라스주의자들(The Stancarists)[109]은 이러한 야고보의 가르침과 다른 견해를 주장한다. 그

109) 스탠카라스(Stancaras)가 주창자다. 그는 쾨니히스베르크에서 교수 생활을 하다가 후에 폴란드에서 활동했으며, 1574년 그곳에서 사망했다.

들은 신자들에게 계명이 필요 없다고 주장하고, 신앙에 있어서 사람의 역할을 가장 앞세우며, 따라서 계명으로 인한 신앙의 진보를 믿지 않는다. 그 이유는 그들이 은혜의 성격이나 그들의 진정한 마음의 상태, 그리고 말씀의 목적이 무엇인지 모르기 때문이다. 이러한 분파가 인간의 자부심에 호소하여 일어나자, 그전까지 말씀이 주는 유익에 대해 익히 알고 있던 자들을 포함한 많은 사람들 사이에 스탠카라스주의자들의 주장이 자기들이 믿고 있던 견해보다 우월하다는 생각이 퍼져 나갔다. 그러므로 여기서 잠시 이 분파의 문제점에 대해 살펴보기로 하자.

1. 그들은 은혜의 본질을 모르고 있다. 하지만 은혜는 어느 시대의 성도를 막론하고 간절히 사모하여 오던 바다. "내가 주의 권능과 영광을 보기 위하여 이와 같이 성소에서 주를 바라보았나이다"(시 63:2). 가뭄으로 샘에 물이 거의 말랐을 때 목이라도 축이기 위해 조금 떠서 마시면 이내 더 큰 갈증을 느끼게 된다. 하나님의 은혜도 이와 마찬가지다. 그 은혜를 일단 맛보면 누구나 하나님과의 더욱 친밀한 사귐을 앙망하게 된다. 하나님의 백성들은 일단 하나님을 체험한 바가 있기 때문에 그분을 더욱 뵙기를 원한다. 그러므로 베드로는 "너희가 주의 인자하심을 맛보았으면…산 돌이신 예수께 나아가"(벧전 2:3-4)라고 말한다. 즉 말씀 안에서 그리스도를 조금이라도 맛보고 체험한 사람이라면(이것이 시편 저자가 성소에서 주를 바라보았다고 했을 때의 의미다) 더욱 그분 앞에 나아가기 마련이다. 은혜는 한 번 받는 것으로 그치는 것이 아니라 그 경험에 힘입어 더욱 되살아난다. 스탠카라스주의자들이 신자들에게 은혜의 방도가 되는 말씀이 필요하지 않다고 생각한 것은 영적으로 교만하기 때문이다.

2. 그들은 말씀의 의도와 목적을 모르고 있다. 말씀이 의도하고 있는 바는 우리를 거듭나게 하는 것뿐 아니라 온전한 성도로 장성하게 하는 데에 있다(엡 4:12-13). 그래서 바울은 곳곳에 교회를 세운 뒤에도 "제자들의 마음을 굳게"(행 14:22)하기 위해 다시 그곳을 방문했다. 우리는 늘 말씀을 상고하되 그 말씀 안에서 어떻게 성장해야 할지를 모색해야 한다. 말씀을 단지 초신자들이나 믿음이 약한 신자들에게 필요한 것쯤으로만 생각한다면 그것처럼 어리석은 일도 없다. 베드로가 하나님의 뜻을 찾기 위

해 다른 선지서를 연구하고 부지런히 살피던 선지자들에 대해 말하는 내용에서 볼 수 있듯이, 그처럼 훌륭한 하나님의 종들도 이 말씀 안에서 그들의 행할 바를 깨닫기 위해 부단히 애썼다(벧전 1:10-11). 다니엘은 선지자 중 한 사람이자 장래에 대한 큰 이상을 본 인물이었음에도 앞서간 선지자들이 기록한 말씀을 연구했다(참조. 단 9:2). 비단 다니엘만이 아니다. 아무리 위대한 신앙의 위인들이라 할지라도 그들 마음속에 심겨진 은혜의 역사를 보존하기 위해서는 예외 없이 기도와 묵상, 말씀을 듣고 읽는 일을 지속해야만 했다. 이런 점에서 눅 8:18은 깊이 새겨 볼 만한 구절이다. "그러므로 너희가 어떻게 들을까 스스로 삼가라 누구든지 있는 자는 받겠고 없는 자는 그 있는 줄로 아는 것까지도 빼앗기리라 하시니라." 우리 주님께서는 우리들에게 이런 경계를 하심으로써 말씀을 듣는 일에 비상한 관심과 노력을 기울여야 할 필요성을 역설하셨다. 왜냐하면 이미 은혜를 받은 바 있는 자들은 더 큰 확신과 은혜를 얻게 될 것이지만, 은혜를 받지 못하고도 마치 받은 것처럼 자만하여 은혜의 방도에 게을리하는 자들은 그들이 받은 줄로 알았던 것조차 잃어버리게 되기 때문이다. 다시 말해서 은혜의 방도에 게을리하는 자들은 그 믿음이 점차 사라지고, 하나님으로부터 받은 줄로 알고 있던 은사들과 감사한 마음도 다 사라지게 된다.

3. 그들은 자기들의 마음 상태가 어떤지 잘 모르고 있다. 만일 그들의 주장대로 그들이 말씀을 필요로 하지 않는 사람들이라면, 은혜가 더 필요 없을 정도로 풍성하여 완전한 상태에 있단 말인가? 그들 마음속에는 억제되어야 할 부패성이 없단 말인가? 그들은 선을 행하기 위해 애써 굳은 결심을 할 필요가 없는 사람들인가? 마음이 소생하고 감동되어야 할 필요성이 없을 정도로 그들은 항상 평정을 유지하고 있단 말인가? 그들은 항상 열정과 생기로 가득 차 있단 말인가? 그들의 영혼은 결코 침체에 빠지는 일이 없단 말인가? 그러나 말씀이 필요 없을 정도로 언제나 이런 상태의 마음을 유지하고 있는 사람은 없다. 마음이란 섬세한 것이어서 조그만 일에도 쉽게 파문이 일어난다. 가장 여린 것일수록 가장 의존적인 성격을 지니는 법이다. 들장미는 그냥 내버려 두어도 스스로 자라나지만, 포도나

무는 받침대 없이는 자라지 못한다. 또한 이리와 들개는 황량한 벌판에서도 길을 잘 찾아내지만 양들에게는 반드시 목자가 있어야 한다. 자기 마음의 상태를 잘 관찰해 본 사람들이라면 말씀이 반드시 필요한 다음 두 가지 이유를 깨달았을 것이다.

(1) 사람이 지니고 있는 지식은 불완전하다. 자기의 무지를 느끼는 것은 그래도 지식 수준이 꽤 높은 경우에 속하며, 무언가 모르는 자들이 긍지와 자랑을 내세운다. 그래서 바울은 "만일 누구든지 무엇을 아는 줄로 생각하면 아직도 마땅히 알 것을 알지 못하는 것이요"(고전 8:2)라고 했다. 이와 반대로 처음에는 진리에 대해서 무지하다가도 얼마 안 되어 깨닫는 경우도 있다. 무슨 학문을 하든지 간에 자기 지식의 결핍을 자각하고 겸손한 자세로 배우면 괄목할 만한 진보를 이루기 마련이다. 하나님을 알아가는 일에 있어서도 마찬가지다. 우리는 말씀을 아주 깊은 차원에서 이해할 수 있기 전까지는 처음 말씀을 듣는 순간 그 의미를 다 파악할 수 없다. 그러므로 말씀을 대할 때 다윗과 같이 "내 눈을 열어서 주의 율법에서 놀라운 것을 보게 하소서"(시 119:18)라고 기도하는 마음이 있어야 한다. 주님께서는 이런 심정으로 말씀을 대하는 자들에게 전혀 생각조차 할 수 없었던 깊은 지혜를 깨닫는 수준에 이르는 복을 주신다. 주의 말씀은 바닥도, 둑도 없는 망망대해와 같다. 사람은 어떤 일들의 결말을 미리 예상할 수도 있고, 예술같이 심오한 것도 통달할 수 있다. 그래서 다윗은 "내가 보니 모든 완전한 것이 다 끝이 있어도"(시 119:96)라고 말한다. 그러나 말씀 안에 담긴 보화와 그 가치는 아무리 사용해도 다함이 없다. (2) 사람의 감정은 항상 새로운 자극을 필요로 한다. 우둔한 하인에게는 반복해서 명령을 내려야 하듯이 우리의 마음도 그러하다. 우리는 이미 부여받은 의미를 매일 새롭게 환기 받아야 할 필요가 있는 존재다. 타오르는 석탄에는 새로운 공기가 필요하고, 잘 훈련된 병사에게는 전쟁을 두려워하지 않고 분연히 일어서게 하는 진군나팔이 필요하듯이, 우리도 늘 배우고 권면받을 필요가 있다(참조. 고전 14:31). 바울은 고전 14:31에서 예언의 목적을 두 가지로 제시한다. 하나는 모든 사람으로 배우게 하는 것이며, 다른 하나는 위안 혹은 권면을 받게 하는 것이다. 이처럼 말씀은 그 두 가지 예

언의 목적과 무관하지 않아서 지식을 더 쌓게 하고, 또한 침체되어 가는 마음에 자극제가 된다.

강해 3

사람마다. 이 단어는 야고보의 가르침이 모든 사람에게 보편적으로 주어진 의무임을 상기시켜 준다. 그 누구라도 말씀을 듣고 겸손히 배우는 일에 무관하지 않다. "눈이 손더러 내가 너를 쓸 데가 없다 하거나 또한 머리가 발더러 내가 너를 쓸 데가 없다 하지 못하리라"(고전 12:21). 이 말씀에서 보듯이 성도들은 한 몸에 딸린 각 지체와 같아서 독자적 기능을 소유하고 있는데, 각자가 말씀을 듣고 배워야 맡은 바 소임을 다할 수 있다. 그런데 많이 아는 사람일수록 더 많이 배울 수 있다. 유니우스(Iunius)는 일개 밭 가는 농부의 말을 듣고 회개했다. 또한 어떤 한 평신도(교회사[110]에서는 그를 그렇게 부른다)가 니케아 종교회의의 전체 결정을 아리우스파의 반(反) 삼위일체 교리를 이단으로 규정하도록 뒤집어 놓았다. 하나님께서는 이처럼 아주 사소한 것을 통해 많이 깨달은 자들에게 교훈을 주시기도 하신다. 위대한 사도인 바울은 브리스길라(혹은 브리스가)와 버시라는 두 여인을 '예수 안에서 나의 동역자들'이라고 불렀다(참조. 롬 16:3,12; 행 18:2). 횃불이 대부분 조그만 촛불로 점화되듯이 위대한 발자취를 남긴 성도들도 미약한 사람에게서 힘을 얻었다. 예수께서는 종종 어린아이를 들어 제자들을 가르치셨다. "예수께서 한 어린아이를 불러 그들 가운데 세우시고"(마 18:2). 그러므로 다소 하찮게 보이는 사람들이라고 해서 멸시하는 것은 매우 교만한 태도다. 비록 그렇게 하찮게 보이는 사람이라도 속에는 보화를 간직하고 있을지도 모르는 일이다. 그러므로 배우는 일에 있어서는 나이나 학벌, 지위 따위의 구분이 있을 수 없다.[111] 사람마다 모두 배워야 한다.

110) Socrates Scholast., lib. ii., Eccles. Hist., cap. 8

111) *Ἀει γηράσκω πολλὰ διδασοκόμενος*.—*Solon*

강해 4

속히 하고(즉 '마음의 준비를 하고'). 듣기를 속히 하라는 말은, 말씀을 들을 때 하나님이 무엇을 가르쳐 주시든 그대로 이행하겠다는 마음의 준비를 갖추라는 뜻이다. 본문에서 말하는 신속함이란 두 가지 의미를 지닌다. (1) 마음의 자발성 : 말씀을 듣되 마지못해서 듣는 식으로 하지 말라는 교훈이다. 하나님은 자발적인 마음으로 드리는 제사, 곧 낙헌제(樂獻祭) 외에는 그 어떤 제사도 열납하지 않으신다(참조. 시 119:108). (2) 계속해서 말씀을 듣는 일에 부지런함 : 이런 자세로 말씀을 듣는 사람은 한 번 듣는 것으로 만족하지 않으며, '나머지는 다음날 듣지요' 라고 말하지 않는다. 다음 기회로 미루는 것은 내키지 않는 일을 하고 있다는 증거다. 에스겔 1장에는 네 얼굴과 네 날개를 지닌 생물들에 대한 기사가 나온다. 그 생물들이 네 개의 얼굴을 지닌 이유는 성령께서 그들에게 임하실 때를 항상 기다리기 위함이며, 네 개의 날개를 지닌 이유는 하나님께서 그들에게 가라고 명령하시는 곳으로 언제든지 날아갈 태세를 갖추기 위함이었다. 이처럼 때가 오기를 기다리며 준비하는 태도를 다음 세 가지 경우를 들어 살펴보자. 1) 모든 논쟁과 타산적인 생각을 버림 : "내가 곧 혈육과 의논하지 아니하고 또 나보다 먼저 사도 된 자들을 만나려고 예루살렘으로 가지 아니하고 아라비아로 갔다가"(갈 1:16-17). 바울은 회개하고 그리스도의 사도로 부르심을 받았을 때 자기의 사도성을 논쟁으로 인정받으려는 마음을 다 버렸다. 사람이 자기 의무에 대해서 타산적으로 생각하면 곧 그것을 게을리하게 된다. 그러므로 하나님께서 명령하실 때 그 방법이 최선이든 아니든 따지고 들지 말라. 모든 일을 타산적인 생각으로 하려고 하면 제대로 되는 일이 없다. 하나님께서는 아담에게 "네가 먹는 날에는 반드시 죽으리라"(창 2:17)고 명령하셨다. 하와는 이 명령을 "먹지도 말고 만지지도 말라 너희가 죽을까 하노라"(창 3:3)라는 식으로 이해했고, 사탄은 그 말을 받아 "너희가 결코 죽지 아니하리라"(창 3:4)고 말했다. 하나님께서 확고히 선포하신 명령을 하와는 의심했고, 사탄은 부정했다. 사탄에게 논쟁의 여지를 내어 주는 것은 좋지 못한 일이다. 하나님께서 하라고 하신 일을 신속히 받아들이고 이행하지 않은 채 잠시 그 사리를 따지려 할 때, 사탄은 머뭇거리는 우리 속에 들어와 교묘히 일을 시작한다. 2) 모든 가식과 변명을 버림 : 우리가 만일 매사에 머뭇거리는 태도를 버리지 못한다면 우리에게 주어진 사명을 완수할 수 없다. 자기 앞에 사명을 놓고서 주저하는 자는 마치 길에 사자가 있다고 하거나 사랑하는 자가 찾아왔는데도 발에 흙이 묻을까봐 문을 열어 주지 않으려는 자와 같다(참조. 잠 26:13; 아 5:3). 베드로는 물 위로 오라는 주님의 음성을 듣자마자 동료들을 배에 남겨 두고 바다로 뛰어들었다(마 14:29). 베드로는 자기와 그리스도 사이에 놓인 파도를 탓하지 않았다. 3) 하나님의 뜻에 복종함에 있어서 단 하나의 예외도 두지 않고, 또한 육체의 소욕도 버림 : 다메섹 도상에서 주님을 만나 땅에 엎드려진 바울은 오직 "주여 누구시니이까" (행 9:5)라고 말할 수밖에 없었다. 그 순간 바울의 귀와 마음은 주께서 무엇을 명령하시든 그대로 따르겠다는 자세로 활짝 열려 있었다. 하나님의 부르심에 "말씀하옵소서 주의 종이 듣겠나이다"(삼상 3:10)라고 대답한 사무엘의 자세도 마찬가지였다. 사무엘 역시 하나님이 무엇을 명령하시든지 그대로 받아들일 준비가 되어 있었다. 그러나 불행히도 우리의 자세는 그와 정반대가 아닌가? 맹인에게 다가가 "네게 무엇을 하여 주기를 원하느냐"(눅 18:41)고 물으시던 주님께서는 오늘날도 우리에게 같은 물음으로 다가오신다. 우리가 주님께 무엇을 원하시느냐고 여쭈어 보아야 할 상황에 도리어 주님께서 우리에게 무엇을 원하느냐고 물어 오신다. 이는 마치 주인이 종더러 무슨 명령을 내릴 것이냐고 묻는 셈이다. 그렇다. 주님께서 우리를 위해 자신을 내어 주시려 하는데도 그분을 거절하는 것이 우리의 모습이다. 이러한 우리에게 히브리서 저자는 "너희는 삼가 말씀하신 이를 거역하지 말라"(*μὴ παραιτήσατε*)고 경고한다(히 12:25). 이 말에는 '실제로는 거역하면서 겉으로는 받아들이는 체하지 말라' 는 뜻이 암시되어 있다. 이 문제는 넷째 경우에 해당되겠으나 강해 5에서 좀 더 구체적으로 다루고자 한다.

강해 5

듣기는 속히 하고. 물론 '하나님의 말씀' 듣는 일을 속히 하라는 뜻이다. 만일 말씀이 아닌 다른 것을 가리킨다면 더디 들을수록 좋다고 해야 옳을 것이다. 마치 마리스(Maris) 주교가 맹인이기에 율리아누스(Julian) 같은 비열한 배교자를 보지 않을 수 있었던 것을 기뻐했듯이, 우리는 때때로 저주와 욕설, 불평을 듣게 될 때 차라리 귀머거리였으면 하고 바라기도 한다. '듣기는 속히 하고' 란 말에는 다음과 같은 여러 교훈들이 함축되어 있다.

1. '듣기는 속히 하라' 는 권고는 우리가 듣는 일을 얼마나 귀중하게 여겨야 할지를 가르쳐 준다. 그러므로 '듣기는 속히 하라' 는 말은 말씀을 들을 수 있는 기회가 있음을 다행으로 여기라는 의미도 포함하고 있다. 귀는 지식을 받아들이는 감각 기관[112]이며, 은혜에 대해서도 마찬가지 역할을 한다. "그들이…듣지도 못한 이를 어찌 믿으리요"(롬 10:14)라는 말씀대로, 귀는 지극히 거룩한 하나님의 계시를 받는 데에도 사용되는 감각기관이다. 신 6:4에서 하나님께서는 "이스라엘아 들으라"라는 말씀으로 그 백성을 가르치기 시작하신다. 또한 그리스도께서 변화산 위에서 교회의 대선지자로 찬연히 나타나셨을 때 그 영광에 대한 선포는 곁에 섰던 제자들이 들을 수 있는 성질의 계시였다. "이는 내 사랑하는 아들이요 내 기뻐하는 자니"(마 17:5). 하나님께서는 이런 방식으로도 말씀하시기를 즐겨하시니 듣는 일을 소홀히 하지 말라. 눈으로 읽는 것도 그 나름대로 효용성을 지니고 있으나 소리도 사람의 생각에 공감을 형성함으로써 그 마음속에 '어느 정도의 은밀한 세력' (*aliquid latentis energiœ*)으로 작용한다. 물론 내가 '소리' 라는 말로 뜻하고자 하는 바는 성령의 권위와 주권적 영향력이 수반되는 목회자의 효용성 있는 '설교' 다. 하나님께서는 무뎌진 사람의 양심을 일깨워 주시려고 그 사역자의 음성을 사용하신다. 베드로는 하나님의 말씀에 대해 여러 가지로 말한 뒤 "너희에게 전한 복음이 곧 이 말씀이니라"(벧전 1:25)라고 매듭짓는다. 즉, '읽혀진 복음' 이 아니라 '전해진 복음' 이란 말이다. 세상 사람들은, 복음이 사람의 입으로 전해졌다고 해서 허황된 조작이라고 일축할 수도 있고, '미련한 것' 이라

112) 'Plus est in auribus quam in oculis situm, quoniam doctrina et sapientia percipi auribus solis potest, oculis solis non potest.' —*Lactantius*.

고 무시할 수도 있다. 그러나 이것은 하나님께서 세상에 긍휼을 베푸시기 위해 친히 정하신 방법이다. "하나님께서 전도의 미련한 것으로 믿는 자들을 구원하시기를 기뻐하셨도다"(고전 1:21). 그러므로 본문에서 '듣기는 속히 하고' 라고 했을 때, 그 대상은 목회자의 음성으로 전해지는 하나님의 말씀이다. 읽는 것도 말씀을 깨닫는 좋은 방법이다. 그러나 설교를 들을 때 '차라리 집에 가서 차분히 말씀을 읽는 것이 더 낫겠다' 는 생각을 가지고 건성으로 듣는다면 그것은 일종의 죄다. 시기를 놓친 경건 생활은 이미 그 본질을 상실한 것이나 다름없다. 피는 살아 있는 사람의 몸속에 있을 때에야 비로소 생명의 근원일 수 있으며, 만일 몸 밖으로 나간다면 곧 썩어 전염병을 일으키는 해로운 물질밖에 되지 못한다. 하나님이 정해주신 방법을 무시한 경건 생활도 이와 마찬가지다.

2. '듣기를 속히 하라' 는 권고는 우리가 말씀을 듣는 일에 얼마나 열심을 내야 할지를 가르쳐 준다. 목사들이 하나님의 말씀을 '때를 얻든지 못 얻든지' 전파해야 할 의무가 있는 사람들이라면, 성도들은 그 말씀을 들을 의무가 있는 사람들이다. 프랑스 대혁명이 일어나 많은 사람이 살육당하기 직전에, 프로테스탄트들이 하나님의 말씀을 귀찮아하는 풍토가 만연했었다는 사실을 간과해서는 안 된다. 오늘날도 그와 같은 풍토가 무르익어 가고 있다. 이와 대조적으로 1세기 초 팔레스타인 땅에서는 원근 각처 사람들이 하나님의 말씀을 들어 보기 위해 몰려왔다. 마태는 그 상황을 예루살렘과 온 유대와 요단 강 사방에 사는 사람들이 다 세례 요한의 가르침을 듣고자 나아왔다고 기록한다(마 3:5). 이 중 일부 지역은 애논(살렘 근처로 요한이 세례 주던 곳)으로부터 약 48km나 떨어진 곳에 위치했다. 그런데도 많은 사람들이 하나님의 말씀을 듣기 위해 그처럼 먼 거리를 무릅쓰고 나아왔다. 그 당시는 엘리 시대와 마찬가지로 여호와의 말씀이 희귀하여 이상(異像, 계시)이 흔히 보이지 않던 때였다(참조. 삼상 3:1). 또한 계시가 점점 희박해지는 대신 율법 교사들의 가르침만 무성하던 시기였다. 하나님의 백성들이 이처럼 계시를 받지 못하고 방황하게 된 이유는, 그들에게 하늘의 양식(계시)이 매일 내려졌을 때 그것을 경시했기 때문이다. 이에 하나님은 그들에게 "사람이 이 바다에서 저 바다까지,

북쪽에서 동쪽까지 비틀거리며 여호와의 말씀을 구하려고 돌아다녀도 얻지 못하리니"(암 8:12)라고 경고하셨고, 그들이 끝내 말씀에 귀를 기울이지 않자 그대로 이행하셨다. 세례 요한이 말씀을 외치던 당시는 바로 그러한 하나님의 경고가 이미 오래전부터 현실로 이루어져 오던 때였다. 아모스가 예언한 그대로 이스라엘 백성들은 말씀을 듣고 조금이라도 위로와 힘을 얻기 위해서 원근 각처에서 몰려들었다. 참으로 귀중한 것들은 그것이 없어졌을 때에야 비로소 그 가치를 인정받는다. 이스라엘 백성들은 만나를 으레 내려오는 양식으로 여겼을 때 '이제는 이 만나 외에는 보이는 것이 아무것도 없도다' 라고 한탄하며 울면서까지 고기 먹기를 열망했다(민 11:4-6). 우리는 이러한 이스라엘 백성들의 변덕스런 행위를 보면서 하나님이 내려 주시는 것을 귀중히 여기며 받아야 한다는 교훈을 얻게 된다. 그리고 그것은 하나님이 오늘날 우리에게 그 종들을 통해 내려 주시는 말씀을 소중히 받아야 한다는 사실을 깨닫게 해 준다. 그러나 오늘날 현실은 어떠한가? 요즘 사람들은 직장일이 너무 바쁘다든지, 농사일에 눈코 뜰 새 없다든지 등 갖가지 헛된 변명을 늘어놓으며 하나님의 말씀을 기다릴 수 없다고 핑계한다. 그러나 아무리 말씀을 듣고 싶어도 들을 수 없는 날이 분명히 온다. 주님께서 재림하시는 그날에야 비로소 정신을 차린다면 이미 때는 늦다. 오늘날에도 비록 소수이긴 하지만 부지런히 말씀을 듣는 사람들이 있다. 다윗은 "여호와여 내가 주께서 계신 집과 주의 영광이 머무는 곳을 사랑하오니"(시 26:8)라고 고백했다. 우리가 자주 짐스럽게 여기는 지혜의 문 앞에 다가가 하나님을 기다리는 것이 다윗에게는 즐거운 일이었다.

3. '듣기를 속히 하라' 는 권고는 말씀 위에 서서 다른 사람의 느낌과 생각을 기꺼이 들을 줄 아는 자세를 가르친다. 우리는 자신의 지식을 과시하지 말고 다른 사람이 무슨 말을 하는지 성실히 귀를 기울여야 한다. 다른 사람의 재능을 무시하는 것은 매우 악한 태도다. 자기가 잘 아는 사실을 남들이 말할 때에도, 그것을 여러 사람의 표현 방식을 통해서 다시 살펴봄으로써 유익을 얻을 줄 아는 사람은 참으로 지혜롭다. 여러 방식으로 내리시는 성령의 은혜를 여러 사람들을 통해 깨닫는 것은 매우 유익하다.

우리는 "남종이나 여종이 나와 더불어 쟁론할 때에 내가 그의 권리를 저버렸다면"(욥 31:13)이라는 욥의 말에 귀를 기울일 필요가 있다. 이처럼 남의 재능을 멸시해서는 안 되듯이, 남이 자기에게 가해 오는 판단마저도 경시해서는 안 된다. 성실하게 듣는 데 있어서 ἰδιογνωμοσύνη, 즉 '자부심' 은 절대적으로 금해야 할 사항이다. 자기의 의견과 이해력을 과대평가하면 그것과 반대되는 내용의 말을 참고 들을 수 없게 된다. 사람들은 자기의 마음이 육체적이고 정욕적인 사실을 알면서도 그것을 과장하기도 한다(참조. 골 2:18). 그런 사람들은 자기 생각을 절대시하고 그것만을 위한다. 이처럼 자기 생각을 절대시하여 남의 말을 들으려고 하지 않는 자들에 대해서 바울은 "만일 곁에 앉아 있는 다른 이에게 계시가 있으면 먼저 하던 자는 잠잠할지니라"(고전 14:30)라고 훈계한다. 우리는 다른 사람의 외모만 보고서 하나님이 그에게 어떤 깨달음을 주셨는지 알 수 없다. 그리고 자신이 아무리 많이 안다 하더라도 그것은 하나님이 깨닫게 해 주신 것이다. 그러므로 자기 주장이 곧 자기 인격이라는 편견을 버리고, 그 둘을 구분 지을 줄 알아야 한다. 그럼으로써 남의 말을 들을 때 그 말이 자기 생각과 일치한다고 해서 받아들이는 것이 아니라, 자기 생각과 어긋난다 하더라도 진리이기 때문에 동조할 수 있다. 이처럼 '듣기는 속히 하고' 란 말에는 자기와 반대되는 주장일지라도 경청하라는 뜻도 내포되어 있다.

4. '듣기는 속히 하고' 란 말은 신자들의 모임의 양상이 어떠해야 하는지를 가르쳐 준다. 그리스도인들의 모임에서 소란과 고성이 오가는 경우가 종종 있다. 우리는 모두 말하는 데는 신속하지만 서로의 말을 듣는 데는 그렇지 못하다. 그래서 회의를 열어도 대부분 흥분되고 혼잡한 상태로 끝나버려 아무런 유익도 얻지 못하기 마련이다. 그 이유는 회의에 참석한 사람 하나하나의 마음이 '봉한 포도주통 같고 터지게 된 새 가죽 부대(욥 32:19)' 같기 때문이다. 만일 우리가 말할 때처럼 듣기도 열심히 한다면 그렇게 언성을 높일 일도 없을 뿐 아니라, 그 회의를 통해 더 많은 결실을 얻을 수 있다. 어거스틴이 어떤 마니교도와 변론할 때 사용한 유명한 구절이 있다. 그 마니교도가 '내 말을 들어 보세요, 내 말을 들어 보세요' 라고

언성을 높이자 어거스틴은 다음과 같이 대답했다고 한다. "*Nec ego te, nec tu me, sed ambo audiamus apostolum*"(내가 당신 말을 들을 것도 없고, 당신이 내 말을 들을 것도 없이, 사도가 뭐라고 말했는지 함께 살펴봅시다). 우리도 그런 태도로 우리의 격양되고 성급한 마음을 다스릴 수 있으면 얼마나 좋겠는가! 우리 중 한 사람이 '내 말 좀 들어 보세요' 라고 말할 때 다른 사람이 '우리 그럴 것이 아니라 야고보의 말을 함께 들어 봅시다' 라고 대답한다면 서로의 의견을 차분히 들을 수 있게 된다. 왜냐하면 야고보는 '듣기는 속히 하고 말하기는 더디 하며' 라고 권고하기 때문이다. 바울은 고린도 교회 안에 발생한 분쟁과 다툼을 책망하는 중에, 방언을 할 때 '차례를 따라(*ἀνὰ μέρος*) 하라' (고전 14:27)고 권고했다. 이어서 "너희는 다 모든 사람으로 배우게 하고 모든 사람으로 권면을 받게 하기 위하여 하나씩 하나씩 예언할 수 있느니라"(31절)라는 말로써 그들을 권고했다. 즉, 모든 사람이 서두르거나 소란을 피워 모임의 유익과 기쁨을 방해하지 말고, 각 사람이 자기 차례가 되면 하고 싶은 말을 하라는 교훈이었다.

강해 6

말을 더디 해야만 하는 특별한 경우가 있다. 본문의 '말하기는 더디 하며' 란 구절도 역시 그 본문에 한하여 해석되어야 한다. 즉 하나님의 말씀에 대해서 이렇다 저렇다 성급히 말하지 말라는 권고다. 이 권고는 다음 여러 가지 의미를 함축하고 있다.

1. 남을 가르칠 정도로 영적 자질이 잘 갖춰지거나 말씀에 대한 이해를 충분히 쌓기 전에는 함부로 말씀을 전한다고 나서지 말라. 아무나 가르치는 일을 할 수 있는 것이 아니다. 세례 요한이 처음 회개의 세례를 전파할 때의 나이는 서른이었다(참조. 눅 3:1-3). 요한은 로마의 초대 황제 카이사르(Caesar, 가이사 아구스도) 재위 55년 중 40년이 되던 해에 태어났다. 그리고 제2대 황제 티베리우스(Tiberius, 디베료 가이사) 즉위 15년째 되던 해,[113] 즉 요한의 나이 삼십이 되던 해에 최초로 말씀을 전파하기 시작했다. 많은 사람들이 목사가 되기를 꿈꾼다. 목사라는 직위는 다소 권

위도 있고(바울이 고전 14:34에서 여자가 가르치는 것을 금한 이유가 바로 이것이다. 창조 질서에 따라 여자는 남자보다 우월하지 않다고 생각했다), 또 어느 정도 경제적 안정을 기약해 준다. 그래서 많은 젊은이들이 서둘러 목사가 되려고 한다. 젊은 시절의 열정이 사라질 때까지 기다리는 사람은 거의 없다. 그들에게는 삼십 세가 되도록 기다리고 준비하는 일이 너무 어렵고 부담스러운 모양이다. 예수 그리스도께서 공생애를 시작하시기 전에 삼십 년을 기다렸다는 사실은 되새겨 볼 만하다. 물론 나이만을 가지고 이야기하려는 것은 아니다. 나이가 어린 것이나 실력이 없는 것 모두 같은 문제에 속한다. 이 같은 내용은 이그나티우스가 마그네시아 지방 성도들에게 보낸 편지에서 볼 수 있다. 사실 가르칠 실력이 없는데도 무성한 백발만 늘어뜨림으로써 헛되이 환심을 사려는 자들(*τὴν πολίαν μάτιν φέροντες*)도 있다. 이그나티우스의 편지 전체의 목적은 마그네시아 사람들에게 그들의 감독이 비록 나이가 어리더라도 존경하도록 설득하려는 의도였다.[114] 그는 다니엘, 솔로몬, 예레미야, 사무엘, 여호수아 등 어려서부터 지식과 신앙을 겸비한 사람들의 예를 들어 설명한다. 그러면서 한 사람을 사역자로 만드는 것은 나이가 아니라 은사며, 성령께서 그 속에 늘 충만히 계시면 나이는 비록 어리더라도 노인의 지혜를 지닐 수 있다고 결론지어 말했다. 디모데도 나이는 비록 어렸지만 교회의 감독이었다. 이 문제에 있어서 마치 바로의 술 맡은 관원장이 바로 앞에서 "내가 오늘 내 죄를 기억하나이다"(창 41:9)라고 고백했듯이, 나도 개인적인 사정을 말하지 않을 수 없다. 너무 이른 나이에 목사가 됨으로써 범한 숱한 허물과 죄가 늘 내 기억 속에 남아 있기 때문이다. 나는 그동안 십 년이나 목회 활동을 해 왔으나 아직 서른도 채 되지 않았다. 주님께서 경솔하게 목회 활동에 뛰어든 나를 용서해 주시기를 바랄 뿐이다. 내가 지난 십 년 동안 행한 공적 사역이나, 혹은 개인적으로 목회 활동에 쏟은

---

113) Stapyld. in Prompt. Moral. in Dom. 3, Advent.

114) 마그네시아 성도들께 권고함 : *'Μὴ καταφφονεῖν τῆς ἡλικίας τοῦ ἐπισκόπου, οὐ προὶ τὴν φαινομένην ἀφορῶντας νεότητα ἀλλὰ προὶ τὴν ἐν θεῷ φρόνησιν.'*—이그나티우스. 마그네시아인들에게 보내는 첫 번째 편지.

열정, 그리고 지금 쓰고 있는 이 주석으로써 성도들의 믿음과 기쁨에 얼마나 도움을 주고 기여를 했는지는 알 수 없다. 그러나 만일 조금이라도 기여한 바가 있다면 그것은 모두 하나님께서 그 은혜로 이루어 주신 것들임을 고백한다. 하나님께서는 수많은 경우에 나와 같이 아주 무가치한 도구들을 쓰셔서 성도들에게 은혜를 베풀어 주시기 때문이다. 다시 본론으로 돌아가자. 터툴리아누스[115]는 자기 시대에 생겨난 어떤 분파들에 대해서 다음과 같은 인상적인 말을 남겼다. "*Nunquam citius proficitur quam in castris rebellium, ubi ipsum: illic esse promereri est*"(그들은 대개 이단 사상을 가능한 한 빨리 배워서 자격이 채 갖춰지기 전에 선생이 된다), "*Neophytos collocant, ut gloriâ eos obligent, quia veritate non possunt*"(그들은 가르칠 젊은이들을 모집할 때 진리로 설득할 자신이 없으므로 명예를 내세워 설득하려 한다). 그들의 이러한 태도는 자부심이 강한 사람에게는 충분히 걸려들 만한 미끼가 될 수 있다. 오늘날도 많은 사람들이 신앙의 기초를 제대로 닦지 않은 채 가르치려고 나섬으로써 동일한 잘못을 범하고 있다. 준비도 안 되어 있으면서 경솔히 목회 사역에 뛰어든 자들은 목회를 하는 것이 아니라 성도들을 멸망으로 이끌고 갈 뿐이다. 한동안은 더디 말하는 것이 유익할 때가 있다. 아퀴나스(Thomas Aquinas)는 알베르투스(Albertus)의 말을 들은 뒤 *Bos mutus*, 즉 '벙어리 황소'라고 불릴 정도로 매우 오랫동안 침묵을 지키고 있었다. 사람으로 하여금 자기 능력의 한계를 벗어나서 제대로 감당할 수 없는 일에 뛰어들도록 하는 것은 성령의 역사가 아니라 그 사람의 허영심이다. 마음속에 어떤 일을 하지 않으면 안 되겠다는 압박감이 생길 때, 더욱 분발하여 그 일을 하는 것 자체는 좋다. 그러나 그 심정이 긍지나 현세적 야망에서 발생한 것은 아닌지 냉정히 살펴야 한다.

2. 하나님의 속성을 가리키는 교의(敎義)에 대해서 성급히 자기 판단을 내세워서는 안 된다. 다시 말해서 어떤 것이 하나님의 말씀과 대치되는듯 보인다고 해서 경솔히 단죄해서도 안 되고, 또 어떤 것이 그 말씀과 꼭 부

115) Tertul. in lib. de Præscript. adversus Hæret.

합되는 듯이 보이더라도 맹목적으로 옹호해서는 안 된다. 그러므로 말하기를 더디 하라. 분명한 근거를 발견하기 전에는 결론을 내리지 말라. 마음에 제일 먼저 떠오르는 생각이 언제나 가장 옳은 것만은 아니다. 성급한 결론 뒤에는 많은 불편과 후회가 따라온다. 다음 구절에서 보듯이 모세는 자기가 분명히 알고 있지 못한 문제에 대해서는 즉석에서 대답하려고 하지 않았다. "기다리라 여호와께서 너희에게 대하여 어떻게 명령하시는지 내가 들으리라"(민 9:8). 이처럼 모세와 같은 위대한 선지자도 하나님께 여쭈어보기 전까지는 판단을 유보했다. 율법은 제사장이 하나님 앞에 나아갈 때 귀 끝에 피를 찍어 바르라고 명령한다. 그것은 제사장이 반드시 하나님의 말씀을 먼저 들은 후에야 비로소 백성들에게 말하도록 하기 위함이었다. 그러므로 우리의 생각에 부합되어 보이는 견해라도 일단 깊이 숙고하기 전에는 성급히 옹호하고 나서지 말아야 한다. 성격이 급하고 다혈질적인 사람이 다른 사람들에게 얼마나 변덕스럽게 보이는가! 순간적인 생각으로 대충 결정한 일은 수시로 변경해야만 할 처지에 놓인다. 따라서 어떤 사실을 긍정하기에 앞서 적절한 간격을 두고 판단을 유보해야 하며, 더욱이 그 사실을 옹호하고 고백하기에 앞서 심사숙고해야 한다.

3. 남들을 가르치기에 앞서 스스로 배우라. 사람들은 흔히 남들에게는 조리 있게 충고하지만 그것을 자기에게 적용시키고 실천하는 데에는 둔감하다. 이에 대해 야고보는 "내 형제들아 너희는…선생이 많이 되지 말라"(약 3:1)고 가르친다. 자기 자신을 경계하는 일에는 게으르면서 남들을 교육한다고 성급히 나서지 말라는 권면이다. 또한 바울도 사람들의 무감각한 마음을 흔들어 깨우듯 다음과 같이 진지하게 묻는다. "다른 사람을 가르치는 네가 네 자신은 가르치지 아니하느냐"(롬 2:21). 나는 문란한 생활을 하던 어떤 목사가 이 말씀을 읽고 큰 가책을 받아 생활 방식을 돌이켰다는 말을 들은 적이 있다. 사람이 타락한 이래, 계시는 설득적이라기보다는 훨씬 더 명령적인 형태로 내려졌다. 그러므로 이방인들도 스스로 실천하기보다 남들을 가르치는 일이 더 쉽다는 사실을 주지할 수 있었다.[116)]

4. 하나님께 관한 문제에 대해 공론을 일삼거나 지나치게 자신의 주장을 내세우지 말라. 토론할 기회를 많이 갖는 것은 좋은 일이나, 많은 경우 경솔한 발언으로 피차 감정이 상하게 되어 차라리 입을 다물고 있는 것보다 못한 결과를 내고 만다. 어떤 이들은 대화를 독점함으로써 언제나 자신의 어리석음을 드러내는데, 성경은 이런 사람들에 대해 다음과 같이 훈계한다. "말이 많으면 허물을 면하기 어려우나 그 입술을 제어하는 자는 지혜가 있느니라"(잠 10:19). 항상 말하기에 앞서 과연 그 말을 해도 좋은지 되새기라. 아무 생각 없이 마구 지껄이다 보면 원하지 않던 어리석은 이야기도 하게 되기 때문이다. 그래서 잠언 17장 27절에서는 "말을 아끼는 자는 지식이 있고 성품이 냉철한 자는 명철하니라"라고 말한다. 빈 깡통이 소리만 요란한 법이다. 반면에 진짜 속이 꽉 찬 사람은 유유히 흘러가는 깊은 강물과 같다.

5. 말씀으로 견책을 받을 때 지레 반발하지 말라. 하나님께서 말씀으로 우리를 책망하실 때는 귀머거리가 아니더라도 벙어리가 되는 것이 바른 자세다. 말씀을 듣고 죄책감이 되살아나면 마음속에 '그것이 왜 잘못인가' 라는 반발과 함께 허망한 추측이 무성하게 생기는 수도 있다. 그런데 그런 생각을 잘못으로 여기고 즉시 수정하지는 못할지언정 경솔하게 입 밖으로 내는 사람, 즉 마음의 언어라고 할 수 있는 생각을 소리 나는 말이나 표현으로 나타내는 사람이 있다면 얼마나 천박하게 보이겠는가? 생각 속에서 빚어진 잘못은 사실을 좀 더 접함으로써 수정될 수 있다. 그러나 한번 내뱉은 말은 주워담을 수 없다. 또한 생각은 단지 마음을 더럽히는데 그치지만, 말은 그 더러움을 다른 사람의 마음에까지 옮긴다. 생각은 말에 비해서 훨씬 신중하지 못하기 마련이다. 생각으로 짓는 죄에는 오직 마음만 동원되지만 말로 죄를 지을 때는 마음뿐 아니라 혀까지 동원된다.

강해 7

거듭난 사람이라면 당연히 성내기를 더디 해야 한다. '성내기를 더디

116) '*Ἅπαντες ἔσμεν εἰς τὸ νουθετεῖν σόφοι, ὅταν δ'αὐτοὶ ποιῶμεν μωροὶ οὐ γιγνώσκομεν.*' —Menander.

하라' 는 구절은 '듣기는 속히 하고 말하기는 더디 하라' 는 구절과 같은 맥락으로 이해해야 한다. 즉 말씀을 듣거나 말할 때 화가 난 심정으로 해서는 안 된다는 의미가 이 문장 안에 함축되어 있다. 그러므로 이 말씀은 듣는 사람과 가르치는 사람 모두에게 해당된다.

1. 가르치는 사람들 : 그들은 말씀을 전할 때 성내기를 더디 해야 한다.

⑴ 말씀을 개인의 감정 표현에 이용하지 말라. 영적 무기를 사사로이 사용해서 되겠는가? 우리가 아무리 말씀을 가르치는 사람이라 할지라도 그리스도께 속해 있는 그 무기를 마음대로 사용할 재량은 없다. 말씀은 우리의 개인적인 명예나 이익을 도모하라고 주어진 것이 아니라 그리스도의 영광과 이익을 증진시키라고 주어졌다. 물론 바울이 "모든 복종하지 않는 것을 벌하려고 준비하는 중에 있노라"(고후 10:6)라고 말한 것이 사실이다. 그러나 그 벌이 예비된 것은 그리스도께 대한 불순종 때문이지 결코 어떤 개인의 불명예 때문이 아니다. 명예 문제로 다투는 사람들은 목회 활동에 그만큼 불명예와 오점을 남기는 셈이다.

⑵ 자신을 쉽게 사사로운 격정과 분노에 내맡기지 말라. 청중들은 설교자가 개인적인 입장에서 성을 내는 것과 하나님의 입장에서 책망하는 것을 쉽게 분간해 낸다. 감정이 격해져서 내지르는 고함은 대단히 순진한 사람들에게나 겁을 줄 뿐이며, 그것도 그 순간이 지나면 그만이다. 소리 없이 쌓이는 눈이 땅속 깊이 스며들듯이, 증거를 대가며 차분히 책망하는 것이 화를 내며 꾸짖는 것보다 훨씬 큰 효과를 발휘한다. 아무리 하나님의 말씀을 가르친다 하더라도 가르치는 자가 화가 나서 언성을 높이면 그리스도께서는 잠자코 계실 뿐이다. 다시 말해서 사사로운 분노가 활개를 치는 곳에서는 참된 열정이 잠자게 된다.

2. 청중들 : 야고보는 그들에게도 순한 마음으로 말씀을 받으라고 권면한다. 정당한 책망에 대해서는 반박하지 말라. 자기에 대한 비난에 반박하고 일어서는 것이 우리의 익숙한 기질일지라도, 그것이 정당한 태도인지 속으로 다시 한 번 되새기라. 잘못된 기질에 복종해서는 안 된다. 다윗은 나단이 온갖 견디기 힘든 책망으로써 정면으로 잘못을 추궁해 올 때 "내가 여호와께 죄를 범하였노라"(삼하 12:13)고 하면서 순순히 그 책망을

받아들였다. 이와는 대조적으로 시드기야 왕은 선지자 예레미야가 여호와의 말씀으로 일러도 그 앞에서 겸손하지 않았다(대하 36:12). 역대기 저자가 '여호와 앞에서' 란 말 대신에 '그[예레미야]앞에서' 란 표현을 사용한 것을 주목하라. 하나님께서는 왕이라는 높은 신분의 시드기야가 한 가난한 선지자의 책망을 교만한 태도로 업신여겨자 그에게 진노하셨던 것이다. 말씀에 대한 반발은 스스로 죄책감만 드러낼 뿐이다. 교활한 황제 티베리우스는 어떤 사람이 자기를 모독하는 말을 했다는 보고를 받자 즉시 그 보고를 사실로 받아들였다. 당대 역사가 타키투스는 티베리우스가 자기에 대한 모독적인 말에 그처럼 과민한 반응을 보였던 이유는 '그것이 자기 잘못을 정곡으로 찌르는 말이기 때문이었다' (*Quia vera erant dicta credebantur*)고 기록한다. 이와 마찬가지로 많은 사람들이 강단에서 전해지는 책망의 말씀을 들을 때 그로 인해 자신의 체면이 손상된 양 성내는 이유는, 사실 자신에게 그런 책망을 들을 만한 소지가 있기 때문이다. 대부분 속에 잘못을 감추고 있는 사람들이 책망을 들을 때 반발하고 나서는 법이다. 만일 잘못이 있어서 겸손히 훈계를 받아야 할 사람들이 오히려 성을 낸다면 그 사람들의 장래는 참으로 어둡다. 같은 죄를 범한 사람들일지라도 베드로의 책망을 듣고 '마음에 찔려' (행 2:37) 회개한 사람들이 스데반의 말을 듣고 '마음에 찔려' (행 7:54) 분노한 사람들보다 훨씬 바른 자세를 보여주었다. 이처럼 겸손은 반발보다 더 좋은 말씀의 열매다. 우리는 성경에서 하나님의 자녀들이 아무리 직설적인 하나님의 책망을 듣더라도 지극히 겸손한 태도로 받는 모습들을 찾아볼 수 있다. 그 일례로 다윗은 "의인이 나를…책망할지라도 머리의 기름같이 여겨서 내 머리가 이를 거절하지 아니할지라"(시 141:5)라고 고백했다. 온유한 사람에게 있어서 책망은 기름 부어진 칼과 같아서 환부를 도려내고 치료하는 일을 동시에 해 준다. 히스기야도 "당신이 이른 바 여호와의 말씀이 좋소이다"(사 39:8)라고 말했다. 그런데 그 여호와의 말씀이란 슬프고도 무거운 징벌을 예고하는 말씀이었다. 그럼에도 히스기야는 하나님의 징벌을 달게 받기로 작정하고 그 말씀을 옳다고 고백했다. 하나님의 견책의 말씀을 들을 때 성을 내거나 반발하지 말고 도리어 감사하라. 마치 다윗이 아비가일에게 "오늘 너를 보내어 나를 영접하게 하신 이스라엘의 하나님 여호와를 찬송할지로다"(삼상 25:32)라고 말했듯이, 책망의 말씀일지라도 그 말씀을 듣게 해 주신 하나님께 감사하라.

강해 8

경솔히 성을 내지 않고 일단 속으로 되새기는 것이 어느 정도 격정을 자제할 수 있는 방법이다. 그러므로 성내기를 더디 하라. 분노는 다른 감정과 달라서 조금씩 커지지 않고 순간적으로 치밀어 오른다. 그래서 화를 내는 처음 순간의 감정이 가장 격하므로 일단 마음속으로 되새겨 보는 것이 최선의 방법이다.[117] "사람의 신중함이 분노를 더디게 해 주며"(잠 19:11, 개역개정 성경에는 '노하기를 더디 하는 것이 사람의 슬기요' 로 번역되었음–역주). 화가 치밀어 오르는 그 순간을 참고 넘기면 경솔한 복수를 방지할 수 있다. 대부분 사람들의 마음은 바싹 마른 화약과 같아서 조그만 공격의 불꽃에도 불타오르며, 나중에는 그 감정에 압도되어 원하지 않는 일도 저지르고 만다. 그러므로 이런 순간적인 감정이 생겨날 때 그 순간을 참고 넘기든가, "마음이 조급한 자는 어리석음을 나타내느니라"(잠 14:29)라는 교훈을 생각하며 지나쳐 버리는 것이 현명하다. 조급하고 참을성 없는 사람들은 하나님을 욕되게 하고 자기 양심에 상처를 입힐 만한 온갖 무례한 일을 범한 뒤, 그 잠깐 동안의 방종으로 빚어진 결과 때문에 오랜 세월을 두고 후회하며 슬퍼할 소지를 충분히 지니고 있다. 아테노도루스(Athenodorus)는 카이사르에게 화가 치밀어 오를 때는 알파벳을 반복해서 외우라고 권고했다. 그의 권고는 급한 분노를 식혀 주고, 순간적으로 비뚤어진 마음을 정상으로 되돌려 준다는 점에서 큰 도움이 될 만한 조언이었다. 또한 테오도시우스(Theodosius) 황제가 순간적인 분노로 데살로니가 시민들을 학살한 직후, 암브로스(Ambrose)는 황제에게 생명에 관계된 모든 형 집행을 판결로부터 30일까지 유예하여 필요한 경우

117) 'Maximum remedium iræ dilatio est, ut primus ejus fervor relanguescat, et caligo quæ premit mentem aut resiliat aut minus densa sit; graves habet impetus primo.' —*Senec. de Ira*, lib. ii. cap. 28 and lib. iii. cap. 12

에는 은전(恩典)을 베풀 여지를 남겨 두도록 권고했다.[118] 자, 그렇다면 조급하고 무자비한 격정에 휘말리지 말자. 갑작스런 판단은 대부분 실수를 유발하지만, 시간을 두고 내린 이성의 판단은 거의 정확하다. 맹목적인 감정은 돌발적인 행동으로 정로(正路)를 이탈해 가다가 결국 후회와 언짢은 마음으로 끝을 맺는다. 하나님은 노하기를 더디 하시는 분이시므로 공연히 화를 내는 사람을 싫어하시는 것은 당연한 일이다. 물론 칼빈과 같은 위대한 인물들도 '성격이 날카로운 사람들'(ὀξύχολοι)이란 평을 들었던 것이 사실이다.[119] 어거스틴도 자기 부친 파트리키우스(Patricius)에 대해 같은 평을 했고,[120] 카메론(Cameron)도 사람들에게 그와 비슷한 평을 들었다.[121] 그러나 제롬의 말대로, 그와 같은 하나님의 종들이 지녔던 성격은 대체로 타고난 기질이었으며, 점차 신앙의 연륜이 쌓일수록 순화되어 갔다. 그리고 그들은 비록 급히 성을 내더라도 그것을 오래 품고 있지 않았다. 솔로몬은 "급한 마음으로 노를 발하지 말라 노는 우매한 자들의 품에 머무름이니라"(전 7:9)라고 했다. 급히 성을 내고도 그것을 오래 품고 복수를 꾀하는 것이야말로 진정으로 나쁜 태도다. 그러므로 솔로몬은 잠 14:17에서 "노하기를 속히 하는 자는 어리석은 일을 행하고 악한 계교를 꾀하는 자는 미움을 받느니라"라고 교훈한다. 이 말씀 안에는 급한 분노는 어리석고 연약한 마음에서 생겨난 것으로 선량한 사람들에게서도 찾아볼 수 있는 현상이지만, 분노를 오래 품고 복수를 꾀하는 것은 악한 심정의 산물로서 오직 심하게 부패한 양심을 지닌 사람들에게서나 볼 수 있는 현상이라는 내용이 암시되어 있다. 간단히 말해서 급하게 성내는 것은 놀림거리가 될 만한 태도지만, 복수를 계획하는 것은 경멸받을 만한 태도다.

---

118) Ruff., lib. ii. Hist., cap. 18 ; Theod., lib. v. Hist., cap. 26.

119) Beza in Vitâ Calvini, p. 109.

120) 'Erat vero ille sicut benevolentiâ præcipuus: ita irâ fervidus.'—*Aug. Confess.*, lib. ix. cap. 9.

121) '*Ὀξύχολος* quidam et adversus notos et familiares facile irritabilis, sed qui etiam iram deponeret, atque ultro culpam et errorem agnosceret.'—*Icon. Camer. Prœf. Operibus.*

[20] 사람이 성내는 것이 하나님의 의를 이루지 못함이라.

앞 절에서 야고보는 성도들에게 말씀을 듣고 무례한 말을 하거나 성내지 않도록 주의하라고 권면했던 바, 이제 본 절에서 그 이유를 제시한다. 즉 사람의 성내는 것이 그들로 하여금 의를 얻지 못하도록 할 뿐 아니라, 하나님께서 그 말씀 안에서 요구하시는 의무조차도 이행하지 못하도록 방해하기 때문이다.

사람이 성내는 것. 성내는 주체가 사람이라는 사실이 강조된다. 여기서 '성냄'은 모든 종류의 분노를 포괄적으로 말하는 것이 아니다. 하나님의 진노도 일종의 성냄이지만 그 안에는 항상 공의가 내포되어 있기 때문에 본문의 경우에 해당하지 않는다. 바울은 롬 1:18에서 "하나님의 진노가…불의에 대하여[혹은 사람의 분노에 대해서]…나타나나니"라고 말함으로써 사람의 분노는 어떤 가면을 쓰고 나타나든지 정욕적이며 육체적임을 시사해 주었다. 이처럼 의로 말미암은 분노와 대조되는 사람의 분노 안에는 정욕적인 요소만 가득할 뿐 하나님을 닮은 바는 전혀 없다.

이루지 못함이라(*οὐ κατεργάζεται*). 의롭다고 인정받거나 의를 행하기 위해 자신을 경계하고 격려하는 일, 혹은 의를 실천하는 일을 못한다는 의미다. 실제로 사람의 성냄은 하나님께서 사람 안에서 친히 이루고자 하시는 일을 못하도록 방해한다.

하나님의 의. 어떤 이들은 이 '하나님의 의'를 성경이 하나님의 속성으로 표현하는 의, 즉 은혜가 수반되는 공의라고 해석하여, 사람이 성을 내서는 결코 이 의를 이룰 수 없다고 말한다. 하지만 그것은 무리한 해석인 듯하다. 또 어떤 이들은 하나님의 의를 이룬다는 말을 그분의 공정한 심판을 대행하는 것으로 이해하여, 사람이 성을 내서는 하나님의 심판을 대행할 수 없고 단지 스스로의 복수심만 드러낼 뿐이라고 해석한다. 그러나 본문에서 말하는 하나님의 의는, 하나님의 속성으로서의 의나 그분의 공정한 심판으로서의 의라기보다는, 오히려 하나님께서 사람들에게 요구하시고 인정하시며 그 효력을 얻게 하시려는 그런 의를 가리킨다. 성경이 하나님께서 그 능력을 힘입게 하시거나 그 말씀 안에서 명령하시는 대상들을 일컬어 하나님께 속했다거나 그리스도께 속했다고 말하는 것도 같은 의미에서다. 이를테면, 요 6:29은 믿음을 하나님의 일이라고 표현하는데, 이는 하나님께서 우리로 하여금 믿음 안에서 행동해야 한다고 명령하시기 때문이다(이것이 이 구절의 요지임이 분명하다). 본문에서 야고보는 사람의 성냄과 대조하여 '의' 라는 단어를 사용한다. 왜냐하면 성냄은 다른 어떤 양상의 감정들에 비해서 '의' 의 양상으로 보이기 쉽기 때문이다. 본문에서 말하는 '성냄' 이란 단지 성질이 나쁜 사람이 사소한 일에 화를 내는 것만을 가리켜 말하는 것이 아니다. 사람이 상대방의 어떤 잘못에 대해 가질 만한 불쾌감이나, 복수를 비이성적 행위로 여기지 않고 정당한 처벌로 인정하는 태도, 특히 복수심으로 얼굴이 달아오르게 하는 분노가 본문에서 말하는 '성냄' 이다. 종교 문제나 성경 구절의 해석 문제를 놓고 벌어지는 논쟁들 속에서 흔히 분노나 지나친 열정이 타나난다. 그러나 이 같은 육체적인 열정은 비록 아무리 의롭고 경건한 듯 보여도 하나님은 그것을 의로 인정하거나 용납하지 않으신다. "하나님의 의를 이루지 못함이라"라는 야고보의 표현이 곡언법(曲言法)으로 되어 있음은 주목할 만하다. 이는 단순한 문장 배후에 더 심각한 내용이 함축되어 있다. 즉 사람이 성내는 것은 하나님의 의를 이루는 것과 너무 거리가 멀기 때문에 온갖 악 외에는 이룰 것이 없다는 말이다. 이렇게 해서 야고보는 성내는 것이 야기하게 될 비참한 결과까지도 함축하여 말한 것이다. 시므온과 레위가 여동생 디나가 당한 추행 사건에 분노하여 세겜에서 저지른 살육과(참조. 창 34장), 사라가 화를 내는 중에 하나님의 이름을 망령되이 일컫고 아브라함에 대해 거짓 증거함으로써 두 계명을 단번에 어긴 일에서(참조. 창 16:5) 우리는 분노의 부정적인 결과를 볼 수 있다.

강해 1

본문에 대한 개괄적 해석은 다음과 같다. 우리가 종교 문제를 놓고 토론할 때 취하게 되는 가장 나쁜 태도는 성내는 것이다. 본문은 말씀에 관한 해석 차이로 생기는 그러한 '성냄' 에 대해 말한다. 대개 종교상의 문제로 논쟁을 할 때 생기는 열정이 다른 어느 경우보다 더 격렬해지기 쉽다. 왜냐하면 열정에 치우치다 보면, 그 열정을 억제해야 할 자제력이 오히려 그것을 더 격하게 타오르게 만드는 연료가 되기도 하며, 정도에 지나친 논쟁을 하지 못하도록 규제해야 할 능력이 논쟁을 더 격하게 끌고 가기도 하기 때문이다. 그러나 그렇게 해서는 안 된다. 모든 종교 중에서 기독교는 가장 온유하고 겸손한 종교다. 기독교는 죽임을 당하신 어린양, 곧 그리스도의 피를 기초로 해서 세워졌다. 또한 비둘기같이 임하시는 그리스도의 영에 의해 다스려지고 인침을 받는다. 어린양이나 비둘기는 모두 온유와 겸손을 상징한다. 그런데 이처럼 온유한 종교가 어떻게 우리의 강포함으로 옹호될 수 있겠는가? 또한 평화의 하나님께서 어떻게 분노로 얼룩진 사랑을 받으실 수 있으며, 가장 선한 동기가 어떻게 못된 성질로 표현될 수 있겠는가? 그리스도의 군대는 그런 육체적 무기를 필요로 하지 않는다. 가드 왕 아기스는 생명의 위협을 느껴 미친 체하는 다윗을 보고 "내게 미치광이가 부족하여서 너희가 이 자를 데려다가 내 앞에서 미친 짓을 하게 하느냐"(삼상 21:15)라고 말했다. 마찬가지로 그리스도께서 우리의 혈기와 격노를 필요로 하시겠는가? 하늘의 하나님께서 '지옥 불로 사르는 혀' (약 3:6)를 필요로 하시겠는가? 천사장 미가엘은 모세의 시체에 관하여 최악의 원수 사탄과 다투며 변론했다. 그럼에도 미가엘은 청결한 본성을 지니고 있었기에 다투면서도 조금도 격정에 사로잡히지 않고 다만 "주께서 너를 꾸짖으시기를 원하노라"(유 9)라고 말했다. 사람의 분노는 하나님의 방법에 적합하지 않은 동시에 편파적이기도 하다. 혀가 혀에 대해 날카로워지고, 펜이 펜에 대해 예리해지게 되면 그 결과가 무엇이겠는가? 그렇게 되면 서로 적대감과 증오심 외에 생길 것이라고는 아무것도 없으며, 아무리 장시간 논쟁을 하더라도 진리에 대해서는 얻는 바가 전혀 없는 대신 사랑과 선한 마음만 잃게 될 뿐이다. 사탄은 심지어 하나님과도 논쟁하려고 하는 존재다. 그리고 사탄의 왕국은 대부분 그들 자신이 사용하는 수단의 격렬함 때문에 파괴된다. 그런데 우리가 진리를 잘못 이해한 채 그것을 변호하다가 오히려 진리를 훼손시킬 때처럼 사탄을 기쁘게 하는 것은 없다.[122] 그렇게 되면 사탄이 마치 그리스도의 왕국을 지키는 자들을 이용해서 그 왕국의 전복을 꾀함으로써 그리스도께 보복한 것처럼 보이게 된다. 그러므로 길게 말할 필요 없이 선을 행할 마음이 있다면 그에 적합한 방법으로 하라. 짖는 개는 먹이를 놓치는 법이다. 언성을 높이고 화를 내며 논쟁한다 한들 얻는 것은 아무것도 없다. 가장 바람직한 태도는 가장 확고한 논지를 지니고, 가장 유순한 말을 사용하는 것이다. 폭언과 욕설은 그 안에 사랑이 없기에 유익도 없다. 그러므로 주의하라. 우리 속에 있는 종교적 열정은 때로 우리를 그 반대 상황으로 뒤엎을 수도 있기 때문이다.

강해 2

의를 이루지 못함이라. 분노는 믿을 만한 것이 못된다. 그것은 생각처럼 그렇게 공정하거나 의롭지 못하다. 그럼에도 모든 열정 중에서 분노가 가장 정당화되기 쉽다. "내가 성내어 죽기까지 할지라도 옳으니이다"(욘 4:9)라는 요나의 말처럼, 사람들은 그들의 분노와 격정이 마치 자신들이 당한 침해와 억울한 처사에 대한 정당한 감정 표현에 지나지 않는다는 듯이 변명한다. 분노는 구름과 같아서 마음을 어둡게 가리며, 그 다음에는 마음 위에 군림한다. 분노에는 다소 격하고 폭력적인 성질이 내재해 있다. 그래서 사람의 감정을 자극하고 자기 통제력을 앗아감으로써 정상적인 행동을 하지 못하게 만든다. 사람이 이렇게 분노에 휩싸여 있으면 이성을 제대로 발휘할 수 없으며, 명료한 토론도 불가능해진다. 그때 사람의 마음은 마치 폭동을 일으킨 사람들이 아무리 높은 사람이 와서 설득하더라도 듣지 않는 것과 마찬가지가 된다. 그리고 분노에는 다소 어두움이 있어서 그 어두움에 가려진 이성이 더 이상 재판장이 되지 못하고 변호인이 되어 버린다. 그래서 비이성적인 열정을 억제하기는커녕 마치 피해자를 위해 고용된 것처럼 오히려 그것을 변호할 뿐 아니라 더욱 조장한다. 그러므로 분노를 믿지 말라. 사람들이 자기들의 혈기를 믿을 경우, 그런 태도에 의해서 혈기는 더욱 조장된다. 다음 구절에서 사라가 부당한 이유로 성을 내면서도 얼마나 확신에 찬 태도로 그렇게 하고 있는지 살펴보라. "당신과 나 사이에 여호와께서 판단하시기를 원하노라"(창 16:5). 만

122) 'Affectavit quandoque diabolus veritatem defendendo concutere.' –*Tert.*

일 정말로 주께서 사라와 아브라함 사이에 판단하셨더라면 분명 그녀에게 불행한 결과가 초래되었을 것이다. 사라 자신이 잘못의 중심에 있었으면서도 그처럼 확신하는 태도로 하나님께 탄원했다는 것은 참으로 이해하기 어려운 부분이다. 사람의 분노는 실수로 가득하지만 오직 하나님의 의를 나타내는 의분(義憤)은 정직하고 의롭다. 플라톤의 글에서 보듯이, 이방인들도 화가 나 있을 때는 스스로를 믿지 않았다. 그래서 '너를 때리고야 말 것이다. 단, 내가 화가 나 있지 않을 때'[123]라는 말을 할 수 있었다. 이처럼 우리가 화가 나 있다면 자신이 지니고 있는 모든 생각을 일단 의심해 볼 필요가 있다. 우리는 남들에 대해서 쉽게 실수하듯이 스스로에 대해서도 그런 실수를 한다. 혈기는 앞 못 보는 소경과 같아서 판단할 수 있는 능력을 갖고 있지 않다. 그것은 급하게 타올라서 차분히 토론하거나 숙고할 여유를 주지 않는다.

강해 3

사람이 성내는 것, 하나님의 의. 본 절에 이 두 개념이 대조되어 있다는 사실을 주목하라. **사람**과 **하나님**이란 두 단어가 특히 강조되어 있다. 그리고 성내는 것은 하나님께 전혀 부합되지 않는 마음이라는 사실에 초점이 맞춰져 있다. 하나님은 평화의 하나님이시기 때문에 평온하고 정돈된 마음(*pacatum animum*)을 요구하신다. 천둥은 대기권 중에서도 비교적 낮은 위치(*inferiora fulminant*)에서 발생한다. 하지만 지극히 높은 곳에서는 고요만 있을 뿐이다. 쉽게 성내는 자는 하나님께 감사하는 일에 있어서나 은혜를 받는 일에 있어서 매우 부적합하다. 먼저, 그런 사람은 하나님께 감사하는 일에 적합하지 않다. 감사를 드리는 것은 하나님께 가까이 나아가 경배드리는 데에서 그 성격이 가장 잘 나타나는 바, 경배는 반드시 경배받을 대상에 적합한 것이어야 한다. 그런데 영이신 하나님이 영으로 드리는 경배를 받으시는 것(요 4:24)과 마찬가지로, 평화의 하나님은 평정된 마음으로 드리는 경배를 받으신다. 또한 쉽게 성을 내는 사

123) 'Cædissem te nisi iratus essem.' —*Plato.*

람은 하나님께로부터 은혜를 받는 일에도 적합하지 않다. 성을 내는 사람들은 사탄에게 자리를 마련해 주는 반면, 성령을 슬프게 한다. 엡 4:26, 27, 30을 살펴볼 때, 그런 자들은 은혜 받기보다는 죄 짓기에 더 적합한 자들이다. 시 2:4은 하나님을 '하늘에 좌정하신 분'(개역개정 성경에는 '하늘에 계신 이'로 번역되었음-역주)으로 표현하는데, 여기서 하나님의 평정되고 정돈된 모습을 발견하게 된다. 참으로 하나님은 하늘에 좌정하시듯 온유하고 평온한 심령 속에 거하신다.

강해 4

마지막으로 본문을 좀 더 포괄적인 견지에서 살펴보기로 하자. 사람의 분노는 대개 악하거나 불의하다. 분노와 혈기는 하나님의 백성을 수없이 놀라게 하는 죄임에도 그들은 아무런 슬픔이나 뉘우침 없이 번번이 분노와 혈기를 삼켜버린다. 그들이 그렇게 하는 이유는, 한편으로는 성내는 것이 합법적이며 묵인된 것인 양 안심하고 있기 때문이며, 다른 한편으로는 성내는 것이 설령 죄라 할지라도 용서받을 수 있는 가벼운 죄로 여기고 있기 때문이다. 잠시 화를 내다가 풀어지면 용서도 으레 따라올 것이라고 생각한다.

그러므로 이 문제에 대해 두 가지 측면에서 좀 더 생각해 보고자 한다.

(1) 어떤 종류의 분노를 죄라고 하는가?

(2) 성내는 것이 얼마나 큰 죄이며 악한 것인가?

먼저, 분노에 대해서 고찰해 보자. 분노라고 해서 모두 죄로 규정할 수는 없다. 따라서 어떤 종류의 분노가 죄에 해당하는지 살피는 일이 필요하다. 분노는 다음 세 가지의 양상으로 분류된다. 첫째, 본래적 분노와 둘째, 의의 발휘로서의 분노 그리고 셋째, 말씀으로 책망받아야 할 그릇된 분노다.

1. 제롬이 '본래적 혈기'[124]라고 일컬은 대로 사람에게는 정신 활동에 지배를 받지 않고 무의식 중에 발생하는 기운, 즉 급하고 제재할 수 없는

124) '*προπάθειαι*, non *πάθη*.'(단순한 열정이 아닌 본래적 혈기) *Hieron. Epist. ad Demet.*

감정의 활동이 존재한다. 이것은 사람의 마음이 타락으로 인해 변형된 언짢은 상태이긴 하지만 그것 자체가 죄는 아니다.[125] 정도를 벗어나지 않도록 적절히 제한하면 별로 문제시되지 않는다. 사람은 목석처럼 무감각한 존재가 아니다. 본래적인 분노 자체는 외부의 공격에 대한 자기 보호 본능이다. 그러므로 우리로 하여금 의무를 저버리게 하거나 죄를 짓도록 충동하지 않고, 또 정상적인 판단을 어지럽히지 않는 한 이런 본능적인 분노는 정당하다. 이 점에 있어서는 다른 감정들도 마찬가지다. 그래서 바울은 "분을 내어도 죄를 짓지 말며"(엡 4:26)라고 말한다. 자연스런 분노는 허용하되 그것을 넘어서 죄로 발전하는 분노는 금했다.

2. 꼭 필요한 '거룩한 분노'가 있다. 이것은 사람으로 하여금 꿋꿋함과 열심을 갖게 하는 자극제다. 성경은 '롯의 의로운 마음이 분하게 되었다'(벧후 2:7, 개역개정 성경에는 '고통 당하는 의로운 롯'이라고 번역되었음)라고 말한다. 예수님 자신도 그러하셨다. "노하심으로 그들을 둘러보시고"(막 3:5). 모세의 분노도 뜨겁게 타올랐다(참조. 출 11:8). 이러한 분노는 이성의 판단 아래 이루어진 의지의 작용이란 점에서 다른 종류의 분노와 구별된다. 오직 죄에 대해서만 분노하는 사람들이 분을 내면서도 죄를 짓지 않는 이들이다. 다시 말해서 모든 열정을 신앙에 기울일 때 갖게 되는 분노는 정당한 분노다. 그러나 주의해야 할 것은 의분이라 할지라도 이는 영혼의 급하고 강한 발휘이므로 반드시 다음과 같은 교훈과 경계를 염두에 두어야 한다. (1) 분을 내는 원칙이 정당해야 한다. 하나님의 관심사와 우리의 관심사는 종종 엇갈릴 수 있는데, 이런 경우에 대부분 자아가 하나님의 위치에 자리 잡기 쉽다. 왜냐하면 자아도 신앙의 모습을 하고 있기 때문이다. 이렇게 되면 우리는 하나님께 모욕과 무례가 가해졌기 때문이 아니라 우리가 그런 것을 당했기 때문에 쉽게 분개하게 된다. 사마리아인들이 그리스도를 배척했을 때 제자들은 그리스도의 이름으로 당장 하늘에서 불이 떨어지게 해 달라고 구했다. 그러나 주님께서는 그들을 꾸짖으셨다(참조. 눅 9:55). 우리는 우리 마음이 어떤 충동에 의해 움직여

125) 'Infirmitates, non iniquitates.' —*Ambros.*

지는지를 살펴보는 것이 좋다. 우리 속에 자존심과 자애(自愛)가 도사리고 있으면 우리 자신이 당한 경멸과 모욕에 대해 분을 내기 쉽다. 더 나아가 그런 상태에서 우리의 최대 관심사가 하나님의 영예에 있다고 생각할 때는 더욱 안심하고 화를 낸다. 한 지류의 강물은 여러 다른 지류와 합하게 될 때마다 본래의 물맛을 잃게 되는 법이다. 마찬가지로 하나님을 향해 가해진 무례함을 보고 분해서 끓어오르는 순수한 열정도, 우리 자신이 받은 모욕과 손해로 인한 분노가 점차 첨가될 때 정욕적인 분노가 되고 만다.[126] 모세의 경우를 생각해 보자. 모세는 자기 문제에 관한 한 지극히 온유한 사람이었다. 미리암과 아론이 그를 거스려 말할 때 모세가 보여준 태도에 대해서 민 12:3은 "이 사람 모세는 온유함이 지면의 모든 사람보다 더하더라"라고 평가하고 있다. 하지만 모세는 백성들이 율법을 업신여겼을 때 계명이 새겨진 돌판들을 깨뜨려 버렸고, 그의 온유한 성품은 극한 격분으로 치솟았다. 모세의 이런 행동을 두고 사람들은 원래 그의 성격이 불 같고 광포했던 것이라고 생각할지 모르나 사실은 그렇지 않다. 또한 롯의 마음이 분으로 달아오른 이유는 소돔 사람들이 자신에게 가한 해 때문이 아니라 소돔 성의 죄 때문이었다. 열정이란 것은 우리 자신의 명예나 이익의 우상 앞에 헛되이 바쳐지기에는 너무 아까운 감정이다. (2) 분노의 표적이 올바르게 정해져 있어야 한다. 분을 내야 할 표적은 죄인이 아니라 죄다. 의분은 반드시 긍휼을 수반한다. 그래서 분을 내더라도 가해자를 동정하고 그를 위해 기도할 마음이 생기게 한다. 마 3:5에서 우리는 노하심으로 무리를 둘러보시면서도 그들의 완악함을 인해 슬퍼하시는 주님의 모습을 대하게 된다. 거짓에서 우러나오는 열정은 그 안에 위해(危害) 요소와 악의를 내포하고 있다. 이런 열정은 자기에게 피해를 입힌 자를 뿌리째 뽑아버리고 말겠다는 심정을 품고 있으며, 그의 잘못을 고쳐 주려고 하기보다는 복수에 눈이 멀어 있다. (3) 분을 내는 태도 역시 정당해야 한다. 거칠고 비천한 표현을 사용해야만 분노가 가라앉을 것 같은 그런 감정에 선동되어서는 안 된다. 그런 말투는 마음속에 혈기를 부

126) *'Πραεία μέν ψύχῃ τὰς καθ' ἑαυτοῦ διαβολὰς ὑποφέρων, &c.'—Basil ad Fratres in Eremo.*

추기기 때문이다. 모세는 선한 이유로 분을 내었으나 입술로는 그만 망령되이 말하고 말았다(참조. 시 106:33). 종교 문제를 놓고 논쟁을 할 때, 사람들은 자기가 지지하는 입장이 자신의 말하는 태도까지 정당화시켜 줄 것처럼 생각하고 안심한 채 함부로 이야기한다. 그런 상황에서는 사람의 열심이라는 가면 속에 분노가 고삐 풀린 채 도사리고 있어서 그처럼 자주, 그리고 훨씬 수월하게 발산된다.

3. 다음의 경우에는 분노가 죄의 성격을 띤다. (1) 급하고 분별없이 성내는 것 : 경솔하고 성급한 행위에는 반드시 죄가 따라다닌다. 앞에서 말했듯이 화를 잘 내는 사람의 마음은 손을 대자 마자 깨져 버리는 얇은 유리와 같아서, 대수롭지 않은 문제에 대해서도 불같이 화를 낸다. 반면에 온유하고 신중한 사람의 마음은 부싯돌과 같아서 큰 충격이 있기 전에는 결코 불꽃을 튀지 않는다. 마음이 종이처럼 얇은 사람은 곧잘 화를 내는 습성이 있어서 조금만 건드려도 마치 뼈가 부러질듯 소란을 피운다. 이런 사람은 화를 내다가도 금세 풀려 버림으로써 자기 마음을 억제할 수 없음을 스스로 밝히고 만다. (2) 무절제함 : 원인에 걸맞지 않게 과다하게 혹은 오랫동안 화를 낼 때는 죄의 성격을 띤다. 1) 분을 내는 정도가 지나침 : 침착한 마음이 사라지고, 판단에 방해를 받으며, 또한 홀가분한 마음으로 기도나 예배 등의 신앙 행위를 하지 못하게 방해를 받게 되었을 때는 이미 분노의 정도가 지나친 것이다. 자기 영혼을 구하는 데 필요한 최소한의 인내마저 잃었을 때 이런 상황에 이르게 된다(참조. 눅 21:19). 충분히 그럴 만한 이유가 있어서 분을 내는 것이라고 하더라도 그렇게 정도를 넘어설 때는 반드시 죄가 따라온다. 2) 분을 내는 시간이 지나침 : 분노는 불꽃과 같이 잠깐 번쩍이다가 곧 사라져야 한다. 다시 말해서 분노는 쇳덩어리에 달궈진 불이라기보다는 지푸라기에 붙은 불과 같아야 한다. 복수심은 그 순간에는 달콤하지만 오래 품고 있으면 시고 맵게 변한다. 새로 빚은 포도주가 처음에는 달콤하여 곧 취하게 하지만 그대로 열어둔 채 방치해 두면 시게 되는 것과 마찬가지로, 분노는 그 순간에는 격렬하지만 오래 품고 있으면 원한이 되고 만다. 아리스토텔레스는 화 내는 유형을 다음 세 가지로 첫째, 급하게 화를 내는 사람들(*ὀργιλοί*), 둘째, 독을 품는

사람들(*πικροὶ*), 셋째, 포악한 사람들(*χάλεποι*)로 분류했다.[127] 그는 이 가운데 둘째, 셋째 경우는 첫째보다 훨씬 더 잘못된 경우라고 평가했다. 이런 사람들이 마음속에 품고 있는 분노는 반드시 복수를 해야만 사라진다. 그러나 이런 복수의 마음이 가장 비기독교적임을 알아야 한다. 성경은 "해가 지도록 분을 품지 말고"(엡 4:26)라고 가르친다. 분노는 잠자리에 들기 전에 반드시 꺼야 할 불이다. 만일 해가 우리가 분을 품고 있는 것을 보고 기울었다면, 다음날 아침에 다시 떠오를 때도 우리를 여전히 악을 품고 있는 사람으로 볼 것이다. 플루타르크의 글에 의하면, 피타고라스 학파 사람들은 대낮에 논쟁을 벌였더라도 지는 해를 바라보면서 서로 얼싸안고 우애를 다지며 헤어졌다고 한다.[128] 또한 파트리키우스와 알렉산드리아의 요한(John of Alexandria) 간의 일화가 있는데, 한번은 두 사람 간에 대단히 언짢은 감정이 오갔으나 저녁 무렵에 요한이 '해가 지는 군요' 라는 글을 보내자 이 글로 인해 두 사람이 곧 화해했다고 한다. (3) 충분한 근거도 없이 다짜고짜 화를 내는 것 : 예수님은 이런 태도에 대해 다음과 같이 경고하신다. "[까닭 없이] 형제에게 노하는 자마다 심판을 받게 되고"(마 5:22). 그렇다면 어떤 것이 분노해도 될 만한 충분한 근거인가? 남들에게 피해를 당한 것이 그 근거가 될 수 있는가? 결코 그렇지 않다. 우리가 믿는 종교는 남을 해치는 것뿐 아니라 복수까지도 금한다. 왜냐하면 남을 해치는 것이나 복수하는 것은 그 순서만 다를 뿐이기 때문이다. 남이 우리에게 잘못을 범했다 하더라도 그것이 우리를 매고 있는 사랑의 띠를 느슨하게 풀어 놓거나 제거할 만한 이유는 되지 못한다. 사람들은 피해를 당해서 화가 나 있을 때 그 대가로 어떤 행동을 해도 괜찮을 것처럼 생각한다. 그것은 마치 다른 사람들이 가한 해가 자신들로 하여금 하나님의 율법을 지킬 의무를 면제해 줄 것이라고 생각하기 때문이다. 하지만 그것은 서로 죄를 되풀이해서 주고받는 것에 지나지 않는다. 그리고

---

127) *Arist. Ethic.*, lib. iv. cap. 18

128) '*Πυθαγορικοὶ γένει μηδὲν προσήκοντες, ἀλλὰ κοινοῦ λόγου μετέχοντες, εἴποτε προαχθεῖεν εἰς λοιδορίαν ὑπ' ὀργῆς, πρὶν τὸν ἥλιον δῦναι τὰς δεξιὰς ἐμβάλλοντες ἀλλήλοις καὶ ἀσπασάμενοι διελύοντο.*' —*Plutarch.*

가해자의 죄가 나쁜 것이라면 복수자의 죄는 더 나쁜 것이 된다. 왜냐하면 후에 복수한 사람이 먼저 자기에게 피해를 준 사람에게 악한 죄를 짓는 것은 두 번 죄를 짓는 셈이기 때문이다.[129] '미련한 자의 어리석은 것을 따라 대답하는 것' 은 '그와 같아지는 것' 이다(잠 26:4). 그것은 남이 그런 행동을 할 때 악하다고 판단한 것을 스스로 실행하는 것이다. 그리고 다른 사람이 악하다고 해서 자신도 고의적으로 악하게 되려 하는 것은 분명히 선한 사람의 태도일 수 없다.[130] 그렇다면 차원을 달리해서, 재난을 당한 것이 화를 낼 만한 근거가 되는가? 그것도 역시 아니다. 이런 태도는 화를 내는 것에 그치지 않고 하나님의 섭리에 대해 불평하고 원망하는 데까지 이르도록 한다. 하나님께서는 우리에게 우연으로 보이는 사건들조차도 모두 그 섭리로 정해 놓으셨기 때문이다. 그러면 자녀들이나 자기 밑에서 일하는 사람들이 저지른 잘못이 분을 낼 만한 이유가 되는가? 만일 그 잘못이 영적인 문제에 관계된 것이라면 자기 자신을 엄격히 다스린 상태에서 그들을 책망해야 옳다. 만일 그것이 도덕적이거나 공적인 문제라면 오직 합리적이고도 절도를 잃지 않은 가운데 화를 내는 것이 바른 태도다. 이런 성격의 분노는 야비하고 성가신 것에 대해 자연적으로 일어나는 마음의 상태이므로 그것 자체가 나쁜 것은 아니다. 단지 그런 상황 중에서라도 정도와 때, 그리고 기타 다른 요인을 고려해야 한다. (4) 동기가 선하지 못한 분노 : 분을 내는 목적은 반드시 그 대상의 잘못을 고쳐 주려는 것이어야 하며, 결코 분풀이를 위한 것이어서는 안 된다. 암암리에 복수심이 내재되어 있는 분노는 언제나 악하다. 그것은 가해자를 책망해서 선한 길로 인도하려는 것이 아니라, 자신이 입은 피해 때문에 생긴 불쾌감이나 속상함을 가해자에게 풀어 버리려는 태도에서 비롯되기 때문이다. 마음에 분노가 일더라도 복수심이 생기기 전까지는 죄라고 할 수 없다. 그러므로 분을 낼 때 동기가 선해야 하듯이 목적도 반드시 선해야 한

129) 'Qui exemplo peccat bis peccat.'

130) 'Qui referre injuriam nititur, eum ipsum a quo læsus est gestit imitari; et qui malum imitatur bonus esse nullo pacto potest.'—*Lactant, de Vero Cultu*, lib. 6. cap. 10

다. 가인은 아무 이유 없이 아벨에 대해 분노했으며, 그래서 가인의 분노는 악하고 죄성을 띠었다(참조. 창 4:5). 이에 비해 에서는 야곱에게 화를 낼 만한 어느 정도의 이유가 있었다. 그런데도 에서가 야곱에게 발한 분노를 용서받을 수 없었던 이유는 그 안에 악의와 복수심이 깃들어 있었기 때문이었다(참조. 창 27:41).

다음으로는 분노가 얼마나 악한 것인지 살펴보기로 하자. 먼저 어떤 종류의 분노를 죄라고 하는지의 문제에 대해서 생각보다 많은 지면을 할애했기 때문에, 이번 문제에 대해서는 조금 축약해서 설명하려고 한다.

1. 사탄에게 틈을 내 주는 것에는 분노보다 더 좋은 것이 없다. 바울은 엡 4:26에서 "분을 내어도 죄를 짓지 말며"라고 말한 뒤, 27절에서 "마귀에게 틈을 주지 말라"고 당부한다. 이 두 구절을 잘 생각해 보면, 만일 분노에게 틈을 내 주면 얼마 못 가 사탄에게도 틈을 내 주게 되어, 결국 사탄은 점점 더 가까이 접근해 올 것이라는 의미로 그런 당부를 한 것임을 알 수 있다. 화내는 일을 사소히 여겨 무시하면 어느새 습관으로 굳어지며, 이것으로 마귀는 우리 속에 들어올 수 있는 일종의 권리를 획득하게 된다. 세상은 분노 때문에 빚어진 처참한 결과들로 가득하다. 만일 이 분노를 억제하지 않고 오히려 마음속에 품고 있으면서 때로 그것을 발산하기를 즐긴다면, 그 분노에서 어떤 결과가 빚어질지는 아무도 예측할 수 없다.

2. 분노는 마음의 평정을 크게 어지럽힌다. 바울은 분노로 인해 생기는 슬픈 결과(마귀에게 틈을 주는 것, 엡 4:27)에 대해 말한 뒤, 곧 이어 "하나님의 성령을 근심하게 하지 말라 그 안에서 너희가 구원의 날까지 인치심을 받았느니라"(엡 4:30)고 권면하고 있다. 성령께서는 복잡하게 얽힌 마음속에 계시기를 기뻐하지 않으신다. 이 사실을 현상적으로 말하자면, 화를 잘 내고 고집 센 사람에게서는 구원받은 자들이 누리는 평온과 안정의 표식을 잘 찾아보기 어렵다. 그 이유는 분노라는 강제 세력이 사유 능력을 어지럽혀 놓을 뿐 아니라 양심의 활동까지 방해하기 때문이다. 성령께서는 차분하고 온화한 심령을 사랑하신다. 그러므로 사람의 마음이 격정에 휘말리고 요동하여 그 사람 속에 계신 성령을 근심하도록 만들면,

성령께서도 그런 사람에게 양심의 평정을 느끼지 못하게 하신다. 그리고 더 나아가 마음의 평화를 누리는 것이 무엇인지를 거의 깨닫지 못하게 버려 두신다. 이 같은 결과는 지극히 당연한 것이다.

3. 분노는 기독교 신앙을 멸시하는 행위다. 기독교의 빛은 심령을 거룩하고 온유하게 변화시키는 능력 안에서 밝게 빛난다. 그런데 그리스도를 주님이라고 고백하는 사람들이 돌발적으로 난폭하고 경솔한 행위를 한다면 이는 자신들의 신앙고백을 더럽히는 셈이며, 신앙을 이성보다 저급한 위치로 전락시키는 셈이다. 그것은 마치 못된 성격을 개조하는 데 있어서 신앙보다 도덕이 훨씬 효험이 있다고 인정하는 것과 같다. 그리스나 로마와 같은 이방 사회에서는 남에게 해를 당했을 때 인내하면 이를 덕으로 여기는 것이 매우 당연시되었다. 그러한 인내는 분노를 억제하기 위한 교훈이나 규칙에서만 발견되는 것이 아니라 그들의 실제 생활에서도 표현되었다. 그들이 가르친 많은 교훈들은 매우 엄격하고 공정했다. 그럴 수밖에 없는 것이, 그들은 이성의 끊임 없는 발전으로 완전한 법을 만들고자 했기 때문이다. 물론 그들은 법을 실천을 위한 것이라기보다는 변론을 위한 것으로 인식하였다. 하지만 그 입법자들의 실제 삶을 살펴보았을 때, 남에게 피해를 당하더라도 복수심에 불타오르는 일 없이 온유한 심정으로 지나치는 것을 발견하면서 나는 놀라지 않을 수 없었다. 그리고 그들보다 훨씬 더 차원 높은 규례를 많이 가지고 있고, 또 그 규례에 대해 무궁무진하게 생각해 나갈 수 있는 동기를 부여받았음에도 불구하고, 영혼의 명령과 다스림을 받는 일에 있어서는 그리스도인들이 그들보다 훨씬 못하다는 생각에 부끄러움을 느꼈다. 리쿠르고스(Lycurgus)는 한 과격한 청년에 의해 한쪽 눈을 잃었는데도 그 일을 저지른 자에 대해 깊은 동정과 사랑을 베풀었다고 한다.[131] 그런데 우리는 어찌해서 조금만 언짢은 일을 당해도 '눈에는 눈, 이에는 이' 로 앙갚음을 해야겠다는 생각에 얼굴이 달아오르며, 욕을 욕으로 갚기 전에는 끓어오르는 마음을 가라앉힐 수 없는 것인가? 그리스도의 법을 받은 사람으로서, 자연법으로 자신을 평정하

131) Plutarch. in Vita Lycurgi.

는 이방인의 수준에도 못 미친다면, 그것보다 더 그리스도의 법에 먹칠을 하는 것은 없다.

[21] 그러므로 모든 더러운 것과 넘치는 악을 내버리고 너희 영혼을 능히 구원할 바 마음에 심어진 말씀을 온유함으로 받으라.

야고보는 앞에서 말씀의 능력에 대해서 말한 뒤(18절), 트집 잡거나 소극적인 마음을 버리고 적극적으로 이 말씀에 귀를 기울이라고 권고하기 위해 사람의 성내는 것이 얼마나 악한 것인지를 설명했다(20절). 그리고 본 절에 이르러서 다시 원점으로 돌아와, 평안과 구원으로 인도하는 말씀을 겸손하고 온유한 심정으로 받아 누리기에 적합한 사람이 되도록 모든 분노와 악덕을 버리라고 권고한다. 본 절에는 하나님께 대한 의무가 주어져 있는데, 그것은 바로 '말씀을 받는 것' 이다. 그리고 이 의무를 이루는 일에 있어서 마음속에 자리 잡고 있는 '악한 생각들을 내버리는 것' 이 보조적 의무다. 그리고 이 의무를 이행할 때 취해야 할 태도는 '온유함으로' 이다. 그리고 다음 과제는 '말씀을 마음에 새기는 것' 이다. 이 모든 일의 궁극적 목적은 '능히 영혼을 구하는 것' 으로서, 이 구원은 말씀을 듣고 더 깊이 새겨갈수록 점차 견고해진다.

그러므로. '분노가 하나님이 요구하시는 의를 이루는 일에 그처럼 방해가 되므로' 혹은 이 단어를 앞 문맥 전체를 받는 접속사로 이해하여 '이 모든 사실들의 바탕 위에서' 라는 의미로 볼 수 있다.

내버리고(*ἀποθέμενοι, ἀποτίθημι*의 부정 과거 분사–역주). 우리가 누더기나 다 닳아빠진 옷을 벗어 버리듯 악을 벗어 버려야 한다는 의미다. 이와 비슷한 방법으로 바울도 악을 버리는 것을 옷을 벗어 버리는 것에 비유하고 있다. "너희는 유혹의 욕심을 따라 썩어져 가는 구습을 따르는 옛 사람을 벗어 버리고"(엡 4:22), "이제는 너희가 이 모든 것을 벗어 버리라 곧 분함과 노여움과 악의와 비방과 너희 입의 부끄러운 말이라"(골 3:8).

모든 더러운 것(*πᾶσαν ῥυπαρίαν*). '*ῥυπαρίαν*' 이란 단어는 때로 상처의 불결함이나 몸이 땀으로 얼룩지고 더러워진 것을 가리키는데, 본문에서는 죄와 관련된 의미로 사용되었다. 벧전 3:21에서도 같은 의미로 '육체의 더러운 것' 이라고 표현했다. 어떤 이들은 이 구절이 가장 더럽고 저속한 정욕들을 가리켰을 것으로 추측한다. 그러나 이 구절은 모든 죄를 포괄해서 말하는 일반적 용어거나, 혹은 구체적으로 더럽고 악한 말을 가리키거나 둘 중의 하나임이 분명하다. 그 외 다른 해석은 본문에 잘 부합되지 않는다.

넘치는 악(*τὴν περισσεία κακίας*). 마음속에 갇혀 있던 악이 점점 불어나 겉으로 흘러넘치는 것을 말한다. 구체적으로 경멸하는 말·욕설·독을 품은 말 등을 가리키는데, 이런 것들은 모두 악한 생각이 겉으로 흘러넘쳐 나온 것들이다. 본 절과 병행구인 벧전 2:1에서도 이런 악에 대해서 구체적으로 소개하고 있다. 베드로보다 후에 본 서신을 기록한 야고보가 베드로의 글에서 이 표현을 인용했을 가능성도 있다. 베자(Beza)는 이런 말을 '악의 배설물' 이라고 표현했다. 또한 어떤 이들은 이런 말을 기드론 시내에 버려진 제물의 찌꺼기로 비유한다. 하지만 대부분의 사람들은 이 단어를 사람의 마음속에 내재하는 수많은 악과 더러움을 가리키는 일반적인 의미로 받아들인다.

받으라. 이 단어는 종종 말씀을 대하는 태도, 즉 말씀의 능력을 인정하여 마음속에 받아들인다는 의미로 사용된다. 그러므로 '받으라' 는 말은 '마음을 더 넓게 열어 말씀을 수용하라', 또는 '마음을 더 넓게 비워 두어 말씀이 그 안에 거하게 하라' 는 뜻이다. 그래서 말씀을 받지 않는 자들에 대해서 "그들이 진리의 사랑을 받지 아니하여"(살후 2:10)라고 정죄한다. 즉 사람이 멸망하게 되는 것은 진리를 받지 않기 때문이라고 판단한다. 자연인에 대해서도 *οὐ δέχεται*, 즉 (하나님의 일을) 받지 않는 자라고 말한다. 이처럼 '받는다' 는 말은 '하나님이 주시는 것' 을 대하는 사람의 태도에 적합한 개념이므로, 공식적으로 믿고 나아오는 행위도 '받는다' (영접한다)는 말로 표현된다(참조. 요 1:12, 영접하는 자 곧 그 이름을 믿는 자).

온유함으로. '가르침을 받겠다는 마음으로', '겸손하고 복종하는 마음으로' 라는 의미다.

마음에 심어진 말씀(*λόγον ἔμφυτον*). 어떤 이들은 이것을 이성이라 하고, 또 어떤 이들은 그리스도라고 하지만 모두 근거 없는 주장이다. 왜냐하면 마음에 심어진 말씀이라는 것은 말씀을 들은 결과, 또는 그 열매로 우리 마음속에 그 말씀이 심겨진 것을 가리키기 때문이다. 그래서 야고보는 열심을 내어 말씀을 전했을 뿐 아니라, 그 말씀이 믿음으로 그들 속에 심겼다고 말한다. 다른 구절에서도 이와 같은 표현이 사용된다. "나는 심었고"(고전 3:6), 즉 말씀으로 그들 속에 하나님을 믿는 믿음을 심어 주었다는 뜻이다. 또한 골 1:6에서도 복음의 말씀이 마음속에 심긴 후 자라나서 열매를 맺는다는 의미로 *λόγος καρποφορούμενος*란 말이 사용되었다.

능히 구원할 바. 복음에는 하나님의 은혜가 담겨져 있으므로 말씀을 구원의 수단으로 표현한 것이다. 이처럼 복음은 모든 믿는 자에게 구원을 주시는 하나님의 능력이다.

너희 영혼. '너희 육신과 영혼', 즉 '너의 존재 자체'라는 뜻이다. 야고보는 영혼 구원이란 말로 영혼·육신을 포함한 사람 존재 전체의 구원을 뜻하고자 했다. 즉, 중요한 부분으로 전체를 대표한 표현이다. 롬 13:1의 "각 영혼(개역개정 성경에는 '각 사람'으로 번역되었음—역주)은 위에 있는 권세들에게 복종하라"는 구절에서도 '영혼'은 '사람'이란 뜻으로 쓰였다. 다음 구절들에서도 본 절과 같은 용법이 사용된다. "믿음의 결국 곧 영혼의 구원"(벧전 1:9), "자기 영혼을 잃음"(마 16:26, 개역개정 성경에는 '제 목숨을 잃음'으로 번역되었음—역주). 이 경우들에 있어서도 영혼은 그 사람 전체를 의미한다. 사람을 영혼으로 표현한다 하더라도 육체가 배제되는 것은 아니다. 육체는 항상 영혼의 상태에 따라 좌우되기 때문에 영혼이란 말 안에 육체가 포함된다.

본 절에는 좀 더 깊이 생각해야 할 문제들이 꽤 많다. 그것을 다음과 같이 간략히 소개하고자 한다.

강해 1

내버리고. 이 단어의 문맥상 의미에 대해서 말씀을 대하기에 앞서 그에 대한 준비가 있어야만 한다. 신랑을 기다리는 친구들은 신랑이 오기 전에 등잔의 심지를 올려놓아야 한다. 또한 악기를 연주하려면 먼저 조율을 해 놓아야 한다. 성급하게 뛰어든 일이 성공으로 끝나는 예는 거의 없다. 물론 하나님께서 우리가 미처 생각하지도 못한 순간에 우리를 만나 주실 수도 있으나, 그것은 일상적인 것이 아니라 그분의 자유로운 은혜에 속한다. 그리고 피조물인 사람으로서의 그런 경험은 기적과 같은 큰 사건이다. 이스라엘 백성들은 율법을 듣기 위해 시내 산으로 나아가기 전에 옷을 빨아 입어야 했다(출 19:10). 주님께 기도하려면 마음을 예비하고 가다듬는 일이 반드시 필요하다(참조. 대하 20:19; 시 56:8). 솔로몬은 "너는 하나님의 집에 들어갈 때에 네 발을 삼갈지어다"(전 5:1)라고 말했다. 어떤 이방 민족은 신전에 한 사람을 고정적으로 세워 놓고 경배하러 오는 사람들로 하여금 왜 그곳에 왔는지 일깨워 주었다. 그의 일이란 사람들에게 깨달음을 주기 위해서 '신전에 서서 사람이 올 때마다' (*Hoc age*) 우는 것이었다. 많은 사람들이 설교를 들으러 나오지만 그것을 들음으로써 자신이 지게 될 책임의 비중과 중요성은 생각하지 않는다. 그리스도께서는 "너희가 어떻게 들을까 스스로 삼가라"(눅 8:18)고 말씀하신다. 사람이 하나님께 나아갈 때 누군가가 '너희가 어떻게 들을까 스스로 삼가라' 고 외쳐 준다면 정말 좋을 것이다. '속히 듣는 것' (부지런히 듣는 것)은 좋은 일이나, 그렇다고 아무 생각 없이 무작정 들어서는 안 된다. 하나님을 마음에 모셔 들이기를 잊을 정도로 서둘지 말라. 예배는 마음의 예배로부터 시작되어야 한다.[132] 물론 어떤 특수한 때는 자연스레 마음을 더욱 집중하여 하나님을 대하게 되지만, 예배를 드릴 때는 언제나 그런 자세가 요구된다. 생각 없이 내뱉는 기도는 반드시 그 열매도 없다. 그런 식으로 예배에 참석한다면 그저 왔다가 돌아가는 것이 전부일 것이다. 올 때는 기대하는 바가 없지 않았으나 갈 때는 허무하게 돌아가게 된다. 그러므로 하나님을 만나러 나올 때는 생각을 가다듬고 더욱 정신을 차리자. 지나온 자신의 삶을 되돌아보고 준비된 마음으로 나아가자. 이제 이 문제에 대해

132) 'Iter ad pietatem est intra pietatem.'

다음 두 가지 사항을 말하고자 하는데, 하나는 주의를 위한 것이고, 다른 하나는 방향 제시를 위한 것이다.

1. 주의할 점. (1) 말씀을 듣기 위해 마음을 준비할 때 반드시 하나님을 의지하라. 사람들은 그러한 때에 보통 하나님을 생각함 없이 스스로 마음을 가다듬어 평정을 얻기를 바란다. 말씀을 대하기에 앞서 마음을 준비한다는 것은 주로 악한 생각을 버리는 것을 가리킨다. 그런데 악한 생각을 버리기 전에 먼저 자아를 신뢰하는 태도를 버려야 한다. 마음의 경영(혹은 준비)은 사람에게 있어도 말의 응답은 여호와께로부터 나오기 때문이다(잠 16:1). 하나님께서 받으실 만한 마음의 상태는 하나님께서 직접 조성해 주신다. 위에서 인용한 잠언의 말씀을, 마치 준비는 사람이 하되 그 결과는 하나님께로부터 나온다는 식으로 잘못 해석해서는 안 된다. 마음을 가다듬는 일이나 그 마음에 응답해 주시는 일은 모두 하나님께서 하신다. 다음 시편 말씀과 같이, 하나님의 자녀들은 하나님께 나아가기에 앞서 그분이 행하신 크신 일들을 기억함으로써 편안한 마음으로 경배하러 갈 수 있다. "내가 주 여호와의 능하신 행적을 가지고 오겠사오며"(시 71:16). 이 구절에서 '오겠다'는 말은 문맥상 주님을 찬양하러 나간다는 의미임에 분명하다. (2) 비록 자신이 원하는 상태의 심정에 이르지 못했다 하더라도 하나님을 의뢰하라. "믿음은…보이지 않는 것들의 증거니"(히 11:1). 그러므로 의식이나 느낌으로는 깨닫지 못한 도움을 믿음으로 얻을 수도 있다. 큰 종은 줄을 당기는 순간 울리는 것이 아니라 힘을 주어 계속 당겨 종이 옆으로 기울어져야 크게 울린다. 하나님께서 어떻게 임재하실지는 아무도 모른다. 에디오피아 내시는 말씀을 읽고도 깨닫지 못했으나 하나님은 그에게 빌립을 보내 가르쳐 주셨다(참조. 행 8장). 비록 경배를 드리거나 말씀과 기도에 임할 때 마음이 침체되고 아무 의욕이 없다 할지라도, 그것을 마치기 전에 주님께서 어떤 은혜와 능력으로 우리에게 임재하실지 모르는 일이다. 그러므로 낙심했다고 해서 신앙 생활을 게을리하는 것은 옳지 못하다. 그것은 하나의 죄를 변명하기 위해 또 다른 죄를 짓는 것과 같다. "나는 아이라 말할 줄을 알지 못하나이다"(렘 1:6), "나는…혀가 둔한 자니이다"(출 4:10). 이와 같은 변명에 대해 주님은 다음과 같

이 말씀하신다. "누가 사람의 입을 지었느냐"(출 4:11).

2. 방향 제시 : 하나님께 나아가기에 앞서 마음을 얼마나 정돈해야 하며, 믿음을 얼마나 굳세게 해야 하는가? 지난 날들을 돌이켜 얼마나 회개해야 하며, 자신의 결핍과 연약함을 얼마나 되돌아보아야 하는가? 또 하나님의 영광을 얼마나 묵상해야 하며, 하나님이 주신 계명의 성격과 배경, 목적에 대해 얼마나 진지하게 생각해야 하는가? 이같이 미리 마음으로 준비해야 할 여러 사실들에 대해 낱낱이 다 설명할 수는 없다. 단지 종합적으로 마음이 하나님께 대한 경외심으로 충만하게 되도록 많은 준비가 있어야 한다는 점을 강조하고자 한다. 하나님은 두려움과 기쁨으로 드리는 경배를 받으신다. 그러므로 마음속에 하나님께 대한 두려움이 생기기 전에는 결코 바른 경배를 드릴 수 없다. 야곱이 벧엘에서 하나님을 뵙고 "두렵도다 이곳이여"(창 28:17)라고 말할 때의 심정이 바로 우리가 하나님을 경배하기에 앞서 가져야 할 마음이다. 또한 마음이 하늘을 앙망해야 한다. 대하 11:16은 우상숭배에 몰두해 있는 여로보암과 대조하여 '마음을 굳게 하여 이스라엘의 하나님 여호와를 찾는 자들' 에 관하여 이야기한다. 다윗은 "하나님이여 내 마음이 확정되었고 내 마음이 확정되었사오니"(시 57:7)라고 고백하는데, 여기서 그의 마음이 하늘을 향한 거룩한 상태에 있음을 발견할 수 있다. 또한 우리는 겸손하고 가난한 마음을 가져야 한다. "주리는 자를 좋은 것으로 배불리셨으며"(눅 1:53)라는 고백처럼 하나님께서는 주린 영혼에게 은혜를 베푸신다. 또한 마음을 정리하여 무엇을 구해야 할지를 생각하고 그것을 기대해야 한다. 주님께서는 종종 '네 믿음대로 될지어다' 라고 말씀하셨다. 구하지 않는 사람은 아무것도 얻지 못한다. 주님께서 이루시는 큰일들은 모두 믿는 자들을 위한 것이다(참조. 요 1:50).

강해 2

그리스도인들이 하나님 앞에 나아가기에 앞서 마땅히 해야 할 가장 중요한 것은 악을 버리는 일이다. 씨를 뿌릴 시기가 되기 전에 밭에 있는 잡초를 모두 뽑아 버려야 한다. "너희 묵은 땅을 갈고 가시덤불에 파종하지 말라"(렘 4:3). 더러운 마음과 순결하고 거룩한 말씀은 부적합한 관계에 있다. 그러므로 습관화되어 있는 죄를 버리려고 하지 않는 사람들은 말씀을 듣기에 부적합한 자들이다. 말씀을 받기 이전에 죄를 버리는 일이 반드시 선행되어야 한다. 그래서 어떤 이들은 고전 11:28의 '사람이 자기를 살피고'(*δοκιμαζέτω ἑαυτὸν*)란 바울의 권고를 자기의 더러움과 부패를 버리라는 뜻으로 해석하기도 한다. 이렇게 자기를 살피거나 죄를 내버리라는 권고는 말씀을 듣기 전에 스스로 거듭 뉘우칠 필요성이 있음을 가르쳐 준다. 즉, 마음속에서 죄를 쫓아내면 그 속에 은혜가 들어올 여지가 생긴다. 죄는 억센 잡초와 같아서 뉘우친 마음속에서라도 다시 쉽게 자라난다. 그러므로 마치 율법에서 나병 걸린 사람들에게 항상 머리를 밀도록 규정한 것(레 14장)과 같이, 우리도 비록 마음속에 죄의 뿌리가 여전히 남아 있으나 자라나서 번식하지는 못하게 항상 잘라 내야 한다. 하나님께 경배하기 전에는 죄를 다 버리긴 하지만, 경배를 마친 후에 다시 죄를 탐닉하고자 하여, 죄의 내버림이 일시적인 것으로 끝나 버리는 매우 허황된 사람들이 있다. 그런 사람들은 독사가 물을 마시기 위해 잠시 독을 버리는 것과 같은 일을 하는 셈이다. 또한 그들은 마치 아브라함이 이삭을 제물로 드리러 갈 때 사환에게 "너희는 나귀와 함께 여기서 기다리라 내가 아이와 함께 저기 가서 예배하고 우리가 너희에게로 돌아오리라"(창 22:5)고 말한 것과 같이, 자기 정욕을 향해 잠시 기다리라고 말한다. 이들은 자기 죄를 너무 아낀 나머지 영원한 안식을 포기하는 자들이다. 하지만 그들은 하나님 앞에 죄를 그대로 지닌 채 나오는 자들보다는 현명하다. 죄를 뉘우치지 않고 그대로 나오는 것은 하나님께 도전하는 태도기 때문이다. 하나님은 '피가 가득한 손'으로 기도하는 유대인들을 꾸짖으셨다(사 1:15). 미리암이 모세를 대적하다가 나병에 걸렸을 때 하나님께서는 "그의 아버지가 그의 얼굴에 침을 뱉었을지라도 그가 이레 동안 부끄러워하지 않겠느냐"(민 12:14)고 하시면서 그들에게 진 밖에서 뉘우칠 기간을 주셨다. 그러나 그들은 자기 죄를 뉘우치기도 전에 뻔뻔스럽게 진 안으로 다시 들어오고 말았다. 큰 반란을 진압한 후에는 거기에 가담한 자들을 엄격히 다스려 반성하게 하거나 처벌해야 마땅하다. 그런데 죄를 지음으로써 하나님께 반란을 일으킨 자들이 그 죄를 그대로 가지고 나와 하나님께 무엇을 기대할 수 있겠는가? 그들의 이러한 상태는 그들이 드리는 경배와 전혀 어울리지 않는다. 하나님께서는 그들과 관계를 맺고자 하지 않으시는데, 이와 반대로 그들은 하나님과 관계를 맺으려고 하기 때문에 하나님은 그들의 이 같은 태도에 당혹해 하신다. 하나님은 결코 그들과 상관하려고 하시지 않는다. "하나님은…악한 자를 붙들어 주지 아니하시므로"(욥 8:20). 즉, 하나님은 그들을 도와주려고 하지 않으신다. 그러면서 그들이 하나님과 어떤 관계를 맺고 있는 것처럼 행동할 때 그들을 향해 "네가 어찌하여 내 율례를 전하며 내 언약을 네 입에 두느냐"(시 50:16)라고 질문을 하셔서 그들을 당황하게 만드신다.

강해 3

내버리고(ἀποθέμενοι). 이 단어는 문자적으로 썩고 냄새 나는 옷을 벗어 버리라는 뜻이다. "또 너희가 너희 조각한 우상에 입힌 은과 부어 만든 우상에 올린 금을 더럽게 하여 불결한 물건을 던짐같이 던지며 이르기를 나가라 하리라"(사 30:22)란 말씀과 같이 죄를 아주 메스꺼워하는 심정으로 내버려야 한다. 성경은 죄를 종종 가증한 것으로 표현하는데, 하나님께서 그것을 가증하게 여기시므로 사람도 반드시 그것을 가증하게 여겨야 하기 때문이다. 죄를 거부하는 태도가 미미하다는 것은 죄에 어느 정도 미련이 남아 있다는 증거다. 그러므로 가능한 모든 감정을 동원해 죄를 거부해야 한다. 죄 문제에 있어서는 슬픔이 통곡으로, 화와 격노가 분개로, 부끄러움이 심각한 수치심으로 변해야 한다. 죄에 대해서는 아무리 매몰차고 예리한 감정 표현을 한다 하더라도 그 불쾌감을 다 발산할 길이 없다.

강해 4

모든. 죄를 버리려면 일부분만이 아니라 전부 버려야 한다. 그래서 베드로는 버려야 할 죄에 대해서 전체를 가리키는 부사를 사용하여 '모든 악독' (πᾶσαν κακίαν, 벧전 2:1)이라고 표현하는데, 다윗도 이에 대해

"내가…모든 거짓 행위를 미워하나이다"(시 119:104)라고 고백한 바 있다. 어떤 대상을 진정으로 미워하게 되면(*εἰς τὰ γένη*),[133] 그 대상 전체에 대해 혐오감을 갖게 되기 마련이다. 우리가 죄를 죄로 여기고 미워한다는 것은 모든 죄를 미워한다는 말이다. 사람의 마음은 모든 죄를 동일한 마음으로 대할 때 가장 진실해진다. 우리의 생각에 가장 사소하게 보이는 죄라도 위험을 내포하고 있다. 아무리 작은 죄라도 그 안에는 죽음과 파괴의 기질이 내재되어 있기 때문이다. 카이사르와 같은 인물을 죽게 만든 것은 큰 전쟁에서의 패배가 아니라 암살자의 조그만 칼이었다. 우리는 책을 통하여 사자나 곰 등 사나운 짐승에게 물려서 죽은 사람들의 이야기를 읽고 소스라치지만, 실상 곤충이나 쥐 혹은 이와 같이 하찮게 보이는 동물에 의해서 죽은 사람의 숫자는 그보다 훨씬 더 많다. 교황 아드리아누스(Adrian)는 모기가 목에 걸려 질식사했다. 이와 마찬가지로 우리도 지극히 사소해 보이는 죄 때문에 파멸할 수 있다. 그리스도께서 작은 누룩에 대해서 어떻게 말씀하셨는가? 그러므로 작은 죄들이라고 해서 소홀히 여기지 말라. 또한 나아만이 나병을 치료받은 후 엘리사에게 이제 여호와께만 경배하겠다고 말하고서 림몬의 단에서 몸을 굽히는 일만은 용서해 달라고 청하였던 것(왕하 5:18)과 같은 죄에 대한 변명은 조금도 하지 말라. 죄로 판단된 모든 것들에 대해서 분명한 태도를 취하고, "내가 깨닫지 못하는 것을 내게 가르치소서 내가 악을 행하였으나 다시는 아니하겠나이다"(욥 34:32)라고 기도하라.

강해 5

더러운 것. 죄는 더러운 것이어서 영혼의 영예와 아름다움을 더럽히고, 사람 속에 내재해 있는 하나님의 형상을 손상시킨다. 성경은 '육과 영의 온갖 더러운 것'(고후 7:1)이란 표현을 종종 사용한다. 그런데 이 더러움 속에는 육체적이고 동물적인 정욕에서 생겨나는 상스런 악뿐 아니라 좀 더 영적인 것에 속한 이설(異說), 이신(異信), 게다가 다음 구절에서 볼

133) Arist. Rhet. in Pass. od.

수 있는, 사람이 태어나면서부터 지니는 부패까지도 모두 포함된다. "누가 깨끗한 것을 더러운 것 가운데에서 낼 수 있으리이까"(욥 14:4), "사람이 어찌 깨끗하겠느냐"(욥 15:14). 또한 사람의 눈에 고귀하게 보이는 것도 실은 더러운 것일 수 있다. 그 예로 이스라엘 백성들이 고귀하게 여기던 제사 의식을, 하나님은 그 의식 안에 감추어진 온갖 죄악 때문에 '똥'이라 부르셨다. "똥 곧 너희 절기의 희생의 똥을 너희 얼굴에 바를 것이라"(말 2:3). 하나님의 눈에는 그들의 제사가 그토록 더럽게 보였던 것이다. 이처럼 성령께서는 죄에 대해 가르치실 때, 우리가 죄를 더 미워하도록 하시기 위해서 대단히 더러운 물건들을 상징으로 삼아 가르치신다. 성령께서 죄를 똥이나 배설물로 여기시는데 그것을 장식품 정도로 생각하는 자들이 있다면 얼마나 큰 오류에 빠져 있는 것인가? 우리는 지금까지 죄를 '육과 영의 더러운 것' 으로 개괄했으나, 이제 한 걸음 더 나아가 성경에서 특별히 더러운 것으로 간주된 세 가지 종류의 죄에 대해 살펴보고자 한다. (1) 탐심 : 이것은 사람의 영혼을 저급하게 만들며, 인간 이하의 비열한 행위에 굴복하게 만들기 때문에 '더러운 이득' (벧전 5:2)이라고 일컬어진다. (2) 정욕 : 성경이 이것을 '더러움' (롬 1:24) 혹은 '부정한 죄' 라고 부르는 이유는, 이 정욕이 사람이나 그 욕구를 육욕적인 행복, 즉 육체적 쾌락에 종속시키기 때문이다. (3) 본문에서는 분노와 악독이 더러움으로 일컬어진다. 우리는 때로 성을 냄으로써 기분을 풀지만 그것이 바로 더러움이다. 그것은 우리의 마음을 사정없이 격한 소용돌이 속으로 몰고 들어가며 그런 상태를 자제할 수 없도록 만든다. 이 분노는 두꺼비나 독사 속에 있는 독 또는 기타 다른 모든 동물들 속에 있으리라고 추측되는 가장 더러운 것들보다 더 해롭다. 동물들 속에 있는 독은 다른 동물을 해치지만 스스로를 해칠 수는 없다. 반면에 사람이 내는 분은 설혹 다른 사람을 해치지는 않는다 하더라도 자기 자신을 해치지 않을 수는 없다. 자, 그렇다면 이 모든 사실을 거울삼아 죄를 악취 나는 오물로 간주하여 거절하고 미워하자. 이 더러운 것을 그대로 두면 결국 우리 본성의 빛을 다 가리고 말 것이다. 하나님의 자녀에게 도무지 있어서는 안 될 '흠' 을 가지고 있다(참조. 신 32:5). 우리가 그런 '더러운 옷' 을 입고 있다면 벗어 내던지고 그리스도의 의를 입혀 주시기를 구하자(참조. 슥 3:4). 그러나 반드시 큰 죄로 인해서만 옷이 더러워지는 것이 아니라 사소한 죄 때문에도 그렇게 될 수 있다(참조. 유 23, '육체로 더럽힌 옷'). 무례한 말도 '더러움'이며(참조. 엡 5:4), 경배드리는 일도 잘못하면 '배설물'이 될 수 있다.

강해 6

넘치는 악. 사람의 마음은 깨끗이 씻어 내야 할 악으로 가득 차 있다. 그런데 그것이 가득 찬 정도를 넘어서면 죄의 홍수를 이루게 된다. 성경은 하나님께서 홍수로 세상을 심판하실 무렵에 세상의 죄악이 가득한 상태를 "그의 마음으로 생각하는 모든 계획이 항상 악할 뿐"(창 6:5)이란 말로 표현했다. 이렇게 마음에서 넘쳐흐르는 악이 모든 정신 작용과 욕구, 의지에 스며든다. 바닷물은 그 어느 부분을 맛보더라도 짜고, 씀바귀 나물은 그 어느 부분을 맛보더라도 쓰듯이, 죄가 넘쳐흐르는 사람도 그 마음을 어떻게 사용하든지 모두 죄만 발산할 뿐이다. 전염병에 걸린 사람이 만지는 것은 비록 깨끗한 것일지라도 모두 오염되고 만다. 이처럼 마음속에 악이 넘쳐흐르면 그로 인해서 그 사람의 모든 행위가 오염된다. 단 9:27은 말세에 가증한 것들이 세상에 편만할 것에 대해 예언한다. 다윗은 인간들에 대해 말하기를 "다 치우쳐 함께 더러운 자가 되고"(시 14:3)라고 평가한다. 모든 인생이 다 죄에 깊이 잠겼다는 말이다. 이렇게 죄가 넘쳐흐르는 상태가 되기까지는 먼저 사유 작용에서 발생하는 더러운 생각이나 목적이 시발점이 된다. 생선이 부패될 때 머리부터 시작되듯이 죄도 사유 작용으로부터 시작된다. 그런 후에 의지 가운데서도 더러움이 작용하고 감정도 그것에 오염되어 결국 더러운 대상을 연모하게 된다. 그로써 율법을 품고 있는 법궤와 같아야 할 기억이 하수구에 설치된 여과망과 같이 역겨운 찌꺼기만 남겨 놓게 된다. 양심이 부도덕한 생활로 더럽혀지고 얼룩지면 몸의 다른 지체들은 불결한 행위를 하기 위한 도구로 전락할 수밖에 없다. 그처럼 양심이 정욕으로 단련된 사람의 눈은 음란한 영상을 떠올리며 음심으로 번득인다. 벧후 2:14에서는 그것을 '음심이 가득한 눈'(μοιχαλίδος)으로 표현한다. 또한 그런 사람의 입은 부패한 마음을 추잡한 말로 드러낸다. 과연 그런 상태에서 무슨 근거로 '죄와 더러움을 씻는 샘' (슥 13:1)을 열어 주신 하나님께 감사할 수 있겠는가? 참으로 회개하기란 쉬운 일이 아니다. 그만큼 내버려야 할 악이 많기 때문이다.

강해 7

받으라. 말씀을 듣는 우리의 의무는 그것을 받는 일이다. 이 단어에 대해 주석해 놓은 부분을 다시 살펴보라. 말씀 안에는 하나님의 자비의 손길이 있어서 그것을 받는 우리에게 안위와 지혜를 베풀어 주신다. 말씀을 받는 일에는 다음과 같이 몇 가지 단계가 있다. 첫째, 말씀을 듣고 묵상하여 그 의미를 이해하는 단계가 있다. 그래서 그리스도께서는 '이 말을 너희 마음속에 담아 두라' (눅 9:44, 개역개정 성경에는 '이 말을 너희 귀에 담아 두라' 로 번역되었음—역주)고 하신다. 말씀을 듣고서 그것을 상상 속에서 맴돌게 하지 말고, '지혜가 네 마음에 들어가며' (잠 2:10)란 솔로몬의 잠언대로 마음에 담아 두고 그 뜻을 묵상하라. 둘째, 믿는 단계가 있다. 들은 말씀의 의미를 묵상하여 과연 그렇다고 인정하는 단계다. 히브리서 저자는 이것을 '듣는 자가 믿음과 결부시키는 것' 으로 표현한다(히 4:2). 이 표현을 좀 달리하면 그 말씀을 인정하고 자기 마음에 적용시키는 것이다. 셋째, 들은 말씀을 의지와 감정을 발휘하여 마음으로 단단히 붙드는 단계가 있다. 우리가 마음을 비우고 그 말씀을 받아서 어떠한 육체적인 감정이나 편견으로도 다시는 흔들리는 일이 없도록 굳게 붙드는 것을, 성경은 '기쁨으로 말씀을 받는 것' 으로 표현한다(살전 1:6). 그리스도께서는 자신의 말씀이 유대인들 마음속에 있을 곳이 없음(*οὐ χώραν ἔχει ἐν ὑμῖν*)을 보시고 한탄하셨다(요 8:37). 그들 속에는 말씀이 들어가 뿌리를 내릴 만한 여지가 없었고, 오히려 뜨겁거나 역겨운 음식을 한 입 물었을 때처럼 곧바로 뱉어 냈다.

강해 8

말씀은 매우 온유한 자세로 받아야 한다. 그리스도께서 기름부음을 받으신 이유는 가난한 자(마음이 상한 자)에게 복음을 전하기 위함이었다(참조. 사 61:1). 바로 그러한 이들이 복음을 받기에 합당한 사람들이다. 이 문제에 대해 다음 몇 가지 사항을 살펴보자. 첫째, 본문에서 말하는 '온유한' 이란 과연 어떤 것인가? 이것을 더 잘 알기 위해서는 온유와 반대되는 태도를 살펴보는 것이 유익하다. 인류의 타락 이래로 은혜는 그 반대되는 것들과 대조되어 더욱 밝게 드러났기 때문이다. 온유와 반대되는 태도는 다음 세 가지로 구분된다. (1) 화를 내며 반박함 : 이런 태도를 지닌 사람들은 말씀으로 권고하려 할 때 반발하고 나선다. 많은 경우 깊은 확신으로 전하는 말씀일수록 심한 반발을 받는다. "여호와의 말씀을 그들이 자신들에게 욕으로 여기고 이를 즐겨 하지 아니하니"(렘 6:10). 그들은 하나님의 종들이 그들의 잘못을 보고 일깨워 주는 것을 마치 욕하고 조롱하는 것으로 여긴다. (2) 완고한 자존심 : 자기 입장을 끝까지 포기하지 않으려고 작정하는 자들은 이런 태도를 갖게 된다. 비록 그들의 입장이 말씀에 비추어 잘못으로 판명되더라도 그들은 자기들의 입장을 고집한다. 예레미야는 이스라엘 백성들에게 "네 발을 제어하여 벗은 발이 되게 하지 말며 목을 갈하게 하지 말라"(렘 2:25)고 하였다. 이 말은 '왜 애굽의 도움을 얻기 위해 맨발로 그리고 가려고 하느냐? 그곳에서 얻을 것이라고는 황무지와 가시덤불 외에는 아무것도 없다' 는 뜻으로서 하나님의 말씀에 순응하라는 권고였다. 그러나 그들은 "내가 이방 신들을 사랑하였은즉 그를 따라가겠노라"(렘 2:25)고 대답한다. 즉 '너는 네 뜻대로 말하라 우리는 우리의 방법과 우리의 길을 택하겠다' 는 태도였다. 렘 44:16-17에서도 그들은 '네가 여호와의 이름으로 우리에게 하는 말을 우리가 듣지 아니하고 우리 입에서 낸 모든 말을 반드시 실행하여 우리가 본래…하던 대로…하리라' 고 고집한다. 이런 사람들은 자존심 때문에 진리 앞에서도 자신을 굴복시키려 하지 않는다. 그리고 비록 그 진리에 반박할 수 없음에도 계속 자기 입장을 고수해 나간다. (3) 의도적으로 논쟁하려고 함 : 이런 태도는 다혈질적인 기질을 지닌 사람들에게서 볼 수 있는 것으로서, 그들은 이성의 자존심이 꺾이는 것을 수치로 여기고 그것을 지키기 위해 어떤 방법이라도 다 사용한다. 시편 저자는 이에 대해 "여호와는…그의 도로 죄인들을 교훈하시리로다 온유한 자를 정의로 지도하심이여 온유한 자에게 그의 도를 가르치시리로다"(시 25:8-9)라고 말한다. 하나님께서는 모든 죄인들 중에서 온유한 죄인을 택하여 자기 학생으로 삼으신다. 성경에는 완고한 자를 더 완고하게 하는 난해함이 내재되어 있다. 카메로(Camero)[134]는 이 문제에 대해서 다음과 같이 설명한다. '성경은 알려고 애쓰는 사람들만이 알 수 있게 기록되었다. 반면에 말꼬리를 잡아 논쟁하려고 하는 자들에게도 충분한 논쟁거리를 주어 바로 그들 자신의 이성의 반발에 의해 자멸하도록 기록되었다. 하나님께서는 결코 완고하고 고집 센 사람들(*hominibus prœfracti ingenii*)을 납득시키기 위해서 말씀을 주신 것이 아니기 때문이다.' 터툴리아누스[135]도 카메로보다 훨씬 이전에 그와 같은 사실을 주장한 바 있다. 즉 하나님께서 말씀을 주실 때, 그것을 읽고도 온유하게 받으려고 하지 않는 자들은 그 마음이 완고하게 되도록 계획하셨다는 말씀이다. 예수님의 말씀에서도 그 사실이 분명해진다. "모든 것을 비유로 하나니 이는 그들로 보기는 보아도 알지 못하며 듣기는 들어도 깨닫지 못하게 하여"(막 4:11-12). 즉 마음으로 기꺼이 보기를 원하지 않는 자들이 결국 깨닫지도 못한다는 사실은, 고의적으로 말씀에 대해 눈을 감고 마음을 닫는 자들에 대한 하나님의 형벌이다. 요 7:17에서 주님께서 하신 말씀도 그와 같은 의미다. "사람이 하나님의 뜻을 행하려 하면 이 교훈이 하나님께로부터 왔는지…알리라." 만일 그것이 진리라면 겸손히 받아들이겠다고 마음먹는 사람들은 쉽게 그 마음이 열려 곧 깨닫게 된다.

둘째, 온유함에는 어떤 속성들이 내포되어 있는지 살펴보자. (1) 겸손과 상한 마음 : 자기주장을 내세우기 전에 스스로 비천함을 깨달아야 하고, 남들을 가르치기에 앞서 온유한 마음이 있어야 한다. 복음이 소생시키고자 하는 대상은 바로 통회하는 마음이기 때문이다(참조. 사 57:15). 상한 마음이란 유순하고 부드러운 마음을 가리킨다. 이런 마음은 '내 말을 듣고 떠는 자' (사 66:2)라는 말씀과 같이, 말씀이 조금만 와 닿아도 반응한

---

134) Camer, lib. de notis verbi Dei.

135) 'Non periclitor dicere ipsas scripturas ita dispositas esse, ut materiam subministrarent hæreticis.'—*Tertul.*

다. (2) 가르치거나 다루기 쉬운 마음 : 이런 마음은 순진해서 잘못을 바로 잡아 주기가 용이하다. “위로부터 난 지혜는…관용하고 양순하며”(약 3:17). 하나님의 가르침대로 따라가겠다는 온순한 마음을 갖는 것은 매우 귀한 일이다. 하나님의 종들은 하나님이 무슨 명령을 내리시든지 순종하려는 마음을 지니고 기다린다. 그래서 고넬료와 그의 권속들 같은 자들은 자기들의 의무를 발견하기 위해 오직 주께서 말씀하시기를 기다릴 따름이다. “우리는 주께서 당신에게 명하신 모든 것을 듣고자 하여 다 하나님 앞에 있나이다”(행 10:33). 그들은 논쟁하러 온 것이 아니라 하나님이 무슨 말씀을 하시든지 그대로 순종하겠다는 마음가짐으로 나아왔다. 말씀에 대해 완고히 반대하면 결국 자멸을 초래하게 된다는 사실을 명심하라! 눅 7:30에서는 바리새인과 율법교사들이 요한의 세례를 거부한 것을 ‘하나님의 뜻을 저버린 것’ 이라 하며, 그것을 ‘스스로를 거스르는 행위’ 라고 평가한다. 행 13:46에서도 바울과 바나바가 복음을 비방하는 유대인들을 향해서 “너희가 그것[하나님의 말씀]을 버리고 영생을 얻기에 합당하지 않은 자로 자처하기로 우리가 이방인에게로 향하노라”라고 말했다. 말씀을 비방하는 것은 심판을 자초하는 행위다. 그것은 결과적으로 볼 때, 하나님과 그분이 내려 주시는 모든 은혜와 영광의 따스한 손길에 관심이 없다고 말하는 것과 같다.

강해 9

우리는 말씀을 깨달아야 할 뿐 아니라 그 말씀을 마음에 심어야 한다. 하나님께서는 “내가 나의 법을 그들의 속에 두며 그들의 마음에 기록하여 나는 그들의 하나님이 되고 그들은 내 백성이 될 것이라”(렘 31:33)고 약속하셨다. 즉, 주께서는 우리 마음을 밝게 비춰 그 뜻을 깨닫게 하시고 우리의 정성과 사랑을 다 바쳐 그 뜻에 순종하게 하심으로 우리가 무엇을 해야 할지를 알게 하실 뿐 아니라 자진해서 그 의무를 행하고자 하는 의지까지 심어 주고자 하셨다. 그것이 바로 말씀이 마음속에 심긴 참된 상태다. 이로써 하나님께 속해 있던 ‘일의 뿌리’ (욥 19:28), 즉 하나님께서 약속하신 위로가 우리 속에 심겨진다. 요일 3:9의 “하나님의 씨가 그의 속에 거함이요"란 구절도 하나님의 말씀이 믿는 자들 속에 심겨졌다는 것을 의미한다. 그렇다면 이러한 말씀이 자신 속에 심겨 있는지 살펴보라. 말씀이 돌밭에 떨어진 씨처럼 열매를 맺지 못하고 있지는 않는가? 마음속에 말씀이 심겨 있는지의 여부는 다음 사항에 의해 판단할 수 있다. (1) 말씀이 제대로 심겨져 있으면 반드시 '열매 맺는 말씀'(*λόγος καρποφορούμενος*, 골 1:6)이 된다. 다시 말해서 말씀이 마음에 심겼다면 반드시 우리의 언행 속에 표출되어 나온다. 그리고 아무리 '죄악의 줄기'(개역개정 성경에는 '죄악의 몽둥이'(겔 7:11)로 번역되었음—역주)가 왕성히 자라난다 하더라도 마음속에 심긴 말씀이 자라나듯 하지는 못한다. (2) 다른 줄기에 접목된 가지는 그 줄기에서 모든 수액을 흡수한다. 마찬가지로 우리가 죄에서 떠나 하나님께 접붙임을 받은 사람이라면 지·정·의를 다 발휘하여 말씀에 순종할 것이다. '마음이 교훈의 본을 순종하는 데로 들어가'(*εἰς ὅν παρεδόθητε τύπον διδαχῆς*, 롬 6:17, 개역개정 성경에는 '교훈의 본을 마음으로 순종하여'로 번역되었음—역주)라는 말씀과 같이 하나님께 접붙임을 받은 사람들은 그들에게 전해진 말씀의 인(印)과 틀 속에 들어가게 된다. 즉 그들의 지·정·의의 모든 활동이 신앙의 틀 속에 넣어진다.

강해 10

말씀은 하나님께서 사람의 영혼을 구원하시기 위해 쓰시는 도구다. 이것은 때로 '진리의 말씀' 혹은 '생명의 말씀'으로 일컬어지는데 전자는 말씀의 성격을, 후자는 그 열매를 가리킨다. 한편, 말씀은 '하나님의 능력'(롬 1:16), 그리고 다음 구절과 같이 '여호와의 팔'로 묘사되기도 한다. "우리가 전한 것을 누가 믿었느냐 여호와의 팔이 누구에게 나타났느냐"(사 53:1). 우리가 전한 복음에 의해서 그것을 듣는 사람들의 마음속에 하나님의 팔이 들어가는 것이다. 그러므로 우리는 하나님께서 말씀에 부여해 주신 권위를 그대로 인정해야 한다. 복음은 생명을 구원하는 말씀이다. 따라서 그것이 단순하게 보인다고 해서 무시하는 일은 결코 없어야 한다. 복음 진리의 논지가 단순하다고 해서 그것을 전하는 사람의 태도마저 밋밋해서는 안 되며, 그로써 듣는 사람에게 웃음거리가 되어서도 안 된다. "내가 복음을 부끄러워하지 아니하노니 이 복음은 모든 믿는 자에게 구원을 주시는 하나님의 능력이 됨이라"(롬 1:16)라는 바울의 고백을 되새겨 볼 만하다.

강해 11

그리스도인들은 자기 영혼 구원 문제에 가장 깊은 관심을 기울여야 한다. 사람이 복음을 들어야만 하는 이유가 바로 여기에 있다. 왜냐하면 바로 이 복음이 사람의 영혼을 구원할 것이기 때문이다. 사람들은 종종 안락하게 사는 일에 온 관심을 기울인다. 솔로몬은 이 같은 현상을 바라보고 '사람의 수고는 다 자기의 입을 위함'(전 6:7)이라고 평가했다. 즉, 사람의 온갖 노력은 모두 육신의 안락을 얻고자 함이라는 것이다. 하지만 육신은 목적이 될 수 없는 부차적인 대상임을 결코 잊어서는 안 된다. 칼을 녹슬게 버려두고 칼집만 닦는 사람이 어디 있겠는가? 사람은 일부는 천사의 속성을, 다른 일부는 짐승의 속성을 지니고 있다고 한다. 그런데 왜 우리 속에 있는 천사의 속성은 방치해 둔 채 짐승의 속성만 즐겁게 하려고 하는가? 간단히 말해서 우리가 육체의 안락을 얻지 못할까봐 노심초사하는 것보다 훨씬 더 마음 졸이며 대해야 할 대상은 바로 영혼이며, 그 무엇보다 최대의 관심을 쏟아야 할 대상도 바로 영혼이다. 먼저, 가장 가슴 졸이며 대해야 할 대상이 영혼이라는 것에 대하여 살펴보자. 주님은 "몸은 죽여도 영혼은 능히 죽이지 못하는 자들을 두려워하지 말고 오직 몸과 영혼을 능히 지옥에 멸하실 수 있는 이를 두려워하라"(마 10:28)고 말씀하신다. 이 말씀 가운데는 두 가지 사상이 대립되어 있다. 그중 하나는, 영혼은 부차적인 것에 지나지 않으며 오직 육체가 전부라는 사상이다. 그러나 다른 하나는 이와 완전히 상반되는 것으로서, 영혼이 육신보다 더 중요한 위치를 차지하고 있으며, 영혼이 처한 상태의 좋고 나쁨에 따라 육신의 상태도 결정된다는 사상이다. 주님께서는 '몸과 영혼을 능히 지옥에 멸하실 수 있는 이를 두려워하라'고 하시면서, 사람이 진정 두려워할 바는 육체의 죽음이 아니라 영혼이 지옥에 던져지는 것이라고 가르치신다. 그러므로 몸이 해를 당할 것을 두려워해서 영혼을 포기하는 행위처럼 어리석은 일은 결코 없다. 마찬가지로 우리가 최대의 관심을 쏟아야 할 대상도 바로 영혼이다. 세상에서 많은 재물과 영예를 누리고 사는 것, 바로 이런 것들이 육신을 안락하게 해 준다. 그러나 사람이 싸늘하고 적막한 무덤 속에 들어가게 될 때 그런 재물과 영예가 무슨 소용이 있는가? 주님은 그런 사람들에게 "사람이 만일 온 천하를 얻고도 제 목숨을 잃으면 무엇이 유익하리요"(마 16:26)라고 말씀하신다. 세상에서의 짧은 기쁨을 맛보는 대가로 영혼의 영원한 복락을 넘겨 준다면 그것은 매우 가엾은 짓이다. "불경건한 자가 이익을 얻었으나 하나님이 그의 영혼을 거두실 때에는 무슨 희망이 있으랴"(욥 27:8)는 욥의 말도 이와 동일한 의미다. 우리 주위에는 결코 열매 맺지 못할 것을 위해 허망한 노력을 쏟는 현세적인 사람들이 많다. 그들 중 전부는 아니지만 어떤 부류의 사람들은 일찍 일어나고 늦게 누우며 수고의 떡을 먹는다. 그러나 그들이 피땀 흘려 자신들이 추구한 목표들을 얻었다고 하더라도, 몸과 영혼이 분리될 수밖에 없는 순간이 임했을 때 그 애써 얻은 것들이 자기에게 무슨 유익을 줄 수 있을까? 비록 그가 생전에 벌어 놓은 재산 덕분에 육체는 잘 치장된 무덤에 들어갈 수 있을지 모르나, 전혀 준비해 놓지 않는 영혼은 얼마나 참혹하고 캄캄한 나락으로 떨어지겠는가? 그 순간에 그가 평생을 다 바쳐 얻은 것이 무슨 희망을 주겠는가? 이런 사실을 미리 헤아릴 줄 아는 현명한 사람이라면 영혼을 위해 예비하는 일을 가장 중요하게 여겨야 한다. 그래서 장차 올 세상을 위해 영혼의 옷을 준비하여, 즉 하나님께서 말씀 안에서 우리 영혼을 하늘의 모든 신령한 은사로 채워 주시기를 앙망하여 벗은 자로 발견되지 않도록 해야 할 것이다(참조. 고후 5:3).

강해 12

일단 복음을 받은 사람일지라도 그것을 거듭 받아들여야 한다. 말씀이 마음속에 한 번 심긴 후라도 그 말씀을 거듭 받아들임으로써 영혼 구원의 원동력으로 삼아야 한다. 하나님은 이 말씀을 단지 중생의 도구만이 아니라 점진적으로 이루어가야 할 구원의 방도로도 삼으셨다. 그러므로 우리는 이 땅에서 살아 숨 쉬는 동안 끊임없이 말씀을 의지하며 살아야 한다.

현세를 소망하며 사는 사람들은 결코 이러한 신령하고 은혜로운 삶을 살 수 없다. 그림 속에 있는 불은 땔감을 필요로 하지 않는다. 하나님의 말씀도 그림 속의 불처럼 결코 없어지지 않는 것이지만, 그럼에도 항상 보살피고 물을 줄 필요가 있는 씨앗이다. 이 사항은 '온유함으로 받으라'는 구절을 설명하면서 이미 언급했다(참조. 강해 9).

[22] 너희는 말씀을 행하는 자가 되고 듣기만 하여 자신을 속이는 자가 되지 말라.

본 절은 앞 문맥과 밀접하게 연결되어 있다. 야고보는 앞 절에서 말씀의 열매, 즉 영혼 구원에 대해서 설명한 후, 본 절에서는 이 열매가 단지 듣기만 해서 얻을 수 있는 것이 아니라 행해야 얻을 수 있는 것임을 분명히 권고한다.

너희는 말씀을 행하는 자가 되고. 야고보가 이 구절에서 사용한 '행하는 자'는 진정으로 말씀을 준행하며 사는 자들을 염두에 두고 한 말이다. 바울의 글 중에는 다음과 같이, 표현은 본 구절과 같으나 취지는, 전혀 다른 구절이 있다. "하나님 앞에서는 율법을 듣는 자가 의인이 아니요 오직 율법을 행하는 자라야 의롭다 하심을 얻으리니"(롬 2:13). 바울의 이 말에서 '행하는 자'란 율법의 각 조목조목을 다 이행함으로써 율법의 요구를 충족시키는 자를 가리킨다. 그리고 바울이 이 말을 한 취지는, 유대인들이 하나님의 율법을 받았다는 큰 특권을 소유하고 있었음에도, 하나님 앞에서 이방인에 비해 조금도 의롭지 못한 사실을 지적하기 위함이었다. 이에 반해 이 구절에서 말하는 '행하는 자'란 말씀의 역사를 마음에 받아들이고, 실제 생활에서 그 말씀의 효과를 나타내는 자들을 가리킨다. 사람을 '행하는 자'(ποιητὴς)로 만드는 세 가지 요소는 믿음과 사랑과 순종이다.

듣기만 하여…(말라). 어떤 이들은 듣지도 않고, 행하지도 않는다. 또 어떤 이들은 듣는 것으로 만족한다. 그러므로 야고보는 듣는 행위 자체를 금하는 것이 아니라, '들으라'고 한 뒤 '그것으로만 그치지 말라'고 권면한다.

속이는 자(들)(*παραλογιζομένοι*, 원형은 *παραλογίζομαι*–역주). 이 단어는 수사학 용어로, 내용상으로는 거짓된 말을 외면적으로 참인 것처럼 꾸미는 궤변적 논리, 혹은 전제가 그른 삼단논법을 의미한다. 야고보는 이 단어를 사람들의 의식 속에 내재해 있는 거짓 논리를 가리키는 데 사용했다. 바울도 골 2:4에서 다른 이들을 미사여구로 속이는 행위를 같은 단어로 표현했다. "아무도 교묘한 말로 너희를 속이지(*παραλογίζη*) 못하게 하려 함이니."

자신을. 이 단어로 인해 본 절 자체의 논지가 분명해진다. 만일 어떤 사람이 다른 이들과의 논쟁에서 이기려고 한다면, 더욱이 그 쟁점이 되는 문제에 중대한 결과가 달려 있다면, 그 사람은 모순된 논리를 폄으로써 스스로 속이려고 하지 않을 것이다. 또한 이 단어에는 '너희는 너희 스스로를 속일 수 있을지는 모르나 하나님을 속일 수는 없다'는 훈계가 암시되어 있다고도 볼 수 있다.

강해 1

듣는 것 자체는 바람직한 일이나, 그 정도에 머물러서는 안 된다. 본문은 듣기만 하는 자가 되지 말라고 가르친다. 많은 사람들이 쉬지 않고 설교를 듣지만 마음으로 그 설교의 의미를 정리하지는 않는다. 유대인들은 성경 말씀이 기록된 두루마리를 넘기는 데는 부지런했으나, 성경이 말하는 핵심은 깨닫지 못했다. 주님께서 그들을 꾸짖으실 때 하신 "너희가 성경에서 영생을 얻는 줄 생각하고 성경을 연구하거니와"(요 5:39)란 말씀은 그런 의미를 함축하고 있는 듯하다. 여기서 '연구하다'에 해당하는 헬라어 *ἐρευνᾶτε*는 특히 '너희가 성경에서 영생을 얻는 줄을 생각하고'란 구절과 함께 쓰였다는 점에서 '명령법'이 아니라 그들의 상태를 나타내는 '직설법'이다. 즉, 유대인들은 성경에 기록된 문자를 부지런히 읽는 것으로도 충분하다고 여겼으며, 그렇게 읽기만 해도 영생을 얻는 줄로 생각하고 있었다. 우리 중에도 유대인들처럼 듣는 것으로 만족하는 사람들이 있다. 이런 사람들은 마치 연장을 소유한 것으로 만족해 하는 어리석은 일꾼처럼, 하나님이 도구로 사용하라고 주신 말씀을 그냥 보관만 하고 있다. 바울은 딤후 3:7에서 '항상 배우나 끝내 진리의 지식에 이를 수 없는' 어리석은 여자들에 관해 말한다. 듣기는 많이 했으나 들은 만큼 생생한 반응을 나타내지 못하는 사람들은 심판당할 죄목만 늘려 가는 것이다. 사람들의 마음은 참으로 얄팍해서 말씀이 자기들에게 그냥 있기만 한 것으로도 만족해 한다. 이것은 마치 레위인이 자기의 제사장이 된 것만으로도 충분히 여호와께서 복을 주시리라고 흡족해 하던 미가의 태도와 같다(참조. 삿 17:13). 이처럼 많은 사람들이 비록 말씀의 능력을 느낄 수는 없어도 단순히 그 말씀을 듣는 것으로 다 된 줄로 착각한다.

강해 2

말씀을 행하는 자야말로 말씀을 가장 잘 들은 자다. 사람이 마땅히 해야 할 도리에 대해서 듣고, 그 들은 바를 행동으로 옮기는 것이 선이다. 가장 실제적인 지식이 가장 좋은 지식이듯이, 듣고 실천으로까지 연결되어야 가장 잘 들었다고 할 수 있다. 다윗은 "주의 말씀은 내 발에 등이요 내 길에 빛이니이다"(시 119:105)라고 했다. 참으로 주의 말씀은 그것을 의지하는 사람들의 현실과 앞날을 인도해 주는 빛이다. 주님은 "누구든지 나의 이 말을 듣고 행하는 자는 그 집을 반석 위에 지은 지혜로운 사람 같으리니"(마 7:24)라고 하신다. 지혜로운 자는 행하는 일에 더 진보하기 위해서 말씀을 듣는다. 하지만 다른 목적을 가지고 말씀을 듣는 사람들도 있다. 그런 사람들 중 어떤 이들은 말씀을 판단하는 자세로 듣는다. 그래서 하나님의 뜻이 선포되는 강단을 법정쯤으로 여기고 거기 앉아서 설교자의 은사와 재능을 평가한다. 이런 사람들에 대해서 야고보는 "율법의 준행자가 아니요 재판관이로다"(약 4:11)라고 책망한다. 또 어떤 이들은 말씀을 듣되 심미적(審美的) 욕구를 만족시키기 위해 듣는다. 그래서 자기 상황에 진실로 필요한 내용에는 둔감한 채, 설교자의 세련된 어조, 기발한 표현 등 잘 다듬어지고 정돈된 것에 그 설교의 중점을 두고 듣는 것을 즐긴다. 이것은 신앙 행위라기보다는 차라리 호기심이라 해야 적절한 표현일 것이다. 왜냐하면 그들은 희극이나 비극을 감상하러 갈 때와 별 다를 바 없는 심정을 가지고 말씀을 들으러 나올 것이기 때문이다. 설교자가 그런 자들에게서 얻을 수 있는 최선의 것이라고는 칭찬밖에 없다. 겔 33:22은 그런 사람들을 다음과 같이 표현한다. "그들은 네가 고운 음성으로 사랑의 노래를 하며 음악을 잘하는 자같이 여겼나니 네 말을 듣고도 행하지 아니하거니와." 그들은 에스겔이 전하는 말을 하나님의 말씀이 아닌 한 편의 감동적인 연설로 받아들였다. 또한 예수님의 말씀을 듣던 어느 한 여자가 소리를 높여서 "당신을 밴 태와 당신을 먹인 젖이 복이 있나이다"(눅 11:27)라고 예수님을 칭찬했던 일도, 사실은 예수님의 가르침의 내용보다는 그의 말씀하시는 외적인 위엄에 압도되어 그러했던 것으로 보인다. 이에 대해 예수님께서는 바로 다음 절에서 "오히려 하나님의 말씀을 듣고 지키는 자가 복이 있느니라"고 하시면서 그녀의 말을 수정해 주신다. 예수님의 이 말씀은 그 여자와 같은 생각을 하는 사람들에게 다음과 같이 권고해 주시는 듯하다. "너희가 사실을 잘못 알고 있구나. 말씀을 선포하는 목적은 사람이 칭찬받기 위한 것이 아니라 하나님을 높이는 데 있다. 너희는 말씀을 들은 뒤 '참 좋은 설교였어' 라고 말하겠지. 그러나 그런 식으로 말씀을 받아들여서 무슨 유익이 있겠느냐?" 말씀을 들은 사람들의 변화된 생활 모습이 그 말씀을 전한 사람에게 줄 수 있는 최대의 칭찬이다(참조. 고후 3:1-2). 말씀을 전한 사람을 칭찬하면서도 그 말씀대로 살지 않는 사람들은 마치 포도주를 시음한 뒤 맛이 훌륭하다고 떠벌여 놓고 실제로 사지는 않는 사람들과 같다. 또 어떤 사람들은 자기 자질을 높이고 지식을 더 쌓기 위한 목적으로 말씀을 듣는다. 사람들에게는 대체로 남들보다 더 많이 앎으로써 그들에게 인정받고자 하는 욕구가 있다. 사람들이 그런 욕구를 가지게 되는 동기는 지식의 분량이 개인의 우월성과 정비례한다는 생각에서 기인한다. 이런 사고방식을 지닌 사람들은 논리를 충족시켜 줄 만한 지식에 온 관심이 집중되어 있는 반면, 마음속으로 파고들어 더 차원 높은 삶을 살도록 이끌어 주는 지혜(잠 2:10)에는 무관심하다. 이런 현상은 마치 머리는 크되 뼈대는 약한 곱사병에 걸린 어린아이의 모습과 같은 것으로서, 이는 18세기 이성주의 이후 전 시대가 다 함께 앓고 있는 병이다. 오늘날은 호기심을 자극할 만한 지식이나 공허한 관념론이 판을 치고 있는 반면, 실제로 사람을 구원하는 진리는 낡고 시대에 뒤떨어진 지식으로 경시되고 있는 실정이다. 세네카는 철학자들의 기질에 대하여 말하기를, 그들은 많은 지식을 소유해 갈수록 점점 비도덕적 인간이 되어 간다고 했다.[136] 우리도 일상생활 속에서 관념과 지식이 증가하는 것에 반비례하여 열정이 크게 감소하는 현상을 흔히 겪는다. 이것은 마치 성소 앞뜰에 놓인 물두멍의 물로 제단의 불을 끄는 것과 같은 행위며, 이런 현상을 받아들인다면 사람은 지적인 동시에 거룩할 수는 없다는 그릇된 논리가 성립되는 셈이다. 마지막으로 어떤 사람들은 자기들도 말씀을 들었다고 말하기 위해서 말씀을 듣는다. 양심이란 원래 어떤 형태의 경배라도 하지 않으면 불안을 느끼게 되어 있기 때문이다. "백성이 모이는 것같이 네게 나아오며"(겔 33:31). 이 구절에서 볼 수 있는 것처럼 이스라엘 백성들이 에스겔의 외침을 듣기 위해서 나아왔을 때, 그들은 진실로 그 말씀을 갈급하는 마음에서가 아니라 남들이 참석하는 자리에 소외되지 않기 위해서 왔다. 오늘날에도 많은 사람들이 예배를 드리지 않을 경우에 생기는 양심의 불안을 미리 해소하기 위해 건성으로 예배에 참석한다.

말씀의 참된 효용은 사람이 그 말씀으로 유익을 얻는 데에 있다. 그래서 신자들은 말씀이 주는 유익에 희망과 목표를 두고 그 말씀을 대한다. "순전하고 신령한 젖(말씀)을 사모하라 이는 그로 말미암아 너희로…자라게 하려 함이라"(벧전 2:2). 다윗도 말씀을 의지하는 목적을 다음과 같이 말한다. "내가 주께 범죄하지 아니하려 하여 주의 말씀을 내 마음에 두었나이다"(시 119:11). 신자의 마음은 율법을 담고 있는 법궤와 같이 항상 말씀을 품고 있어야 한다. 그래야만 진리가 늘 그와 함께 있어서 매사에 행할 바를 깨우쳐 줄 수 있다(참조. 잠 6:21-22). 그것이 신자가 말씀에서 얻을 수 있는 큰 유익이다. 우리를 바르게 인도하기 위해 제어하는 고삐(훈계)와 우리 자신이 협력하는 것만큼 유익한 일이 무엇이 있겠는가!

만일 자신이 오늘 이 순간에 들은 말씀으로 유익을 얻지 못하였다면 그냥 그 상태에서 포기하지 말고 다음 순간에 그 말씀이 자신에게 어떻게

136) 'Boni esse desierunt simul ac docti evaserint.' —*Seneca*.

유익이 될 수 있겠는지를 생각해 보라. 물론 자신의 처지에 당장 와 닿지 않는 말씀들은 선뜻 받아들여지지 않는 것이 사실이다. 그러나 그 말씀이 우리에게 효과를 발휘할 때가 있다. 당장 납득되지 않더라도 포기하지 않고 마음에 간직한 말씀들이 적절한 때에 깨달아진다면, 그렇게 인도해 주신 하나님께 더 깊은 감사를 드릴 수 있다. “너희 중에 누가 이 일에 귀를 기울이겠느냐 누가 뒤에 올 일을 삼가 듣겠느냐”(사 42:23). 이스라엘 백성들이 만일 하나님께서 하신 말씀을 다 깨달을 수 없었더라도 말씀을 마음속에 간직하고 있었더라면, 그들이 고난을 당할 때 그 고난이 자기들의 죄악으로 인한 하나님의 징계라는 사실을 깨달을 수 있었을 것이다. 그러나 그들은 수없이 말씀을 듣고 보았으나 유의하지 않고 건성으로 들었기 때문에 하나님이 징계를 하시는 순간에도 그것이 하나님의 징계인 줄 깨닫지 못했다(참조. 사 42장). 말씀을 듣고 마음에 잘 간직해 놓으면 비록 두렵고 비참한 처지로 전락한 순간이라도, 혹은 세상에 점점 얽매이고 그것에 만성이 되어 헤어나오기 힘든 상태에서라도 그 말씀 중 어느 하나에 의해 크게 소생할 수 있다. 그러므로 하나님의 말씀을 빠짐없이 마음에 다 담아 두라. 이처럼 앞날을 예비하는 것이 지혜로운 태도다. 때가 되면 마음에 담아 둔 말씀들이 깨달아질 것이기 때문이다. 예레미야는 멸망에 직면한 백성들에게 바벨론 포로로 잡혀가더라도 그곳에서 어떻게 신앙을 지켜야 할지를 다음과 같이 미리 가르쳤다. “너희는 이같이 그들에게 이르기를 천지를 짓지 아니한 신들은 땅 위에서, 이 하늘 아래에서 망하리라 하라”(렘 10:11). 그러므로 이스라엘 백성들은 바벨론에 포로로 잡혀간 후 예레미야의 권고대로 갈대아 사람과 대화할 때 이 말씀을 입에 두었다. 우리는 시온에 머물러 있는 동안 바벨론 생활을 대비해 미리 준비해야 한다. 따라서 지금 자신의 현실에 꼭 적용되지 않는 듯 보이는 말씀이라도 그냥 흘려버릴 것이 아니라, 후에 하나님께서 그것을 사용하시기를 기대하면서 마음에 간직해 두라.

강해 3

παραλογιζόμενοι(속이는). 그릇된 논리로써 자신을 속이지 말라. 스

스로 속이는 행위는 논리가 그릇된 주장이나 잘못된 사유 과정 속에서 발견된다. 양심은 준칙, 증인, 판단이라는 세 가지 기능을 지니고 있다. 따라서 양심의 활동도 이 세 가지로 표현된다. 양심의 첫째 활동은 *συντήρησις*, 즉 신앙의 모든 원칙들에 관한 바른 이해 작용이다. 그래서 양심은 준칙이 된다. 양심의 둘째 활동은 *συνείδησις*, 즉 우리의 행위를 하나님의 법칙이나 계시된 뜻에 비추어 관찰하거나, 우리의 행위가 말씀에 얼마나 일치하는가를 살피는 일이다. 마지막으로, 양심의 셋째 활동은 *κρίσις*, 즉 스스로 처한 현실과 상태에 해당하는 기독교의 모든 준칙들을 자기 자신에게 적용시켜 자신을 판단하는 일이다. 이런 일련의 양심 활동을 다음과 같은 삼단논법으로 살펴보자. '전적으로 현세적인 사람은 그리스도에게 관심을 두지 않는다' 라는 명제를 놓고 생각해 볼 때, 이것을 대전제로 삼는 것은 양심의 첫째 행위, 즉 원칙에 대한 이해 작용에 해당한다. 그 다음, '하지만 나는 전적으로 현세적인 사람이다' 라는 소전제를 설정한다면 이것은 양심의 둘째 행위, 즉 자기 관찰 작용에 해당한다. 그런 다음, '그러므로 나는 그리스도께 관심을 갖고 있지 않다' 는 결론이 내려지게 되는데, 이것은 양심의 셋째 행위인 판단 작용에 해당한다. 이처럼 양심의 첫째 행위는 대전제, 둘째 행위는 소전제(혹은 가정), 셋째 행위는 결론을 형성한다. 그런데 모든 자기 기만은 반드시 이 세 단계 중 어느 하나에서 발생한다. 양심은 때로 율법의 구체적인 조문들의 모습으로 나타나고, 때로는 자신의 행위를 관찰하고 추정하는 증인의 모습으로도 나타나며, 또 때로는 판단자의 모습으로도 나타난다. 그러나 양심의 활동이 다 옳은 것만은 아니다. 때로 잘못된 원칙을 강렬한 희망의 근거로 삼음으로써 율법의 역할을 이행하지 못할 수도 있다. 그 예로, 본 절에 암시되어 있는 '말씀을 듣는 자는 구원을 얻으리라' 라는 가정은 원칙이 잘못되어 있다. 때로는 원칙을 적용하는 순간에 오류를 범하기도 한다. "만일 우리가 하나님과 사귐이 있다 하고 어둠에 행하면 거짓말을 하고 진리를 행하지 아니함이거니와"(요일 1:6, 참조. 요일 2:4)라는 말씀에서 그 예를 찾아볼 수 있다. '하나님과 사귐이 있는 자들은 행복하다' 라는 명제는 참이지만 '우리가 하나님과 사귐을 갖고 있다' 라는 가정은 거짓이다. 왜냐하면 실제로는 어둠 가운데서 행하고 있기 때문이다. 마찬가지로 자신에 대해 엄정한 판단을 내리지 않음으로써 오류를 범하기도 한다. 엄격히 자신을 판단하게 되면 그로 인해 치러야 할 어려운 과제가 생길 것인데, 그것이 두려워 자신의 행위나 상태의 옳고 그름을 냉정히 판단하지 않고 이기심에 의해 치우친 상태를 받아들이고 만다. 이처럼 자신을 속이는 일을 어떻게 하면 방지할 수 있을까? 양심의 모든 행위들을 여러 각도에서 살펴 가면서 이 문제에 답하고자 한다.

첫째, 바른 원칙들을 세워야 한다. (1) 말씀을 마음속에 은밀한 간직하고 그 견고한 지식을 꾸준히 저장해 가노라면, 그것이 마음속에서 발생하는 헛된 생각을 늘 견제해 줄 것이다. 잡초를 없애려면 그곳에 잡초와 상극이 되는 씨앗을 뿌려야 하듯이, 그릇된 생각을 하지 않기 위해서는 그 터전이 되는 마음에 많은 진리들을 심어 놓아야 한다. 진리에 대해 아는 바가 많은 사람은 그 진리에 의해 굳게 세워진다. 그리고 그 마음에 견고한 원칙들이 설정되어 있는 사람은 비록 조급하고 경솔한 추측이 무의식적으로 생겨나더라도 "(계명을) 항상 네 마음에 새기며 네 목에 매라 그것이…네가 깰 때에 너와 더불어 말하리니"(잠 6:21-22)란 말씀에 의해 제재를 받는다. (2) 스스로의 행위를 양심에 비추어 볼 때도 무엇이 그 양심의 근거가 되고 있는지를 살펴야 한다. 원칙을 굳게 붙들고 있어야 자기 자신에 대해서도 정확히 인식할 수 있다. 분명한 법칙이나 확고한 근거가 없는 자기 평가를 신뢰해서는 안 된다. 타락한 사람은 보통 자기 행위에 대한 양심의 일차적 평가를 무비판적으로 받아들인다. 왜냐하면 그 평가 기준들에 대한 개념이 너무 희박하고 부족해서 자신을 비춰 볼 수 없기 때문이다. 그런 사람은 만일 무슨 근거로 그런 평가를 내리게 되었는지 캐묻고 들어가면 그 근거를 댈 수 없어서 당황하기 마련이다. 예를 들어 어떤 사람이 스스로 '내 상태는 분명히 양호하다' 라고 말했다고 하자. 이 사람에게 무슨 근거로 그런 판단을 하게 되었는지를 물었을 때, '훌륭한 목사에게서 많은 말씀을 듣고 있기 때문이다' 라는 식의 잘못된 근거를 댄다면 곧 그 근거의 부당성이 밝혀짐으로 인해 낭패를 당하고 말 것이다. 그런데도 이런 식의 생각이 대부분 사람들의 마음속에 은밀히 자리 잡고 있으며, 그들의 온갖 희망의 근거가 되고 있다. 이에 반해 참된 양심의 근거들은 겉으로도 분명히 표현된다. 그래서 양심이 자기 평가를 할 때 그 근거들도 떳떳하게 함께 제시되며, 그 결과 마음속에 다음과 같은 굳은 확신이 생긴다. "이로써 우리가 그를 아는 줄로 알 것이요"(요일 2:3). 즉 '그분을 즐거워하고 그분과 사귐을 갖고 있다' 고 확신하게 된다. 이처럼 주님의 계명을 지키는 자들은 그분을 지식으로만이 아니라 경험으로도 알고 있다. 이런 확신을 가져 본 일이 있는가? 만일 그렇다면 그것은 다음과 같이 겉으로도 분명하게 드러난 근거에서 나온 확신이다. '우리는 하나님을 안다. 왜냐하면 우리는 그의 계명들을 지키고 있기 때문이다.' (3) 양심의 활동 근거는 충분하고 적극적이어야 한다. 우리는 성경에서 다음 세 가지 성격의 말씀들을 대한다. 첫째, 배타적인 성격과 둘째, 포용적인 성격, 그리고 셋째, 이 두 성격의 중간에 위치한 적극적인 성격이다. 먼저 배타적인 성격의 말씀을 살펴보자. 이런 성격을 지닌 말씀들의 의도는, 그릇된 희망을 품고 있거나 공연히 신자인 체하는 자들에게 그리스도께 매우 무관심한 그들 자신의 실상을 보여줌으로써 배척하기 위함이다. 이러한 배척 기준은 보통 말씀을 듣고, 은밀히 기도하며, 성찬식에 참여하는 등 신자로서의 필수적인 생활을 하고 있는지의 여부에 초점을 둔다. 배타적인 성격의 말씀들은 이런 생활을 하지 않는 자에 대해 하나님의 백성이 아니라고 단정한다. 그리고 그런 생활을 하는 경우일지라도 그것만으로는 자기 상태가 은혜 안에 있다고 쉽게 결론 내릴 수 없다고 말한다. 그 예로 본문에서 야고보는, '듣지 않으면 신자가 아니다' 라는 배타적인 말씀을 가지고 '그러면 나는 들었으니 신자다' 라고 생각하는 자들에 대해서 '자신을 속이는 자' 라고 말한다. 물론 모든 사람들이 다 예배에 참석해서 말씀을 듣는 것은 아니다. 그래서 아타나시우스는 '모든 사람이 위선자가 되었으면' (*utinam omnes essent hypocritœ*) 하고 바랐다. 즉, 모든 사람이 위선적으로나마 예배에 참석해서 설교를 들으면 '듣지 않으면 신자가 아니다' 라는 비판적 말씀에 걸려 넘어지지 않을 것이라고 생각했다. 이처럼 모든 사람이 성실하게 말씀을 듣는 것은 아니다. 하지만 듣는다고 해서 반드시 안전한 것도 아니다. 두 번째로 이러한 배타적인 성격의 말씀이 있는 반면에 포용적 성격의 말씀도 있다. 포용적인 성격을 지닌 말씀의 의도는 하나님의 은혜가 얼마나 크고 풍성한지를 나타내기 위한 것으로서, 사람들을 정죄하고 배척하기보다는 위로하고 포용하기 위함이다. 즉, 우리 속에서 은혜가 발견되면 우리는 안전하게 은혜 아래 있는 것이지만, 비록 그렇지 못한 경우라 할지라도 은혜가 전혀 없다고 단정할 수는 없다. 그렇기 때문에 성경은 믿음을 말로 다 할 수 없이 크고 영광스러운 선물로 표현하며, 믿는 자에게 그보다 더 큰 은혜를 약속한다. 믿음이 우리의 연약한 마음의 표현일진대, 은혜는 도무지 그것과 비교할 수 없을 정도로 크고 빛나는 선물이다. 하나님이 이런 은혜를 베푸시는 것은 연약한 자들을 위로하고 그들에게 장성의 필요성을 일깨워 주시려는 거룩한 사랑의 표현이다. 세 번째로 위 두 성격의 중간에 위치한 적극적 성격의 말씀이 있다. 이런 성격의 말씀은 오직, 그리고 반드시 은혜를 깨달은 사람에게 해당되는데, 이는 이 적극적 말씀이 곧 성령의 내주하심을 전제로 하기 때문이다. 즉, 이 말씀은 은혜를 깨달은 터 위에 주어진다. 히브리서 저자는 이런 상태를 일컬어 *τὰ ἐχόμενα τῆς σωτηρίας*, 즉 '구원에 속한 것' 혹은 '반드시 구원을 받았다는 확실히 복된 상태의 증거' 라고 한다(히 6:9). 그는 앞 구절인 4-6절에서, 한 번 빛을 받고 하늘의 은사를 맛보고도 타락한 자들에 대해서 말한다. 하지만 바로 그 다음에 "우리가…너희에게는 이보다 더 좋은 것…을 확신하노라"라고 말한다. 즉, 그들은 한 번 빛을 받고 타락한 자들과는 달리 구원으로부터 떨어질 수 없는 분명한 증거를 지닌다. 이상과 같이 성경 안에 있는 여러 성격의 말씀들을 신중히 정립하여 우리 양심의 확실한 기반과 원칙으로 삼자.

둘째, 양심이 우리의 마음 상태를 올바로 증거하게 하려면 다음 사항들을 유념하라. (1) 인위적인 생각들이 가미되기 전에 무의식적으로 발생하는 양심의 최초의 소리를 귀담아 들으라. 말씀을 듣거나 기도할 때 본능적으로 되살아나는 양심의 제재에는 거의 거짓이 없다. 악인이 마음속에 품고 있는 거짓은 양심의 증거 자체가 아니라 양심의 소리를 회피하기 위해 여러모로 가공된 것이다. 즉 아무리 죄인들일지라도 양심은 그들 속에서 꾸짖고 정죄한다. 단지 그들이 의도적으로 이 증거를 배척하고 경시하는 것이다. 성경은 양심이 그 사람의 마음 상태를 책망하기도 한다고 가르친다(참조. 요일 3:20-21). 양심이 내는 최초의 소리는 순수하고 꾸밈이 없다. 그리고 양심은 우리의 모든 행위를 은밀히 다 관찰하기 때문에 그에 대해 증거하지 않을 수 없다. 단지 우리 스스로 그 증거를 회피하는 것뿐이다. 악인이 스스로 평정을 누리는 체하더라도 그들의 양심은 그들 자신에 대해 올바로 증거한다. 하지만 그들은 양심의 증거를 교묘히 벗어 버리는 데 익숙해 있기 때문에 자신의 몰골을 바라보지 못한다. 히브리서 저자는 그들을 가리켜 '한평생 매여 종노릇 하는 모든 자들' (히 2:15)이라고 말한다. 그들도 마음속에 상처와 고통을 지니고 있다. 비록 그것이 항상 느껴지는 것은 아니지만 자신을 정직하게 돌아보면 곧 그 고통을 깨닫게 될 것이다. 세속적 궤변과 원칙으로 채색되거나 질식된 인위적이고도 간접적인 양심의 증거는 이미 거짓되고 편파성을 띤다. 하지만 마음을 갑자기 바늘로 찌르는 듯한 최초의 순수한 증거는 진실하여 믿을 만하다. (2) 말씀을 기다리라. 이렇게 해야만 하는 이유는 양심으로 하여금 바른 증거를 하도록 돕고, 또한 우리가 우리 마음을 잘 알기 위함이다. "하나님의 말씀은 살아 있고 활력이 있어…마음의 생각과 뜻을 판단하나니"(히 4:12). 이처럼 말씀은 우리가 자신의 행위를 양심으로부터 감추기 위해 품은 온갖 계획과 위선을 드러낸다. 히브리서 저자는 더 나아가 말씀이 "혼과 영…를 찔러 쪼개기까지 하며"라고 말한다. 혼(마음)은 죄와 결탁하고 영(정신)은 그것을 감추기를 꾀하지만, 말씀은 이러한 자기 기만적 궤변을 밝히 드러낸다. 그래서 고전 14:25에서는 "그 마음의 숨은 일들이 드러나게 되므로", 즉 믿지 않는 자가 말씀을 듣고 깨달음으로써 자기 마음의 진상을 발견하게 된다고 말한다. (3) 수시로 양심을 일깨워 하나님 앞에 세우라. 베드로는 이것을 가리켜 '선한 양심이 하나님을 향해 대답하는 것' 이라고 한다(벧전 3:21, 개역개정 성경에는 '하나님을 향한 선한 양심의 간구니라' 로 번역되었음-역주). 과연 양심이 모든 것을 보고 계시는 하나님께 증거하려고 할까? 베드로는 주께서 자신의 충성을 물어 오실 때 자신의 진실함을 주님의 전지하심에 호소했다. "주님 모든 것을 아시오매 내가 주님을 사랑하는 줄을 주님께서 아시나이다"(요 21:17). 우리도 이처럼 하나님의 전지하심에 호소하여 그분 앞에서 그 마음의 진실됨을 드러내 보일 수 있는가? 요일 3:20은 "우리 마음이 혹 우리를 책망할 일이 있어도 하나님은 우리 마음보다 크시고 모든 것을 아시기 때문이라"라고 말한다. 하나님의 전지하심이 여기에서 언급되었다. 이는 그분의 전지하심이, 우리 양심이 자기의 모든 판단을 호소하게 하는 그분의 엄숙한 속성이기 때문이다. 양심은 이처럼 모든 것을 아시는 하나님 앞에 자신의 판단을 호소할 수 있을 때 더욱 정당해진다.

셋째, 양심이 자기 판단자로서의 기능을 잘 수행할 수 있으려면 다음 사항을 준수해야 한다. (1) 양심이 침묵을 지킬 때는 그것을 의심하라. 양심이 침묵을 지킨다는 것은 자기 파멸을 뜻한다. 양심의 소리를 듣지 못하므로 자기 행위에 부주의해지고, 마음이 쾌락으로 점점 무뎌지기 때문이다. 죽은 바다는 차라리 풍랑이 이는 바다만 못하다. 그것은 고요가 아니라 죽음이다. 민감한 양심은 증거하는 일을 쉬지 않는다. 따라서 양심이 더 이상 '내가 무슨 짓을 했나' 라고 말하지 않는다면, 그것은 양심이 무뎌져 있다는 증거다. 경건한 사람과 그의 양심 간에는 대화가 끊이지 않는다. 양심은 그 사람에게 의무를 일깨워 주기도 하고, 결핍을 지적해 겸손하게 만들기도 한다. 이처럼 경건한 사람은 양심에 의해 끊임없이 판단을 받는다. 마치 하나님께서 천지를 창조하실 때 매일 하신 일을 되돌아보고 보시기 좋았더라고 하셨던 것처럼 그들도 매일의 생활을 되돌아보고 그날의 행위들을 판단한다. (2) 만일 양심이 말하지 않는다면 자신이 양심에게 말해야 한다. 다윗은 교만한 자들에게 다음과 같이 말한다. "너희는…심중에 말하고 잠잠할지어다"(시 4:4). 자기 자신과 대화할 시간을 가지라. "내가 행한 것이 무엇인고 말하는 자가 없고"(렘 8:6)라는 선지자의 탄식을 귀담아 듣자. 그래서 가끔 하던 일을 멈추고 우리 마음을 향해 '내가 무엇을 했나' 라고 자문하도록 하자. (3) 마음속에 생기는 모든 의심 위에 목표 의식과 확신을 부여하라. 양심은 때로 말씀을 당당히 제시하지 않으려고 한다. 그러한 양심에 확신을 부여하라. 그리스도인이라 하더라도 은혜의 역사를 의심스런 논쟁거리로 만들 수 있다. 어중간한 신념으로 방향을 분명히 결정하지 못하고 있을 때 바로 그런 상태에 빠진다. 성령께서는 충분하고 명쾌한 확신을 기뻐하신다. "그가 와서 죄에 대하여, 의에 대하여, 심판에 대하여 세상을 책망하시리라(*ἐλέγξει*)"(요 16:8)라는 말씀을 기억하라. '확신' 은 주어진 일에 대한 사람의 마음가짐이다. 어떤 사실이 분명하게 제시되어 도저히 다른 어떤 것일 수 없다고 생각될 때 확신이 생긴다.[137] 성령께서는 바로 이러한 확신으로 세상이 죄의 상태에 있는지 혹은 의의 상태에 있는지를 판단하신다. 하나님은 자기 백성들에게 "네가 기억하고 놀라고 부끄러워서 다시는 입을 열지 못하게"(겔 16:63) 할 정도의 분명한 태도로 대하실 것이라고 말씀하신다. 즉, 그들로 하여금 자기들이 행한 일을 분명히 깨닫게 하여 오직 '부정하다! 부정하다!' 라고 말할 수밖에 없도록 만드시겠다는 말씀이다. 마음에 의심이 생겨 무력해질 때 확신을 부여하라. 그것이 마음에 분명한 방향을 제시해 줄 것이다.

강해 4

듣는 것으로 만족하면 자기 자신을 사실과 달리 호평하기 쉽다. 우리는 스스로의 행위를 평가할 때 그 속에 있는 악은 고려하지 않은 채 선한 면만을 보려고 하는 경향이 있다. 그래서 '나는 말씀을 꾸준히 듣고 있으므로 내 상태는 양호하다' 라는 생각을 가지게 된다. 그리스도께서는 비유를 통해 말씀을 듣기만 하는 것을 터로 삼아 그 위에 집을 짓고 그것을 소망의 근거로 삼는 어리석은 사람에 대해 경고하신다(참조. 마 7:24-29). 이러한 자기기만을 주의하라. 믿음이라는 육중한 건물을 모래와 같은 기초 위에 세워서는 안 된다. (1) 위에서 말한 자기기만의 위험성을 인식하라. 듣기만 하고 실행하지 않으면 차라리 듣지 않았을 때보다 더 큰 심판 앞에 서게 된다. 우리아는 다윗의 편지를 요압에게 전달할 때 그 내용이 자기의 영예와 승진에 관한 것이라고 생각했을지 모르나, 실상 그것은 자신의 죽음에 관한 메시지였다. 우리는 수많은 설교를 들으면서 그것이 우리를 하나님께 더 가까이 가게 해 주리라고 생각하지만, 그 설교 때문에 하

137) '*Τὸ μὴ δύνατον ἄλλως ἔχειν, ἀλλ' ὄντως ὡς ἡμεῖς λέγομεν,*' &c.— *Arist. Org.*

나님이 우리를 정죄하실지도 모르는 일이다. (2) 위선자들이 자기기만에 얼마나 깊이 빠져 있는지를 생각해 보라. 그들은 잘못된 행위를 잠시 중단하고 말씀을 들으러 나올 수 있다. "내게 나아와 내 말을 듣고"(눅 6:47). 그들은 선한 길을 인정하고 그것을 성원하기도 한다. "당신을 밴 태와 당신을 먹인 젖이 복이 있나이다"(눅 11:27). 그들은 거짓 감정을 현란하게 표현할 수도 있다. "너희는 나를 불러 주여 주여 하면서도 어찌하여 내가 말하는 것을 행하지 아니하느냐"(눅 6:46). 그들은 하나님이 교회에 내리시는 예언과 이적 행하는 은사를 받고, 신에 대한 지식을 논리정연하게 말하며, 다른 이들을 가르칠 수도 있다. "그날에 많은 사람이 나더러 이르되"(마 7:22). 그들은 그리스도께 대한 믿음과 관심이 없음에도 헛되이 확신할 수도 있다. 그들은 "주여 주여"(마 7:21)라고 외친다. 그들은 남들보다 율법을 어느 정도 잘 지키고, 큰 죄를 삼가며, 만인이 악하다고 생각하는 일들을 하지 않을 수도 있다. 헤롯도 세례 요한의 책망을 달게 들을 때가 있었다(참조. 막 6:20). 그러나 그리스도께서는 '아름다운 열매를 맺지 않는 나무' 에 대해 경고하신다(참조. 마 7:19). 반드시 확고한 무엇이 있어야만 한다. 겉모습은 준수하게 꾸밀 수 있으나 그것은 아무런 효과적인 변화도 일으키지 않는다. 그것은 나쁜 열매를 맺는 못된 나무다(참조. 마 7:18). 그러므로 자기 행위를 부분적으로 개선해서 외적인 의무를 좀 더 잘 이행하는 것만으로는 결코 근본적인 변화가 일어날 수 없다. (3) 자신을 속이는 것이 얼마나 쉬운 일인지를 생각해 보라. "만물보다 거짓되고 심히 부패한 것은 마음이라 누가 능히 이를 알리요"(렘 17:9). 마음속에 있는 죄의 비밀을 어느 누가 추적해서 드러낼 수 있겠는가? 우리는 정직을 상실했기 때문에 그것을 가리기 위한 여러 장치들을 지니고 있다(참조. 전 7:29). 즉, 속임수와 간계로 양심의 공격을 피해 보자는 것이다. 잠 20:27은 그것을 '사람의 깊은 속' 이라고 표현한다. 사람의 뱃속에 내장들이 서로 얽혀 있듯이, 마음속에도 양심의 공격을 피할 교묘한 간계가 뒤엉켜 있다.

[23]-[24] 누구든지 말씀을 듣고 행하지 아니하면 그는 거울로 자기의 생긴 얼굴을 보는 사람과 같아서 제 자신을 보고 가서 그 모습이 어떠했는지를 곧 잊어버리거니와.

야고보는 앞 절에서 '말씀을 듣기만 하여 자신을 속이는 자가 되지 말라' 고 말했다. 이제 본 절에서는 듣기만 하는 것이 왜 자신을 속이는 일인지를, 거울을 통해 자기 모습을 보는 사람을 비유하여 설명한다.

누구든지 말씀을 듣고 행하지 아니하면. '만일 하나님의 말씀을 듣는 것으로, 혹은 아는 것으로 만족하고 그 말씀대로 순종하여 살려는 절실한 결심을 갖지 않는다면' 이라는 의미다.

자기의 생긴 얼굴을 보는. '자기의 생긴 모습' 에 해당하는 원어는 *τὸ πρόσωπον τῆς γενέσεως*로서, 직역하면 '자기의 태어날 때의 얼굴' 이란 뜻이다. 야고보가 무슨 의도로 이런 표현을 사용했을까? 어떤 이들은 얼굴이란 하나님이 사람의 출생 시에 만들어 주신 것으로서, 그 안에서 하나님의 역사를 볼 수 있게 된 것이라고 말한다. 그러면서 얼굴에 화장을 하여 본래의 윤곽을 변형시키는 행위를 죄악시한다. 따라서 본문의 '자기의 태어날 때의 얼굴' 은 대부분 사람들이 무심히 여기는 '화장을 하지 않을 때의 얼굴' 을 뜻한다고 주장한다. 화장을 하려면 거울 속의 자기 얼굴을 자세히 봐야 하지만, 평소에는 거울 앞을 지나가더라도 얼굴의 이목구비를 세세히 살피지 않고 얼핏 보고 지나치게 된다는 해석이다. 한편, 다른 이들은 야고보가 이 비유에서 '얼굴' 이란 말로 우리에게 암시하고 있는 것은, '말씀 안에 비춰진 우리의 본질적 결핍상' 이라고 생각한다. 그러한 의미를 비유를 사용해 간접적으로 암시하고 있다는 해석이다. 그러나 이러한 해석은 다소 무리가 있다고 여겨진다. 나의 견해로는, '자기의 태어날 때의 얼굴' 이란 말 자체는 '화장하지 않은 얼굴' 이나 '우리의 결핍상' 을 의미한다기보다는 거울을 통해 흔히 보게 되는 평상시의 자기 얼굴을 뜻하는 듯하다.

사람과 같아서. 여기서 '사람' 은 남성 명사 *ἀνδρὶ*(*ἀνήρ*의 소유격-역주)로 쓰였다. 그래서 어떤 이들은 야고보가 '여자와 같아서' 라고 하지 않고 '남자(사람)와 같아서' 라고 한 특별한 이유가 있다고 주장한다. 보통 여자는 남자보다 부지런하고 호기심이 많아서 자주 거울을 들여다보기 때문에 자기 얼굴을 잘 기억한다. 그러나 남자는 거울을 보더라도 대충 보고 지나쳐서 쉽게 자기 얼굴을 잊어버리기 때문에 특별히 남자를 비유로 들었다는 주장이다. 그러나 이 비유는 직유라기보다는 은유에 더 가깝다. 야고보는 본 장 12절에서 "시험을 참는 '자'(ἀνὴρ)는 복이 있나니"라고 말했을 때도 이 단어를 남녀 모두를 포괄하는 '사람'의 의미로 사용한 바 있다. 마찬가지로 본문에서도 남녀를 불문하고 '거울을 보고 곧 자기 얼굴을 잊어버리는 사람' 전부를 일컫는다.

제 자신을 보고 가서 그 모습이 어떠했는지를 곧 잊어버리거니와. 거울을 보고 돌아서면 자기 얼굴 모습이나 얼굴에 있는 얼룩을 곧 잊게 된다. 마찬가지로 말씀을 듣고 자기 결핍을 발견했다 하더라도, 돌아가서 그 말씀대로 실행하지 않으면 무슨 말씀을 들었는지 기억이 희미해진다. 그런 희미한 태도로는 말씀이 그 사람 속에 들어가 회개하게 할 만한 여지가 없다.

강해 1

하나님의 말씀은 일종의 거울이다. 이 거울이 우리에게 비춰 주는 것은 무엇인가? (1) 하나님과 그리스도 : "우리가 다 수건을 벗은 얼굴로 거울을 보는 것같이 주의 영광을 보매 그와 같은 형상으로 변화하여 영광에서 영광에 이르니 곧 주의 영으로 말미암음이니라"(고후 3:18). 거울은 이 땅에서 어떤 상(像)을 가장 투명하게 비춰 주는 물건이다. 하지만 이 '거울'이란 단어는 때로 희미한 반사체라는 의미로도 사용된다. "우리가 지금은 거울로 보는 것같이 희미하나 그때에는 얼굴과 얼굴을 대하여 볼 것이요"(고전 13:12). 그날에는 우리가 하나님을 직접 뵙게 될 것이다. "그가 나타나시면 우리가 그와 같을 줄을 아는 것은 그의 참모습 그대로 볼 것이기 때문이니"(요일 3:2). 그러나 이 땅에 사는 동안에도 우리는 말씀 안에서 그분의 형상을 바라본다. 이처럼 거울이 두 가지 대조되는 의미로 쓰이는 것은, 마치 '육체의 마음'이란 용어가 경우에 따라서 '세속적 마음'과 '따스한 마음'이란 의미로 각각 쓰이는 것과 같은 이치다. '육체의 마음'이

'돌 같은 마음'과 대조될 때는 좋은 의미로 '따스한 마음'을, '순수하고 정화된 마음'과 대조될 때는 나쁜 의미로 '세속적 마음'을 뜻한다. 마찬가지로 하나님을 거울(복음)을 통해 보는 것은 율법의 그림자 속에서 보는 것보다 더 뚜렷한 상(像)을 얻게 해 준다. 하지만 장차 '얼굴과 얼굴로' 보게 될 것에 비하면, 우리가 이 땅에서 말씀을 통해 알고 있는 하나님께 대한 지식은 초보적이고 미숙한 지식에 지나지 않는다. 그럼에도 이 땅에서 하나님을 가장 잘 비춰 주는 거울은 하나님의 말씀이다. 그러므로 말씀 안에서 하나님의 영광을 배우자. 비록 우리의 사고 범위로서는 말씀 속에서 하나님의 완전하심을 다 이해할 수 없지만, 그 말씀 안에는 우리가 평생 연구해도 다함이 없는 하나님에 대한 진리가 담겨 있다. 빛을 절실히 원하는 사람은 촛불 하나도 귀중히 여기듯이, 진정으로 하나님을 사모하는 사람은 말씀이 가르치는 하나님에 대한 세미한 지식 하나라도 놓치려 하지 않는다. (2) 말씀은 우리의 모습을 비춰 주는 거울이다. 이것은 마음속에 숨겨진 더러운 모든 것들을 들춰 낸다(참조. 마 10:26). 그러므로 말씀을 깊이 알면 알수록 자신의 참모습을 볼 수 있다. 우리는 율법을 앎으로써 우리의 죄를 깨닫는다. 그리고 복음을 들음으로써 그리스도의 보혈이 죄를 씻어주는 물임을 깨닫는다.[138] 율법은 죄를 드러낸다. "전에 율법을 깨닫지 못했을 때에는 내가 살았더니 계명이 이르매 죄는 살아나고 나는 죽었도다"(롬 7:9). 율법을 피상적으로 알고 있을 때는 자기의 상태가 건전하고 양호하다고 생각하다가, 율법의 의미를 충분히 깨닫게 되자 비로소 자기 마음이 온통 더러움으로 얼룩져 있음을 발견한다는 말이다. 복음은 이러한 사람에게 어떻게 죄를 버리고 예수 그리스도의 의로 옷 입어야 하는지를 가르쳐 준다.

적용 이상과 같은 사실은 우리에게 말씀을 깊이 묵상해야 할 필요성을 일깨워 준다. 거울 앞에 설 때마다 하나님의 말씀도 그와 같은 거울임을 기억하라. 거울로 자기 외관을 점검하듯이 말씀으로 마음 상태를 점검해야 한다. 하지만 말씀 전반에 대한 충분한 이해 없이 단편적인 지식만

138) 'Maculæ sunt peccata quæ ostendit lex; aqua est sanguis Christi quem ostendit evangelium.'

으로는 자신의 참된 상태를 살필 수 없다. 성경 전체에서 가르치는 율법의 정신은 이해하지 못한 채 몇 가지 율법 조문만 가지고 씨름하며 살면, 곧 결핍과 죄책감에 시달리는 자신의 모습을 발견하게 될 것이다. 자기가 선호하는 말씀으로만 자기 모습을 비추어 보려고 하지 말라. 아무리 그 안에 비친 자신의 모습이 훌륭해 보여도 그것은 휘황한 조명을 받아 반짝이는 거울에 비친 모습과도 같기 때문이다. 우리는 화려하게 가공된 모습보다는 우리의 참된 모습을 사랑해야 한다.

강해 2

건성으로 들은 말씀은 뿌리가 없으므로 쉽게 사라진다. 거울 속의 자기 얼굴처럼, 또는 파도 위의 햇빛처럼 그 말씀은 잠시 생각 속으로 밀려왔다가 곧 사라진다. 율법에 따르면 새김질하지 않는 짐승은 부정했다. 말씀을 묵상하고 말씀에 의해 항상 조명을 받는 일은 새김질과 매우 흡사하다. 어떤 사람들은 말씀을 들었음에도 숙고하지 않고 자기의 헛된 꿈을 추구하다가 세월을 모두 탕진해 버린다. 그들이 새김질하듯이 자신이 들은 말씀을 묵상했더라면 허망한 꿈을 진작 포기할 수 있었을 것이다. 이처럼 현세적인 사람들의 사고방식은 가볍고 깊이가 없다. 그들은 말씀을 들어서 알고는 있지만 그것을 마음에 두고 생각하기를 싫어한다. 이런 점에서, 목자들의 말을 듣고 그 모든 말을 마음에 새겨 생각한 마리아의 태도는 그들과 전혀 다르다(참조. 눅 2:19). 주의가 산만하고, 허황되며, 꾸준함이 없는 마음은 진리를 간직할 수 없다. 혹시 우리의 마음은 그렇지 않은가? 우리는 어떤 사실을 알고 나면 호기심도 사라져 금방 싫증 내는 사람들은 아닌가? 일단 싫증난 생각을 처음 말씀을 받았을 때의 기쁨과 호기심으로 되돌리기란 어려운 일이다. 한 번 들은 말씀을 새김질하지 않고 접어두는 행위는 채 피지도 않은 꽃봉오리를 꺾는 행위와 다를 바 없다.

강해 3

심지(心志)가 없는 사람은 말씀을 들어도 아무 변화 없이 이전 상태로 되돌아간다. 즉, 말씀을 들으러 왔다가 그냥 가버린다. 노아의 방주 안에 있던 짐승들(율법이 부정하다고 규정한 짐승들)은 부정한 채 배에 태워졌다가 부정한 채로 내려졌다. 마찬가지로 많은 사람들이 겸비하고 통회하지 않는 마음으로 교회에 왔다가 그냥 그 상태로 교회 문을 나선다. 혹시 우리는 이런 상태에 있지 않은가?

강해 4

얕은 이해는 매우 희미한 인상만 남길 뿐이다. 생각이 진지하고 깊을 때 비로소 말씀이 그 속에서 역사한다. 묵상은 마음을 뜨겁게 한다(참조. 시 39:3). 하나님의 화살이 우리의 마음에 와서 굳게 박히면 그것이 우리의 마음을 애통하게 만든다(참조. 욥 6:4). 다윗은 그의 깊은 심정을 고백하는 중에 "내 죄가 항상 내 앞에 있나이다"(시 51:3)라고 말했다. 하나님 말씀으로 인해 죄책감이 자기 뇌리에서 떠나지 않았다는 고백이다. 이러한 예들을 몇 가지 살펴볼 때, 말씀에 대한 인상이 희미하다는 것은 그만큼 말씀을 숙고하지 않았다는 증거다. 정신은 항상 감정을 수반하기 마련이다. 백성들의 상처를 가볍게 여기던 유대 지도자들은 그들의 마음속 깊은 곳을 건드려 감화를 줄 수 없었다(참조. 렘 6:14). 진정으로 감화를 받은 사람은 '그 설교는 제 평생에 잊지 못할 겁니다.' 라고 말한다. 그래서 다윗은 "내가 주의 법도들을 영원히 잊지 아니하오니 주께서 이것들 때문에 나를 살게 하심이니이다"(시 119:93)라고 말할 수 있었다. 하지만 감화를 받지 못한 사람은, 다시 말해서 말씀을 깊이 묵상하지 않는 사람은 그 좋은 말씀들을 다 흘려버린다. 그 말씀의 능력을 맛본 일이 없기 때문이다.

[25] 자유롭게 하는 온전한 율법을 들여다보고 있는 자는 듣고 잊어버리는 자가 아니요 실천하는 자니 이 사람은 그 행하는 일에 복을 받으리라.

본 절은 왜 말씀을 들어야 할 뿐 아니라 실행해야 하는지 그 세 번째 이유를 제시한다. 첫 번째 이유는 듣기만 하고 행하지 않으면 자신을 속여 잘못된 길로 나갈 수 있기 때문이다(22절). 두 번째는 듣기만 해서는 아무 유익이 없는 이유에서다. 듣는 것으로 그치는 사람은 거울로 자기 얼굴을 보고서도 돌아서서 곧 그 모습을 잊는 자와 다를 바 없다(23-24절). 세 번째로는 말씀을 정직하고 주의 깊게 들으면 마침내 복을 받게 될 것이기 때문이다. 본문에는 생각해 볼 사항들이 많이 있다. 이제 한 구절씩 차례로 살펴보자.

[그러나]…들여다보고 있는 자는(ὁ δὲ παρακύψας). 여기서 '들여다보다' 란 단어는 '사물을 가까운 거리에서 더 자세히 관찰하기 위해 몸을 굽혀 보다' 란 의미를 내포하고 있다. 본 절 외에도 "베드로는 일어나 무덤에 달려가서 구부려 들여다보니"(눅 24:12; 참조. 요 20:4-5)란 구절과 "천사들도 살펴보기를 원하는 것이니라"(벧전 1:12)라는 구절에서 같은 단어가 사용되었다. 특히 벧전 1:12은 법궤 안에 담겨진 비밀들을 살펴보기를 갈망하듯이 법궤 위에서 얼굴을 아래로 향해 주시하고 있는 그룹(천사)들을 연상하게 해 준다. 이 단어는 다음 세 가지 의미를 지니고 있다. (1) 깊이 묵상함. 이러한 자들은 '자유롭게 하는 온전한 율법' 을 얼핏 보고 지나치지 않고 자세히 들여다본다. (2) 성실히 연구함. 이들은 말씀을 들을 때 처음 떠오른 생각에 만족하지 않고 그 말씀 안에 나타난 하나님의 심정을 정확히 살핀다. (3) 생생한 인상을 받음. 이 같은 사람들은 마음속에서 말씀이 역사하기를 바라는 심정으로 말씀을 대한다. "우리가 다 수건을 벗은 얼굴로 거울을 보는 것같이 주의 영광을 보매 그와 같은 형상으로 변화하여 영광에서 영광에 이르니 곧 주의 영으로 말미암음이니라"(고후 3:18). 마치 모세가 하나님과 대화함으로 얼굴이 빛났듯이, 우리가 장차 주님의 영광을 볼 때 우리 마음속에 그 영광이 전가될 것이다. 하지만 이 땅에서도 우리는 하나님의 말씀과 대화함으로써 우리 마음속에 하나님의 아름다움과 영광을 품을 수 있다.

온전한 율법. 어떤 이들은 이것을 '의식법' (the ceremonial law)과 대조되는 의미로서의 '도덕법' (the moral law)으로 이해한다. 그들이 이렇게 이해하는 이유는 도덕법과 달리 의식법은 온전하지 않기 때문이다. 의식법이 온전하지 않은 이유는 첫째, 그 본의가 분명하고 충분히 계시되지 않았으며, 둘째, 사람이 의식법을 지킨다 할지라도 그것만으로는 의롭게 될 수 없었기 때문이다. 그리고 셋째, 의식법은 영원한 법을 목적하지 않았기 때문이다. 그래서 히 7:19은 "(율법은 아무것도 온전하게 못할지라)

이에 더 좋은 소망이 생기니 이것으로 우리가 하나님께 가까이 가느니라" 라고 말한다. 그리스도의 은혜 없이 모세의 의식법으로만 칭의, 성화, 구원을 얻을 사람은 아무도 없다. 히 9:9에서 "이에 따라 드리는 예물과 제사는 섬기는 자를 그 양심상 온전하게 할 수 없나니"라고 가르치는 것도 그런 이유에서다. 그 누구도 그리스도를 바라보지 않고는 의식법 안에서 평안과 안식을 누릴 수 없었다. 이상과 같이 '온전한 율법'을 의식법과 대조되는 의미에서의 '도덕법'으로 보는 견해도 한편으로는 타당하다. 하지만 나는 이것이 '하나님의 모든 교훈과 말씀', 그중에서도 특히 '복음'을 가리킨다고 생각한다. 그 이유는 첫째, 성경은 그 안에 기록된 하나님의 뜻을 율법이라고 일컫기 때문이다. 그래서 복 있는 사람을 '그의 율법을 주야로 묵상하는 자'로 표현한다(시 1:2). 그리고 "내가 주의 법을 어찌 그리 사랑하는지요"(시 119:97)라는 구절에서 '주의 법'은 말씀 전체로 이해된다. 둘째, 복음도 *νόμος πίστεως*, 즉 '믿음의 법'(롬 3:27)이라고 불리기 때문이다. 이 '믿음의 법'을 '온전한 법'이라고 하는 이유는 그 안에 하나님의 모든 뜻이 계시되어 있기 때문이다. 또한 이 법을 들여다보고 있는 사람은 하나님의 사람을 온전하게 만들 더 이상의 다른 말씀이 필요 없다는 사실을 발견하게 될 것이기 때문이다.

자유롭게 하는. 복음을 이렇게 부르는 이유 중 하나로 계시의 명료성을 들 수 있다. 복음은 어둠 속에서 방황하는 자들에게 하나님의 뜻을 밝게 비춰 준다. 그리고 그것은 하나님이 죄인들을 친구로 삼기 위해 베푸신 섭리다. 한편 피스카토르는, 율법이 재산이나 신분 고하를 막론하고 모든 사람에게 차별 없이 적용되기 때문에 '자유롭게 하는 율법'이라고 표현되었다고 주장한다. 그러나 그보다는 복음 안에서 하나님의 뜻이 명료히 계시됨과 동시에, 이 복음이 우리를 자유로운 상태로 불러 내었기 때문에 그와 같이 표현되었다고 생각하는 것이 타당하다. 이 문제에 대해서는 강해 4에서 상세히 다루고자 한다.

들여다보고 있는. '이 거룩한 도리를 꾸준히 연구하여 그 내용을 이해하고, 믿고, 순종하는 자리에 남아 있는'이란 의미다.

듣고 잊어버리는 자가 아니요. '듣고 잊어버리는 자'(*ἀκροατὴς τῆς*

ἐπιλησμονῆς)는 히브리적 표현으로서, '망각하는 청자(聽者)' 라는 뜻이다. 야고보는 앞 절의 자기 모습을 곧 잊어버리는 자의 비유에 대응하여 이 표현을 사용한다.

실천하는 자니. 즉, 힘써서 그 말씀을 전하고 그 모든 가르침을 실천에 옮기는 자를 가리킨다. 비록 실천에 옮기지는 못할지라도 말씀을 듣고 어떻게 행할지를 숙고하는 자도 실행하는 자라고 할 수 있다. 그처럼 자기의 할 일을 깊이 생각하는 사람은 말씀 안에서 점차 곧게 세워져 가며, 마침내 그 말씀대로 실행할 수 있게 된다.

이 사람은 그 행하는 일에 복을 받으리라. 말씀대로 실행하게 된 그 자체가 복이다. 한편 어떤 이들은 이 구절을 좀 더 넓은 의미로 이해하여 '말씀을 듣고 실행하는 자는 그의 모든 진로에서 복을 받고, 무슨 일을 하든 형통하고 복될 것이다' 라고 말한다. 이 구절은 "모든 일이 다 형통하리로다"라는 시 1:3의 말씀과 유사하여 그렇게 생각해 봄직도 하다. 또한 야고보가 본 절에서 자유롭게 하는 율법을 들여다보는 것과 그것을 실행하는 것에 대해 말하듯이, 시편 저자도 시편 1편에서 율법을 행하고 그것을 묵상하는 것에 대해 이미 말하였기 때문이다. 하지만 여기서 조금 잘못 생각하면 가톨릭 교파의 오류에 빠지기 쉽다. 그들은 이 구절을 놓고, '보라! 우리가 우리의 행위로 인해 복을 받는다는 사실이 이 구절에 분명히 명시되어 있지 않은가!' 라고 말한다. 그러나 그렇지 않다. 이 구절을 자세히 분석해 보자. 야고보는 '행하는 일 때문에(for)' 라고 하지 않고 '행하는 일에(in)' 라고 했다. 즉, 우리가 율법을 행하게 된 것 자체가 우리가 복을 받았다는 증거다. 행위는 복을 받는 근거가 될 수 없다. 율법을 행하게 된 것은 복의 원인이 아니라 복의 상태인 것이다.

강해 1

들여다보고 있는 자. 우리는 성의와 노력을 다해 복음 지식을 깨달아야 한다. 그렇게 되려면 말씀을 깊이 묵상하고 끊임없이 그 의미를 연구해야 한다. 그리스도인의 최우선적인 과제는 말씀을 진지하게 묵상하는 일이다. "(복 있는 사람은)…그의 율법을 주야로 묵상하는도다"(시 1:2).

말씀은 아무리 되새겨도 변함없는 단맛을 낸다. "내 마음이 좋은 말로"(시 45:1). '말씀'은 원어로 '굽다', '기름에 굽다'라는 뜻을 지니는데, 이 단어는 기름을 섞어 철판에 구워 드리는 소제(素祭), 즉 '민하'(*mincah*)라는 단어에서 파생되었다. 진리는 묵상에 의해 우리 영혼이 먹을 만한 양식으로 무르익어 간다. 그렇게 되려면 말씀을 피상적으로만 아는 정도에 머무르지 말고 부지런히 연구해서 그 깊은 속으로 들어가야 한다. "이 구원에 대하여는…선지자들이 연구하고 부지런히 살펴서"(벧전 1:10). 선지자들은 성령님의 직접적인 감화로 성경을 기록한 사람들이지만, 그럼에도 복음의 깊이와 그 비밀을 더 정확히 알려고 애를 썼고, 그래서 하나님이 자기들에게 내리신 예언을 고찰했다. 선지자들은 참으로 감추어진 보석을 찾는 것같이 말씀을 깊이 연구했던 사람들이다(참조. 잠 2:4). 보석은 땅 표면에 널려 있지 않다. 보석을 얻으려면 그것이 있을 만한 동굴이나 캄캄한 땅속으로 들어가야 한다. 진리도 문자나 말의 표면에 널려 있지 않다. 성경 말씀의 아름다움과 고귀함은 내재적인 것이므로 그것을 얻으려면 많은 연구와 기도가 필요하다. 무엇이든 가치 있는 것은 얼핏 보아서는 결코 발견할 수 없는 법이다. 정교한 예술품을 대충 보고 지나쳐서야 어디 그 진수를 맛볼 수 있겠는가? 그리스도를 알아 가는 일도 그러하다. 그리스도에 대한 몇 가지 피상적인 개념을 아는 것만으로는 그분이 우리를 얼마나 사랑하시는지 그 넓이와 깊이, 길이, 그리고 그 사랑의 참된 영역을 깨달았을 때 얻는 유익에 결코 도달할 수 없다.

강해 2

복음도 일종의 법이다. 복음도 때로는 법으로 명명된다. "그리스도 예수 안에 있는 생명의 성령의 법이 죄와 사망의 법에서 너를 해방하였음이라"(롬 8:2). 여기서 행위 언약은 그 용도가 타락한 사람에게 죄를 깨닫게 하고 사망으로 강제로 끌고 가는 데 있기 때문에 '죄와 사망의 법'이라고 표현되었다. 반면에 은혜 언약, 즉 복음은 그 목적이 믿는 우리를 성령으로 말미암아 죽은 자도 넉넉히 살리시는 그리스도의 생명 안으로 옮겨 놓는 데 있기 때문에 '생명의 성령의 법'이라고 하였다. 한편, 복음을 '생명의 법' 이라고 한 또 다른 이유는 어떤 법을 올바로 제정하려고 할 때 갖추어야 할 모든 조건이 복음 안에서 발견되기 때문이다. (1) 공정성 – 이것이 결여된 법은 독재의 수단일 뿐이다. 복음이 제시하는 모든 계명은 공정하고 평등하며, 사람의 고귀함에 가장 잘 부합된다. 그리고 이 법은 거룩하고, 선하며, 준수하기 쉽다. (2) 법의 반포 – 법을 널리 반포해야 법으로서의 효력과 모습을 갖추게 된다. 만일 법을 제정해 놓고 반포하지 않으면 그 법은 사람들을 함정에 빠뜨리는 독재자의 올무에 지나지 않는다. 그러나 복음은 이미 갇힌 자들에게 전파되었으며(사 61:1), 앞으로도 계속해서 만민에게 전파되어야 한다(막 16:15). (3) 제정자 – 복음이 익명으로 제정된 법이었다면 이미 하나님이 주신 법에 대한 반역에 지나지 않을 것이다. 하지만 복음이라는 법의 제정자는 모든 피조물들에게 명령하실 수 있는 하나님이시다. (4) 목적 – 공동의 선을 위한다. 이러한 보편성이 없다면 복음은 독재권의 행사로 그쳤을 것이다. 이 법의 목적은 우리 영혼의 구원이다. 그러므로 복음을 대할 때 마치 법과 규율을 대하듯이 하라. 그것은 다음과 같이 행해져야 한다. 첫째, 우리는 반드시 복음에 순응하며 살아야 한다. "무릇 이 규례를 행하는 자에게…평강과 긍휼이 있을지어다"(갈 6:16). 여기서 '규례' 라 함은 복음의 가르침을 말한다. 둘째, 모든 논쟁과 교리는 반드시 복음에 의해 평가되어야 한다. "마땅히 율법과 증거의 말씀을 따를지니 그들이 말하는 바가 이 말씀에 맞지 아니하면 그들이 정녕 아침 빛을 보지 못하고"(사 8:20). 셋째, 우리의 마음은 반드시 복음에 의해 점검되어야 한다. "곧 나의 복음에 이른 바와 같이 하나님이…사람들의 은밀한 것을 심판하시는 그날이라"(롬 2:16). 모든 말씀은 율법의 면모를 지니고 있으므로, 말씀을 대할 때마다 그것으로 스스로를 점검하라. 복음 자체도 하나의 법이다. 그것은 그 안에 법칙이 있기 때문이기도 하지만, 실제로 마음을 명령하고 주관하는 힘이 그 안에 있기 때문이기도 하다. 그런 이유로 복음을 가리켜 '생명의 성령의 법' 이라고 부른다. 그러므로 그리스도 안에 있는 자들은 법을 초월해 있는 자들(*ἄνομοι*)이 아니라 법 안에 있는 자들(*ἔννομοι*)이다. 바울도 고전 9:21에서, "내가…율법 없는 자가 아니요 도리어 그리스도의 율법 아래에 있는 자"라고 말한다. 즉, 그리스도에 의해 복음의 일부로 받아들여진 도덕법의 규칙과 지도 아래에 있다는 말이다.

강해 3

하나님의 말씀은 온전한 율법이다. 다음과 같은 여러 면에서 그러하다. (1) 말씀은 사람을 온전하게 만들기 때문이다. 말씀을 가까이하면 할수록 우리 영혼은 더욱더 성숙하고 온전해진다. 이처럼 하나님의 뜻에 순응하며 사는 데에 사람의 선함과 뛰어남이 있다. (2) 말씀은 우리를 영원하신 하나님, 그리스도의 의, 하나님과의 교제 등 가장 완전한 곳으로 인도해 준다. (3) 말씀은 전인격을 주관하며, 양심을 다스린다. 세상의 실정법은 사람에게서 외적인 복종밖에 이끌어 낼 수 없으나, "여호와의 율법은 완전하여 영혼을 소성"(시 19:7)하게 한다. 하나님의 말씀은 사람의 외부 행위뿐 아니라 영혼까지도 다스리기에 아무 결핍이나 부조화가 없는 온전한 법이다. (4) 말씀은 그 정신이 영원 불변하기 때문에 온전한 율법이다. 말씀은 어느 시대에 적용해도 개정될 필요가 없다. (5) 말씀은 순수하며 무오하다. 사람이 제정한 법에는 반드시 결함이 있기 마련이다. 옛적에는 심지어 죄(간음)가 오히려 법에 의해 장려된 적도 있었다.[139] 시리아인들의 고대법에는 처녀가 결혼하기 전에 반드시 자기 몸을 더럽혀야 한다는 규정이 있었다. 꼭 이런 극단적인 예는 아닐지라도 대부분 각 나라의 법에는 사람의 편견과 실수가 존재한다. 그러나 시편 저자는 "주의 말씀이 심히 순수하므로 주의 종이 이를 사랑하나이다"(시 119:140)라고 고백한다. (6) 하나님의 말씀은 조금도 모자람이 없는 규례기 때문에 온전한 율법이다. 이는 그리스도께서 구약의 모든 언약을 충실히 성취하신 결과다. 말씀 안에는 사람이 어떻게 살며, 어떻게 하나님을 경배해야 할지를 알려주는 요긴한 지식은 물론 참된 교훈을 굳게 세우고 거짓된 교훈을 타파하기 위해 필요한 지식이 담겨 있다. "이는 하나님의 사람으로 온전하게 하며 모든 선한 일을 행할 능력을 갖추게 하려 함이라"(딤후 3:17). 그러므로

139) Osorius de Glor., lib. i.

우리가 할 일은 다음과 같다. (1) 말씀을 소중히 여기라. 우리가 사랑하는 말씀은 완전한 것이다. (2) 말씀에 다른 내용을 덧붙이지 말라. "내가 너희에게 명령하는 말을 너희는 가감하지 말고"(신 4:2). 이 명령은 모든 성경에 다 해당된다. "만일 누구든지 이것들 외에 더하면 하나님이 이 두루마리에 기록된 재앙들을 그에게 더하실 것이요"(계 22:18). 말씀에 다른 내용을 덧붙이는 것은 엄청난 재앙을 초래할 슬픈 행위가 될 것이다. '이 두루마리에 기록된 재앙들' 이라 함은 적그리스도와 그 동조자들에게 임할 무서운 심판을 가리킨다. 적그리스도의 무리들은 새로운 신조를 만들어서 기존 하나님의 말씀과 교묘히 결합해 왔고, 또 계속해서 그렇게 할 것이다. 참으로 그들은 인간의 전통과 관습을 강요함으로써 하나님의 말씀에 다른 내용을 첨가하며, 더 나아가 말씀과 유사하나 실은 전혀 관계가 없는 새로운 허구를 만들어 사람들을 현혹해 감으로써 말씀에 다른 내용을 추가한다. 그들은 '내가 이런 계시를 받았다' 라는 말로써 말씀과 관계가 없는 개인적 환상을 주장한다. 하나님은 세상을 그처럼 불확실한 상태에 버려두기를 원하지 않으셨다. 비록 어떤 사람들은 여전히 사람의 계명을 가르치고 다니지만, 하나님은 자기 백성들이 그러한 세력에 미혹되어 가는 것을 원하지 않으셨다. 하나님이 우리에게 시대의 변천에도 불구하고 가감할 여지가 없는 온전한 말씀을 주신 것은 바로 그 이유에서다.

강해 4

복음 혹은 하나님의 말씀은 '자유롭게 하는 율법' 이다. 이 법은 온전하기 때문에 사람을 자유롭게 한다. 다음 여러 면에서 그러하다. (1) 복음은 참된 자유에 이르는 길, 그리고 죄, 진노, 사망에서 해방되는 길을 가르치기 때문이다. 우리는 죄와 사망의 법 아래 태어나 우리 자신의 부패라는 짐을 지고 영원한 비극으로 넘겨질 운명에 처해 있지만, 복음은 이러한 우리에게 자유와 구원을 선언한다. "아들이 너희를 자유롭게 하면 너희가 참으로 자유로우리라"(요 8:36). 사람이 복음에 의해 즐거워지는 상태처럼 자유로운 상태는 없다. (2) 우리가 복음 안에서 지니고 있는 순종의 의무는 진정 자유의 산물이며, 또한 완전한 자유에 이르게 한다. 그 이유는 다음과 같다. 1) 순종의 의무라는 것 자체가 하나님이 우리로 자유롭게 하셔서 가능하게 된 일이다. 2) 우리는 결코 우리를 구속하지 않는 원칙들 위에 서서 순종한다. 3) 우리는 자유를 주시는 성령님의 도우심을 힘입는다. 4) 우리는 자유로운 상태에서 자발적으로 순종한다.

1) 순종 자체가 자유의 산물이다. 본래 의무는 가장 큰 자유이며, 죄는 가장 큰 굴레인 법이다. '네 마음대로 하라'는 상태에 처한 것보다 더 큰 속박은 없다. 성경은 범죄한 천사들이 심판날까지 영원한 결박으로 흑암에 갇혀 있다고 말한다(유 6). 그러므로 그 지배 아래 있는 악인은 겉보기에는 자유로운 듯하여도 현세와 내세까지 굴레를 쓰고 있는 셈이다. 그 굴레는 현세에서는 올무지만, 내세에서는 결박이다. 현세에는 '자의로' 쾌락을 좇아 사탄의 올무에 갇혀 있지만(딤후 2:26), 내세에서는 사탄과 함께 영원한 어둠의 결박에 묶인다. 죄는 올무며, 지옥은 감옥이다(참조. 벧전 3:19). 겉으로 보기에는 죄를 지어도 아무렇지 않은 듯하여도 실제로는 현실적 노예 상태로 들어간다. 그만큼 죄는 우리의 소망을 암암리에 모두 좌절시킬 만한 힘을 가지고 있다. 이것이 사실일진대 누가 자기 정욕을 맹목적으로 따라가려는가? 누가 자존심과 불순한 동기의 명령대로 움직이려 하는가? 현세에서 죄의 종노릇 하는 것은 미래의 상태에 비하면 아무것도 아니다. 현세에서 죄인의 상태는 노예지만, 내세에서는 비참과 공포의 상태가 될 것이다. 사탄의 일은 강제적인 고역이며, 사탄이 주는 대가는 죽음이다. 우리가 어떻게 조금이라도 즐거운 마음으로 사탄이 지배하는 영역에 머무를 수 있겠는가? 그것은 처음부터 끝까지 비참한 노예 상태로 일관한다. 그렇다면 우리는 왜 가장 행복한 자유를 주는 그리스도의 일을 짐스럽게 생각하고 있는가? 세상은 "그들의 맨 것을 끊고 그의 결박을 벗어 버리자"(시 2:3)라고 모두 동의하고 나선다. 우리 자신에게도 그것이 얽어매는 줄이며 어두움의 결박인가? 때로 우리는 말씀의 속박을 못 견뎌 하며, 혹독하고 무거운 계명에 의해 시달린다. 그래서 말씀을 우리 본성의 자유와 평화에 대한 침해로 간주하기도 한다. 하지만 그것은 잘못된 상태다. 말씀은 우리를 억압하는 굴레가 아니라, 더욱 선하고 아름답게 해 주는 장식물이다. "내가 주의 법도들을 구하였사오니 자유롭게

(히, 베다하[*beddachah*]- '구속함 없이') 걸어갈 것이오며"(시 119:45). 하나님을 사랑하고 즐거워하며 찬양하면서 보내는 삶만이 유일한 자유의 삶이다. 그러므로 신앙 문제에 눈을 감고 아무것도 모른 채 사는 것만이 자유롭고 즐거운 생애라고 생각해서는 안 된다. 그렇다면 자진해서 굴레를 쓰고, 그 굴레를 자유라고 생각하려는가? 베드로는 그런 사람들에 대해 다음과 같이 말한다. "자유를 준다 하여도 자신들은 멸망의 종들이니 누구든지 진 자는 이긴 자의 종이 됨이라"(벧후 2:19). 당시 민족들 간에는 전쟁에 패해 포로가 된 자들을 노예로 삼는 것이 합법적인 일이었다. 베드로는 그러한 예를 들어, 호색의 도리로 자기뿐 아니라 다른 사람들을 죄의 종으로 전락시키는 거짓 선지자들에 대해 가르친다. 즉, 거짓 선지자들은 사람들에게 본능의 욕구대로 사는 것이 진정한 자유라고 가르쳐서 결국 그들을 정욕의 노예로 만들었다. 롬 6:20에서도 다음과 같이 말한다. "너희가 죄의 종이 되었을 때에는 의에 대하여 자유로웠느니라." 그리스도를 모르던 당시 우리는 스스로를 변호하며 가책 없이 마음껏 살면서 그것을 자유라고 생각했다. 하지만 실상 우리는 종이었다. 그것도 가장 비열한 주인(사탄)의 종, 즉 죄의 종이었다. 종의 종이 되는 것은 일찍이 함에게 내려졌던 저주다. 사탄의 도구, 즉 정욕의 노예가 되는 것이 잘된 일인가? 어거스틴은 로마를 가리켜 세계를 유혹하는 요부이자 죄의 노예[140]라고 불렀다. 또한 크리소스톰은 노예 신분이었던 요셉을 자유자로, 정욕에 굴복한 보디발의 아내를 오히려 노예로 일컬었다.[141]

2) 우리는 결코 우리를 구속하지 않는 원칙들 위에 서서 순종한다. 우리는 무슨 일을 하든 '주께 속한 자유인' (고전 7:22)처럼 사랑과 감사의 원칙 위에서 행한다. 하나님은 우리를 '쇠막대기' 로 다스리는 것이 당연했으나, 오히려 '사랑의 띠' 로 권고하신다. 그래서 롬 12:1에서는 "내가 하나님의 모든 자비하심으로 너희를 권하노니"라고 하며, 딛 2:12에서는 "(하나님의 은혜가)…우리를 양육하시되"라고 한다. 복음의 동기는 자비

140) 'Domitrix gentium, et captiva vitiorum.' —*Aug. de Civit. Dei.*

141) Chrysos, Hom. 19, in priorem Ep. ad Corinth.

와 은혜다. 따라서 복음에 대한 순종은 보은과 감사에서 우러나오는 순종이다.

3) 우리는 자유를 주시는 성령의 도우심을 힘입는다. 성령은 우리의 영혼을 죄의 올무에서 해방시키시고 하나님께 순종하도록 도우신다. 다윗은 다음과 같이 기도했다. "주의 자유롭게 하는 성신으로 나를 붙드소서"(시 51:12. 개역개정 성경에는 '자원하는 심령을 주사 나를 붙드소서'로 번역되었음–역주). 여기서 성령을 '자유롭게 하는 성신'이라고 한 까닭은 그분이 우리를 자유롭게 하시고, 자원하는 심정으로 하나님을 섬길 수 있도록 도우시기 때문이다. 세상의 법조문과는 달리 하나님의 계명에는 정신과 생명이 있다. 그리고 바로 그 정신과 생명이 계명을 '자유롭게 하는 온전한 율법'으로 만든다. 구약 시대에는 계명 안에 빛이 있어서, 그것을 의지하는 사람들의 발을 인도했다. 하지만 그 빛은 그들의 정욕을 다 태워 없애는 불은 아니었다. 그 시대에는 그 일을 성취하도록 도움을 주는 것이 없었다. 계명 안에 있는 빛은 그 백성에게 방향을 제시해 주긴 했지만 그들을 강한 힘으로 이끌지는 않았다.

4) 우리는 자유로운 상태, 즉 양자가 된 상태에서 즐거이 하나님의 말씀에 순종한다. "너희는 다시 무서워하는 종의 영을 받지 아니하고 양자의 영을 받았으므로 우리가 아빠 아버지라고 부르짖느니라"(롬 8:15). 사람이 행위 언약 아래 있을 때는 자기 양심의 증거가 자기 상태를 좌우한다. 그런데 그는 본성적으로 노예 상태에 처해 있으므로 그의 행위는 모두 노예의 행위일 수밖에 없다. 하지만 그가 거듭나서 다른 주인, 즉 은혜에 의해 주장될 때, 그의 마음의 성향은 좀 더 하나님의 자녀답게 발휘된다. 그래서 그는 아들로서 꾸밈없는 자유와 확신을 가지고 행동한다. 아담 자신은 행위 언약 아래 있었기 때문에 비록 무죄했을지라도 훌륭한 종의 상태로 있었을 뿐이다. 이에 반해 우리는 "여종의 자녀가 아니요 자유 있는 여자의 자녀"(갈 4:31)다. 새 언약은 우리에게 전혀 다른 위치와 성향을 준다. 그래서 사가랴는 "우리가 원수의 손에서 건지심을 받고 종신토록 주의 앞에서…두려움이 없이 섬기게 하리라"(눅 1:74-75)라고 예언했다. 우리는 만일 그런 은혜가 없었더라면 여전히 마음을 짓누르고 있었을 양심

의 두려움과 굴레에서 해방되었다.

적용 그렇다면 우리는 자유롭게 하는 율법 아래 있는가? 다음 몇 가지 질문을 통해 자신을 살펴보라. (1) 마음속으로 자문해 보라. '무엇이 자신을 얽매는 굴레인가? 죄인가, 율법에 대한 의무감인가? 그리스도를 믿음으로써 지게 된 멍에가 너무 무겁다고 느껴질 때 그런 부담감을 주는 요인은 무엇인가? 계명 자체인가, 아니면 계명을 범한 사실인가? 우리는 속마음으로 주님의 율법을 즐거워하는가? 오직 마음속에서 떠날 줄 모르는 부패야말로 처절한 짐일 따름이다. 육신의 생각은 자기 자신의 정욕에는 친근하지만 하나님의 법에는 예민하고 반발한다(참조. 롬 8:7). (2) 하나님 말씀을 실행할 때, 그 일을 하고자 하는 마음을 일깨워 주는 동인(動因)은 무엇인가? 물론 그것이 명령이기 때문에 순종할 수도 있다. 그러나 성도들이 계명에 순종하는 동기는 사랑이어야 한다.[142] (3) 우리는 율법을 행할 힘을 어디에서 얻는가? 이성의 결심인가, 아니면 자유를 주시는 성령의 도우심인가? 스스로의 힘으로 계명을 성취하고자 하는 사람은 보통 그 일을 완수함으로써 높아질 자신의 모습에 초점을 둔다. 하지만 그리스도를 의지하는 사람은 그 초점도 그리스도를 향한다. (4) 우리는 계명을 지키려 할 때 성취욕으로 하는가, 아니면 자신을 그리스도께 드리기를 바라는 심정으로 하는가? 사람이 현재 자신의 처지에서 할 수 있는 일에는 별 관심 없이 자기 능력을 초월한 일에 마음을 두고 생각한다면, 그것은 그 사람의 정신이 건강하지 못하다는 증거다. 자유롭게 하는 법, 곧 은혜언약 안에서 하나님은 사람 자체를 받는 것으로부터 시작하신다. 비록 처음에는 그 사람의 행위에 연약하고, 절망적이며, 냉랭하고, 무딘 점이 있다 할지라도, 그것은 그 사람이 자유 상태에서 행한 일이기 때문에 하나님이 받으신다. 그리고 그 행위가 아무리 저급할지라도 그 사람이 처음 하나님의 은혜를 입었을 때의 인격 상태보다는 저급하지 않다. 그러므로 만일 우리가 이런 은혜를 받았다면 이 같은 자유를 주신 하나님께 감사하

---

142) 'Amor meus est pondus meum, eo feror quocunque feror.' —*Aug.*

143) 'Deo redempti sumus, Deum debemus.' —*Salvian.*

고 어떻게 그 은혜에 보답해야 할지 생각할 이유가 있는 것이다. 하지만 하나님이 베푸신 만큼 그대로 다시 돌려 드리기 전에는 그 은혜를 다 갚을 길이 없다.[143] 따라서 무슨 큰일을 해서 그분의 은혜에 보답하겠다는 생각은 무의미하다. 하나님은 우리를 자유롭게 하기 위해 아들을 보내셨으므로 우리는 자신의 전부를 다 드려야 마땅하다.

강해 5

들여다보고 있는. 이 구절은 우리에게 말씀에 대한 지식과 애착을 끊임없이 고취할 것을 가르치고 있다. 형식적인 신자들은 얼마 동안은 그렇게 하지만 끝까지 지속하지를 못한다. 한때는 말씀에 대한 열정이 타오르지만 그 순간이 지나면 모든 열정이 다시 세상으로 향한다. 그래서 예수님은 "너희가 내 말에 거하면 참으로 내 제자가 되고"(요 8:31)라고 가르치신다. 많은 사람들이 일시적으로 말씀에 대해 열심을 내다가 곧 시들어 버린다. 그러한 사람들에 대해서 주님께서는 '너희가 내 말에 거하면' 이란 말씀으로 그 열심이 보편적 성향으로 성숙하도록 끝까지 견지할 것을 가르치신다. 요이 9절의 가르침도 같은 내용이다. "지나쳐 그리스도의 교훈 안에 거하지 아니하는 자는 다 하나님을 모시지 못하되 교훈 안에 거하는 그 사람은 아버지와 아들을 모시느니라." 하나님을 모시고 있지 않은 사람은 자기 자신도 잃은 셈이며, 하나님을 모시고 있는 사람은 모든 것을 소유하고 있는 것과 같다. 말씀에 꾸준히 거하는 일에 그처럼 큰 특권이 약속되어 있다. 타락한 천사들은 진리를 사랑하는 일을 단념했을 때 그들 본연의 영광을 상실했다. 그래서 성경은 그들의 죄를 "진리에 서지 못하고"(요 8:44)라는 말로 표현한다. 다음 두 가지는 말씀 안에 거하는 것과 반대되는 행위들이다. (1) 배도 – 하나님께 대한 믿음과 열심에서 떠날 때 이런 슬픈 일이 생긴다. "의의 도를 안 후에 받은 거룩한 명령을 저버리는 것보다 알지 못하는 것이 도리어 그들에게 나으니라"(벧후 2:21). 그들이 차라리 율법을 적게 알았더라면 죄도 가벼웠을 것이다. 배도하는 자들은 처음부터 믿지 않았던 사람과는 달리 큰 확신을 거스르며 죄를 범한다. 그래서 성경은 그들에게 더 큰 심판을 경고한다. "주의 율례들에서 떠나는 자는 주께서 '밟으셨으니'"(시 119:118, 개역개정 성경에는 '다 멸시하셨으니'로 번역되었음–역주). 하나님은 맛 잃은 소금 밟듯 그들을 밟으신다.[144] 이는 그들이 하나님의 백성으로서 그 본연의 총명함과 특성을 상실했기 때문이다. (2) 다른 복음(ἑτεροδιδασκαλία)을 전함 – "속히 떠나 다른 복음을 따르는 것"(갈 1:6). 그래서 성경은 다른 교훈을 가르치지 못하도록 하라고 경계한다(참조. 딤전 1:3). 새롭고 신비한 어떤 것을 알고 싶어 하는 사람의 심리가 그러한 이설(異說)의 근거를 제공해 준다. 딤전 6:3–4의 "누구든지 다른 교훈을 하며 바른 말 곧 우리 주 예수 그리스도의 말씀과 경건에 관한 교훈을 따르지 아니하면 그는 교만하여 아무것도 알지 못하고"라는 바울이 주는 훈계의 초점이 바로 그것이다. 기존의 복음 내용을 변경하거나 다른 복음을 듣고 싶어 하는 것은 매우 위험한 욕구다. 그것은 얼핏 보기에 새 길을 여는 것 같을지라도 사실은 옛 범죄로 되돌아가는 지름길이다.

그러므로 말씀에 거하려면 다음 사항을 유념하라. (1) 마음속에 선한 심정이 생길 때 그것을 잘 간직하라. 항상 그 심정을 품고 있으라. 성령께서 마음속에 갑작스런 감화를 주신다고 해서 일순간에 다시 잊어서는 안 된다. 혹시 우리의 신앙 결단은 흔히 캄캄한 하늘을 순식간에 가르고 사라지는 번개와 같지 않은가? (2) 마음이 침체되고 약해지는 순간을 객관적인 입장에서 관찰하라. 그래야만 자기가 죽게 된 처지에 이르렀음을 깨닫고 스스로 일깨워 굳게 할 수 있다(참조. 계 3:2). 주님께서 지금까지 비춰 주시던 빛을 더 이상 마음으로 느끼지 못한다면 회개하고 분연히 일어나야 한다.

강해 6

듣고 잊어버리는 자가 아니요. 듣고 깨달은 말씀은 어떻게 해서든 잊지 않아야 한다. 항상 말씀을 기억하고 그 안에 거하려면 다음과 같은 태

144) 'Sic Ecebolius de ipso; *Πατήσατε μὲ τὸ ἅλας τὸ ἀναίσθητον*.–*Socrat. Eccl. Hist.* lib. iii. cap. 2.

도가 필요하다. (1) 주의 집중 – 정신을 집중하여 들은 내용은 오래 기억된다. "내 말에 주의하며…네 마음속에 지키라"(잠 4:20-21). 즉, 말씀을 아무도 와서 빼앗을 수 없는 '마음'에 간직하라는 말이다. 관심이 있는 곳에 기억도 있는 법이다. 우리의 기억(마음)은 하나님의 말씀을 보관한 법궤와 같으므로 말씀이 없어지지 않도록 조심스럽게 간수해야 한다. "누가 뒤에 올 일(미래의 일)을 삼가 듣겠느냐"(사 42:23). 여기서 '삼가 듣는다'는 것은 말씀하시는 분에 대해 존경과 진지함을 가지고 그 말씀을 듣는다는 의미다. 그런 의미에서 이사야는 장차 의로 통치하실 왕이 말씀하실 때 '듣는 자가 귀를 기울일 것'(사 32:3)이라고 예언한다. 말씀하시는 분에 대해 존경심을 가지고 들으면 그 내용을 기억하는 데 도움이 된다. 사람들이 말씀을 듣고도 기억하지 못하는 이유는 성의 없이 듣기 때문이다. (2) 애착 – 이 태도는 기억의 매우 좋은 친구다. 관심 있는 대상이라야 기억에 남는 법이다. 아무리 연로한 노인이라도 자기가 금괴를 놓아둔 장소는 결코 잊지 않을 것이다. 그처럼 기쁨과 사랑의 대상은 언제나 생각 속에 새로이 되살아난다. 율법의 즐거움을 늘 노래하며 살던 다윗의 생각 속에는 율법이 떠날 날이 없었다. "내가 주의 법을 어찌 그리 사랑하는지요 내가 그것을 종일 작은 소리로 읊조리나이다"(시 119:97). (3) 적용 및 확인 – 들은 말씀을 자신에게 적용하고 그것이 진리임을 확인하라. 사람은 자기와 관계된 내용을 더 잘 기억하기 마련이다. 그래서 하나의 법령을 대하더라도 자기 경우에 해당되는 사항이 있으면 그것을 반드시 지키려 한다. "볼지어다 우리가 연구한 바가 이와 같으니 너는 들어 보라 그러면 네가 알리라"(욥 5:27). 이 말을 한 욥의 친구들은 그것이 욥에게 유익할 것이라고 생각했기 때문에 유념할 것을 권했다. 잠언에도 비슷한 내용이 소개된다. "네가 만일 지혜로우면 그 지혜가 네게 유익할 것이나"(9:12). 이처럼 지혜는 우리 영혼을 위한 것이며, 우리와 밀접한 관계를 지니고 있다. (4) 묵상 – 들은 말씀을 묵상하고 그 의미를 분명히 인식하고 있으면 거짓 사상을 접해도 그 말씀을 빼앗기지 않는다. 예수님의 비유에서, 옥토에 심긴 좋은 씨앗은 새들이 와서 먹을 수 없었다(참조. 마 13:4). 한 번 들은 말씀이라도 수시로 떠올려 묵상해야 한다. 이것은 마치 사과를 손으로 만지작거리면 다 먹은 후에도 손에 그 향기가 남아 있는 것과 같은 이치다. “마리아는 이 모든 말을 마음에 새기어 생각하니라”(눅 2:19). 마리아는 천사의 말을 곰곰이 생각했기 때문에 마음에 간직할 수 있었다. (5) 관찰 – 말씀이 어떻게 실현되는지를 관찰하라. 말씀이 성취되는 것을 보면 그것이 아무리 오래전에 들었던 말씀이라도 기억날 것이다. “제자들이 성경 말씀에 주의 전을 사모하는 열심이 나를 삼키리라 한 것을 기억하더라”(요 2:17). 이처럼 말씀이 실현되는 것을 목격하면 예전에 들은 진리라도 마음속에 새로이 떠오른다. 또한 22절에서도 제자들이 예수님의 부활을 목격한 뒤 “너희가 이 성전을 헐라 내가 사흘 동안에 일으키리라”(19절)고 하신 말씀을 기억하고 믿었다고 기록한다. 한편, 하나님은 선지자 호세아를 통해 그 백성들에게 “내가…전에 그 회중에 들려준 대로 그들을 징계하리라”(호 7:12)고 경고하신 바 있다. 그 경고가 실제로 이루어져 많은 백성들이 죽고 이방 땅으로 끌려갈 때, 그들은 하나님이 예전에 선지자를 통해 경고하신 그 말씀을 뼈저리게 기억했을 것이다. (6) 실천 – 말씀을 실천해서 얻은 유익은 결코 잊혀지지 않는다. “내가 주의 법도를 영원히 잊지 ‘않을 것은’(개역개정 성경에는 ‘아니하오니’로 번역되었음–역주) 주께서 이것들 때문에 나를 살게 하셨기 때문입니다”(개역개정 성경에는 ‘하심이니이다’로 번역되었음–역주)(시 119:93). 대부분 자기 생활에 유익을 끼친 설교는 세세히 기억할 수 있다. (7) 성령을 의지함 – 말씀을 들을 때 적시에 그 말씀으로 권고해 주시도록 성령께 의탁하라. “보혜사[*ἀναμνήσει*]…그가…내가 너희에게 말한 모든 것을 생각나게 하리라”(요 14:26). 그리스도께서도 이처럼 친히 가르치신 내용을 성령께 의탁하셨다. 제자들은 주님께 배운 내용을 다 기억할 수 없었다. 그러므로 보혜사에 대한 약속은 그들에게 크나큰 유익이었다. 제자들은 말씀이 필요한 순간에 성령의 역사로 주께서 이전에 가르치신 내용을 생생히 기억할 수 있었다.

강해 7

듣고 잊어버리는 자가 아니요 실천하는 자니. 죄는 기억의 결핍에서 온다. 듣고 잊어버리는 이유는 말씀에 대해 무관심하기 때문이다. "그의 언약을 지키고 그의 법도를 기억하여 행하는 자"를 노래하는 시 103:18 말씀대로, 경건한 사람은 말씀을 성실히 기억하며, 그것을 행하기를 잊지 않는다. 한편, 악한 자는 말씀을 잊어버리는 자로 표현되곤 한다. 이를테면 욥 8:13에서는 '하나님을 잊어버리는 자'를 '저속한 자'로 표현한다. 그리고 시 119:139에서는 "내 대적들이 주의 말씀을 잊어버렸으므로"라고 하는데, 여기서 '잊어버렸다'라는 말은 말씀을 실행하지 않았다는 뜻이다. 하나님 백성들의 죄는 보통 말씀을 잊고 생각하지 않은 죄다. 그것을 베드로에게서 살펴볼 수 있는 바, 만일 베드로가 예수님의 말씀을 마음에 담고 있었더라면 주님을 세 번이나 부인하는 지경에까지 이르지는 않았을 것이다. 누가는 후에 베드로가 예수님의 말씀을 기억하고 밖에 나가 심히 통곡했다고 기록한다(눅 22:62). 한편, 하나님의 백성이 지칠 정도로 고난을 당하게 되는 것도 말씀을 잊고 죄를 범하는 데에서 기인한다. "[너희가]…아들들에게 권하는 것같이 너희에게 권면하신 말씀도 잊었도다"(히 12:5). 이처럼 말씀을 망각하는 것은 마음속에 큰 불행을 초래하는 원인이 된다. 불신도 역시 말씀을 기억하지 못한 데서 생긴다. "너희가 눈이 있어도 보지 못하며 귀가 있어도 듣지 못하느냐 또 기억하지 못하느냐"(막 8:18). 예수님이 이 말씀을 하시게 된 동기는 제자들이 소량의 떡과 고기로 사천 명을 먹이신 기적을 경험하고서도 그 사실을 마음에 담아 두지 않고 오히려 불신하였기 때문이었다. 또한 불평하고 인내하지 못하는 것도 말씀을 기억하지 못하기 때문에 발생한다. 다윗은 하나님께서 옛적에 행하신 큰일을 잊고 있었을 때, 하나님의 은혜를 더 이상 못 받게 된 듯이 괴로워하였다(참조. 시 77:1-11). 우리가 시험을 만나도 그에 합당한 말씀을 기억하고 의지하면 큰 위로와 평안을 얻을 수 있다. "이것을 내가 내 마음에 담아 두었더니 그것이 오히려 나의 소망이 되었사옴은"(애 3:21). 하지만 사람들은 하나님께서 섭리하시는 매순간마다 번민하고 있다. 그 이유는 하나님이 성경을 통해서 그러한 형편 가운데 내리시는 위로를 잊고 있기 때문이다. 비근한 예로, 예수님의 무덤에 갔던 여인들은 무덤 속에 예수님의 시체가 보이지 않자 근심에 빠졌는데, 이는 예수께서 갈릴리에서 그들에게 부활에 대해 일러 주신 말씀을 잊고 있었기 때문이었다(참조. 눅 24:6-8). 또한 데살로니가 교인들이 종말이 가까왔다는 거짓 교훈에 미혹되어 두려워하고 마음이 흔들렸을 때, 바울은 "내가 너희와 함께 있을 때에 이 일을 너희에게 말한 것을 기억하지 못하느냐"(살후 2:5)라고 훈계한다. 성경 여러 부분에서 말씀에 대한 모든 순종을 '기억하다' 란 말로 표현하면서, 마치 그것이 적합한 행동과 의욕까지 포함하는 것처럼 말하고 있는 것은 주목할 만하다. 출 20:8에서는 "안식일을 기억하여"라고 명령하는데, 이 말에는 그날을 거룩히 지켜야 한다는 의미까지 함축되어 있다. 또한 전 12:1의 "창조주를 기억하라"는 명령은 우리가 하나님께 드려야 할 존경과 순종 및 경배도 포함하고 있는 말씀이다. 이외에도 여러 부분에서 기억과 순종 간의 밀접한 관계가 분명히 강조된다. "너희가 내 모든 계명을 기억하고 행하면"(민 15:40). 계명을 기억하고 있어야 적절한 상황에 이르러 그대로 준행할 수 있게 된다. 우리는 지식을 꾸준히 얻어야 할 뿐 아니라 그것을 기억해야 한다. 그래야만 배운 지식을 잘 간직했다가 필요한 때에 사용할 수 있다. 물론 이렇게 하려면 대단한 관심과 주의가 요청된다. 우리는 이 일에 있어서도 성령님께 도움을 구해야 할 필요가 있다. 말씀 가운데서도 어떤 것은 보편적인 상황에서 보편적인 은혜를 끼치는 반면, 또 어떤 것은 특수한 때와 상황에 적용된다. 그러므로 모든 말씀을 마음에 간직하여 시험이 닥칠 때마다 죄를 짓지 않게 붙들어 주는 생생한 진리를 얻으라(참조. 시 119:11). 그렇게 함으로써 하나님의 은혜를 체험해 가며 범사에 감사할 수 있다. 그래야 그분의 은택을 잊지 않을 수 있다(시 103:2). 그리고 자기가 추한 죄인이었음을 잊지 않을 수 있다. "너는 광야에서 네 하나님 여호와를 격노하게 하던 일을 잊지 말고 기억하라"(신 9:7). 또한 말씀 속에서 하나님이 행하신 큰일을 기억하고 있어야 고난 중에도 '지존자의 오른손의 해' (시 77:10)를 생각하고 확신을 얻을 수 있다. 그러므로 '오늘' 이라는 날에 말씀을 많이 기억해두라. 그러면 우리에게 필요한 순간에 그 말씀이 우리를 권면할 것이다.

강해 8

실천하는 자. 말씀은 우리에게 행할 것을 가르친다. 말씀은 단지 묵상거리로만 주어진 것이 아니다. 그것은 모든 사람들의 행위 법칙이다. 요 6:29에서는 '믿음의 일'에 대해서, 히 6:10에서는 '사랑의 수고', 마 3:8에서는 '회개에 합당한 열매'에 대해 가르치는데, 믿음과 사랑 그리고 새로운 순종, 이 모든 일이 복음 안에서 우리에게 부여되었다. 그러므로 말씀을 머리 속으로만 이해하는 것으로 만족하지 말라. 바울은 그것을 '지식의 형식'(롬 2:20, 개역개정 성경에는 '지식의 모본'으로 번역되었음–역주) 혹은 '경건의 모양'(딤후 3:5, *μόρφωσιν ἐπιστήμης*)이라고 규정하면서 거기에 안주해 온 유대인들을 책망한다. 겨울 태양이 밝게 비춰주기는 하지만 따뜻하게는 못하듯이, 행위가 따르지 않는 지식은 능력을 발휘하지 못한다. 선악을 알게 하는 나무 때문에 생명나무에서 멀어지는 어리석음을 범하지 말라. 그러므로 하나님의 일을 행하라. 그것은 바로 믿음과 회개며, 사랑을 실천하고 하나님을 찬양하는 생활이다.

강해 9

그 행하는 일에 복을 받으리라. 말씀을 준행하는 삶에는 복이 따른다. 물론 그 복은 행위의 대가가 아닌 하나님의 은혜의 산물이다. 우리가 하나님 말씀을 들을 때에는 그러한 복 가운데로 들어가도록 노력해야 한다. 그러한 복은 말씀을 들을 때에 하나님께 대한 간절한 사모의 심정으로 잘 나타난다. 우리는 목사의 말을 들을 때 우리의 모든 주의를 집중해야 한다. 목회자가 하나님의 이름으로 '말씀을 듣고 행하는 자가 복이 있다'는 말을 할 때 우리는 '아멘'으로 화답해야 하며, 우리의 마음을 겸손하게 하여 그 말씀에 순종하도록 한 그 전달자에 대하여 감사해야 한다.

[26] 누구든지 스스로 경건하다 생각하며 자기 혀를 재갈 물리지 아니하고 자기 마음을 속이면 이 사람의 경건은 헛것이라.

야고보는 앞에서 말씀을 행하는 자가 복을 받을 것임을 분명히 하면서 그렇지 못한 자들은 복받을 엄두도 내지 못할 것임을 암시했다. 그리고 본 절에서는 특별히 복과 거리가 먼 자들, 즉 말씀을 듣기만 하고 행하지는 않는 자들에 대해 말한다. 야고보는 그들에 대해 어떤 행위가 죄라는 사실을 알면서도 그 죄를 범하는 자들이라고 설명하면서, 구체적으로 혀의 악용을 그 예로 든다.

| 질문 | 본문의 각 구절을 설명하기에 앞서, 야고보가 왜 그다지 중요하지도 않고 본문과 관계있지도 않는 듯한 특정 문제를 이처럼 비중 있게 다루는지 생각해 볼 필요가 있다.

| 답변 | 다음 이유들을 통해 답변해 보자. 하지만 단지 질문에 대한 답에 그치지 않고 야고보의 가르침을 여러 면으로 살펴보게 될 것이다.

| 이유 | Ⅰ. 야고보서의 주요 내용이 '너희가 하나님을 사랑한다면 이웃에 대한 사랑으로써 그 참된 사랑을 증명하라' 라는 것임을 생각해 볼 때, 본 절과 27절의 참된 경건에 대한 가르침은 전체 내용에 대한 핵심과 같기 때문이다. 하나님께 대한 참된 사랑은 이웃 사랑으로 입증된다. 여기서 이웃이라 함은 모든 사람을 가리키기도 하지만, 좀 더 엄밀히 말해서 우리와 같이 하나님께 용서받은 자들을 가리킨다. '너는 하나님을 사랑하라' 라는 계명과 '네 이웃을 사랑하라' 는 계명은 한 분에게서 나온 명령이다. 비록 두 구절에 사랑의 대상이 각각 다르게 표현되었으나 계명의 정신은 동일하며, 따라서 순종의 근거도 동일하다. 그렇기 때문에 사도들은 이 논식을 인하여 이웃을 사랑하지 않으면서도 스스로 경건한 체하는 자들을 훈계한다. "빛 가운데 있다 하면서 그 형제를 미워하는 자는 지금까지 어둠에 있는 자요"(요일 2:9), "누가 이 세상의 재물을 가지고 형제의 궁핍함을 보고도 도와줄 마음을 닫으면 하나님의 사랑이 어찌 그 속에 거하겠느냐"(요일 3:17). 하나님의 사랑을 느끼고 있는 사람이 다른 사람에게 무자비한 것을 상상할 수 있겠는가? 그러므로 요한은 단호히 말한다. "누구든지 하나님을 사랑하노라 하고 그 형제를 미워하면 이는 거짓

말하는 자니 보는 바 그 형제를 사랑하지 아니하는 자는 보지 못하는 바 하나님을 사랑할 수 없느니라"(요일 4:20). 마음속에 참으로 선의와 관대함이 있다면 그것은 반드시 겉으로 드러난다. 그리고 그런 성품은 보통 다른 사람에게 강한 인상을 남긴다. 그러므로 이웃 사랑의 의무는 등한시한 채, 예배의 의무만 가지고 열심을 내는 체하지 말라.

| 이유 | Ⅱ. 우리 속에는 혀로 남의 마음을 상하게 하는 습성이 있기 때문이다. 남에게 간섭하는 것을 즐기는 태도, 그것이야말로 우리 본성의 단면을 드러내 주는 죄다. 우리 마음속에 이런 습성이 얼마나 깊이 뿌리박혀 있는지에 대해서는 3장에서 다룰 것이다. 말은 생각을 밖으로 드러내는 매체다. 마음속에 있는 더러움은 말에 의해 즉시 밖으로 표출된다. 그러므로 말을 조심하라. 자기 마음이 많이 부패해 있음을 아는 사람이라면 더욱 조심해서 혀를 사용해야 한다. "나의 행위를 조심하여 내 혀로 범죄하지 아니하리니"(시 39:1). 말에는 특별한 주의가 필요하다. 그러므로 스스로 조심해야 할 뿐 아니라 그 일을 위해 하나님께 구해야 한다. "여호와여 내 입에 파수꾼을 세우시고 내 입술의 문을 지키소서"(시 141:3). 하나님을 경외하는 것이야말로 자기 말을 자제하는 최선책이다.

| 이유 | Ⅲ. 위선이 그 시대의 보편적인 죄였기 때문이다. 야고보가 이 문제를 놓고 여러 번 책망하는 내용에서 그 사실을 짐작하게 된다(참조. 19절; 3장; 4:11). 그때마다 야고보는 성도들의 위선적인 삶을 가리켜 그 시대의 악을 답습하고 있는 악한 징조라고 말한다. 시대의 악을 답습하는 것은 성경이 말하는 악인들의 특징이다(참조. 엡 2:2). 엡 2:2에서 사용된 *κατ' αἰῶνα*(개역개정 성경에는 '세상 풍조를 따르고'로 번역되었음–역주)는 직역하면 '시대를 따라', 즉 '시대가 흘러가는 양상대로'라는 의미다. 그러므로 롬 12:2의 "너희는 이 세대를(*τῷ αἰῶνι τούτῳ*) 본받지 말고"라는 말씀도 이 세대 사람들이 사는 방식대로 살지 말라는 뜻이다. 한편, 대하 17:4에서는 여호사밧이 하나님을 의지한 일을 이스라엘의 행위를 따르지 아니하였다는 말로 표현했다. 여기서 이스라엘의 행위란 하나님을 떠나 이방 풍속을 좇아 살던 당시 이스라엘 백성들의 생활상을 가리킨다. 오늘날도 신자임을 자처하는 많은 이들이 자기들이 처해 있는 시대

및 사회의 관습과 정신을 그대로 추구하며 산다. 하지만 그것은 자기의 경건이 헛것이라고 증명하는 일임을 명심하라. 죄라는 것은 많은 사람들 가운데 보편화되면 덜 추해 보이는 법이다. 신자라도 깊이 생각하지 않으면 아무 죄책감 없이 그 죄를 범하기 십상이다.

| 이유 | Ⅳ. 그 같은 위선자들은 혀로 범하는 죄를 매우 경시하기 때문이다. 그들은 큰 죄를 짓지 않았다는 긍지를 지니고 있기 때문에 하찮게 보이는 죄를 안심하고 반복해서 범한다. 사실 그들은 간음한 사람도 아니고 주정꾼도 아니다. 그래서 경건하게 사는 모습을 은연중 과시하면서 다른 사람에 대해 더욱 간섭하고 비판한다. 하지만 지극히 작은 죄를 범해도 은혜와 무관하게 된다는 사실을 명심하라. 그런 이유에서 야고보는 누구든지 자기 혀를 재갈 물리지 않으면 그의 경건은 헛것이라고 말한다. 본문에서 스스로 경건하다고 자처하는 사람의 생각을 분석해 보자. 그는 불행히도 어떤 죄를 범해 생긴 죄책감을, 다른 죄를 짓지 않음으로써 벗어 버리기를 희망하고 있다. 이런 착오에 빠져 있는 사람은 다음 두 가지 유형으로 구분된다. 첫째, 어떤 이들은 조그만 일에 세심함으로써 '율법의 더 중한 것'을 지키지 못한 것을 무마하려고 한다. 그것은 마치 위가 단단한 음식을 소화하지 못할 때 자연히 물만 먹고 싶은 욕구를 불러일으키는 것과 같다. '정의와 긍휼과 믿음' 등 율법의 대의는 간과하면서 '박하와 회향과 근채'의 십일조를 드리는 것과 같이 작은 일에 열심을 내던 바리새인들이 그 좋은 예가 된다(참조. 마 23:23). 둘째, 또 어떤 이들은 큰 죄를 범하지 않았다는 점을 내세워 사소하게 보이는 다른 잘못들을 무마하려 한다. 우리는 아무리 작은 죄를 범했어도 '이것이 과연 작은 죄인가? 이래서야 내 영혼이 제대로 살 수 있겠는가?' 라고 탄식해야 마땅하다.

| 이유 | Ⅴ. 말을 함부로 하는 것은 대체로 위선자들이 범하는 죄이기 때문이다. 위선자일수록 자기 혀를 다스리지 못한다. 그들은 경건하게 보이나 가장 구애받지 않고 남들을 비판한다. 그 이유는 다음과 같다. (1) 위선자는 자신이 이미 죄책감에 익숙해져 있어서 다른 사람들에 대해서도 쉽게 의심하기 때문이다. 나지안젠은 자기 부친에 대해 다음과 같이 회고한다. *οὔτε τὶ τῶν πονηρῶν αὐτὸς παραδέχη*(그분은 정직하고 꾸밈

이 없어서 좀처럼 남을 나쁘게 생각하려고 하지 않았다). 나지안젠은 그 이유를 다음과 같이 말한다. *βραδὺ γὰρ εἰς ὑπόνοιαν κακοῦ, τὸ πρὸς κακίαν δυσκίνητον*(선한 사람들은 좀처럼 남들을 의심하지 않으며, 꾸밈없는 사람들은 남들도 자기와 같다고 생각하기 때문이다). (2) 위선자들은 자기 문제는 도외시한 채, 남의 일에만 관심을 쏟기 때문이다. '남에 대한 비판'은 자기 자신에게서 관심의 눈을 떼게 하려는 마귀의 계략이다. 그러므로 그들은 자신의 죄책감을 무마하기 위해 남들의 죄를 맹렬히 비판한다. 이와 대조적으로 온유한 사람은 스스로를 돌아본다. 그래서 책망거리를 다른 사람이 아닌 자기 속에서 찾는다. (3) 위선자들은 참된 그리스도인들처럼 온유하지도 않고 친절하지도 않기 때문이다. 사람은 보통 다른 사람의 결핍을 지적할 때 매우 조심스럽다. "형제들아 사람이 만일 무슨 범죄한 일이 드러나거든 신령한 너희는 온유한 심령으로 그러한 자를 바로잡고"(갈 6:1). 진실하게 성령을 의지해서 사는 사람일수록 더욱 부드러운 마음으로 넘어진 형제를 다시 일으켜 준다(*καταρτίζετε*). (4) 위선자들은 교만하기 때문이다. 즉 남들에 대해 자기를 위한 장식물 정도로 생각하고 있기 때문에 서슴없이 모욕을 준다. 그 예로 디오드레베라는 자는 스스로 으뜸 되기를 좋아했기 때문에 하나님의 말씀을 전해 준 요한에 대해서까지 함부로 비판했다(참조. 요삼 9-10). (5) 위선자들은 혀를 최고의 무기로 삼고 있어서 그것을 자제할 수 없기 때문이다. 신앙생활을 입으로 할 때, 그 신앙의 방향은 자연히 논쟁으로 남들보다 위에 군림하는 데로 향하며, 그렇게 하자면 타인에게 모욕을 줄 수밖에 없다. 그들은 남들에 대한 비판을 신앙의 한 부분으로 정당화한다. 주님께서는 본문을 통해서 우리 마음에도 이상과 같은 여러 성향들이 있지는 않은지 살필 것을 요구하신다.

| 이유 | Ⅵ. 혀는 마음과 긴밀히 연결되어 있어서 마음 상태를 겉으로 가장 잘 드러내 주기 때문이다. 그래서 야고보는 '자기 혀를 재갈 물리지 아니하면 이 사람의 경건은 헛것'이라고 경고한다. 세네카는 '말이란 겉으로 드러난 마음의 모습'이라고 했다. 그리고 더 나아가 '입은 마음속에서 흘러넘치는 것을 말한다'고 하였다. 사람들이 지니고 있는 신앙의 수

준은 대체로 그들이 내뱉는 무절제한 언어로 식별된다. 이 경우, 말은 그들 속에 가득 찬 악의 배설물과 구토 이상의 것이 아니다. 파레우스는 당시 예수회의 추종자들(The Jesuits)에 대해 다음과 같이 말한다. *qui theologiam in caninam maledicentiam transferunt*(그들이 내뱉는 상스러운 비판 속에서 그들의 신학이 어느 정도인지를 쉽게 발견할 수 있다). 이상과 같은 이유들을 전제하고 본문을 대하면 각 구절의 의미 분석이 좀 더 수월해질 것이다.

누구든지 스스로 경건하다 생각하며. '예배에 반드시 참석하고 첫 번째 돌판에 새겨진 의무들을 이행한 것으로 자기나 타인들 앞에서 스스로 경건하다 생각하며' 라는 뜻이다.

자기 혀를 재갈 물리지 아니하고. '불평, 악담, 비난, 욕설 등 혀에서 나오는 악을 삼가지 아니하고' 라는 의미다. 그중에서도 야고보가 뜻하는 바는 주로 비난과 욕설인 듯하다.

자기 마음을 속이면. 이 구절은 두 방향으로 이해될 수 있다. (1) 다른 사람에 대해서는 가차 없이 비난하지만, 자기 자신은 지나치게 좋게 생각한다는 의미다. 자애(自愛)는 위선의 신조다. 그들은 자신을 성찰하지 않고 남들만 의심한다. 가룟 유다는 예수님을 팔아넘길 계획을 다 세워 놓고도 '랍비여 나는 아니지요' (마 26:25)라고 말했다. 그들은 자신에게는 과도할 정도로 한결같이 너그러운 반면, 남들에 대해서는 지나치게 혹독하다. (2) 스스로 자랑함으로써 자기 마음을 속일 뿐 아니라 남들도 그렇게 생각해 주기를 바란다는 의미다.

이 사람의 경건은 헛것이라. 하나님께 받은 은혜들, 즉 자기 속에 남아 있는 선한 것들을 헛되고 무익하게 만든다는 의미다. 혹은 좀 더 적극적으로는 신앙의 목적을 상실하게 된다는 것을 뜻한다.

강해 1

스스로 경건하다 생각하며. 이 구절은 앞에서 언급한 내용 외에도 단지 외식과 허울에만 근거한 신앙이 있을 수 있음을 암시해 준다. 다음 구절들에서 그 예를 볼 수 있다. 고전 8:2, "만일 누구든지 무엇을 아는 줄로 생각하면"에서와 같이 자기 지식에 긍지를 느끼고 자랑하는 경우다. 또 갈 6:3, "만일 누가 아무것도 되지 못하고 된 줄로 생각하면"이라고 언급한 것처럼, 마음이 교만하여 자기 자신의 가치를 사실 이상으로 평가하는 경우로서 이러한 상태는 비록 신앙의 모습을 하고 있으나 신앙 자체는 아니다. 그러므로 '경건의 모양'(딤후 3:5)이나 '지식과 진리의 형식'(롬 2:20, 개역개정 성경에는 '지식과 진리의 모본'으로 번역되었음-역주) 등 천박한 사고와 가식적인 고백 상태에 머물러 있지 말라. 그러한 삶은 세상에서는 꽤 인정받을지 모르나 하나님 앞에서는 일고의 가치도 없다. 따라서 '지금 내가 하는 행동이 위선적이지 않은가?'라는 질문을 끊임없이 되풀이해야 한다. 자신이 경건하다고 생각된다면 실제로 그렇게 되기를 힘쓰라.[145]

강해 2

자기 혀를 재갈 물리지 아니하고. 혀를 다스리는 일은 신앙생활에 있어서 하나의 커다란 과제다. 이 가운데 거짓말, 저주, 맹세, 조롱, 음담 등은 반드시 제거되어야 할 악이다. 이 다섯 가지 악에 대해 생각해 보자. (1) 거짓말 - 무슨 말을 하든, 꾸미거나 모호하게 하지 말라. 진실은 사회생활의 기반이다. 따라서 거짓말은 인류의 선을 파괴하는 죄다. 고소하는 자, 즉 마귀는 '거짓말쟁이'라고도 불린다. 그러므로 확실하게 알기 전에는 다른 사람의 죄를 들먹이지 말라. 이스라엘 사람들은 예레미야가 자신들의 죄를 지적하며 회개를 촉구하자, "고소하라 우리도 고소하리라"(렘 20:10)라고 위협했다. 그것은 예레미야에게 고소할 만한 어떤 죄가 있어서가 아니었다. 그들은 단지 거짓말로 협박했다. 마치 적은 양의 물이 증발하면 큰 부피의 수증기로 변하듯이, 거짓말이 협박으로까지 발전한 것이다. 예수님이 빌라도의 법정에 서셨을 때도 이스라엘 사람들은 빌라도에게 "이 사람을 놓으면 가이사의 충신이 아니니이다"라고 거짓 협박했다. 즉 '그 일(예수님을 십자가에 못 박는 일)을 하지 않으면 당신은 죄를

145) 'Quod videri vis, illud esse debes.'

짓는 셈이다'(*Crassa negligentia dolus est*)라는 압력이었다. (2) 저주 – 혀가 이렇게 거칠게 사용될 때는 마음도 그만큼 부패했다는 증거다. 하나님이 에발 산에서 저주를 선포하실 때, 열두 족속 중 가장 악한 족속, 즉 아버지의 침상을 더럽힌 르우벤의 자손들을 사용하신 일은 주목할 만한 사실이다(참조. 신 27:13,20; 창 35:22). 자기 입으로 저주를 내뱉는 자에게 내려질 복은 아무것도 없다. (3) 맹세 – 전 9:2은 의인을 가리켜 '맹세하기를 무서워하는 자' 라고 한다. 여기서 맹세라 함은 말로 하는 거짓 맹세뿐 아니라 마음속으로 하는 거짓 맹세, 허황된 말, 하찮은 일을 과장해서 주장하는 것까지도 포함한다. 사소한 문제에도 단호한 주장을 남발하는 사람들은 그보다 조금 더 중요한 일이 생기면, 더 이상 자기를 변호해 줄 것이 없을 때 최후로 사용해야 할 맹세를 함부로 사용한다. (4) 조롱 – 이것은 단지 남에게 큰 모욕을 주는 일뿐 아니라, 다른 이들의 의견을 놓고 몇몇이 모여 헐뜯거나 수군대는 등 타인의 문제에 간섭하는 일까지 포함한다. 성경이 나아만에 대해 말할 때 "크고 존귀한 자…큰 용사이나 나병환자더라"(왕하 5:1)라고 한 것처럼, '그러나' 라는 말과 더불어 남을 칭찬하는 것도 조롱이다. 사도들은 그러한 태도를 누누이 경고한다. 사람들은 어떤 이에 대해 이런저런 점을 들어 칭찬하다가 '그러나' 라고 말의 방향을 바꾼다. 그래서 입을 맞추는 체하면서 상처를 준다. 그 칭찬의 말은 조롱하기 위해 꺼내는 서두 정도에 지나지 않는다. 그것은 마치 활 쏘는 이가 화살을 더 멀리 보내기 위해 시위를 뒤로 당기는 것과 같다. 이와 대조해 볼 때 제롬이 아젤라(Asella)에 대해서 한 말은 상당한 찬사였다. *Habebat silentium loquens*(그녀는 말할 때조차 조용했다). 이렇게 말한 이유는 그녀가 오직 신앙적이고도 꼭 필요한 내용만 이야기했을 뿐 다른 사람의 인격이나 명예에는 조금도 간섭하지 않았기 때문이다. (5) 음담 – 골 3:8에서는 이것을 가리켜 '썩은 말'(*σάπρος λόγος*, 개역개정 성경에는 '부끄러운 말' 로 번역되었음–역주)이라고 하며, 엡 5:4에서는 '누추한 말' 이라고 한다. 많은 사람들이 이처럼 비속한 이야기를 은밀히 즐긴다. 그들의 입에서 나오는 것은 썩은 입김이 아닌가! 온갖 종류의 희롱의 말이 다 음담에 해당된다. 아리스토텔레스에게는 덕으로 인정되던

*εὐτραπελία*가 바울에게는 죄로 판단되었다(참조. 엡 5:4).

강해 3

자기 마음을 속이면. 위선자들은 결국 자기 자신까지 속이는 데에 이른다. 거짓말을 자주 하다 보면 나중에는 그것을 사실로 믿기 시작한다. 그때 그들의 양심은 위선을 선으로 여겨 아무 가책도 느끼지 않는다. 이처럼 거짓을 거짓으로 징벌하시는 것이 하나님의 공의다. 위선자들은 남을 속이듯이 자기 자신도, 자기 마음도 속인다. 마치 조각가가 자기 작품을 살아 있는 사람으로 착각하고 그 모습에 끌려 사랑에 빠지는 것과 같다. 하지만 위선은 완고와 무지함으로 끝을 맺는다. 그것은 조각가가 처음에는 자기 작품이 단지 그림이나 조각에 불과하다는 것을 알다가도 작품에 깊이 몰두하면서 그 사실을 까맣게 잊어버리는 것이나 마찬가지다. 위선자들은 그 마음이 더욱 굳어질수록 하나님도 인간처럼 쉽게 조소하고 속일 수 있는 대상으로 여긴다.

강해 4

이 사람의 경건은 헛것이라. 꾸며진 신앙은 열매를 맺을 수 없다. 하나님 앞에서는 겉모습이 아무리 훌륭해도 다 소용없다. 사람에게 무엇보다 참기 힘든 사실은, 자기가 사려를 다해 행한 것이 수포로 돌아가는 일이다. 희망이 그만큼 컸기 때문에 그 결과로 인한 번민도 클 수밖에 없다. 사람이 지옥에서 당할 많은 고통 중에서, 자신이 세상에서 그처럼 열심히 추구했던 일이 헛것이었음을 회상하는 것도 결코 적지 않은 고통일 것이다. '나는 그리스도의 이름으로 예언을 하고 이적도 행했는데… 나는 모든 손해와 불행을 무릅쓰고 선한 편에 가담하여 일해 왔는데… 그럼에도 내가 지금 지옥에 있다니.' 고통당하는 자리에서 그런 이야기를 되뇌이는 것이 얼마나 슬픈 일이겠는가! 현재 참된 경건의 삶을 살고 있지 않다면, 자신의 희망이 크면 클수록 종국에 당할 심신의 고통도 더욱더 심해진다는 사실을 명심하라. 마치 높은 곳에서 떨어진 돌일수록 더 잘게 으스러지듯이….

[27] 하나님 아버지 앞에서 정결하고 더러움이 없는 경건은 곧 고아와 과부를 그 환난 중에 돌보고 또 자기를 지켜 세속에 물들지 아니하는 그것이니라.

야고보는 여기서 적극적인 실천을 제시한다. 사람이 자기의 신앙을 수포로 돌리지 않기 위해서는 남에게 해를 가하지 말아야 하듯이, 자기 신앙을 더럽히지 않고 정결하게 간직하려면 적극적으로 선을 행해야 한다.

[배경에 관한 강해]

신앙은 무엇을 금하는 것만으로는 충분하지 않다. 올바른 신앙을 지니고 있다면 자기 혀를 자제하는 것에서 그치지 말고, 고아와 같이 의지할 데 없는 사람들을 돌보아야 한다. 우리는 이러한 권고를 받을 때 하나님께서 우리에게 어떤 은혜를 내리셨는지를 기억하자. 하나님의 은혜는 직접적이면서도 적극적이다. 그분은 우리를 지옥에서 건져 내셨을 뿐 아니라 영광을 확신하는 자리에 세워 주셨다. 자기 형 암논을 죽인 압살롬에게 있어서 참으로 괴로웠던 일은, 비록 형벌은 모면했다 하더라도 왕의 얼굴을 볼 수 없게 된 사실이었다. 하나님의 은혜는 이와 달리 완전한 사죄로 주어진다. 진노의 대상이었던 우리가 그분의 은혜로 사랑의 대상이 된 것이다. 하나님은 아브라함에게 "나는 네 방패요 너의 지극히 큰 상급이니라"(창 15:1)라고 말씀하셨다. 즉 보호자와 구주시라는 말씀이다. 이 하나님은 모든 정직한 자에게 '해와 방패'가 되신다(시 84:11). '방패'라 함은 성도들을 위험으로부터 막아 주신다는 의미며, '해'라 함은 모든 양식과 생명, 복을 베푸신다는 의미다. 그러므로 이러한 적극적인 은혜를 받은 우리는 마땅히 하늘 아버지를 닮아야 한다. 우리는 단순히 악을 제거하는 일에만 몰두하지 말고 선한 일을 행하기 위해 마음을 써야 한다. 성도의 삶 속에는 죄를 짓지 않으려는 결단과 더불어 하나님과 끊임없는 교제를 나누기 위한 관심이 있어야 마땅하다. 다음 두 말씀은 성도가 하지 말아야 할 것과 해야 할 것에 대한 두 가지를 모두 가르쳐 준다. "악인들의 꾀를 따르지 아니하며…오직 여호와의 율법을 즐거워하여"(시 1:1-2), "육신을 따르지 않고 그 영을 따라"(롬 8:4). 어떤 사람은 술도 마시지 않고 겉으로 나쁜 짓도 하지 않는다. 그렇다고 해서 그가 경건한 사람인가? 그 사람 안에 신앙의 향기와 능력이 있는가? 그 사람 마음속에 신령한 생활로 인한 감동과 느낌이 생동하는가? 하나님은 죄를 미워하시고 은혜를 기뻐하신다. 따라서 비교적 덜 악한 상태는 기껏해야 서늘한 지옥에 해당할 뿐이다. 복음서를 살펴보면, 바리새인들의 신앙은 '아니하고'로 일관한다(참조. 눅 18:11). 하지만 악을 행하지 않고 점잖게 사는 것만으로는 충분하지 않다. 성도들의 삶에는 반드시 은혜가 있어야 하며, 받은 은혜의 실천이 따라야 한다. 내가 관찰한 바에 따르면, 양심을 괴롭히는 요인은 은혜의 결핍이라기보다는 죄책감이다. 그 이유는 양심이 영적인 결핍 때문에 가책을 받는 일은 거의 없는 반면, 죄는 사람의 생각을 실제로 뒤흔들어 놓기 때문이다. 그러나 적극적으로 선을 행하지 않는 자나 적극적으로 악을 행하는 자나 하나님이 미워하시기는 마찬가지다. 나쁜 열매를 맺는 나무뿐 아니라 열매를 맺지 못하는 나무도 베어지고 만다. 종이 주인에게 손해를 끼치지 않는 행위를 했다고 해서 그 종을 훌륭하다고 할 수는 없다. 종이라면 반드시 적극적으로 주인의 일을 해야 한다. 예수께서 비유 가운데 책망하신 종은 자기에게 맡겨진 달란트를 탕진해서가 아니라, 그것을 사용하지 않고 수건으로 싸 두었기 때문에 책망받았던 사실을 명심하라.

본문으로 돌아와 생각해 보자. 야고보는 성도들에게 곤궁에 처한 사람들을 돌보고 경건한 대화를 함으로써 자신들의 참된 경건을 보이고, 자신들의 신앙이 기독교가 가르치는 정결하고 흠 없는 믿음임을 보이라고 훈계한다.

정결하고 더러움이 없는 경건. 야고보는 이 구절로써 신앙의 성격 전체를 표현하는 것이 아니라 그중 한 측면을 가리키고 있다. 믿음과 예배도 신앙의 중요한 요소이기 때문이다. 하지만 믿음과 예배의 진위는 구체적인 이웃 사랑과 거룩한 생활로 판명된다. 그러므로 모든 종교는 외적인 윤리 행위로만 구성된다고 주장하는 오늘날의 반(反)성경주의자들은 본절을 기록한 야고보의 의도를 심하게 왜곡하고 있는 셈이다. 야고보가 신앙을 특별히 이웃 사랑으로 표현하고 있는 이유는 믿음과 예배에 충실한 체하면서 이웃 사랑을 도외시하는 위선자들을 대상으로 이야기하고 있기 때문이다.

하나님 아버지 앞에서. 이것을 한마디로 하면 '하나님 앞에서' 로서, 그분은 그리스도의 아버지이신 동시에 그리스도 안에 있는 우리의 아버지시다. 이와 비슷한 표현이 여러 구절에서 사용된다. "찬송하리로다 그는 우리 주 예수 그리스도의 하나님이시요 자비의 아버지시요"(고후 1:3). "우리 주 예수 그리스도의 이름으로 항상 아버지 하나님께"(엡 5:20; 참조. 1:3). 이러한 경우에 있어서 '하나님 아버지' 란 말은 '하나님' 과 '아버지' 가 각기 다른 분이라는 의미가 아니라 '아버지 되시는 하나님' 이란 의미다. 따라서 본 절의 '하나님 아버지 앞에서' 도 '하나님 앞에서' 와 마찬가지 의미로서, '그분이 보시기에' '그분이 평가하시기에' 란 뜻이다. 위선자들은 사람들을 속일 수 있다. 사람들은 오직 겉으로 드러나는 것을 보기 때문이다. 그러나 하나님 아버지께서는 올바로 판단하신다. 또한 '하나님 앞에서' 란 말 안에는 그리스도인들이 지녀야 할 '성실성' 의 의미도 함축되어 있다. 그리스도인들은 매사를 하나님 앞에서 하듯 행해야 한다.

돌보고. 이 단어는 제유법(提喩法, 부분으로 전체를 나타내는 수사법-역주)으로 쓰여서, 모든 사랑의 의무를 함축한다. 즉 '돌보다' 는 말은 어려움에 처한 사람들을 위로하고 그들이 필요로 하는 것을 공급해 준다는 의미를 지닌다. 바로 이 한마디 안에 우리가 이웃에게 베풀어야 할 모든 사랑의 의무가 담겨 있다.

고아와 과부. 야고보는 이 두 경우의 사람만 예로 들었으나 비슷한 처지에 있는 다른 사람도 이 두 경우에 포함된다. 고아와 과부 외에도 가난한 자, 병든 자, 갇힌 자, 나그네 등도 우리가 자비를 베풀어야 할 대상들로서, 성경은 그들에 대해서도 자비를 베풀라고 가르친다. 그러나 그중에서도 고아와 과부는 특히 외로운 이들이며, 무관심과 학대의 대상이 되기 쉬운 사람들이다. 성경은 여러 곳에서 이들에 관해 언급한다. "고아를 위하여 신원하며 과부를 위하여 변호하라"(사 1:17; 참조. 시 146:9; 잠 15:25; 23:10).

그 환난 중에. 즉 '그들이 곤궁과 억압에 처해 있을 때' 라는 의미다. 이 구절을 덧붙인 이유는 고아와 과부들 중에서도 부유하고 건강한 이들을 찾아가는 것으로써 자기의 의무를 다했다고 생각하는 일이 없도록 하기 위함이다.

또 자기를 지켜…물들지 아니하는. 이웃 사랑의 의무에 이 권고를 덧붙인 이유는 이웃 사랑과 거룩한 생활은 불가분의 관계를 맺고 있음을 밝히고, 더 나아가 이웃 사랑과 더불어 거룩한 생활을 가르치지 않는 종교는 거짓임을 드러내기 위함이다. 실제로 가톨릭 교도들은 이 둘을 구분하고, 자선을 거룩한 생활의 결핍을 메워 주는 공로로 여기고 있다.

세속에. 성경에서 '세상' 이란 단어는 나쁜 의미로 쓰일 때는 '세상에 속한 사람들' 혹은 '세상의 정욕' 이란 의미를 지닌다. "세상에 있는 모든 것이 육신의 정욕과 안목의 정욕과 이생의 자랑이니"(요일 2:16). 그러므로 '자기를 지켜 세속에 물들지 아니하는 것' 은 역사 속에서 밝혀진 악한 선례들을 답습하지 않으며, 오늘날 유행하여 대세를 이루고 있는 세상의 정욕으로부터 자신을 지키는 일이다.

강해 1

계명이 순결할 때 그 계명은 종교의 영광이 된다. "여호와의 계명은 순결하여 눈을 밝게 하시도다"(시 19:8). 하나님의 말씀 외에 어떤 경건도 그처럼 거룩하고 선한 생활의 길잡이가 되지 못한다. 거짓 종교는 사람들을 더러운 행실로 유도함으로써 스스로 거짓됨을 드러낸다. 좀 더 구체적으로 말해서 하나님은 우상 숭배자들을 그들이 추구하는 음란 가운데 그냥 버려두시고, 더러움 속에 처한 자신들의 모습을 경멸하도록 놓아두신다(참조. 롬 1장). 이런 의미에서 로마 가톨릭은 사람들을 선한 생활로 인도해 주는 좋은 벗이 되지 못한다. 그들이 제시하던 면죄부는 사람들에게 죄에 대한 경각심을 갖게 해 주기는커녕 오히려 마음을 안일하게 만들었다. 성경은 참된 기독교 신앙을 일컬어 '지극히 거룩한 믿음' 이라고 한다. 어떠한 신앙도 기독교 신앙처럼 상을 받을 정도로 높은 수준에 이르지 못하며, 계명을 지킬 정도로 거룩한 수준에 도달하지 못한다. 그렇다면 불결한 삶은 거룩한 믿음과 어울릴 수 없다. 귀한 술은 깨끗한 병에 보관되어야 하듯이 '믿음의 비밀' 도 '깨끗한 양심' 속에 간직되어야 한다(참조. 딤전 3:9). 우리의 행실이 깨끗하고 마음이 청결할 때처럼 우리 자신과 신앙이 잘 일치되는 때는 없다. "행위가 온전하여 여호와의 율법을 따라 행하는 자들은 복이 있음이여…참으로 그들은 불의를 행하지 아니하고 주의 도를 행하는도다"(시 119:1,3), "마음이 청결한 자는 복이 있나니"(마 5:8).

강해 2

청결한 행실로써 하나님을 향한 순수한 믿음을 간직하라. 거룩한 생활과 인자한 성품은 신앙을 아름답게 꾸며주는 장식품과도 같다. 즉 신앙은 종교 의식으로 장식되는 것이 아니라 깨끗하고 남을 불쌍히 여길 줄 아는 생활로 아름다워진다. 그래서 바울은 성도들의 정결한 생활을 우리 구주 하나님의 교훈을 빛나게 하는 것으로 표현한다(참조. 딛 2:10). 우리의 신앙을 빛나게 하거나 더럽게 하는 것은 우리의 행동 여하에 달려 있다. "지혜는 그 행한 일로 인하여 옳다 함을 얻느니라"(마 11:19). 정직한 행실은 그 사람의 삶을 빛나게 해 준다. 마찬가지로 남에게 자비를 베풀며 사는 사람은 자기가 믿는 신앙을 영예롭게 한다. 이에 반해 시기심을 품고 사는 사람은 오히려 자기가 믿음을 더럽힌다. 롬 5:7에서 바울은 "의인을 위하여 죽는 자가 쉽지 않고 선인을 위하여 용감히 죽는 자가 혹 있거니와" 라고 말한다. 냉정하게 의만 지니고 사는 사람은 사랑보다는 오히려 미움을 받기 쉽다. 하지만 선하고 관대한 사람은 다른 사람의 마음을 얻고, 심지어 대신 죽어줄 사람도 생기게 된다.

강해 3

경건의 열매와 증표는 고난에 처한 이들을 보살피는 것으로서 뚜렷이 나타난다. 우리는 마태복음 25장에서 '남을 긍휼히 여긴 행위' 가 양을 염소와 분리시키는 이유로 설명되는 것을 볼 수 있다(31-46절). 그때에 남에게 자비를 베풀며 살아온 사람들은 하나님께로부터 자비를 기대하고 또 실제로 얻을 수 있게 된다. 자비를 행하는 것은 하나님의 성품을 닮아 가는 일이다. 우리는 우리 마음이 하나님을 닮은 정도에 따라 하나님께 가까이 나아가기도 하고 멀리 떠나기도 한다. 마음이 하나님과 닮지 않고 부조화한 것이 남을 미워하게 되는 원인이다. 하나님의 성품 가운데 찬연히 빛나는 것 중 하나는, 지칠 줄 모르는 사랑과 긍휼이다. 그분은 친히 고아와 과부들을 돌보신다. 우리 안에 하나님의 형상이 있다면, 우리도 그러해야 한다. 우리가 믿는 종교의 정신은 용서다. 그러므로 바울은 남을 돌볼 줄 모르는 인색한 사람을 '믿음을 배반한 자'(딤전 5:8)라고까지 표현한다.

강해 4

긍휼을 베풀어야 할 대상은 심각한 곤궁에 처한 이들이다. 그래서 야고보는 '고아와 과부'를 예로 들면서도 '그 환난 중에'라는 단서를 붙인다. 우리가 베풀었을 때 보답할 능력이 없는 자들을 돕는 것이 진정한 도움이다. "네가 점심이나 저녁이나 베풀거든 벗이나 형제나 친척이나 부한 이웃을 청하지 말라"(눅 14:12). 보답할 능력이 있는 사람에게 베푼 도움은 자기 목적상 어느 정도 이익이 될지 모른다. 그러나 하나님은 결코 그런 행위를 받지 않으신다. 우리는 종종 자선을 상업화하여 거기서 어떤 이익을 꾀하고 있지는 않은가? 그렇다면 우리가 발휘할 수 있는 고귀한 심정은 여지없이 저급한 차원으로 떨어지고 만다. 부유한 과부를 찾아가는 것은 친절 행위 이상일 수 없다. 반면에, 과부는 아닐지라도 곤궁에 처한 불쌍한 자들을 돌보는 것이야말로 진정한 자선이다.

강해 5

가난한 자를 돌보는 일은 예배를 드리듯 하나님을 경외하는 심정으로 해야 한다. 야고보는 본 절에서 고아를 '돌보는 것'을 '*θρησκεία*', 즉 '신앙(religion)'이라는 단어로 표현했다. 그리스도인들은 이웃을 사랑하라는 계명을 하나님을 사랑하라는 계명으로 환원시키는 거룩한 기술을 지니고 있다. 그래서 사람을 대하는 일에 있어서도 자기 몸을 하나님께 산

제물로 드린다(롬 12:1). 히브리서 저자는 "오직 선을 행함과 서로 나누어 주기를 잊지 말라 하나님은 이 같은 제사를 기뻐하시느니라"(히 13:16)고 가르친다. 선을 행하는 것은 두 번째 돌판에 기록된 의무며, 하나님께 제사를 드리는 것은 첫 번째 돌판에 기록된 의무다. 그런데 히브리서 저자의 가르침대로 하자면 남을 돕는 일이 곧 하나님께 드리는 제사다(여기서 제사라 할 때는 속죄제가 아닌 감사제를 말한다). 바로 이 점이 그리스도인들과 세상 사람들 간의 차이점이다. 같은 동정을 베풀더라도 그리스도인은 그 일로 인해 하나님이 받으시는 경배를 드린다. 비단 남을 돕는 일뿐 아니라 일상적인 일을 할 때도 그리스도인은 신앙상의 이유와 원칙에 입각해서 행동하며, 사람에게 무슨 일을 하든지 하나님을 경외하고 사랑하는 심정으로, 하나님을 위해 그 일을 한다. 세상 사람들은 이익과 양심에 의해 움직인다. 그들은 삼손에 의해 꼬리가 묶인 여우들처럼 이익에 의해 서로 관계를 맺고 있다. 그러나 그리스도인들은 세상 속에 서로 얽혀 살더라도 주님 안에서, 주님께 하듯 행동한다(참조. 엡 5:22; 6:1,7 이하). 자, 그렇다면 우리는 남을 도우려 할 때도 그 목적과 이유를 기억하자. 자선은 경배며 제사다. 그러므로 그것을 자기 명예와 평판이라는 우상 앞에 바쳐서는 안 되며, 개인적인 목적을 위해 행해서도 안 된다. 오직 하나님께 순종하는 마음으로 그분의 영광을 위해 자선을 행해야 한다.

강해 6

하나님…앞에서. 참된 신앙과 그 신앙의 표현은 사람보다 하나님의 눈을 향한다. 사람 앞에서 그럴 듯하게 보이기 위함이 아니라 하나님께서 인정해 주시기를 바라는 것이다. 다윗은 "또한 나는 그의 앞에 완전하여 나의 죄악에서 스스로 자신을 지켰나니"(시 18:23)라고 고백한다. 우리의 모든 행위를 하나님 앞에 낱낱이 아뢰고, 그분 앞에서 행해야 할 바를 행하는 것이야말로 참된 정직의 열매다. 다윗은 "내가 여호와를 항상 내 앞에 모심이여"(시 16:8)라고 말한다. 매사에 하나님이 바라보고 계시다고 생각하며 행동했다는 말이다. '내가 지금 하는 이 일이 하나님이 아시고 인정해 주실 만한 일이겠는가?' 라는 질문이 항상 그를 떠나지 않았던 것이다. 또한 그는 "내가 주의 법도들과 증거들을 지켰사오니 나의 모든 행위가 주 앞에 있음이니이다"(시 119:168)라고 고백한다. 다윗은 자기의 모든 행위가 주님 앞에 있다는 사실, 즉 하나님이 자기를 주의해서 지켜보고 계신다는 사실을, 온 힘을 다하여 계명에 순종해야 할 이유로 삼았다. 위선자들은 그러한 생각을 잠시도 견딜 수 없다. 탕자는 될 수 있는 대로 아버지로부터 멀리 떨어지려고 먼 나라로 떠났다. 욥 13:16에서는 "위선자는 그 앞에 오려고 하지 않나니"(개역개정 성경에는 '경건하지 않은 자는 그 앞에 이르지 못하나니' 로 번역되었음—역주)라고 말한다. 즉 거짓된 자는 하나님이 보고 계시다는 생각을 애써 회피하려고 한다.

강해 7

하나님 아버지 앞에서. 우리는 하나님을 그리스도 안에서 아버지로 생각할 때 가장 친밀하게 그분을 섬길 수 있다. '주여' 란 말과 비교해 볼 때 '우리 아버지' 란 말은 훨씬 더 정겨운 칭호다. 은혜 언약 아래서 하나님의 계명을 지키는 일은, 그분의 도움을 더 충분히 받을 수 있기 때문만이 아니라, 하나님과의 그처럼 정겨운 관계 아래 하는 일이기 때문에 훨씬 수월하다. 하나님은 우리를 종이 아닌 아들로 삼으셨다. 그러므로 하나님을 친밀히 대하자. 그러면 그분이 하시는 일이 우리에게도 즐겁게 여겨질 것이다. 하나님께서 단지 창조주로서만이 아니라 아버지로서 자비를 베푸셨음을 인식할 때, 우리는 그 자비를 더욱 친밀히 느끼게 된다. 그리고 우리가 종이 아닌 아들로서 하나님 앞에 나아갈 때 더 확신을 가지고 그분의 계명을 지키게 된다. 종은 아들보다 더 고생하며 부지런히 일하지만, 그럼에도 일을 마친 뒤 누리는 기쁨에 있어서는 아들만 못한 법이다.

강해 8

곤궁에 처한 이웃을 돌보는 일과 세속에 물들지 않는 생활은 반드시 병행되어야 한다. 그리스도께서도 야고보처럼 이 두 가지를 함께 가르치신다. "긍휼히 여기는 자는 복이 있나니 그들이 긍휼히 여김을 받을 것임이요 마음이 청결한 자는 복이 있나니 그들이 하나님을 볼 것임이요"(마

5:7-8). 남을 긍휼히 여기지만 행실이 깨끗하지 못한 자는, 남은 환대하고 자기는 박대하는 사람이다. 선함과 의로움은 종종 구약성경에서도 함께 취급된다(참조. 미 6:8; 단 4:27). 이처럼 하나님께서 연결시켜 놓은 것을 사람이 별개로 취급한다면 이상한 일이 아니겠는가? 어떤 이들은 눈은 고결하지만 긍휼을 베풀 줄 모르기 때문에 값싸고 열매 없는 고백만 하는 것으로 만족한다. 한편, 다른 이들은 생활이 악하고 문란하지만 남을 불쌍히 여겨 돕는 일에는 열심을 낸다. 전자는 신앙이라는 허울 속에 탐욕이 도사리고 있고, 후자는 악에 찌든 자신의 삶을 많은 구제로써 용서받고자 하는 희망이 숨어 있다. 후자는 지갑을 비우는 것이 마치 양심을 달래는 방법인 양 생각하고 있다. 그러므로 우리는 손을 넓게 펴서 불쌍한 이를 돌보는 동시에 마음을 청결하게 해야 한다. '고아와 과부를 돌보고' 또한 '자기를 지켜 세속에 물들지 않는' 자가 되어야 한다.

강해 9

세상은 더럽고 오염된 곳이다. 그 안에 묻혀 살면서 자기 옷을 더럽히지 않을 사람은 아무도 없다. (1) 세상에 속한 것들은 우리의 정신을 더럽힌다. 그리고 그런 것들에 의해 우리는 쉽게 세속화된다. 석탄을 만지고도 더러워지지 않기란 쉬운 일이 아니다. 우리 정신은 우리가 늘 대하는 대상들에 의해 물들어 간다. 그래서 그리스도께서는 다음과 같이 기도하셨다. "내가 비옵는 것은 그들을 세상에서 데려가시기를 위함이 아니요 다만 악에 빠지지 않게 보전하시기를 위함이니이다"(요 17:15). 주님은 명예와 쾌락, 행복을 최고선으로 여기는 이 세상 속에서 사는 것이 얼마나 큰 시험인지를 아셨다. 그러므로 바울이 "그리스도로 말미암아 세상이 나를 대하여 십자가에 못 박히고 내가 또한 세상을 대하여 그러하니라"(갈 6:14)라고 말할 수 있었던 것은 행복한 일이었다. 세상은 바울을 미워했고, 그도 세상에 관심을 두지 않았다. 그리스도로 말미암아 세상은 많은 사람들을 십자가에 못 박았다. 하지만 이들은 세상에 대하여 그렇지 못하다. 그들은 뜬 구름을 좇아 산다. (2) 세상의 정욕, 이것은 사람 속에 내재해 있는 빛과 우수성을 가리고 그것을 더럽힌다. 그래서 베드로는 '정욕 때문에 세상에서 썩어질 것' 을 피하라고 권한다(벧후 1:4). 우리의 감정은 원래 고차원적인 목적을 위해 만들어진 것이지 결코 정욕 안에서 녹아 없어지도록 만들어진 것이 아니다. 세상의 쾌락을 사랑하는 것은 마치 온몸에 검정 칠을 한 사람과 더불어 침상을 더럽히는 것과 같으며, 욕정에 굶주려 있는 것은 오물을 껴안고 거름더미를 안는 것과 같은 행위다(참조. 애 4:5). (3) 세상에 속한 사람들은 더럽고 악취를 풍기는 존재들이다. 우리가 그들로 인해 더러워지지 않고 그들을 상대하기란 불가능한 일이다. 바울은 다음과 같이 훈계한다. "누구든지 이런 것에서 자기를 깨끗하게 하면 귀히 쓰는 그릇이 되어 거룩하고 주인의 쓰심에 합당하며"(딤후 2:21). 여기서 '이런 것' 이란 '독한 피부병으로 썩어져 감' 과 같은 망령되고 헛된 교훈을 가리킨다. 바울은 이런 교훈을 가르치는 자들을 하나님의 집(곧, 세상)에서 천하게 쓰는 그릇으로 비유하는데, 누구라도 그 교훈에 가담하는 자들은 반드시 더러워지고 만다. 그들과 조금이라도 관계를 맺으면 그들처럼 악해지고 말 것이다. 유다서 12절에서는 그들을 가리켜 '너희의 애찬에 암초' 라고 표현한다. 이처럼 세상에 속한 사람들은 자기와 가까이하는 자들을 더럽힌다.

그러므로 다음 사항을 유념하라. (1) 세상을 더더욱 멀리하자. 항상 세상에 끌려 사는 사람은 분뇨 위에 눕기를 좋아하는 사람과 다름없다. 새 하늘과 새 땅에는 '무엇이든지 속된 것이나 가증한 일 또는 거짓말하는 자' (계 21:27)가 결코 들어오지 못한다. 그곳에서 우리는 순수한 사귐을 가질 수 있으며, 시험을 당할 염려도 없다. 그곳에는 또한 마귀들이 없다. 새 하늘과 새 땅이 임하기 이전에 하나님이 그들을 지옥에 던지셨기 때문이다(벧후 2:4). 그날에는 마귀들이 차지하고 있던 자리를 우리가 채우게 될 것이다. 마귀는 이미 오래전에 하늘에 거하기에 부적합한 자로 정죄되어 비참함과 죄, 괴로움이 가득한 이 세상으로 떨어졌다. 그리고 지금도 마귀는 그 일을 계속하고 있다. 사람들을 그리로 빠져들게 하기 위해 여기저기를 찾아다니고 있다. 그런데 왜 이 어두운 세상을 사랑하려고 나서는가? 왜 사탄을 사랑하려고 하는가? 누구든지 꼼짝 못하고 더럽혀지고 마는, 우주의 그 추하고 스산한 골목을 왜 사랑하려고 하는가? (2) 이 땅에 사는 동안 스스로를 지켜 세속에 물들지 말자. 함정이 있는 곳에서는 더욱 경각심을 갖고 걷자. "그 옷을 더럽히지 아니한 자 몇 명이 네게 있어 흰 옷을 입고 나와 함께 다니리니"(계 3:4). 비록 소수이긴 하지만 세상의 더러움에 오염되지 않은 자들이 몇 명 있다는 말이다. 우리는 이미 하나님의 능력으로 구속함을 받았다. 그러나 이런 의미에서 우리는 우리 자신을 계속해서 지켜야 한다. 깨어 자기 옷을 지키는 자들이 되어야 한다(계 16:15). 우리는 그리스도의 승리를 굳게 믿는 믿음으로 세상을 이길 수 있다(요일 5:4). 우리는 기도로 우리 자신을 하나님께 의뢰하고, 우리를 보호하셔서 그 영광 앞에 흠 없이 기쁨으로 서게 해달라고 기도하자(유 24). 주님의 약속들을 배우고 깊이 묵상함으로써 마음속의 그 약속들을 뚜렷이 바라보고, 그로써 '정욕 때문에 세상에서 썩어질 것'(벧후 1:4)을 피하자(참조. 고후 7:1). 우리는 나병 환자와 같은 세상과 친분을 맺지 말아야 한다. 우리는 거룩한 긍지[146]를 가지고 그런 세상을 경멸해야 한다. 나쁜 친구와 사귀는 사람은 마치 여름 뙤약볕 속에서 걷기를 좋아하다가 살을 그을리는 것을 의식하지 못하는 사람과 같다. 이상과 같은 사항들을 반드시 유념하여 실행에 옮기라. 능력이 하나님께로부터 온다고 해서 경성하며 살 필요가 없다고 생각하는 것은 어리석은 짓이다.

146) 'Discamus sanctam superbiam, et sciamus nos esse illis meliores.' — *Hieron.*

제 2 장

2:1~26

1 내 형제들아 영광의 주 곧 우리 주 예수 그리스도에 대한 믿음을 너희가 가졌으니
사람을 차별하여 대하지 말라 2 만일 너희 회당에 금 가락지를 끼고 아름다운 옷을 입
은 사람이 들어오고 또 남루한 옷을 입은 가난한 사람이 들어올 때에 3 너희가 아름다
운 옷을 입은 자를 눈여겨 보고 말하되 여기 좋은 자리에 앉으소서 하고 또 가난한 자
에게 말하되 너는 거기 서 있든지 내 발등상 아래에 앉으라 하면 4 너희끼리 서로 차
별하며 악한 생각으로 판단하는 자가 되는 것이 아니냐 5 내 사랑하는 형제들아 들을
지어다 하나님이 세상에서 가난한 자를 택하사 믿음에 부요하게 하시고 또 자기를 사
랑하는 자들에게 약속하신 나라를 상속으로 받게 하지 아니하셨느냐 6 너희는 도리
어 가난한 자를 업신여겼도다 부자는 너희를 억압하며 법정으로 끌고 가지 아니하느
냐 7 그들은 너희에게 대하여 일컫는 바 그 아름다운 이름을 비방하지 아니하느냐
8 너희가 만일 성경에 기록된 대로 네 이웃 사랑하기를 네 몸과 같이 하라 하신 최고
의 법을 지키면 잘하는 것이거니와 9 만일 너희가 사람을 차별하여 대하면 죄를 짓는
것이니 율법이 너희를 범법자로 정죄하리라 10 누구든지 온 율법을 지키다가 그 하나
를 범하면 모두 범한 자가 되나니 11 간음하지 말라 하신 이가 또한 살인하지 말라 하
셨은즉 네가 비록 간음하지 아니하여도 살인하면 율법을 범한 자가 되느니라 12 너희
는 자유의 율법대로 심판 받을 자처럼 말도 하고 행하기도 하라 13 긍휼을 행하지 아
니하는 자에게는 긍휼 없는 심판이 있으리라 긍휼은 심판을 이기고 자랑하느니라 14
내 형제들아 만일 사람이 믿음이 있노라 하고 행함이 없으면 무슨 유익이 있으리요
그 믿음이 능히 자기를 구원하겠느냐 15 만일 형제나 자매가 헐벗고 일용할 양식이
없는데 16 너희 중에 누구든지 그에게 이르되 평안히 가라, 덥게 하라, 배부르게 하라
하며 그 몸에 쓸 것을 주지 아니하면 무슨 유익이 있으리요 17 이와 같이 행함이 없는
믿음은 그 자체가 죽은 것이라 18 어떤 사람은 말하기를 너는 믿음이 있고 나는 행함
이 있으니 행함이 없는 네 믿음을 내게 보이라 나는 행함으로 내 믿음을 네게 보이리
라 하리라 19 네가 하나님은 한 분이신 줄을 믿느냐 잘하는도다 귀신들도 믿고 떠느
니라 20 아아 허탄한 사람아 행함이 없는 믿음이 헛것인 줄을 알고자 하느냐 21 우리
조상 아브라함이 그 아들 이삭을 제단에 바칠 때에 행함으로 의롭다 하심을 받은 것
이 아니냐 22 네가 보거니와 믿음이 그의 행함과 함께 일하고 행함으로 믿음이 온전
하게 되었느니라 23 이에 성경에 이른 바 아브라함이 하나님을 믿으니 이것을 의로
여기셨다는 말씀이 이루어졌고 그는 하나님의 벗이라 칭함을 받았나니 24 이로 보건
대 사람이 행함으로 의롭다 하심을 받고 믿음으로만은 아니니라 25 또 이와 같이 기

생 라합이 사자들을 접대하여 다른 길로 나가게 할 때에 행함으로 의롭다 하심을 받은 것이 아니냐 26 영혼 없는 몸이 죽은 것같이 행함이 없는 믿음은 죽은 것이니라

---

1 사랑하는 형제 여러분, 여러분은 영광스러운 우리 주 예수 그리스도를 믿는 자들입니다. 그러므로 사람들을 차별해서 대하지 말기 바랍니다. 2 만일 한 사람은 좋은 옷에 금반지를 끼고 교회에 나왔고, 또 한 사람은 남루한 옷을 입고 교회에 나왔다고 합시다. 3 그때, 옷을 잘 입은 사람에게는 "이리로 와서 좋은 자리에 앉으십시오"라고 말하고, 가난한 사람에게는 "저기에 서 있든지 내 발 밑에 앉으시오"라고 말한다면, 4 사람을 차별하고 있는 것이 아니고 무엇이겠습니까? 여러분은 악한 생각으로 사람들을 판단한 것입니다. 5 사랑하는 형제 여러분, 제 말을 잘 들으십시오. 하나님께서는 세상의 가난한 자를 택하여 믿음으로 부하게 하셨습니다. 그리고 자기를 사랑하는 백성에게 약속하신 나라를 주셨습니다. 6 그런데 여러분은 가난한 사람들을 멸시하고 있습니다. 사실 여러분의 생명을 위협하고 법정으로 끌고 가는 사람들은 부자들인데도 말입니다. 7 그들은 여러분의 주인 되신 예수님을 모독하는 자들이기도 합니다. 8 모든 법 위에 우선되는 법이 있습니다. 그 법은 성경에 기록되어 있습니다. "네 이웃을 네 몸과 같이 사랑하라." 만일 여러분이 이 율법을 지키면, 잘하는 것입니다. 9 그러나 사람을 차별하여 대한다면 죄를 짓는 것이며, 이 율법에 따라 여러분은 하나님의 법을 어긴 것이 됩니다. 10 누구든지 하나님의 율법을 다 지키다가 한 가지 계명을 어기게 되면 율법 전체를 다 어긴 자가 됩니다. 11 "간음하지 마라" 하고 말씀하신 하나님께서 "살인하지 마라" 하고 말씀하셨습니다. 그러므로 간음하지 않았다고 해도 살인을 저질렀다면, 율법 전체를 어긴 셈입니다. 12 여러분은 자유를 주는 법에 의해 심판받을 것입니다. 여러분이 말하고 행동하는 데 있어서 늘 이것을 기억해야 할 것입니다. 13 다른 사람들에게 자비를 베푸십시오. 그렇지 않으면 하나님께서 여러분을 심판하실 때, 여러분에게도 자비를 베풀지 않으실 것입니다. 자비를 베풀었던 자는 후에 아무 두려움 없이 심판 날을 맞이하게 될 것입니다. 14 사랑하는 형제 여러분, 만일 누군가가 믿음이 있다고 하면서 아무 일도 하지 않는다면 그 믿음이 무슨 소용이 있겠습니까? 그 믿음이 그를 구원할 수 있겠습니까? 15 그리스도 안에서 한 형제 자매 된 사람이 옷이나 먹을 것이 필요할 때, 16 "하나님께서 은혜를 베푸시기를! 몸을 따뜻하게 하고 먹을 것을 좀 많이 드십시오"라고 말하고, 그 사람에게 필요한 것을 주지 않는다면, 그런 말은 아무 도움이 되지 않을 것입니다. 17 믿음도 마찬가지입니다. 행동이 따르지 않는 믿음은 죽은 믿음입니다. 18 이렇게 말하는 사람도 있을 것입니다. "당신은 믿음이 있고, 나에게는 행동이 있습니다." 행동이 따르지 않는 당신의 믿음을 보여주십시오. 나는 행동으로 나의 믿음을 보여주겠습니다. 19 여러분은 하나님이 한 분이신 것을 믿으니 잘하는 일입니다. 귀신들도 그것을 믿으며 두려워서 떱니다. 20 어리석은 여러분, 행함이 따르지 않는 믿음은 아무 쓸모도 없는 걸 모르시겠습니까? 21 우리 조상 아브라함은 그의 아들 이삭을 제단에 바침으로써, 그가 행한 일로 의롭다 하심을 받았습니다. 22 이렇게 그의 믿음에는 행함이 함께 따랐으며, 그

의 행동으로 믿음이 완전하게 되었습니다. 23 "아브라함이 하나님을 믿었고, 하나님께서는 그 믿음을 받으셨으며, 그 믿음으로 하나님께 의롭다 하심을 받았다"라는 성경 말씀의 의미가 무엇인지 이제는 알 수 있을 것입니다. 아브라함은 그 후, '하나님의 친구'라고 불렸습니다. 24 그러므로 사람이 행동으로 의롭다 함을 받을 수 있으며 믿음만으로는 의롭다 함을 받을 수 없습니다. 25 또 라합의 예를 들 수도 있습니다. 그녀는 기생이었지만, 자신이 한 일로 하나님께 의롭다 함을 받았습니다. 그녀는 이스라엘의 정탐꾼을 그녀의 집에 들여, 다른 길로 도망갈 수 있게 도와주었습니다. 26 영혼이 없는 몸이 죽은 것같이, 믿음도 행함이 없으면 죽은 것입니다. _아가페 쉬운성경

---

[1] 내 형제들아 영광의 주 곧 우리 주 예수 그리스도에 대한 믿음을 너희가 가졌으니 사람을 차별하여 대하지 말라.

본 서신 2장은 그 당시의 상황에서 요구되었던 두 가지의 특별한 훈계를 담고 있다. 첫째는 외적인 훌륭함 때문에 사람을 차별해서 대하는 것을 금하되 특히 교회 내에서 금지하고 있다. 둘째는 믿음에 합당한 행함이 결여된 헛된 믿음을 경계하고 있다. 야고보는 1절부터 14절에서 첫 번째 훈계를, 15절부터 26절에서 두 번째 훈계를 다루고 있다.

야고보는 본 절에서 전혀 신앙과 무관하게 사람을 차별해서 대하는 것을 피하라고 권고하고 있다. 다음의 어휘들을 세밀히 살펴보면 그 의미가 더 분명해진다.

내 형제들아. 이 서신 속에 나타나는 통상적 호칭이다. 이에 대하여 어떤 이들은 야고보가 각 사람들에게 자리를 배정해 주는 권한을 지닌 장로들이나 집사들에게 주로 이 호칭을 사용했다고 생각한다. 그러나 나는 그렇게 의미를 제한하고 싶지 않다. 왜냐하면 이 서신의 다른 모든 구절에서도 이 호칭은 야고보서의 수신자 모두에게 적용되고 있기 때문이다. 야고보가 사람을 차별하여 대하지 말라고 권고하는 이 구절은 한 아버지 안에 거하는 모든 그리스도인들의 동등한 지위를 생각해 볼 때 더 의미가 있다.

믿음을…가졌으니. 여기의 '믿음'은 엄격한 의미가 아니고, 기독교 신앙의 고백 또는 그리스도인의 영혼 속에 현시(顯示)된 그리스도의 은혜 등을 뜻하는 일반적인 의미다. 따라서 이 말은 '은혜를 받았다', 혹은 '신

앙을 가졌다' 는 뜻이다.

우리 주 예수 그리스도에 대한. 야고보는 여기에서 그리스도에 대한 개인적인 믿음을 말하고 있지 않다. 또 어떤 사람들이 표현하는 것처럼 그리스도로 말미암는 믿음을 의미하지도 않는다. 이 구절은 믿음의 주체보다는 객체(대상)를 강조하고 있다. 성경이 뜻하는 바 '그리스도를 믿는 믿음' 이란 '그리스도 안에 있는 믿음' 을 의미한다. "하나님의 아들을 믿는 믿음 안에서 사는 것이라"(갈 2:20), "우리가 그 안에서 그를 믿음으로 말미암아 담대함과 확신을 가지고 하나님께 나아감을 얻느니라"(엡 3:12), "내가 가진 의는 율법에서 난 것이 아니요 오직 그리스도를 믿음으로 말미암은 것이니"(빌 3:9). 이 구절들에서 믿음은 동일하게 '그리스도 안에 있는 믿음' 을 의미한다. 그리스도를 '우리 주' 라고 부르는 것은 교회의 머리요 중보자이신 그분께 아주 적합한 말이다. 그리고 그 안에서 우리는 동등하다. 따라서 교회 내의 형제들이 멸시받을 때 곧 머리이신 그리스도께서 괄시를 받는 것이다.

영광의 주. 성경 원문에는 "그리스도의 영광을 믿는 믿음을 받았으니 외모로 사람을 취하지 말라"고 되어 있다. 이것은 외면적이며 세속적으로 나타나는 훌륭함으로 영광스러운 믿음을 가늠하지 말라는 교훈이다. '우리의 영광스런 주 예수 그리스도를 믿는 믿음' 이라고 된 다른 성경 원문에는 **주**라는 칭호가 단 한 번 쓰였으나 본문에서는 **주**를 반복하여 사용했다. "영광의 주를 십자가에 못 박지 아니하였으리라"(고전 2:8)에서 그리스도는 역시 영광의 주로 불렸다. 또 본 절에서는 이 말이 삽입되어 반복됨으로 권고의 뜻이 강화되었다고 볼 수 있다. 기독교에 있어서 영광의 주는 능히 가난하고 천대받은 사람들을 존귀하게 하신다. 만일 그리스도를 믿는 사람이 존귀할진대 그리스도를 조금이라도 아는 자들을 어찌 쉽사리 멸시할 수 있을 것인가!

사람을 차별하여(*ἐν προσωποληψίαις*) **대하지.** 동일한 상황에서 서로 차별을 두는 것을 말한다. 이 말은 특히 사람의 외면이나 조건을 보고 판단한다는 뜻이다. 또한 사람들에게서 볼 수 있는 어떤 외적인 훌륭함 때문에 이들을 존경한다는 말이다. 칠십인역에 의하면 구약성경에서 이 말은 *θαυμάζειν τὸ πρόσωπον*[147]인데, 곧 얼굴이 아름다운 것에 취하고 압도당하여 사람의 얼굴을 보고 경탄하는 것을 뜻한다. 이는 유다서 16절에서 *θαυμάζοντες πρόσωπα*, 즉 "이익을 위하여 아첨하느니라"의 근거가 될 것이다. 여기서 먼저 야고보가 훈계하는 죄를 정확하게 규정하고 설명해 보고자 한다. 세상의 높은 사람들에게 외적인 존경과 경의를 표하는 것은 정중하고 인간다운 태도다. 부자에게 경의를 표하는 것이 무조건 악한 것은 아니다. 사람들의 신분 차이에 따라 존경을 다르게 표시하는 것이 죄라고 한다면 통치자나 주인이 설 자리가 없다. 다음의 질문들을 살펴보자.

1. 사람을 차별 대우함(편애)이 죄라는 것은 무슨 뜻인가?
2. 야고보가 책망하는 구체적인 죄는 어떤 것인가?

먼저 첫 번째 질문을 살펴보자. 어떤 사람은 하나님과 사람으로부터 거룩하고 정당하게 특별 대우를 받을 수 있다. (1) 하나님으로부터 : 하나님은 그 백성의 '면목을 세워 주신다'(창 19:21, 개역개정 성경에는 '내가 이 일에도 네 소원을 들었은즉'으로 번역되었음–역주)고 하셨다. 그 밖의 구절에서도 여러 번 동일한 말씀을 하셨다. 하나님은 사람들을 먼저 열납하시고 그 다음에 그들의 희생 제물을 받으셨다. (2) 사람들로부터 : 우리가 사람들의 연령이나 소명, 은사 또는 은혜에 따라 그들을 존경하는 것은 정당하다. 이런 것들은 하나님께서 허락하신 아름답고도 훌륭한 선물이기 때문에 이로 말미암아 그들을 존경하는 것은 타당하다. 반면 이런 것들이 악하게 작용하는 때도 있다. 즉, 외면적인 훌륭함을 보고 판단이 흐려져서 진실과 의를 구별하지 못하면, 이런 외적 조건 때문에 판단의 균형을 잃은 경우라 할 수 있다. 이 때문에 레 19:15에서 "가난한 자의 편을 들지 말며 세력 있는 자라고 두둔하지 말고 공의로 사람을 재판할지며"라고 말씀하셨다. 이는 어리석은 동정에 휩쓸리지 말고, 또한 권력이나 힘, 우정, 훌륭해 보이는 것들 때문에 판단의 균형을 잃어버리지 말라는 권고다. 동정과 권력은 공정한 판단을 그르치게 하는 두 가지 주된 편

147) Cartw. in Gen. xix. 21을 참조하라.

견이다. 단순한 인간적인 동정 때문에 '그 사람은 불쌍한 사람이야' 라고 한다거나, 두려움에서 '그분은 위대한 분이셔' 라고 말하는 경우가 있다. 마찬가지로 어떤 사건을 판단할 때도 동기의 옳고 그름보다는 외적으로 드러난 면에만 치중할 때가 있다. 이에 대해 신 1:17에 "너희는 재판할 때에 외모를 보지 말고 귀천을 차별 없이 듣고"라고 말씀한다.

두 번째 질문으로, 야고보 당시에 죄로 여겨졌던 '사람을 차별하여 대하는 것' 이란 구체적으로 무엇을 뜻하는가? (1) 일반적으로는 예배나 재판, 책벌 등과 같은 교회 행정에서 외적인 조건 때문에 지나친 차별을 두는 것을 말한다. 하나님의 일에 있어서는 모두가 평등하며, 부자나 가난한 자가 동일한 지위에 서 있다. 유 1:3을 보면 우리의 구원은 '일반으로(공통적으로, 차별 없이) 받은 구원' 이라고 했다. 모든 믿음은 내용과 목적에 있어서 벧후 1:1에서처럼 '동일하게 보배로운 믿음' 이다. 그러나 당시에 사람을 차별하여 대하던 자들은, 가난한 형제들에 대해서는 자신들의 친구나 말상대가 될 가치도 없는 자들로서 노골적으로 경멸하고, 오직 세상적으로 호사스러운 사람들만 존경했다. 야고보는 앞서 1장 9절에서 가난하고 천대받는 형제들을 위로하고, 하나님의 은혜가 그들에게 우선적임을 보여주었다. 이러한 차별행위에 대해 베드로는 '각각 자기의 만찬을 갖다 먹음' (고전 11:20-21)으로써, 그 결과 '하나님의 교회를 업신여겼다' (고전 11:22)고 말하고 있다. 다시 말해, 만찬에서 부자들이 가난한 형제들, 곧 부자인 자신들과 마찬가지로 하나님의 교회인 그들을 소외시켰다는 지적이다. 따라서 그 당시에는 가난한 자들과 부자들 사이에 차별을 두었을 뿐 아니라, 부자들에게 대단한 존경을 표하는 반면 가난한 자들은 거만한 태도로 멸시했음을 알 수 있다. (2) 구체적으로는 첫째, 회중 가운데서나 법정에서 최선의 품위와 경의로써 부자들을 지나치게 존중하는 것을 말한다. 사람을 차별하여 대하는 자들은 악한 부자들을 심히 존대하여, 경건하지만 가난한 자들이 법정에 끌려가도 그것을 묵인했다. 둘째, 가난한 자들을 대할 때, 하나님께 받은 은혜에 있어서 그들의 탁월함이라든가 기독교 신앙에서 그들이 차지하는 높은 지위를 간과하고 그들을 멸시했다. 즉, 가난한 자들 안에 있는 하나님의 형상에는 조금도 주목하지 않았다. 그들은 가난한 자들을 그리스도인으로는커녕 인격적으로조차 대우하지 않았다.

강해 1

신앙적인 문제에 있어서 사람을 차별하여 대하는 것은 죄다. 우리는 다음과 같은 점에서 그러한 잘못을 범할 수 있다. (1) 우리의 존경과 사랑의 동기가 신앙에 근거한 것이 아니고 외적인 것일 때 – 고후 5:16에서 바울은 "그러므로 우리가 이제부터는 어떤 사람도 육신을 따라 알지 아니하노라 비록 우리가 그리스도도 육신을 따라 알았으나 이제부터는 그같이 알지 아니하노라"라고 말했다. 육신을 따라 안다 함은 세속적으로 이익을 얻고자 하여 어떤 사람을 사랑하거나 존경하는 것을 뜻한다. 바울이 바리새인이었을 때는 메시아가 화려한 영광 중에 오실 것으로 기대했지만 회심한 후에는 이런 육신적인 생각과 이해를 버렸다. '재물을 겸비한 지혜는 아름답다' 고 솔로몬은 말했다. 사실 은혜와 더불어 외모도 훌륭하다면야 더할 나위 없이 아름다운 사람일 것이다. 그러나 은혜에 기초하는 것이 우선되어야 한다. 형제 사랑에 있어서도 그 사랑의 동기가 그 사람 안에 간직된 하나님의 사랑 때문에 '형제로서' 사랑하는 것이 되어야 한다. 이 점을 항상 주의해야 한다. 터툴리아누스가 말한 것처럼 사람을 보고 믿음을 판단하지 말고, 믿음을 가지고 사람을 판단해야 한다.[148] (2) 은혜의 크기와 양에 따라 사랑의 크기와 양을 정하지 않으며, 최대의 사랑을 보여야 할 근거가 있음에도 존경을 표시하지 않을 때 – 시 16:3에서 다윗은, 성도는 존귀한 자이므로 그를 즐거워한다고 했다. 명백한 은혜 앞에서도 냉랭하고 모호한 입장을 취하는 사람들이 있다. 그와 같은 사람들은 하나님의 형상의 능력과 광채가 그 안에서 매우 뚜렷하게 빛을 발하는 데도 가난한 그리스도인들과는 교제나 말을 나누려 하지 않는다. 고전 12:23에서 바울은 "우리가 몸의 덜 귀히 여기는 그것들을 더욱 귀한 것들로 입혀 주며"라고 말했다. 세상적인 영광에 있어서는 가장 보잘것없는

148) 'Non judicamus ex personis fidem, sed ex fide personas.' —*Tertul.*

사람이라도 그가 그리스도 안에서 탁월하다면, 그는 그리스도인들로부터 가장 많은 존경과 영예를 받아야 마땅하다. (3) 우리의 비열함을 외적인 위대함으로 은폐시키거나 명예로써 죄를 변명할 때 – 이것은 그 사태를 더 악화시킬 뿐이다. 위대하다는 사실 때문에 죄가 더욱 명백하고 뚜렷하게 드러나기 때문이다. 최상의 명예를 누리는 악인들에 대해서 성경이 얼마나 거침없이 말하고 있는지 보라. 단 4:17에서 하나님은 '지극히 천한 자' 에게 왕국을 주시겠다고 말씀하신다. 세상은 하나님의 자녀를 천하게 취급할 수 없어도 하나님의 말씀은 세상 사람들을 낮게 여기신다. 터키제국이 비록 위대했지만 루터는 말하기를, '그것은 집주인이 개에게 던져주는 한 조각 빵만도 못하다' [149]고 했다. 다윗은 경건한 사람을 가리켜 "그의 눈은 망령된 자를 멸시하며 여호와를 두려워하는 자들을 존대하며" (시 15:4)라고 했으니 악한 자는 결국 망령된 자인 것이다. 왕하 3:14에도 "내가 만일 유다의 왕 여호사밧의 얼굴을 봄이 아니면 그 앞에서 당신을 향하지도 아니하고 보지도 아니하였으리이다"라고 했으니, 경건한 엘리사의 눈에 비친 여호람은 비록 왕이었음에도 한없이 천하게 보였다. (4) 사리사욕을 위하여 사람들에게 종교적인 공손함을 표한다거나 비열한 목적을 위해 신앙을 빙자하여 아첨할 때 – 유 16에서는 그런 경우에 대해 "이익을 위하여 아첨하느니라"라고 묘사했다. 여기에서 사도는 교만한 이단자들에 관하여 언급했는데, 그들은 세상적 이익을 위해서 상상하지 못할 정도로 비굴해지는 교만한 자들이었다. 이처럼 가난한 하나님의 종들에게는 교만하며 거리를 두지만, 사리사욕을 위하여는 무엇이든지 하는 것은 분명히 사람을 차별하여 대하는 행태다. 욥 32:21에서 "나는 결코 사람의 낯을 보지 아니하며 사람에게 영광을 돌리지 아니하리니"라고 말한 엘리후의 결심은 눈여겨 볼 만하다. (5) 권면이나 징계와 같은 교회 행정을 수행함에 있어서 부자와 가난한 자를 공평하게 다루지 않을 때 – 1) 권면에 있어서 : 그리스도께서 모두를 위해 죽으심같이 우리도 모두에게 관심을 가져야 한다. 출 30:15에 보면 부자와 가난한 자가 똑같은 속죄물을

149) 'Turcicum imperium, quantum quantum est, mica est quam paterfamilias canibus projicit.' —*Luth.*

드렸다. 그리스도는 부자 못지않게 가난한 자들의 영혼도 소중히 하셨다. 롬 1:14에서 바울은 '지혜 있는 자나 어리석은 자에게 다 내가 빚진 자' 라고 말했고, 요한복음 21장에서 그리스도는 베드로에게 '내 양을 먹이라' 고 하셨을 뿐 아니라, 또 "내 '어린' 양을 먹이라" 고까지 하셨다. 2) 징계에 있어서 : 미가야는 아합 왕을 두려워하지 않았고, 세례 요한은 헤롯 왕과 바리새인들을 무서워하지 않았다. 막 12:14에 "당신은 참되시고 아무도 꺼리는 일이 없으시니 이는 사람을 외모로 보지 않고 오직 진리로써 하나님의 도를 가르치심이니이다" 라고 한 것은 예수께 대한 진정한 찬사가 아닐 수 없다. 그렇다! 우리는 우리의 선생이신 주님께 배워야 한다. 우리가 모든 사람들을 똑같이 대하지 않고는 진정한 그리스도의 사역자라고 할 수 없다. (6) 우리에게 진리를 가르쳐 주는 사람을 무시하여 하나님의 진리까지도 멸시할 때 – 일반적으로 우리는 사실보다는 사람을, 보물보다는 그 보물이 담긴 질그릇을 보기가 쉽다.[150] '이는 목수의 아들이 아니냐' 라고 유대인들이 말한 것은 그리스도에 관한 편견을 보여주는 것이었다. 우리는 담겨진 내용물을 보는 것이 아니라 그릇만을 보고 있으며, '무엇' 을 가져왔는지는 생각하지 않고 '누가' 가져왔는지만 생각한다. 잘츠부르크(Saltzburg)의 대주교였던 마테오 랑기(Matheo Langi)[151]는 미사를 개혁해야 하고, 고기를 먹는 문제는 자유 선택에 맡겨야 하며, 사람을 의롭게 하는 수다한 계명들은 줄어들어야 한다고 모두에게 공공연하게 말했다. 그러나 루터와 같이 하찮은 수사가 감히 개혁 운동을 하는 것은 당치 않는 일로 사람들은 생각했다. 그리스도의 시대도 마찬가지여서 '통치자 가운데 예수를 믿는 자가 있는가' 하고 묻기 일쑤였다. 전 9:15에서 솔로몬이 "그 성읍을 건진 그것이라 그러나 그 가난한 자를 기억하는 사람이 없었도다" 라고 한 것을 보더라도, 사람들은 전달하는 도구가 천하다고 전달되는 훌륭한 것까지 무시하는 경향이 있음을 알 수 있다. 동일

150) 'Omnia dicta tanti existimantur, quantus est ipse qui dixerit, nec tam dictionis vim atque virtutem quam dictatoris cogitant dignitatem.' — *Salvia, contra Avarit.*, lib. i.

151) Hist. of Council of Trent. Edit. Lond. 1629, p. 55.

한 말씀일지라도 말씀을 듣는 사람의 가치관과 평가에 따라서 다르게 수용된다. 에라스무스는 신부들이 정통이라고 생각한 것을 루터가 이단으로 비난했다고 언급한다.[152] 따라서 우리가 사람을 차별하여 대할 때 신앙적으로 얼마나 많은 죄를 짓는 것인가를 알아야 한다.

적용 놀랍게도 우리에게는 외적으로 훌륭해 보이는 것 외에는 더 고귀한 것이 없다고 생각하는 경향이 있다. 이 얼마나 근본적으로 가증한 악인가! 이는 그리스도인들과 심지어 그리스도까지 가치 없게 여기는 행동이다. 잠 17:5에 "가난한 자를 조롱하는 자는 [사실은 모두가 다 가난함에도] 그를 지으신 주를 멸시하는 자요"라고 했다. 하나님의 형상으로 새롭게 된 가난한 그리스도인들을 멸시하는 것은 큰 잘못이다. 더욱이 그리스도인으로서 다른 그리스도인을 천대하는 것만큼 잘못된 일은 없다. 세상적인 사람들이 더 높은 영광의 세계를 알지 못하는 것은 참으로 불행한 일이다. 그리스도 앞에서 은혜보다 부를 더 사랑하는 것이 얼마나 영광스럽지 못한가!

강해 2

예수 그리스도는 그분의 인격, 곧 '하나님의 영광의 광채'(히 1:3)시라는 점에서뿐 아니라, '모든 이름 위에 뛰어난 이름'(빌 2:9)을 받고 승귀하셨다는 점에서 영광스런 주시다. 그는 영광스럽게 되신 것을 친히 기뻐하셨을 뿐 아니라, 사람들까지도 영광스럽게 하셨다. 그분은 우리의 심령이 사모하면 할수록 풍성한 영광을 주실 것이며, 현재 이미 우리를 영화롭게 하셨다. 소망에 관하여도 주님은 우리를 결코 외면하지 않으신다는 사실을 확신하라(참조. 롬 5:5). 왕상 18장에서처럼 바알을 믿는 자나 쾌락을 따르는 거짓 그리스도인들은 부끄러움을 당하게 된다. 하나님은 이미 "내가 네게 입힌 영화로 네 화려함이 온전함이라"(겔 16:14)라고 하셨다. 영국 국교의 기도송에는 교회를 '여인들 중에 가장 아름다운 자'라고

---

152) 'Compertum est damnata ut hæretica in libris Lutheri, quæ in Bernardi, Augustinique libris ut orthodoxa immo et pia leguntur.'—*Erasm. in Epist. ad Card. Mogunt.*

표현한 구절이 있으며, 우리의 사역은 '머리의 장식' 이라고 했다. 하나님은 '거룩함으로 영광스러운'(출 15:11) 분이시다. 이 세상에서는 우리가 때로 오랫동안 사람들로부터 멸시와 조롱을 당하고 상처를 입은 후에 영광의 주를 만나지만, 장래에는 항상 영광의 주와 함께할 것이다. 면도 후에 모발이 더 빳빳해지고 새 모발이 더 많이 나오는 것이니, 비난과 조롱의 면도날이 우리의 머리털을 모두 베어 버린다 할지라도 낙심하지 말라. 하나님께서 명확한 판결로 대적자들을 놀라게 하시되 "네 공의를 정오의 빛같이 하시리로다"(시 37:6)라고 하셨다. 콘스탄티누스 대제가 그리스도로 말미암아 박해를 박아 눈이 뽑혀진 파프누티우스(Paphnutius)의 상처에 위로의 키스를 함으로써 세상의 판도는 달라졌다. 현재 받는 조롱이란 잠시 후면 없어질 구름과 같다. 만일 그리스도께서 우리의 대적자들로 하여금 우리에게 굴복하게 하지 않으시면, 그 대신 자기 백성들 가운데서 우리를 영화롭게 하실 것이다. 여호와께서는 "나를 존중히 여기는 자를 내가 존중히 여기고"(삼상 2:30)라고 약속하셨다. 모든 사람의 마음이 그의 손 안에 있으며, 또한 그의 기쁘신 뜻대로 처리하실 수 있기 때문에 여호와께서는 그 약속을 이루실 수 있다. 솔로몬의 잠언은 하나님께서 '사람은 그 지혜대로 칭찬을 받도록'(잠 12:8) 하심을 보여준다. 비록 이 세상에서는 그렇게 이루어지지 않는다 해도, 하나님의 나라에서는 영광의 주 그리스도를 만나게 된다. 그때에는 성부께서 그리스도에게 영광을 주신 것처럼 그리스도께서 동일한 영광을 성도들에게 주실 것이다(참조. 요 17:22,24). 바울은 살후 1:10에서 "그날에 그가 강림하사 그의 성도들에게서 영광을 받으시고 모든 믿는 자들에게서 놀랍게 여김을 얻으시리니"라고 말했다. 여기서 주목할 것은 그리스도께서 그의 성도들에게서 놀랍게 여김을 받는다는 사실이다. 그리스도는 자신의 영광보다 그의 자녀들의 영광이 더욱 영화로운 것처럼 말씀하셨다. 우리는 그리스도를 어떤 분으로 생각하는가? 그리스도를 영광의 주라고 생각하는가? 벧전 2:7에서 베드로는 '믿는 너희에게는 그리스도가 보배' 라고 했다. 원문에서는 보배를 'τιμή' (영광)라고 했다. 그리스도인들은 그리스도와 관계가 없는 영광은 영광으로 여기지 않는다. 이 의미를 두 가지로 나누어 생각해 볼 수 있다.

첫째, 그리스도 외에는 어떤 훌륭한 것도 결국은 아무것도 아닌 것으로 여기는 것이다. 바울은 출생으로는 '히브리인 중에 히브리인' 이고, 품위로는 '바리새인' 이었다. 또한 도덕적으로는 율법의 의로 흠이 없으며, 세상적인 미(美)와 가치에 있어서는 '누구든지 육체를 신뢰할 것이 있는 줄로 생각하면 나는 더욱 그러하리니' 라고 말할 수 있었다. 그러나 바울은 '그리스도 예수를 아는 지식이 가장 고상하기 때문이라 내가 그를 위하여 모든 것을 잃어버리고 배설물로 여긴다' 라고 고백했다(빌 3:8). 둘째, 낮아짐 역시 아무것도 아니다. 본 서신 1장 9절에서 "낮은 형제는 [그리스도 안에서 높은 줄로 생각하여] 자기의 높음을 자랑하라"고 했다. 히 11:26에서는 모세에 관하여 "그리스도를 위하여 받는 수모를 애굽의 모든 보화보다 더 큰 재물로 여겼으니"라고 했다. 마가도 그리스도를 위해 능욕을 견뎌 냈을 뿐 아니라, 오히려 그것을 영광과 보배로 여겼다. 프랑스의 기사인 루도비쿠스 말사쿠스(Ludovicus Marsacus)에 대하여 투아누스(Thuanus)는 다음과 같이 전해주고 있다. 그가 처형받으려고 밧줄에 묶인 다른 순교자들과 함께 끌려 나왔을 때, 그는 자신의 높은 신분 때문에 결박되지 않은 상태였으나, '내 몸도 묶어 주시오. 저 사람들과 같은 신분으로 대해 주시오!' 라고 외쳤다고 한다.[153] 이는 삼하 6:22에서 언급된 하나님을 위해 낮아지는 영광이라 하겠다. 고귀한 영혼에게는 죄와 속이는 것만큼 천한 것이 없다. 영광의 주를 위해 인내하며 낮아지는 것이 바로 영광이다.

강해 3

그리스도를 영광스럽게 생각하는 사람들만이 기독교와 그리스도인의 신앙을 영광스럽게 생각한다. 그래서 야고보는 '영광의 주 우리 주 예수 그리스도에 대한 믿음' 을 강조하고 있다. 그리스도의 인격을 존중하는 사람은 그분과 관계있는 모든 것을 존중한다. 이것은 우리가 어느 한 사람을 사랑할 때, 그의 사신이라든가 그와 관계된 모든 것을 사랑하는 것과

153) 'Cur non et me quoque torque donas, et insignis hujus ordinis militem creas.' —*Thuan. Hist.*

마찬가지다. 그리스도인은 그가 무엇을 가장 가치 있게 여기는가에 따라 그의 그리스도인 됨을 알 수 있다. 그렇다면 우리는 우리 자신과 다른 사람에게서 어떤 것을 가장 소중히 여기는가? (1) 자신에 관하여 : 무엇이 자신에게 가장 큰 보배이며 영광이라고 생각하는가? 자신과 다른 사람이 가장 보배롭게 여기기를 원하는 것이 있다면 그것은 무엇인가? 자신이 우선으로 여기는 것은 무엇인가? 테오도시우스 황제는 그리스도인의 신앙을 그의 제국보다 귀하게 여겼다. 루터는 이교도의 황제가 되기보다는 천한 그리스도인이 되겠다고 말했다. (2) 다른 사람들에 관하여 : 자신이 가장 소중히 여기는 사람은 누구인가? 주위에서 그리스도의 형상을 발견할 수 있는 사람들은 누구인가? 잠 12:26에는 "의인은 그 이웃의 인도자가 된다"고 했다. 누가 자신의 이웃인가? 누가 하나님을 두려워하는 자인가? 우리는 그들의 도모가 가장 신앙적인 때에 그들을 좋아하는가? 솔로몬이 잠 19:1에서 "가난하여도 성실하게 행하는 자는 입술이 패역하고 미련한 자보다 낫다"고 한 말이 그대로 받아들여지지 않는 경우가 있기도 하다. 이것은 참으로 우리에게 시험이 된다. 거룩하고 자비로운 사람과 교제하는 것이 훌륭한 사람만을 존경하는 사람들과 교제하는 것보다 우리에게 유익하다. 배설물과 쓰레기 더미 속에 감추어진 그리스도의 보석과 같은 의로운 자들을 멸시하지 말라.

[2]-[4] 만일 너희 회당에 금 가락지를 끼고 아름다운 옷을 입은 사람이 들어오고 또 남루한 옷을 입은 가난한 사람이 들어올 때에 너희가 아름다운 옷을 입은 자를 눈여겨 보고 말하되 여기 좋은 자리에 앉으소서 하고 또 가난한 자에게 말하되 너는 거기 서 있든지 내 발등상 아래에 앉으라 하면 너희끼리 서로 차별하며 악한 생각으로 판단하는 자가 되는 것이 아니냐.

이 본문은 세 절이 함께 하나의 완전한 문장을 이루고 있기 때문에 같이 다루고자 한다. 야고보는 사람을 차별하여 대하는 악에 대해 그들이 어떻게 범죄했는지를 당시 그들이 교회 안에서 습관적으로 행했던 행위를 들어 증명하고 있다.

만일 너희 회당에…이 들어오고. 성경 원문에서 이 단어는 $\epsilon i\varsigma$ $\sigma\upsilon\nu\alpha\gamma\omega\gamma\grave{\eta}\nu$, 즉 '너희 회당 안으로'(영어 성경에서는 회당을 회중으로 옮기고 있으나 개역개정 성경에는 회당이라고 바르게 번역되었음-역주)라고 되어 있는데, 혹자는 이것을 예배를 위하여 모이는 그리스도인 회중으로 이해한다. 그러나 이는 별로 적절하지 않은 듯하다. 왜냐하면 내가 기억하는 바, 성경에 그리스도인 회중을 교회(ἐκκλησία)라고 표현한 곳은 아무 데도 없기 때문이다. 교회 안에도 죄와 무관하게 몇몇 계층의 사람을 위하여 지정해 놓은 자리가 있을 수 있다. 그런 일에 대하여 사도가 책망하는 것은 아니다. 어떤 사람들은 이 단어가 논쟁거리들을 해결하고, 공공질서를 제정하며, 교회의 직분들을 임명하는 교회 내의 일반 집회를 가리킨다고 생각한다. 또한 그들에게 일어나는 사건들을 재판하는 법정으로 회당을 해석하기도 한다.[154] 어거스틴은 그 의미를 주로 교회 모든 직분들을 임명하는 모임의 뜻으로 사용했는데, 그 직분은 외적인 자격에 의해서가 아니라 내적인 자질에 따라 맡겨져야 한다.[155] 영적 은사보다도 세상 명성에 따라 직분을 임명하고, 믿음의 부요함보다 금반지를 좋아하는 등 기독교 신앙이나 당시의 제도에 일치하지 않는 행위와 같은 악습이 초대교회에 있었으며, 현시대에서도 여전히 발견되는 것은 슬픈 일이라고 하지 않을 수 없다. 하나님께서는 만약 자신이 부르지 않았다면 비천하여 세상에서 별로 주목을 받지 못했을 사람들과 어부들에게 교회의 가장 귀한 직분을 주셨다. 만일 우리가 이 구절을 이런 제한된 의미, 곧 교회의 직분이나 직책을 임명하기 위한 모임 혹은 법정이라는 의미로 생각한다면 그 의미가 매우 그럴 듯하게도 보인다. 왜냐하면 교회의 모든 모임

---

154) 'Per conventum significanur cœtus seu congregationes publicæ profanæ, in quibus conveniebant Christiani ut justis legibus et arbitris domesticas vel politicas communesque lites dirimerent.' —*Hevar. in loc.*

155) 'Nec sane, quantum arbitror, putandum est leve esse peccatum in personarum acceptione habere fidem Domini nostri Jesu Christi, si illam distantiam sedendi ac standi ad honores ecclesiasticos referamus; quis enim ferat eligi divitem ad sedem honoris ecclesiæ, contempto paupere instructiore atque sanctio re.' —*Aug. Epist.* 29.

에서 사람들이 직분에 따라 해당되는 자리가 있기 때문이다. 그래서 바울은 '알지 못하는 처지에 있는 자' (고전 14:16, 영어 성경에는 '무식한 자들의 자리에 앉았다' 로 번역되었음–역주)라는 구절을 사용했다. 또 성경 원문에는 '배우지 못한 자의 자리' (τόπον ἰδιώτου)로 되어 있다. 일반적으로 회당에서 장로들은 그들끼리 앉고,[156] 그 밑자리에 배울 사람들이 앉고, 그 밑자리에 무식한 자들이 앉는다. 암브로스라는 이름으로 서신서들을 주석한 사람에 의하면, 교회는 이 회당의 관습을 좇아 장로들은 개개인의 자리에 앉고, 그 다음 계층의 사람들은 의자에 함께 앉고, 초신자들은 발밑의 방석 위에 앉도록 하였다.[157] 이런 연유에서, 바울이 가말리엘 문하에서 자란 것을 '가말리엘의 발밑에서 자랐다' 고 하였는데, 누군가의 제자가 되는 것을 '발밑에 앉다' 로 표현하기도 하였다. 여자들의 경우에 있어서 첫 자리는 과부들에게 주고, 그 다음은 처녀들, 그리고 그 다음은 부인들의 순서로 앉았다고 그로티우스는 말했다.[158] 그들은 은혜보다 부에 치중하여 어리석게 자리를 배정했다. 그래서 부자들에게는 '여기 좋은(καλῶς) 자리에 앉으소서' 라고 하고, 가난하지만 자격이 있는 자에게는 '거기 서 있든지 내 발등상 아래에 앉으라' 고 하여 외관상 근사하게 교육을 받은 자나 내면적으로는 천치인 자들의 발밑에 앉도록 했다. 이처럼 교회에서 존경받는 자를 구분하는 문제에 있어서 그들이 세상적인 편파적 태도로 행함을 본 야고보는 그런 악습이 악함을 깨닫고 행하지 말도록 엄히 책망하고 있다. 이상과 같이 해석을 해야 문맥에 무리가 없는 것 같다. 그러나 나는 사람들이 이 본문을 법정이나 회당에서 자리를 정하는 경우에만 적용하도록 제한하지 말아야 한다고 주장한다. 만일 우리가 교회의 구성원들 사이에 일어나는 모든 소송과 다툼을 해결하는 데에도 본

---

156) 'President probati quique seniores, honorem istum non pretio sed testimonio adepti.' —*Tertul. in Apol.*

157) 'Synagogæ traditio est ut sedentes disputent, seniores dignitate in cathedris, sequentes in subselliis, novissimi in pavimento super mattas.' —*Ambros. in primam ad Cor.*

158) 'Primus locus viduis univiris, proximus virginibus, deinde matronis.' —*Grot. in loc.*

문을 적용한다면 이 문맥의 각 구절들은 그 의미가 충분히 밝혀질 것이다. 야고보는 9절에서 보는 바와 같이, 재판할 때 사람을 차별하여 대하는 일이 율법에 의해 정죄된다고 말하고 있다. 그러므로 나는 이 회중의 회당이 재판을 시행하기 위해 소집되었다고 생각한다. 최근에 한 박식한 학자가 회당 안에 법정을 갖고 있는 것이 유대인의 관례임을 증명했는데,[159] 나는 그것을 근거로 나의 생각을 확증할 수 있었다. 또한 "그들이…그들의 회당에서 채찍질하리라"(마 10:17), "각 회당에서 때리고"(행 22:19), "모든 회당에서 여러 번 형벌하여"(행 26:11)라는 구절을 볼 때, 그 학자가 말한 것처럼 회당 안에서 판결하고 형을 집행했음을 알 수 있다. 그들이 기독교로 개종하고 나서도 이전과 같은 관습을 따르고 있었을 것이라 여겨진다. 이 학자가 메이모니데스의 산헤드린(Maimonides' Sanhedrin) 제21장을 인용한 것에 주목할 필요가 있다. 그곳을 보면 "가난한 사람과 부자가 함께 변론할 때, 부자는 앉도록 하고 가난한 자는 나쁜 자리에 앉거나 서도록 명령받지 않으며, 둘 다 서거나 앉는다고 유대인들의 법에 분명히 나와 있다."고 되어 있다. 이런 예가 바로 야고보가 말하고 있는 구절의 의미를 분명하게 해 주고 있다. 또한 그가 이런 관습에 익숙할 뿐 아니라 이 관습대로 행하는 히브리 민족의 열두 지파에게 이 서신을 쓰고 있다는 점에 다시 주목해 보라. 우리가 얻을 수 있는 모든 자료에서와 마찬가지로 이 전체 문맥에서 분명히 나타나는 것은, 본문의 회당이 교회 회중이 아니라 분쟁의 해소를 위한 교회의 법정 혹은 집회라는 것이다. 그리고 회당 안에서는 가난한 자를 소송하는 부자의 편을 들지 않도록 해야 하고, 가난한 자가 소송할 때는 그리스도인 회중 가운데 있는 부자나 명예가 있는 자를 존경한다는 이유로 그 가난한 자가 무례한 대접을 받지 않게 해야 했다.

금 가락지를 끼고(*χρυσοδακτύλιος*). '금반지를 낀 사람' 이란 것이 원문이 강조하는 바다. 금반지는 영예와 존귀의 상징이다. 창 38:18-25에 보면 유다는 자기의 인장 반지(도장)를 가지고 있었고, 바로도 요셉의 지

159) Herbert Thorndike, *The Right of the Church in a Christian State*, 1649.

위를 명예롭게 승진시켰다는 표시로 자기의 인장 반지를 빼어 요셉의 손가락에 끼우고 그에게 세마포 옷을 입혔다(창 41:41-43). 아하수에로 왕도 자기 생명을 구한 모르드개에게 그와 같이 행하였다(에 8:2).

아름다운 옷을 입은 사람. 이 또한 위엄의 상징이다. 창 27:5에서 "리브가가…맏아들 에서의 좋은 의복을 가져다가"라고 했는데, 혹자는 이것을 장자 상속권을 가진 자가 입을 수 있는 근사한 제사장 의복이라고 이해한다. 이와 마찬가지로, 탕자가 돌아왔을 때 그의 아버지는 그를 높이려고 그에게 가장 좋은 옷을 입히고 손에 가락지를 끼워 주었다. 곧 거룩한 날에 착용하는 멋있는 의복이었다. 그러나 그때 이후로 그러한 특별한 복식이 일반화되어, 부자는 '자색 옷과 고운 베옷을 입고 날마다 호화롭게 즐기더라' (눅 16:19)라고 기록될 정도였다.

남루한 옷을 입은 가난한 사람. 원문은 '더러운 옷' 또는 '지저분한 옷' (*ἐσθῆτι ῥυπαρᾷ*)이란 말로 되어 있다. 이것은 칠십인역의 슥 3:3-4에서 교회의 재난을 가리키는 표현으로 사용된 대제사장의 '더러운 옷' (칠십인역에 *ἱμάτια ῥυπαρά*라고 기록되어 있다)과 같은 말이다.

아름다운 옷을 입은 자를 눈여겨 보고 말하되. '눈여겨 보다' 에 해당하는 '*ἐπιβλέπειν*' 은 감탄과 특별한 관심을 가지고 주시하며 뚫어지게 바라본다는 뜻이다.

여기 좋은 자리에 앉으소서. '좋은 자리' 라는 뜻의 *καλῶς*는 존경받는 사람이 앉는 좋은 자리를 의미한다. 이미 살펴본 바처럼, 이 구절은 성급하게 교회 내의 존경받는 자리를 임의로 정하거나 또는 소송에서 그들을 편애하는 것을 가리킨다.

너는 거기 서 있든지 내 발등상 아래에 앉으라. 경멸과 무례함을 나타내는 표현이다. 발등상 아래 서든지 앉든지 하는 것은 어린 제자들이 취하는 자세다. 또한 때때로 '서 있다' 는 표현은 방어하려고 서 있는 자들을 가리키는 말이다. 즉 시편 130:3절에서 "주께서 죄악을 지켜보실진대 주여 누가 서리이까"라고 한 것과 같다. 다시 말해 '법정에서' (*in curia*) 대담한 변호를 하는 자들을 의미한다. 이러므로 엡 6:13은 '하나님의 전신 갑주를 취하라 이는 악한 날에 너희가 능히 대적하고 모든 일을 행한 후에 서기 위함이라' 라고 했다. 곧 하나님의 심판대 앞에 선다는 의미다. 이것은 법정 안에 있는 사람들의 자세에 대한 하나의 암시다. 가난한 자와 부유한 자의 차이점은 버나드가 쓴 한 구절을 생각나게 해 준다. 그는 남루하게 차려 입은 가난한 사람을 만났을 때에는 자신에게, '버나드여, 진실로 이 사람이 너보다 더 많이 자기 십자가를 견디는도다' 라고 말했다고 한다. 그리고 잘 차려 입은 부자를 만나면 '우아한 옷을 입은 이 사람이 종교적인 습관에 빠진 나보다 더 나은 영혼을 지니고 있을지도 모른다' 라고 자기를 되돌아보았다고 한다. 그리고 이 구절에서는 부자에게 '좋은 자리' 를 주고, 가난한 자에게는 '발등상 아래' 자리를 남겨 두었음을 말하고 있다.

너희끼리 서로 차별…되는 것이 아니냐. 이 구절은 *διακριθῆτε*라는 단어의 다양한 의미 때문에 여러 가지로 해석된다. 어떤 사람은 의문 형태가 아닌 다른 문장, 곧 '네 자신은 판단하지 않았다. 그러나' 로도 해석한다. 다시 말해 그들이 그들 자신을 판단하지는 않았으나 남을 판단할 때는 사람을 차별하여 자리를 정하였다는 뜻으로 해석하는 것이다. 그러나 이 문장은 의문문으로 해석하는 것이 더 타당하다. 그렇다 하더라도 다른 해석들이 있을 수 있다. 어떤 사람은 '너는 네 자신을 정죄하지 않느냐?', 즉 양심의 가책을 느끼지 않느냐라는 의미로 해석하고 있다. 물론 사도는 간절하면서도 각성시키는 질문으로 이 사실을 그들의 양심에 호소하고 있다. 그러나 *διακριθῆτε*를 여기서 '정죄' 로 번역하기에는 약간의 무리가 뒤따른다. 따라서 다른 사람들은 '네 자신은 그 문제를 의심하거나 의문을 가져본 일이 없느냐?' 라고 해석하기도 한다. 그러나 이 해석이 가장 적합하지 않은 듯하다. 이 단어가 가지고 있는 또 다른 의미는 '차별하다' 이다. 그래서 자주 '*διακρινόμενοι*', 즉 '차별하는 것' (유 22, 개역개정 성경에는 '의심하는' 으로 번역되었음-역주)으로, 또는 행 15:9에서처럼 *οὐδὲν διεκρίνε*, 곧 '차별하지 아니하셨느니라' 로 사용되기도 한다. 그러므로 본문은 '차별을 두지 않았느냐?' 로 읽는 것이 가장 타당하다. 즉, 어떤 공정한 판단보다는 세상적인 편애에서 비롯된 불공평한 차별을 말한다. 그러므로 좀 더 명료하게 말한다면 '편파적인 것이 아니냐' 의 의미다. 이는 차별하는 행위를 인하여 그들의 양심에 호소하고 있음을 말해 준다. 많은 경우에 우리 행위의 정당성은 양심의 판단에 의해 결정된다. 따라서 우리 양심은 우리에게 '이것은 편파적인 행위가 아닐까? 하나님이 결코 차별하시지 않는 것은 나도 차별하지 않는다' 라고 말하는 것이다. 우리의 신앙고백에 직접적으로 어긋나는 죄들은 양심을 거스르는 것들이며, 그와 같은 경우에 우리의 마음은 나누어진다.

악한 생각으로 판단하는 자가 되는 것이…. 즉, '너희 모두가 자신의 부패한 사상과 의도에 따라 부당하게 판단했다' 는 뜻이다. 그들의 판단과 그 목적은 올바르지 않았으며, 육적인 편애에 의해서 비뚤어져 있었다. 그들은 신령한 은혜보다 외관의 화려함을 존중하였는데, 그것은 이성 및 신앙과는 동떨어진 것이었다. 그리고서 그들은 선택하고 판단하는 일에 있어서 마땅히 취해야 할 목적과는 전혀 다른 목적들을 꾀했다. 그들은 이익을 바라고 사람들을 칭찬하였으며, 서로 쟁론하고 있는 당사자들의 객관적인 주장의 타당성을 따지기보다는 그 사람들의 사회적 지위나 경제적 조건을 더 문제시하였다.

강해 1

사람들은 놀랍게도 세상적인 기준으로 훌륭하게 보이는 것을 존중하는 경향이 있다. 육적인 눈에는 세상적인 영광 외에는 아무것도 보이지 않는다. 부패한 재판은 소송 절차를 더럽힌다. 하나님의 자녀도 많은 세상적인 죄를 지을 수 있으나 세상적으로 판단해서는 안 된다. 다윗의 마음은 타락했지만 그 판단만은 올바른 것이었기에 자신을 다시 돌이킬 수 있었다. 시 73편에서 그 시 전체를 "하나님께 가까이함이 내게 복이라"라는 마지막 절과 비교해 보라. 히 11:26에 "그리스도를 위하여 받는 수모를…로 여겼으니"에 나타난 것처럼, 모세의 정직함과 하나님의 백성들에 대한 그의 사랑은 참으로 가치 있게 여겨야 할 것이 무엇인가를 알았기 때문에 생길 수 있었다. 사람들이 올바른 존경심을 가질 때에는, 가난하고 슬픈 미망인의 상복 아래 신앙이 가려져 있을지라도 그 신앙을 높이 평가할 수 있다. 그러나 세상적 원리가 판단의 근거가 되면, 외면의 훌륭한 것밖에는 아름답게 보이는 것이 없고, 억눌린 은혜로운 자보다 치켜세워진 악한 자들을 더 존경하게 된다. 그러면 사람들은 이렇게 말할 것이다. '만일 세상에서 훌륭하다는 사람들이 악하다면, 우리가 그들에게 경의와 존경을 표했겠는가?' 이에 대하여 나는 그들이 악하다 하더라도 부자기 때문에 사람들이 존경하는 경우가 있다고 대답하고 싶다. 그러나 그런 사람은 존경하면서 비천한 하나님의 종을 경멸한다면 그것은 은혜스럽지 못한 편파적인 행동이다. 좀 더 구체적으로 말해서 다음의 사항들 중 한두 가지를 지킨다면, 우리는 악한 자를 존경하는 잘못을 저지르지 않을 것이다.

(1) 세상에서 위대한 사람들은 그들의 위치 때문에 존경받는 것이 당연하지만 경건한 사람들에게는 우리와의 친숙한 교제가 필요하다. 이는 시 16:3에서 "땅에 있는 성도들은 존귀한 자들이니 나의 모든 즐거움이 그들에게 있도다"라고 한 것과 같다. 그리스도인은 하나님의 자녀와 교제할 때와는 달리, 악한 자와의 교제에서는 기쁨을 가질 수 없다. 게다가 은혜가 가득한 자의 눈에는 누구나 사랑스럽게 보이므로 친절한 충고와 영적 교통의 유익만이 있을 뿐이다. 그러므로 바울은 "너희와 나의 믿음으로 말미암아 피차 안위함을 얻으려 함이라"(롬 1:12)라고 하였다.

(2) 우리는 가장 비천한 그리스도인들에게 그들이 받기에 합당한 존경을 보이는 일을 부끄럽게 생각하지 말아야 한다. 오네시모는 천한 종이었으나 회심하였을 때, 바울은 그를 '종 이상으로 곧 사랑 받는 형제'(몬 16)로 여겼다. 그래서 교회의 사자들은 그리스도께서 자랑하실 '그리스도의 영광'(고후 8:23)이라고 불린다. 그리스도는 아무도 부끄러워하시지 않으나 그를 부끄러워하는 자는 그도 부끄럽게 여기신다. 거룩한 그들은 그리스도의 영광이며 은혜다.

(3) 우리는 모세가 하나님의 백성들에 대하여 그렇게 했던 것처럼, 더할 수 없는 능욕과 고난 가운데서도 가난한 자들을 형제들로 삼아야 한다(참조. 히 11:25-26).

(4) 존경하는 일에 있어서 스스로 기준을 세우지 않도록 하라. 이익을 취하려는 잘못된 의도에 휩쓸리지 말라. 이것은 애굽인들을 이스라엘 족속으로 잘못 여기게 하며 우리의 존경을 역행시키게 한다. 이는 주로 성

직자들을 염두에 두고 하는 말로서, 질그릇 조각을 보배인 양 아름답게 꾸미거나 그들 자신의 유익을 위해 악한 자들과 하나 되지 않게 하기 위함이다. "그들이 탐심으로써 지어낸 말을 가지고 너희로 이득을 삼으니" 라는 벧후 2:3은 바로 이러한 거짓 선생에 대한 묘사다. 여기서 '그들' 이란 은혜보다 이익을 얻으려고 성도가 아닌 부자의 기분을 맞추는 일을 최우선으로 삼는 자들을 가리킨다. "그들이…그 거짓말로 지도자들을 기쁘게 하도다"(호 7:3) 라는 구절도 동일한 이들을 가리키고 있다.

강해 2

너희가…차별하며…것이 아니냐. 야고보는 질문으로써 강력히 촉구하고 있다. 때때로 우리가 우리 양심에 질문을 던지는 것은 꽤 유익하다. 왜냐하면 우리는 그러면서 자신을 돌아보게 되기 때문이다. 혼잣말이나 독백은 매우 유익하여 시 4:4에서는 "심중에 말하고 잠잠할지어다"라고 말하기도 하였다. 자기 자신에게 말하는 일은 참 어렵다. 많은 사람들이 4-50년 이상 오래 살아도 자기 자신과 교제를 나누지 못한다. 이런 양심의 질문은 겸손과 믿음, 순종하는 일에 대하여 우리에게 유익을 준다.

(1) 겸손하게 하는 일에 대하여 : 이 일을 수행할 수 있도록 만드는 몇 가지 적합한 질문들이 있다. 이와 같은 질문들은 우리 스스로 깨어날 수 있게 한다. "내가 행한 것이 무엇인고"(렘 8:6). '내가 이 거룩한 율법의 뜻에 따라 행하고 있는가?', "내 죄를 깨끗하게 하였다 할 자가 누구냐"(잠 20:9). 이때 두 번째 질문이 생겨난다. 율법의 엄격함에 비추어 범죄가 발견되었을 때, 그 대가는 분명한 진노와 더불어 모든 죄 값에 대한 사망이다. 그렇다고 해서 하나님이 우리를 불공평하게 대하신다고 말할 수 있을까? "여호와는 마음이 완악한 자에게 여호와의 분노와 질투의 불을 부으신다"(신 29:19-20 참조). 진노의 두려움에 대한 세 번째 질문을 보라. '내가 네게 보응하는 날에 네 마음이 견디겠느냐 네 손이 힘이 있겠느냐' (겔 22:14). 이는 '내가 아무 대책도 없이 파멸하지 않고 그 괴로움을 견딜 수 있을 것인가?', '그렇게 멸망하듯 타버리는 자들과 내가 함께 거할 수 있는가?' 라는 질문이다. 이 질문들을 통과하면 다시 네 번째 질문이 있

다. '내가 어떻게 하여야 구원(영생)을 받으리이까'(행 16:30). 혹은 선지서에서처럼 '내가 무엇을 가지고 여호와 앞에 나아가며'(미 6:6)라고 묻는 질문이다. 이는 '무슨 보상으로 내가 그의 성난 공의를 진정시킬 것인가?'의 의미다. 이와 같은 질문의 형식으로 자신을 겸손하게 하는 작업을 할 수 있다.

⑵ 믿음을 갖는 일에 대하여 : 이런 질문이 유용한 것은 우리로 하여금 하나님께서 베푸시는 것에 대하여 사고하도록 자극하기 때문이다. 마치 바울이 값없이 의롭다 함을 얻는 것에 대해 논의할 때, "그런즉 이 일에 대하여 우리가 무슨 말 하리요"(롬 8:31)라고 모두에게 질문으로써 강조하였던 것과 같다. 즉, '영혼아! 하나님의 자비가 그토록 풍성한데 도대체 왜 그것을 거부하겠는가?' 라고 묻는 질문이다. 바울은 바로 전까지 활 시위를 당겨 오다가 이제는 화살을 날리려고 한다. '우리가 무슨 말 하리요?' 부분적으로 이 구절이 믿지 않는 위험에 대해 우리로 더욱 예민하게 만들고 있다. 히 2:3의 "이같이 큰 구원을 등한히 여기면 어찌 그 보응을 피하리요"라는 구절도 위의 질문과 동일한 것에 근거하고 있다고 하겠다. 이는 곧 '만일 내가 하나님의 두 번째 제의를 경히 여긴다면 나는 어떻게 될 것인가?'라는 의미다. 따라서 이런 질문은 믿음을 일으키는 데 있어서 하나의 지침 역할을 할 수 있다.

⑶ 순종하는 일에 대하여 : 이런 질문들을 자신에게 던져 보자. 마음에 시험이 닥칠 때는 '내가 어찌 이 큰 악을 행하여 하나님께 죄를 지으리이까'(창 39:9)라는 현명한 질문을 하는 것이 좋다. 예배의 의무 때문에 마음이 무거울 때에는 '이제 그것을 너희 총독에게 드려 보라 그가 너를 기뻐하겠으며 너를 받아 주겠느냐'(말 1:8)라고 질문하라. 이는 곧 '세상의 문제라면 세상 임금에게 내가 그렇게 하겠는가?'라는 의미다. 우리는 이러한 질문들이 거룩한 생활을 위한 모든 부분에서 필요한 것임을 알게 된다. 그러므로 자신에게 이러한 것을 자주 질문하라. 그리고 모든 문제에 관해서 자신의 영혼과 이야기하는 기회를 만들라.

강해 3

악한 생각으로 판단하는. 악은 처음에 생각에서부터 시작된다. '마음에서 나오는 것은 악한 생각'(마 15:19)이라고 한 것처럼 생각이 잘못의 시초다. 편견은 생각을 곡해시키고, 또 그 생각은 판단을 잘못하게 한다. 그러므로 하나님이 구약시대의 사악함을 가리켜 "그의 마음으로 생각하는 모든 계획이 항상 악할 뿐임을 보시고"(창 6:5)라고 말씀하신다. 무신론적인 이성은 그 사상이 하나님을 모독하는 것에 근거하고 있다. 시 10:4에는 "그의 모든 사상에 하나님이 없다 하나이다"라고 기록되어 있다. 세상적인 이성이란 가슴 속에 숨겨진 야비한 생각들이다. 그래서 '그들의 속 생각에 그들의 집은 영원히 있으리라'(시 49:11)라고 여긴다. 이러므로 우리가 왜 악한 생각에서부터 영혼이 씻음 받도록 하나님께로 나아가야 하며, 마음에 품은 생각이 악하다면 왜 그러한 생각을 경계해야 하는지 알 것이다. 사 55:7에 "악인은 그의 길을, 불의한 자는 그의 생각을 버리고 여호와께로 돌아오라"고 말씀하고 있다. '그의 길' 뿐 아니라 '그의 생각'까지도 버려야 하는 것임을 주목하라. 그리하여 속에 숨겨진 생각을 찾아낼 때까지 부패한 모든 욕망과 지나친 모든 행동을 추적하라. 일반적으로 생각에는 암시적인 생각과 의식적인 생각이 있다. 의식적인 생각이란 양심에 깊이 새겨진 좀 더 감각적인 것이며, 암시적인 생각은 성경이 '숨은 생각' 그리고 '마음이 하는 말' 등으로 부른 것이다. 은밀한 생각과 함께 따라오는 욕망이나 목적, 행동은 아직 우리가 그렇게 예민하게 분별하지는 못한다. 왜냐하면 암시적인 생각은 매우 가증스러워서 나중에야 눈앞에 드러나기 때문이다. 이 같은 은밀한 생각은 본문에서처럼 우리로 하여금 은혜보다 부를 더 좋아하게 하고 판단조차 흐리게 하는 경우가 허다하다. 이러므로 '마음의 생각과 뜻을 판단'(히 4:12)하시는 하나님의 말씀을 기다리는 것이 좋다. 우리는 말씀으로부터 우리가 경험하는 모든 일의 합당한 시작과 동기를 찾게 될 것이다. 확실히 자신 속에 하나님이 안 계시고, 대신 다음과 같은 악한 생각이 있었음을 밝히 인식하라. 즉, '이 세상은 영원할 것이다. 따라서 은혜보다 부가 더 낫고, 죄의 쾌락이 생명의 소망보다 더 낫다'는 생각 등이 바로 악한 생각이다. 우리는 자신의 순간순간의 행동을 해석하고, 그 행동 속에 담긴 언어를 관찰해야 한다. 삶은 생각을 말로 표현하는 것이기 때문이다.

강해 4

사람들을 그들의 외적인 우월함에 의해 평가하는 것은 악한 일이다. 그것은 세상에서 가장 작게 취급되고 존경을 받지 못하는 사람에게 가장 큰 영광을 주시는 하나님의 섭리를 거스르는 일이다. 또 외적인 것으로 평가하는 악한 생각은 은혜의 본질과도 상반되는데, 은혜의 영광은 감각으로 느낄 수 없는 내적이며 은밀한 것이기 때문이다. 곧 "왕의 딸은 궁중에서 모든 영화를 누리니"(시 45:13)라는 말씀과 같다. 그리스도인의 내면이 최상의 것인 반면, 세상의 모든 영광은 겉껍데기에 불과하며, 또한 공상적이며, 찰나적인 것이다. 마치 아그립바와 버니게가 '많은 보이는 것들로' (*μετὰ πολλῆς φαντασίας*) '크게 위엄을 갖춘 것' (행 25:23)과 같다. 과장된 것이 실제보다 위대하게 보인다. 나지안젠은 이 세계가 밖은 '헬레나' (Helena)로, 안은 '헤쿠바' (Hecuba)로 이루어졌다고 말한다. 즉 외면에 나타난 것에 상응하는 실체는 아무것도 없다는 의미다. 그러나 은혜는 요일 3:2에서 '장래에 어떻게 될지는 아직 나타나지 아니하였다' 라고 한 것처럼 베일 속에 가려져 있다. 이러므로 교회에 대해 '비록 검으나 아름답다' (영국 국교회 기도송 1:5)고 했다. 이는 비록 외부는 보잘것없고 고난으로 볼품없이 되었을지라도, 영적으로는 아름다움이 충만하다는 뜻이다. 또 교회는 서로 유사한 두 가지 사물로 표현되기도 했다. '게달의 장막' 과 '솔로몬의 휘장' 같다는 표현이 그것이다. '게달의 장막' 이란 아라비아 사람들이 살았던 장막이다. 이 장막은 도시 건물과 비교했을 때 아늑해 보이긴 하지만 외관은 초라하며 날씨에 따라 음침하고 어두컴컴해지는 한낱 오두막이다. 그러나 그 안에는 풍족함과 값비싼 가구들이 가득했다. 이러므로 우리는 '게달의 영광' 이라는 말을 사 21:16에서 찾아볼 수 있다. '솔로몬의 휘장' 도 같은 것을 의미한다. 역사가 요세푸스는 솔로몬이 대리석 벽 위에 조각된 진기한 형상들을 숨기기 위해 저질의 재료와 낙엽으로 만들어진 바빌로니아 산(産) 휘장을 쳤다고 전한다. 가장 위대한 영광은 베일 속에 가려져 있다. '마음에 숨은 사람' 은 하나의 '값진 장식' 이 된다(벧전 3:4). 그리고 외적인 것으로 평가하는 악한 생각은 그것이 은혜의 본질과 어긋나는 것과 마찬가지로, 모든 올바른 이성과도 반대된다. 우리는 다른 경우에는 외적인 것으로 판단하지 않는다. 예를 들어, 우리가 말(馬) 콘테스트에서 입상되는 말들을 살펴보면 호화로운 말의 안장과 끈 때문이 아니라 그 말이 힘세고 빠르기 때문에 상을 수여한다는 것을 알 수 있다. 만약에 어떤 화가가 비너스의 아름다움을 그릴 수 없다고 해서, 그녀를 화려하게 치장한 모습으로 그린다면 조롱을 당할 것이다. 마찬가지로 우리는 금띠쇠로 장식했다고 해서 좋은 검(劍)이라고 평가하지 않는다. 그러므로 외적인 것으로 평가하는 악한 생각이 섭리와 은혜 그리고 이성을 거스르는 것이 된다면, 사물이나 사람을 판단할 때 외적인 훌륭함보다는 좀 더 현명한 표준이 될 만한 원칙을 세우라. 즉, 당국자들(세상적으로 권세 있는 자)이라고 해서 그들의 믿음이 최고의 믿음인 것처럼 생각하지 말며(참조. 요 7:48), 이 세상의 영광으로 빛나는 사람들을 가장 훌륭한 사람이라고 생각하지 말라. 그리스도는 자주 가난한 사람들 속에서 변장하신 모습으로 우리에게 오신다.

[5] 내 사랑하는 형제들아 들을지어다 하나님이 세상에서 가난한 자를 택하사 믿음에 부요하게 하시고 또 자기를 사랑하는 자들에게 약속하신 나라를 상속으로 받게 하지 아니하셨느냐.

본 절에서 야고보는 사람들을 차별하여 대하는 것에 대하여 또 다른 논의를 진전시킨다. 즉 하나님이 그분의 지혜로우신 섭리에 따라 가장 큰 영광으로 부르신 사람들을 멸시해서는 안 된다고 권면한다. 야고보는 경건하게 사는 가난한 자에게 주께서 베푸시는 세 가지 존엄성, 즉 그들이 하나님의 선택하심을 받았고, 또한 믿음의 부요함과 약속하신 나라를 상속받는다는 것을 이유로 들고 있다.

내 사랑하는 형제들아 들을지어다. 야고보는 그가 이전에 사용했던 애정 어린 말로 그들을 불러 주의를 모으고 있다. 진지하고 비중 있는 문제들을 다룰 때마다 "귀 있는 자는 들으라"(마 13:9)고 하신 예수님의 말씀처럼, 약간의 주의를 요하는 서두나 전제로 교훈을 시작하는 일은 성경에 흔히 있다. 일례로 야고보는 예루살렘 회의 때 "형제들아 내 말을 들으라"(행 15:13)고 하며 말을 시작했다. 야고보가 여기에서도 그런 서두를 사용한 것은 그 시대에 합당한 하나님의 뜻을 생각하도록 그들을 고무하기 위한 것으로 생각할 수 있다. 마찬가지로 고전 1:26에서 '형제들아 너희를 부르심을 보라 육체를 따라 지혜로운 자가 많지 아니하며' 라고 바울이 말한 것도, 그 시대에 하나님께서 요구하시는 문제를 깊이 생각하라는 권고였다. 또 한편으로 야고보는 잘못된 그들의 존경심에 대해 활발한 논의를 계속하기 위해 서두에서 우리의 주목을 최대한으로 요청하고 있다.

하나님이…택하사…아니하셨느냐. 은혜의 특별한 목적으로 하나님께서 가난한 자를 생명의 후사가 되게 하시려고 선택하셨다는 말이다. 이것은 어느 시대에나 해당하는 말이지만 특별히 이 당시에 적용되는 것이었다. 한편 이런 말은 위대한 사람들의 자만심을 무너뜨리는 것인데, 그 자만심이란 마치 하나님께서 그들의 외적인 위엄에 따라 그들을 존중하셔야 된다고 생각하는 것을 의미한다. 하나님께서 이 세상에서 가장 먼저 택하신 자는 가난한 사람들이었다. 우리는 성경에서 종종 가난한 자가 복음을 받아들였다는 것을 읽을 수 있는데, 이는 영적으로만 아니라 물질적으로 가난한 자도 말한다. 주님은 복음을 전파하기 위해 어부들을 택하셨으며, 복음을 받아들이도록 가난한 사람들을 택하셨다. 반면에 성경은 세상에서 높은 지위와 신분을 가진 사람들은 거의 복음을 받아들이지 않았다고 전한다. 또한 복음의 놀랄 만한 성장과 확산이 인간의 힘이나 육신적 도움, 후원의 풍부함으로 이뤄진다고 생각할지도 모르지만, 오히려 그것은 오직 하나님의 은혜에 의해서만 가능하다.

세상에서 가난한 자. 외적인 부요함을 누리지 못하는 가난한 자를 말한다. 이와 반대로 '이 세대에서 부한 자들'(딤전 6:17)도 있다. 이 세상에서 부요했던 사람들은 또 다른 세상에서 가난한 사람으로 남아 있거나 외면당하기도 한다. 성경에서 성도들은 이 세상에 소망을 두지 않는 사람들(고전 15:19), 또는 이 세상에서는 가난한 사람들로 묘사된다. 즉, 현세적인 안목으로 보았을 때 그들은 바로 보잘것없고 비참한 존재들이다.

믿음에 부요하게 하시고. 이들은 다음과 같이 두 가지 면에서 부요하다고 말할 수 있다. 첫째는, '믿음으로 견고하여져서' (롬 4:20)라고 칭함을 받은 아브라함과 '여자여 네 믿음이 크도다' (마 15:28)라는 말씀을 들은 여자처럼 신앙이 높은 경지에 도달했을 때 부요하다고 할 수 있다. 이에 바울은 골 3:16에서 성도들에게 은사와 은혜로 인한 영적인 풍성함을 누리라고 권면할 때, "그리스도의 말씀이 너희 속에 '풍성히' (πλουσίως) 거하여"라고 강조하여 말하고 있다. 둘째는, 이 세상에서의 가난함에 대한 보상으로 소망과 특권에 부요함을 말한다.

나라를 상속으로. 영광은 자주 하나님 나라로 설명되며 신자들은 그 영원한 왕들로 일컬어진다.

약속하신…. 이런 성격의 약속은 성경 어느 곳에서나 찾아볼 수 있다. 예를 들면, 잠 8:17에 "나를 사랑하는 자들이 나의 사랑을 입으며"라고 기록된 것이라든가, 출 20:6에 "나를 사랑하고 내 계명을 지키는 자에게는 천 대까지 은혜를 베푸느니라"고 기록된 구절 등이다.

자기를 사랑하는 자들에게…. 이 은혜가 왜 이렇게 자세히 기록되었는지에 대해서는 본 서신 1장 12절에 대한 주해와 각주에서 주장된 이유를 참조하라. 다만 여기서는 야고보가 사용한 단어의 순서를 관찰해 보라. 야고보는 먼저 '택함' 이라는 단어를 썼고, 그 다음에는 '믿음', 그리고 마지막으로 '사랑' 이라는 단어를 쓰고 있다.

강해 1

하나님께서 이 세상의 가난한 자를 택하시는 것은 자주 있는 일이다. 제사를 위해 사자와 독수리 대신 어린 양과 비둘기가 선택되었다. 또한 복음을 지혜롭고 슬기 있는 자들에게는 숨기시고 어린아이들에게는 나타내셨다(마 11:25). 하나님이 이렇게 하신 이유는 첫째, 그들(성도들) 안에 있는 진리와 그들을 보존하시는 능력이 얼마나 영광스러운 것인지를 보여주시기 위함이다. 즉, 성도들은 세상적인 도움이 아니라 오직 하나님의 능력으로만 지탱된다. 교회는 '가난한 자의 모임' 즉 세상적으로 아무것도 잘난 것이 없는 불행한 사람들의 모임으로 불린다(참조. 시 74:19). 하나님은 대개 보잘것없는 것들을 사용하여 그의 능력을 보여주신다. 모세의 손은 이적을 행하기 전에 나병에 걸렸다(출 4장). 여리고는 양각나팔에 의해 무너져 내렸고, 골리앗은 물맷돌 하나로 쓰러졌다. 둘째, 가난한 자를 택하셔서 그의 선하심의 풍부함을 보여주시기 위함이다. 즉 모든 것이 다 하나님의 은혜로 말미암았다는 사실을 깨닫게 하시려는 목적이다. 처음부터 하나님은 가장 악하고 가장 가난한 자를 택하시는데, 이것은 하나님의 사랑이 외적인 영광에 좌우되지 않는다는 것을 말해 준다. 이처럼 가장 죄 많고, 가장 신분이 천한 사람들을 선택하신 이유는 '모든 육체로 주 안에서 자랑하게 하려' 하심이다(고전 1:28-31). 한 강도는 낙원의 기쁨을 맛보았으며, 거지 나사로는 아브라함의 품에 안겼다. 자신의 영광에 대해서는 조금도 자랑하지 않았던 사람들이 은혜에 초대되었다. 셋째, 하나님께서 이런 내적 영광으로 그들의 외적인 결점을 보충함으로써 그의 지혜를 나타내시고자 함이다. 그 형제들 가운데 분깃이 없던 레위는 하나님이 그의 분깃이 되어 주셨다. 하나님은 모든 사람들에게 공평하시다. 부자는 재물을 소유하고, 가난한 사람들은 '주의 백성에게 베푸시는 은혜' (시 106:4), 즉 특별한 자비를 받았다. 예수님은 성전에서 사고파는 자들과 돈 바꾸는 자들을 채찍으로 쫓아내셨다. 부자는 하나님의 성전에서는 얻을 이익이 하나도 없다. 넷째, 몸의 각 지체가 머리를 따라야 함같이 성도들도 비천함과 고난 가운데서 그리스도를 따르게 하기 위함이다. 왜냐하면 '네 왕이 네게[가난한 자에게] 임하시기' (슥 9:9) 때문이다. 다섯째, 가난은 그들이 정직하게 되도록 지켜 주는 수단이기 때문이다. 하나님의 백성들이 가장 큰 위험에 빠질 때는 가장 부요하게 될 때다. 해는 황도대(黃道帶)에 가장 높이 있을 때 가장 느리게 진행한다고 한다. 대개 사람들은 세상에서 높은 지위에 오를 때 가장 의무를 소홀히 하고, 봉사하는 일에 무감각해진다. 해적은 결코 빈 배를 덮치지 않는다. 마귀도 우리가 풍족할 때 가장 분주하다. 바산 땅이 양을 치기에 적합하다고 느꼈던 사람들은 거기서 만족하며 가나안으로 들어가지 않으려고 했다. 예수님의 제자들은 '주여 우리가 모든 것을 버리고 주를 따랐나이다' 라고 말했는데, 이것은 재산을 지키는 것과 주를 섬기는 것이 서로 양립하기 어렵다는 사실을 말해 준다. 자, 그렇다면 이렇게 결론을 내릴 수 있다. (1) 가난한 사람은 하나님을 찬양하라! 그 모두가 하나님께서 우리를 돌보시는 자비로부터 오기 때문이다. 세상에서는 버림을 받았으나 하나님으로부터는 택하심을 입은 이것이 우리의 비천함을 위로하는 근거가 된다. 자신이 행복하다고 마음으로 느끼는 사람은 다른 사람의 판단에 의해 불행해질 수 없다. "고자도 말하기를 나는 마른 나무라 하지 말라…내가…영원한 이름을 주어 끊어지지 아니하게 할 것이며"(사 56:3-5). 외적으로 비천하다 할지라도 낙망하지 말라. 가난한 사람은 하나님께서 그 이름을 아신다. 눅 16:19-20에서도 부자는 이름 없이 부자라고 일반적으로 호칭되었으나 나사로는 자기 고유의 이름으로 불리지 않았는가? 그러나 우리는 가난한 이들을 잊어버리고 부자의 이름과 그 직함만을 확실히 기억하기 일쑤다. (2) 자신이 부자라면, 그것이 하나님의 백성에게 대한 은혜가 아닌 것을 생각하고 통속적인 풍족함에 만족하지 않도록 하라. 자신은 재산을 가지고 있을지 모르나 다른 사람은 더 귀한 특권을 가지고 있을 수 있다. 루터처럼[160] 세속적인 것에 만족하지 않을 것을 고백하고 하나님의 특별한 자비의 표를 얻고자 노력하라.

강해 2

이 세상에 가난은 존재하고 있으며, 앞으로도 계속 존재할 것이다. 매일 맛있는 음식을 먹고 좋은 비단 옷을 입었던 부자도 그 혀에 시원한 물 한 방울만 떨어뜨려 달라고 애원했다. 어거스틴은 부자가 바랐던 한 방울의 물은 절대 주어지지 않았을 것이라고 했다. 사 65:13은 "보라 나의 종들은 먹을 것이로되 너희는 주릴 것이니라 보라 나의 종들은 마실 것이로되 너희는 갈할 것이니라 보라 나의 종들은 기뻐할 것이로되 너희는 수치를 당할 것이니라"라고 기록하고 있다. 이 세상에서는 부하다 해도 오는 세상에서 가난하게 될 것인지는 우리의 선택에 달렸다. 비록 우리가 여기서는 쾌락의 바다에 빠져 있을지라도, 거기서는 우리의 혀를 서늘하게 해 줄 한 방울의 물을 원하게 될지도 모른다.

160) 'Valde protestatus sum me nolle sic ab eo satiari.' —*Luth.*

강해 3

세상에서는 가난한 자라도 영적으로는 부요한 자가 될 수 있다. "아무것도 없는 자 같으나 모든 것을 가진 자로다"(고후 6:10)라는 바울의 수수께끼가 입증된 셈이다. 즉 이 세상에서는 가진 것이 아무것도 없으나 믿음으로 모든 것을 가지는 것이다.

강해 4

믿음은 진실로 우리를 부요하게 한다. 믿음은 하나님의 모든 풍부하심을 공급받기 위해 펼친 영혼의 손이다. 만일 우리가 가진 것이 없고 가난하다면, 그것은 하나님의 손이 궁핍한 것이 아니라 우리의 손이 하나님을 향하여 펼쳐져 있지 않기 때문이다. 사람은 재산이 풍부하게 있을지라도 가난할 수 있다. 잠시 동안 우리와 다른 사람들 사이에 차이가 있으나, 죽어서는 '작은 자와 큰 자(원문에는 '가난한 자와 부유한 자'로 되어 있다)가 함께 있게 된다'(욥 3:19)라고 했다. 즉 모두 차이 없이 같은 상태에 있다는 말이다. 납골당에는 모든 유골이 똑같은 상자 속에 있어서, 살아 있을 때의 빈부귀천이 구별되지 않는다. 오직 은혜만이 우리를 영원토록 뛰어나게 만들 수 있다. 부요함도 우리를 이 세상에서 언제나 보장해 줄 수 있는 것은 아니다. "재물은 스스로 날개를 내어 하늘을 나는 독수리처럼 날아가리라"(잠 23:5). 그러므로 자신이 가난하다면 타인의 풍족함을 시샘하지 말며, 반대로 부유하다면 그런 즐거움을 기뻐하지 말라. '그들은 진실로 부유한 것도 아니요, 그것들은 항상 자신의 것이라고 할 수도 없기 때문이다'(*Istœ divitiœ nec verœ sunt, nec vestrœ*).

강해 5

주님은 오직 '하나님을 경외하는' 가난한 자만을 사랑하신다. 사람들 중에는 마음이 무식할 만큼 완고하거나 고약하게 하나님을 모독하는 악하고 가난한 자도 있다. 그리스도는 "가난한 자는 복이 있나니 하나님의 나라가 너희 것임이요"(눅 6:20)라고 말씀하신다. 마태복음에서는 가난한 자에 대해 설명하기를 "심령이 가난한 자는 복이 있나니"(마 5:3)라고 했다. 반면에 시 35:15에서 다윗은 '불량배가 내가 알지 못하는 중에 모여서 나를 치며' 라고 말한다. 그런 종류의 사람들은 여러 세대에 걸쳐 창조주 하나님과 그 자녀들을 거스려 교만한 소란을 일으키며 하나님의 백성들에게 정면으로 대적하는 악한 자들이다. 그들의 격노는 그 힘을 무너뜨리기 위한 지식이나 정치적 제지, 그리고 공적이고 성실한 교육이 없기 때문에 더욱 맹렬할 뿐이다.

강해 6

모든 하나님의 백성들은 상속자들이다. 그들은 후사요, 기업을 이을 자들이다. 상속자는 아들 됨으로 말미암아 그들에게 주어진 기업이므로, "자녀면 또한 상속자 곧 하나님의 상속자요 그리스도와 함께한 상속자" (롬 8:17)다. 예수 그리스도는 처음부터 아들이며 처음부터 상속자다. 우리는 양자며, 양자로서의 상속인이다. 그리스도는 '만유의 상속자' (히 1:2)로서 자기의 특권을 우리에게 나누어 주신 분이다. 그리스도와 더불어 동일한 특권을 받는 하나님의 자녀인 상속자가 어떤 존재인가를 생각하라. 그래서 바울은 '함께한 상속자' 란 말을 썼다. 영적인 면에서 우리는 그리스도께서 가지신 것과 동일한 영광을 소유하며 능히 누릴 수 있다. 다시 말해 하나님의 백성들은 파기될 수 없는 상속권을 가진 자들이다. 사람들의 경우에는 상속인을 지명하고 나서 그것을 변경할 수 있다. 이것은 특히 양자를 상속자로 지명하는 경우에 그렇다. 그러나 하나님은 결코 그 목적을 변개하시지 않는다. 고후 1:22은 우리가 보증을 받았다고 말하며, 롬 8:23은 우리가 그 첫 열매가 되었다고 말한다. 즉 '우리의 기업이 얼마나 확실한가' 라는 점에서 보증을 받았다는 것이요, '그 기업이 얼마나 선한가' 라는 점에서 첫 열매가 되었다고 말할 수 있다. 그러므로 우리가 에스골의 포도(민 13:23-24) 맛을 보았다면, 양자 됨이 어떠한가를 알게 되고 또한 하나님이 자기 백성을 사랑하시는 그분의 목적을 결코 변개하지 않으신다는 확신을 갖게 된다. 그들은 하늘에 계신 아버지의 선물뿐 아니라 아버지 자신까지도 소유하게 되는 상속자들이다. 하나님은 우리에게 단지 천국만을 주신 것이 아니라 하나님 자신도 주신다. '나는 너의 하나님이 될 것이요', 즉 하나님이 우리의 소유가 된다. "여호와는 나의 산업과 나의 잔의 소득이시니 나의 분깃을 지키시나이다"(시 16:5)라는 말씀도 이를 뜻한다. 육신의 아버지는 더 이상 자기 재산을 소유할 수 없을 때 자식에게 물려 준다. 그러나 우리는 그것을 하나님과 함께 누린다. 이 사실은 우리에게 행복이 아닐 수 없다. 그러므로 하나님과 함께 영화롭게 되었다고 말할 수 있다. 또한 우리는 함께 상속자가 된 많은 사람들과 나눌지라도 줄어 들지 않는 유업을 받는 상속자들이다. 좋은 샘이라도 여러 갈래로 갈라져 흐르게 되면 말라 버리지만, 하나님의 유업은 상속자가 많으면 많을수록 더 풍부해진다. 모든 성도들과 함께 하나님을 기뻐한다는 것이 얼마나 복된 일인가! 그들은 아브라함과 이삭과 야곱과 함께 앉을 것이다. 우리는 투기함 없이 함께 기업을 얻을 것이다. 함께함도 복의 하나다. 이것은 사도가 히 12:22-23에서 "너희가 이른 곳은…천만 천사와…모임"이라고 말하게 된 동기가 되었다. "천국에서는 누가 크니이까"(마 18:1)라고 묻는 것만큼 어리석은 질문은 없다. 왜냐하면 하나님이 '모든 것의 모든 것' 이 되실 때 모든 사람들을 충만하게 채우실 것이기 때문이다. 이런 질문은 우리의 현 상태에서나 있을 법한 질문이다. 영광 중에서는 그런 호기심을 유발시키는 죄가 있을 수 없는 만큼, 그런 것을 문제시하고자 원하지도 않는다. 그들은 바로 상속자들이다. 슬프도다! 이제 그들은 양자의 특권을 누리기 위해서, 탄식하며 양자 될 것을 기다린다(롬 8:23). 그러므로 요일 3:2은 "우리가 지금은 하나님의 자녀라 장래에 어떻게 될지는 아직 나타나지 아니하였으나"라고 기록하고 있다. 우리가 아들의 권리는 갖고 있으나 아직 그것을 완전하게 소유하지는 못했다. 그리고 그 유업을 차지하기 전까지는 소망만 소유하고 있으므로 그 유업이 어떠한 것인지 상상할 수 없다. 이미 나타난 은혜가 많지만 쌓아둔 은혜가 훨씬 많기 때문이다(시 31:19). 성경에서 그리스도인의 모든 특권이 심판의 날까지는 성취될 수 없는 것처럼 말하고 있음은 주목할 만하다.

다음으로 칭의에 대해서 말할 때, 우리는 우리에게 위로가 있음을 알게 된다. 그리스도께서 가장 엄숙하고 위엄 있는 심판 날에, 의의 승리 가운데 신실한 자의 죄는 기억하지 않으시고, 오직 섬긴 일만을 기억하실 것이기 때문이다. 그때 우리는 '내가 너희 불의를 사하며 너희 죄를 다시 기억하지 아니할 것이라' 고 하신 약속의 의미를 알게 된다. 우리의 위로가 지금은 혼합되어 있어 자주 의심과 두려움으로 갈등 속에 빠지나, 우리의 죄사함 받는 것이 온 세상 앞에 엄숙히 선포될 그때, 참으로 우리는 사함 받은 것이 무엇인지 알 것이다. 그러므로 성경은 마치 우리가 의롭게 되는 것이 그때가 되어야 이루어지듯이 "너희가 회개하고 돌이켜 너희 죄 없이 함을 받으라 이같이 하면 새롭게 되는 날이 주 앞으로부터 이를 것이요"(행 3:19)라고 말한다. 이와 같은 이유에서 성경에서는 죄 사함이 오는 세상에 있게 될 것이라고 표현한 것 같다. 예를 들어, 마 12:32에 "이 세상과 오는 세상에서도 사하심을 얻지 못하리라"라고 한 말씀은 죄 사함이 지금 실제로 성취되었다거나 엄숙하게 선포되었다고 할 수 없다는 말씀이다. 구속도 마찬가지다. 우리가 사망과 무덤에서 구원을 받고 모든 악으로부터 최후의 구원을 받을 때까지는 그 특권을 이해할 수 없다. 그러므로 우리는 "우리 몸의 속량을 기다리느니라"(롬 8:23), 그리고 "머리를 들라 너희 속량이 가까웠느니라"(눅 21:28)라고 말할 수 있다. 이것이 아마도 사도가 그리스도와 연합한 우리가 얻는 열매를 열거하면서 구속을 마지막으로 말한 이유가 될 것이다(참조. 고전 1:30). 이 땅에서는 우리가 의와 지혜, 은혜의 열매를 맺으나 구속의 열매는 오는 세상에서 얻는다. 그러므로 '주의 날' 은 '구원의 날' (엡 4:30)이라고 불렸다. 그리스도와의 연합도 구속의 날에 완성된다. 이 연합은 세상에서 이미 시작되었으나 자주 중단되어 연합은커녕 서로 떨어져 있기 일쑤다. 이 때문에 고후 5:6에 "그러므로 우리가 항상 담대하여 몸으로 있을 때에는 주와 따로 있는 줄을 아노니"라고 말했던 것이다. 바울이 그렇게 말한 것은 우리가 그의 임재에 의한 위안을 자유롭게 누리지 못하기 때문이다. "내가 그 둘 사이에 끼었으니 차라리 세상을 떠나서 그리스도와 함께 있는 것이 훨씬 더 좋은 일이라"(빌1:23)라고 한 것은 이 땅의 그리스도인은 한편으로는 그리스도와 함께 있지만 또 한편으로는 그리스도와 함께하지 못하기 때문이다. 우리의 몸과 영혼이 하늘에서 변화되어 그의 눈앞에서 그와 더불어 항상 있게 될 때, 그와 함께 있다는 것이 무엇인지 알게 될 것이다.

이제는 성화 곧 '거룩하게 됨'에 대해 살펴보자. 아직 우리에게는 옛 성품이 너무 많이 남아 있어 새 성품은 거의 없다시피 하는데, 이런 연유로 심판의 날은 '새롭게 되는 것'(*παλιγγενεσία*, 마 19:28)으로 불린다. 즉, 그때는 모든 것이 새롭게 되고, 우리는 영원한 상태에 들어가게 된다. 그래서 바울은 살전 3:13에서 "주 예수께서…강림하실 때…거룩함…"이라고 표현했다. 그러므로 그리스도인이 가진 특권의 모든 점들을 살펴볼 때, 우리는 비록 기업을 '이을' 자나 아직 기업을 '얻은' 자는 아니라는 것을 알게 된다. 자, 그렇다면 성령의 첫 열매가 된 우리는 소망을 갖고 소망 가운데 기뻐해야 한다. "보라 아버지께서 어떠한 사랑을 우리에게 베푸사"(요일 3:1). 우리는 본래 이방인이었으나 하나님께서 그의 아들로 삼으셨다. 그리고 더 나아가 상속자로 삼으셨다(요 1:12 참조). 우리는 세상에서 가난하고 천하여 낮은 지위에 속하였으나 우리에게 주어진 그 위엄(*ἐξουσίαν*)을 가지게 되었고, 영원 전부터 있었고 또 영원히 있게 될 가장 아름다운 나라에 들어가도록 선택을 받았다. 우리는 원수였고 야비할 만큼 반역적이었을지라도 지금은 상속자가 되었다. '진노의 자녀'에서 '영광의 상속자'가 된 것이다. 하나님께는 이렇게 양자 삼는 것이 사실상 필요하지 않았다. 하나님께는 온 세상 앞에서 그의 기쁨과 즐거움이라 일컬어졌던 한 아들이 계셨기 때문이다(참조. 잠 8:30-31). 그러나 하나님은, 자신과 자신의 아들에게 이방인이었고, 그의 보좌에 대한 반역자였으며, 세상에서 그토록 낮은 우리를 그의 독생자와 함께 상속자가 되게 하셨다. 우리 안에 이런 일이 있게 하신 것이 얼마나 아름답고 고마운 일인가! 삼위 하나님은 우리에게 각각 그의 사랑을 보여주었다. 아버지께서는 우리를 양자로 삼으셔서 우리로 '보라 아버지께서 어떠한 사랑을…'이라고 말하게 하셨다. 아들은 우리로 그 권리를 얻도록(참조. 갈 4:6) 잠시 동안 그의 영화로운 지위를 내어놓고 돌아보지 않으셨다. 그리고 더 나아가 목숨까지 버리셨다. 성령은 우리가 하나님의 자녀인 것을 증거하셨다(롬 8:16). 숭고하고 고상한 마음으로 삼위일체 하나님의 사랑을 찬양하라! 우리가 이 세상에서 마주치는 모든 실망과 좌절을 이기게 해 주는 이 위로가 어떠한지 생각해 보라. 변장한 왕자들이 그 사실을 모르는 사람들에게 자주 경멸을 받듯이 하늘의 상속자도 세상의 비난을 받았다. 우리가 어찌하여 낙담하고만 있을 것인가? 이는 마치 요나답이 암논에게 "왕자여 당신은 어찌하여 나날이 이렇게 파리하여 가느냐"(삼하 13:4)라고 말한 상황과 같다. 우리는 영광의 나라를 유업으로 받은 자가 아닌가? 그러므로 여기서 세상적인 문제에 대해 몇 가지 조언을 하고자 한다. 즉, 하나님을 믿는 비천한 자를 정죄하지 말라는 것이다. 왜냐하면 그들도 상속자기 때문이다. 우리가 그들과 친구가 된다면, 그들은 어느 날엔가 우리를 견고하게 할 것이다. "불의의 재물로 친구를 사귀라 그리하면 그 재물이 없어질 때에 그들이 너희를 영주할 처소로 영접하리라"(눅 16:9)라는 말씀은 대개 죄를 짓는 데 쓰이는 부를 가난한 성도들과 친구가 되는 데 쓰라는 말이다. 그들은 그리스도와 함께 세상을 심판할 것이다(고전 6:2). 그들과 친구가 되면 그들이 우리를 인정하여 하늘의 기쁨을 얻게 할 것이라는 뜻이다. 심판의 날에 그리스도께서 주목하시는 것은 "내 형제 중에 지극히 작은 자 하나에게 한 것이 곧 내게 한 것이니라"(마 25:40)라는 말씀에 잘 나타나 있다.

강해 7

성도들은 왕국을 기업으로 얻는다. 하늘과 영광은 자주 '왕국'이란 개념으로 설명된다. 따라서 우리는 어느 곳이나 다 차지하게 된다. 왕국은 왕들을 위한 곳이요, 모든 성도는 영적으로 왕이다. 계 1:6에 보면 "그의 아버지 하나님을 위하여 우리를 나라[왕]와 제사장으로 삼으신"이라고 기록되어 있다. 더욱 적합한 표현으로, 우리는 '왕 같은 제사장'(벧전 2:9)이다. 이 두 가지 위엄 있는 직분이 함께 묶인 것은 지금까지 왕들은 제사장이요, 족장들은 그 족속의 제사장이었기 때문이다. '코헨'(cohen)은 미디안의 왕자와 제사장을 동시에 뜻하는 말이다. 다시 되돌아가 보자. 그들은 자신과 죄 및 사탄과 세계를 다스리는 영적인 능력을 가졌기 때문에 왕이다. 그들이 왕이기 때문에 그들의 영광은 왕국인 것이 분명하다. 다시 말해 그리스도가 왕이신 고로 그들도 왕이 되며, 그의 나라 또한 그들의 나라가 된다. 그리스도와 하나가 됨으로 그들은 그의 왕권을 소유하게 되었다. 우리가 기대하는 영광과 왕국 사이에는 매우 큰 유사점이 있다. 눅 12:32은 "적은 무리여 무서워 말라 너희 아버지께서 그 나라를 너희에게 주시기를 기뻐하시느니라"라고 했다. 왕국이란 그 왕국의 광채와 환희, 영광을 말하는 것이다. 그것은 존귀며, 사람들 사이에서 뛰어남을 가리킨다. 또한 그곳에 있는 존재들인 천사들은 '섬기는 영' (히 1:14)이라고 불린다. 천사들은 이미 그곳에 있었으나 단지 우리가 들어갈 성곽의 열두 문에 서 있는 문지기들로서 존재한다(계 21:12). 또한 그리스도께서 친히 준비하고 계시다가 그의 재림을 기다려온 자들을 섬기실 것이다(눅 12:37). 그리고 그 나라는 능력과 권세의 왕국이다. "만물이 다 너희 것임이라"(고전 3:21). 그들은 세상을 판단할 것이며, 악한 천사들도 판단할 것이다(고전 6:2-3). 또 하늘 보좌는 기쁨과 만족으로 충만할 것이다. 다시 말해 거기에는 '늘 충만한 기쁨' 이 있다(시 16:11). 이 모든 것들이 천국을 이루는 데 서로 협력하고 있다. 즉 천국은 가장 고상한 영예와 영광, 큰 기쁨과 만족, 고귀한 수종자들, 광대한 다스림의 상태에 있다. 또한 죄와 고통으로부터 벗어나 기쁨의 큰 자유를 누리게 된다. 그러므로 우리에게는 사탄의 지배가 미치지 못하며 악한 마음이 거하지 못한다.

그렇다면 천국을 기대하는 우리는 마땅히 어떠한 사람들이 되어야 하는가? 바울은 이 질문에 적절한 권고를 하고 있다. 즉 살전 2:11에서 "너희를 부르사 자기 나라…께 합당히 행하게 하려 함이라"라고 밝힌 것이다. 그리 쉬운 일은 아니지만, 우리는 왕처럼 자신의 영을 지시하고 혼을 판단하며, 일상적인 추구를 벗어나 일상의 방해를 극복하고 살아야 한다(*cogita te Cœsarem esse*). 그 훈련 속에서 어느 날 영광 중에 하나님과 더불어 왕이 될 것을 기억하라. 점차적으로 하나님의 나라에 들어가도록 하라. "하나님의 나라는…성령 안에 있는 의와 평강과 희락이라"(롬 14:17)고 하였다. 그러나 다른 사람들, 즉 아직 남아 있는 자들은 여전히 불확실한 상태 속에 있으므로 이것이 그들로 하여금 천국의 소망을 구할 수 있도록 하는 동기가 된다. 즉, 마 11:12의 "천국은 침노를 당하나니"라는 구절은 바로 이러한 천국을 설명하고 있다. 그렇기 때문에 사람들이 천국을 그렇게 맹렬히 찾는다는 것이다. 이 말씀은 천국에서 면류관 얻는 것을 생각할 때, 모든 힘을 다하여 그것을 찾도록 우리에게 용기를 준다. 그러므로 나태한 소망과 졸며 기도하는 것만으로 우리의 신앙 생활은 충분하지 않다.

강해 8

천국은 약속에 의해 보증된 왕국이다. 천국은 단지 우리로 하여금 소원하게 하는 데 그치는 것이 아니라, 우리의 소망이 실현되는 일에 있어서도 확실한 것이다. 단지 하나의 왕국으로서만이 아니라 약속된 왕국으로서 천국을 바라보고, 그 약속에 대한 신실함으로 사람을 판단하라. 이 약속으로 즐거워하는 자 외에는 이러한 천국의 소망으로 위로받을 자가 없다. 이들은 자신의 영혼을 위해 우리가 갖고 있는 말씀, 곧 "주께서 내게 소망을 가지게 하셨나이다"(시 119:49)라는 말씀으로 하나님께 간청할 수 있다. 하늘나라는 단지 준비된 것만이 아니라 약속된 것이다. 우리는 맥빠진 소망만이 아니라 견고한 신뢰도 가지고 있어야 한다.

강해 9

천국에 대한 약속은 하나님을 사랑하는 자들에게 주신 약속이다. 사랑은 믿음의 결과며, 모든 의무의 근거요, 영적인 지위에 대한 최고의 발견이다. 믿지 않는 자는 사랑하지 않는다. 또한 사랑하지 않는 자는 순종할 수 없다. 그렇다면 이 은혜를 보라. 우리는 하나님을 사랑하는가? 어떤 약속에 조건이 붙어 있을 때 그 조건들을 다 갖추었다고 안심할 수 없다. 그 약속의 결과를, 그리스도께서 시몬 베드로에게 '네가 나를 사랑하느냐' 라고 물으신 것처럼 '너는 하나님을 사랑하느냐' 라는 물음을 통해 깊이 생각해 보라. 더 나아가 자신이 '진실로' 하나님을 사랑하는지 자신의 마음을 살펴보라. 사랑은 그 효력과 결실이 무수하다. 하나님을 사랑하는 자는 하나님께 속한 것을 사랑한다. 예를 들면 다음과 같다. (1) 하나님의 영광을 사랑한다. 그들의 큰 기대와 기쁨은 하나님을 존귀하게 하는 것이므로 그들은 하나님의 영광을 위해 할 수 있는 대로 봉사할 것이다. 딤후 3:2에 언급된 '자기를 사랑하는' 죄는 이런 사실에 반대된다. 사람들이 자신만을 사랑할 때는 하나님을 거의 사랑할 수 없다. (2) 하나님의 명령을 사랑한다. 앞에서 살펴본 바와 같이 대개 사람들이 죄를 사랑하면 하나님의 명령은 미워한다. 그들은 자신의 타락한 욕망을 방해하는 거룩한 율법들을 성가신 규율로 여긴다. 자연적인 양심은 의무 감각에 예민하고, 악한 감정은 그것을 싫어하는 데 소용된다. 그러나 요일 5:3은 "하나님을 사랑하는 것은 이것이니 우리가 그의 계명들을 지키는 것이라 그의 계명들은 무거운 것이 아니로다"라고 말한다. 계명을 지키는 의무는 성도의 기쁨이요, 규례는 그들의 위안이다. 즉 시 26:8에 "내가 주께서 계신 집과 주의 영광이 머무는 곳을 사랑하오니"라고 시편 저자가 말한 것과 같다. 따라서 하나님의 백성은 하나님과 함께 있기를 바라며, 그를 만날 수 있기를 갈망한다. (3) 하나님의 친구들을 사랑한다. 하나님을 사랑하는 자는 그리스도인을 그리스도인으로서 사랑한다. 형제를 사랑하는 것이 생명으로 들어가는 가장 중요한 증거가 된다(요일 3:14). 이제까지 살펴본 이 세 가지 예를 통해 항상 자신을 판단해 보기 바란다.

[6] 너희는 도리어 가난한 자를 업신여겼도다 부자는 너희를 억압하며 법정으로 끌고 가지 아니하느냐.

본문에서 야고보는 형제들로 하여금 자신의 잘못을 깨닫도록 설득하고 있다. 야고보는 사람들을 차별하여 대하는 것이 죄라는 것을 밝히고, 이어서 곧 형제들의 자각을 촉구하고 있다. '너희는 그러한 죄를 범하였고 가난한 자를 업신여겼도다' 라고 말한 후, 야고보는 그들의 처신이 허영에 차 있고 사악하며 무분별하다는 것을 지적하기 위해서 새로운 질문을 던진다. '부자는 너희를 억압하지 않느냐?' 이것은 결국 형제들에게, 그들이 자신을 박해하고 억압하는 자를 존경하는 것이 아니냐고 묻는 것이다. 여기서 우리는 이런 의문을 가질 수 있다. 야고보는 그들에게 복수하도록 선동하고 있는 것이 아닌가? 우리는 원수를 사랑하고 우리를 미워하는 자들에게도 선을 베풀어야 하지 않는가? 이러한 의문에 대한 대답은 다음과 같다. (1) 원수를 사랑하는 것과 마지못해 그들을 존중하는 것은 별개의 문제다. 그리고 아첨은 인간애나 공손의 표시와는 다르다. (2) 교회로부터 벌을 받아 마땅한 자들은 하나님의 백성들에게 최소한의 대접마저 요구할 수 없다. 그러한 자들은 '하나님을 뵈옵지 못한다' (요삼 11). "내가 만일 유다의 왕 여호사밧의 얼굴을 봄이 아니면 그 앞에서 당신을 향하지도 아니하고 보지도 아니하였으리이다"(왕하 3:14). 야고보는 사람들보다는 상황에 대하여 이야기하고 있다. 즉 '너희는 분명히 온갖 악영향을 미치는 부를 높이 평가하겠는가?'라는 의미다. 부유한 신분이나 상류 계급의 사람들은 으레 남을 학대하거나 불경스럽게 대하기 일쑤다. 야고보는 일반적으로 교회나 회당에 자주 출입하지 않는 부자들에 대해 이야기하고 있다. 만약 우리가 이렇게 생각하지 않고, '부자' 라는 말을 계층이 아니라 사람을 가리키는 것이라고 본다면, 그것은 야고보의 말을 잘못 받아들인 것이다. 그가 말하는 쟁점은 이렇다. '부자들만큼 교회에 악영향을 미치는 자들이 없다는 것을 알면서도 너희는 교회에서 부자들을 우선적으로 대우하겠느냐?' 야고보는 부유하다는 이유로 그리스도인의 존경을 받으란 법은 없다는 것을 밝히기 위해 지금까지 부자 때문에 입은 폐해를 역설한다.

너희는 도리어 가난한 자를 업신여겼도다. 야고보는 형제들의 처신이 얼마나 하나님의 섭리에 위배되었는지를 보여준다. 즉, '하나님은 가난한 자들을 높이셨는데 너희는 그들에게 굴욕을 주었다' 라고 책망했다. 선지자 아모스는 이와 같은 죄를 다음과 같이 묘사하고 있다. "너희가 힘없는 자를 밟고…"(암 5:11).

부자는…아니하느냐. 여기서 부자는 기독교를 받아들이지 않았던 부유한 이교도들과 유대인들 모두를 가리킨다. 왜냐하면 이제껏 기독교를 박해한 자들은 서기관, 바리새인들, 그리고 제사장들과 같이 부유한 계층 또는 그러한 부류의 사람들이었기 때문이다. 그들은 "시내 유력자들을 선동하여 바울과 바나바를 박해하게"(행 13:50) 하였다. 그 밖에 거짓 그리스도인들도 부유한 계층에 포함된다. 지위가 높고 권력이 있는 거짓 그리스도인들은 형제들을 억압하였고 그들에게 온갖 가혹한 수단을 사용하였다. 어느 쪽이든 간에 이들은 대체로 부유한 자들이었다.

너희를 억압하며(*καταδυναστεύουσι*). 즉 권력을 남용하거나 자신들에게 결코 주어진 일이 없는 권력을 휘두르는 것을 뜻한다. 이와 같은 뜻으로 솔로몬이 한 말을 보자. "부자는 가난한 자를 주관하고 빚진 자는 채주의 종이 되느니라"(잠 22:7). 여기의 '주관한다' 는 말은 다스릴 수 있는 권한을 부여받지 않았음에도 권력을 남용하여 지배한다는 뜻이다.

너희를…법정으로 끌고 가지 아니하느냐. 만약 이 문구가 개종하지 않은 유대인들을 염두에 둔 것이라고 본다면, 그 의미는 개종하지 않은 유대인들이 박해를 선동했다는 뜻이 된다. 이것과 똑같은 뜻을 가진 다른 구절을 보자. "너희를 공회에 넘겨 주겠고"(마 10:17). 그렇지 않고 내가 동의하는 바와 같이 이 문구가 일반적인 부자들에 대한 것이라고 본다면 그들이 채무자를 대하듯 가난한 자들을 끌고 가 난폭하게 다뤘다는 뜻이 된다. "붙들어 목을 잡고…"(마 18:28). 선지자 이사야는 이와 같은 잔혹함을 "악한 주먹으로 치는도다"(사 58:4)라고 묘사하고 있다. 유대인들 사회에서 채권자는 채무자에게 몹시 무례하게 굴었는데, 야고보는 본문에서 '*ἕλκουσι*'라는 단어를 사용하여 그것을 암시하고 있다. 그리고 야고보가 '법정으로' 란 말을 덧붙인 것은 당시 그와 같은 악이 그들 사이에 일반화되었음을 질책하기 위해서였다. 유대인들 사이에서는 부자가 가난한 자를 난폭하게 다루었을 뿐 아니라, 법적인 힘을 빌어서 그들을 압제하였다. 또한 권력과 높은 지위에 따르는 특권을 이용하여 가난한 자들을 함부로 소송하거나 그들의 권리를 빼앗기도 했다. 이러한 일은 어느 나라에서나 흔히 볼 수 있는 일이지만, 유대인들 사회에서 특히 심했다. 성경의 여러 곳에서 그것이 잘 나타나 있다(참조. 시 10:9-10).

강해 1

가난한 자를 업신여겼도다. 잘 알려진 명백한 죄는 단호하게 비난받아 마땅하다. 나단은 다윗에게 "당신이 그 사람이라"(삼하 12:7)고 말했다. 행실이 나쁘다는 평판이 나면, 설득력 없는 변명을 해봐야 소용이 없다. 선지자 나단의 말은 다윗의 양심을 찔렀다. 마을에 불이 났는데 '여기 큰 불이 났다. 아무 손해도 입지 않게 해달라고 하나님께 기도하자' 라고 말하면서 냉담하게 있겠는가? 그렇지 않을 것이다. '불이야, 불이야' 하며 소리를 칠 것이다. 만약 불을 끄지 않고 가만히 있는다면 결국 불에 타서 죽고 말 것이다. 이와 마찬가지로 죄를 저질렀다는 것이 명백히 드러나면 서툰 변명으로 해명하고자 해도 소용이 없다. 오직 판결받을 일만 남는다. 그러므로 본 구절은 이런 뜻이 된다. '너희는 가난한 자를 업신여겼다. 보라, 이것이 너희의 죄다. 그리고 잘못을 고치지 않으면 파멸할 것이다.' 죄가 만연하고 위험이 닥쳤을 때에는 그 일에 마음을 쓰는 것이 현명한 행동이다.

강해 2

너희는. 야고보는 그들의 행동이 하나님의 뜻에 어긋난다는 것을 지적하고 있다. 즉, 가난한 자를 업신여기는 것은 하나님의 명령이나 기록된 말씀에 위배될 뿐 아니라, 그분의 일과 섭리 속에 내포된 생각과 의도를 저버리는 일이다. 그것은 일종의 엄청난 술수요, 하나님에 대한 거역이다. 이를 자세히 살펴보면 다음과 같다. (1) 그러한 일은 하나님이 인간을 창조하실 때 품으셨던 마음과 위배된다. "가난한 자와 부한 자가 함께 살거니와 그 모두를 지으신 이는 여호와시니라"(잠 22:2). 다시 말해서 그들은 이 세상에서 한데 섞여 살지만 그들을 만드신 이는 오직 한 분이신 하나님이시다. 그들은 다른 곳에서도 서로 만난다(욥 3:15). 즉, 그들의 죽음 안에서, 무덤 속에서, 그리고 그들을 지으신 창조주 안에서 만난다. 하나님은 다른 사람들에게 치욕을 당하게 하려고 가난한 자들을 지으시지는 않았다. 그러므로 다음과 같은 사실을 생각하면서 가난한 자들을 멸시하지 말아야 한다. 즉, 가난한 자들도 우리와 똑같이 창조되었고, 우리가 죽듯이 그들도 죽는다. 가난한 자는 우리의 '골육'(사 58:7)이라 할 수 있으며, 그들도 우리와 마찬가지로 아담의 자손이다. (2) 가난한 자를 업신여기는 것은 하나님의 섭리에 맞지 않는 일이다. 하나님은 자신의 섭리대로 세상에 이러한 법을 제정하셨다. "가난한 자를 조롱하는 자는 그를 지으신 주를 멸시하는 자요"(잠 17:5). 다시 말해서 그러한 자는 하나님의 지혜로우신 섭리를 경멸하는 자다. 또한 하나님은 이 세상에 산과 함께 골짜기도 만드신 것처럼, 가난한 자와 부자가 함께 섞여 살게 하셨다. 그러므로 그리스도는 이렇게 말씀하셨다. "가난한 자들은 항상 너희와 함께 있거니와…"(마 26:11). 이것은 변하지 않는 하나님의 규약이자 법이며, 세상에서 꼭 받들어 따라야 할 명령이다. 인간 사회에는 많은 역할과 기능이 있다. 그래서 어떤 사람들은 손으로 하는 고된 일에 적격인가 하면, 그런 일은 쳐다보려고도 하지 않는 허약한 체질의 사람들도 있다. (3) 그것은 또한 많은 경우에, 세상에서 가난하고 멸시받는 사람들에게 가장 위대한 은사들을 주시는 하나님의 특별한 섭리에도 어긋난다. 가난한 자들은 필요한 때에 지혜를 발휘하여 더 명석한 판단을 하기도 한다. 나아만의 종은 그의 주인보다 더 지혜로웠고(왕하 5:13), 솔로몬은 '가난한 지혜자가 그 성읍을 건졌다' (전 9:15)라고 하였다. 또한 하나님은 가난한 자들에게 구원의 상속자가 되는 둘도 없는 영광을 주신 적이 한두 번이 아니었다. 앞 절인 5절에 의하면 가난한 자들은 믿음이 부요하다. 그렇다면 그들이 당하는 모욕은 하나님께로 돌아갈 것이다. 왜냐하면 그들은 하나님의 친구자 자녀며, 따라서 하나님은 가난한 자들의 친구로서 그들이 받는 환대나 모욕 등 모든 것을 함께 나누시기 때문이다.

강해 3

부자는 으레 핍박하고 억압하는 자들이다. 부자들은 기회가 있을 때마다 그들의 사악함을 드러낸다. 그리고 그들의 사악함이 때를 만나면 영락없이 죄로 나타난다. 세상 일 중에는 뭔가 할 마음은 있어도 힘과 능력이 없기 때문에 못하는 경우가 많다. 만약에 인간의 의지와 행동을 제한하는 이 같은 하나님의 섭리가 없었다면 세상은 온갖 죄악을 연출하는 무대가 되었을 것이다. 그 한 예로 솔로몬은 가난한 자들을 이해할 수 없을 정도까지 압제하였다. 그뿐 아니라 부자는 으스대며, 불행한 일을 거의 겪어보지 못했기 때문에 동정심을 모른다. 하나님이 이스라엘 백성에게 다음과 같이 말씀하신 것도 바로 그러한 이유 때문이다. '나그네들에게 선을 베풀라. 이는 너희도 나그네였기 때문이다. 가난한 자에게 선을 행하라. 네 조상은 가난한 수리아인이었느니라.' 이러한 사상은 성경의 도처에서 발견된다. 그러나 인간은 평상시에는 모두 잘 어울려 살다가도 돌발적인 사건이나 불쾌한 일을 당하면 마음의 평정을 유지하지 못한다. 예를 들어 권력을 손아귀에 쥐면 맹수처럼 광포하게 그것을 행사하는 경우가 아주 많다. 선지자 아모스는 '야곱의 영광' 과 '그 궁궐들을 미워한 것' 을 한탄하였다(암 6장). 거듭 말하거니와 부는 결국 교만이 되고, 그 교만은 일반적이고 도덕적인 절제를 깨뜨린다. 그래서 자신의 의지가 곧 법이며, 세상의 나머지 모든 사람들은 자신의 쾌락을 만족시키기 위해 존재하는 것처럼 생각하게 된다. 그뿐 아니라 부자들은 가지면 가질수록 더 많이 가지고자 하여 그것을 실로 부정한 방법으로 획득하기도 한다. 그리고 부자가 압제자와 박해자인 이유는 일반적으로 가장 낮은 신분의 사람들이 신앙에 있어서는 가장 앞서기 때문이다. 이 세상의 정신과 그리스도의 정신은 서로 적대적이다. 복음은 모든 사람들이 평등하다고 가르치지만, 마음이 교만한 부자들은 이와 같은 복음의 정신을 받아들이지 못한다. 그뿐 아니라 그리스도의 일들이 자신들의 세상 관심이나 집착을 방해할까봐 두려워한다. 유대인의 지도자들은 그리스도로 말미암아 유대 백성들이 분열되는 것을 염려했는데, 그 이유는 로마인들이 유대에 들어와 그로 인해 그들이 누렸던 세상적 지위가 흔들리는 것을 두려워했기 때문이다. 그런즉 부자들은 자신들의 신분이나 지위에 집착하는 죄를 피하도록 더욱 주의를 기울여야 한다. 그렇게 하는 일이 매우 어렵긴 하지만, '하나님과 함께라면' 능히 하지 못할 일이 없다. 부는 '불의의 재물' (눅 16:9)이라고 불리기도 한다. 왜냐하면 그것은 자주 불의의 수단이나 동기가 되기 때문이다. 제롬이 모든 부자는 압제자이거나 압제자의 자손이라고 한 말은 신랄한 표현이긴 하지만 사실일 때가 많다. 확실히 부자이면서 동시에 의로움을 지니기는 매우 불가능하다. 부자이기 때문에 저지르기 쉬운 죄가 많이 있다. 그중에 도덕적인 죄로서, 우선 교만을 들 수 있다. "부한 자들을 명하여 마음을 높이지 말고"(딤전 6:17). 또 그 부함으로 인한 자랑이 있다. "부자는 그의 부함을 자랑하지 말라"(렘 9:23). 그 다음에 그 부함으로 인한 불법이 있다. "부자는 가난한 자를 주관하고"(잠 22:7). 사치와 방탕도 빼놓을 수 없다. 부자들은 날마다 호화로롭게 즐긴다. 게다가 더 악한 것은 영적인 죄악들이다. 이것들은 더 깊이 숨어 있어 잘 드러나지 않기 때문에 더욱 악하다. 그와 같은 영적인 죄들로는 다음과 같은 것들이 있다. (1) 하나님은 그들을 분명히 기억하고 계시는데 그들은 하나님을 잊었다는 사실이다. 편안하게 살아가는 사람들은 좀처럼 순종할 줄 모르며 자신의 의무도 깨닫지 못한다. 그래서 아굴은 '내가 배불러서 하나님을 모른다 여호와가 누구냐 할까 두려워함이니이다'(잠 30:9)라고 기도하였다. (2) 육신의 안일이다. 성경에는 이에 대한 경계가 매우 빈번히 나온다. "정함이 없는 재물에 소망을 두지 말고"(딤전 6:17), "재물이 늘어도 거기에 마음을 두지 말지어다"(시 62:10). 인간은 하나님과 맞서려 하는 때가 많다. 그리고 우리가 재물을 풍성하게 누리고 있을 때는 마음속에서 재물에 대한 소망을 떨쳐 버리기가 어렵다. (3) 속된 마음이다. 우리는 항상 가까이 있는 것들에 오염된다. 많이 소유하면 할수록, 하나님을 위해 사용하는 데는 인색해진다. 솔로몬은 "소유주가 재물을 자기에게 해가 되도록 소유하는 것이라"(전 5:13)라고 말하였다. 욥기에도 "풍족할 때에도 괴로움이 이르리니"(욥 20:22)라는 말씀이 있다. 부를 소유하고도 그것을 누리지 못하는 것이야말로 하나님이 벌을 내리시고 있다는 좋은 증거다. (4) 방심 또는 영적인 죄악이다. 부자는 "영혼아 여러 해 쓸 물건을 많이 쌓아 두었으니 평안히 쉬고 먹고 마시고 즐거워하자"(눅 12:19)라고 말한다. 이와 같은 것들은 부에 집착하는 죄악이며, 재물 때문에 걸리는 병이다. 여기서 이러한 죄악들을 예를 들어 지적하는 것은 그처럼 되지 않게 하기 위해서다.

[7] 그들은 너희에게 대하여 일컫는 바 그 아름다운 이름을 비방하지 아니하느냐.

야고보는 계속해서 부자들의 악행을 지적하고 있다. 하나님과 신앙생활의 적, 다시 말해서 그리스도인이라는 값진 이름을 모욕하는 자가 부자가 아니면 누구인가?

그들은…비방하지 아니하느냐. 어떤 주석가들은 이 구절이, 신앙고백은 하면서도 불명예스러운 행실로써 기독교의 평판을 나쁘게 만드는 세속적인 부자들에 대해 말하는 것이라고 해석한다. 이들은 '그들은 비방한다' 라는 문구가 다음의 구절들과 병행을 이룬다고 주장한다. "하나님의 이름이 너희 때문에 이방인 중에서 모독을 받는도다"(롬 2:24), "진리의 도가 비방을 받을 것이요"(벧후 2:2). 다시 말해서 그들로 인하여 하나님의 아름다운 이름이 비방을 받는다는 주장이다. 딤전 6:1을 보면, 종들은 순종하여 "하나님의 이름과 교훈으로 비방을 받지 않게" 하라고 했고, 동일한 의미로 딛 2:5에는 "[아내들은] 신중하며 순전하며…하나님의 말씀이 비방을 받지 않게" 하라고 기록되어 있다. 분명히 말해서 세속적으로 신앙고백을 하는 사람들의 생활보다 더 종교를 모독하는 사람은 없다. 그러나 이 문구가 부유한 그리스도인들을 가리켜 언급된 것이라고 보는 것은 매우 잘못된 해석이다. 야고보는 단지 당시의 일반적인 부자들의 행동을 염두에 두고 그렇게 말했을 뿐이었다. 그들은 줄곧 기독교 정신에 철저히 반대되는 자들이었다. 교회는 인간을 지배 계급이나 영예로운 지위보다 우선시하고, 부에 대해 거론할 때는 언제나 그 동기를 중요시하였으므로 부자들은 교회가 부를 가치 있는 것으로 평가하지 않는다고 생각했다.

그 아름다운 이름. 여기서 '아름다운' (καλὸν)은 '영예로운' 의 의미다. 이것은 앞서 3절의 '좋은 자리에' (καλῶς)와 마찬가지로, 원문에서는 '존귀하게' 의 뜻으로 쓰였다.

너희에게 대하여 일컫는 바. 어떤 주석가들은 '너희가 일컬은 바' 라고 해석하기도 한다. 이때는 그리스도인들을 가리킨다. '그리스도의 이름을 부르는 모든 자들' (고전 1:2), '주의 이름을 부르는 자' (딤후 2:19) 등도 그리스도인을 가리킨다. 그 밖에 '너희에게 요구되는 바' , 즉 세례로 해석하기도 한다(참조. 마 28:19; 행 2:38). 그러나 우리가 해석한 대로 '우리가 일컬어지는 바' 로 보는 것이 가장 타당하다. 왜냐하면 그것이 그 문구의 적절한 의미, 즉 '너희에게 대하여 일컫는 바' 의 뜻이기 때문이다. 이것은 남편의 이름을 따서 불리는 아내들에게도 적용된다. "당신의 이름으로 우리를 부르게 하여"(사 4:1). 또 자녀들에게 적용되기도 한다. "이들로 내 이름과 내 조상 아브라함과 이삭의 이름으로 칭하게 하시오며…"(창 48:16). 그러므로 이 문구는 그리스도의 이름을 가리키는 표현이다. 그리스도의 이름은 그의 백성에게 붙여져서, 그들이 그와 배우자요 자녀로서 관계를 맺고 있다는 것을 뒷받침해 준다.

강해 1

사악한 부자들은 어느 누구보다도 하나님을 모독하기 쉽다. 그들은 자기 "마음이 하나님의 마음 같은 체"(겔 28:6)한다. 부는 교만을 낳고, 교만의 결과는 무신론이다. 그뿐만 아니라, 그들은 제멋대로 쾌락을 누리면서 종종 꼴사나운 말을 한다. 그들은 음주나 환락거리로 흥분하고 격노하게 되면 그것을 억제하지 못하고 어떻게든지 그리스도와 그의 종들에게 악의를 뿜어 댄다. 흥청거리며 포식하던 바벨론 사람들은, 히브리인들이 바벨론으로 포로 되어 끌려가 거기서 불렀던 시편 137편의 탄식의 노래까지 불렀다. 세례 요한을 미워한 자에게 그의 머리를 가져갔을 때도 거기 있던 많은 사람들이 그것을 보고 즐겼다. 그들은 신앙 또는 신앙인들을 자기들의 환락과 장난의 도구로 삼았다.

강해 2

그리스도를 사랑하는 자들은 하나님을 모독하는 자들을 미워한다. 사도는 그러한 자들을 하나님을 섬기지 않는 가증스러운 자들로 생각하여, '그들은 그 아름다운 이름을 비방하지 아니하느냐?' 라고 말한다. 모세는 누군가가 하나님을 모독했다는 말을 듣고 거룩한 분노를 터뜨렸다(참조. 레 24:13-14). 또한 다윗은 이렇게 말했다. "그들이 주를 대하여 악하게 말하며 주의 원수들이 주의 이름으로 헛되이 맹세하나이다 여호와여 내가 주를 미워하는 자들을 미워하지 아니하오며 주를 치러 일어나는 자들을 미워하지 아니하나이까"(시 139:20-21). 사랑은 사랑하는 대상이 가장 작은 해라도 당하지 않도록 염려해 주는 마음이다. 하물며 그리스도에 대해 모독하는 극심한 경우를 당하게 되면, 사랑은 그에게 불타오르는 분노를 느끼게 할 것이다. 오늘날에도 갈리오같이 그리스도의 아름다운 이름이 저주스러운 모독으로 더럽혀지는 것을 무기력하게 그리고 분개하지 않고 듣는 사람들이 있는데, 그런 사람들은 그리스도께서 보시기에 사랑이 없는 자들이다. 다윗은 주에 대하여 악하게 말하는 자들을 원수로 생각했다. 그러나 갈리오 같은 자들은 바로 그러한 원수들의 친구다.

강해 3

그리스도의 이름은 아름다운 이름이다. 기독교는 우리에게 결코 치욕거리가 되지 않겠지만, 우리는 기독교를 욕되게 할 수 있다. "내가 복음을 부끄러워하지 아니하노니…"(롬 1:16)라고 바울은 말했다. 많은 사람들이 세속적인 모임에서는 마치 그리스도의 종이라는 사실이 부끄러운 일이라도 되는 양, 자기가 신앙을 가지고 있다는 것을 인정하기 꺼린다. 그러나 그것은 분명 자랑스러운 일이다. 그러므로 기독교가 우리에게 자랑거리인 것처럼, 우리도 기독교의 자랑거리가 되어야 한다. 즉 우리는 그 아름다운 이름을 더럽혀서는 안 된다. "우리 구주 하나님의 교훈을 빛나게 하려 함이라"(딛 2:10). 사악한 무리들일수록 잘 드러나지 않고 사람들도 주목하지 않는다. 그들이 죄를 짓고 또 지어도 세상은 그것에 대해 주시하지 않는다. 하지만 아름다운 이름을 가진 사람들이 모욕을 당하는 것을 보면 이교도들이 얼마나 의기양양하겠는가? 세상의 어리석은 자들은 노아와 같이 믿음 좋은 사람이 술 취한 것을 보면 쾌재를 부른다. 흰색에 얼룩이나 오점이 있으면 곧 눈에 띄게 마련이다.

강해 4

그리스도의 백성들은 그리스도의 이름을 따서 그의 이름으로 불린다. 즉, 그리스도의 이름을 따라 '그리스도인'이라고 불린다. 그래서 바울은 "하늘과 땅에 있는 각 족속에게 이름을 주신 아버지"(엡 3:14-15)라고 말하였다. 그리스도의 백성들에게 그리스도인이라는 이름이 처음으로 붙여진 것은 안디옥에서였다(참조. 행 11:26). 그 전에 그들은 '제자들'이라고 불렸다. 그러나 자신들을 거짓 형제들과 구별하기 위해 스스로 '그리스도인'이라고 일컬었다. 그들의 적들은 그들을 '나사렛 사람'이라든가 '갈릴리 사람'이라고 불렀다. 그리스도인이라는 이름은 책임감과 경건함을 갖추도록 촉구하는 이름이다. 그리스도가 하셨던 일을 기억하라. 우리는 그리스도의 이름대로 불리게 된다. "주의 이름을 부르는 자마다 불의에서 떠날지어다"(딤후 2:19). 그런 사람은 그리스도의 이름으로 기도하는 것을 자랑으로 생각한다. 알렉산더 대왕은 알렉산더라고 불리던 한 신하에게 그 이름이 부끄럽지 않게 하라고 말했다. 이와 같이 우리도 그리스도의 이름이 부끄럽게 되지 않게 해야 한다. 그리고 수치스러운 일에 대하여 이야기할 때는, '내가 만일 테미스토클레스가 아니라면 그런 일을 할 수 있을 것이다' 라고 말한 사람처럼, '내가 그리스도인이 아니라면 그런 일을 할 수 있을 것이다' 라고 말할 수 있어야 한다. 또는 느헤미야가 '나 같은 자가 어찌 도망하겠느냐' 라고 했듯이, '그리스도의 이름으로 일컬어지는 내가 어떻게 수치스러운 일을 하겠는가' 라고 말해야 한다. 그 밖에도 이 이름은 은혜와 자비를 구하는 기도를 할 때 하나님 앞에서 사용할 수 있는 이름이기도 하다. '너희를 그의 이름으로 일컫게 한 것은 그의 자비를 입게 하기 위한 것' 이다. 하나님께서는 그것을 약속하셨다. "내 이름으로 일컫는 내 백성이…기도하여 내 얼굴을 찾으면"(대하 7:14). 그 분명한 약속은 신 28:10을 보면 알 수 있다. "땅의 모든 백성이 여호와의 이름이 너를 위하여 불리는 것을 보고 너를 두려워하리라." 그러므로 우리는 교회가 이렇게 간구하는 것을 보게 될 것이다. "주는 그래도 우리 가운데 계시고 우리는 주의 이름으로 일컬음을 받는 자이오니 우리를 버리지 마옵소서"(렘 14:9). 이와 같이 '주는 우리와 함께 계시고', 우리는 주의 이름으로 일컬음을 받으므로 우리는 하나님께로 갈 수 있다.

[8] 너희가 만일 성경에 기록된 대로 네 이웃 사랑하기를 네 몸과 같이 하라 하신 최고의 법을 지키면 잘하는 것이거니와.

야고보는 이제 그들이 불합리하게 부자들을 존경하는 이유를 밝힌다. 그들이 부자들을 존경하는 것은 그들을 사랑해서가 아니라 그들의 겉모습이 그럴듯해서였다. 이 구절은 예상되는 변명을 미리 막기 위해 쓴 구절이다. 그들이 할 수 있는 변명은 이런 내용일 것이다. 즉, 자신들은 너무나 겸손하여, 존경받을 만한 가치가 전혀 없는 부자들까지도 존경하는데 그런 일을 비난해서는 안 된다는 변명이다. 그것은 공동선을 위한 것으로 하나님께서 인간들 사이에 정해 주신 지위나 계층을 인정하는 행동이기 때문이다. 야고보는 이와 같은 반대론을 예상하고, 어느 정도는 양보하면서 이에 대답하고 있다. 즉, 본 절은 다음과 같은 의미다. '너희가 십계명의 두 번째 부분(사도는 이것을 '네 이웃 사랑하기를 네 몸같이 하라' 는 일반적인 명령으로 표현하였다)에 순종하여 그런 행동을 했다고 보자. 그렇다면 성경에 분명히 기록된 대로 그러한 존경은 하나의 의무요, 어느 면으로는 확신을 가지고 행해야 할 일이다. 그러나 너희가 가난한 자는 멸시하고 부자에게 과도하게 굴종하는 것은 아첨이자 불공평한 처사이니, 율법에 따라 유죄 판결을 받아 마땅하다. 왜냐하면 율법 또는 성경의 정신에 비추어 보건대, 가난한 자도 부자와 마찬가지로, 아니 오히려 부자보다 더 가까운 이웃이기 때문이다.

너희가 만일…지키면(*τελεῖτε*). '만일 너희가 존중의 계율이 포함된 법을 정직하게 그리고 완전히 지키면' 이라는 뜻이다. 그리고 좀 더 정확히 말하면 '만일 너희가 완전히 성취하면' 이다. 성실성도 완전 중의 하나다. 이 구절에 대해서는 여러 가지 다른 해석이 있다. 그중에서 가톨릭 교도들은, 의로운 자는 하나님의 법을 완전히 지킬 수 있다는 것을 의미한다고 주장한다. 그러나 나는 이 구절이 단지 하나님의 전반적인 계명을 성실하게 존중하는 태도를 가리킨다고 생각한다.

최고의 법. 하나님은 만왕의 왕(계 15:3)이시며, 예수 그리스도 또한 성도들의 왕이시므로 야고보는 그 법을 '최고의 법' 이라고 부르고 있다. 하나님이나 그리스도의 수중에 있는 법은 편향됨이 없는 최고의 법이다. 우리는 왕들의 법을 쉽사리 어기지 못한다. 하나님의 법은 그것을 제정하신 분의 위엄이 깃들어 있으므로 최고의 법이다. 시리아 사본도 '하나님의 법' 이라고 옮기고 있어 이와 같은 의미를 뒷받침해 주고 있다. 그 밖에도 하나님의 법은 그것 자체가 지닌 탁월한 가치나 또는 인간의 양심에 미치는 위대한 영향력 때문에도 '최고의 법' 이라고 불릴 수 있다. 인간이 만든 법은 적당하게 훌륭하고 적당하게 논리적이지만, 하나님의 법은 지극히 높으며 절대적인 법이다. 혹은 우리가 흔히 '천하의 공도' (公道, The King' s Highway)라고 부르는 왕이 다니는 대로처럼 하나님의 법은 분명하고 명쾌하기 때문에 '최고의 법'이라고 불린다(영어 성경에는 '최고의 법'이 '왕의 법' 즉 'royal law'라고 번역되었음–역주). 민 21:22에도 '우리가 왕의 큰길로만 지나가리이다'라는 말이 있다. 이러한 민수기의 표현에서처럼, '최고의 법'은 아마도 우리가 따라가야 할 길, 즉 '대로'일 것이다. 끝으로 야고보는 하나님 법의 순수성 때문에 '최고의 법'이라고 불렀을 것이다. 하나님의 명령은 우리로 하여금 기꺼운 마음으로 존경하도록 이끌어 주되 그것의 노예가 되라고 강요하지 않는다. 하나님의 명령은 더 고귀하고 순수한 명령이다.

성경에 기록된 대로. 그 사상이 말씀으로 분명히 기록되어 있듯이 이것은 구체적으로 레 19:18에서 찾아볼 수 있다. 칠십인역에서도 야고보가 여기서 사용한 것과 똑같은 단어로 원문을 번역하였다. 우리 주님께서도 이 말씀을 여러 번 되풀이하셨으며(참조. 마 22:39), 사도들도 마찬가지로 그 말씀을 빈번히 인용하였다(참조. 롬 13:9; 갈 5:14). 이 법의 참된 의미가 무엇인지는 곧이어 살펴볼 것이다.

잘하는 것이거니와. 이와 똑같은 말이 빌 4:14에도 기록되어 있다. 이 구절의 뜻은, '만일 그렇다면 너희들은 비난받을 이유가 없으며, 본문에서 말하는 잘못에 대해서도 책임이 없다'는 의미다. 그러므로 여기서 우리는 야고보가 단순한 생각에서 부자를 존경하지 말라고 하는 것이 아님을 알 수 있다. 다만 본문에서와 같이 야비하게 부자를 존경하는 것을 금하고 있다.

강해 1

극도로 사악한 행위에도 그럴듯한 핑계와 구실이 있다. 죄는 가면을 쓰고 다닌다. 그런데 그 본래의 모습은 추악하고 가증스럽다. 그러므로 교묘하고 영악스러운 사탄, 그리고 무지와 자기애에 기만당한 사람들은 가면을 써서 본래의 모습을 숨기려고 한다. 그러나 그렇게 하는 것은 자신을 더욱더 노심초사하게 만든다. 존경의 허울을 쓰고 비열한 행동을 하지 말 것이며, 법을 어기고도 핑계를 대는 등 양심에 어긋나는 일을 하려 들지 말라. 죄에 의무라는 가면을 씌워 위장하거나, 정반대로 의무에 죄라는 옷을 입혀 그것을 이행하지 않게 하는 것 등은 모두 사탄의 속임수다. 이를 깨뜨린 대표적인 경우가 예수께서 안식일에 병을 치료하신 일이다. 특히 자신과 개인적인 이해관계가 얽혀 있는 일일수록 더욱 조심하라. 그렇지 않으면 비열한 굴종을 당연한 순종으로 생각하게 되고, 부당한 이익을 정당한 것으로 여기게 된다. 법에 의거하여 자신이 하는 일이 옳은지 그른지를 검토하라. 즉, 본문에서 말한 최고의 법에 비추어 볼 때 그러한 비굴한 행동을 할 수 있겠는가? 그리고 자신의 마음을 들여다보라. 자신이 하는 행동은 물론 그 목적이 정당한가? 법이 요구하는 '일' 을 하는 것만으로는 충분하지 못하다. 그 '방법' 도 법이 요구하는 것과 같아야 한다. 목적과 관심이 세속적일 때, 존경은 죄가 되는 법이다.

강해 2

자기기만을 발견하는 데 있어 최선의 방법은 법에 의거하는 것이다. 법에 비추어 보면 자기기만은 곧 드러난다. '계명이 이르매 죄는 살아나고' 바울은 죽었다(롬 7:9). 다시 말해 법이 있어서 그가 죄를 자각하여 자신이 죽고 파멸한 것을 알았다. 이와 같이 '율법으로는 죄를 깨닫게' (롬 3:20) 된다. 그러므로 우리는 무슨 일을 하든지 계명에 묻고, 계명을 염두에 두기를 게을리해서는 안 된다.

강해 3

하나님의 법은 최고의 법(왕의 법)이다. (1) 하나님의 법은 왕이 제정하신 법이다. 우리가 그 법에 순종해야 하는 엄숙한 동기는 '나는 여호와라' 고 하신 하나님의 말씀에 있다. 마르키온(Marcion)은 불경스럽게도 법이 악한 신에게서 나왔다고 말했다. 오늘날에도 많은 사람들이 마치 마르키온과 같은 정신을 지니고 있는 양, 주의 법에 대해 모욕적인 말을 하고 있다. 우리에게 복음을 주신 바로 그 예수께서 법도 주셨다. 그래서 법은 '천사 즉 약속의 천사의 손에 의탁하여' (참조. 행 7장) 보내진 것이라고 자주 언급되고 있다. 히 12:25 이하에서도 주 예수의 소리가 시내 산을 진동시켰다고 언급하였다. 아버지께서는 어떤 형태로도 자신의 모습을 드러내시지 않았으며, 따라서 구약에서 하나님의 현현은 곧 성자의 현현이라는 것은 잘 알려진 사실이다. (2) 주님의 법은 왕들에게 어울리는 기품 있는 일, 즉 가장 존엄한 인간의 정신에서 나오는 섬김을 요구한다. 섬김은 영광스러운 일이며, 그에 따른 의무도 하나의 특권이다. 이스라엘이 다른 모든 민족들보다 뛰어나게 영광스럽다고 할 수 있는 이유는 그들이 '그들의 지혜' 인 하나님의 율법을 가졌기 때문이다. 하나님의 영광의 가장 찬란한 부분은 그분의 거룩함이다. 그러므로 주는 거룩하고 영광스러우며 찬송받을 만한 위엄이 있는 분이다. 따라서 주의 법은 그것을 지키는 모든 자들을 왕으로 만드는 왕의 법이 아닐 수 없다. (3) 주의 법에는 왕의 보상이 있다. 즉, 우리는 하나님께 속한 왕과 왕자가 된다. '너희를 위해 예비된 왕국으로 들어가라', '이제 후로는 나를 위하여 의의 면류관이 예비되었으므로' (딤후 4:8). 금후로 하나님께서 주실 보상은 우리 모두가 왕과 왕자의 면류관을 갖게 되는 것이다. 그런즉 하나님의 법을 존귀하게 여기라. 하나님의 법이 얼마나 탁월한가! 그 법의 다스림으로부터 벗어나지 않도록 늘 스스로를 경계하라. 죄의 길에는 나쁜 주인과 더 나쁜 일, 그리고 가장 나쁜 대가가 서성이고 있다. 먼저, 나쁜 주인으로 인하여 우리는 '그의 욕심대로 행하게' (요 8:44) 된다. '그의 욕심' 이란 사탄의 욕심이며 사탄이 그 욕심의 장본인이다. 다음으로 나쁜 일이 뒤따른다. 죄는 가장 견디기 힘든 멍에요 속박이다. 사람의 마음은 본래 그것에서 벗어나고 싶어 하는 법이다(벧후 2:18). 마지막으로 나쁜 대가가 있다. '죄의 삯은 사망' 이다(롬 6장). 이제 이러한 불균형한 일들을 밀어제치고 질문해 보라. '나는 하나님에게서 무슨 불의함을 보았는가' (렘 2:5 참조) '흑암의 나라는 하나님의 나라였던가 아니면 죄의 나라였던가?' 순교자 폴리캅은 이렇게 말했다. '내가 80년 동안 그(예수 그리스도)를 섬겼는데 그는 내게 해를 입힌 적이 없다.' 우리 자신은 어떠한가 생각해 보라. 최고의 주인, 최고의 일, 최고의 보상을 마다하고 죄를 범하겠는가?

강해 4

하나님께서 우리에게 주신 법은 성경에 기록되어 있다. 성경에 하나님의 뜻이 내포되어 있으므로 성경에서 그 뜻을 찾아야 한다. 성경 말씀은 '하나님을 섬기는 자들을 온전하게' 할 수 있다.

강해 5

성경은 우리에게 이웃을 우리 몸같이 사랑하라고 요구한다. 바울은 "온 율법은 네 이웃 사랑하기를 네 자신같이 하라 하신 한 말씀에서 이루어졌나니"(갈 5:14)라고 말하였다. '모든 율법' 이란, 우리가 다른 사람을 대하는 일에 관계되는 율법의 모든 부분을 말한다. 그리스도께서는 또한 이렇게 말씀하셨다. "무엇이든지 남에게 대접을 받고자 하는 대로 너희도 남을 대접하라 이것이 율법이요 선지자니라"(마 7:12). 즉 이것이 말씀 전체의 요지요, 그 안에 세워진 공평의 기준이다. 세베루스(Severus)는 바로 이 말씀 때문에 그리스도와 기독교를 받아들이게 되었다. 하지만 자기 자신을 사랑할 때와 똑같은 염려와 관심을 가지고 이웃을 사랑하는 사람이 있을까? 아내에 대한 특별한 사랑을 표현한 성경 구절을 보자. "이와 같이 남편들도 자기 아내 사랑하기를 자기 자신과 같이…"(엡 5:28). 그렇다면 '네 이웃을 네 몸과 같이 사랑하라' 고 했을 때, 우리는 우리 자신과 우리의 아내에게 기울이는 것과 똑같은 관심과 사랑으로 모든 사람을 사랑해야 하는가?

이에 대한 대답은 '그렇다' 이다. 우리는 이 명령이 너무 엄격하다고 놀라서는 안 된다. 그리스도는 그것을 한 단계 더 높여서 말씀하셨다. "새 계명을 너희에게 주노니 서로 사랑하라 내가 너희를 사랑한 것같이 너희도 서로 사랑하라"(요 13:34). 그리스도의 사랑은 너무나 강렬하여 우리의 생각으로는 그 깊이를 헤아릴 수 없다. 그런데도 "내가 너희를 사랑한 것같이 너희도 서로 사랑하라"고 하셨다.

그런데 이 문제를 해결하는 데 있어 먼저 생각해야 될 문제가 있다. 첫째, 이웃은 누구인가? 둘째, 어떤 사랑을 하라는 것인가?

첫째, '이웃은 누구인가' 라는 문제를 제기할 필요가 있다. 그리고 이것은 그리스도께 물어봐야 한다. "내 이웃이 누구니이까"(눅 10:29). 그리스도께서 이 질문에 대답해 주신다. (1) 일반적으로 내가 도와줄 수 있는 모든 사람이다. '이웃' 이라는 단어를 사용한 이유는 우리가 가까이 있는 사람들 즉 우리 주변에 있는 대상들에게 사랑을 베풀기 때문이다. 그러나 이웃이라는 말을 거기에 한정시켜서는 안 된다. 왜냐하면 예수께서는 이방인도 이웃이 될 수 있다는 것을 보여주셨기 때문이다(눅 10:36). 인간의 모습을 한 사람들은 모두 '우리의 골육' (사 58:7)이요, '한 혈통' (행 17:26)-떨어져 사는 '한 혈통' 인 친척-이다. 모든 인간은 최초의 조상이 같다는 점에서, 그리고 그들도 우리가 기대하는 영광과 복을 받을 수 있는 존재라는 점에서 한 이웃이다. 그러므로 복음의 가르침에 따르면, 이방인이나 우리의 원수도 이웃이 될 수 있다. 즉, 그 역시 우리 자신과 마찬가지로 사랑해야 할 대상이다. 그도 한 인간이므로, 우리는 우리 자신이 잘 되기를 바라는 것처럼 그가 잘 되기를 소원해야 된다. (2) 우리 주변에 살면서 더욱 자주 만나게 되는 각별한 이웃이 있다. 그들이 도움을 필요로 할 때 우리는 더욱더 사랑을 베풀어야 한다. 다시 말해서, 그들이 우리와 가까이 있는 만큼, 그들에게는 더 많은 사랑을 베풀어야 한다. 히브리파 사람들은 '매일의 구제' 에서 헬라파 유대인들보다 자기의 동족을 우선적으로 생각하였다(행 6장). 바울이 "누구든지 자기 친족 특히 자기 가족을 돌보지 아니하면 믿음을 배반한 자요 불신자보다 더 악한 자니라"(딤전 5:8)라고 말했듯이, 우리는 여느 이웃보다 우리의 가족과 친척을 우선적으로 생각해야 한다. 바울은 가정에서 가족들에게 동정을 표하는 일에 대해 넌지시 이야기하고 있다. 자녀들과 아내는 어느 누구보다도 먼저 우리의 동정을 받아야 할 대상이다. 따라서 그들을 항상 관대하게 대하고 필요한 것을 공급해 주어야 한다. (3) 영적인 이웃이 있다. 그들은 똑같은 성령의 자녀로서 똑같은 소망을 가진 자들이다. 그러므로 그들은 우리의 사랑을 받을 특권을 가지고 있다. 그러한 사랑은 고유한 기독교 정신이다. 우리는 단지 우리의 자녀와 가족들만이 아니라 그들에게도 특별한 관대함과 사랑을 보여주어야 한다. 자연의 법칙에 의하면, 이런 경우에 그들은 우리들 자신의 일부라고 할 수 있다. "그러므로 우리는 기회 있는 대로 모든 이에게 착한 일을 하되 더욱 믿음의 가정들에게 할지니라"(갈 6:10). 간단히 말해서, 박애의 사랑에 있어서는 가난하고 곤궁한 사람들이 우리의 특별한 이웃이며, 기쁨의 사랑에 있어서는 경건한 성도들이 누구보다 우선적인 이웃이 되어야 한다. "땅에 있는 성도들은 존귀한 자들이니 나의 모든 즐거움이 그들에게 있도다"(시 16:3). 이것은 또한 버나드의 생각이기도 하다. 버나드는 가장 선한 자를 사랑하고, 가장 가난한 자에게 가장 관대해야 된다고 말했다. "네가 점심이나 저녁이나 베풀거든 벗이나 형제나 친척이나 부한 이웃을 청하지 말라…차라리 가난한 자들과 몸 불편한 자들과 저는 자들과 맹인들을 청하라…"(눅 14:12-14). 예수님은 진정한 우대를 비난하신 것이 아니라 바리새적인 오류를 책망하신 것이다. 바리새인들은 손님을 대접하는 행위가 곧 율법을 완수하는 것이라고 생각했으며, 탐욕스러운 행위에 불과한 대접을 마치 자선인 양 내세웠다. 또 그들은 비열한 노예 근성과 굴종을 사랑이라 불렀다. 우리가 알다시피 아직도 많은 사람들이 기독교인의 친교는 사실상 세속적인 잡담에 지나지 않으며, 진정한 사랑은 없으면서 공손한 체할 뿐이라고 비판하고 있다.

둘째, 이웃 사랑하기를 네 몸과 같이 하라는 말씀에서 요구하는 사랑은 어떤 종류의 사랑인가? 이 질문에 대한 대답은 이렇다. 여기서 말하고 있는 것은 사랑의 크기가 아니라 사랑의 방식이다. 즉, 내 몸을 사랑하는 것과 똑같은 종류의 사랑을 말하는 것이, 내 몸을 사랑하는 것과 똑같은 크기나 깊이의 사랑을 의미하는 것은 아니다.

1. 이렇게 해야 하는 까닭은, 어떤 경우에 우리는 자기 자신보다 이웃을 더 사랑해야 하기 때문이다. 예를 들어, 요일 3:16에서도 "우리도 형제들을 위하여 목숨을 버리는 것이 마땅하니라"라고 한 것처럼, 우리는 전체 사회를 구하기 위해 내 한 목숨을 버려야 할 때가 있다. 우리는 또한 우리 자신의 세속적인 유익을 잃는 한이 있어도 서로의 영적인 유익을 도모해야 한다. 즉 자신이 설령 위험을 당하게 된다 하더라도, 이를 무릅쓰고 다른 사람이 당할 위험을 막아야 한다. 바울은 영광에 넘치는 사랑으로 자기 자신의 영혼을 구하기에 앞서, 모든 유대 민족의 구원이라는 전체적인

유익을 먼저 추구하였다. "나의 형제 곧 골육의 친척을 위하여 내 자신이 저주를 받아 그리스도에게서 끊어질지라도 원하는 바로라"(롬 9:3). 모세 역시 이스라엘 전체의 안전을 위하여 '주께서 기록하신 책'에서 자기 이름을 '지워 버려' 달라고 간청했다(출 32장). 이와 같이 공익이 개인적인 행복보다 더 중요하고 그 자체가 좀 더 선한 경우가 있다. 그러므로 그러한 경우에는 나 자신보다 다른 사람들을 더 사랑해야 한다.

2. 이웃 사랑하기를 내 몸과 같이 하라는 표현이 사랑의 크기가 아니라 사랑의 종류를 언급하는 것이라고 보는 두 번째 이유가 있다. 보통의 경우나 자신의 일에는 강렬한 감동을 받거나 열심을 내지만, 다른 사람의 일에는 그렇게 되기가 어렵기 때문이다. 그러므로 앞서 언급했듯이, 그 법은 사랑의 종류와 방법, 즉 어떤 마음과 어떤 방식으로 다른 사람들의 유익을 추구할 것인가에 대해서 지적하고 있다. 다시 말해서 우리는 자신의 유익을 추구할 때와 똑같은 마음과 방법으로 다른 사람들의 유익을 추구해야 한다는 말이다. 또한 이 말씀은 인간에게 항상 자리 잡고 있는 두 가지 악, 즉 이기심과 무례를 경계해야 함을 가르친다. 이기심은 사리사욕과 편협한 마음을 가진 사람들이 오로지 자신의 일만을 걱정할 때 생기게 되고, 무례는 다른 사람들을 어떻게 대할 것인가에 마음을 쓰지 않을 때에 범하게 된다. (1) 이웃 사랑하기를 내 몸같이 하라는 말씀은 다음과 같은 사실을 강조함으로써 자기애를 우선적으로 막아 준다. 1) 다른 사람의 유익을 구하라. "누구든지 자기의 유익을 구하지 말고 남의 유익을 구하라"(고전 10:24). 다른 사람들의 필요를 채워 주는 데 적합한 모든 인도주의적인 수단을 통해 그들의 안락과 만족을 구하라는 뜻이다. 특별히 그들이 원수일지라도 그들을 위해 기도하고 그들의 영적인 유익을 도모함으로써 그들의 영적인 증진을 위해 힘쓰라. 다윗은 그의 원수를 위해 금식하였다(참조. 시 35편). 그러나 안타깝게도 말세에는 이러한 사랑이 쇠미해진다. 성경은 사람들이 자기 유익을 구하는 일을 어리석은 일이라고 언급하고 있다(참조. 딤후 3:2). 루돌푸스(Ludolphus de Vita christi)가 말한 것처럼 세상은 한때 욕망이 과열되어 그 욕망을 끄는 물에 잠겨 파멸되었지만, 이제는 사랑이 냉각되어 이번에는 불에 타서 파멸할 것이다.

과열된 욕망이나 사랑이 없는 냉혹함 등을 이런 식으로 소멸시키는 일은 케케묵은 일로서 효과가 없다. 2) 많은 유익은 되지 못한다 할지라도 진심으로 남의 유익을 구하라. 요한은 거짓으로 사랑하지 말고 진실로 사랑하라고 하였다. 우리가 모든 면에서 진지해질 수는 없다 할지라도, 최소한 우리 자신의 편리와 이익만을 추구하려는 이기적인 목적이나 생각은 배제시킨 상태에서 우리 자신의 유익을 도모해야 한다. (2) 이웃을 내 몸같이 사랑하며, 우리가 남에게 대접을 받고자 하는 것만큼 우리도 남을 대접하면, 우리 자신이 상처받지 않기를 원하듯이 다른 사람도 상처받지 않기를 바라게 되어 무례를 행하지 않게 된다. 즉, 우리가 올바른 이성을 지니고 있고 정상적인 자기애를 가지고 있을 경우, 우리는 자신의 약점과 결함을 감추려 하듯이 남의 약점과 결함을 감춰 주게 되며, 하나님께서 우리의 잘못을 용서해 주시기를 바라는 것처럼 남의 잘못을 용서해 주게 된다. 그리고 다른 사람과 교제할 때 항상 그 사람의 입장을 생각하게 된다. '나는 다른 사람에게 이와 같은 대우를 받고 싶은가?', '내가 자유롭게 선택할 수 있다면 이와 다른 방법으로 취급되기를 원하지는 않을까?' 다른 사람들과 교제할 때는 언제나 우리의 양심에 물어 행동하는 편이 바람직하다. '나는 나 자신의 양심의 판단에 따라 행동하고 있는가?'

이처럼 모든 사람을 대하는 데 있어 "네 이웃 사랑하기를 네 몸과 같이 하라"는 위대한 명령을 받아들일 때, 우리는 자기 자신에게처럼 다른 사람에게도 선을 베풀어야 한다는 것을 보여주어 이기심을 피할 수 있다. 또한 다른 한편으로는 자기 자신에게처럼 남에게도 해악을 범하지 않기 위해 무례를 행하지 않을 것이다.

[9] 만일 너희가 사람을 차별하여 대하면 죄를 짓는 것이니 율법이 너희를 범법자로 정죄하리라.

이것은 야고보의 두 번째 대답이다. 첫 번째 대답은, '만약 너희가 법을 지켜 이와 같이 사람을 대한다면 잘하는 것이다' 라는 용인이지만, 두 번째 대답인 본 절은 징계다. 즉, (너희가) 법이 요구하는 것에 상반되는 일을 한다면 그것은 곧 (너희) 본분을 지키는 것이 아니요 따라서 죄라는 것이다.

만일 너희가 사람을 차별하여 대하면. '만일 교인들을 존경하거나 징계할 때, 앞서 언급한 것처럼 지위나 신분 또는 부 따위의 외적인 특성과 조건 등을 보고 판단한다면' 이라는 뜻이다.

죄를 짓는 것이니. '사람을 차별하여 거짓으로 대한다면 그것은 본분을 다하는 것이 아니라 죄를 짓는 것이니' 라는 의미다. 즉 우리가 어떻게 생각하든지 간에, 그리스도께서 세우신 법에 비추어 볼 때 그것은 죄를 짓는 것이다.

율법이 너희를…정죄하리라. 이 구절은 다음과 같이 해석할 수 있다. 첫째, '율법을 일반적인 법으로 생각하여 그들이 어떻게 위장하든지 간에 법은 정당한 존경과 부당한 편애를 구별해낼 것이다' 라고 해석하는 것이다. 둘째, 율법을 '네 이웃을 네 몸과 같이 사랑하라' 는 특정한 법, 즉 부자건 가난한 자건 모두 똑같이 존중할 것을 요구하는 법으로 해석하는 것이다. 셋째, 그 밖에 이 구절을 차별 대우하지 말라고 한 율법의 뜻으로 사용했다고 해석할 수도 있다. "너희는 재판할 때에 불의를 행하지 말며 가난한 자의 편을 들지 말며 세력 있는 자라고 두둔하지 말고 공의로 사람을 재판할지며"(레 19:15). 나는 이러한 해석들 중 셋째 해석을 지지한다. 왜냐하면 그것이 야고보의 의도에 매우 잘 부합되며, 레 19:18의 이웃 사랑의 일반론을 되풀이하고 있기 때문이다. 또한 칠십인역을 보면 야고보가 8절에서 사용한 것과 똑같은 단어들이 레위기의 그 구절에 쓰여 있기 때문이다.

범법자로. 여기서 '로' (as)의 원문인 ὡς는 유사성이나 비유만이 아니라 사실성을 나타낸다.[161] 즉, '너희는 실제로 범죄자다' 라는 뜻이다. 나는 이 문제가 중요한 것임을 나타내기 위해 야고보가 여기서 '로' (as)라는 표현을 썼다고 생각한다. 이와 같은 표현은 요 1:14에서도 볼 수 있다. "우리가 그의 영광을 보니 아버지의 독생자의 영광이요"(We saw his glory, 'as' the glory of the Son of God). 이 말은 곧 '그 영광이 아버지의 독생자의 영광과 같다' 는 뜻이 아니라 '그 영광이 아버지의 독생자의 영광

161) 'Veritatem, non similitudinem.'—*Laurent. in locum.*

이다' 라는 뜻이다.

본 절의 내용은 전후 문맥에서 다루어지므로 여기서는 더 자세한 설명은 생략하기로 한다.

강해 1

말씀과 법은 우리의 불분명한 양심으로는 깨닫지 못하는 사악함을 밝히 보여준다. 양심은 단지 희미한 빛을 가지고 있을 뿐이며 그 빛마저 불완전하다. '너 자신을 사랑하라' 는 말은 타락한 인간이 하는 말이다. 그러므로 우리 스스로가 은밀하게 기만한 자신의 양심에 해를 끼치지 않게 하려다 보면, 의무를 수행한다 하더라도 언제나 실속이 없이 외면적인 일만을 하는 식의 잘못을 저지르기 쉽다. 바울이, 이방인은 단지 희미한 빛만을 가지고 '율법의 일' (롬 2:14) 즉 명령의 외적인 부분만을 행한다고 말했던 것도 바로 이 때문이다. 혹 더 밝은 양심의 빛을 가진 사람이라 할지라도 그 빛을 사용하는 데 있어서는 불완전하게 마련이다. 바울도 그에게 생명을 주리라고 믿었던 율법의 엄격한 준수가 도리어 사망의 구실이 된다는 것을 발견하기 전까지는, 바리새주의(형식주의)와 외적인 의에 만족하며 안주했다. 그와 같은 이유 때문에 바울은 "전에 율법을 깨닫지 못했을 때에는 내가 살았더니 계명이 이르매 죄는 살아나고 나는 죽었도다" (롬 7:9)라고 말했다. 그러므로 우리는 자신의 왜곡된 양심의 법을 신뢰할 것이 아니라 하나님이 주신 말씀의 법에 비추어 생각해야 한다.

강해 2

율법의 어느 한 부분을 어기면서 그것이 다른 부분을 지키기 위해서라고 핑계를 대는 것은 교활한 위선에 지나지 않는다. 왜냐하면 우리가 그와 같이 취사선택하는 것은 우리 자신의 뜻을 이루는 것이지 하나님의 뜻을 이루어 드리는 것은 아니기 때문이다. 그들은 부자들에게 굽실거리는 것이 율법의 의무를 이행하는 것인 양 변명했지만, 가난한 자들에 대한 의무를 규정한 율법의 명령은 망각했다. 사람의 양심은 무엇으로든지 충족되어야 한다. 그러므로 사람들은 보통 그들의 이익이나 성향에 최소한의 손해가 될 만큼만 복종을 하고 나서도 스스로 만족해 하면서, 율법 전체에 대해서는 한결같은 존경심을 갖지 않는다. 그것은 마치 종이 주인의 명령을 듣고 축제나 시장에는 가면서, 그다지 어렵지는 않으나 좀 더 유익한 일을 하라고 할 때는 이를 거절하고서도 자신을 충성스러운 종이라고 생각하는 것과 같다. 이런 경우 그는 자기 주인의 뜻에 순종하는 것이 아니라 자신이 좋아하는 일을 하는 것에 지나지 않는다. 이와 같이 우리가 일시적인 기분이나 생각으로 명령에 쉽게 복종하기도 하고 불평하기도 한다면, 그것은 우리 자신의 관심에 따르는 것이지 하나님을 섬기는 것이 아니다. 그리고 그런 경우에 우리는 본분이나 귀중한 의무보다 자신의 생각을 앞세우고 있기에 하나님께로부터 상급을 받지 못한다. 본문과 관련해서 하나님께서는 다른 사람을 후히 대접하고 아끼라고 하셨다. 무릇 사교성이 풍부한 사람은 이 말씀을 자기 방식으로 해석하여, 축제나 연회 또는 부유한 이웃들과 먹고 마시며 즐기는 일에 많은 시간과 비용을 들이면서 자신은 인색하지 않고 관대하다고 자처한다. 잘 조화된 사랑으로 그리스도의 가난한 성도들을 돕는 일은 거의 또는 전혀 하지 않으면서도 말이다. 하나님께서는 개의 머리를 희생 제물로 받지 않으시는 것처럼, 이런 일들을 용납하시지 않는다. 왜냐하면 이 모든 것은 종교라는 미명 아래 욕망을 채우는 것, 즉 그리스도인의 사랑과 관대함을 구실로 환락을 누리는 것에 지나지 않기 때문이다. 그러므로 바울은 여흥이나 연회를 '육체를 위하여 심는 일' (갈 6:8)이라고 표현했다. 바울이 그렇게 표현한 취지는 사랑으로 행하는 일과 호사나 향락으로 행하는 일을 구별하기 위해서다. 마지막 때에 이르러 그리스도께서는 우리가 부자에게 행한 일을 묻지 않으시고, 그리스도의 가난한 성도들 즉, 굶주리고 헐벗은 자들에게 어떻게 행하였는지를 물으실 것이다(참조. 마 25장). 그러므로 율법에 대한 그와 같은 편파적이고 불균형한 복종을 경계하라. 위선자들은 계명들을 하나님께 대한 의무와 사람에 대한 의무로 분류하는 일을 곧잘 한다. 그리고 인간에게 해당되는 의무를 행함에 있어서 그 계명에 복종하는 진정한 동기보다는 자신들의 일시적인 기분과 관심에 더 좌우된다. 따라서 그들은 항상 부자들을 한층 더 존중하고 또 그들에게 지나치게 굽실거린다. 반면에 교회의 주요 직분이나 중요한 일을 맡길 때 혹은 공정한 처벌을 해야 할 때, 또는 개인적으로 사랑을 베푸는 일, 초청과 연회 따위에서는 가난한 자들을 멸시하거나 아예 무시한다. 야고보는 그러한 사람들의 그 같은 행위는 법을 지키는 것이 아니라 오히려 범죄라고 논박하고 있다.

[10] 누구든지 온 율법을 지키다가 그 하나를 범하면 모두 범한 자가 되나니.

본 절과 9절을 연결시켜 보면 다음과 같다. 그들은 부자들을 존경하는 것이 단지 필수적인 예의에 불과하며, 법을 지키는 일, 아니면 적어도 자신의 순수한 동기나 다른 율법을 지키는 것으로써 보상될 수 있는 사소한 잘못에 불과하다고 변명하였다. 그 당시에는 이런 생각이 만연되어 있었다. 어떤 학자들[162]은 본 구절을 이렇게도 해석한다. 즉, 야고보는 그 당시 만연되어 있던 자만, 즉 몇 가지 계명을 지킴으로써 다른 계명들을 무시한 채 지키지 않은 것을 보상할 수 있다는 생각을 논박하고 있다는 해석이다. 당시 그러한 자만이 만연되어 있었다는 것은 그리스도의 사도들의 말씀 가운데서 종종 나타난다. 우리 주 예수께서는 때때로 바리새인들의 자만을 책망하셨다. 벤 메이몬(Ben Maimon)은 회개에 대하여 연구한 자신의 논문에서 다음과 같이 적고 있다. "사람은 누구나 공로가 있는가 하면 죄가 있다. 공로와 죄의 양이 똑같은 사람은 의인이다. 그리고 공로보다 죄가 더 많은 사람은 악인이다. 그런데 사람은 중간적인 존재이기 때문에 죄와 공로의 양이 똑같을 때, 그는 한편으로는 행복하고 다른 한편으로는 불행하다." 이 말은 좀 더 타락했던 시대의 유대주의의 원리를 요약해서 보여준다. 율법의 가장 작은 부분을 어겼다 하더라도 그것은 법 전체를 어긴 것이 된다는 것을 본 구절에서 보여줌으로써, 야고보는 바로 이러한 유대주의의 오류를 지적하고 있다고 주장하는 학자들도 있다. 그러나 나는 야고보가 다음과 같은 뜻으로 본 구절을 썼다고 생각한다. 즉

162) Cameo, the last edition of his works in folio, p. 170을 참조하라.

그들은 부자에게는 지나치게 마음을 쓰면서 가난한 자에게는 전혀 주의를 기울이지 않는 등 법을 반만 지키는 것에 만족해했다는 해석이다. 야고보는 앞 절에서 '최고의 법을 지키면…' 이라고 언급한 바 있다. 그런데 그들은 그 완전한 최고의 법 가운데서 자기들에게 유리한 부분만을 지켰다. 이렇게 자신들에게 덜 유리한 법이라고 해서 그것을 지키지 않는다면, 법은 그들을 '범죄자' 로 정죄한다. 최고의 법은 "네 이웃 사랑하기를 네 몸과 같이 하라"고 명령하고 있다. 따라서 인간은 자기 좋을 대로 명령에 불복종해서는 안 되며, 마음대로 그 법의 상당 부분을 훼손하거나 '내 부유한 이웃만' 이라고 말해서는 안 된다. 하나님의 완전한 뜻을 따르기 위해서는 누구에게나 똑같이 충분하게 마음을 써야 한다. 그렇게 하지 않는다면 그것은 법을 지키는 것이 아니며, 따라서 범죄자가 될 위기에 놓이게 된다. 매우 까다로운 내용인 본 구절의 서두에 이와 같은 의미가 상당히 함축되어 있다. 어거스틴[163]은 제롬에게 보내는 장문의 서신에서 본 구절 서두의 의미에 대해 상세히 논의한 바 있다. 사실상 이 구절을 처음 대할 때는 매우 어렵고 까다롭게 보인다. 이에 먼저 이 문구에 대한 편견을 없애고 그릇된 추론을 배제하여 본 구절을 있는 그대로 주의 깊게 살펴봄으로써 이 말씀의 타당하고도 적절한 의미를 깨달을 수 있도록 하고자 한다.

누구든지 온 율법을 지키다가. 야고보는 가정적으로 말을 시작하고 있다. 즉, '모든 율법을 하나도 빠뜨리지 않고 엄밀히 지킨다고 가정해 보라' 의 의미다. 그것은 그때까지 없었던 일이며, 앞으로도 결코 있을 수 없는 일이다. 아니면 그들이 온 율법을 지키는 체하거나 주제넘게 그럴 수 있다고 생각한다는 전제 아래 야고보는 그것에 대해 이야기하는 것이다. 그들은 자기들이 어떤 다른 일로도 범죄자로 알려지거나 비난받지 않을 것이라고 생각하였다. 따라서 야고보는 이러한 그들의 생각이 옳다고 가정해 보자는 것이다. 그 밖에도 야고보는 '네 이웃을 사랑하라' 는 완전한 법에 대하여 이야기하고 있다고도 볼 수 있다. 즉, 이 문구는 만약 부자에

163) Aug. Retract., lib ii. cap. 45; Epist. 102 ad Evodium; Epist. 29 ad Hieron.

대한 그들의 도리가 그들에게 유익이 되고, 그것이 온 율법을 모두 지키는 일이 된다고 가정해 보자는 뜻이다.

그 하나를 범하면. '자발적으로, 끊임없이, 그리고 양심에 비추어 시비곡직(是非曲直)을 가렸을 때 다른 법은 다 지켰다 하더라도' 의 뜻이다.

모두 범한 자가 되나니. '하나님께서 원하시고 인정하시는 바 조건에 걸려, 마치 그가 어떠한 법도 지키지 않은 것처럼 똑같이 벌을 받아야 하나니' 의 의미다. 인간이 실제로 모든 법의 단 하나도 어기지 않았다 할지라도, 그 법의 위엄과 권위를 넘어서는 완전한 법에 대해서는 죄를 범할 수 있다. 여기서 제자들이 그랬듯이 이런 질문을 하고 싶어질 것이다. '그렇다면 구원받을 자가 어디 있단 말인가' (참조. 마 19장) 이 문구는 자신이 매일매일 잘못을 저지르며 살아간다는 것을 알고 있는 하나님의 연약한 자녀들을 낙심하게 할 것이다. 그러나 야고보가 이 문구를 언급한 목적은 성도들을 낙심하게 하려는 것이 아니라, 위선자들에게 깨달음을 주려는 것이다. 츠빙글리(Zwingli)는 죄인들 앞에서 뇌성벽력과 같은 질책을 할 때마다 '가난한 성도들이여, 이것은 여러분을 두고 하는 말이 아닙니다' 라는 단서를 붙이곤 했다. 마찬가지로 야고보도 하나님의 자녀들을 좌절하게 만들려는 것이 아니다. 물론 하나님의 자녀들은 야고보의 그러한 말을 듣고 그 같은 행위에 대하여 더욱 겸손하게 조심하고 경계하게 될 수도 있다. 본문의 뜻을 명백히 보여주기 위해서 상세한 주해를 하기 전에, 약속대로 잘못된 추론들을 지적하고 이를 배제하도록 하자. (1) 여기서 모든 죄가 동등하다는 결론을 내려서는 안 된다. 모든 죄가 형벌을 받아 마땅하지만, 동일한 형벌을 받는 것은 아니다. 더 극악한 죄와 덜 악한 죄는 있을 수 있지만 죄는 모두 죽음에 이른다. 이와 같이 야고보가 '모두 범한 자가 되나니' 라고 한 말의 의미는 '모든 율법을 범했다' 는 것이지 '죄책이 모두 같다' 는 뜻은 아니다. 야고보는 모든 율법에 대하여 동일한 관심과 존경을 부여하려 했던 것이지 모든 죄가 똑같다는 것을 말하려 했던 것은 아니다. 이 말을 정리해 보면 다음과 같다. 하나의 죄라 할지라도 그것이 계획적이며 고의적인 범죄일 때는 모든 율법의 저주를 받게 된다. 마치 율법을 어겼을 때처럼 죽음의 형벌을 받게 된다. 그러므로 어떤 죄를 범했다 하더라도 죽어 마땅하지만, 죄와 벌에는 경중이 있다. (2) 계명을 전적으로 범하는 것이 거짓되고 형식적인 신앙고백보다 낫다고 생각해서는 안 된다. 그리스도께서는 하나님께 대한 바른 신앙고백과 하나님의 계명에 대해 지혜롭게 대답하는 한 서기관에게 다음과 같이 말씀하셨다. '네가 하나님의 나라에서 멀지 않도다'(막 12:34). 우리는 좀 더 큰 죄와 좀 더 가혹한 심판이 있다는 것을 알고 있다. 이교도라 할지라도 도덕적으로 선한 사람은 덜 뜨거운 지옥에 들어갈지도 모른다. (3) 이 구절이 모든 율법을 지킬 수는 없지만 그렇게 하려고 주의하는 사람에 대해 언급한다고 생각해서는 안 된다. 다윗은 "내가 주의 모든 계명에 주의할 때에", 즉 계명을 지켰을 때가 아니라 주의했을 때 "부끄럽지 아니하리이다"(시 119:6)라고 고백한다. 은혜가 가득한 마음을 소유한 사람들은 비록 모든 율법을 지키지는 못할지라도 그 모든 율법에 주의한다. 그런 사람들은 자신들의 결함과 잘못이 드러났을 때, 그것을 겸손히 시인하고 하나님께 자비를 구한다. 사실 하나님의 자비하심은 모든 죄를 없애 주기 때문에 그들의 잘못 또한 용서해 주신다. 그러나 행동하기 전에 주의하지 않고, 행동하면서 법을 지키려 애쓰지 않으며, 행동한 후에 반성하지 않으면서 자기 좋을 대로 부분적으로만 율법을 지킨다면 모든 것을 범한 자로서 죄인의 너울을 쓰게 될 것이다. 하나님께서는 자신이 알고 있는 잘못을 인정하지 않는 자는 그 누구도 용서하지 않으신다. (4) 이 구절이, 복음이 주는 위로와 하나님의 은혜에 의해 그리스도 안에서 우리가 가지는 소망을 배제하고 있다고 생각해서는 안 된다. 왜냐하면 이 구절이 본질적으로는 법이며, 게다가 엄격한 법이긴 하지만 회개와 값없이 주시는 하나님의 은혜에 대해서는 예외적으로 적용되지 않기 때문이다. 다시 말해서 그 엄격한 법은 그 법의 굴레 아래 있는 사람들에게만 효력을 발휘할 뿐이며, 그리스도로 말미암아 자유롭게 된 사람들에게는 효력이 없기 때문이다. 이 구절이 명백히 법을 나타낸 것이라고 하는 이유는, 그 요점의 취지가 신 27:26에 기록된 그것과 일치하기 때문이다. "이 율법의 말씀을 실행하지 아니하는 자는 저주를 받을 것이라." 사람들은 이 법을 단지 형식상으로만 어겼다 했을지라도, 저주를 면하지 못하였다. 갈 3:10에서 바울은 이렇게 말하고 있다. "무릇 율법 행위에 속한 자들은 저주 아래에 있나니…율법 책에 기록된 대로 모든 일을 항상 행하지 아니하는 자는 저주 아래에 있는 자라." 그런데 이제 그리스도께서 우리를 위하여 저주를 받으심으로써 그를 사랑하는 모든 자를 그러한 저주에서 속량하여 주셨다(갈 3:13). 그리하여 우리가 그리스도 안에서 믿고 회개할 때 구원을 얻을 수 있게 되었다. 그러므로 이 구절을 법이라고 한 것에 대해서는 어느 누구도 이상하게 여기지 않을 것이다. 왜냐하면 이와 같은 성격의 구절들이 성경 여기저기에 산재해 있으며, 또한 그것들은 복음적인 목적을 위해 매우 유용하기 때문이다. 예를 들어, 그러한 성경 구절은 부분적으로만 계명(법)을 지키는 위선자들을 책망하고, 사람들을 복음에 계시된 은혜로 이끌어 주며, 하나님의 온전한 뜻을 알 수 있도록 그리스도인들의 안내자 역할을 해 준다. 그러나 비록 우리가 율법의 엄격한 속박으로부터 자유롭게 되었지만 우리는 모든 율법에 주의해야 한다. 즉 율법의 어느 한 부분만을 불완전하게 지킬 것이 아니라 모든 율법을 지키기 위해 힘써야 한다. 예수님께서도 율법의 이러한 엄격함을 환기시키신 적이 있다. "누구든지 이 계명 중의 지극히 작은 것 하나라도 버리고 또 그같이 사람을 가르치는 자는 천국에서 지극히 작다 일컬음을 받을 것이요"(마 5:19). 다시 말해서 그 같은 사람은 복음의 사역자로서 인정받지 못한다는 의미다. 그리스도께서는 지극히 작은 자와 지극히 작은 계명 하나에 대해서도 주의를 기울이셨다. 의심할 여지없이 그리스도께서는 결함과 잘못을 용서하셨지만, 그렇다고 해서 완전하고 엄격한 율법의 어느 한 부분도 도외시하지 않으셨다. 바리새인들은, 어떤 율법들은 사소한 것이어서 지키지 않아도 된다고 생각하였다. 그런 생각으로 한 율법사는 "선생님 율법 중에서 어느 계명이 크니이까"(마 22:36)라고 그리스도께 물었다. 실제로 더 중요한 계명들이 있긴 하지만, 율법사의 질문은 외적인 경건 행위와 그들 자신의 전통을 최고로 여기는 바리새적인 사고방식에서 나온 것이었다. 율법사는 그리스도께서 큰 계명과 작은 계명을 분류해서 생각하시는지를 시험하려고 질문을 하였다. (5) 이 구절에 근거해서 계명들을 곡해해서는 안 된다. 즉, '도둑질을 하면 간음을 저지르는 것이고, 간음하면 살인하는 것이다' 라는 식으로 해석해서는 안 된다는 말이다. 야고보는 '모든 율법을 다 범한 것이다' 라는 뜻이 아니라, '모든 율법에 대한 죄책이 있다' 라는 뜻으로 말한 것이다. 하나님의 계명들은 개별적으로가 아니라 전체적으로 이해되어야 한다. 그것들은 하나의 총체적인 법 내지는 의의 규칙을 구성한다. 그러므로 계명 중의 일부를 어겼을 때, 그것은 계명 전체를 범한 것과 동일한 결과를 가져온다. 이는 마치 신체의 한 부분에 상해를 입히는 것은 그것이 속한 몸이나 인격 전체에 대한 상해인 것과 마찬가지다.

강해

율법의 어느 한 항목이라도 고의적으로 어긴다면 율법 전체를 어기는 죄를 범하는 것이다. 그 한 가지 이유는, 율법의 어느 한 항목을 어기는 것은 전체를 어기는 것과 마찬가지로 그 법을 만든 자의 권위를 모욕하는 것이기 때문이다. 모든 계명은 하나님 앞에서 동등하며, 똑같은 하나님의 권위에 의해 확증되었다. 인간 자신의 의지를 율법에 대한 복종의 척도로 삼는 것은 그러한 권위를 모욕하는 것이다. 또 한 가지 이유는, 법은 고리 하나를 떼어 놓으면 해체되는 사슬과 같은 결합체라는 점 때문이다. 세 번째 이유는, 모든 죄는 똑같이 타락에서 온다는 점에서 찾을 수 있다. 지극히 작은 물방울도 불과는 상극이듯이, 지극히 작은 죄라도 사랑에 어긋난다.[164] 네 번째 이유는, 일반 사회에서도 법은 이와 같이 적용되기 때문이다. 즉, 계약에서 한 가지 조건만 어겨도 계약 전체를 어기는 것이 된다. 진정한 사랑은 '율법의 완성' (롬 13:10)이다. 또 하나님 앞에서 한 가지 죄를 진심으로 회개한 자는 모든 죄를 회개한 것이 된다. 따라서 그 반대로 고의적으로 한 가지 죄를 범하는 자는 실질적으로 법 전체를 어기는 것이다. 하나님께서는 안식일에 양식을 거두러 나가는 자들에게 이렇게 말씀하셨다. "어느 때까지 너희가 내 계명과 내 율법을 지키지 아니하려느냐" (출 16:28). 이 말씀에는 안식일을 지키지 않는 것은 율법 전체를 어기는

164) 'Contra eam charitatem facit, in qua pendent omnia.'—*Aug. Epist.* 29.

것이라는 뜻이 내포되어 있다.

지금까지 말한 것을 올바르게 적용한다면, 그것은 우리에게 여러모로 유익할 것이다. 이제 그것을 하나씩 제시해 보고자 한다.

1. 이 말씀은 우리가 하나하나의 계명을 어기지 않도록 얼마나 주의해야 하는지를 보여준다. 고의로 계명을 어기는 것은 곧 모든 계명을 경시하는 결과가 된다. 그러므로 하나님의 법을 자신의 '눈동자처럼' (잠 7:2) 지켜야 한다. 아주 작은 티라도 눈에 들어가면 눈동자를 해친다. 율법은 눈동자처럼 다루기 까다로운 것이어서 자칫하면 범하기 십상이다. 그런즉 계명 하나를 범함으로써 우리의 모든 의를 한순간에 상실하지 않도록 주의를 기울여야 한다.

2. 율법을 부분적으로만 지키는 것은 불충실하다는 증거다. 세속적인 욕심을 갖지 말고, 세속적인 일에 마음을 두지 말라는 명령을 무시할 때 우리 자신은 만족스럽겠지만 하나님은 그것을 좋아하시지 않는다. 우리는 하나님 앞에 '모든 계명과 규례대로' (눅 1:6) 행해야 한다. 다윗은 하나님의 뜻을 '다' 이루었던 사람이다(행 13:22).

3. 어느 한 계명을 어기고서 다른 계명은 지키지 않았느냐고 변명하는 것은 허황된 자기기만이다. 우리는 어느 때는 날짜를 미리 앞당겨서, 또 어느 때는 날짜를 늦추어서 자신을 합리화시킨다. 즉, 죄를 짓고 나서는 나중에 회개하면 된다느니, 혹은 장래에 선한 일을 하여 보상하면 된다느니 하며 자신을 합리화한다. 한편으로는 이전에 지킨 계명을 내세워 죄를 짓는 구실을 삼기도 한다. 그 공의를 스스로 믿고 죄악을 행하는(겔 33:13) 격이다. 그 결과는 다음과 같다. "그 모든 의로운 행위가 하나도 기억되지 아니하리니 그가 그 지은 죄악으로 말미암아 곧 그 안에서 죽으리라"(겔 33:13). 많은 사람들은 의무를 행한 후 마음이 해이해져 우쭐대며, 그 일을 했기 때문에 다른 의무는 이행하지 않아도 된다는 헛된 망상에 사로잡혀 거만을 떨거나 조심하지 않는다.

4. 우리는 잘못을 저지를 때마다 하나님과 새롭게 화해해야 한다. 우리가 지금 잘못을 저질렀다면 그것은 모든 법에 대해 죄를 지은 것이 된다. 그런즉 우리의 대언자에게로 달려가야 한다. "만일 누가 죄를 범하여도

아버지 앞에서 우리에게 대언자가 있으니 곧 의로우신 예수 그리스도시라"(요일 2:1). 그렇다. 그리스도에게 가서 그가 우리를 위해 하나님께 용서를 간청할 수 있게 해야 한다. 만약 이 절차를 밟지 않는다면 우리는 하나님 앞에서 의로워질 수 없다. 그날 지은 죄에 대해서는 그날 용서를 구해야 한다. 하나님의 자녀들은 샘과 같아서, 흙탕물이 일면 그것을 가만히 내버려 둠으로써 다시금 깨끗해질 수 있다. 각각의 죄들은 개별적인 은혜를 필요로 한다. 왜냐하면 우리 자신, 즉 우리 자신의 공로로는 저주를 면하지 못하기 때문이다. 그러므로 다윗이 그랬듯이 우리도 저주를 받지 않게 해 달라고 탄원하는 것이 당연하다. "여호와여 주의 분노로 나를 책망하지 마시오며…"(시 6:1).

5. 우리는 의무를 행하는 일뿐 아니라 그러한 의무에 관계되는 모든 상황에도 주의를 기울여야 한다. 또한 이런 일에 걸맞게 죄의 행위뿐 아니라 죄를 짓고자 하는 사악한 마음과 죄를 좋아하는 마음에도 주의해야 한다. 무슨 일에든지 한 가지만을 생각하는 것은 위험하다. 바리새인들은 외적인 의무만을 이행하면서 큰 죄는 짓지 않으려고 했지만, 더 은밀한 죄들은 아무렇지 않게 저질렀다. 그러나 이러한 일들은 위험한 결과를 초래한다. 미움은 살인이다. 그러므로 요한은 '살인하는 자마다 영생이 그 속에 거하지 아니한다'(요일 3:15)라고 단언했다. 또한 음욕은 간음이다(마 5:28). 음욕을 품고 쳐다보는 것, 상상하는 것, 욕망을 품는 것 등은 그 자체로도 형벌 받을 일이며, 하나님의 특별한 은혜가 없이는 용서받지 못한다.

6. 신앙고백을 한 번 했을지라도, 그 후 전적으로 계명을 거역한다면 그것은 아무 소용이 없다. 컵의 물 속에 독이 조금만 들어 있어도, 그리고 물새는 구멍이 배에 한 군데만 있어도 그것은 전체에 영향을 끼친다. 또 오랫동안 바른 길로만 여행하다가도 막바지에서 단 한 번 방향을 잘못 바꾸면 전혀 다른 길로 가게 된다. 기드온에게 70명의 아들과 한 명의 서자(庶子)가 있었는데, 바로 그 서자가 다른 아들들을 모두 죽였다(삿 9장). 전도서에도 "죄인 한 사람이 많은 선을 무너지게 하느니라"(전 9:18)라고 기록되어 있다. 무리 중에 죄인이 한 명 있으면 모두가 파멸한다는 것을 고대

인들은 그런 식으로 표현했다. 즉, "그 모든 의로운 행위가 하나도 기억되지 아니하리니"라고 한 겔 33:13의 말씀대로, 단 한 번의 범죄로도 모든 의가 무효가 되어 버린다. 사람이 회개하면 이전에 지은 죄가 사라지는 것처럼, 신앙을 저버렸을 때 이전에 행한 모든 선행도 기억되지 않는다.

7. 자신이 지은 죄가 사소한 것이라고 주장하는 것은 궁색한 변명이다. 그것은 용서를 얻기보다는 죄를 보태는 결과를 가져올 뿐이다. 더욱 유감스러운 일은 하찮은 죄로도 하나님의 심판을 받아야 한다는 사실이다. 눅 16:21을 보라. 부자는 나사로에게 빵 부스러기 하나도 주지 않았다. 이 일은 하나님을 몹시 분노하게 하였고, 이에 부자는 지옥에서 물 한 방울을 구하였으나 얻지 못했다. 지극히 작은 죄를 범했을 때에도 하나님께서는 놀라우리만큼 분명하게 심판하신다. 아담은 나무 열매 하나 때문에 낙원에서 쫓겨났다. 이와 같은 심판은 안식일에 나무를 했을 때나 언약궤를 들여다보았을 때에도 똑같이 임했다. 하나님의 명령은 큰일에나 작은 일에나 똑같이 구속력이 있다. 명령을 받는 대상은 다르지만, 명령은 같은 명령이다. 그래서 요나단은 "꿀을 조금 맛보았을 뿐이오나 내가 죽을 수밖에 없나이다"(삼상 14:43)라고 말했던 것이다. 작은 잘못 하나 때문에 지옥에 간다면 그 얼마나 통탄할 일이겠는가! 아모스는 이렇게 적고 있다. "내가 그 벌을 돌이키지 아니하리니 이는 그들이 은을 받고 의인을 팔며 신 한 켤레를 받고 가난한 자를 팔며…"(암 2:6). 우리가 지은 죄가 작은 것이라고, 또 그다지 중요하지 않은 것이라고 하여 하나님과 겨루겠는가? 그것은 뻔뻔스러운 일이며, 한마디로 어불성설(語不成說)이다.

[11] 간음하지 말라 하신 이가 또한 살인하지 말라 하셨은즉 네가 비록 간음하지 아니하여도 살인하면 율법을 범한 자가 되느니라.

앞 절에서 야고보는 우리가 우리 자신의 욕심과 이익을 따르지 말고 율법을 주신 분의 권위를 따라 그것에 주의를 기울여야 한다고 언급하였다. 본 절에서는 앞 절의 그러한 취지를 입증해 주고 있다. 야고보는 여섯 번째와 일곱 번째 계명을 그 예로서 제시하고 있다. 그중 한 계명을 주신 하나님께서는 두 계명을 다 주신 분이시기도 하다. 그 계명들은 똑같은 율법에 속한 것이며, 그것들을 주신 분도 같다. 그러므로 이 계명들 가운데 하나를 어겨도 율법의 권위를 모독하는 죄가 된다.

간음하지 말라 하신 이가. 즉, '간음하면 죽으리라'(신 22:22)고 하신 이가 또한 '살인하면 죽으리라'(레 24:17; 신 19:13)고 하셨다. 야고보는 율법의 서문 격인 '…하신 이가'라는 문구를 사용하고 있다. "하나님이 이 모든 말씀으로 말씀하여 이르시되"(출 20:1). 야고보는 도덕법에 속할 뿐 아니라 더 직접적으로 자연의 빛에 어긋나는 죄들을 예로 들어 그의 주장을 좀 더 강력하고 알기 쉽게 피력하고 있다. 이러한 점에 주의를 기울이지 않는다면, 우리는 이 문구를 명백하게 크고 가증스러운 범죄에 대해서만 적용하는 잘못을 저지르게 될 것이다.

강해 1

계명의 내용을 따지지 말고 법을 주신 이의 뜻에 주의를 기울여야 한다. 야고보는 하나의 계명을 말씀하신 이가 다른 계명도 말씀하셨으므로, 모든 계명은 우리에게 똑같은 의무를 지운다고 입증하고 있다. 하나님의 뜻은 우리가 계명에 순종하려는 마음을 갖는 것이다(벧전 1:15; 살전 4:3; 5:18 참조). 모든 죄는 하나님의 뜻이 옳지 않기라도 한 것처럼 그분의 주권을 인정하지 않는 것이며, 마치 하나님께서 인간에게 유익한 것이 무엇인지를 모르시기라도 하는 것처럼 그분의 지혜를 인정하지 않는 것이다. 또한 하나님의 방법이 마치 불공평한 것인 양 그분의 공의를 인정하지 않는 것이다. 어떤 계명이든지 열심히 이행하려 한다면, 이러한 생각들을 부끄럽게 여겨야 한다. 그것은 성실성에 대한 시험이다. 하나님의 뜻을 색안경을 끼고 보지 않고 순수하게 받아들일 때만이 계명을 올바르게 이행할 수 있다. 그리고 이것이 곧 모든 계명을 지키는 동기가 되어야 한다[165]. 하나님의 한결같은 뜻은 어떤 계명이든지 똑같이 지키라고 요구하고 있다.

165) 'A quatenus ad omne valet consequentia.'

강해 2

하나님의 율법이 여러 종류가 있듯이, 그에 따르는 의무와 죄도 각기 여러 종류가 있다. 사람에게는 여러 종류의 감정이 있으며, 그 감정들은 각기 독특한 법칙을 가지고 있다. 이것은 사람의 신체 각 부분의 경우도 마찬가지다. 이처럼 사람은 하나님과 여러 종류의 관계를 맺고 있으며, 여러 종류의 의무를 지닌다. 그리고 그것들은 서로 성질이 다르다. 그러므로 헤롯처럼 많은 것들을 듣고 조금밖에 행하지 않는 것에 만족하지 말라. 우리에게 기도하라고 하신 이는 또한 우리에게 듣고 묵상하며 거룩한 일들을 행할 것을 요구하신다. 모든 계명들은 똑같이 주어졌으므로 동일하게 지켜져야 한다. 그리고 다른 사람들이 저지른 죄를 우리는 저지르지 않았다 할지라도 안심하지 말자. 치명적이고 천벌을 받아 마땅한 다른 죄들이 우리 안에 있을 수 있기 때문이다. 어떤 죄를 범하지는 않았을지 몰라도 죄악 된 마음을 가지고 있을 수 있으며, 도둑이나 창녀는 아니라도 음욕과 세속적인 생각을 가지고 있을 수 있다. 히포크라테스의 말대로, 이중의 광기, 즉 발작을 하면서도 냉정한 광기가 있다. 우리는 눈에 띄게 방탕하지는 않아도 죄에 빠져 있을 수 있으며, 마음속으로는 하나님을 미워할 수 있다. 바리새인들은 '나는 간음하지 않았다' 라고는 말해도 '나는 자랑하지 않았다', '나는 자만에 차 있지 않다' 라고 말할 수는 없을 것이다.

[12] 너희는 자유의 율법대로 심판받을 자처럼 말도 하고 행하기도 하라.

야고보는 지금까지의 모든 논의에 기초하여 때에 맞는 권면을 한다. 즉 율법의 시험과 심판을 받고 있는 것처럼 말하고 행동하라는 것인데, 특히 차별 없는 율법이 명령하는 바대로 사람들을 차별 없이 존중하라고 권면한다. 야고보가 이렇게 권면하는 까닭은 다음과 같다. 율법의 심판을 받을 자들은 율법의 지극히 적은 부분이라도 간과해서는 안 된다. 그러나 우리는 '자유의 법' 즉 복음의 법에 의해 심판받는다. '자유의 법' 이라는 말에는 복음에 모세 율법의 계명들이 들어 있다는 뜻이 암시되어 있다. 즉, 복음은 율법과 똑같이 말과 행동에 주의할 것을 요구한다. 왜냐하면,

믿는 사람들이 율법에 대해 두려움을 갖지 않는다 할지라도 그것이 곧 율법을 지키지 않아도 된다는 것을 의미하지는 않기 때문이다. 또한 그들이 계속해서 공공연하게 의도적으로 율법을 어긴다면, 그들은 은혜받을 특권을 상실하여 자유의 법대로 심판받지 못하고, 앞서 언급한 것처럼 극도로 엄하고 혹독한 형벌을 받기 때문이다.

말도 하고 행하기도 하라. 야고보는 앞 장의 말미(27절)에서 말에 대해 언급했던 내용과 본 장의 불공평한 존경에 대한 내용을 결합시키고 있다. 그러므로 앞 장의 지시들에 관련된 '말도 하고' 와 본 장의 상황에 관련된 '행하기도 하라' 라는 말을 함께 사용하였다. 야고보가 이런 말을 하는 까닭은 행동뿐 아니라 말도 당연히 하나님과 율법의 심판을 받게 될 것이기 때문이다.

심판받을 자처럼. 어떤 학자들은 이 구절이 재판에서 사람을 차별하지 말라고 한 앞의 문맥과 직접적으로 관련된 것으로 보아 '심판할 자들처럼' 의 뜻으로 이해한다. 그래서 그들은 이 구절의 의미를 이렇게 해석한다. '구약에서는 사람을 차별하는 것을 그다지 명백하게 금하지 않았지만, 이제는 민족 간의 차별과 마찬가지로 인간 간의 차별도 자유의 율법에 의해 제거되었다. 즉, 종이나 자유인이나 다 그리스도 안에서 하나가 되었다(갈 3:28). 그러므로 너희는 판단(재판)할 때 사람을 차별해서는 안 된다.' 그러나 이러한 해석은 날카롭기는 하지만 본문에 충실하지는 못하다. 우리는 야고보가 쓴 대로 '심판받을 자처럼' 으로 받아들이는 것이 적절하다. 즉 지금 여기서, 혹은 더 나아가 하나님의 법정에서 양심에 따라 '심판받을 자처럼' 으로 해석하면 된다.

자유의 율법대로. 이와 똑같은 표현이 앞의 1:25에서도 사용되었다. 그런데 여기서 이러한 표현을 또다시 사용한 이유는 무엇일까? 그들은 노예 근성에서 부자들을 존경하였지만, 율법은 저속한 목적이나 사리사욕과는 거리가 먼, 더욱 고상하고 자유로운 존경을 요구하였다는 것이 이 표현을 사용한 최소한의 이유일 것이다. 그 밖에 야고보는, 그들이 앞의 구절에서 말한 율법이 너무 가혹한 데 대해 저항감을 느껴, 자기들은 그리스도를 믿기 때문에 그 율법으로부터 면제되었다고 변명할 것을 예상하여 그와 같은 표현을 썼을 것이다. 야고보는 자유는 있어도 방종은 있을 수 없다고 생각하였다. 왜냐하면 하나님의 선민들에게도 율법이 있는데 그것이 바로 자유의 율법이기 때문이다. 그러면서 그는, '너희가 하는 일이 선한지를 생각하라' 고 말하고 있다. 사악한 사람들에게 율법은 속박이요, 힘겨운 멍에다. 그런즉 엄격한 율법에 의해 심판을 받지 않도록 행하라. 그 율법대로라면 지극히 작은 죄로도 저주를 면하지 못하기 때문이다. 이렇듯 혹독한 심판을 받지 않으려거든, 자신이 그처럼 엄격한 율법 아래 있지 않고 사랑과 복음의 은혜 아래 있다는 것을 증명할 수 있도록 행동하라. 그러면 심판받게 될 때, 우리는 복음의 말씀에 따라 심판받을 것이다. 그러나 만약 그렇게 하지 못한다면 율법의 가장 작은 부분을 어긴 것에 대해서도 변명할 어떠한 자유나 권리도 없이, 오직 가차없는 심판만을 기다려야 할 것이다.

강해 1

그리스도께서 가지신 율법은 자유의 율법이다.

1. 그것은 하나의 '법' 이다. "내가 하나님께는 율법 없는 자가 아니요 도리어 그리스도의 율법 아래에 있는 자이나…"(고전 9:21). 그리스도인들에게도 비록 견딜 수 없는 짐은 아닐지라도 분명 멍에는 있다. 또 가혹하지는 않더라도 지켜야 할 규율은 여전히 존재한다. 율법은 지시적인 것이다. "사람아 주께서 선한 것이 무엇임을 네게 보이셨나니…"(미 6:8). 하나님이 받으실 만한 뜻은 십계명에 나타나 있으며, 성경의 도덕적인 부분들은 그 십계명에 대한 해설일 뿐이다. 율법은 또한 명령적이다. 그러나 우리의 의지와 상관없는 독단적인 법은 아니다. 그것은 또한 구속력을 지니고 있다. 창조주의 뜻이 율법을 통하여 우리에게 나타났으며, 우리는 그 구속력 아래에 있다. 도덕적이고 정의로운 가치들은 영원한 구속력이 있다. "율법은 거룩하고 계명도 거룩하고 의로우며 선하도다"(롬 7:12). 율법은 거룩하며 진정한 엄격성을 나타낸다. 율법은 의로우며, 인간의 마음에 새겨진 정의와 공평에 부합된다. 또한 율법은 선하다. 다시 말해서 율법은 인간에게 유익하고 유용하다. 또 모든 율법은 영원한 의무를 규정

한 것이다. 그리고 율법이 의무가 아니라면 죄라는 것도 있을 수 없다. 왜냐하면 의무가 없다면 범죄도 없기 때문이다. "죄를 짓는 자마다 불법을 행하나니 죄는 불법이라"(요일 3:4). 바야흐로 살인, 근친상간, 또는 간통을 죄악시하지 않는 교의를 따른다면 그것은 인간 본연의 양심을 해치는 일이다. 따라서 복음이 우리를 율법의 저주에서 해방시켰다고 해서 우리가 율법을 지키지 않아도 된다고 생각하는 것은 오늘날의 이교적인 사람들의 허황된 자만에 지나지 않는다. 왜냐하면 그렇게 생각하는 경우, 모든 의무는 의지 숭배요, 죄는 무분별한 자만에 지나지 않을 것이기 때문이다.

2. 그것은 '자유의 율법' 이다. 이는 그리스도의 희생의 대가로 크나큰 자유가 주어졌기 때문이다.

⑴ 우리는 행위에 관한 계약인 율법으로부터 자유로워졌다. 우리는 그러한 계약 상태에서 요구되는 엄격함과 정확성에 절대적으로 얽매여 있지는 않다. 그러므로 우리는 빈틈없이 의무를 이행하는 것을 목표로 삼되, 설혹 그 목표에 도달하지 못한다 하더라도 낙심해서는 안 된다. 그러나 율법을 완전히 지켜야만 의롭게 되는 것처럼 생각하여 철저히 순종하려 해야 하고, 그렇지 못했을 때는 겸손해져야 할 것이다. 은혜에 감사하는 마음을 가진 사람이라면 선하신 하나님의 마음을 상하게 했을 때 슬픔을 금하지 못할 것이다. 왜냐하면 복음의 은혜를 입었다 할지라도 죄는 본질적으로 여전히 저주스러운 것이고, 의로운 율법을 침해하는 것이며, 하나님을 모욕하는 것이기 때문이다. 그리스도인들이 죄를 지었을 때 겸손해져야 할 또 다른 이유가 있다. 즉, 죄는 하나님의 사랑과 인자하심을 배반하는 소치며, 새 언약의 열매인 사죄의 위로를 잃게 하기 때문이다. 이와 같이 우리의 부족함을 인식하여 겸손해지는 만큼 율법을 완전하게 지키려고 더욱 힘써 노력해야 한다. 우리가 계명에 철두철미해야 할 또 다른 이유가 있다. 즉, 우리는 더 많은 하나님의 도움을 받을 수 있기 때문이다. 우리는 좀 더 유리한 위치에 있다. 그러므로 계명에 대해 더 많은 책임이 있다. 바울은 "어떻게 해서든지 죽은 자 가운데서 부활에 이르려 하노니"(빌 3:11), 즉 부활의 거룩한 상태에 이르려 힘쓴다고 했다. 그리스도

인들의 행위는 늘 그 목표에 미치지 못한다. 이에 그 행위들은 더욱더 큰 은혜를 필요로 한다. 그러므로 율법의 준엄한 심판을 받지는 않는다 할지라도, 율법 전체를 지키려고 노력해야 한다. 고의적으로 저지른 것이 아닌 잘못들과 인간적인 약점들은 용서받는다. 우리가 행해야 할 의무는 종의 의무가 아니라 자녀로서의 의무이기 때문이다. "사람이 자기를 섬기는 아들을 아낌같이 내가 그들을 아끼리니"(말 3:17).

(2) 우리는 저주와 죄의 선고에서 해방되었다. 율법은 행위에 벌을 주기는 해도 사람에게 벌을 주지는 않는다. 율법은 행위의 독성에 따라 그 행위를 심판하지만, 사람을 다스릴 힘은 없다. 이 때문에 우리는 "율법에 대하여 죽었나니"(갈 2:19), 즉 율법을 향해 죽은 것은 하나님을 향해 살기 위한 것이다. 그러므로 바울은 이렇게 말하였다. "그리스도 예수 안에 있는 자에게는 결코 정죄함이 없나니"(롬 8:1). 믿는 자를 저주할 수는 있겠지만, 그 저주가 그에게 미칠 수는 없다. 망아지에게나 훈련된 말에게나 똑같이 고삐가 필요한 법이다.

(3) 우리는 율법의 저주와 진노에게 해방되었다. '계명이 이르매 죄가 살아났다' (롬 7장). 수로가 막히면 물이 불어 넘치듯이, 세속적인 마음을 억제하면 점점 악화된다. 그러한 억제가 죄를 자극할 수 있다. 하지만 믿는 사람에게 그것은 의무를 이행하도록 이끄는 동기가 된다. 왜냐하면 하나님이 그것을 원하시기 때문이다.

(4) 우리는 속박과 두려움에서 해방되었다. 자연인은 노예근성에 의해 의무를 굴욕적으로 행한다. 그런데 우리는 '다시 무서워하는 종의 영을 받지 않게' (롬 8:15) 되었다. 하나님의 섭리가 좀 더 율법적이었던 구약시대에는 행동 원리가 두려움(경외심)이었다. "여호와를 경외하는 것이 지혜의 근본이요"(잠 9:10), "하나님을 경외하고 그의 명령들을 지킬지어다 이것이 모든 사람의 본분이니라"(전 12:13) 등의 말씀도 바로 그러한 사실에 근거를 두었다. 구약에서 두려움은 복종과 예배의 주요 원리로 표현되고 있는데, 그것은 율법 시대에 어울리는 일이다. 반면에 신약시대에는 "그리스도의 사랑이 우리를 강권하시는도다"(고후 5:14), '하나님을 사랑하는 것은 그의 계명들을 지키는 것' (요일 5:2 이하)이다. 구약시대에는

하나님께서 주로 자신의 뜻을 나타내셨지만, 오늘날에는 은혜를 더 많이 보여주신다. 그러므로 계명을 지키고자 조심하는 행위는 사랑과 기쁨에서 비롯되어야 한다.

적용 이 구절은 그리스도 안에 있는 자들은 행복하다는 것을 보여준다. 즉, 믿는 사람에게 율법은 자유의 율법이지만, 그렇지 않은 사람에게는 멍에의 율법이요 죽음의 율법이다. 우리는 '두려움 없이', 다시 말해서 노예가 갖는 두려움 없이 '주를 섬길 수' (눅 1:75) 있다. 짐승은 몰이 막대기로 몰고, 생명이 없는 물체는 밧줄로 끌지만, 그리스도인들은 성화된 사랑과 은총의 힘 그리고 감사하는 마음에 의해 인도된다. 그러므로 스스로 그리스도 안에 있는지 그렇지 않은지를 주의하라. 우리가 자진해서 의를 행하고, 계명에 대해서 불평하지 않고, 죄를 한탄하며, 의무를 멍에로 생각하지 않고 범죄를 멍에로 생각한다면 이 얼마나 즐거운 일이겠는가! 바울은 사망의 몸을 입고 신음하면서도 마음으로는 하나님의 법 행하기를 좋아하였다(롬 7장). 다시금 말하거니와, 계명이 우리를 보증해 주고 사랑이 우리 행위의 동기가 되어 하나님의 고용인이 아닌 자녀로서 그분 앞에 나아간다면, 이 얼마나 즐거운 일이겠는가!

강해 2

마지막 날, 우리는 율법에 의해 심판을 받게 된다. "무릇 율법이 있고 범죄한 자는 율법으로 말미암아 심판을 받으리라"(롬 2:12). 이 구절에서 야고보는 유대인들처럼 돌판에 새겨진 법을 받았든지 이방인들처럼 마음판에 새겨진 법을 받았든지 간에 그리스도 밖에 있는 사람들은 모두 정죄 아래 있음을 입증하려 한다. 모든 사람은 각 사람에게 표명하신 하나님의 뜻을 따라 심판받는다. 예컨대, 복음을 받은 사람은 복음, 즉 '믿음으로 굳게 세운 율법' (롬 3:31)에 의해 심판을 받는다(참조. 요 12:48). 이와 같이 자연의 법만을 받은 사람은 그 자연의 법으로, 기록된 법을 받은 사람은 그 명문화된 법으로, 그리고 그리스도인들은 자유의 율법으로 심판을 받는다. 그리스도인들이 자유의 율법으로 심판받는다는 말은 그리스도께서 하나님께 순종하셨던 그 공로가 그리스도인들에게 전가된다는 뜻이다. 그렇지만 그리스도인들의 행위도 율법과 계명에 의해 검증되어야 한다. 즉, 그들의 믿음은 그들의 행위에 의해 평가되고 입증되어야 한다. 왜냐하면 비록 그리스도인들의 행위가 구원의 조건은 아니지만, 구원받은 증거는 되기 때문이다. 이것은 마치 사람의 움직임이 생명의 원인은 아닐지라도 살아 있음의 결과요, 그 표시인 것과 마찬가지다. 행위에 따라 심판받게 되는 원리는 마 25:35에도 표명되어 있다. 또 계 20:12에서도 "책들이 펴 있고…자기 행위를 따라 책들에 기록된 대로 심판을 받으니"라고 하였다. 악인들의 행위는 그들의 타락을 입증해 주며, 성도들의 행위는 은혜를 증거해 준다. 그러므로 바울은 성도들과 악인들에 대한 하나님의 심판에 대해 언급할 때 성도들에 대한 보상과 응보를 색다른 어구로 표현하고 있다. "죄의 삯은 사망이요 하나님의 은사는 그리스도 예수 우리 주 안에 있는 영생이니라"(롬 6:23). 즉, 악인들의 행위는 그에 따른 공평한 대가를 받지만, 성도들의 행위는 자신의 공로가 아니라 오직 은사라는 것이다. 이렇듯 율법이 마지막 심판의 원리라면, 그것은 지금도 심판의 원리다. 그러므로 지금 하나님의 말씀 앞에 자신 있게 서지 못한다면, 그리스도께서 오실 때 그분 앞에서도 떳떳이 서지 못할 것이다. 우리는 말씀의 증거에 주목함으로써 그날의 심판을 미리 내다보고 예비할 수 있다. 무지한 사람일수록 억측을 잘한다는 것은 흔히 볼 수 있는 일이다. 또한 은혜라는 수단을 경멸하고 소홀히 하는 사람들이 터무니없이 높은 것들을 바라는 법이다. 이유인즉, 그들은 말씀에 의해 여지 없이 논박당할 자신의 확신을 소중히 여기고, 그렇게 함으로써 자신의 죄를 마음속으로는 알면서도 심판을 도외시하기 때문이다. 즉, 그 행위가 드러날까 하여 빛으로 오지 않는 것이다(요 3:20). 아! 인간인 성직자의 입에서 선포되는 하나님의 말씀 앞에 당당히 설 수 없다면, 그리스도의 입에서 선포되는 그리스도의 말씀 앞에 감히 어떻게 설 수 있겠는가? 그러므로 말씀이 우리를 책망할 때 존경심과 경외하는 마음으로 받아들이자. 이 말씀은 지금 우리를 심판하고, 마지막 날에도 우리를 심판할 것이기 때문이다. 에티오피아 사람들이 일 년에 한 번씩 태양을 저주하는 의식을 행하듯이, 많은 사람들이 말씀의 빛을 스스로 외면한다. 그러나 그리스도께서 구름을 타고 오실 때 그 말씀이 그들을 정죄한다면, 그들은 슬피 울며 이를 갈게 될 것이다.

거듭 말하지만, 우리가 율법에 대한 지식과 율법의 빛을 얼마나 많이 받았느냐에 따라서 심판받도록 되어 있다면, 우리는 하나님의 뜻에 부응하는 결심을 맺지 않을 수 없을 것이다. 우리가 자연의 빛을 향해 우리의 눈을 가리는 것도 슬픈 일이지만, 복음의 빛을 받고서도 그것을 경시한다면 이는 더욱 슬프고 답답한 일이다. 하나님께서는 계명들을 주신 만큼, 우리가 율법의 빛을 얼마나 받았는가에도 주의를 기울이신다. '만약 내가 그들에게 말하지 않았다면 그들에게는 죄가 없는 것이다' 라고 그리스도는 말씀하셨다. 이교도들은 자기들이 받은 지식에 대해 책임지고, 그리스도인들은 그리스도인들에게 주어진 지식에 대해 책임진다. 알면서 저지르는 죄는 더 큰 죄다. 왜냐하면 법을 알면서 죄를 지으면 그만큼 죄가 늘어나기 때문이다. 알면서 저지르는 죄에는 또한 더 큰 악의가 내포되어 있다. 그러므로 진리에 대해서 아주 잘 알면서 신앙을 버린 자들은 아르노비우스가 말했듯이 성직자나 성도에게 가장 큰 적이다. 선지자 호세아는 배교자에 대해 이렇게 표현하고 있다. "패역자가 살육죄에 깊이 빠졌으매"(호 5:2). 또한 하나님께서 우리에게 직접적으로 그의 뜻을 보여주셨는데도 그것을 거역한다면 그것은 더욱 커다란 죄가 된다. 그런즉 다윗은 하나님께서 '지혜를 은밀히 가르치신' (시 51:6) 것을 경험한 후 불의한 일을 행했을 때, 그것을 심히 괴로워했다. 율법이 마음에 새겨진 후에도 죄를 저지른다는 것은 슬픈 일이다. 그런 행동을 할 때 우리는 우리 자신의 마음의 원리나 생각에 일종의 폭행을 가하는 것이다.

강해 3

심판 날에 대해 생각하는 것은 그리스도인다운 행동을 하는 데 큰 도움이 된다. 그날의 나팔 소리를 듣고 사는 사람들은 최선을 다해 영적 싸움을 준비한다. 이와 같이 단호한 말들이 복음의 자유에 위배된다거나 혹은 초신자들에게나 들려줄 이야기라고 생각하지 말라. 이러한 일들을 생각하는 것은 모든 하나님의 자녀들에게 유익한 일이기 때문이다. 그리스도인들이 그날의 엄벌에서 해방되었다 할지라도, 그날의 심판에 대해서는 경외심을 품고 묵상해야 한다. 그중에는 마음에 고통과 짐만을 가져다 주는 노예적인 생각들이 있다는 것을 나는 인정한다. 그러한 생각들은 하나님의 자녀에게는 어울리지 않는다. 그러나 거룩한 두려움 즉, 경외심은 특히 그리스도인으로서의 주의와 경계심을 유발시키는 데 도움이 된다. 복음적인 명상은 영혼을 비굴하지 않으면서도 엄격하게 해 주는 데 도움이 된다. 애정을 갖고 생각해 보면 이러한 설명이 전적으로 옳다는 것을 알 수 있다. 바울은 심판의 이치를 복음의 일부로 삼았다. "나의 복음에 이른 바와 같이[내가 복음의 율법으로 가르친 대로] 하나님이…사람들의 은밀한 것을 심판하시는 그날이라"(롬 2:16). 그리고 그리스도의 심판이 그의 왕적 신분에서 비롯된 가장 고귀하고 장엄한 행위라는 사실은 가장 영광스러운 복음 교리 중의 하나다. 사실 이러한 교리는 악인들을 회개하게 하는 데 매우 효과적이다. 그러므로 바울은 아덴에서 사람들과 쟁론할 때 이렇게 말했다. "어디든지 사람에게 다 명하사 회개하라 하셨으니 이는 정하신 사람으로 하여금 천하를 공의로 심판할 날을 작정하시고"(행 17:30-31). 바울이 아덴 사람들에게 심판을 언급한 이유는 세 가지로 들 수 있다. 그 하나는 본문에 나타나 있다. 즉 심판은 회개의 강력하고도 절실한 동기기 때문이다. 나머지 다른 두 이유는 문맥에 비추어 쉽사리 헤아릴 수 있다. 전후 문맥을 고려해 볼 때 그 두 번째 이유는, 그들로 하여금 변명하지 못하게 하려는 의도였다. 즉, '비록 우리가 그릇되게 살아 왔다 할지라도, 우리는 그것이 옳은 길인 줄 알았다. 왜냐하면 어떤 형벌이나 재앙도 내리지 않았기 때문이다' 라는 식의 변명이다. 바울은 이러한 변명을 예상해서 그들에게 이렇게 말한다. "알지 못하던 시대에는 하나님이 간과하셨거니와"(행 17:30) 즉, 과거에는 어떠했든 이제는 알게 되었으니 지금 회개하지 않는다면 아무리 도망친다 해도 다가올 심판을 분명히 면하지 못한다는 의미다. 바울이 그 본문에서 심판을 회개의 동기로 언급한 세 번째 이유는, 이교도들 자신이 심판의 날에 대해 두려움과 예감을 갖고 있었으며 그러한 생각도 사실은 이 교리와 비슷한 데가 있기 때문이었다. 그래서 바울이 '장차 오는 심판' 을 강론했을 때, 이교도인 벨릭스가 두려워했던 것이다(행 24:25). 플라톤과 같은 철학자들도 가혹한 심판의 날에 대해 어느 정도 상상을 했는데, 그것은 아마도 전통에 힘입어서였을 것이다. 그러므로 그들에게도 심판은 첫 번째 되는, 그리고 설득력 있는 회개의 동기로 받아들여졌을 것이다. 이미 그리스도를 믿은 하나님의 백성들도 저들처럼 심판에 대한 두려움을 가짐으로써 크나큰 유익을 발견하게 된다. 가차 없는 심판에 대해 생각할 때 그들은 스스로 의롭지 않다는 것을 깨닫고 두려워 떨게 된다. 그리하여 오직 그리스도의 공의만이 그분의 심판을 면하게 해 준다는 것도 알게 된다. 즉, '그리스도 안에서 발견되려 하는' 것이다(빌 3:9). 이처럼 하나님이 진노하셔서 죄인들을 엄격하게 심문하실 때, 바위틈에 숨어 있다가 '그리스도 안에서' 발견된다면 다행스러운 일이다. 그러므로 또한 빈틈없이 경계하는 것도 유익이 된다. 즉, 그렇게 함으로써 우리는 끊임없는 시험 가운데서도 믿음과 받은 은혜를 보존하여, 주께서 오실 때 기쁘고 담대하게 그분을 만나게 된다. 설교자가 인간의 모든 의무에 대하여 가르치려 할 때, 그는 바로 이와 같은 동기에서 말해야 한다. "하나님은 모든 행위와 모든 은밀한 일을 선악간에 심판하시리라"(전 12:14). 또한 심판에 대한 생각은 우리로 하여금 소명에 더욱 충실하게 해 준다. 심판 날에 혹시 어떤 부분이 간과되는 일이 있다 하더라도, 우리가 소명을 수행했는지의 여부만은 결코 그냥 지나친 채 넘어가진 않을 것이다. 왜냐하면 그것은 하나님이 인간을 창조하신 위대한 목적을 수행하도록 인간에게 맡기신 독특한 영역이기 때문이다. 한편, 모든 소명들이 그 나름대로 가치가 있지만, 특별한 방법으로 하나님을 위해 사역하거나 공동의 선을 위해 특별한 책임을 지닌 좀 더 차원 높은 소명도 있다. 바울 자신은 선택된 그릇이요 그리스도를 열렬히 사랑한 사람이었지만, 그 역시 때때로 자극받고 격려받을 필요를 느꼈다. 또 바울은 자신이 주로 사랑의 동기에서 행동했다고 고백하였음에도 불구하고 두려운 마음을 떨쳐 내지 않았다. "우리는 주의 두려우심을 알므로 사람들을 권면하거니와"(고후 5:11). 이 말에는 엄중한 심판의 날을 생각할 때 그가 더욱더 사명을 충실히 수행하고 애쓰게 되었다는 뜻이 함축되어 있다. 바울은 바로 이러한 두려움이 자신에게 주는 영향을 깨달았으므로,

디모데에게도 똑같은 취지로 이렇게 호소하고 있다. "하나님 앞과 살아 있는 자와 죽은 자를 심판하실 그리스도 예수 앞에서 그가 나타나실 것과 그의 나라를 두고 엄히 명하노니 너는 말씀을 전파하라 때를 얻든지 못 얻든지 항상 힘쓰라"(딤후 4:1-2). 이것은 우리로 하여금 우리에게 맡겨진 일을 부지런히 수행하도록 매우 강력하게 설득하는 말씀이다. 또 심판에 대한 생각은 감사의 마음을 일으킨다. 하나님의 진노가 하늘에까지 이르렀을 때 우리가 그 진노에서 구원받는다는 것, 다시 말해서 하나님의 진노에도 불구하고 부끄러움 없이 그리스도를 볼 수 있다는 것을 생각한다면, 그 이상으로 찬양이 넘쳐흐르는 일은 없을 것이다. 다른 사람들은 공포에 질려 떨고 있을 때 우리는 승리의 기쁨을 만끽하게 될 것을 한 번 생각해 보라! 그래서 요한은 "사랑이 우리에게 온전히 이루어진 것은 우리로 심판 날에 담대함을 가지게 하려 함"(요일 4:17)이라고 증거했다. 다른 사람들이 자신을 숨겨 줄 산을 찾고 있을 때, 우리는 부끄러움 없이 머리를 들고 우리의 친구자 아버지신 세상의 심판자를 바라볼 수 있다는 사실에서, 우리는 하나님의 사랑이 지극히 높고 완전하다는 것을 깨닫게 된다.

마지막으로, 심판에 대한 생각은 우리의 마음에 열망과 기대를 일으킨다. 충실한 종은 주인이 오기를 기다리며(참조. 마 24:45), 신부인 성도들은 신랑이신 예수님께 '오시옵소서'(계 22:20)라고 말한다. 심판의 날은 그리스도께서 왕위에 오르시는 날이요, 우리의 결혼식 날이다. 우리는 약혼은 했지만 결혼은 하지 않은 상태다. 그리스도께서는 세상을 떠나실 때, 우리와 서로 사랑의 약속을 주고받으셨다. 엘리야가 승천할 때 겉옷을 떨어뜨렸듯이, 그리스도께서는 우리에게 성령을 약속하고 떠나셨다. 그러므로 그리스도와 관계를 맺은 모든 자들은 반드시 '주의 나타나심을 사모해야'(딤후 4:8) 한다.

적용 때때로 이 문제에 대한 우리의 생각을 검토해 보아야 한다. 그리스도의 심판, 권능, 그리고 영광 중에 오실 일 등을 생각하라. 그날 무덤이 열리고, 바위가 갈라지며, 그리스도의 놀라운 영광이 번개처럼 하늘을 뚫고 쏟아져 내릴 것이다. 그날 그리스도께서는 모든 천사들과 함께 불길에

싸여 구름을 타고 오실 것이며, 큰 나팔 소리가 그리스도의 심판의 보좌 앞에 모든 사람을 불러 모을 것이다. 또한 그분의 순결함과 거룩함을 생각하라. 벧세메스 사람들이 여호와의 궤를 들여다보았으므로 하나님께서 그들을 치셨을 때 그들은 이렇게 말했다. “이 거룩하신 하나님 여호와 앞에 누가 능히 서리요”(삼상 6:20). 또한 그리스도께서 “그의 옷은 희기가 눈 같고 그의 머리털은 깨끗한 양의 털 같은”(단 7:9) 모습으로 온 세상을 심판하러 오실 때, 죄로 얼룩진 인간들이 어떻게 그 앞에 나타나겠는가? 그리스도께서는 ‘흰 보좌’(계 20:11)에 앉아 계시므로, 그 앞에 아무런 거리낌 없이 설 수 있다고 확신할 수 있는 사람은 오직 천사처럼 죄 없이 순결한 자, 또는 성도들처럼 그리스도의 피로 씻겨진 자들뿐이다. 하나님의 엄중한 심판을 생각하라. 지극히 작고 하찮은 죄라 할지라도, 하나님은 그것을 미워하신다. 별다른 생각 없이 가볍게 한 말도 하나님의 저울에 달면 무겁다(참조. 마 12:36). 영적인 무감각, 불경스러운 언행, 거룩한 의무에 대한 태만, 생활상의 극히 사소한 실수나 잘못, 일을 수행하는 목적이나 수단 등 그 어느 것도 숨겨진 채로 있을 수 없고 모두 드러난다. 그러므로 혹독한 심판 날을 생각할 때, 오직 “여호와여 주께서 죄악을 지켜보실진대 주여 누가 서리이까”(시 130:3)라고 한탄할 수밖에 없다. 여기서 ‘서리이까’는 ‘감히 담대하게 자신을 옹호할 수 있겠습니까’의 뜻이다. 일상적으로 손쉽게 저질러지기 때문에 용서받을 수 있다고 생각하는 죄, 젊은 날의 혈기 때문에 탐닉하기 쉬운 어리석고 무절제한 죄, 그리고 죄에 대해서 수치심을 거의 느끼지 못하는 사람들이 대수롭지 않게 여기는 죄 등 이 모든 죄들이 그때에는 밝혀진다. “그러나 하나님이 이 모든 일로 말미암아 너를 심판하실 줄 알라”(전 11:9). 이 모든 일들을 복음적인 목적을 위해 생각하라. 그러면 그리스도의 심판을 감당하기 위해서는 그리스도 이외에 그 어느 것도 신뢰할 수 없다는 사실을 알게 된다.

강해 4

말도 하고 행하기도 하라. 우리는 우리의 행위뿐 아니라, 우리가 그다지 세심하게 주의를 기울이지 않은 말까지도 하나님께 심판받는다. “내가 너희에게 이르노니 사람이 무슨 무익한 말을 하든지 심판 날에 이에 대하여 심문을 받으리니 네 말로 의롭다 함을 받고 네 말로 정죄함을 받으리라"(마 12:36-37). 보통 우리는 우리가 한 말을 쉽게 망각하고, 별로 대수롭지 않게 여긴다. 아! 그러나 악한 말뿐 아니라 쓸모없는 말에 대해서도 마지막 날 심판받는다. 악한 말은 악한 마음을 보여주고, 쓸모없는 말은 헛된 마음을 보여준다. 마음과 혀는 빠른 교류를 하므로 마음에 품고 있는 것이면 무엇이든지 말로 맨 먼저 나타난다. 그러므로 악인들은 '그들의 혀가 그들을 해하지' (시 64:8) 않도록 주의해야 한다. 악한 혀로 말하는 것보다 차라리 산이 머리 위에 떨어지는 것이 더 낫다. 왜냐하면 그것은 우리를 산산조각으로 부숴뜨릴 것이기 때문이다. 그러므로 자신의 인격이 말로 표출되는 것만큼 실제로는 악하지 않다고 변명하는 것이 얼마나 어리석은가! 이는 사람의 마음속에 있는 것을 가장 가까이 보여주는 것이 바로 말이기 때문이다. 사람의 말이 그의 영광이며, 또 그의 부끄러움이다. 사악한 말은 좋지 않은 결과를 초래하며, 아무렇게나 하는 말(참조. 골 4:6)은 번개처럼 다른 사람의 마음을 꿰뚫어 그들을 격동하게 만든다. 선한 일들 속에도 엄청난 기만이 숨어 있음을 알라. 사람들은 말로써 자신의 행동을 변명하려고 한다. 가증스럽게도 그들은 자신이 천하고 야비한 말을 한다 할지라도 마음은 선하다고 생각한다. 숨을 내쉴 때 고약한 냄새가 나는 것은 폐가 썩었기 때문이다. 고약한 냄새 같은 불유쾌하고 야비한 말은 부정한 마음에서 나온다. 그리스도께서는 제자들에게 그들이 서로 어떤 말을 주고받는지를 물으셨다(눅 24:17). 크세노폰과 플라톤은 사람들이 좀 더 진지해질 수 있게 식사 때나 연회 같은 데서 하는 말을 기록해 두자고 하였다. 하나님께서는 그런 때 우리가 하는 말들도 기록해 두신다고 생각해 보라. 우리의 부패하고 불미스러운 말들이 모두 열거되고 평가될 심판 날에, 얼마나 부끄러운 이야기들이 드러날 것인가! 바울이 자연적인 인간을 분석할 때 신체의 어느 다른 지체보다 말하는 지체에 의거하였다는 것은 주목할 만하다. "그들의 목구멍은 열린 무덤이요 그 혀로는 속임을 일삼으며 그 입술에는 독사의 독이 있고 그 입에는 저주와 악독이 가득하고"(롬 3:13-14). 속이 썩으면 악취가 나는데, 대체로 이와 같은 모양으로 그 악취를 풍긴다.

[13] 긍휼을 행하지 아니하는 자에게는 긍휼 없는 심판이 있으리라 긍휼은 심판을 이기고 자랑하느니라.

야고보는 앞 절에서의 지시를 실제로 적용하고 있다. 즉, 행위 언약(율법)의 혹독한 심판을 받지 않으려 하는 자들처럼 '말도 하고 행동도 하라'고 권고한다. 그리고 그 이유에 대해 만약 우리가 짐짓 죄를 범한다든가 최소한 법에 위배되는 일을 한다면, '긍휼 없는 심판' 이외에 아무것도 기대할 수 없기 때문이라고 말한다. 일부러 그리고 제멋대로 형제들을 잔혹하게 대하는 것은 긍휼 없는 심판을 받을 가능성이 있는 죄다. 그것은 율법을 고의로 어긴 죄일 뿐 아니라 하나의 특정한 죄로서, 형평의 원리에 비추어 보았을 때 그러한 심판을 받아 마땅하다. 왜냐하면 그러한 죄를 범한 자들은 긍휼을 얻지 못하는 것이 너무나 당연하기 때문이다.

긍휼 없는 심판이 있으리라. 이 문구에서 야고보는 행위 언약의 효력을 넌지시 언급하고 있다. 행위 언약이란 곧 긍휼의 여지가 없는 심판이요, 범죄자의 정상을 조금도 참작하지 않는 법을 말한다. 야고보는 또한 이 문구를 통해 하나님의 되갚음을 이야기하고자 한다. 무정한 사람들은 당연하게 무정한 대우와 되갚음을 당하는 법이다.

긍휼을 행하지 아니하는. 여기서 야고보는 긍휼이란 부자들만을 존경하는 자들을 위해서가 아니라, 가난한 자들에 대해 자비와 관용을 베푸는 자들을 위해 있는 것이라고 말한다. 그 이유는 '긍휼이 없는' 이란 말은 가난한 사람들의 궁핍함에 대해 동정심을 갖지 않는 태도, 혹은 가난한 사람들을 무례하게 대하고 모욕하며 비난하는 것을 지칭하기 때문이다. 그들은 당연한 존경은 하지 않고, 부당한 멸시를 했다. 만약 우리가 이러한 죄를 범한다면 심판 날에 수치를 당할 것이다. 그날 주께서는 우리의 인격을 무시하시고, 우리를 공포와 절망 상태에 있게 내버려 두실 것이다.

긍휼은 심판을 이기고 자랑하느니라. '이기고 자랑하느니라' 는 헬라어 'κατακαυχᾶται'(헬라어 원문에는 한 단어로 되어 있다–역주)로 '자랑하다', '머리를 들다' 의 뜻이다. 예컨대, 어떤 일을 훌륭하고 성공적으로 이루었을 때 인간은 자랑하고 싶어 한다. 이 구절은 여러 가지로 해석되고 논란의 대상이 되어 왔다. 그 여러 가지 해석을 일일이 열거하는 것은 무의미한 일이다. 일반적으로 그 해석들은 크게 둘로 나눌 수 있다. 그 하나는 본 구절의 **긍휼**을 하나님의 긍휼로 보는 관점이고, 또 다른 하나는 그것을 인간의 긍휼로 보는 관점이다. 여기서 사용된 **긍휼**이 하나님의 긍휼을 가리킨다고 주장하는 학자들은 이 부분을 이렇게 해석하기도 한다. '…긍휼 없는 심판이 있으리라. 그런데 혹시 그들 가운데 그러한 심판을 받지 않는 경우가 있다면, 그것은 오로지 심판을 이기고 자랑하는 하나님의 긍휼 때문이리라.' 교부들 가운데서는 풀겐티우스(Fulgentius)가 이와 같이 해석하였다. 그러나 이것은 너무 무리한 해석이다. 그레고리 같은 사람들은 이를 좀 더 실제적으로 해석한다. '긍휼이 없는 자들은 혹독한 심판을 받지만, 다른 사람을 긍휼히 여기는 자는 심판을 이긴다. 즉, 이와 같은 사람들에 대해서는 죄인들을 취급하시는 하나님의 여러 가지 성품과 방법 중에서 긍휼이 가장 우세하여 심판(공의)을 이기고 자랑한다.' 피스카토르도 이런 해석을 취하지만 이보다 난해하다. 그는 우리가 '그리고'(and)로 해석하는 *καὶ*를, 성경에서도 종종 그렇게 해석되듯이 '…일지라도', '…에도 불구하고'(though, yet)로 해석한다. 그에 따르면 본 절의 의미는 이러하다. '연민에 찬 행동과 친절은 하나님을 한층 기쁘게 하는 일이므로, 긍휼 그 자체는 기꺼이 심판을 이기고 자랑한다. 그러나 무자비한 일을 보셨을 때 하나님의 긍휼은 줄어들고 뒷걸음질친다.' 이러한 해석에 수긍은 하지만, 여기서 야고보가 말하는 것은 사람이 사람에게 보여주는 긍휼이라고 생각한다. 왜냐하면 본문은 정(thesis)과 반(antithesis), 명제(position)와 반명제(opposition)의 형식으로 되어 있다고 생각하기 때문이다. 즉, 명제에서 야고보는 긍휼을 행하지 않는 자는 긍휼히 여김을 받지 못할 것이라고 말하고, 반명제에서는 긍휼은 심판을 이기고 자랑한다고 주장한다. 다시 말해서 하나님께서는 그분 자신의 선을 본받는 자들은 정죄하시지 않으실 것이므로, 긍휼을 보여주는 자는 저주받을 위험이 없다는 것이다. 그런즉 긍휼을 행하는 자는 저주를 피한 자처럼 두려움을 이기고 자랑할 수 있다. 그런데 이 구절이 사람의 긍휼을 가리키고 있다고 주장하는 정통파 학자들은, 긍휼은 하나님이 우리를 받아들이시는 '원인' 이 아니라 '증거' 라고 생각한다. 즉 인간에게 행하는 긍휼은 하나님께로부터 얻게 될 긍휼의 담보가 된다는 것이다. 나는 이 같은 견해가 합리적이라고 생각한다. 그러나 복음을 잘 살펴보면, 이러한 주장이 어딘가 부자연스럽다는 것을 알 수 있다. 왜냐하면, 우리가 긍휼로 하나님의 심판을 이겨야 한다고 말하는 것은 매우 귀에 거슬리는 해석이기 때문이다. 인간의 긍휼로 하나님의 심판을 이긴다면, 인간은 인간의 공로를 부인하고, "주의 눈앞에는 의로운 인생이 하나도 없다"(시 143:2)고 한 다윗과는 대조적으로, 하나님 앞에서 뭔가를 자랑하려 할 것이다. 또 인간의 긍휼로 심판을 이긴다면, 우리가 명령받은 것을 이행했다고 생각할지라도 하나님의 심판에 맞서지는 말라(눅 17:10 참조)고 하신 그리스도의 말씀과는 달리 그분의 심판에 맞설 수 있을 것이다. 그것은 또한 바울이 하나님 앞에선 자랑할 것이 없다(롬 4:2)고 한 말과도 반대된다. 우리가 하나님의 심판에 대하여 이기고 자랑할 수 있는 것은 모두 하나님의 긍휼을 얻었기 때문이다. 그러므로 지금까지 언급한 두 가지 해석을 다음과 같이 서로 조화시키는 것이 좋다고 생각된다. '하나님의 심판을 이기고 자랑하는 것은 하나님의 긍휼이다. 그리고 그 하나님의 긍휼 안에서 우리로 자랑하게 해 주는 것은 우리 인간의 긍휼이다.' 야고보는 이 두 가지 의미를 모두 살리기 위해 지혜를 짜서 말을 만들어야 했을 것이다. 따라서 본 구절에 대해 좀 더 심사숙고해 보면, 야고보는 무자비함과 긍휼을 대립시키는 것이 아니라, 긍휼 없는 심판과 긍휼 있는 심판을 대립시키고 있음을 알 수 있다. 그러므로 본 구절 전체를 볼 때, 야고보는 생략해서 말을 하고 있으며 따라서 여기 나타난 것 이상의 내용이 그 속에 내포되어 있다는 것을 알아야 한다. 즉, 하나님의 긍휼은 우리로 하여금 승리를 거두게 하며, 인간의 긍휼은 우리가 승리했다는 뜻이 함축되어 있다. 지금까지의 논의를 요약해서 말한다면, 하나님의 긍휼은 긍휼을 행하는 인간을 위하여 하나님의 심판을 이기기 때문에 긍휼을 행하는 인간은 긍휼을 입은 자로서 기쁨을 누릴 수 있다. 그러한 사람은 사탄, 죄, 죽음, 지옥, 그리고 그 자신의 양심의 가책을 이길 수 있다. 천국의 법정에서는 하나님의 긍휼이 이기고, 양심의 법정에서는 인간의 긍휼이 이긴다. 하나님의 긍휼은 우리 자신의 두려움을 이긴다.

강해 1

행위 언약 아래 있는 인간의 상태는 매우 비참하다. 그러한 인간은 긍휼이 조금도 없는 심판을 받는다. 하나님의 말씀은 그들에게 어떤 위안도 되지 못한다. 엄격한 의무라든가 극심한 불행만이 그 계약의 조건이다. 우리가 그 언약을 보유하고 있는 동안 들을 수 있는 유일한 음성은 '…하면 살리라' 아니면 '…하면 죽으리라' 는 말이다. 하나님께서는 아담에게 '회개했느냐' 고 묻지 않으시고 '무슨 일을 했느냐' 고 물으셨다. 그래서 예언서는 "범죄하는 그 영혼은 죽으리라"(겔 18:4)라고 말한다. 언약을 조금만 어겨도 죽을 운명에 놓이게 된다. 타락한 인간에게 있어서 그러한 언약의 의무를 수행하는 것은 불가능한 일이며, 그 형벌은 견딜 수 없는 고통이다. 이전에 저지른 죄는 그 후에 의무를 행한다 해도 속죄될 수 없다. 이것은 나중에 진 빚을 갚는다고 이전에 진 빚이 청산되지 않는 것과 같다. 이런 상황에서 하나님의 긍휼을 기대할 수 있을까? 하나님의 어느 한 가지 속성은 다른 속성을 침해하면서까지 발휘될 수는 없다. 행위 언약 아래서 하나님이 드러내시고자 의도했던 속성은 그분의 영광이었으며, 인간을 지배하는 법은 의의 법이었다. 그러므로 법과 공의 모두가 동시에 만족되어야 한다. 하나님의 모든 섭리는 법적이었다. "재앙이로다, 비상한 재앙이로다"(겔 7:5). 그리고 그에 따른 형벌은 저주다. 그러나 은혜 언약 아래 있는 사람들은 어떠한 형벌도 받지 않으며, 그 언약에는 소망을 갖게 하고 슬픔을 덜어 주는 선한 것이 내포되어 있다. "진노 중에라도 긍휼을 잊지 마옵소서"(합 3:2). 지팡이가 뱀으로 변하지 않으므로 위안이 되는 것이다(참조. 시 23:4). 물론 이 모든 위안에도 저주가 섞여 있다. 하지만 그것은 단지 진노의 얼굴 또는 외양뿐이다. 그러나 행위 언약의 최악의 결과는 내세에 나타난다. 하나님께서 자기 백성을 긍휼로 대하실 때 그들에게는 심판으로 대하실 것이다. 즉 "그 진노의 잔에 섞인 것이 없이"(계 14:10) 오직 진노만 있을 뿐이다. 그런데 시 75:8에는 '속에 섞은 것이 가득한 그 잔' 이라고 되어 있다. 이 말은 긍휼은 한 방울도 섞이지 않은 채 온갖 종류의 재앙만이 섞여 있다는 뜻이다. 아! 휴식도 없이 끝없이 계속될 그러한 고통을 어떻게 견딜 것인가? "불과 유황 못에 던져지니 거기는 그 짐승과 거짓 선지자도 있어 세세토록 밤낮 괴로움을 받으리라" (계 20:10). 불보다 더 고통스럽게 느껴지는 것은 없으며, 유황불보다 더 악취가 나고 뜨거운 불은 없을 텐데 이 모든 것이 영원토록 계속된다. 여기서 '세세토록' 이라 함은 '영원의 끝까지' 를 말한다. 그것은 그 끝을 측량할 수 없는 것으로, 천 년 후에도 계속되며 벌레도 죽지 않고 불도 꺼지지 않는 지옥 중의 지옥이다. 바벨탑의 시련은 그러한 지옥의 그림자에 지나지 않는다. 하나님께서 하늘에서 저주를 퍼부으셨을 때 소돔 사람들은 비통해 하며 신음하고 울부짖었다. 유황이 퍼부어질 때 비참하게 화상을 입은 사람들이 얼마나 펄쩍펄쩍 뛰었을 것이며, 고통 때문에 그 얼마나 비명을 지르고 울부짖었겠는가! "불이 강처럼 흘러 그의 앞에서 나오며"(단 7:10). 불쌍하게도 저주받은 자들이 여기저기서 뒹굴어도 그들의 혀를 식힐 물 한모금도 찾지 못할 때, 그들은 지옥에서 얼마나 울부짖고 이를 갈겠는가? 그런즉 행위 언약에 묶여 있는 자들은 이와 같은 일들을 깨닫고 은혜의 깃발 아래로 나아와야 한다. 한 재판에서 선고받은 사람은 또 다른 재판에 상소할 자유가 있다. 그러므로 우리가 첫 번째 법, 즉 율법에 대하여 죽고 그것의 영향을 받지 않을 때 하나님에 대하여 살 수 있다 (갈 2:19). '피로써 복수하는 자들' 이 있다면 그들을 피해 안전한 곳으로 가야 한다. 그러나 '지금 행위 언약에 얽매여 있는 자가 어디 있겠는가' 하고 물을 수도 있다. 진실에 어긋나는 속된 편견을 가진 자는, 첫 번째 언약은 무효화되고 폐지되었으며 하나님은 이제 새로운 언약으로 우리와 관계를 맺으셨다고 생각한다. 마치 은혜 언약이 행위 언약을 완전히 추방하기라도 한 것처럼 아담만 이전의 계약과 관련이 있다고 생각한다. 그러나 그것은 엄청나게 잘못된 생각이다. 왜나하면 이전의 언약은 아담하고만 맺어진 것이 아니라 그의 모든 자손과도 맺어진 것이기 때문이다. 모든 자연인은 아담의 자손에 지나지 않으며, 따라서 옛 언약에 복종해야 한다. 법이란 보편적으로 적용되는 것으로 '율법 행위에 속한 자들은 저주 아래에 있는 것' (갈 3:10)이다. 그러한 율법의 지배를 받지 않는 자는 오직 값없이 주시는 은혜로 말미암아 그리스도와 관계를 맺은 자뿐이다. 그러므로 모든 자녀들은, 심지어 교회 안에서 태어난 자녀들까지도 율법의 저주와 형벌을 받게 되어 있다. 즉, 모든 자녀는 다른 이들과 같이 '본질상 진노의 자녀' (엡 2:3)다. 그런즉 자연인은 '율법 아래에 있는 자들' (갈 4:5)이요, 행위의 율법에 매여 저주받을 운명에 놓여 있는 자들이라고 말할 수 있다. 만일 행위의 율법이 무효화되었으며 아담의 타락에만 적용되었던 것이라면, 그리스도께서 우리 죄의 대속자로서, 그리고 담보로서 율법에 매여 저주를 받지 않으셨을 것이다. 그런데 그리스도께서는 우리의 빚을 떠맡으시고 우리에게 주어진 의무와 형벌을 감수하셔야만 했다. 그러므로 갈 4:5에 나타나 있는 것처럼, 그분은 율법 아래 나셔서 율법 아래 있는 자들을 속량하셨다. 또한 우리를 위하여, 즉 우리 대신 저주를 받으셨다(갈 3:13). 그러므로 다시금 말하거니와 율법은 폐지되지 않았다. 왜냐하면, 율법은 하나님이 그에 따라 일하시는 불변의 법칙이기 때문이다. 모든 율법은 피조물에 의해서 혹은 피조물에 대해서, 그리고 우리들에 의해서 혹은 우리의 보증이신 성령에 의해서 완전히 성취되기 전에는 '일점 일획도 결코 없어지지 아니할' (마 5:18) 것이다. 행위 언약은 모든 아담의 자녀들을 정죄한다. 그 엄격함 때문에 그리스도께서 믿는 자들을 위해 그것을 이루시려고 하늘로부터 오셨다. 그러므로 우리에게는 그리스도께서 우리를 위해 율법을 다 이루시든지, 아니면 우리가 율법을 어긴 대가로 영원히 멸망하든지의 두 가지 길밖에 없다. 그런즉 야고보는, 심판 날 하나님께서는 두 언약에 의거하여 모든 인간을 심판하시리라고 말하고 있다. 즉, 어떤 사람들은 '자유의 율법' 대로 심판받을 것이고, 또 어떤 사람들은 '긍휼 없는 심판' 을 받을 것이다. 두 언약에는 자신과 그 후손들을 위해 언약에 참여할 각각의 두 당사자가 있다. 즉 아담과 그리스도다. 그러므로 아담의 자손으로 있는 한, 우리는 아담의 언약에 참여하고 있는 것이다. 행위 언약은 아담과 아담의 씨인 모든 자연인이 하나님과 맺는 언약이요, 은혜 언약은 그리스도와 그리스도의 씨인 신자들이 하나님과 맺는 언약이다(참조. 사 53:10). 하나님께서는 아담의 후손으로 자처하는 자들에게는 관심을 가지시지 않는다. 아브라함의 자손이라 칭할 자는 이스마엘이 아닌 이삭으로 말미암았어야 했듯이, 하나님의 자손은 그리스도로 말미암아야 한다. 하나님의 자녀로 그리스도를 믿는 자가 아니라 관심만 가진 정도의 사람들은 헛된 소망을 버리라. "그들을 조성하신 이가 은혜를 베풀지 아니하시리라"(사 27:11).

하지만 우리가 은혜 언약을 맺은 상태인지를 어떻게 분명히 알 수 있는지를 물을 수도 있다. 이에 대한 나의 대답은 이와 같다.

1. 자신의 행동과 태도가 어떻게 변화되었는지를 판별할 수 없다면 아마도 우리는 옛 언약에 매여 있다고 할 수 있다. 약속의 자손들은 '앞에 있는 소망을 얻으려고 피난처를 찾은 자들' (히 6:18)로 표현된다. 하나님의 자녀들은 피로써 복수하는 자들을 보고 흠칫 놀라곤 한다. 그리하여 새 언약과 더욱더 거룩한 관계를 맺고자 하여 그리스도에게로 달려간다. 그것은 아담과 함께하는 삶이 비참하다고 생각하기 때문이다. 바울은 하나님께서 진노하셔서 그를 문책하신다고 생각하였기 때문에 '그리스도를 얻고 그 안에서 발견되고 싶다' (빌 3:8–9)라고 외쳤다. 자신이 하나님을 믿고 선한 마음을 가졌다고 생각하는 자들은 엄청난 오류를 범하고 있는 것이다. 예수께 나아온 어떤 관원도 이와 같이 말했다. "이 모든 것을 내가 지키었사온대 아직도 무엇이 부족하니이까"(마 19:20).

2. 현재 자신의 마음 상태나 구조를 보면 많은 것을 알 수 있다. 예컨대 다음과 같은 경우는 행위 언약에 속해 있다는 증거로 볼 수 있다.

(1) 마음이 율법적일 때 그와 같이 생각할 수 있다. 율법과 복음에는 각각의 고유한 정신이 있다. 율법의 정신은 노예적 정신이며, 복음의 정신은 자유적 정신이다. 율법 아래 있는 사람들의 특징은 '한평생 매여 종노릇 하는' (히 2:15) 것이다. 신앙에는 본래 마음과 행위를 삼가는 면이 있다. 그러나 어리석을 정도로 위축되거나 노예적인 두려움을 갖는 것은 신앙이 아니라 속박이다. 롬 8:15; 딤후 1:7을 참조하라. (2) '자기 자신의 의' (롬 10:3)를 추구하고 생명과 평안의 근거를 자신의 행위에서 찾으려고 할 때, 우리는 행위 언약을 당연한 것으로 생각한다. 사람들은 보통 자신의 행위와 선한 생각, 그리고 하나님께 드리는 선한 기도로 구원받기를

바란다. 자신만만한 사람들은 모두 '무엇을 할까요' 라고 묻는다. 유대인들도 "우리가 어떻게 하여야 하나님의 일을 하오리이까"(요 6:28)라고 말했다. 우리는 우리 자신의 행위로 하나님의 은혜를 입고 싶어 한다. 그런데 이러한 성향은 다음과 같은 경우에 가장 크게 드러난다. 첫째로, "하나님과 가까이하기를 즐거워하는도다"(사 58:2),[165] 즉 "우리가 금식하되 어찌하여 주께서 보지 아니하시오며…"(사 58:3)라고 말하면서 자신의 행위를 내세우며 만족해 하려고 했던 사람들처럼 자기가 행한 일로 하나님과 변론하려고 할 때다. 바리새인들이 바로 그와 같았다(참조. 눅 18:11). 거짓 선지자들 또한 자신이 천국에 들어가리라고 은근히 확신하면서, 그리스도의 이름으로 행했던 자신의 행위를 내세웠다. "우리가 주의 이름으로 선지자 노릇 하며 주의 이름으로 귀신을 쫓아내며…"(마 7:22). 그러나 하나님의 성도들은 그러한 행위를 내세우지 않는다. "주여 우리가 어느 때에 주께서 주리신 것을 보고 음식을 대접하였으며 목마르신 것을 보고 마시게 하였나이까 어느 때에 나그네 되신 것을 보고 영접하였으며 헐벗으신 것을 보고 옷 입혔나이까"(마 25:37-38). 그들은 그리스도께서 자기들이 행한 지극히 작은 일들을 기억하시리라고는 생각하지 않는다. 좀 더 주의 깊게 의무를 수행하는 만큼, 그들은 자기 부정의 태도로 그러한 일들을 대단하지 않게 생각한다. 반면에 그렇지 않은 자들은 자신이 베푼 선한 행위들이나 사역을 담당한 것 등을 짐짓 내세우고, 온갖 하찮은 일을 가지고 하나님께 인정을 받으려 한다. 둘째로, 계명을 행함으로 보상하리라 생각하면서 더욱 거리낌 없이 죄를 범하게 될 때다. 개선의 정당한 약속을 하지 않은 채로 확신을 갖고 그토록 거리낌 없이 죄를 범해서는 안 된다. 이전에 계명을 이행했다거나 앞으로 이행하겠다는 생각에서 아무렇지 않게 죄를 저지르는 것은 흔히 있는 일이다. 솔로몬은 '악한 뜻으로 드리는 제물' (잠 21:27)의 가증함을 말하였다. 발람은 하나님께로부터 환심을 산 후에 이스라엘 백성을 저주하려는 헛된 소망을 품고 수송아지 일곱과 숫양 일곱을 준비하였다(민 23장). 에스겔은 하나님의 공의를

165) Vide Sanctium *In locum.*

스스로 믿고 죄악을 행하는 일을 경계하였다(겔 33:13).

3. 우리의 마음이 은혜의 상태에 부응하지 못할 때 행위 언약 아래 있다고 추론해 볼 수 있다. 예를 들면 다음과 같다. (1) 어떤 죄의 지배를 받고 살며, 특히 그러한 상태가 지속적이면서 자신이 스스로 그 죄에 협력할 경우다. 이때는 '한 가지 율법을 범하면 모두 범한 자' (약 2:10)라고 한 원칙이 적용된다. 그런 때에는 그리스도가 아니라 악마가 우리와 관계하고 있다. 선한 일에 익숙한가 혹은 사악한 일에 익숙한가에 따라 그 사람의 아버지가 누구인지를 알 수 있다. 롬 6:14은 바로 이 사실을 지적하고 있다. "죄가 너희를 주장하지 못하리니 이는 너희가 법 아래에 있지 아니하고 은혜 아래에 있음이라." 은혜 아래 있는 사람은 알면서 죄를 저지를 수 없다. (2) 은혜를 악용할 경우가 그에 해당된다. 은혜를 악용하면 은혜를 원수로 삼는 것이 되고, 그렇게 되면 심판으로써 그 악용된 은혜에 대해 책임 추궁을 당하게 된다. 사람들은 대개 교리적으로만 올바르다면 그것에 만족을 느끼면서, 그들의 행실을 무의식적으로 더럽히는 죄에 대해서는 거의 주의를 기울이지 않는다. 만약 우리가 복음을 빙자하여 계명 지키는 것을 태만히 하고, 행실을 삼가는 데 느슨해지며, 하나님의 말씀이 주는 권면을 경솔히 여긴다면 그것은 은혜를 손상시키는 것으로서, 우리는 심판에 넘겨질 것이다. 교리에 있어서만이 아니라 생활에 있어서도 이율배반적인 사람들이 있다. 선한 그리스도인들은 자신에게는 소망의 근거가 되는 것을 욕망의 구실로 삼는 자들, 즉 '은혜를 도리어 방탕한 것으로 바꾸는' (유 4절) 자들을 못마땅히 여긴다. 그러므로 은혜를 죄의 연료로 생각하는 자들은 은혜를 모를 뿐 아니라 분명히 그것과 관계를 맺지 못한 자들이다.

강해 2

긍휼이 없는 자들은 긍휼을 발견하지 못한다. (1) 그것은 은혜를 입기에 매우 부적합한 죄다. 인정을 가진 사람은 불행을 보고 가엾게 생각한다. "너희도 이방인이었으니, 이방인에게 친절을 베풀라." 빚을 탕감받았던 사람이 자기에게 빚을 진 동료의 목을 잡고 빚을 갚으라고 한다면 용서받은 일이 철회될 것이다(참조. 마 18장). 그런즉 우리는 이렇게 기도해야 한다. "우리가 우리에게 죄지은 자를 사하여 준 것같이 우리 죄를 사하여 주시옵고"(마 6:12). 하나님의 사랑은 우리의 마음을 녹여 하나님 앞에서 회개하게 할 뿐 아니라 우리 형제들에 대해 동정심을 갖게 한다. 취리히에서 복음이 처음으로 선포되었을 때, 사람들은 자신이 그리스도로 말미암아 구원을 받았다는 것을 깨닫고 포로들과 죄인들을 석방하였다. (2) 긍휼이 없는 사람은 하나님을 닮지 않은 사람이다. 하나님은 자유를 주시고 용서하신다. 만약 우리가 하나님의 마음과 정반대되는 마음을 가졌다면, 하나님을 어떻게 면전에서 바라볼 수 있겠는가? 서로 닮지 않고, 서로 어울리지 못할 때 미움이 생긴다. 그러한 상태에 처할 때 우리의 기도는 방해를 받게 된다. 이 점을 염두에 두라. 긍휼이 없다는 것은 이중의 뜻을 갖는다. 즉, 그것은 도와주지도 않고 용서하지도 않는다는 의미다. 부언하면 첫째, 도움을 주지 않거나 동정심을 갖지 않는 태도다. 다른 사람이 도움을 구해도 무정하거나 냉혹한 마음을 갖는 것이다. 우리는 하지 말아야 할 것을 할 때나 해야 할 일을 하지 않았을 때나 똑같이 잘못하는 것이다. 내적인 욕심과 외적인 폭력은 하나님의 저울에 달면 똑같이 무거울 것이다. 마찬가지로 우리가 다른 사람을 무시할 때 그것은 상처를 입히는 것과 똑같이 잔인한 일일 수 있다. 둘째, 우리에게 잘못을 저지른 사람을 용서하지 않는 태도다. 다른 사람이 우리에게 상처를 입혔을지라도, 우리는 하늘에 계신 아버지처럼 그들을 대해야 한다. 우리가 하나님의 마음을 아프시게 해 드린 것만큼 우리에게 상처를 입힐 수 있는 사람은 아무도 없다. 다른 사람의 잘못이 우리의 이익을 해치는 것 이상으로 우리의 죄는 하나님의 성품을 거스르는 것이다. 우리가 용서하기를 주저하듯이, 하나님께서 주시는 일을 게을리하시겠는가? 만약 하나님이 은혜나 용서를 베푸시는 일에 있어서 우리를 그런 식으로 대하신다면 어떻게 말하겠는가? 그러나 관대하고 동정심 많은 사람들은 분명한 확신을 갖고 기도한다.

강해 3

하나님께서는 인간을 처벌하실 때, 그들이 저지른 악의 방법에 비례하여 갚으신다. 죄와 고통은 종종 그 정도와 방법에 있어서 놀라우리만큼 일치한다. 즉, 바벨론은 피의 대가로 피의 저주를 받았다. 야곱은 에서를 속이고 아버지 이삭 앞에서 형으로 가장했는데, 레아는 자기 동생 라헬로 가장하여 야곱을 속였다. 거지에게 빵 한 조각도 주지 않은 부자는 물 한 방울도 얻지 못하게 되었다(참조. 눅 16). 선지자를 옥에 가둔 아사 왕은 그 발에 병이 생겼다. 이방인인 아도니 베섹은 "하나님이 내가 행한 대로 내게 갚으심이로다"(삿 1:7)라고 말했다. 이러한 사실을 생각할 때, 우리는 하나님께서 우리의 죄에 따라, 즉 우리가 하나님과 사람들에게 어떻게 했느냐에 따라 우리를 심판하시지 말아 달라고 간구하고, 또 그만큼 경외감을 갖고 긴장하면서 살아야 할 것이다. 하나님께서 이와 같이 우리를 대하시기를 원하는가? 이러한 심판이 있은 후에 주님의 보상을 바랄 수 있겠는가?

강해 4

하나님께서는 기꺼이 긍휼을 행하시며, 또 그분의 긍휼은 심판을 이기고 자랑한다. 예언서에도 "주께서는 인애를 기뻐하신다"(미 7:18), "내가 기쁨으로 그들에게 복을 주리라"(렘 32:41)라고 되어 있다. 하나님께서는 무한히 의로우실 뿐 아니라 자비로우셔서 인간들에게 은혜 내리시기를 기뻐하신다. 이러한 사실에서 용기를 얻어 우리는 하나님께 가까이 갈 수 있다. 긍휼은 우리를 기쁘게 하는 것만큼 하나님도 기쁘시게 한다. 삼하 14장에서 요압은 '왕의 마음이 압살롬에게로 향하는 줄 알고' 드고아의 지혜로운 여인을 데려다가 왕에게 간청하게 하였다. 왕이신 하나님의 마음은 언제나 긍휼을 향하고 있으므로 우리가 요청하면 기꺼이 동정하신다. 그리고 다시 말하거니와 긍휼이 심판을 이기고 자랑한다면 우리 역시 하나님께로 가서 사망, 지옥, 마귀, 저주를 이기고 영원토록 우리의 긍휼을 자랑해야 한다. "사망아 너의 승리가 어디 있느냐 사망아 네가 쏘는 것이 어디 있느냐"(고전 15:55). 그때 우리는 또 다른 승리를 얻는다. "누가 능히 하나님께서 택하신 자들을 고발하리요"(롬 8:33). 그리고 악마가 우리 형제들을 고소한다 할지라도, 긍휼이 심판을 이겼으므로 우리는 사탄을 이기고 즐겁게 천국에 갈 수 있다.

강해 5

우리 안에 있는 긍휼은 우리가 하나님의 긍휼에 참여하고 있다는 표시다. "긍휼히 여기는 자는 복이 있나니 그들이 긍휼히 여김을 받을 것임이요"(마 5:7). 긍휼히 여김을 받을 것이라는 말은, 하나님께서는 긍휼히 여기는 자를 호의로 대하시되, 그들이 얻는 것은 공정한 보상이 아니라 긍휼이라는 의미다. "구제를 좋아하는 자는 풍족하여질 것이요…"(잠 11:25). 이제 이 긍휼이 어떻게 나타나는지를 살펴보자. (1) 불행을 동정하는 데서 나타난다. 예수께서는 무리를 불쌍히 여기셨다(마 15:32). 그런즉 우리도 그와 같이 해야 한다. 동정하는 마음에서 우러나지 않는 것은 긍휼이 아니다. "주린 자에게 네 심정이 동하며…"(사 58:10). 마음과 행동은 동행하기 마련이다. 즉 동정하는 마음이 곧 관대한 행동의 시작이다. (2) 조언이나 물질적인 도움으로 부족을 채워주는 데서 나타난다. 그것은 "평안히 가라, 덥게 하라, 배부르게 하라"(약 2:16)라고 말하는 것으로는 충분하지 않다. (3) 잘못과 죄를 용서해 주는 데서 나타난다. "일곱 번을 일흔 번까지라도"(마 18:22), 이 구절에서의 숫자는 베드로가 '몇 번이나 용서하여 주리이까?' 라고 물었기 때문에 그에 대한 대답으로 주어진 횟수에 불과하다. 즉, 예수께서는 '일곱 번을 일흔 번' 이라고 대답하셨지만, 그것은 분명히 어떤 한정된 수치를 말하는 것이 아니다. 하나님께서는 '너그럽게' 용서하신다(사 55:7). 그러므로 우리도 수없이 용서해야 한다. 튤리가 카이사르에 대해 '그는 상처만은 기억하지 않았다' 라고 했듯이, 우리 역시 상처를 잊어야 한다. 다음으로, 어느 때 우리의 긍휼이 하나님께로부터 받게 될 긍휼의 담보가 되는지 살펴보자. (1) 긍휼이 의무로써, 그리고 하나님께서 요구하시는 방식에 따라서 행해질 때다. '가진 것을 나누는 일을 잊지 말라. 하나님께서 그런 희생을 매우 기뻐하심이라.' 은혜를 베푸는 일은 하나님을 위해서 인간에게 행하는 일종의 예배여야 한다. 그것은 칭찬받을 만한 행위로서만이 아니라 계명을 이행한다는 의식으로 행해져야 한다. (2) 긍휼을 행할 때의 동기가 정당해야 한다. 하나님의 긍휼을 깨달을 때 올바른 긍휼이 나타난다.

[14] 내 형제들아 만일 사람이 믿음이 있노라 하고 행함이 없으면 무슨 유익이 있으리요 그 믿음이 능히 자기를 구원하겠느냐.

이 구절은 무익한 믿음을 가졌으면서도 그 믿음을 자랑하는 자들을 경계하는 두 번째 권면이다. 또한 이 권면은 바로 앞 구절에서 언급한 문제의 결론과 일치한다. 야고보는 자유의 율법에 관해 이야기한 바 있다. 그런데 그릇된 위선자들이 이 자유의 율법을 빙자하여 자기는 그리스도께 대한 신앙고백을 했으니까 마음 내키는 대로 살아도 된다고 생각하면서 자신의 태도를 합리화시켰다. 이에 야고보는 몇 가지 논의로써 그러한 생각이 헛되다는 것을 반증하고 있다.

내 형제들아…무슨 유익이 있으리요. 즉, '믿음이나 신앙고백이 무슨 효과가 있겠는가' 라는 뜻이다. 또 바울은 다른 곳에서 이와 같은 뻔뻔한 생각을 반박할 때 "내가 아무것도 아니요"(고전 13:2)라는 표현을 썼다. 즉, 사랑이 없는 은사란 하나님 보시기에 아무 가치도 없다는 의미다.

만일 사람이 믿음이 있노라 하고. 즉, '다른 사람에게 자기가 믿음이 있다고 자랑하고', 또는 '자기 믿음을 과대평가하여 우쭐하고' 이다. 여기서 야고보가 '만약 사람이 믿음이 있다면' 이 아니라 '만약 사람이 믿음이 있노라고 말한다면' 이라고 표현한 것은 주목할 만하다. 믿음이란 만약 그것이 실재하는 것이라면 구원에 필요하고 이익이 된다. 그런데 믿음을 실제로 가진 사람이 구원을 받는 것이지, 자신이 믿음이 있다고 말하는 사람이 언제나 구원을 받는 것은 아니다. 본 구절 전체에서 야고보가 의도하는 것은 **무엇이 의롭게 해 주는가**가 아니라 **누가 의로운가**를 보여주는 것이다. 다시 말해서 믿음의 **역할**이 아니라 **믿음이 무엇인가**를 야고보는 말하고자 한다. 그리고 문맥의 흐름을 통해서 볼 때, 본 구절은 행함이 없는 믿음으로는 의롭게 되지 못한다는 것을 말하는 것이 아니라, 행함이 없는 신념이나 주장은 믿음이 아니라는 것을 말하고 있음을 알 수 있다. 즉, 야고보는 사람의 정당성이 아니라 믿음의 정당성에 대해 말하고 있다.

행함이 없으면. '신령한 생활의 열매와 결과가 없다면'이라는 뜻이다. 가톨릭 교도들은 이것이 자선의 행위만을 가리킨다고 생각한다. 그러나 믿음의 열매는 그것 말고도 또 있다. 그것은 모든 경건한 생활 속에 보편적으로 내포된 은혜를 말한다.

그 믿음이 능히 자기를 구원하겠느냐. 즉, '위선적인 믿음이 아닌 다른 믿음이 구원할 수 있다'라는 의미다. 곧 인간의 행동이 믿음과 일치해야 구원받을 수 있다는 것이다. 그런데 바울은 이렇게 말했다. "너희는 그 은혜에 의하여 믿음으로 말미암아 구원을 받았으니…행위에서 난 것이 아니니"(엡 2:8-9). 그러므로 본 구절에서 야고보가 말하는 믿음은 위선적인 믿음이라는 것이 분명하다. 그렇지 않다면 그 말은 명백히 모순일 것이며, 그러한 모순은 야고보서의 강론 전체에 해당될 것이다. 본 서신 약 2:17,19은 야고보가 여기서 입으로만 떠벌리는 믿음, 즉 행위와 동떨어진 믿음을 언급하고 있다는 것을 입증해 준다. 다시 말해서 17절은 그것을 죽은 믿음으로, 19절은 귀신에게 있는 믿음으로 설명하고 있다. 죽은 사람을 사람이라고 할 수 없듯이 죽은 믿음 역시 믿음이라고 할 수 없다.

강해 1

은혜받은 체하는 것은 무익하고 쓸데없는 일이다. 형식적으로 계명을 수행하는 것과 마찬가지로 형식뿐인 은혜는 사람의 영혼에 아무것도 가져다 줄 수 없다. 현재의 어떠한 은혜나 위로도, 장래의 영광에 대한 소망도 갖게 하지 못한다. 진리를 사칭하는 것도 손해다. 왜냐하면 그런 사람들은 진리를 믿는다고 주장하지만, 실은 진리를 부정하기 때문이다. 신앙고백이라는 미명 아래 부정한 생활을 감추는 것은 사실상 신성 모독이라고 할 수 있다. 말하자면 그것은 신앙에 잘못되고 부적절한 생활을 덧붙이는 것이다. 그러므로 계 2:9에서는 이렇게 적고 있다. "자칭 유대인이라 하는 자들의 비방도 알거니와 실상은 유대인이 아니요 사탄의 회당이라." 불경스러운 행위를 교묘하게 감추기 위해 신앙고백을 하느니 차라리 공공연하게 하나님을 반대하는 편이 하나님을 덜 모독하는 일이다. 복음서에도 이러한 일이 비유로써 잘 나타나 있다. 즉 '싫소이다'라고 말했던 둘째 아들이, '가겠나이다' 해놓고 가지 않은 맏아들보다 죄가 덜하다(참조. 마 21:28-29). 이 모든 사실은, "만일 사람이 믿음이 있노라 하고 행함이 없으면 무슨 유익이 있으리요"라는 말씀을 예증해 준다.

강해 2

믿음이 있다고 자처하는 일은 흔히 있는 일이다. 사람들은 자기에게 믿음이 있다고 쉽사리 말한다. 그들은 헛된 일을 하고서 그 때문에 하나님 앞에 떳떳이 서지 못하면서도 자신에게 믿음이 있는 체한다. 사람들은 이처럼 복음을 제멋대로 해석하여 행위를 가지고 따지지 말라고 항변하기 일쑤지만, 잘못된 믿음을 고집하는 것은 위험천만한 일이다.

강해 3

행함이 없으면. 믿음으로 행하지 않고 또 그 결심이 없다면, 그것은 단지 자기에게 믿음이 있다고 말하는 것에 지나지 않는다. 참된 믿음이 있다면 행함도 뒤따른다는 점에 유의해야 한다. 계명의 이행을 수월하게 해주는 세 가지 요인이 있는데, 강력한 행동 원리, 큰 도움, 높은 목표가 그것이다. 그리고 이 모든 것들은 믿음이 있는 곳에 함께 존재한다. 강력한 행동 원리는 하나님의 사랑이요, 큰 도움은 하나님의 성령이며, 높은 목표는 하나님의 영광이다. (1) 행동 원리에 관해 말하자면, 믿음이 있는 곳에는 반드시 사랑이 있다. 어떤 일에 신념을 가지면 그 일에 대한 애정도 뒤따르는 법이다. 또 사랑이 있는 곳에는 행함도 있다. 그래서 우리는 성경에서 '사랑의 수고'(살전 1:3; 히 6:10)라든가 '사랑으로 일하는 믿음'이라는 말을 자주 읽게 된다. 믿음이란 우리를 향한 하나님의 사랑을 깨달아 아는 것에서 시작하여, 역으로 우리의 사랑을 하나님께 되돌려드리고, 그처럼 아름다운 사랑을 활용하여 사랑의 행위와 감사에 따른 봉사를 행하는 것이다. 다시 말해서 믿음은 먼저 사랑을 낳고, 그 다음에 그 사랑을 활용하게 한다. (2) 큰 도움은 생명력을 주시는 성령에게서 온다. 도움은 행동을 보증해 준다. 사람들은 자주 힘이 없어서 못했다고 변명한다. 믿음은 그리스도 안에 뿌리를 내려 그분에게서 힘을 입어 자란다. 예수님은 성령으로 우리 안에 거하시며, 우리는 믿음으로 예수 안에 거한다. 그러므로 우리는 그분 안에 거하면서 더 많은 과실을 맺어야 한다(요 15:2). 야고보가 17절과 26절에서 행함이 없는 믿음을 영혼이 없는 죽은 믿음이라고 부른 것은 주목할 만하다. 생명이 없다면 행함도 없다. 움직임은 존재, 즉 생명에 뒤따르는 것이다. 위선자들은 '죽고 또 죽어 뿌리까지 뽑힌' (유 12) 자들이라고 성경은 기록하고 있다. 즉, 그들의 영혼이 죽은 상태에서 신앙고백을 한 후에 또 한 번 죽어 뿌리까지 뽑혔다는 말이다. 그런 자들은 그리스도에게서 생명력 있는 힘을 결코 얻지 못한다. (3) 믿음이 있는 곳에는 하나님께 영광을 돌린다는 목적 또한 반드시 있다. 믿음이란, 은혜로 받고 영광으로 되돌려 드리는 것이다. "오시는 날에 하나님께 영광을 돌리게 하려 함이라"(벧전 2:12). 하나님께서 우리 영혼을 은혜로써 권고하실 때, 우리는 그분께 영광을 돌리기 위해서 어떻게 해야 할지를 곰곰히 생각하게 된다. 왜냐하면 믿음은 순수한 것이기 때문에, 주지는 않고 받으려고만 하지는 않을 것이기 때문이다. 그러므로 하나님의 은혜를 깨달으면 자연스레 무엇으로 보답할까를 생각하게 된다. 이제 우리의 믿음을 시험해 보자. 믿음은 맹목적인 시인이나 정적인 이해만이 아니다. 그것은 어떤 행동과 효과를 유발시킨다. 그리고 그 행동들이 그리스도 안에서 이루어졌을 때, 그것들이 선한 것을 알 수 있다. "나를 떠나서는 너희가 아무것도 할 수 없음이라"(요 15:5), "내게 능력 주시는 자 안에서 내가 모든 것을 할 수 있느니라"(빌 4:13). 다시 말해 실질적으로 그분의 은혜에 힘입어, 그리고 그리스도를 위해서, 즉 그리스도의 영광을 위해서라면 모든 것을 할 수 있다는 말이다. "내게 사는 것이 그리스도니"(빌 1:21). 바울은 그의 전 생애를 그리스도의 영광을 위해 바쳤다. 요컨대, 그리스도 안에서 일하는 사람들은 믿음으로 그와 연합되었기 때문에 그리스도를 영화롭게 하려는 목적으로 산다. 그리고 그들은 그리스도에 의해, 그리스도로부터 지속적인 은혜의 공급을 받아, 그리고 그리스도를 위해 일하는 사람들이다.

강해 4

능히 자기를 구원하겠느냐. 이 말은 곧, '구원에의 소망을 갖고 하나님 앞에 나아갈 수 있겠느냐' 이다. 우리는 주의 날에 살아남아 구원을 잃지 않으리라는 확신을 품어야 한다. 모든 인간이 구원받거나 아니면 저주받을 운명에 놓일 때, 우리가 신앙고백을 했다는 것을 구원받을 만한 이유로 내세울 수 있을까?(참조. 요일 2:28). 그리스도께서 다시 오시리라는 엄연한 사실은 근거 없는 소망을 재고하는 데 종종 도움이 된다. 예컨대 눅 21:36에서는 "인자 앞에 서도록 항상 기도하며 깨어 있으라", 다시 말해서 그분이 오실 때 부끄러움과 후회가 없도록 하라고 권고한다. 그렇게 할 때 우리는 '심판 날에 담대함을 가지게' (요일 4:17) 된다. 사람들은 보통 현재의 목적을 달성하기 위해 무슨 일을 해야 할까, 어떻게 해야 편한 마음을 가질 수 있을까 등의 생각에 근거하여 자신의 일이나 쾌락을 추구하려 한다. 그러나 그렇게 해서는 안 된다. 구원을 위해 무엇을 해야 할까, 죽음의 날 또는 심판의 날에 이를 피하려면 어떻게 해야 할까를 생각하라. 어린양의 보좌 앞에 담대히 나아갈 수 없는 한, 어떠한 변명도 소용없다. 그런즉 이 말을 마음속 깊이 새기라. '나의 이 믿음이 나를 구원할 수 있을까? 나는 심판 날에 담대함을 가질 수 있을 만큼 그리스도와 밀접한 관계를 맺고 있는가?' 그리스도께서 베드로에게 세 번이나 '네가 나를 사랑하느냐' 라고 물으셨던 것처럼, 우리는 마음속으로 '나의 이 소망대로 그리스도를 면전에서 뵐 수 있을까?' 하고 몇 번이라도 되풀이해서 물어야 한다. 충실한 마음은 '구원에 속한 것' (히 6:9)으로 불린다. 모든 자기 탐구의 궁극적인 쟁점은 '이것이 구원하는 믿음인가?' 가 되어야 한다. 우리를 구원해 줄 수 있는 것 외에는 그 어느 것도 우리를 만족시켜 줄 수 없기 때문이다.

[15-16] 만일 형제나 자매가 헐벗고 일용할 양식이 없는데 너희 중에 누구든지 그에게 이르되 평안히 가라, 덥게 하라, 배부르게 하라 하며 그 몸에 쓸 것을 주지 아니하면 무슨 유익이 있으리요.

만일 형제나 자매가. 야고보는 믿음과 사랑을 비교하여, 거짓 믿음은 거짓 사랑과 똑같이 무가치하다는 것을 일깨워 주고 있다. 그가 여기서 언급한 형제나 자매는 똑같은 신앙고백의 끈으로 결속된 그리스도인을 뜻하며, 이 서신에서 그런 의미로 자주 쓰이고 있는 단어다.

헐벗고. 즉 '옷을 여의치 않게 입고' 의 뜻이다. '헐벗음' 이라는 말은 자주 그와 같은 의미로 사용된다. 고전 4:11에는 "우리가 주리고 목마르며 헐벗고…"라고 기록되어 있는데, 이는 곧 필요한 옷이 없는 상태를 말한다. 욥 22:6도 보라. "헐벗은 자의 의복을 벗기며." 이는 즉, '초라하게 옷 입은 자들을 더욱더 빈곤하게 만들고' 의 뜻이다. 그러므로 이 문구는 남부럽지 않은 옷을 입지 못했거나 버젓한 신분에 있지 못한 상태를 가리킨다. 사울은 벌거벗은 몸으로 즉, 선지자의 옷을 입지 않고 예언을 하였다(삼상 19:24).

일용할 양식이 없는데. 즉, '어느 정도 충분한 양식은 고사하고 꼭 필요한 만큼의 양식도 없는데' 라는 의미다. 그런 사람들은 하루 벌어 하루 먹을 것도 없고, 하루하루를 연명할 양식조차 없다. 그리스도께서는 그것을 '당장 먹을 양식' (마 6:11, 개역개정 성경에는 본문과 같이 '일용할 양식' 으로 번역되었음—역주)이라고 부르셨다. 그리스도께서는 헐벗음과 굶주림이라는 두 개념을 통하여 인간의 삶에 필요한 모든 것들을 포괄적으로 말씀하셨다. 왜냐하면, 이 두 가지는 살아가는 데 절대적으로 필요한 것들이기 때문이다. 그래서 그리스도께서는 "무엇을 먹을까…무엇을 입을까 하지 말라"(마 6:31)고 하셨고, 바울도 "우리가 먹을 것과 입을 것이 있은즉 족한 줄로 알 것이니라"(딤전 6:8)라고 말했다. 또한 야곱은 하나님께서 '먹을 떡과 입을 옷을 주시면' (창 28:20) 하나님을 경배하겠다고 약속하였다. 세상이 사치의 극에 달해도 이것으로 충분하다.[166] 청구서의 항목은 지극히 간단하다. 즉 '양식과 옷' 이다.

너희 중에 누구든지 그에게 이르되. 양식이나 옷 이외의 다른 것으로 선을 베풀 수도 있다. 또한 그 밖의 좋은 인사말도 하찮게 여겨서는 안 된다. 우리 중에는 그저 얼마 안 되는 자선과 기도 그리고 권고밖에 할 수 없

166) 'Cibus et potus sunt divitiæ Christianorum.' —*Hieron.*

는 사람들이 있다.

평안히 가라. '평안하라' 와 같은 인사의 정중한 표현이다. 막 5:34; 눅 7:50; 8:48 등을 참조하라.

덥게 하라, 배부르게 하라. 일반적인 인사(평안히 가라)에 이어, 야고보는 앞서 언급된 두 가지 필수품인 양식과 옷에 관련된 인사말의 실례를 든다. 즉 '덥게 하라' 는 '옷을 입어라' 다. 그것은 '헐벗은' 상태와 반대되는 상태다. 욥기에도 "[가난한 자에게] 나의 양털로 그의 몸을 따뜻하게 입혀서"(욥 31:20)라는 표현이 있다. '배부르게 하라' 는 말은 곧 양식으로 배고픔을 없애라는 뜻이다.

그 몸에 쓸 것을 주지 아니하면. 이것은 우리가 줄 능력이 있을 때, 혹은 우리가 주고 싶은 마음이 있을 때 주지 않은 경우를 말한다. '냉수 한 그릇이라도 주는 자는 상을 잃지 않을 것' (마 10:42)이며, 이렇게 '주라' 고 하는 것은 '다른 사람들은 평안하게 하고 우리는 곤고하게 하려는 것' 이 아니다(고후 8:13). 야고보가 그렇게 말한 주된 의도는, 몇 마디의 값싼 동정의 말을 하고 불쌍한 마음을 갖는 것으로 할 일을 다했다고 생각하는 부자들에게 부끄러움을 느끼게 하려는 것이었다. 그러한 잘못은 스스로 믿음이 있노라고 가장하는 것에 필적할 만하다. 그래서 요일 3:18은 이렇게 말하고 있다. "말과 혀로만 사랑하지 말고 행함과 진실함으로 하자."

무슨 유익이 있으리요. 가난한 자의 굶주린 배는 말로 채워지지 않으며, 그의 헐벗은 등은 우리가 입히고 싶다고 생각하는 것으로 따뜻해지지 않는다. 이것은 곧 지갑을 열지는 않고 단지 흔들어 대며 돈이 짤랑거리는 소리를 내는 것으로 빚을 갚았다고 생각하는 것과 똑같이 정신 나간 짓이다. 가난한 사람은 그저 선한 말을 한다고 우리를 고맙게 생각하지는 않으며, 하나님께서도 우리가 믿음이 있노라고 말한다고 상을 주시지는 않는다.

강해 1

하나님과 거짓된 관계를 맺고 있지는 않은지 알아보려면, 뚜렷이 나타난 예에 비춰 사태를 자세히 관찰하거나, 보통의 인간관계와 비교해 보는 것이 가장 좋다. 예컨대, 우리가 말로 '배부르게 하라', '덥게 하라'고 하는 것을 곧 주는 것이라고 생각하지 않는 것처럼, 하나님 또한 우리가 믿는다고 자처하는 것을 곧 믿음으로 보시지는 않는다. 그러므로 본문에서 헐벗고 굶주린 자에 대한 우리의 태도를 예로 든 것은 하나님과 우리 사이에서 일어나는 일을 비유해서 설명하기 위함이다. 제삼자의 입장에 서서 사건을 볼 때 우리는 가장 객관적인 판단을 내릴 수 있으며, 자기 자신의 일을 볼 때처럼 맹목적이거나 편견을 갖는 일이 사라지게 된다. 다윗은, 어떤 부자가 자기 양을 잡지 않고 가난한 사람의 양을 빼앗아 잡았다는 나단의 비유를 듣고는, 단연코 그 일을 행한 사람은 '마땅히 죽을 자'(삼하 12:5)라고 크게 화를 냈다. 만약 나단이 이렇듯 비유로 말하지 않고 정면에서 직접 다윗을 책망하였다면, 다윗은 분명히 자신에게 유리한 말로 변명하였을 것이다. 다시 말해서, 이렇게 제삼자의 입장에서 생각함으로써 상황을 좀 더 분명히 깨달을 수 있는 법이다. 또한 하늘의 일들도 지상의 언어로 표현해야 우리의 생각으로 이해할 수 있다. 해돋이를 하늘보다는 땅에서 더 잘 볼 수 있는 것처럼, 하늘나라의 말은 땅의 말로써 표현되어야 이해할 수 있다. 그런즉, 이러한 방법을 사용하여 현세의 문제로 하나님과의 관계를 설명하는 것이 좋다. 예를 들면 다음과 같다. "이제 그것을 너희 총독에게 드려 보라 그가 너를 기뻐하겠으며 너를 받아 주겠느냐"(말 1:8). 만약 우리가 '저는 것, 병든 것'을 드린다면, 그것이 총독을 옳게 대하는 일이겠는가? 마찬가지로 이 일을 우리 자신에게 적용시켜 보자. '내가 저는 것, 병든 것을 선물로 받는다면?' 그리스도께서도 바리새인들로 하여금 자신이 그들을 책망하시는 것을 알아차리도록, 비유를 들어 말씀하셨다(참조. 마 21장). 주인의 종을 멸시하고 학대하며 핍박한 뒤 결국 그 아들까지 죽인 농부들에 대한 비유를 말씀하시고 그리스도께서는 바리새인들에게 물으셨다. "포도원 주인이 올 때에 그 농부들을 어떻게 하겠느냐?" 그러자 그들은 대답하였다. "그 악한 자들을 진멸하고 포도원은 제때에 열매를 바칠 만한 다른 농부들에게 세로 줄지니이다"(마 21:41). 그리스도께서는 이에 대해 "하나님의 나라를 너희는 빼앗기고 그 나라의 열매 맺는 백성이 받으리라"(43절)라고 말씀하셨다. 하나님께서도 유대인들에게 이와 같은 비유를 들고 이렇게 말씀하셨다. "나와 내 포도원 사이에서 사리를 판단하라"(사 5:3). 우리가 해야 할 일을 이러한 이유에 비추어 생각해 본다면, 우리가 하나님의 일에 대해 추측했던 것들이 불합리하다는 것을 알게 될 것이다. 은혜가 풍성하므로 의무를 태만히 해도 된다고 추측하는 것은, '은혜를 방탕으로 바꾸는 것' 처럼 불합리하고 터무니없는 생각이다. 이는 마치 '나의 주인은 선하시니까 그분을 성나게 해도 된다' 고 말하는 것과 같다. 우리는 많은 경우에, 특히 말씀이 은유적으로 표현되어 있을 때 이와 같은 태도를 취하기 쉽다. 그런즉, 하나님의 은혜는 '사람의 법' (삼하 7:19)대로가 아니라 자유롭게 값없이 주어지는 것이지만, 그 은혜를 제한시키지 않으려거든 하나님의 긍휼을 믿거나 기대하는 일에 있어서 위와 같은 식으로 생각해서는 안 된다. 반면 신앙에 관한 문제에 있어서 우리가 추론하는 것이 얼마나 불합리했던지를 생각하면서, 우리의 무지함을 부끄럽게 여기고 회개할 기회를 가지는 것은 우리에게 매우 유익하다.

강해 2

만일 형제나 자매가. 하나님의 백성도 필요한 만큼의 물질을 얻지 못할 수 있다. 그들은 세상이 감당하지 못하는 사람들로서 유리하며 궁핍과 환난과 학대를 받았다(히 11:37-38). 다윗이 "내가 어려서부터 늙기까지 의인이 버림을 당하거나 그의 자손이 걸식함을 보지 못하였도다"(시 37:25)라고 말했던 것은 사실이다. 그러나 여기서 다윗은 단지 자신의 경험을 이야기하고 있거나, 의인은 걸식을 해도 버림받지 않는다는 사실을 주장하고 있거나, 혹은 걸식 행위의 부끄러움에 대해서 말하고 있을 뿐이다. 그런데 유대인들은 구걸을 하나님의 저주라고 생각했다. "그들은 먹을 것을 찾아 유리하다가 배부름을 얻지 못하면 밤을 새우려니와"(시 59:15), "그의 자녀들은 유리하며 구걸하고"(시 109:10) 등의 구절을 보면 그것을 알 수 있다. 확실히 유대인들은 복음을 받은 신자들보다 세속적이고 외적인 복의 약속을 더 많이 생각했는데, 그것은 그들의 율법에 더욱 부합되는 일이었다.

강해 3

말만 하는 것으로는 의무를 이행하는 것이 되지 않는다. 좋은 말은 그 자체가 좋은 것이고 그리스도인들에게 어울리는 것이지만, 좋은 말이라도 말에만 머물러서는 안 된다. 훌륭한 말, 경건한 대화, 거룩한 설교 등에 신앙이 뒤따르지 못하는 경우가 있다. 우리는 말로써 우리가 이 계명을 알고 있다는 것을 보여줄 수 있지만, 그것이 말뿐일 때 우리에게는 그 의무를 행할 마음이 없는 것이다.

강해 4

몇 마디의 동정적인 말로는 충분하지 않다는 것을 무엇보다도 염두에 두라. 어떤 사람들의 말은 모질고 잔인한가 하면, 또 어떤 사람들은 '말과 혀로' 사랑한다(요일 3:18). 하지만 후자로도 충분하지 않다. 말은 값싸게 할 수 있는 것이며, 값싼 말들은 다 합해 봐야 아무것도 주는 것이 아니다. 그런데 아무 값도 없는 것을 하나님께 드리겠는가? 말은 단지 마음에도 없는 동정이다. 굶주린 배는 말로써가 아니라 먹을 것으로 채워진다.[167] 또한 헐벗은 등은 선의의 인사치레로 따뜻해지지 않는다. 이때의 말은 그저 조롱이 될 뿐이다. 우리가 헐벗고 일용할 양식이 없는 사람들에게 '덥게 하라, 배부르게 하라' 고 말하면서 도와주지 않는다면, 그것은 그들을 놀리는 것이다. 그리고 나아가 그것은 하나님을 조롱하는 것이다. 그러니 "스스로 속이지 말라. 하나님은 업신여김을 받지 않으신다"(갈 6:7). 아무리 관대하고 자비로운 말을 한다 해도, 그것은 단지 말일 뿐이요 명목에 지나지 않는다.

[17] 이와 같이 행함이 없는 믿음은 그 자체가 죽은 것이라.

여기서 야고보는 앞 절에서의 예와 비유를 설명하면서, 헛된 신앙고백은 말뿐인 동정보다 나을 게 없다는 것을 보여주고 있다. 하나님께서는 헛된 신앙고백은 죽은 것이요, 마음에 없고 무익한 것이라고 여기신다.

---

167) 'Venter non habet aures.'

이와 같이…믿음은. 야고보는 행함이 없는 믿음을 가진 자들이 생각하는 바를 염두에 두고 말하고 있다. 그들은 그것을 믿음이라 부르고, 겉보기에도 그것이 믿음과 어느 정도 흡사하지만, 그러한 믿음은 그 자체가 죽은 것이다.

행함이 없는 믿음은. 야고보는 이 문구에서 자선을 베푸는 일뿐 아니라, 그 밖의 믿음이 가져오는 모든 열매와 효과에 대해서도 말하고자 한다.

죽은 것이라. 이 문구는 시체나 죽은 식물을 암시한다. 죽은 식물은 겉보기엔 살아 있는 것과 흡사하다. 하지만 실제로는 뿌리가 죽고, 열매가 없다. 이와 같이 그들에게는 그리스도의 생명도, 선한 열매도 없다.

그 자체가. 원문인 *καθ᾽ ἑαυτήν*은 '본질적으로 죽은 것이다' 또는 '그것만으로도 죽은 것이다' 의 뜻이다. 즉, 아무리 대단한 말로 신앙고백을 할지라도 그것은 죽은 것이다. 우리는 '그 자체' 를 무익하고 헛된 신앙고백이나 막연한 신앙을 가리키는 것으로 해석한다. 그런즉 그것은 개신교도들 간에 잘 알려진 말, 즉 믿음만이 의롭게 하되, 그 믿음은 행위와 동떨어진 헛된 신앙이나 말뿐인 신앙고백이 아니라는 말과 일치한다.

강해

거짓된 믿음은 죽은 믿음이다. 죽은 몸이 일어나 걷지 못하는 것과 마찬가지로 거짓 믿음은 쓸모가 없다. 그것은 우리를 그리스도와 결합시키지 못하므로 죽은 것이다. 참된 믿음을 가질 때 우리는 그리스도에게 뿌리를 내려 그분에게서 생명을 얻고 열매를 맺게 된다. 그것은 곧 '하나님의 아들을 믿는 믿음 안에서 사는 것' (갈 2:20)이다. 거짓 믿음은 생명력 있는 행동이나 태도에서는 찾아볼 수 없으므로, 곧 죽은 믿음이다. 우리는 맥박이 뛰는 것을 보고 살아 있다는 것을 알 수 있다. 다시 말해서 살아 있는 믿음은 역동적이며, 은혜로운 행동 속에서 나타난다. 경건한 행동 속에는 활기가 넘친다. 그리고 죽은 행실에서는 살아 계신 하나님을 섬기지 못한다(히 9:14). 믿음은 우리의 삶의 생명, 즉 우리의 순종하는 생활에 생명을 불어넣어 주는 영혼이다. 믿음이라고 해서 언제나 역동적일 수는 없다. 그러나 그 믿음이 진실한 것인 한 그것은 언제나 역동적이다. 벧전 1:3에서 '산(생동적인) 믿음'과 '산(생동적인) 소망'이라고 표현한 것처럼, 믿음이 생동적일 때는 영적 생활의 움직임을 좀 더 확실히 느낄 수 있다. 그러나 그렇지 못할 때에는 믿음은 단지 존재하고만 있을 뿐, 그것을 느끼지는 못한다. 그리고 만약 우리가 생명을 느끼지 못하면, 반대로 죽음을 느끼게 될 것이다. 왜냐하면 느낌은 생명이 있다는 최소한의 증거기 때문이다. 이제 우리도 스스로의 믿음을 점검해 보자. 우리의 믿음은 그리스도에게서 생명을 받은 상태인가? 행동하는 믿음인가? 그리스도께서 우리 안에 계시다면, 그분은 우리 안에 살아 계실 것이다. 우리가 그리스도 안에 살고 있지 않다면, 그리스도와 함께 사는 것을 기대할 수 없다. 그리고 그리스도 안에 살지 않는 자는 열매를 많이 맺지 못한다(요 15:5).

[18] 어떤 사람은 말하기를 너는 믿음이 있고 나는 행함이 있으니 행함이 없는 네 믿음을 내게 보이라 나는 행함으로 내 믿음을 네게 보이리라 하리라.

야고보는 본 절에서 행함으로 믿음을 보여주는 신자와 어떠한 행동이나 생활도 보여주지 않는 오만한 위선자 간의 대화를 가정하여, 행함이 없는 헛된 믿음에 대한 반박을 부연하고 있다. 즉, 야고보는 지금 거짓 믿음과 행함으로 보여주는 믿음을 거론하고 있는 것이지, 믿음과 행함의 문제를 다루고 있는 것이 아니다. 왜냐하면 야고보는 '너는 네 믿음에 의거하고 나는 내 행함에 의거한다'라고 말하지 않고, '행함이 없는 네 믿음을 내게 보이라 나는…보이리라'라고 말하고 있기 때문이다. 다시 말해서, 야고보는 '네 믿음의 증거를 보여달라. 나는 내 믿음의 증거를 보여주겠다'라고 말하고 있다.

어떤 사람은 말하기를. 즉, '어떤 진실한 신자가 와서 오만한 위선자에게 이와 같이 변론한다고 생각해 보자'라는 뜻이다.

너는 믿음이 있고. '네가 믿음이 있다고 말하지만, 네게 있는 것은 헛된 신앙고백 또는 기껏해야 역사적인 사실을 받아들이는 것뿐이다'의 의미다. 그 이유는 믿는다는 말은 귀신들도 하기 때문이다(19절).

나는 행함이 있으니. 여기서 행함은 믿음이 없는 행함을 말하지 않는다. 만약 이것이 믿음이 없는 행함을 가리킨다면, 본 절에서 '내 행함으로 내 믿음을 보이리라' 고 한 표현과 모순된다. 믿음이 없는 행함은 기초 없는 집과 같으며, 흔히 있을 수 있는 자선에 지나지 않는다. '너는 말로써 믿음을 자랑하지만, 나는 자랑하지 않고 행동으로 보여줄 것이다.' 이것이야말로 믿음을 가진 증거요, 칭찬할 만한 믿음이다. 그리스도께서는 행동 이외의 어떠한 증거도 보여주시지 않으셨다(참조. 마 11:4–5).

행함이 없는 네 믿음을 내게 보이라. 원문에서 이 문구는 여러 가지로 해석된다. 오이쿠메니우스 같은 학자들은 *δεῖξον τὴν πίστιν σοῦ*, 즉 '네 믿음을 내게 보이라' 라는 뜻으로만 해석한다. 대부분의 사본들에는 *ἐκ τῶν ἔργων*, 즉 '행함은 믿음과 분리할 수 없는 믿음의 열매인즉 네 행함을 보이라, 행함이 어디 있느냐' 의 뜻으로 번역되어 있다. 그러나 정평 있는 사본들 대부분에는 *χωρὶς ἔργων* 즉, '행함이 없는' 이라는 문구가 들어 있으며, 이는 '네게는 믿음의 참된 증거가 없으므로 네 믿음이 밝혀지지 않는다' 의 뜻이다. 요컨대, 이 문구의 뜻은 이와 같다. '우리의 신앙의 원리와 가르침에 비추어 옳다고 입증될 만한 믿음을 내게 보이라.'

나는 행함으로 내 믿음을 네게 보이리라. 즉, '세상에 나의 믿음을 입증해 보이겠다' , 또는 '그 믿음이 말씀에 입각한 참된 믿음이라는 것을 증명하겠다' 는 뜻이다.

강해 1

위선적인 신자들에게 참된 믿음이 무엇인지를 깨닫게 하는 좋은 방법은 진실한 그리스도인들에게서 어떻게 은혜가 역사하는지를 보여주는 것이다. 야고보는 두 사람 간의 대화로 본 절을 시작하고 있다. 그리스도께서는 이것을 두 건축가(마 7:24 이하)와 슬기롭고 어리석은 처녀들(마 25장)에 비유하셨다. 이 같은 사실은 성도들 간의 경쟁이 기독교 신앙 안에도 있으며, 더구나 그것이 매우 엄격하다는 것을 일깨워준다. 즉 다른 사람들이 나보다 더 높은 신앙을 가질 수 있다. 그러므로 다음과 같이 자문해 보라. '나는 믿음과 인내로 약속을 상속받은 그들처럼 살고 있는가?'

강해 2

행함이 없는 네 믿음을 내게 보이라. 은혜받기를 바라거나 은혜를 받았다고 스스로 믿고 있을 때, 우리는 그렇게 생각하게 된 근거가 무엇인지를 언제나 살펴보아야 한다. 이성적인 근거나 성경이 말하는 바에 기초하여 이러한 생각이 확실히 믿음이라고 증명할 수 있는가? 만일 그리스도인들이 그들이 품은 소원의 근거를 살펴보려고 한다면, 그러한 생각에 허위가 많이 내포되어 있음을 발견하게 된다. 추측은 실제적이고 분명한 근거를 상실한 경솔한 믿음이다. 모래 위에 집을 짓는 사람은 그 기초가 집을 받치고 있기에 충분할 정도로 튼튼한지 생각해 보지도 않고 집을 짓는 자다. 하지만 반석 위에 집을 짓는 사람은 그 집이 풍파를 견딜 수 있을 것인지를 생각할 뿐 아니라 기초가 튼튼한지도 깊이 생각한다. '성경에 이름과 같이'(요 7:38) 믿되, 명백하고 뚜렷한 근거를 실제로 알지 못한 상태에서는 어떠한 신념도 받아들이지 않는 것이 좋다. 그렇게 할 때, 우리는 온갖 트집과 도전을 받더라도 '우리의 믿음'을 보여줄 수 있다. 다시 말해서 우리의 믿음이 훌륭하다는 것을 보여줄 수 있다.

강해 3

행함은 참 믿음의 증거다. 은혜는 생명력이 없고 쓸모없는 성질의 것이 아니다. 그리고 그것은 연약하고 어린 사람들에게 효과가 있다. 아나니아는 바울에 대해서 그가 회심하자마자, '보라 저가 기도하는 중이다' 라는 말을 들었다. 갓 태어난 아기는 걸을 수 있기 전까지는 최소한 울기라도 한다. 이러한 증거를 보고 우리는 판단해야 한다. 그리스도께서도 이러한 증거에 따라 심판하실 것이다. (1) 우리는 그 증거에 의해 판단해야 한다. 성경에는 성화와 경건한 생활에 나타나는 증거들에 대한 기록이 많이 있다. 그러한 증거들은 특히 시 119편과 요일 5:13에 나타난 목적, 즉 그와 같은 증거들을 보고 우리에게 영생이 있음을 알게 하려는 목적으로 기록되었다. 우리는 그것들을 통해 '알 수 있다.' 요일 3:14,19도 이 같은 사실을 말해주고 있다. 성경 여러 곳에서 성도들의 온유함, 동정, 선한 행위 등을 언급하면서 그러한 증거에 대한 약속을 공표하고 있다(시 1:1-2;

32:1-9; 롬 8:1). 선한 행동은 가장 쉽게 알 수 있는 증거다. 결과를 보면 그 원인을 알 수 있다. 생명과 수액을 드러내 보이지 않아도 열매, 잎사귀, 그리고 꽃을 통해 그것을 볼 수 있다. (2) 이러한 행위의 증거에 따라 그리스도께서는 심판 날에 사람들을 심판하신다. 사람들은 각각 '자기 행위를 따라' 심판을 받는다(계 20:12). 그런즉, "불법을 행하는 자들아 내게서 떠나가라"(마 7:23)라고 하신 것이다. 그런 자들은 신앙고백은 했어도 행함이 없었다. 마 25:41-42도 이와 같은 사실을 잘 보여준다.

[적용] 우리 자신과 다른 사람들을 판단하는 데 이 말씀을 활용할 수 있다. (1) 우리 자신을 판단할 경우 : 동기가 드러나지 않는다면, 결과로 판단할 수 있다. 즉 행동의 열매와 결과로 은혜를 시험해 볼 수 있다. 행함은 확신의 근거가 아니라 증거며, 믿음의 기초가 아니라 믿음을 더욱 북돋아 주는 것이다.[168] 선한 행동을 볼 때 한층 더 위안을 얻게 되지만, 선한 행동이 곧 위안의 근거는 아니다. 선한 행동은 소망의 원인은 되어도 확신을 갖게 하지는 못한다. 행함은 하나님께 택함을 받았다는 좋은 증거지 선택받게 된 동기는 아니다. 그것은 영광받기에 합당한 전조요, 그 영광의 시작이다. 우리는 그리스도의 의로 말미암아 '하나님과 화평하게' 되고, 우리 자신의 의로운 행동의 결과로 '마음의 평화'를 얻는다. (2) 다른 사람들을 판단할 경우 : 그들의 행함을 보고 판단할 수 있다. 진리를 깨닫고 선한 생활을 하는 사람을 의심하는 자는 그리스도인이 아니다. 사탄은 욥의 생활을 보고 비난할 것이 없자, '욥이 어찌 까닭 없이 하나님을 경외하리이까'라고 말했다. 진리를 알고 신앙고백을 하며 선한 행위의 열매를 맺는 사람을 단지 예의 바르고 도덕적인 사람이라고 말하는 것은 실례다. 신앙고백을 거짓으로 하는 사람도 있지만, 신앙고백을 한 대로 행하는 사람은 하나님을 믿는 사람이다(약 1:27 참조). '더러움이 없고', '고아와 과부를 돌보는 것'은 '참된 경건'이며 믿음이 있다는 증거요 그 특징이다. 헛된 신앙고백은 말뿐인 것으로 효력이 없지만, 행함이 뒷받침되는 신앙

168) 'Bona Opera sunt spei quædam seminaria, caritatis incentiva, occulta prædestinationis judicia, non fiduciæ fundamenta, futuræ felicitatis præsagia,' &c.—*Bernard*.

고백은 사랑의 법으로 심판의 기준이 된다.

[19] 네가 하나님은 한 분이신 줄을 믿느냐 잘하는도다 귀신들도 믿고 떠느니라.

여기서 야고보는 그가 반박하는 믿음, 즉 생각과 지식뿐인 믿음이 어떠한 것인지 예를 들어 설명한다. 태양을 바라보는 것이 곧 태양에 가까이 가는 것이 아니듯, 이와 같은 믿음으로는 구원을 받을 수 없다.

네가…믿느냐. 즉, '이 진리를 인정하느냐' 의 뜻이다. 신앙의 가장 기본적인 행위를 믿음이라고 부른 것이다.

하나님은 한 분이신 줄. 야고보가 비록 믿음의 문제를 이 문구에 한정시키고 있긴 하지만, 바로 이 명제('하나님은 한 분이시다')를 예로 든 이유는 다음과 같다. 첫째, 이것은 기독교 신앙의 본원적 진리, 즉 '유일하신 하나님이 계시다' 라는 첫 번째 교의기 때문이다. 이 첫 번째 교의를 언급함으로써 야고보는 나머지 다른 교의들도 인정하고 있다. 둘째, 이것이 그리스도인들과 이교도들 간의 근본적인 차이며, 이교도들과 구별되는 그리스도인들만의 신앙고백이기 때문이다.

잘하는도다. 그 믿음이 선한 것이고 제자리에 멈춰 있지 않는 것이라면 인정할 수 있다는 말이다. 즉, 비록 그것이 구원하는 믿음은 아닐지라도 역사에 바탕을 둔 믿음인 한 인정해 줄 수 있다. 왜냐하면 그러한 믿음도 필요하기 때문이다. "이스라엘아 들으라 우리 하나님 여호와는 오직 유일한 여호와이시니"(신 6:4). 다른 교리 가운데도 "예수 그리스도께서 육체로 오신 것을 시인하는 영마다 하나님께 속한 것"(요일 4:2)이라는, 즉 그리스도를 시인하는 자는 하나님까지도 믿는 자라는 말씀이 있다.

귀신들도 믿고. 즉, '귀신들도 이 진리와 말씀에 나타난 다른 진리들을 받아들이고' 의 의미다.

떠느니라(*φρίσσουσι*). 이 말은 극심한 영적 불안과 공포를 의미하는 것으로서, 이는 바다의 물결이 바람에 밀려 요동할 때 나는 소리를 뜻하는 '*φρὶξ*'라는 말에서 파생된 단어다. 이 문구, 즉 '귀신들도 떠느니라'를 덧붙인 것은, 몇몇 학자들이 생각하듯이 그들이 이 진리를 받아들였을 뿐 아니라 마음에 동요를 일으켰다는 것을 말하기 위해서가 아니다. 야고보는 그러한 믿음을 책망하고, 그것이 아무 효과가 없다는 것을 말하고자 '떠느니라'를 덧붙였다. 귀신들은 두려움과 고통을 가져다 주는 믿음은 가졌지만, 의롭게 하는 믿음의 당연한 열매인 확신과 평안을 갖게 하는 믿음은 갖지 못하였다.

강해 1

교리를 믿는 것이 곧 참된 신앙은 아니다. 참된 신앙은 그리스도와 결합하는 것이며, 그분의 인격과 관련을 맺는 것이다. 그것은 단지 복음이 가르치거나 제시하는 것에 동의하는 것만도 아니다. 우리는 그런 것에 의해서가 아니라 그리스도와 하나가 됨으로써 의롭다고 인정을 받는다. 그리스도의 인격보다도 외적인 약속을 믿음의 목적으로 삼았던 것은 이전 사람들의 오류였다. 약속은 근거요, 그리스도는 목적이다. 그러므로 참된 신앙은 결국 성경에 나타난 대로 그리스도를 믿는 것이다. 우리가 약속 없이는 그리스도께로 가까이 갈 수 없지만, 그리스도 없이 약속만을 추구해서도 안 된다. 요컨대 소극적인 '시인'만으로는 부족하다. 적극적인 '수락'이 있어야 한다. 다시 말해, 말씀의 진리에 대해 소극적으로 시인할 뿐 아니라, 그리스도를 적극적으로 받아들여야 한다. 또한 그리스도의 인격과 직접적으로 그리고 정식으로 관계를 맺어야 한다. 그런즉, 근거 없는 망상이나 교리 신조들을 막연하게 인정하는 것을 믿음이라고 오해하는 오류를 범하지 말라. 인간은 올바른 견해나 판단력을 가지고 있더라도 행실이 비열할 수 있다. 그러므로 세속적인 그리스도인은 비신자나 우상숭배자 또는 이교도만큼이나 매우 위험한 상태에 놓여 있다. 이는 그의 판단은 건전할지 몰라도, 행동은 이단적이기 때문이다. 참된 신앙이란 단지 '이해'의 행위가 아니라, '온 마음을 투신'하는 행위다. 물론 성경에서 어떤 구절들은 진리에 대한 시인을 매우 강조하고 있음을 인정한다(참조. 마 16:17; 고전 12:3; 요일 4:2; 5:1). 그러나 이러한 구절들은 만약 그 시인이 진지하며 충분한 확신 위에서 이루어졌다면, 그것이 하나님의 어떤 특별한 계시로부터 나온 것임을 보여줄 뿐이다. 한편, 그 구절들에서 시인이 은혜의 증거로서 제시된 것이라면, 그것은 믿음보다도 오히려 시인이 더 어렵다는 사실을 말하고자 한 것이다. 갖가지 편견을 낳았던 하나님의 진리인 복음은 일반적으로 인정받는 이성적인 행동 원리에 모순되는 새로운 가르침이었으므로 세상의 박해를 받았다. 또한 그것은 보통의 세속적인 감정으로는 친밀하게 느껴지지 않았으므로 곧잘 의심을 받았다. 우리에게는 등 뒤에서 부는 바람이 그들에게는 정면으로 불어닥침으로써 많은 사람들을 복음으로 이끌었던 진리가 그들에게는 감당할 수 없는 것이 되어, 오히려 그들을 실망시키는 경우가 많다. 종교란 것은 오랜 취득 시효 기간을 거쳐 세상 사람들로부터 동의와 지지를 받아야만이 비로소 인정과 존경을 얻게 되는 법이다. 그러므로 진리에 대한 시인 그 자체는 아무것도 아니다. 특히 극히 사소하며, 깊이가 없는 시인이라면 더욱 그러하다. 왜냐하면 그것은 초자연적인 은혜를 필요로 하지 않는, 단지 인간적인 행위에 불과하기 때문이다. 그러므로 근거 없는 시인에 자족하지 말라. 그러한 시인은 아무런 값도 치르지 않은 것이며, 따라서 아무 가치도 없는 것이다. 거기에는 '지식의 모본'(롬 2:20)과 '경건의 모양'(딤후 3:5)만 있을 뿐이다. '지식의 모본'이 있다는 것은 단지 머리로 진리를 생각하고 아는 것에 지나지 않는다는 뜻이다. 그러므로 거기에는 마음을 변화시킬 만한 힘이나 가치가 없다.

강해 2

잘하는도다. 조금이라도 선하게 보이는 것은 좋은 일이다. 그것까지는 좋다고 야고보는 말한다. 좋은 점을 칭찬하는 것은 나머지 일들을 개조시키는 데 매우 적절한 방법이다. 또한 이것은 사람들과 더욱 가까워지는 훌륭한 기술이다. 좋은 점이 있으면 인정해 주라. 바울은 "너희를 칭찬하노라"(고전 11:2), "이 일에 너희를 칭찬하지 아니하나니…"(고전 11:17)라고 말했다. 예수께서는 스스로 계명을 잘 지켰다고 말하는 청년을 사랑스럽게 여기셨다(막 10:21). 좋은 점을 칭찬하는 것은 바람직한 일이다. '혹독하게 비방하는 자'라는 이름은 갖지 않는 것이 옳다. 사람들을 질책하는 일은, 처음으로 보이는 은혜의 싹을 마르게 한다든가 이제 막 신앙을 갖게 된 사람을 심히 낙심시킨다. 그것은 "용이 해산하려는 여자 앞에서 그가 해산하면 그 아이를 삼키고자"(계 12:4) 하는 것과 같다. 은혜의 초기 단계에 있는 자들은 칭찬이라는 무릎 위에 앉혀 얼러 주거나, 부서지기 쉬운 물건을 다루듯 친절하고 조심스럽게 대해야 한다.

강해 3

귀신들도 기독교 신앙의 신조들을 시인한다. 그것은 어느 면에서 그들의 교활한 본성에 어울리는 일이며, 귀신도 지적인 존재인 것에 기인한다. 또 어느 면에서는 그들이 하나님의 섭리를 경험하거나 기적을 보았기 때문이다. 귀신들은, 하나님께서 자기들의 손아귀에서 인간을 구할 수 있는 힘을 가지고 계시다는 것을 안다. 그러므로 그들은 하나님이 존재하시며, 성경 말씀에 많은 진리들이 들어 있다는 것을 인정하지 않을 수 없다. 귀신들은 한꺼번에 많은 진리들을 인정하기도 했다. "하나님의 아들이여 우리가 당신과 무슨 상관이 있나이까 때가 이르기 전에 우리를 괴롭게 하려고 여기 오셨나이까"(마 8:29). 그들은 하나님의 아들이신 그리스도와 하나님이 보통의 양자(養子) 관계가 아니라는 것을 시인한다. 이것은 눅 4:34에서 귀신들이 하는 말을 보면 알 수 있다. "[당신은] 하나님의 거룩한 자니이다." 그런즉 심판 날에는 그들도 다른 죄인들처럼 큰 고통을 당할 것이다. 우리는 성경에서 바울이 '예수 그리스도의 이름으로'(행 16:18) 귀신에게 명하는 것을 보게 된다. 귀신은 스게와의 아들들에게 "내가 예수도 알고 바울도 알거니와 너희는 누구냐"(행 19:15)고 물었다. 예수께서는 주인으로서, 그리고 바울은 그분의 종이자 사자로서 귀신들의 왕국과 권세를 흔들어 놓았다는 것을 귀신들은 인정하였다. 그래서 '땅 아래에 있는 자들'(빌 2:10), 곧 땅 아래 지옥에 들어가 있는 귀신들은 그리스도께 무릎을 꿇는다. 그런즉 귀신들의 믿음을 신뢰하지 말라. 귀신들이 의롭다 인정받거나 구원받을 수 있겠는가? 그들도 하나님이 계시고, 그리스도가 계시며, 그리스도께서 죄인들을 위해 돌아가셨다는 것을 믿는다. 그러나 그리스도인들은 귀신들을 능가해야 한다. 그뿐만 아니라 다른 사람들, 즉 이교도들과 교회 내의 위선자들을 뛰어넘어야 한다. 그리고 나아가 자기 자신을 초월해야 한다. 다시 말해서 '뒤에 있는 것을 잊어버리고 앞에 있는 것을 잡으려고 푯대를 향하여' 나아가야 한다. '나는 귀신들보다 더 사악하지 않은가' 라고 스스로 질문해 보는 것은 무신론적인 생각이 들지 않도록 예방하는 좋은 방법이다. 다윗은 '나는 주 앞에 짐승이다' (시 73:22)라고 말했고, 아굴은 "나는 다른 사람에게 비하면 짐승이라 내게는 사람의 총명이 있지 아니하니라"(잠 30:2)라고 하였다. 우리가 하나님을 섬기려 하지 않는다면, 그것은 우리가 스스로 인간 노릇을 하지 않는 것이다. 게다가 무신론자는 짐승일 뿐 아니라 귀신이기도 하다. 그리스도께서는 유다를 '마귀' 라고 부르셨다(요 6:70). 심지어 무신론자들은 귀신보다 더 사악하다. 귀신들은 진리를 두려워하기라도 한다. '귀신들도 믿고 떠는데' 무신론자들은 하나님에 대해 무감각하고 무관심하며, 심판을 아랑곳하지 않는다. 그러므로 주께서 "어리석고 지각이 없으며…듣지 못하는 백성이여…너희가 나를 두려워하지 아니하느냐 내 앞에서 떨지 아니하겠느냐"(렘 5:21-22)라고 말씀하셨던 것은 당연한 일이다.

강해 4

귀신들이 두려워하는 것은 그들이 알기 때문이다. 귀신들은 하나님에 대해 많이 알면 알수록 그만큼 크게 떤다. 그들은 그리스도의 이적이나 땅에서 그리스도의 권능이 찬란하게 드러나는 것을 보고 두려워하여, '우리를 괴롭게 하고 명을 다하지 못하게 하려고 왔나이까?' 라고 말하였다. 그런즉 다음과 같이 생각을 정리해 볼 수 있다. (1) 우리에게 아무런 위안도 주지 못하는 빛은 어둠에 불과할 뿐이다. 귀신들에게는 지식은 있지만 위안은 없다. 그러므로 성경에는 그들이 '결박으로 흑암에 갇혔다' (유 6절)고 되어 있다. 그들은 하나님에 대해 알면 알수록 더욱더 무서워 떤다. 양심을 일깨울 만한 빛과 자신을 정죄할 만한 지식을 갖고 있지만, 즉 하나님을 알고는 있지만 그분과 함께 기뻐하지 못한다면 불행한 일이다. 귀신들은 하나님에 대해 생각하는 것을 싫어하지 않을 수가 없다. 그런즉 위안을 얻을 수 있을 정도로 하나님을 알게 될 때까지는 안심하지 말라. "주의 빛 안에서 우리가 빛을 보리이다"(시 36:9). 주의 빛 가운데에만 광명이 있으며, 다른 모든 빛은 어둠이다. (2) 그리스도 없이 하나님을 아는 모든 지식은 위안이 되지 못한다. 귀신들이 떠는 것도 바로 그 때문이다. 그들은 하나님을 아버지가 아니라 심판자로만 생각하며, 친구가 아니라 적으로 안다. 하나님을 아버지요 친구로 생각하는 믿음을 가질 때 마음에 평화가 오며(롬 5:1), 두려움이 달아난다(요일 4:18). 두려움 안에는 형벌이 있는데, 바로 그러한 두려움이 달아나는 것이다. 귀신들과 저주받은 자들, 그리고 거듭나지 못한 자연인들은 불행하게도 두려움 없이는 하나님을 생각하지 못한다. 그러나 믿는 사람들에게는 하나님이 존재하신다는 사실이 위안이요 즐거움이다. "나는 여호와로 말미암아 즐거워하리로다"(시 104:34). "네 기름이 향기로워 아름답고 네 이름이 쏟은 향기름 같으므로"(아 1:3). 소금물도 땅에서 걸러지면 담수가 된다. 하나님의 속성들을 생각하면 죄인들은 떨 수밖에 없지만, 그 속성들이 그리스도를 통해서 우리에게 다가올 때는 위안과 즐거움이 된다. 그리스도께서 매우 두려운 모습으로 나타나실지라도 하나님의 자녀들은 그분께서 오실 날을 갈망한다. "그럴지라도 주 예수님이시여, 속히 오소서"(계 22:20, KJV, 개역개정 성경에는 '주 예수여 오시옵소서' 로 번역되었음-역주).

[20] 아아 허탄한 사람아 행함이 없는 믿음이 헛것인 줄을 알고자 하느냐.

여기서 야고보는 헛된 신앙고백을 더욱더 힘주어 반박하고 있다. 칭의의 방법에 대해서가 아니라 헛된 믿음이 어떤 것인지에 대해서 논의하고 있다.

알고자 하느냐. 즉, '너희는 그 문제를 올바로 인식하고, 너희의 믿음에 대해 무엇이라고 반박하는지 듣고자 하느냐?' 라는 말이다. 이것과 비슷한 유형의 문구가 롬 13:3에도 사용되고 있다. "네가 권세를 두려워하지 아니하려느냐." 이 말은 곧, '권세를 두려워하지 않는 법을 배우려 하느냐' 로 이해할 수 있다.

아아 허탄한 사람아(*ἄνθρωπε κένε*). '아, 텅 빈 사람아' 라는 뜻으로, 이 말은 '빈 그릇' 에 비유된 말이다. 이것은 예수님께서 쓰지 말도록 금지

하신 '라가'(마 5:22)라는 말과 비슷하다. 칠십인역에는 ἄνδρας κένους가 '잡류'로 번역되어 있다(삿 11:3). 여기서 우리는 이렇게 물을 수 있을 것이다. 즉, 야고보가 그런 경멸적이고 체면을 상하게 하는 말을 사용한 것이 잘한 일인가? 이에 대해서는 다음과 같이 대답할 수 있다. (1) 그리스도께서는 그러한 말 자체를 금하신 것이 아니라 그 말을 성내면서 하는 것을 금하셨다. 마 5:22에서는 '미련한 놈'이라는 말도 금하라고 하셨지만, 그리스도 자신이 성경의 다른 부분에서 그 말을 사용하셨다. "어리석은 맹인들이여"(마 23:17), "미련하고…마음에 더디 믿는 자들이여"(눅 24:25). 바울도 그런 말을 사용하였다. "어리석도다 갈라디아 사람들아"(갈 3:1). 필요한 징계의 말과 경멸적인 언사나 비난은 다르다. (2) 본문에서 야고보가 사용한 이 말은 어떤 특정한 사람이 아니라 그런 부류의 사람들을 가리킨다.[169] 개개인에게 그런 말을 한다면 사적인 분노가 내재된 듯이 보이겠지만, 그런 부류의 사람들 전체에게 하는 말일 때는 공공연한 책망을 나타내는 정당한 분노가 된다.

행함이 없는 믿음이 헛것인 줄. 여기서 야고보가 '행함이 없으면 믿음은 죽은 것이다'가 아니라 '행함이 없는 믿음은 죽은 것이다'라고 말한 것에 주목하라. 이 두 서술은 다르다. 야고보가 만약 행함이 없으면 그 믿음은 죽은 것이라고 말했다면, 그것은 곧 행함은 믿음에 생명을 부여하는 동기라는 말이 된다. 그러나 행함은 믿음에 생명이 있음을 입증해 주는 결과다. 예컨대, '움직이지 않는 사람은 죽은 것이다'라는 말은 타당하지만, '움직이지 않으면 죽은 것이다'는 전혀 다른 서술인 것과 마찬가지다. 요약하면 야고보는 몇 가지 사실을 전제하고 이러한 논의를 하고 있다. (1) 믿음이 있는지는 그 믿음의 결과와 행함을 보고 알 수 있다. 왜냐하면, 필연적인 결과로 원인을 알 수 있기 때문이다. (2) 행함은 믿음의 결과다. '행함이 없는 믿음은 죽은 것이며', 믿음이 없다면 행함은 죽은 것이다. 그러므로 은혜로운 행위는 믿음의 당연하고 영속적이며 분리할 수 없는

169) 'Hic notantur non certi homines, sed certa hominum genera.'—*Got. in locum.*

결과다. 즉 행함은 믿음에 생명을 부여하는 것이 아니고, 믿음이 있음을 나타내 주는 것이다. 이는 열매가 나무에 생명을 주지는 않지만 나무에 생명이 있다는 것을 보여주는 것과 마찬가지다.

강해 1

알고자 하느냐. 위선자들은 무지하거나 무분별하다. 거짓되고 잘못된 믿음을 가진 자는 선머슴처럼 무지몽매한 법이다. 그런 사람은 믿음이 무엇인지 모르고 자기 행동에 주의를 기울이지도 않는다. 또한 무지는 터무니없는 자만에 빠지게 만든다.

강해 2

허탄한 사람아. 임시변통적인 사람은 그저 바람만 가득 찬 빈 그릇처럼 허탄한 사람이다. 그리고 그런 사람은 요란한 소리만 낸다. 즉, 허풍스런 추측과 뻔뻔스러운 신앙고백을 일삼는다. (1) 그런 사람들은 허풍이 잔뜩 들어 약간의 헛된 지식만 갖고 있으면서도 우쭐거린다. 즉 '우리 주 예수 그리스도를 알기에는 게으르고 열매 없는 자들'이다(벧후 1:8 참조). 그들에게는 혹 지식이 있어도, 단지 게으르고 열매 없는 지식이 있을 뿐이다. 즉 실질적인 은혜가 없다. (2) 그와 같은 사람들은 큰소리로 시끄럽게 은혜에 대해 말하고 지식을 뽐내며 자기의 믿음을 자랑한다. 그런 자들은 혀가 있어서 말로 신앙고백을 한다 해도 천하고 공허한 영혼을 가진 자들이다. 헛된 믿음과 허탄한 사람은 흔히 잘 어울리는 짝이다.

강해 3

위선자들은 어느 정도 가혹하게 지적을 하여 일깨울 필요가 있다. 그러므로 야고보는 '아아 허탄한 사람아'라고 말하였으며, 그리스도께서도 '어리석은 맹인들이여'라고 하셨고, 세례 요한 또한 '독사의 자식들아'(마 3:7)라고 하였다. 위선자들은 으레 분별이 없고 의식이 몽롱하므로, 우리는 그런 자들에게 작은 소리로 속삭이지 말고 큰소리로 외쳐야 한다. 죄가 노출되어 있는 자는 끊임없이 마음에 고통과 짐을 지고 있어서 즉각적으로 죄를 느끼고 깨닫지만, 위선자는 변명하고 발뺌한다. 이렇듯 뚜렷한 예들을 근거로 해서 우리는 위선자를 더욱 엄격하게 대해야 한다. 그런 사람을 관대하는 것은 잘못한 사람을 달래는 격이다.

강해 4

헛되고 열매 없는 믿음은 죽은 믿음이다. 이 점에 대해서는 앞에서도 언급했지만 여기서 다시 한 번 다루고자 한다. 그것이 죽은 믿음인 까닭은 다음과 같다. ⑴ '죄로 말미암아 죽은' 상태로서 자연 그대로의 상태와 일치하기 때문이다. ⑵ 생명을 갖게 하는 성령의 영향을 받지 않기 때문이다. ⑶ 헛된 믿음은 생명의 작동, 즉 움직임이 없기 때문이다. 모든 생명은 움직임의 시작이며, 움직이려고 노력하고, 또 움직임으로써 더욱더 생명을 유지하게 된다. 그러므로 땅속에 묻혀 있는 나무 뿌리처럼 믿음에서 오는 일반적인 효과를 얻지 못하며, 그 열매를 맺지 못하는 믿음은 죽은 믿음이다. ⑷ 영생을 얻는 데 도움이 되지 않기 때문이다. 다시 말해서 그것은 우리에게 생명이 없는 물건처럼 어떤 쓸모나 이익이 없다. 헛된 믿음은 뽑아 버리자. 자기 정원에 죽은 나무를 그대로 둘 사람이 어디 있는가? "얻지 못하니 찍어 버리라 어찌 땅만 버리게 하겠느냐"(눅 13:7).

[21] 우리 조상 아브라함이 그 아들 이삭을 제단에 바칠 때에 행함으로 의롭다 하심을 받은 것이 아니냐.

본문에서 야고보는 허탄한 사람을 각성시키기 위해 아브라함을 예로 들어 권면하고 있다. 구약시대든 신약시대든 신자들은 모두 같은 방식으로 의롭다고 인정을 받기 때문이다.

우리 조상 아브라함이…아니냐. 야고보가 아브라함을 예로 든 것은, 그가 칭의의 주된 본보기요 표상이기 때문이다. 또한 많은 사람들이 롬 4:1-4에 언급된 칭의의 예를 변명의 구실로 내세우는 것과 유대인들이 아브라함을 특히 존경한 것에 기인한다. 한편 야고보가 아브라함을 '우리 조상'이라고 부른 것은, 아브라함이 그 편지의 수신인인 열두 지파의 조상일 뿐 아니라, 이른바 '우리 조상 아브라함의 믿음의 자취를 따르는 자들'(롬 4:12)로 묘사되는 모든 믿는 자들에게도 조상이 되기 때문이다. 더욱이 '우리 조상 아브라함'은 성경에서 아브라함에게 붙여지는 실로 정중한 이름이요 명칭이다. 이에 관해서는 요 8:53; 행 7:2; 롬 4:1을 보라.

행함으로 의롭다 하심을 받은 것이 아니냐. 즉, '하나님과 세상 사람들 앞에서 그가 행한 일로써 의롭다고 인정받은 것이 아니냐'의 뜻이다. 여기서 우리는 이러한 의문을 갖게 된다. '이 말은 성경의 다른 구절에 모순되지 않는가?' 다시 말해서 롬 3:20에는 "율법의 행위로 그의 앞에 의롭다 하심을 얻을 육체가 없나니"라고 되어 있으며, 그것은 특히 아브라함을 가리키는 것으로, 그에 대해서는 행위로써 의롭다 하심을 얻은 것이 아님이 기록되어 있다(롬 4:2). 이러한 상이점을 어떻게 해결할 것인가? 이 중요한 문제에 대해서는 24절에 대한 주석에서 본격적으로 논의하기로 하고, 여기서는 다만 본문에서 문제되는 것에 대답하는 것으로 그치고자 한다. 칭의를 다음과 같이 구분하는 학자들이 있다. 즉, 하늘나라 법정에서의 칭의인가, 사람들 앞에서의 칭의인가? 그리고 우리 자신의 양심에 비추어 본 칭의인가, 아니면 다른 사람들의 입장에서 본 칭의인가? 그들은 후자의 입장에서는 두 가지 면에서 행함이 사람을 의롭게 한다고 본다. 즉 하나님 앞에서는 행함으로 의롭다 인정받지 못하지만, 양심과 세상 사람들 앞에서는 그처럼 인정받을 수 있다는 것이다. 사실 이러한 구분도 성경에 근거하지 않는 것이라면 아무런 효과가 없다. 그런데 로마서를 보면, "율법의 행위로 그의 앞에 의롭다 하심을 얻을 육체가 없다"(롬 3:20)고 말하고 있다. '그[하나님]의 앞에'라는 말은 곧 '사람들 앞에(서)'는 의롭다고 인정받을 수 있다는 것, 다시 말해서 행위로써 칭의를 얻을 수 있음을 암시한다. 이 사실에 주목하라. 롬 4:2에도 '아브라함이 하나님 앞에서는 자랑할 것이 없다'고 되어 있다. 로마서의 이 구절을 보면, 욥이 그랬던 것처럼(욥 31장) 아브라함도 사람 앞에서는 자신의 진실성을 확언했으리라는 것을 알 수 있다. 이런 점에서 볼 때, 로마서와 본서의 두 구절은 다음과 같이 조화시켜 해석할 수 있다. 즉, 바울은 하나님 앞에서의 믿음의 효과와 구실에 대해서, 야고보는 사람 앞에서 의롭다 인정받는 믿음의 결과와 특성에 대해서 각각 말하고 있다. 그러나 여기에는 지금까지 말한 그 이상의 사실이 담겨 있다고 생각된다. 여기서 야고보는 아브라함이 이삭을 제단에 드렸을 때 받았던 특별한 칭의에 대해서 언급하고 있다. 즉 그보다 30년 전에는 '아브라함' 이 하나님께 의롭다고 인정을 받았지만, 이삭을 바칠 때는 그의 '믿음' 이 의롭다고 인정받았기 때문이다. 아브라함이 경건하지 않았을 때 하나님께서는 그를 은혜로 부르셔서 의롭다 하셨다(롬 4:5; 창 12:3). "아브람이 여호와를 믿으니 여호와께서 이를 그의 의로 여기시고"(창 15:6). 아브라함은 죄가 있음에도 의롭다 인정을 받았고, 죄의 용서를 받았으므로 정죄를 받지 않아도 되었다. 하지만 아브라함이 이삭을 제물로 바쳤을 때는, 그의 믿음이 진실하고 참된 것이라는 의롭다 하심을 얻었다. 왜냐하면 이삭을 제물로 바치라는 명령은 바로 믿음에 대한 시험이었기 때문이다. 아브라함이 명령에 순종하자 하나님께서는 두 가지 일을 행하셨다. 즉, 아브라함에게 그리스도에 대한 약속을 갱신하셨고(창 22:16-17), 그가 경건하다는 것을 언명하셨다(12절). 곧, "이제야 네가 하나님을 경외하는 줄을 아노라"라고 그리스도('여호와의 사자' 로 불림)께서 아브라함에게 말씀하셨다. 행위는 사람들에게 있어서 믿음의 질을 판단하는 데 척도가 되는 표시일 뿐 아니라, 성경에 분명히 기록된 대로 '우리의 행위' 에 따라 심판하시는 하나님 앞에서도 마찬가지다(계 20:12). 하나님께서는 성도들이 자신의 믿음을 행위로써 나타냈을 때 그것을 의롭다고 하신다. 또한 믿음에 근거하여 크고 작은 행위를 심판하시므로 믿지 않는 자의 행위가 근거 없는 소망임을 아신다. 그리고 장래만이 아니라 지금도 역시 하나님께서는 행함에 따라 판단하신다. 즉, 행함을 믿음의 증거요 표시로 간주하신다. "이제야 네가 하나님을 경외하는 줄을 아노라"라는 말은 곧, '나는 지금도 너희의 행함을 보고 있는데, 아브라함이 의롭다 인정받고 약속이 갱신되었던 것도 그것에 입각한 것이다' 라는 뜻이다. 야고보가 본문에서 말하고자 하는 것도 바로 이것이다. 왜냐하면, 그는 잘 알려진 예를 들어 '아브라함이 행함으로 의롭다 하심을 받은 것이 아니냐' 라고 말하고 있기 때문이다. 다시 말해서 야고보는 하나님께서 행함을 보셨기 때문에 아브라함이 하나님으로부터 의롭다고 인정을 받은 것이 아니냐고 말하는 것이다. 이에 상응하게 마카비서(Maccabees)의 저자는 이렇게 기록하고 있다. '아브라함은 시험을 받는 가운데 믿음이 깊다는 것이 드러나지 않았는가? 그것으로 말미암아 그는 의롭다 인정받았다' (마카비 1서 2:52). '믿음이 깊다는 것이 드러났다'는 것은 야고보가 '의롭다 하심을 받은 것' 이라고 한 말에 상응하는 표현이다. 그러므로 바울과 야고보의 말은 다음과 같이 모순되지 않게 받아들일 수 있다. 즉, 바울은 율법에 사로잡혀 있는, 즉 자연 그대로의 저주받은 상태에 있는 죄인을 의롭다 하며 그를 하나님의 은혜 가운데로 받아들이는 일에 대해 말하고 있다. 반면 야고보는 우리가 하나님에게 그와 같이 받아들여질 때 그 근거가 되는 믿음을 의롭다 인정받는 일에 대해 말하고 있다. 믿음으로 행하고 그 열매를 맺을 때 그 사람의 믿음이 깊다는 것이 드러난다. 즉 하나님과 사람에게서 의로운 믿음을 가졌다고 인정받는다. 그러므로 그러한 행함과 열매가 있는 믿음을 가짐으로써 앞서 말한 칭의의 위로를 얻을 수 있다. 디오다트(Diodat)는 이에 대해 매우 훌륭한 주석을 달고 있다. 즉, 바울이 말하는 칭의는 일반적인 의미에서 죄인에 대한 정죄와 반대되는 개념이고, 야고보가 말하는 칭의는 좀 더 특수한 의미에서 위선자에 대한 정죄와 반대되는 개념이라는 것이다. 다시 말해서 바울이 뜻하는 것은 죄인이 용서받는다는 것이요, 야고보가 뜻하는 것은 믿는 자가 인정받는다는 것이다. 그러므로 바울과 야고보의 견해는 예외 없이 일치한다고 본다. 가톨릭 교도들의 이견들에 대해서는 24절을 주석하면서 다루게 될 것이다.

그 아들 이삭을 제단에 바칠 때에. 아브라함이 그 아들을 제단에 드리려고 했을 뿐 실제로는 그렇게 하지 않았는데 '그가 드렸다' (개역개정 성경에는 '바칠 때' 로 번역되었음–역주)고 한 것에 주목하라. 히 11:8에도 '믿음으로 아브라함은…순종하였다' 라고 기록되어 있다. 아브라함은 아들을 제단에 드릴 작정을 하였고, 만약 하나님께서 명령을 거두시지 않았다면 실제로 그 일을 실행했을 것이다.[170] 하나님께서 명하신 일이 실행되지 않고 실제로 성취되지 않아도, 하나님께서는 명령에 순종하려는 마음

170) 'Immolari sibi Deus filium jussit, pater obtulit, et quantum ad defunctionem cordis pertinet, immolavit.' —*Salvian. de Gub. Dei,* lib. i.

을 곧 순종한 것으로 생각하신다. 하나님은 사람의 마음속에 있는 생각을 다 아신다.

강해 1

아브라함처럼 의롭다 인정을 받으려는 자들은 아브라함과 같은 믿음을 가져야 한다. 우리도 믿음 안에서 그의 후손이기 때문이다. 그런데 그가 칭의의 영광을 누렸던 것은 무엇 때문인가? 아브라함의 믿음에는 두 가지 특성이 있다. (1) 아브라함은 지극히 겸손한 자세로 약속을 받아들였다. 아브라함은 스스로를 최대한으로 낮추는 표시로 엎드렸다(창 17:3). 아브라함은 하나님과 자기와의 관계가 지극히 높으신 분과 비천한 자의 관계라는 것을 자각하고 있었다. (2) 아브라함은 약속을 충실히 이행하였고, 하나님 앞에 올바르게 서서 항상 하나님의 영광을 위해 살아갔다. 하나님이 주목하셨던 순종의 두 가지 실례가 있다. 그 하나는 아브라함이 아버지의 집을 떠난 일이다(창 12:1). 그때 아브라함은 자신의 소유물이 자기 것임을 부인하였다. 다른 한 경우는 아브라함이 아들을 제물로 바친 일이다(창 22:2). 그때 그는 자신의 소망을 포기하였다. 아아! "너희를 떠낸 반석과 너희를 파낸 우묵한 구덩이를 생각하여 보라 너희의 조상 아브라함과…생각하여 보라"(사 51:1-2). 우리는 아브라함처럼 겸손하게 은혜를 받아들이고 있는가? 아브라함처럼 감사하며 약속을 이행하고 있는가? 아브라함을 시험했던 것과 같은 명령을 따르려 하지 않는 자가 누구인가? 하나님께서는 믿는 자 한 사람 한 사람에게, 자신에게 있어 절실하고 소중한 것을 많든 적든 부인하라고 요구하신다.

강해 2

믿는 자들은 행함으로써 자신의 믿음이 영예롭고 의롭게 된다는 사실을 알아야 한다. 그런즉 공허한 신앙고백에 만족하지 말라. 고백은 우리가 어떤 종교나 종파에 속해 있는지 보여주지만, 거룩한 생활은 우리가 하나님께 열심을 다하고 있음을 보여준다. 종파가 달라도 그 생활 습관은 같을 수가 있다. 예수님은 신앙을 가지고 있다고 하면서도 생활이 불신자들보다 더 낫지 못한 사람을 향해 "너희가…남보다 더하는 것이 무엇이냐"(마 5:47)라고 말씀하셨다. 속마음은 이교도적이면서 그리스도인이라는 이름을 내걸고 기독교 신앙을 고백할 수도 있다. 거듭나지 못한 모든 자연인들은 그들의 관심사가 각각 다르더라도 하나님을 거역하는 일에 있어서는 모두 일치할 수 있다. 하지만 여기에서 가장 강조하고 싶은 것은, 자신이 하나님의 은혜로 의롭다 인정을 받았다고 생각하는 사람들도 은혜에 대해 관심을 갖고 행함의 증거에 주의를 기울이라는 것이다. 자유주의자들은 사람들에게 그들이 영원토록 의롭다 인정받는다는 것을 절대적으로 믿으라고 주장한다. 즉, 자유주의자들은 사람들을 기만하여 조금도 걱정하지 말고 편안하게 잠들라고 하며, 자신의 믿음이 옳은지 그른지를 의심하거나 질문하는 것을 죄로 생각하게 만든다. 살트마쉬(Saltmarch)는 이렇게 말한다. '우리는 약속을 의심하지 않는 것처럼 믿음을 의심하지 않는다. 그리스도와 그의 제자들은 사람들에게 그들이 믿는지의 여부에 대해 의문을 가지라고는 강요하지 않았다. 따라서 우리는 믿으라고 하신 그리스도의 명령에 대해 의심하지 말고 복종해야 한다.'[171] 이는 터무니없는 주장이다! 명령에 대해 의심하는 것과 우리의 복종에 대해 의심하는 것은 별개의 문제다. 우리는 우리가 행해야 할 명령에 대해서는 반론을 제기해서는 안되지만, 우리가 그 일을 수행하고 있는지는 검토해 보아야 한다. "너희는 믿음 안에 있는가 너희 자신을 시험하고"(고후 13:5). 우리가 자신의 마음을 기만하지 않고, 진정한 믿음에 대해 잘못된 생각을 갖지 않기 위해서는 다른 방법이 없다. 미련한 처녀들이 너무 늦게서야 자신의 믿음을 의심하게 되었던 것은 얼마나 애석한 일인가! 안심과 확신이 곧 탁월한 믿음의 경지라고 생각하는 것은 속된 오산이다. 또한 그리스도께서 자기를 위해 돌아가셨다는 것과 자신이 천국에 가게 되리라는 것을 잘 아는 자들이 곧 믿는 자라고 하는 것도 잘못된 생각이다. 믿음과 추정의 차이는 얼마나 확고부동하게 확신하느냐가 아니라 그 확신의 근거가 무엇이냐에 달려 있다(참조. 마 7장). 똑같은 높이로 훌륭하

171) Saltmarsh in his Free Grace, cap. v., pp. 62-64.

게 지어졌지만 두 집의 기초가 서로 다를 수 있다. 혹 위선자가 믿는 자처럼 그럴 듯하고도 대단한 확신을 가지고 있을지는 몰라도, 그 확신이 믿는 자의 경우와 똑같은 동기에서 생기는 것은 아니다. 성경 말씀에 따르면, 가장 복된 자는 걱정이 가장 적은 자가 아니라 걱정할 이유가 없는 자다. 그러므로 우리는 행함으로 의롭다 인정받을 수 있도록 우리의 믿음과 확신을 검토해 볼 필요가 있다. 행함이야말로 믿음의 뚜렷한 증거요, 눈에 가장 잘 보이는 증거다. 혹자는 이렇게 말하는 것이 논쟁을 일삼는 것이라고 비난하고, 또 혹자는 그것이 율법주의라고 헐뜯을 것이다. 인간의 마음속에는 매우 많은 방편들, 완곡함, 계략들이 있기 때문에, 가차 없는 심판에 의하지 않고는 믿음의 증거를 단언할 수 없다고 생각하는 사람들도 있다. 나 역시 만약 우리가 양심과 이성의 빛에 비추어 심판받는다면 그 심판에 대해 이의가 제기될 수 있다는 것을 인정한다. 여호와의 등불이 아니고서야 누가 '사람의 깊은 속'을 알 수 있겠는가?(잠 20:27) 가장 확실한 것은 성령의 증거요, 성령이 없는 물의 증거만으로는 믿음을 알 수 없다(참조. 요일 5:8). 이러한 성령의 빛이 없다면 은혜가 비춰지 않는다. 하나님 자신이 사람에게 '그의 의를 보여주시지'(참조. 욥 33장) 않으면, 사람의 마음속에는 많은 계략이 있기 때문에 계속해서 어둠 속에 있게 될 것이다. 그래서 율법의 지배 아래서는 모든 일이 '두 사람이나 세 사람의 증언으로'(신 17:6) 결정되었다. 그러나 오늘날 우리에게는 참된 두 증인이 있다. 그것은 성령과 우리의 영, 다시 말해서 성령과 우리의 새로워진 양심이다(롬 8:16). 성령은 빛을 가져다 주며, 그 빛에 의해서 우리는 은혜의 진리를 식별하여 감동과 위안을 얻게 되고, 그처럼 마음에 흡족함을 얻음으로써 우리 내부에는 평정과 온화함이 자리 잡게 된다. 그러므로 바울은 성령의 증거가 가장 확실한 증거임을 역설한다. "거짓말을 아니하노라…내 양심이 성령 안에서 나와 더불어 증언하노니"(롬 9:1-2). 즉, 우리가 잘못 말하거나 거짓말을 하지 않는다는 것을 성령에 힘입은 우리의 양심이 확신한다는 것이다. 행함을 증거로 생각하라고 주장할 경우, 그것이 사람들에게 그들 자신의 의나 공적에 희망을 걸게 만들기 때문에, 그런 주장은 곧 율법주의라고 비난하는 사람들이 있다. 믿음으로 판단하는 것과 믿음에 의존하는 것은 별개의 문제다. 믿는다고 선언하는 것과 믿고 있다고 인정받을 만한 것 사이에는 큰 차이가 있다. 믿음의 열매, 즉 행함으로써 우리는 의로움을 보여줄 수 있다. 그런데 '하나님과 화평하는 것' 과 '양심의 평화' 는 다르다. 우리는 믿음과 값없이 주시는 칭의에 의해서만 하나님과 화평하고 친목을 누리게 된다. "우리가 믿음으로 의롭다 하심을 받았으니 우리 주 예수 그리스도로 말미암아 하나님과 화평을 누리자"(롬 5:1). 그러나 양심의 심판을 받을 때는 증언과 증거가 있어야 한다. 죄를 범한 사람은 자신의 죗값을 치르면 법정에서 속죄되고, 그것이 문서로나 다른 방법으로 나타나 스스로도 위안을 얻는다. 값없이 주시는 칭의는 우리의 위안의 근거지만, 행함은 우리에게 위안이 있다는 증거다. 그러나 주의를 기울여야 한다. 행함으로 나타나는 것들을 잘못해서 지나치게 중시하다 보면 마음에 의심이 가득하게 될 것이다. 그럴 때 우리는 그리스도의 자유로운 약속에 따라 우리의 위안의 근거를 그리스도에 두지 않은 채로 위안을 얻고자 한다. 무엇보다도 먼저 그리스도인은 자신의 소망의 근거가 무엇인지를 아주 세심하고 신중하게 생각해야 한다. 하나님께서는 피조물인 인간이 하나님 이외의 대상을 믿는 것을 용납하지 않으신다. 그분은 하나님이 아닌 자에게 믿음의 대상이 되는 영광을 주지 않으신다. 그러므로 우리가 다른 것에 소망을 둔다면, 하나님께서는 진노하셔서 우리로 하여금 계속해서 불확실하고 불만족스러운 상태에 있게 내버려 두실 것이다. 우리 자신에게서 생기는 불꽃에 의해 따뜻해지기를 기대하면 으레 실패하기 마련이다. 이 문제는 매우 중요하므로, 우리가 어떻게 믿음이나 행함을 칭의의 증거로 생각할 수 있는지를 몇 가지로 설명해 보고자 한다.

1. 그리스도께 충성해야 한다. 많은 사람들이 그들 자신의 영혼 속에 주어진 은혜로운 품성으로 인해서 기뻐하고 즐거워하면서 그리스도는 잊어버린다.[172] 이것은 사랑하는 사람 앞에서 자신의 사랑의 아름다움을 자랑하는 것과 같은 일이다. 이러한 잘못을 고치려면 다음과 같이 하는 것이

172) 굳윈(T. Goodwin)의 「그리스도 안에서 승리한 믿음」(*Faith Triumphing in its Object*)의 서문을 참조하라.

좋다. (1) 자기 자신을 철저히 부인하며 의에 대해 바른 인식을 가지도록 하라. 그리고 소망의 근거를 생각함에 있어 '모퉁잇돌'이신 그리스도를 무시하지 않도록 유의하라. 바울은 자신의 타고난 특권, 탁월한 도덕성, 나아가 자기 자신의 의, 자신이 바리새인으로서 행했던 일, 그리스도인으로서 행했던 일 등을 낱낱이 생각하였다. '만일 누구든지 다른 이가 육체를 신뢰할 것이 있는 줄로 생각하면' 바울은 더욱더 그러했다. 그러나 바울은 모든 것을 버렸고 다 해로 여겼다. 그 모든 것을 위선과 자기를 신뢰하게 하는 위험스러운 것이라고 생각했던 것이다(빌 3장). 우리가 우리 자신을 반성해 봄에 있어서 스스로가 그와 같이 실제적이고 새로운 생각을 가지는 것이 좋다. 그렇게 할 때 우리는 그리스도에게서 떠나지 않고 더욱더 그분께로 나아가게 될 것이다. 확신은 엄격하고도 명백한 믿음의 연단 이후에 온다. 즉 "그 안에서 믿어 약속의 성령으로 인치심을 받는다"(엡 1:13). 바울은 그 순서에 있어 우리가 그리스도께 나아가거나 그분을 믿은 후에야 성령으로 인치심을 받는다고 말한다. 그래서 '약속의 성령'이라고 표현하고 있다. 즉 성령의 특성을 보여주고 있다. 이것은 자신의 무가치함에 대한 깊은 고민이 하나님의 아낌없는 은혜와 약속들로 새롭게 변화될 때가 바로 성령의 증거하심과 인치심을 받기에 합당한 때라는 것을 암시한다. (2) 하나님께로부터 받은 은혜를 알고 위로를 얻은 후에도 계속해서 그리스도께 소망을 두라. 그리스도의 아낌없는 은혜가 아니라면 우리가 어떻게 되겠는가를 생각해 보라. 하나님께서는 우리가 지극히 사악한 죄를 저질렀을 때뿐 아니라 가장 선한 일을 했을 때에도 우리를 정죄할 만한 것을 찾아내실 수 있다. 철저하게 개심한 사람은 이전에 자신이 가졌던 생각들을 결코 감히 고수하지 못한다. 느헤미야는 열심히 직무를 행하고는 이렇게 말했다. "내 하나님이여 나를 위하여 이 일도 기억하시옵고 주의 크신 은혜대로 나를 아끼시옵소서"(느 13:22). 이 말에서 우리는, 느헤미야의 경우에도 하나님께서는 그를 벌주실 만한 근거를 갖고 계시다는 것을 알 수 있다. 그래서 바울 역시 이렇게 말하고 있다. "내가 자책할 아무것도 깨닫지 못하나 이로 말미암아 의롭다 함을 얻지 못하노라"(고전 4:4). 바울은 자신에게 맡겨진 사역을 행함에 있어 부실한 데가 없다는 것을 알고 있었지만, 그것으로 하나님 앞에서 의로워질 수는 없었다. 그런즉, 아무리 훌륭한 증거들을 갖고 있어도 자유로운 은혜가 가장 확실한 피난처라는 것을 알아야 한다. 여호사밧은 유다의 병력이 모두 50만이나 되었는데도 마치 적을 물리칠 방법이 없는 것처럼 하나님께 구하였다. "우리가 대적할 능력이 없고…오직 주만 바라보나이다"(대하 20:12). 이와 같이 일련의 상당한 은혜를 받았을 때에도 우리는 믿음의 눈으로 그리스도를 바라보고 그분에게 소망을 걸어야 한다. 이는 한 발은 가운데 고정시켜 놓고 다른 한 발로 원주를 도는 컴퍼스처럼, 우리의 마음은 그리스도에 고정시킨 채로 믿음의 증거들과 그 밖의 위안들을 찾아보아야 한다. (3) 모든 일을 행한 후에도 더욱 열심히 그리스도에 대한 자신의 태도를 새롭게 하고, 더욱 기쁘게 믿음을 지켜야 한다. 그리스도께서 우리에게 주신 것을 살피고, 우리로 하여금 선한 일을 할 수 있도록 그리스도께서 은혜를 나타내신 것을 생각할 때, 우리는 더욱더 용기를 가지고 그분께 다가서게 된다. 그러므로 요한은 이렇게 말하고 있다. "내가…믿는 너희에게 이것을 쓰는 것은 너희로 하여금 너희에게 영생이 있음을 알게 하려 함이라"(요일 5:13). 이 말씀의 의미는, 보증이 있을 때 우리는 더욱 기쁘게 믿음의 행위를 재개할 수 있다는 것이다. 도마의 경우를 보아도, 그는 그리스도의 상처를 만져 보았기 때문에 그리스도를 더 확실히 믿게 되었다(요 20:27). 에스티우스(Estius)는 그것을 새로워지고 성장된 믿음이라고 말한다. 그런고로 그리스도께서 우리에게 주신 것을 느끼고 깨달았을 때나 선한 행위를 함으로써 영생에 대한 생각을 확실히 했을 때, 지극히 당연하게 우리는 믿음과 확신하는 마음으로 다시금 그리스도께 자신을 맡기게 된다. 그래서 바울은 이렇게 말했다. "하나님의 의가 나타나서 믿음으로 믿음에 이르게 하나니…"(롬 1:17). 하나님 앞에서 의롭다 인정받는 일은 지속적으로 믿음의 행위를 발전시켜 나감으로써 꾸준히 이루어진다. 요컨대, 우리가 행하며 믿는 가운데 어떠한 위안을 추구하든지 간에 분명한 것은 그리스도가 '내 품 가운데 [있는] 몰약 향주머니' (아 1:13)며, 그가 믿음의 눈과 사랑의 팔을 가진 자에게는 더욱 가까이 가신다는 사실이다.

2. 우리는 복음적으로 그리고 복음에 합당한 정신으로 일해야 한다. 율법을 완전히 지키는 것을 증거와 은혜라고 생각하지 말고, '언약의 피로 뿌림 받는 것'을 증거요 믿음이라고 생각하라. 만약 율법이 요구하는 것들을 완전히 지킴으로 사랑, 경외감, 믿음, 소망 등을 기대한다면 그의 마음은 계속되는 불안에서 헤어나지 못할 것이다. 우리는 '율법을 얼마나 지키느냐'가 아니라 '무엇이 진리냐'에 관심을 가져야 한다. 사람들은 진리 여부로 믿음의 기준을 삼기보다는 으레 행함이라는 저울로 그것을 평가한다. 그래서 자신의 믿음을 시험할 때, 마치 양과 정도가 본질과 특성보다 더 중요하기나 한 것처럼 저울질을 한다. 약점이 많은 사람일지라도 믿음을 가지고 있다는 것은 다행스러운 일이다. "내가 비록 검으나 아름다우니"(아 1:5)라는 술람미 여인의 자기 확신처럼, 하나님의 자녀들은 자신에게 많은 결함들이 있다는 것을 알 때 자신이 믿는 진리를 앞세운다. 숱한 결함의 장막과 구름 속에도 믿음은 있다. 아가서도 이렇게 적고 있다. "내가 잘지라도 마음은 깨었는데"(아 5:2). 이렇게 말하는 사람에게는 양면, 즉 악한 면과 선한 면이 있다. 그래서 복음 안에 있는 자는 불신의 서글픈 잔재들 때문에 비천한 상태에 있을지라도, 확신을 가지고 자신의 믿음을 변론할 수 있다. "내가 믿나이다 나의 믿음 없는 것을 도와주소서"(막 9:24). 우리는 자신의 잘못은 거의 인정하지 않으면서 남에 대해 거짓으로 불리한 증언을 하는 일이 없어야 한다. 그리고 자신이 선한 일을 적게 하고 악한 일을 많이 행한다는 것을 인정해야 한다.

3. 은혜의 특징과 그것을 활용할 때를 알고 신중하게 행해야 한다. 모든 일은 적당한 때에 해야 좋은 법이다. 은혜의 힘이 없을 때는 행하지 말아야 할 때다. 어둠 속에서는 흑백을 가릴 수가 없다. 낙담과 실의에 빠진 상태에서 신자들이 해야 할 일은 거기에서 빠져 나오기 위해 '노력하는 것이 아니라 믿는 것'이다. "흑암 중에 행하여 빛이 없는 자라도 여호와의 이름을 의뢰하며 자기 하나님께 의뢰할지어다"(사 50:10). 낙담과 실의에 빠져 있을 때는 믿음으로 행할 수 있도록 영혼을 북돋우고, 조건적이 아니라 절대적인 약속을 숙고하는 것이 가장 좋다. 절대적인 약속은 고통당하는 사람들에게 힘과 용기가 되라고 하나님께서 베푸신 은혜다. 영혼이

졸다가 부주의한 방심에 놀라는 때가 있다. 그런 때는 혹독한 시험이 영혼을 일깨우는 데 효과가 있다. 방탕하고 속물적인 사람에게 절대적인 약속은 독약과 같고, 실의에 잠긴 사람에게는 기운나게 하는 포도주와 같다. 영혼이 두려움과 죄책감에 빠져 있을 때에는 그것이 제대로 기능을 할 수가 없으므로, 시험은 단지 고통을 가중시킬 뿐이다. 그러나 거듭 말하거니와, 우리가 조는 듯이 활기가 없고 부주의한 상태에 있을 때는 시험이 가장 때에 알맞은 방법이다. 즉, 시험을 통해 조건적인 약속에 대해 심사숙고하게 되어, 그 약속에는 위안이 있기는커녕 조건적인 제한이 있음을 잘 알게 된다. 다윗은 배반당했을 때 믿음을 견지하고 용감히 맞서려고 애썼다. 그의 대적자들은 "다윗은 하나님께 구원을 받지 못한다"(시 3:2)라고 말했다. 이 시편 3편은 압살롬이 다윗을 반역했을 때 다윗이 지은 것이다. 압살롬은 다윗의 죄를 백성들에게 알림으로써 반역을 꾀하였다. 이 때문에 백성들은 다윗을 대적하여 일어나, 다윗이 하나님의 도움을 얻지 못한다고 빈정댔다. 그러나 이때 다윗은 죄에 대해서 말하지 않고 자신의 믿음을 확인한다. 시험에 직면했을 때 다윗은 확신을 잃지 않았다. "여호와여 주는 나의 방패시요 나의 영광이시요 나의 머리를 드시는 자이시니이다"(시 3:3). 그리고 다윗은 다른 곳에서도 자신이 시험에 직면할 때 대체로 그렇게 한다는 것을 고백하고 있다. "내가 두려워하는 날에는 내가 주를 의지하리이다"(시 56:3). 낙담 상태에 있을 때나 점점 두려운 마음이 들 때, 다윗은 믿고 의지할 대상을 찾았다. 이와는 반대로 마음이 무감각해지고 안일해질 때는[173] 나지안젠(Nazianzen)의 방법을 사용하는 것이 좋다. 나지안젠은 안일과 쾌락에 물들기 시작할 때면 예레미야애가를 읽어 슬프고 비통한 마음을 갖곤 한다고 말한다. 영적으로 어떠한 상태에 있든지 신중하게 처신해야 우리가 적의 손아귀에 들어가지 않으며, 나아가 사탄의 책략에 넘어가지 않는다.

4. 겸손하게 감사하는 마음을 가져야 한다. 왜냐하면 우리에게 있는 것은 모두 하나님의 것이기 때문이다. 빌려 온 것을 자랑하거나 뽐내는 것

173) Nazian. Orat. xiii. circa med.

은 헛된 일이다. 이는 자신이 다른 사람들보다 더 많은 빚을 졌다는 것에 불과하기 때문이다. "누가 너를 남달리 구별하였느냐 네게 있는 것 중에 받지 아니한 것이 무엇이냐"(고전 4:7). 우리가 추구하여 얻은 것이 무엇이건 간에 그것은 우리의 자유의지에 의한 것이 아니라 하나님의 자유로운 은혜에 의한 것이라고 생각해야 한다. "자기의 기쁘신 뜻을 위하여 너희에게 소원을 두고 행하게 하시나니"(빌 2:13). 자유의지는 공적을 쌓아가지만 자유로운 은혜는 인간의 공적을 인정하지 않는다. 그러므로 우리는 다윗처럼 '당신의 소유를 당신께 드린 것입니다', 즉 '주여 이것은 당신이 주신 것입니다' 라고 말해야 한다. 이와 같이 우리는 겸손해야 한다. 실로 우리의 모든 선행은 하나님의 성령으로부터 온다. 그런데 그것이 우리 마음에 들어와 교만과 섞이므로 우리가 비천해지는 것이다. 따라서 선행은 절대적이라기보다는 상대적이다. 즉 '우리의 의' 는 '배설물' (빌 3:8)과 '더러운 옷' (사 64:6)이 된다. 이와 같이 우리가 받은 은혜를 보고 자만하여 마음을 더럽히지 않도록, 하나님께서 주신 것과 우리 자신의 더러움을 구별하고 진지하게 생각해 보는 것이 필요하다.

강해 3

아들 이삭을 제단에 바칠 때에. 아브라함이 이삭을 제물로 올려놓았을 때 이미 아브라함의 마음속에는 하나님의 명령에 대한 복종의 마음이 자리하고 있었다. 실제로 아들을 죽이지만 않았을 뿐이지 그것은 명령에 순종한 것과 동일한 것이었다. 복종에 대한 진지한 결의는 곧 복종이라는 사실을 주목하라. 이에 하나님께서는 아브라함의 순종을 받아들이시고 그의 죄를 사해 주셨으며 아들도 살려 주셨다. "내가 이르기를 내 허물을 여호와께 자복하리라 하고 주께 내 죄를 아뢰고 내 죄악을 숨기지 아니하였더니 곧 주께서 내 죄악을 사하셨나이다"(시 32:5). 우리도 아브라함과 같은 순종에 대한 결의를 가져야 한다. 그러한 뜻으로 우리의 죄를 자복하면 또한 사함을 얻게 된다. 아브라함의 모습을 통해 생각해 볼 수 있는 것은 다음과 같다. (1) 아브라함이 실행에 옮길 각오를 했던 것을 볼 때 그의 결의는 진지하고 단호했다. 다시 말해서 그것은 오늘 해야 할 일을 내일 하리라고 미루면서 현재의 의무를 저버리는 것과 같은 헛된 결의가 아니었다. 오늘 할 일을 내일로 미루는 식의 결의는 아무 소용없는 그저 스치고 지나가는 생각이며, 하나님께서도 그것을 아신다. "주는 마음의 비밀을 아시나이다"(시 44:21). 또한 주께서는 그렇게 미루는 것이 그저 무난한 거절이거나 거짓된 대답이요, 양심의 요구와 재촉을 피하는 것임을 아신다. 다음에 한다는 식으로 결의하는 것 이상으로 현재의 나태함을 합리화하는 일은 없다. 하나님께서는 아브라함의 결의를 보려 하셨고, 아브라함은 기꺼이 하나님의 명령을 따르고자 했다. (2) 정당한 이유가 없는 한 결의를 끝까지 행동에 옮겨야 한다. 그렇다면 정당한 이유란 무엇인가? 첫째, 아브라함의 경우처럼 하늘로부터 저지를 받을 때다. 아브라함이 하나님의 명령에 의해 저지된 것처럼 우리도 하나님의 뜻에 의해 저지될 수 있다. "네가 내 이름을 위하여 성전을 건축할 마음이 있으니 이 마음이 네게 있는 것이 좋도다 그러나 너는 그 성전을 건축하지 못할 것이요…"(왕상 8:18-19). 오로지 하나님의 뜻만 우리의 경건한 결의를 돌려놓을 수 있다. 둘째, 극복할 수 없는 나약함에 의해 방해받을 때다. 바울도 자신이 결의한 것만큼 행동하지는 못하였다. "원함은 내게 있으나 선을 행하는 것은 없노라"(롬 7:18). 이런 경우에 하나님께서는 그 마음속에 있는 것을 보신다. 1) 이러한 사실은 기꺼이 행하고자 한 일을 이행하지 못하여 심히 낙심하고 있는 하나님의 백성들에게 위안이 된다. 의사는 환자가 먹을 수 있는지가 아니라 식욕이 있는지를 보고 그 환자의 병을 판단한다. 마찬가지로 하나님께서도 우리의 의지를 보시고 심판하신다. 우리의 의지와 욕구는 하나님께서 북돋우셔서 자유롭고 자연스럽게 주시는 것이며, 은혜의 소산이다. 실천에 옮기지 못하는 경우가 있다 하더라도, 우리가 해야 할 일을 하고자 하는 강렬한 의지는 으레 진지하고 순수한 것이기 마련이다. 자신의 행위를 실천에 옮길 수 없었을 때라도 하나님의 자녀들은 자신의 내적 동기와 하고자 하는 마음을 하나님께 보여 드릴 수 있다. "주님 모든 것을 아시오매 내가 주님을 사랑하는 줄을 주님께서 아시나이다"(요 21:17), "주의 이름을 경외하기를 기뻐하는 종들의…"(느 1:11). 2) 이러한 사실은 우리에게 자신의 의지를 중시하라고 충고한다. 그렇게 하지 않으려 해도, 많은 사람들이 점점 사악해져 가고 있다.[174] 그러나 하나님께서는 사람들의 마음을 주시하신다. "음욕을 품고 여자를 보는 자마다 마음에 이미 간음하였느니라"(마 5:28). 그러므로 세네카도, 사람이 사악한 마음을 가지면 그것이 행동으로 나타나지 않았을지라도 죄라고 단정했다. 바벨론 사람들의 마음과 의도를 아셨을 때 하나님께서는 그 왕을 주목하셨다. "그의 마음은 허다한 나라를 파괴하며 멸절하려 하는도다"(사 10:7). 우리는 선한 동기와 의지를 갖도록 주의해야 한다. 3) 이 사실은, 하나님께서는 돌아온 죄인들을 기꺼이 받아들이신다는 것을 보여준다. 아버지는 아들이 먼 나라로 갔어도 아들을 기다렸다(눅 15장). 우리가 반항의 무기를 내려놓고 기꺼이 하나님께로 향해 갈 때, 하나님께서는 달려오셔서 불쌍한 영혼의 목을 껴안고 먼저 위로해 주심으로써 그 마음을 흡족하게 해 주신다. "그들이 부르기 전에 내가 응답하겠고 그들이 말을 마치기 전에 내가 들을 것이며"(사 65:24). 하나님께서는 우리가 의무를 이행할 것을 예상하시고 때로는 은혜로 그것을 미리 막기도 하신다. '나를 이끌어 돌이키소서' 라고 에브라임이 간구하였을 때, 하나님께서는 '나의 사랑하는 아들 기뻐하는 자식' 이라고 말씀하셨다(렘 31:18,20). 우리가 하나님을 바라보기만 하여도 하나님께서는 우리에게 달려오신다. 4) 이 사실은 하나님의 목적과 약속을 우리가 기쁘게 받아들여야 한다는 것을 보여준다. 다시 말해서 우리는 하나님께서 약속하시는 것들이 실제로 성취된 것처럼 확신하며 그것들을 대해야 한다. "무너졌도다 무너졌도다 큰 성 바벨론이여"(계 14:8). 하나님께서는 하나님의 목적이 실행된다는 것을 알려 주시므로 우리는 지극히 당연하게 약속이 성취된다는 것을 알 수 있다. "어찌 그 말씀하신 바를 행하지 않으시며 하신 말씀을 실행하지 않으시랴"(민 23:19). 하나님의 뜻은 우리 인간의 뜻처럼 변하지 않으며, 하나님의 능력은 우리의 능력처럼 제한되어 있지 않다.

174) 'Solve leonem et senties.'

강해 4

이삭을 제단에 바칠 때. 야고보는 아브라함의 믿음이 진실되다는 것을 말하고자 이 문구를 사용하였다. 만약 이 문구가 아니라 하나하나의 행위, 즉 아브라함의 행위를 언급하고 있다면 그것은 믿음에 대해 설명하려는 것이 아니다. 자기를 부정하라고 강권하는 사람들은 속물적인 사람들에게는 성가신 존재다. 다윗은 아무 희생도 치르지 않는 봉사를 경멸하였다. 자신의 이성, 감정, 권리를 부정해야 한다는 점에서, 희생은 믿는 자를 시험하는 데 적합한 수단이다. 아브라함의 행위에서 주목할 만한 점을 살피고 그와 같이 행하도록 하자. (1) 큰 시험이었다는 것을 주목하라. 자신의 아들, 사랑하는 아들, 외아들, 기다리던 아들, '자신의 몸이 노쇠해지고 사라가 생산할 수 없을 때' 얻은 아들, 나아가 언약의 아들을 제물로 드리는 것이 그 시험이었다. 자연스러운 어버이로서의 사랑과만 싸워야 한다 하더라도 그것은 큰 시험이었을 것이다. 자손에 대한 사랑은 항상 간절한 법이다. 더구나 이삭에 대한 사랑에는 특별한 사연이 있었다. 그러나 아브라함은 자연스러운 애정뿐 아니라 이성과도 싸웠으며, 이성뿐 아니라 믿음과도 싸웠다. 말하자면 아브라함은 자신의 소망 전부인 아들을 죽여야 했다. 그리고 그 모든 일을 자신이 직접 해야 했다. 자신의 손으로 한 칼에 자신의 모든 위안인 아들을 베어야 했다. 그와 같은 처형은 혈육에게는 마치 자기 자신이 처형되는 것처럼 쓰라리고 혹독한 것이다. 아! 아브라함처럼 하나님을 위해 자기를 부인하지 못하는 우리 자신이 얼마나 부끄러운가! 쉽고 명료한 때에만 하나님께 복종하고 어렵고 불편하여 따르기 힘겨운 때에는 복종하려 하지 않는 우리 자신을 부끄럽게 여기자. 의무를 잘 이행할 경우, 공적 의무는 세속적인 이익과 반대되는 법이고, 사적 의무는 세속적인 감정과 반대되는 법이다. 우리는 우리 가까이에 있는 소중한 것들을 모두 포기할 수 있는가? 우리는 '자신의 이삭'을 제물로 드릴 수 있는가? 이런 것 하나하나가 다 믿음에 대한 시험은 아니지만, 자기 부인을 말해 주는 것들이다. (2) 아브라함이 즉각적으로 순종했다는 것을 유념하라. 아브라함은 믿음의 본보기일 뿐 아니라 순종의 본보기이기도 하다. 그는 믿음의 상징으로서 약속을 받아들였고, 순종의 상징으로서 자신의 외아들을 제물로 드렸다(히 11:17). 첫째, 아브라함은 즉각적이면서도 기꺼이 순종하였다. "아브라함이 아침에 일찍이 일어나 나귀에 안장을 지우고…"(창 22:3). 아들을 번제로 드려야 하는 경우라면 될 수 있는 대로 시간을 늦추려고 할 수도 있었을 텐데, 그는 일찍이 서둘렀다. 우리는 자신의 일을 할 때는 그렇지 않으면서 의무를 이행할 때는 인색하기 마련이다. 그래서 그런 일은 일찍부터 시작하지 않는다. 둘째, 아브라함은 단호하게 행하였다. 그는 아내, 하인 그리고 이삭에게도 그것을 숨겨서 자신의 충실한 결의가 바뀌지 않게 하였다. 아! 오늘날 어느 누가 의무를 수행할 때 방해받지 않기 위해서 주변 환경을 이처럼 규제하겠는가? 셋째, 아브라함은 세속적인 핑계를 대지 않았다. 어려운 일을 행해야 할 경우에 우리는 보통 그 명령을 회피하려 한다. 그래서 '어떻게 하면 명령에 복종할 수 있을까' 가 아니라 '어떻게 하면 명령받은 일을 모면할 수 있을까' 를 궁리한다. 만약 우리에게 그런 시험이 주어졌더라면 우리는 우리가 들은 명령을 의심하거나 그것을 다른 의미로 받아들였을 것이다. 그래서 이삭과 비슷한 아이 또는 새끼 양이나 새끼 염소 등 어린 가축을 제물로 드리고는 그것을 이삭이라고 불렀을지도 모른다. 이처럼 오늘날 우리는 종종 명령의 성질을 곡해하고 의무를 변경하여 교묘하게 의무를 소홀히 한다. 이것은 이교도들이 사람을 바치라는 명령을 받았는데 촛불을 바쳤다거나, 헤라클레스가 산 사람 대신 색칠한 가짜 사람을 제물로 드렸던 것과 같다. 그러나 아브라함은 하나님의 약속을 믿는 것과 명령에 복종하는 것 사이에서 망설여지는 상황에 있었으므로 그럴 듯한 핑계를 댈 수 있었는데도 그렇게 하지 않았다. 하나님께서 아브라함의 믿음을 시험하셨을 때, 그의 복종이 자연스런 감정과 충돌했듯이, 그의 믿음 역시 그의 당연한 이유와 충돌하였다. 그러나 아브라함은 '하나님이 능히 이삭을 죽은 자 가운데서 다시 살리시며' (히 11:19) 명령과 약속을 일치시키실 것이라고 생각하였다. 우리 같으면 이런 상황에서 얼마나 쉽사리 빠져나와 위선적이고 변명적인 신앙심으로 명령에 불복종했겠는가! 하지만 아브라함은 이삭을 제물로 드렸다.

[22] 네가 보거니와 믿음이 그의 행함과 함께 일하고 행함으로 믿음이 온전하게 되었느니라.

아브라함의 예를 들고 나서, 야고보는 '네가' 라는 호칭을 사용하여, 거짓된 믿음을 갖고 죄악에 찬 삶을 영위해 가는 오만한 위선자에게 강력하게 자신의 주장을 펴고 있다.

네가 보거니와. 야고보는 위와 같은 예를 안일한 세속주의자에게 들려줌으로써 그를 각성시키려 한다. '네가 보거니와' (네가 보느냐?)는 다시 말해서 '분명하지 않으냐', 또는 의문문으로 하지 않으면 '네가 보고 있다' 란 뜻이다.

믿음이 그의 행함과 함께 일하고. 이 문구에 대해서는 해석이 분분하다. 가톨릭 교도들은 이 문구가 의롭다 인정을 받으려면 행위가 믿음에 일치되어야 함을 보여주고 있다고 주장한다. 즉 행함과 믿음이 함께 칭의의 동기가 된다는 것이다. 그러나 그런 식으로 해석할 경우, 야고보는 '믿음이 그의 행함과 함께 일하고' 가 아니라 '행함이 그의 믿음과 함께 일하고' 라고 말한 것이 된다. 희랍 정교에서는 이것을 약간 다르게 해석한다. 나도 역시 그들의 해석을 지지하는데, 아브라함의 믿음은 있는 그대로의 공공연한 신앙고백에 머무르지 않고 행함이 따랐다는 것이 그 내용이다. 즉 아브라함의 믿음은 효력이 있었으므로 그의 행위에 영향을 주었고, 다른 모든 은혜들과 상호 작용하였다. 믿음은 영향력이 있어서, 믿는 가운데 그것 자체의 힘을 발휘할 뿐 아니라 행하는 가운데서도 영향력을 가진다.

행함으로 믿음이 온전하게 되었느니라. 이 구절 또한 여러 가지로 해석되고 있다. 가톨릭 교도들은 의롭다고 인정받는 문제에 있어서, 믿음은 행함으로 말미암아 가치가 부여되고 온전해진다고 주장한다. 그러나 이것은 아낌없는 하나님의 사랑을 모독하는, 다시 말해서 성경의 부단한 가르침에 상반되는 생각이다. 성경은 행위가 믿음에 가치를 부여해 주는 것이 아니라, 믿음이 행위에 가치를 부여해 준다고 말씀하고 있다(롬 14:23; 히 11:4-6). 또한 행함이 절대 가장 중요한 것은 아니고 더욱이 칭의의 온전한 동기가 될 수도 없으므로, 여기서는 결코 중시될 수 없다. 가톨릭 교도들의 해석이 잘못되었다는 것이 증명되었으니, 여러 다른 해석들을 살펴보자. (1) 어떤 학자들은 '온전하게 되었느니라' 라는 구절을 '알려지고 드러났다' 는 의미로 해석한다.[175] 이것은 하나님의 능력이 "약한 데서 온전하여짐이라"(고후 12:9)라고 하는 것과 마찬가지의 의미다. 그 어떤 것도 나약한 인간에게서 빌려 올 필요가 없는 하나님의 능력에 우리의 능력으로 무엇인가를 덧붙여야 된다고 생각하는 무모한 사람은 없다. 행함으로 믿음이 '온전하게' 된다고 하는 까닭은, 행함이 외부로 드러나는 믿음의 증거가 되기 때문이다. 믿음이 온전하게 된다고 표현한 이유는 다음의 두 가지 중의 하나다. 첫째, 믿음은 눈에 보이지는 않지만 눈에 보이는 물질적인 것들을 능가하여 온전해질 수 있기 때문이다. 둘째, 믿음이 그에 상응하는 필연적인 행위로 결실을 맺을 때 그 믿음은 성숙하여 온전해지기 때문이다. 이 두 가지 중에 후자가 올바른 이유일 것이다. (2) 그러나 어떤 학자들은 이 구절을 이렇게 해석한다. '행함이 함께하지 않는 믿음이나 신앙고백은 충분하지도 온전하지도 못하다. 즉 믿음과 행함은 신자에게 필요한 두 가지 본질적인 요소다.' 이러한 해석은 야고보의 의도와 아주 잘 부합된다. (3) 나는 매우 간단하면서도 적절하게 이 구절을 해석해 보고자 한다. 즉, 순종이 따르는 믿음은 온전해진다. 다시 말해서 그러한 믿음은 심령의 내적 활기가 행동과 실천에 의해 증가되듯이 점점 진보된다. 요컨대 잭슨(Jackson) 박사가 이야기했듯이,[176] 행함으로 믿음이 온전하게 되는 것은 행함의 온전함이 믿음 때문이라고 간주해서가 아니라, 행함이 본래의 믿음에 활기를 북돋우고 이에 영향을 미치기 때문이다.

강해 1

믿음은 신자들의 모든 행위에 영향을 미친다(참조. 히 11장). 즉, 믿음은

175) 'Opera non sunt causa quod aliquis justus sit apud Deum, sed potius sunt executiones et manifestationes justitiæ'—*Thom. Aquin. in Gal.* iii., lect. 4.

176) Jackson of Faith.

신자들의 주된 행동 원리다. 믿음의 행위들은 외적으로는 다른 은혜들에 속하기도 한다. 그러나 그것은 이렇게 생각할 수 있다. 군인들 개개인이 전쟁터에서 훌륭하게 싸웠다 할지라도 싸움은 장군이 지휘하고 감독한 것이기 때문에, 우리는 장군이 승리했다고 말한다. 마찬가지로 다른 모든 은혜들이 행진하여 섭리에 따라 움직이지만 결국은 믿음의 지휘 아래 싸우는 것이므로, 승리와 직무를 이행한 데 대한 영예는 믿음에게로 돌아간다. 믿음은 거룩한 삶을 영위해 가면서 행하는 모든 일에 지대한 영향을 미친다. 믿음이 그렇듯 지대한 영향을 미치는 이유는 다음과 같다. (1) 믿음은 '사랑으로 역사하는' (갈 5:6) 신묘한 원리를 지니고 있기 때문이다. 믿음은 하나님의 사랑을 드러내며, 그 사랑의 단맛을 맛보게 한다. 하나님의 사랑은 너무나 인정 어린 권면이기 때문에 믿음을 가진 자는 결코 '아니오' 라고 말하지 못한다. 그렇기 때문에 바울은 갈 2:20에서 믿음의 정수를 다음과 같이 말하고 있다. "나를 사랑하사 나를 위하여 자기 자신을 버리신 하나님의 아들을 믿는 믿음 안에서 사는 것이라." 신자들이 머뭇거리고 주저할 때 그들 속에서 믿음은 이렇게 외친다. '그리스도께서는 너를 사랑하셨고 너를 위해 자기를 버리셨다.' 이는 아우구스투스가 부하의 간청을 거절했을 때, 그 부하가 그에게 '나는 악티움 해전에서 당신을 이런 식으로 섬기지는 않았습니다' 라고 말했던 것과 흡사하다. (2) 믿음은 큰 용기를 준다. 믿음은 하나님의 능력 속에 있는 도움과 하나님의 은혜 속에 있는 용서, 그리고 하나님의 관대하심 가운데 있는 상급을 발견하게 해 준다. 우리가 의심과 낙심으로 인해 나약해질 때 믿음은 '노력해 보라! 하나님께서 인정해 주실 것이다' 라고 말한다. 그리스도께서는 자신의 혼인 잔치에 오셔서 그의 신부에게 이와 같이 말씀하신다. "나의 꿀송이와 꿀을 먹고"(아 5:1). 비록 믿음에 밀랍이 섞여 있고 나약함이 내포되어 있을지라도, 그리스도께서는 그 믿음을 인정하시고 받으신다. 두려움 때문에 마음이 나약해지고 손의 힘이 풀릴 때도 낙담 가운데 그것에 눌려 지내지 않도록, 믿음은 우리에게 '제단 곁에 서서 금 향로를 가지고 있는 천사' (계 8:3)를 보여준다. 의무로서의 인간 행위는 그 자체에서 악취가 즉각적으로 풍겨 나오기 때문에 그리스도께서는 그렇게 하는 것을 막으시고 믿음으로 행하게 하신다. 그렇게 함으로써 믿음은 중보자의 수중에 있는 향기를 발하게 한다. 다시금 말하거니와 지금 나약함 가운데서 낙심하고 있는가? 믿음은 대답할 것이다. '너희는 나약하지만 하나님께서는 너희에게 힘을 주신다.' 우리 자신 속에 있는 나약함은 유익이 되는 것이지 방해가 되는 것이 아니다. 그 나약함 때문에 우리는 '주 안에서와 그 힘의 능력으로 강건하여지는'(엡 6:10) 것이다. 광주리가 비어 있을 때 은혜의 바다에서 나는 더 좋은 것을 채울 수 있다. 그래서 바울도 이렇게 말했다. "내가 약한 그때에 강함이라"(고후 12:10). 마음이 아무리 무감각한 상태에 있을지라도 하나님께서는 생기를 부어 주실 수 있으며, 또 기꺼이 그렇게 해 주신다. 대상 15:26에는 "하나님이 여호와의 언약궤를 멘 레위 사람을 도우셨다"고 기록되어 있다. 하나님께서는 우리가 육체적 노동을 할 때도 도우신다. 그러므로 우리는 육체 노동도 즐겁게 받아들일 수 있다. 하나님께서는 그들을 피로하지 않게 해 주심으로써 도우셨다. 하나님께서는 인간의 힘보다 큰 사랑, 기쁨, 소망을 주신다(참조. 느 8:10). 다시 말해서 나태하고 주저하는 마음이 될 때 또는 안일과 쾌락에 빠져 있을 때, 믿음은 하나님의 참된 도움을 받아 영광스러운 보상, 즉 기쁨을 줄 수 있다. (3) 믿음은 그것에 반대되는 성향들을 깨뜨린다. 세상이 이성의 터위에 서 있다면 믿음은 세상을 이긴다(요일 5:4). 믿음은 세상과의 싸움에 그리스도를 끌어들이고 영적인 응답과 해결을 얻음으로써 세상을 이긴다. 이성은 우리가 우리 자신을 위해 존재해야 한다고 말하지만, 믿음은 우리가 하나님을 위해 존재해야 한다고 말한다. 또한 이성은 우리가 이 길(믿음의 길)로 가다가는 파멸하리라고 말하지만, 믿음은 보이지 않는 것을 봄으로써 그 길은 모든 것을 구원하는 유일한 길이라고 생각하게 한다(참조. 고후 4:15-17). 그리고 이성은 애굽의 보화를 제시하지만 믿음은 하늘의 영원한 보상을 볼 수 있게 한다. 이러한 사실 때문에 신자는 때때로 자신의 내부에서 싸움이 일어나는 것을 느낀다.

그런즉 이 모든 것을 통하여 우리는 다음과 같이 추론해 볼 수 있다. (1) 우리는 믿음을 가지지 않으면 안 된다. 믿음은 생명과 똑같이 필요한 것이다. 믿음은 우리의 생명과 영혼의 원천이요, 온몸에 흐르는 혈(血)과 기

(氣)처럼 모든 순종의 바퀴를 돌아가게 하는 최초의 원동력이다. 하나님께서는 우리에게 그리스도가 필요한 것처럼 믿음 역시 필연적인 것이 되게 하셨다. 두레박이 없는데 깊은 우물이 무슨 소용이 있겠는가? 일을 하려고 하는 사람에게는 연장이 있어야 한다. 그런데 의무를 자각하고 있는 사람에게 믿음이 없을 수 있겠는가? (2) 믿음으로 모든 일을 행하라. 행함이 믿음과 함께하지 않으면 어떠한 행위도 선하다고 할 수 없다. 그러한 행위들은 반쯤도 받아들여지지 않는다. 믿음으로 아벨은 가인보다 더 나은(나을 뿐 아니라 '더 좋은') 제사를 드렸다(히 11:4). 그것은 '하나님을 기쁘시게 하는 자' 라는 증거를 받게 할 만한 제사였다. 믿음은 우리가 얻을 수 있는 최선의 도움이다. 믿음 없이 세속적인 목적을 추구할 때, 우리는 마땅히 가야 할 길을 걸어갈 수 없으며, 혹 의심에 빠져 있다면 그 마땅히 가야 할 길을 걸어갈 마음이 약해질 것이다.

강해 2

믿음은 행함에 의해 향상되고 더 완전해진다. 은혜를 소홀히 하면 점점 그것이 감퇴하고 쇠미해진다. 샘물은 마실수록 달다.[177] 생명력이 없고 쓸모없는 습관이 붙으면 그리스도인은 아무것도 얻지 못한다. 훈련을 통해 활용하지 않을 때 달란트는 녹슨 채 처박혀 있게 되고, 고도의 기능도 파묻힌 채로 있게 된다. 바울은 디모데에게 '하나님의 은사를 다시 불일듯 하게 하기를' (딤후 1:6) 기대하였다. 그것은 끊임없이 타야 할 성전의 불을 암시한다. 그런즉 의무에 충실하고 은혜의 행위를 분별해서 행하자. 살아가기는 하나 생기가 없는 사람들이 많다. 쇠퇴한 채로 있는 것은 알지 못하는 사이에 죽음을 향해 가는 것이다.

[23] 이에 성경에 이른 바 아브라함이 하나님을 믿으니 이것을 의로 여기셨다는 말씀이 이루어졌고 그는 하나님의 벗이라 칭함을 받았나니.

앞에서 아브라함을 예로 들어 주장했던 내용을 강조하기 위해서, 야고

177) '*Τὰ φρέατα ἐναντλουμένα βελτίω ἔστι.*'—Basil.

보는 성경의 증거를 들어 아브라함이 참된 믿음을 가졌으며 진정으로 의롭다 인정을 받았다는 것을 보여주고 있다.

이에 성경에 이른 바…말씀이 이루어졌고. 우리는 이렇게 물을 수 있다. 아브라함에 대한 이 말씀은 오래전 구약시대에 언급된 것인데, 이것이 어떻다는 말인가? 이에 관해 창 15:6과 22장을 비교해 보라. 또한 바울은 성경에 이른 바 아브라함의 믿음이 의롭다 여겨진 것은 '무할례시' (롬 4:10)였다고 말했다. 그것은 곧 이삭이 출생하기 전이니, 그를 제물로 드리기 이전임은 두말할 것도 없다. 이러한 점을 배경으로 해서 루터도 다소 무례한 표현으로 야고보서를 반박하였다.[178] 가톨릭 교도들은 이 문제를 다음과 같이 조정해서 이해하고자 했다. 즉 아브라함은 이삭을 바치기 전에 믿음으로 의롭다 인정을 받았지만, 야고보는 믿음만으로 그를 의롭다 하기에는 충분하지 않으며 칭의에는 행함 역시 필요하다는 것을 보여주고자 했다는 주장이다. 왜냐하면 행함이 뒤따라 완전해지기까지는 그의 의가 불완전하고 불충분했기 때문이라는 것이다. 소키누스주의자들(Socinians)[179]도 근거 없이 똑같은 주장을 한다. 즉 바울이 본문과 똑같은 '의' 라는 말로 행함이 없는 칭의를 말하였고(롬 4:2-3), 아브라함도 그러한 칭의를 입어 완전히 복된 자가 되었다는 것(6-8절)을 성경이 가르치고 있다는 주장이다. 이는 곧 만약 야고보가 행함으로 말미암는 의를 덧붙여 말하려고 했다면, 그는 모세와 바울도 반대했을 것이라는 말이다. 모세의 말은 결코 '행함의 의' 를 의미하지 않는다. 야고보는 믿음으로 의롭게 된다는 것을 분명히 주장하였다. 요컨대 편견을 없애기 위해, 우리는 말씀이 여러 가지로 '이루어진다' (상응한다)는 것을 주목해야 한다. 때때로 그 말씀의 주된 의도가 강조됨으로써 이루어지며, 보통은 비슷한 경

---

178) Luth. Præf. in hanc epistolam, ubi dicit, *Hœc verba Mosis violenter a Jacobo trahi et torqueri, Sc.*

179) 'Fides, nisi bonorum operum fructibus perficiatur, justificationem perfectam ac salutem sempiternam conciliare hominibus non potest, ut apertissime testatur Jacobus.—*Volkel de Vera Religione,* lib. iv, cap. 3, 139.

우에 성경이 인용됨으로써, 그리고 성직자들이 예를 들어 말하듯이 논증이 아닌 암시에 의해 이루어진다. 성직자들은 암시적인 의미와 엄격하고 주된 의미를 구별해서 설명한다. 하나의 성경 구절이 현재의 뜻에 맞게 적절히 인용될 때, 그것은 그 부분의 목적과 의도를 가리킨다는 뜻에서 '이루어진다' 고 말할 수 있다. 또한 성경 구절이 암시적으로 인용될 때, 또는 하나의 유사한 예로써 인용될 때, 그것은 그와 비슷한 경우도 있다는 의미에서 '이루어진다' 고 말할 수 있다. 그러므로 여기서 '이에…말씀이 이루어졌고' 는 아브라함의 믿음의 이러한 예와 경험에 비추어 볼 때 그가 믿음으로 의롭다고 인정받았다는 것을 다시금 말할 수 있다는 의미로 쓰인 것이다. 우리는 또한 아브라함이 아들을 바친 것(창 22장)에 대해서는 그가 처음으로 의롭다 인정받는 영예를 얻게 되었을 때 언급된 것(창 15장) 보다 더 그의 믿음을 잘 나타낸 것임을 인정해야 한다. 그리고 사건들이 매우 분명하게 예시될 때도 '이루어진다' 고 말할 수 있다. 예컨대 잘 알려진 구절인 행 13:32-33의 "너는 내 아들이라 오늘 너를 낳았다"는 말씀은 그리스도의 부활에 '상응하는' 말씀이라 할 수 있는데, 그 이유는 그리스도께서 부활하셨을 때 '하나님의 아들로 선포되셨기' (롬 1:4) 때문이다. 본문에서도 이와 같이 아브라함의 믿음이 명백히 드러났으므로 '그가 믿으니 의로 여기셨다' 고 틀림없이 말할 수 있다는 것을 보여준다. 이삭을 제물로 바치는 행위를 통하여 아브라함은 자신이 참으로 의로운 믿음을 지녔다는 것을 보여주었고,[180] 따라서 이러한 시험이 있은 후 주께서는 "내가 이제야 네가 하나님을 경외하는 줄을 아노라"(창 22:12)라고 말씀하셨다. 아마도 야고보가 이렇게 표현한 것은, 창세기나 바울의 교리를 들먹이면서 끌어낼 반박을 막기 위해서였을 것이다. 즉 그러한 표현은, 야고보의 가르침의 의도가 사람들로 하여금 믿음의 의를 부인하게 하려는 것이 아니라 사람들에게 이에 대한 관심을 분명히 하게 하

180) As also the author of the book of Maccabees saith it was now fulfilled ; *Ἀβραὰμ ἐν πειρασμῷ εὑρέθη πίστος καὶ ἐλογίσθη αὐτῷ εἰς δικαιοσύνην.*—1 *Mac*, ii. 52.

려는 것임을 보여준다. 또한 아브라함의 의의 증거는 그와 같이 제시된 가르침에 순종하는 것과 같다는 것을 암시하고자 한 것이다.

아브라함이 하나님을 믿으니 이것을 의로 여기셨다. '이것을 의로 여기셨다' 라는 구절은 원문에서는 단지 '이것이 하나님에게 인정받고 용납되었다' 는 것을 뜻한다. 구약성경에서는 그 말이 종종 이와 같은 의미로 사용되고 있다. 이를테면 비느하스가 한 일로 인해서 그것이 그의 '의로 인정되었다' 고 기록하고 있다. "비느하스가 일어서서 중재하니 이에 재앙이 그쳤도다 이 일이 그의 의로 인정되었으니 대대로 영원까지로다"(시 106:30-31). 이 구절에서 성경은 우리가 어떻게 의롭다 여김을 받는가에 대해서 말하지 않고, 단지 어려움을 당하고 낙심해 있으면서도 믿음으로 행하는 의무를 수행하면 하나님께서 매우 기뻐하신다는 것을 말하고 있다. 사실 야고보가 이 말씀을 인용한 것은 행함의 의가 아니라 믿음의 의를 보여주기 위해서다. "성경이 무엇을 말하느냐 아브라함이 하나님을 믿으매 그것이 그에게 의로 여겨진 바 되었느니라"(롬 4:3). 그러나 나는 야고보가 이 말을 사용함에 있어서, 믿음은 의로 결정된다는 단일한 의미로서 그것을 논리적으로 엄격하게 표현한 것이라고 생각하지 않는다. 야고보는 단지 아브라함이 하나님께로부터 최초의 증거와 엄숙한 승인을 받은 것은 그의 믿음 때문이었다는 것을 보여주고자 이 말씀을 인용했다. 성경의 표현들을 그것이 처음 사용된 예와 그 후 계속해서 사용된 예를 고찰해 보지도 않고 단일한 의미만을 강력하게 내세우면 오류와 모순이 생기는 것은 당연한 일이다. 이제 칭의라는 문제에 대한 중대한 논의에는 더 이상 끼어들지 않으려 한다. 다만, 바울 서신[181]에서는 주로 그리스도의 의가 우리에게 주어져 우리로 하여금 하나님께 의롭다 인정받게 하였다는 것을 가르치고 있으며, 또한 믿음으로 그러한 의를 받는다고 말하고 있음을 주목하자. 그러나 믿음으로 의롭게 된다는 것이 우리에게 은혜로 주어진 것이나 선행을 무의미하게 만드는 것은 결코 아니다. 그렇다고 해서 가톨릭이 주장하는 것처럼 그것이 우리를 구원하는 것도 아니다. 오직

181) 롬 4:23-25; 5:19; 고전 1:30; 고후 5:21; 빌 3:9을 참조하라

믿음으로 그리스도와 그분의 비길 데 없는 의를 받아들일 때, 즉 그리스도와 관계된 상태에서 믿음 안에서 행하는 선행은 하나님을 기쁘시게 한다. 그리고 우리가 믿음에 대해 유일하고도 효과적인 방편이라고 하든지 아니면 우리가 행해야 할 의식이나 그와 관련된 행위라고 하든지 간에 결국은 모두 똑같은 결과와 목적을 갖는다. 단순히 단어들과 표현만을 놓고 논쟁하다 보면 지나치게 까다롭게 비평을 위한 비평만 하게 된다.

그는 하나님의 벗이라 칭함을 받았나니. 야고보는 '그는…칭함을 받았다' 라고 말하고 있는데, 이는 곧 '그는 하나님의 벗이었다' 의 뜻이다. 예컨대 사 48:8을 보면, "모태에서부터 네가 배역한 자라 불린 줄을 내가 알았음이라"라는 표현이 있는데, 이도 '너는 배역한 자다' 의 뜻이다. 이와 같은 경우는 신약에도 있다. 요일 3:1에는 "하나님의 자녀라 일컬음을 받게 하셨는가"라고 기록되어 있다. 이 말은 '하나님의 자녀라고 하셨는가' 로 볼 수 있다. 이러한 표현은 성경에서 아브라함에게 정중한 호칭을 사용하고 있다는 암시기도 하다. 예컨대, 이사야서의 "이스라엘아…나의 벗 아브라함의 자손아"(사 41:8)라는 구절과 역대기의 "우리 하나님이시여…그 땅을 주께서 사랑하시는 아브라함의 자손에게 영원히 주지 아니하셨나이까"[182](대하 20:7)라는 말씀이 그와 같다. 그리고 아브라함에게 이러한 명칭이 붙여진 것은, 그가 하나님과 깊이 사귀었고 하나님과 긴밀한 언약을 맺었기 때문이다. 아브라함은 세상의 왕들이 자기와 대등한 자나 친구들에게 대하는 것과 같은 정중한 대우를 하나님께로부터 받았다. 그러므로 아브라함에게 이 명칭이 붙여지고 있는 구절은 언약과 관계가 있는 구절이다. 본문에서도 아브라함이 이삭을 제물로 드림으로써 자신의 믿음과 순종을 증거하였으며, 그때 언약이 갱신되고 확고해졌으므로 그에게 하나님의 벗이라는 명칭이 붙여졌다고 기록하고 있다.

강해 1

성령의 증거는 행위에 의해서 확증된다. 야고보는 '이에…말씀이 이루

182) '*Εμρατυρήθη μεγάλως Αβραάμ καὶ φίλος προσηγορεύθη τοῦ θεοῦ.*'—*Clem. in Epist. ad Cor.*

어졌고' 라고 말했는데, 이것은 곧 하나님의 증거, 즉 아브라함이 참된 신자였다는 것이 드러났다는 의미다. 성령께서는 때때로 내적인 속삭임과 음성으로써 우리에게 다가오셔서 우리를 확신시키신다. 그리고 때로는 은혜로운 성품을 우리에게 심어 주심으로써, 말하자면 우리로 하여금 그분의 마음을 갖게 함으로써 우리를 확신시키신다. 이 두 방법을 우리가 깨달을 수 있다는 것, 즉 성령의 증거와 함께 물의 증거를 받는다는 것은 다행한 일이다(참조. 요일 5:8). 신중히 생각해서 행동한다면 미혹에서 벗어나 최선의 길을 찾아갈 수 있다. 그렇게 할 때 순간적인 쾌락에 내포된 기만을 배제할 수 있다. 정열적인 사람들은 짧은 순간의 자그마한 부추김에도 넘어가기가 쉽다. 행함은 좀 더 느끼기 쉽고 지속적인 성령의 증거이므로, 더 오래 유지되는 즐거움을 가져다 준다. "이로써 우리가 진리에 속한 줄을 알고 또 우리 마음을 주 앞에서 굳세게 하리니"(요일 3:19). 즉 사랑과 자비가 깃든 실제적인 행위로 말미암아 그렇게 해야 한다. 순간적인 영감은 좀 더 변하기 쉽고 스쳐 지나가는 경향이 있다. 그러한 성령의 역사는 삼손에게 일어났던 외적인 역사와 비슷하다. 여호와의 신은 때때로 그에게 임하였고, 그 여호와의 신이 물러갈 때마다 그에겐 새로운 망설임과 의심이 생겼다. 그러나 은혜로 말미암는 시험은 철저하며 오래간다. 실로 그것은 우리를 향하신 하나님의 연속적이고도 진실하신 사랑의 확인이다. 섬광같이 잠깐 동안만 위안이 되는 것들은 우리가 그것을 느끼는 동안에만 즐겁고 유쾌할 뿐이지만, 은혜로 말미암는 것들은 '하나님의 씨가 그의 속에 거하고' (요일 3:9), '기름부음이 그 안에 거한다' (요일 2:27). 이는 은혜가 변하지 않는 영광이요, 영혼의 지속적인 양식이기 때문이다. 그러나 순간적인 영감도 하나님의 선물이다. 그러한 매혹적인 위안들은 제사 의식 때 하나님께서 그분의 백성에게 베풀어 주셨던 진미와 같다. 그런즉 다음과 같은 것을 배우자. (1) 무엇이 선행이냐는 질문의 답은 항상 명백하다. 어두움 속에 있는 자들이나 변덕쟁이들은 그 명백한 답을 인정하려고 하지 않는다. 그러나 그것은 그 잘못이 사람에게 있는 것이지 선행 자체에 있는 것은 아니다. (2) 시험당할 때 온갖 선한 양심으로 하나님께 자신을 보여 드려야 한다. 그렇게 할 때 그리스도와의 관계속에서 생기는 불완전한 마음의 속삭임과 생각들을 바르게 알 수 있다. 아브라함이 시험당할 때 했던 것처럼 행하라. 그는 부름을 받았을 때 주저 없이 자기 고향을 떠났고, 아이가 없었는데도 많은 후사를 주겠다는 약속을 믿었다. 그리고 하나님께서 그를 시험하셨을 때, 그는 이삭을 제물로 바쳤다. 하나님께서 우리의 믿음을 시험하시거나 어려운 일을 행하라고 명령하실 때야말로 하나님께 충성함으로써 확신을 얻을 수 있는 특별한 기회다.

강해 2

믿는 자들은 하나님의 벗이다. '벗' 이라는 명칭은 아브라함에게만 붙여질 수 있는 것이 아니라, 모든 의로운 자들의 명칭이다. 그런즉 그리스도께서도 '우리 친구 나사로가 잠들었도다' (요 11:11)라고 말씀하셨다. 요 15:15에서는 이보다 더 명확하게 말씀하셨다. "이제부터는 너희를 종이라 하지 아니하리니…너희를 친구라 하였노니." 이제 믿는 자들은 하나님의 친구다. (1) 왜냐하면 믿는 자들은 그리스도 안에서 하나님과 완전히 화목하게 되었기 때문이다. 우리는 본래 하나님의 원수였지만(골 1:21), 하나님께서는 우리를 용서해 주실 뿐 아니라 우리를 친구로 받아들이시려 하신다. 압살롬은 용서를 받았지만 왕의 얼굴을 보지 못하였다. 전에는 약속을 이행하지 않고 죄를 범하였을 때 죄의 상처는 치유되어도 그 흔적은 남았다. 그러나 이제 우리는 죄 짓지 않은 상태로 되돌아갈 뿐 아니라 하나님과 친구가 되는 위치에까지 이르게 되었고, 나아가 보다 높은 행동원리를 갖게 되었다. 하나님께서는 회개하는 자를 용서해 주실 뿐 아니라 그들을 기쁘게 받아들이신다. 우리는 죽지 않았을지라도 죽어 있었던 것이다. 그러한 전락은 더욱 영광스럽게 되살아나기 위한 길이다. 이는 부러진 뼈가 잘 맞춰지면 부러졌던 부분이 더욱 튼튼해지는 것과 같다. (2) 믿는 자들에게 전달되는 모든 약속과 의무는 우호적인 방법으로 전해진다. 예컨대 첫째, 선한 것을 주신다. 플루타르크는, 친구는 모든 것을 공유한다고 했는데, 이는 매우 적절한 표현이다. 그러나 하나님이 우리의 친구시므로 이제는 이교도의 그런 설익은 말은 필요 없다. 언약 가운데 하나님은 우리의 하나님이 되시고, 우리는 하나님의 백성이 된다(렘 31:33; 32:38; 슥 13:9). 하나님은 자신의 탁월하신 그대로를 우리에게 내어 주셨으며, 그렇게 자신의 전체를 포기하심으로써 우리에게 자신을 주셨다. 언약은 약혼과 같으며, 이는 선지자 호세아의 말 속에도 명시되어 있다. "너는 많은 날 동안 나와 함께 지내고…나도 네게 그리하리라"(호 3:3). 하나님께서는 자기 자신 및 자신의 권능과 자비를 우리에게 내어 주셨으므로, 그분이 베풀어 주시는 어떠한 것도 은총 이외의 방법으로 우리에게 오지 않는다. 그것은 비처럼 누구에게나 자비롭게 내리므로 '복된 소낙비'(겔 34:26)가 될 것이다. 그러므로 우리도 지극히 하찮은 것까지 하나님께 맡겨야 한다. "말 방울에까지 여호와께 성결이라 기록될 것이라"(슥 14:20). 그리고 모든 일을 성별해야 한다. 둘째, 비밀을 전해 주신다. 우리 주님은 이와 같은 관계 맺기를 촉구하신다. "이제부터는 너희를 종이라 하지 아니하리니 종은 주인이 하는 것을 알지 못함이라 너희를 친구라 하였노니 내가 내 아버지께 들은 것을 다 너희에게 알게 하였음이라"(요 15:15). 종은 단지 자기의 의무와 일에 관련된 것만을 알 뿐이다.[183] 주인은 명령을 하면서 그 명령의 동기를 종들에게 말해 주지 않는다. 그러나 그리스도께서는 친구처럼 다정하게 제자들을 대하셨다. 그리스도께서는 자신의 부활, 성령의 사역, 이방인들을 부르심, 최후의 심판, 영생 등 하나님의 비밀을 모두 공개하셨다. 그러므로 우리는 그리스도의 마음속을 보고 그분의 비밀을 알게 된다. "내가 하려는 것을 아브라함에게 숨기겠느냐"(창 18:17). 그리스도께서는 우리의 구원과 평안에 관계되는 모든 것을 우리에게 알려 주려고 하신다. 그런즉 우리 신자들도 하나님께 우리의 비밀을 털어놓게 된다. 그리고 은혜의 보좌 앞에 당당히 나아가게 된다(엡 3:12; 히 10:19). 즉 말에 있어서의 자유를 가지고 나아가는 것이다. 또는 더 엄밀하게 말해서, 우리의 마음속에 있는 모든 것을 말할 권리를 가지고 나아가게 된다. 우리는 하나님과 더불어 자유를 누릴 수 있으며, 친구들끼리 서로 마음을 주고받듯이 그분에게 우리의 모든 슬픔, 두

183) 'Servus herilis imperii non servus est sed minister.' —*Seneca.*

려움, 필요한 것, 욕구 등을 일일이 고할 수 있다. "사람이 자기의 친구와 이야기함같이 여호와께서는 모세와 대면하여 말씀하시며"(출 33:11). 셋째, 하나님과 우리의 생각과 감정이 일치하고 상응한다. 진정한 우정은 생각이 비슷하거나 같을 때 이루어진다.[184] 친구인 하나님과 인간은 똑같은 것을 생각하게 된다. 즉, 성결을 수단으로, 하나님의 영광을 목적으로 생각하게 된다. "너희는 내가 명하는 대로 행하면 곧 나의 친구라"(요 15:14). 하나님의 생각과 다르게 행동하는 것은 거짓된 우정이다. "네가 니골라 당의 행위를 미워하는도다 나도 이것을 미워하노라"(계 2:6)라고 하신 것은 에베소 교회를 칭찬하는 말씀이었다. 우리가 똑같은 것을 사랑하고 미워하는 것, 즉 하나님께서 미워하시는 것을 우리도 미워하고, 하나님께서 사랑하시는 것을 우리도 사랑하는 것에 따를 만한 우정은 없다(참조. 시 139:21; 잠 8:13). 넷째, 하나님께서 우리에게 은혜를 베풀어 주실 때는 서로가 기쁘고 만족스러울 수 있게 주신다. 우리는 하나님을 즐거워하고, 하나님은 우리를 즐거워하신다. "여호와께서 너를 기뻐하실 것이며"(사 62:4). 즉 하나님은 우리의 인격과 믿음, 복종을 기뻐하신다. 우리 또한 하나님을 기뻐하고, 하나님께 드리는 일과 그분을 따르고 대하는 일을 기뻐하게 되며, 그분에 대해 생소함이나 거리감이 느껴지는 것을 참지 못하게 된다. 믿는 자들은 하나님과 친교하며 상호 교류를 하지 않고는 하루도 지낼 수 없으며, 한 가지 의무도 이행할 수 없다. 위선자들은 '하나님을 기뻐하지 않는다'(욥 27:10)라고 성경은 말한다. 형식적인 복종은 짐이다. 그래서 위선자는 병든 어린 양을 드리면서도 "이 일이 얼마나 번거로운고"(말 1:13)라고 말한다. 탕자는 아버지의 눈에 띄지 않는 먼 나라에 가고 싶어 했지만(눅 15장), 믿는 자들의 기쁨은 그리스도와 함께 있는 것이다. 그들에게는 그리스도의 하시는 일이 즐겁게 여겨지고, 주의 율례는 신자들의 노래가 된다(시 119:54). 하나님께서 아낌없이 은혜를 베풀어 주시듯 그들도 자진해서 의무를 이행한다. 하나님은 '그들에게 선을 베푸시기를 기뻐하시고', 그들은 '당신의 율법이 얼마나 즐거운지요!' 하

184) 'Eadem velle et nolle, ea demum firma est amicitia.' —*Sallust.*

며 찬양을 드리게 된다. 다섯째, 하나님께서는 각별한 호의와 관심을 갖고 믿는 자들을 대하신다. 믿지 않는 자들은 보통의 친절을 맛볼 뿐이지만, 믿는 자들은 '감추었던 만나'(계 2:17) 즉 다른 사람들은 알 수 없는 기쁨을 맛본다. 다른 사람들은 왕궁에 들어가는 데 그치지만(시 45:15), 하나님의 친구인 신자들은 거룩하신 왕의 침궁에 들어가(아 1:4) 다양하고 은밀한 은혜 가운데서 하나님과의 즐거운 교제를 누린다. 다른 사람들은 서로 간에 형식적인 편지를 주고받지만, 믿는 자들은 하나님으로부터 힘을 얻는다. 다른 사람들은 보통의 대우를 받지만, 그들은 위로를 얻는다. "나의 친구들아 먹으라"(아 5:1). 그런즉 다음과 같은 사실들을 생각해 볼 수 있다. ⑴ 의로운 자, 즉 하나님에 대한 우정과 그분을 기쁘시게 해 드리려는 마음으로 갈급한 자는 위로를 얻는다. 하나님은 우리의 친구시다. 우리는 그분의 원수였으나 그리스도를 통하여 그분과 가까워졌다. 하나님께서는 우리의 인격, 기도, 믿음, 외적으로 드러난 선한 사업 등을 기뻐하신다. 왕의 친구가 된다는 것은 크나큰 영광이다. 우리는 왕이 계시는 천국의 참아들이 아닌가! 하나님을 즐겁게 대면하고, 비록 충분하지는 않을지라도 최선을 다해 그분의 길을 따르는 것이야말로 우리에게 진정한 위안이 되는 일이다. ⑵ 우리의 죄가 하나님의 마음에 매우 가까이 있으니 이를 경계해야 한다. "그는…나의 가까운 친우로다"(시 55:13). 제자들에게 배신을 당했던 것은 그리스도에게 슬픈 일이었다. 그리스도를 슬프게 한 것은 그분의 성령을 똑같이 슬프게 한 것이다. "이것이 네가 친구를 후대하는 것이냐"(삼하 16:17). 다윗은 "내가 신뢰하여…나의 가까운 친구도 나를 대적하여…"(시 41:9)라고 하며 괴로워하였다. 예기치 않게 상처를 입으면 더욱 놀랍고 슬프다. 그런즉 신중하게 경계하며 행하라.

[24] 이로 보건대 사람이 행함으로 의롭다 하심을 받고 믿음으로만은 아니니라.

이로 보건대. 이 표현은, 이 구절이 전체의 내용에 비추어 보거나 아브라함의 예를 볼 때 결론에 해당된다는 것을 의미한다. 야고보는 여기서 바울의 추론 방법을 생각나게 한다. "그러므로 사람이 의롭다 하심을 얻는 것은 율법의 행위에 있지 않고 믿음으로 되는 줄 우리가 인정하노라" (롬 3:28). 아마도 이 말씀은 이러한 바울의 교리를 오용하는 잘못을 바로 잡기 위해 쓰인 듯하다.

행함으로. 즉, '경건한 생활에 힘입어' 의 의미다.

사람이…의롭다 하심을 받고. 위선자라는 말을 듣지 않게 되고, 믿음을 선하고 의롭게 나타내거나 정직한 자로 밝혀지는 사람을 본문에서는 '의롭다 하심을 받은 사람' 이라고 표현하고 있다. 야고보는 그리스도에 대해 '육신으로 나타난 바 되시고 영으로 의롭다 하심을 받으셨다' (딤전 3:16)고, 다시 말해서 그리스도가 하나님이시라는 것이 입증되었다고 말하는 것과 같다.

믿음으로만은 아니니라. '단순한 동의나 헛된 추측에 지나지 않는 증거 없는 신앙고백이나 죽은 믿음에 의해서가 아니다' 라는 뜻이다. 그러한 믿음은 인간을 의롭게 해 주지 못하므로 정확히 말해서 믿음이 아니다.

본 절에 대해 논의하는 데 있어서 중점적으로 해야 할 일은, 야고보와 바울을 조화시키는 일이다. 이 두 사도의 결론이 정반대인 것처럼 보이기 때문이다(참조. 롬 3:28; 갈 2:16). 바울은 또한 행위에 의한 칭의에 반대하면서 야고보와 같이 아브라함의 예를 들기도 하였다. 이렇게 두 사도가 한 말의 외관상의 차이를 일치시키는 데에는 많은 논란이 있어 왔다. 이러한 차이를 놓고 어떤 학자들은 본 서신서의 정경성을 부인한다. 루터와 루터 교회의 많은 신자들이 최초로 그 권위를 부정했던 사람들이다. 카메라리우스[185]는 야고보가 정열적으로 자기주장을 하다 보니 극도의 모순과 오류를 범하게 된 것이라고 경솔하게 말하였다. 그러나 이러한 설명은 마디를 잘라 내는 것이지 연결시키는 것은 아니다. 똑같은 진리의 성령에 감동되었던 사도들이 서로 상반되는 주장을 했을 리가 없다. 또한 한 가지 오류를 극도로 증오해 온 사람들이라면 또 다른 오류를 받아들일 수

185) Contentionis studium quoddam irritatum ab importunis ostentatoribus doctrinæ fidei, longius hujus epistolæ auctorem quasi extulisse videri possit, nam hoc in certaminibus semper fieri consucvit.' —*Camerar. in hanc Epist.*

있겠지만, 의심할 여지가 없는 성령의 도움으로 인도함을 받은 사람들에게서 그런 일이 일어난다면 그것은 신성 모독이다. 바울의 주장과 야고보의 주장을 일치시키려는 사람들은 어느 한 편의 권위를 부인하기보다는 여러 성경 구절을 존중하는 태도를 보여주고 있다. 이 두 사도의 주장을 일치시키기 위해서 여러 가지 방법이 제시되었는데, 이제 그것들을 검토해 보고 적절한 의견과 증거를 곁들여 최선의 대답을 찾아보고자 한다.

1. 가톨릭 교도들[186]의 주장은 이러하다. 즉, 바울은 의롭지 못한 사람을 의로운 사람이 되게 하는 일차적인 칭의를 말하고 있으며, 그가 말하는 행위는 믿음과 은혜 없이 오직 자유의지를 힘입어 행하는 것을 의미한다는 것이다. 한편 야고보는 의인을 더욱 의롭게 만드는 이차적인 칭의를 말하고 있으며, 그가 말하는 행위는 믿음으로 하나님의 은혜를 힘입어 행하는 것을 의미한다고 그들은 주장한다. 이에 대해 나는 다음과 같이 대답할 수 있다. (1) 이렇게 주장하는 사람들은 칭의와 성화를 혼동하고 있다. (2) 그와 같이 구별하는 것은 잘못이며, 성경적인 근거가 없다. 우리는 아무리 훌륭한 지위에 있다 해도 자랑할 것이 없으며, 우리의 모든 생명은 은혜로 받은 것이다. "하나님의 의가 나타나서 믿음으로 믿음에 이르게 하나니 기록된 바 오직 의인은 믿음으로 말미암아 살리라"(롬 1:17). 죄인을 의롭게 하는 의가 전적으로 믿음에 의거하는 것이라면, 결국 행위가 들어설 여지는 없다. 어쨌든, 바울은 전체 삶을 통해 의가 나타나서 믿음으로 믿음에 이르게 한다고 말하였다. 그뿐만 아니라 바울은 모든 행함, 심지어 믿음으로 하는 행위까지도 제외시키고 있다. 이것은 진리다. 타고난 능력으로 율법을 지킬 때 의로워질 수 있다는 주장은 펠라기우스파의 오류다. 만일 그렇다고 할지라도, 인간의 의로운 행위를 하나님의 은혜로 돌리는 것만으로는 충분하지 않다. 바리새인은 "하나님이여…감사하나이다"(눅 18:11-12)라고 하면서 자신의 의로운 행위를 하나님의 은혜로 돌

186) 'Paulus loquitur de prima justificatione, et nomine operum intelligit opera quæ fiunt sine fide et gratia, solis viribus liberi arbitrii. Jacobus autem de secunda justificatione,' &c.—*Bellarm. de Verbo Dei,* lib. i. cap. 13, sec, 12.

렸다. 그럼에도 불구하고 그는 의롭다 인정받지 못하였다. 본성과 은혜를 연관시키는 것은 잘못이며, 인간이 하나님만의 자랑으로 여기실 은혜에 끼어든다는 것 또한 잘못이다. (3) 우리가 믿음으로 얻는 그리스도의 공적에 의해서가 아닌 우리 자신의 공적에 의해서 의로워진다고 말하는 것은 신성 모독이나 다름없다.[187] 왜냐하면 그렇게 말하는 것은, 행함이 곧 인간을 더욱 의롭게 해 준다고 인정하는 것이기 때문이다. '더욱 의로워진다' 라는 표현은, 우리의 의가 어떻게 증가되는지에 대해서는 언급하지 않고 누가 의와 관련이 있는지, 즉 누가 의롭다 인정을 받는지를 보여주려는 야고보의 의도에 부합되지 않는다. 악마들도 사도에게 논박을 당하는 자들이 일차적이고 실질적인 의를 얻었다고는 생각하지 않을 것이다. 그뿐만 아니라 '더욱 의로워진다' 라는 문구는 기생 라합의 예와도 모순된다. 가톨릭 교도들의 해석에 따르면 기생 라합은 이차적인 칭의의 방법에 의해서 의롭다 인정받았다고 말할 수 없는데도, 야고보는 그녀가 행함으로 의롭다 하심을 받았다고 말하고 있다. 그러므로 가톨릭 교도들의 설명은 바울과 야고보의 칭의의 차이점을 해결하지 못한다.

2. 아르미니우스파와 소키누스파 사람들은 또 다른 방법으로 두 사도의 모순을 해결하려 한다. 더구나 그들은 더욱 그럴 듯한 주장으로 사람들을 혹하게 하여 모든 것을 은혜에 돌리고, 모든 종류의 행함이 보잘것없고 미약하며 불완전하다는 이유로 그 가치를 깎아내리는 경향이 있다. 그러면서도 그들은 또 다른 복종을 칭의의 도구로 생각하여, 하나님의 아낌없는 은혜는 오직 우리의 불완전한 복종을 받아들이실 때 나타난다고 말한다. 소키누스[188]를 비롯하여 그 외에도 이와 같은 주장을 하는 학자들[189]

---

187) 'Contumeliosum est in sanctum meritum Christi, asserere secundam justificationem, quæ in nostris operibus consistit, majorem et auctiorem et digniorem esse apud Deum quam primam, quæ solo merito Christi nititur, et quidem non primam sed secundam justificationem mereri vitam æternam.'—*Chemnitius, Exam. Concil. Trident.*, p. 153.

188) Socin. Fragm. de Justificat., p. 9.

189) Confess. Armin., cap. 18. sec. 3. Dr Hammond. Cat., p. 47, the first edition.

이 있다. 그들이 두 사도의 주장을 조화시키기 위해서 제시하는 방법은 다음과 같다. 즉, 바울이 행함에 의한 칭의를 부정할 때 말하는 행함은 율법이 요구했던 것과 같은 완전한 복종을 의미하는 반면, 야고보는 다른 종류의 복종을 언급하고 있는데, 그 복종은 곧 우리가 의롭다 인정받는 데 없어서는 안 될 조건이라는 것이다(*Paulus cum negat nos ex operibus justificari, nomine operum perfectam per totam vitam legis divinœ observationem intelligit, nec aliud quidquam dicere vult, nisi nos ex merito ipsorum operum nequaquam justificari coram Deo, non autem ad nos coram ipso justificandos nulla opera nostra requiri; sunt enim opera, id est obedientia quam Christo pr œstamus, licet nec efficiens, nec meritoria, tamen causa sine qua non justificationis coram Deo atque œternœ salutis*). 소키누스의 저작에 이 같은 내용이 실려 있는데 그와 같은 계열의 학자들은[190] 대체로 그의 이러한 해석을 따른다. 그러나 나는 그러한 해석에 대해 다음과 같이 답변하고자 한다. (1) 바울은 칭의의 문제에 있어서 율법에 대한 엄밀한 복종을 문제시하지 않을 뿐 아니라 모든 행함, 즉 복음에 대한 충실한 복종도 문제시하지 않는다. 성경 도처에서 믿음과 행함이 분리 또는 대립되어 언급되는 것을 볼 때 이러한 사실은 명백해진다. 예를 들어 다음의 성경 구절들을 살펴보자. "너희는 그 은혜에 의하여 믿음으로 말미암아 구원을 받았으니 이것은 너희에게서 난 것이 아니요 하나님의 선물이라 행위에서 난 것이 아니니 이는 누구든지 자랑하지 못하게 함이라"(엡 2:8-9), "만일 은혜로 된 것이면 행위로 말미암지 않음이니 그렇지 않으

---

190) 'Paulus ea a fide opera removet quæ perpetuum perfectissimunque per omnem vitæ cursum obedientiam continent. Jacobus vero ea intelligit opera quæ homines spe præmiorum divinorum ducti ex animo, omnibusque viribus perficiunt, quamvis omni prolapsione nequaquam careant, habitus tamen vitiorum quidem omnium exuisse, omnium autem virtutum sibi comparasse, merito dici possint.'—*Volkel. lib. de Vera Religione*, cap. 3, p. 180.

면 은혜가 은혜 되지 못하느니라"(역으로 말한다면, '만일 행위로 된 것이면 은혜로 말미암지 않음이니 그렇지 않으면 행위가 행위 되지 못하느니라', 롬 11:6). 은혜와 행위, 이 두 방법은 양립할 수 없다. 행위와 은혜가 한데 혼합되어 변질된 방법으로는 하나님께 나아갈 수 없다. 낡은 신념에 꿰매어 붙인 새 천은 해진 곳을 더욱더 약하게 만든다. 반은 그리스도께 의지하고 반은 자신의 행위에 의지하는 것은 바울이 논박했던 자들의 오류였다. 그러므로 바울은 도처에서 열렬히 이와 같은 논박을 하고 있다. "율법 안에서 의롭다 함을 얻으려 하는 너희는 그리스도에게서 끊어지고 은혜에서 떨어진 자로다"(갈 5:4). 사실 그들은 두 언약을 혼합시키려 함으로써 은혜의 언약에 대한 관심을 완전히 말살하였다. (2) 어떤 식으로 주장하든지 하나님에게서 의롭다 인정받는 상황 또는 조건으로 행위를 내세우면 위험한 결론에 이르게 된다. 즉, 하나님에게서 영광을 훔치게 되고, 인간이 얻을 수 있는 위로를 약화시키게 된다. 하나님의 영광이 가려지는 이유는, 우리가 칭의를 우리의 행위의 결과로 생각할수록 하나님에게서 그만큼 멀어지기 때문이다. 우리가 의무에 대한 복종을 칭의의 조건이나 칭의와 관련된 문제로 생각하는 이상, 우리는 하나님의 영광에 반하여 우리 자신을 자랑하는 것이다(롬 4:2-3). 그리고 그것은 우리를 의롭게 해 주는 유일한 수단인 자유로운 은혜의 가치를 떨어뜨린다(롬 3:24). 또한 하나님 앞에서 의롭게 되는 일이 인간의 복종이라는 무력한 기초 위에서 이루어질 때, 인간은 위로를 상실하게 된다. 하나님의 자녀들이 자기 자신을 의지하다가 으레 곤경에 빠지는 것을 볼 때, 우리가 하나님에게서 독립한다는 것이 얼마나 위험한 일인지를 알 수 있다. 그 몇 가지 예를 들어 보자. "인생이 어찌 하나님 앞에 의로우랴 사람이 하나님께 변론하기를 좋아할지라도 천 마디에 한 마디도 대답하지 못하리라"(욥 9:2-3). "가령 내가 의로울지라도 내 입이 나를 정죄하리니 가령 내가 온전할지라도 나를 정죄하시리라"(욥 9:20). "내가 눈 녹은 물로 몸을 씻고 잿물로 손을 깨끗하게 할지라도 주께서 나를 개천에 빠지게 하시리니 내 옷이라도 나를 싫어하리이다"(욥 9:30-31). 다윗 역시 자신이 순종함으로써 의로워지게 해 달라고 간구하지 않았다(시 143:2; 130:3). 신약성경에도 성도들이 자신의 복종은 물론, 복음에서 말하는 새로운 순종을 믿지 못하여 자신의 복종과 의를 부인하는 예가 많다. "내가 자책할 아무것도 깨닫지 못하나 이로 말미암아 의롭다 함을 얻지 못하노라"(고전 4:4). 바울은 자신이 할 수 있는 일은 모두 하였고, 자신은 아무런 죄가 없으며, 자기에게 맡겨진 사역과 하나님의 뜻에 불충실하지도 않았다는 것을 알고 있었다. 그러나 바울은 지금 이 모든 것으로도 의롭다 인정받지 못할 것이라고 단언한다. 빌 3:9에서도 바울은 "그[그리스도] 안에서 발견되려 함이니 내가 가진 의는 율법에서 난 것이 아니요"라고 말하였다. 바울은 자신의 행위나 성격에 의존하여 의를 추구할 수가 없었다. 이 점을 좀 더 명확하게 하기 위해서 간단하게 몇 가지 정리(定理)를 제시해 보고자 한다.

(1) 하나님께 받아들여지기를 원하는 사람은 의로워야 한다. "주께서는 눈이 정결하시므로 악을 차마 보지 못하시며"(합 1:13). 하나님께서는 죄인이 죄인으로 있는 한 그를 의롭다고 생각하지 않으신다. (2) 모든 의가 다 하나님께 받아들여지는 것은 아니다. 그분의 영광스럽고 정결한 눈앞에 설 수 있는 의라야 한다. 이러한 주장은 다음의 성경 구절들에서 유래한다. "주의 눈 앞에는 의로운 인생이 하나도 없나이다"(시 143:2; 참조. 롬 3:20), "자랑할 것이…하나님 앞에서는 없느니라"(롬 4:2; 참조. 갈 3:11). (3) 이와 같은 의는 어떤 사람에게서도 찾아볼 수 없다. 우리가 행한 순종은 죄를 덮기에는 지극히 불충분한 덮개다. "사람이 어찌 깨끗하겠느냐 여인에게서 난 자가 어찌 의롭겠느냐"(욥 15:14), "이 거룩하신 하나님 여호와 앞에 누가 능히 서리요"(삼상 6:20). 우리가 지닌 결함이 아무리 사소하다 할지라도 율법의 도전과 공의의 항변을 피할 수 없다. (4) 이러한 의는 그리스도 안에서만 얻을 수 있다. 그리고 그분 앞에 나아갈 때 의를 분명히 획득할 수 있다. 즉 그리스도는 '여호와 우리의 공의' (렘 23:6)라는 이름으로 불리며, '우리에게 의로움이 되신다' (고전 1:30). 따라서 우리는 '그(하나님)의 나라와 그의 의' (마 6:33)를 구해야 한다. 그리고 우리가 하나님의 나라에 들어가기 위해서도 그분의 의를 구해야 한다. (5) 이러한 의는 믿음에 의해 우리의 의가 된다. 즉 의가 앞에서 언급했듯이 우리 것이 되어야 하는데, 그것은 믿음에 의해서만 가능하다. "복음에는

하나님의 의가 나타나서 믿음으로 믿음에 이르게 하나니…"(롬 1:17). 처음부터 끝까지, 하나님의 의의 선물은 오직 믿음에 의해서만 받을 수 있다. 그 은혜는 우리로 하여금 그리스도와 연합하게 해 준다. 그리고 그리스도와 하나될 때 우리는 우리 자신이 쓸 수 있는 우리의 소유로서 그분의 의와 공적을 소유하게 된다. 롬 3:22; 빌 3:9을 보면, 믿음으로 말미암아 얻는 하나님의 의는 '율법에서 난 우리 자신의 의'와 상반되는 것임을 알 수 있다. 이 말은 곧 여기서 말하는 의는 하나님의 의로서, 믿음에 의해서 우리의 의가 된다는 것을 의미한다. (6) 그리스도의 의를 받는 자들은 또한 그분에 의해 성화된다. 즉, 의롭게 되었을 때 이것과 떼려야 뗄 수 없는 새로운 순종의 의무가 주어진다. 그래서 고전 1:30에서도 예수께서 우리에게 '의로움과 거룩함'이 되셨다고 적고 있다. 그리스도와 하나됨으로써 우리는 이 두 가지를 얻게 된다. "누구든지 그리스도 안에 있으면 새로운 피조물이라"(고후 5:17). 그러므로 순종은 칭의의 조건이 아니라 증거며, 새 언약의 조건이나 자격이 아니라 계약자들의 조건과 자격이다. 믿음은 의롭게 하며 순종은 증명한다.[191] 순종은 믿음과 같은 방법으로 취급되지는 않지만 똑같은 주인(대상)을 가진다.

3. 다소 표현상의 차이는 있지만, 희랍 정교회의 학자들은 야고보와 바울의 말을 일치시키는 데 있어 공통된 의견을 갖고 있다. 그들 중 어떤 학자들은, 바울은 칭의의 근거를 논하면서 행위를 부정하고, 야고보는 칭의의 결과를 논하며 행위를 강조하고 있다고 말한다. 그런가 하면 또 어떤 학자들은, 바울은 우리가 어떻게 의롭다 인정받는지를, 야고보는 우리가 의롭게 되었다는 것을 어떻게 증거할 것인가를 논하고 있다고 주장한다. 이 두 부류의 학자들은 결국, 바울은 죄사함을 나타내는 칭의를, 야고보는 위선을 저지르지 않는 상태를 나타내는 칭의를 말한다고 주장하는 것이다. 또한 바울은 '의의 전가'를 야고보는 '의의 선언'을 말하고 있는데, 이는 바꿔 말해서 바울은 '믿음의 기능'에 대해서, 야고보는 '믿음의 특징'에 대해서 언급한다는 것이다. 즉 바울은 구원을 얻게 하는 믿음을 주

191) Mr Ball of the Covenant, p. 20을 참조하라.

장하고 있는 반면 야고보는 껍데기뿐인 신앙고백을 반박하고 있다고 설명한다. 바울은 '인간'을 의롭다 하는 일에 대해서 이야기하고 야고보는 '믿음'을 의롭다 하는 일에 대하여 이야기한다고 보는 것이다. 희랍 정교회의 학자들이 내세우는 이 모든 대답들은 같은 취지로서 서로 종속되어 있거나 표현만 다르게 한 것일 뿐이며, 야고보의 의도에 매우 잘 부합된다. 야고보는 도처에서 자신이 언급하고 있는 믿음, 즉 명목상의 믿음뿐인 헛되고 죽은 믿음을 경시하고 책망하고 있다. 그리고 야고보는 자신이 논의하고자 하는 바를 결정하려고 하였을 때, '행함으로 네 믿음을 내게 보이라'고 말하고 있다. 또한 이러한 말을 통해서 논의 중인 문제가 무엇인지를 분명히 밝히고 있다. 즉 자신이 논의하는 문제는 믿음을 증거하는 일임을 명백히 한다. 논의를 시작했을 때 야고보가 제시한 논제는, 행함이 없는 헛된 신앙고백만으로는 구원을 얻을 수 없다는 것인데, 이 또한 주목할 만하다. 사실 이러한 취지는 "만일 사람이 믿음이 있노라 하고 행함이 없으면 무슨 유익이 있으리요 그 믿음이 능히 자기를 구원하겠느냐"(14절)라는 질문에 나타나 있다. 또는 그것은 원문대로 '그러한 믿음이 그를 구원하겠는가'의 뜻이기도 하다. 이런 질문들은 양심에 호소하는 강한 부정이며, 따라서 그 결국은 다음과 같다는 것을 알 수 있다. 즉, 행함을 동반하지 않은 홀로인 믿음은 죽은 믿음이라는 것이다. 그리고 이러한 결론은 행함이 없는 믿음의 부당함이 어떤 것인지를 분명히 보여준다.

강해 1

바울이 쓴 성경 구절과 야고보의 구절은 때때로 외관상 다른 것처럼 보이지만, 실제로는 모순되지 않는다. 외관상의 차이는 훌륭한 학자들의 해석으로 해결될 수 있다. 하나님께서는 성경의 단 한 곳에서도 오류가 생기지 않도록 하셨다. 또한 성경의 표현들은 서로 짝이 맞게 되어 있다.[192] 예컨대, 누군가가 그리스도는 단지 가상적인 육신을 가지셨을 뿐이라고 하거나 그리스도는 외형만 사람이었을 뿐이라고 말할 때, 그분이 실제로

192) 'Alterius sic Altera poscit opem res, et conjurat amice.'

인성을 지닌 분이었다는 것을 보여주기 위해서 요 1:14('말씀이 육신이 되어')을 제시할 수 있다. 반대로 그러한 표현을 억지 해석하여 신격이 인격이 되었다고 주장하는 사람이 있다면, 그러한 극단적인 태도를 바로잡기 위해서 또 다른 성경 구절을 제시할 수 있다. "그는[하나님은] 육신으로 나타난 바 되시고…"(딤전 3:16). 디모데전서의 이 구절이 그리스도의 환상적이고 상상적인 육신을 가리키고 있다고 주장하는 발렌티누스파(Valentinian)에게는 또다시 '말씀이 육신이 되어'라는 요한복음의 구절로 그것을 반박할 수 있다. 신격의 변화를 주장하는 케린투스파(Cerinthian)에겐 바울이 '하나님이 나타나셨다'고 한 구절로 그들을 반박할 수 있다. 마찬가지로 성경의 어느 구절은 우리에게 '구원을 이루라'(빌 2:12)고 명령한다. 그리고 온전한 구원 사업의 책임은 우리에게 있으므로 나태해지지 말라고 한다. 반면 또 어떤 성경 구절에서는 자기 확신을 막기 위해 의지와 공적을 하나님께로 돌리고 있다. 이는 위의 경우처럼 다음과 같이 이해할 수 있다. 즉, 바울은 율법적인 바리새인들을 대해야 했으므로 행위가 배제된 믿음에 의한 칭의를 말하고 있고, 야고보는 육적인 신자들을 상대해야 했으므로 행함이 없는 신앙고백은 공허하다는 것을 강력하게 증거하고 있다. 성경은 모든 교리와 표현들을 균형 있게 조화시키고 있으므로, 가능한 인간의 모든 실수와 잘못을 방지해 주며, 말씀들을 별도로 독립시켜 강조하지 않고 균형 잡힌 믿음을 척도로 하여 해석할 수 있게 해 준다.

강해 2

헛된 신앙고백으로는 위선의 죄를 면할 수 없다. 그리스도께서는 주의 이름을 부르면서 부정을 행하는 자들을 인정하지 않으신다(마 7:21-22). 마찬가지로 교회 역시 말로만 신앙고백을 하는 사람들을 인정해서는 안 된다. 그런데 오늘날 우리는 선한 행위보다 말재간에, 그리고 참된 사랑보다 공허한 지껄임에 치중한다.

[25] 또 이와 같이 기생 라합이 사자들을 접대하여 다른 길로 나가게 할 때에 행함으로 의롭다 하심을 받은 것이 아니냐.

여기서 야고보는 또 하나의 예를 들고 있다. 그런데 야고보는 왜 라합을 언급할까? 우선은, 그녀의 그러한 행위가 믿음의 결과기 때문이다. "믿음으로 기생 라합은 정탐꾼을 평안히 영접하였으므로 순종하지 아니한 자와 함께 멸망하지 아니하였도다"(히 11:31). 이교도들과 함께 살았던 사람이 이스라엘의 하나님의 능력을 믿고, 이스라엘이 그 땅을 차지할 권리가 있다고 믿은 것은 참으로 훌륭한 믿음이다. 그러한 믿음은 하나님과 하나님이 행하신 권능에 대해 알고 있는 상태에서, 하나님이 그녀의 마음을 감동시키심으로 생긴 믿음이다. 다음으로, 라합의 이야기는 앞서 말한 예에 추가시킬 수 있는 아주 적절한 예기 때문이다. 사람은 어느 누구도 모든 믿는 자들의 이상이요 본보기인 아브라함만큼 큰 믿음을 가질 수 없다고 이의를 제기할지도 모른다. 그러나 지극히 적은 믿음으로도 가장 큰 믿음을 가진 자 못지않게 행할 수 있다. 그러므로 야고보도 가장 미약한 믿음을 가진 자로 라합을 예로 들었던 것이다. 첫째, 라합의 인물됨 때문에 야고보는 그녀를 예로 들었다. 그녀는 여자요 기생이요 이방인이었지만, 하나님께서는 그녀에게 역사하셨다. 그리고 매우 불리한 조건이었지만 그녀는 믿음으로 행할 수 있는 최소한의 행위를 했다고 볼 수 있다. 둘째, 행위 그 자체 때문에 라합의 예를 들었다. 사실 그녀의 행위에는 약점, 즉 거짓말이 수반되어 있었다. 그런데 그러한 약점은 그녀의 믿음의 영광을 손상시키지 않기 위하여 언급되지 않고 있다. 셋째, 라합의 예에 대해서는 의혹이 있을 수 있기 때문이다. 즉, 사람들이 라합의 믿음은 말뿐인 신앙고백이며, 게다가 그녀는 기생이 아니냐고 이의를 제기할 수도 있다. 이에 대해 야고보는 라합에게 있어서도 자신의 교리, 즉 행함으로 의롭다 하심을 얻는다는 교리가 적용될 수 있다고 대답한다. 왜냐하면 라합의 믿음은 비록 미약했을지라도 자기희생적인 행위로 믿음의 열매를 맺었기 때문이다.

그러나 우리는 이렇게 물을 수도 있다. 라합의 예가 걸치레나 행함이 없는 신앙고백으로는 위선의 죄를 면할 수 없다는 것을 보여주려는 야고보의 목적에 어떻게 부합되는가? 나는 이 질문에 대해 다음과 같이 대답하고자 한다. 만약 라합이 사람들에게 단지 말로만 '하늘과 땅의 주인이신 하나님께서 당신들에게 이 땅을 주신 줄 압니다. 그러나 여기서는 당신들에게 친절을 베풀 수가 없습니다' 라고 했다면, 그것은 야고보가 여기서 논의하고 있는 바, 생명이 없고 헛된 믿음이었을 것이다. 그러나 라합의 믿음은 말로만 그치는 것이 아니라, 정탐꾼을 숨겨 줌으로써 자기 나라 사람들로부터 당하게 될 위험을 무릅쓴 행함의 믿음이었다.

또 이와 같이. 이것은 앞서 언급한 아브라함의 예와 관련되는 문구다.

기생 라합이…아니냐. 리라누스(Lyranus)는 기생을 뜻하는 *hazzonah*가 그녀의 본명이었다고 주장한다. 그러나 다른 학자들은, 그것은 단지 라합이 접대부나 술집 여자였다는 것을 의미한다고 본다. 갈대아 사본에서도 이 단어는 '선술집을 관리하는 여자' (אחח פנרוקיתא, *γυναῖκα πανδοκεύτριαν*)로 번역되었다. 갈대아어는 희랍어에서 파생된 것인데, 다른 학자들은 원문의 *zonah*가 '그는 간음하였다' 를 뜻하는 *zanah*에서 파생되었다고 주장하지만, 리라누스파는 그 단어가 '음식을 제공하다' 를 뜻하는 *zun*에서 파생되었다고 설명한다. 그리고 그들은 이스라엘 한 지파의 두령이 비천한 기생과 결혼하는 일은 있을 수 없는 일이라고 생각한다. 그러나 성경에서 기생이란 표현이 일반적인 의미로 사용되며, 시리아어에도 본래 기생(창녀)만을 의미하는 단어가 있음을 볼 때, 라합이 실제로 부도덕하고 수치스러운 생활을 했다고 추정할 수 있다. 그리고 하나님께서 자신의 영광을 위해 알려 주신 일을 다른 식으로 변경하는 것은 어리석은 일일 뿐이다. 아마도 라합은 여리고 성에서 평판이 좋지 못했던 접대부요 창녀였을 것이다. 그녀에게는 부모가 살아 있었지만, 성경에 그녀의 남편이나 자녀에 대한 언급은 없다. 만약 라합이 거짓말로 술집의 일을 숨기지 않았더라면 정탐꾼들이 그곳이 어떤 곳인지를 알고서도 거기에 가지는 않았을 것이다. 그러나 그녀가 그 사실을 밝혔다면 그것은 하나님의 섭리가 그들을 그곳으로 인도한 것이었다.

행함으로 의롭다 하심을. 즉, '모든 회중 앞에서 하나님에 의해 신실하다 인정받고 영예롭게 됨을' 의 의미다. 여리고 땅의 모든 사람들이 죽임을 당할 때 라합과 그녀의 가족은 구원을 얻게 되었으며, 또한 그 후에 라합은 이스라엘의 한 지파의 두령인 살몬과 결혼하였다.

기생 라합이 사자들을 접대하여 다른 길로 나가게 할 때에. 이 이야기는 여호수아 2장에 나온다. 그런데 라합의 이러한 행위에 의문의 여지가 있지 않은가? 즉, 그것은 반역 행위가 아닌가? 라합은 자기 나라에 대한 사랑과 충성을 저버린 죄인이 아닌가? 아불렌시스(Abulensis)는, 라합이 설령 사자들을 밀고했다 할지라도 그녀가 죄를 지은 것은 아니라고 주장한다. 그러나 이러한 주장은 근거 없는 것이며, 성경의 명백한 증언에 위배된다. 라합은 하나님께서 가나안 땅과 여리고 땅을 이스라엘에게 주셨다는 증거와 특별한 계시를 하나님에게서 받았으므로(수 12:9-11), 그녀가 죄를 범했다고 할 수는 없다. 칼빈의 말대로,[193] 라합은 믿음이 있었으므로 자신의 이교도 친척들을 떠나 이스라엘 백성과 한몸이 되어 그들의 유익을 도모하려고 하였다. 그러나 우리는 이렇게 물으려 할 것이다. 라합이 죄를 지은 게 아니라면, 그녀의 행위가 훌륭했던 점은 무엇인가? 라합이 정탐꾼들의 권유를 듣고서 그들에게 마땅한 예의를 갖추고 사태를 신중하게 고려한 것 이상으로 한 일이 무엇이란 말인가? 그 대답은 이러하다. (1) 라합의 행위에는 큰 믿음이 있었다. 그녀는 하나님께서 광야와 아라비아 사막에서 하신 일에 대해 들은 것과 하나님께서 자신의 권세와 능력으로 아모리 사람들을 멸하신 일에 대해 들은 것을 믿었다. 라합이 살았던 여리고 성 사람들은 크나큰 권세와 번영을 누렸지만 자신들이 쌓은 담 안에서 스스로 안전하다고 생각했을 뿐 자신의 죄와 닥쳐올 위험을 알지 못했다. 그러나 하나님께서는 특별한 방법으로 라합에게 그것을 알려 주셨으므로 그녀는 장차 좋은 결과가 나타날 것을 확신하였다. "너희의 하나님 여호와는 위로는 하늘에서도 아래로는 땅에서도 하나님이시

193) 'Sola cognitio Dei, quam Deus animo ejus indidit, eam eximit a culpa, tanquam solutam communi lege, quamvis ad eum usque diem obstricta fuisset suis popularibus; ubi tamen co-optata fuisset in corpus Ecclesiæ, nova conditio manumissio fuit a jure societatis, quo jure devinciuntur cives.'—*Calvin in Joshuam*, ii. 4.

니라"(수 2:11). 오리겐(Origen)의 말대로[194] 라합은 과거를 알았고, 현재를 믿었으며, 미래를 예견하였다. (2) 라합에게는 순종이 있었다. 그녀가 한 그 모든 일은 하나님께 대한 존경과 경외심에서 나온 것이었다. 라합은 하나님이 곧 이 싸움을 일으키신 분이라는 것을 알았다. 그리고 그녀의 행위에 약점이 있었던 것은 사실이나, 그 행위의 핵심은 순종이었다. (3) 라합의 행위는 자기희생적 행위였다. 라합이 정탐꾼들을 숨겨 준 일은 그녀 자신에게 위험한 결과를 가져다 줄지도 모르는 행위였다. 그러나 하나님께 대한 충성을 더 중요시했던 라합은 여리고 성에 사는 사람들의 협박과 학대,[195] 예측할 수 없는 전쟁의 결과, 마을이 불타는 것 등을 상관하지 않았다. 만약 라합이 신앙고백만으로 족하다고 생각했다면, 정탐꾼을 숨겨 주는 일은 결코 하지 않았을 것이다. 본 절에서는 주목해야 할 점이 많은데, 이제 그것들을 간략하게 피력해 보고자 한다.

강해 1

하나님께서는 자주 가장 나쁜 죄인들을 선택하신다. 그리고 창녀의 믿음도 받아들이신다. '나중 된 자가 먼저 된다'는 말씀은, 늦게 믿기 시작한 사람이 종종 일찍이 신앙고백을 한 사람보다 더 앞서갈 수 있다는 뜻이다. 라합, 룻, 밧세바, 다말과 같이 하나님의 뜻에 맞지 않게 우상숭배나 간통 등의 불명예스러운 행위로 얼룩진 삶을 살았던 여자들도 그리스도의 혈통으로 인정되었다. 크리소스톰[196]은, 그리스도께서는 죄인을 구원하러 오셨으므로 육에 따라 살아가는 죄인이 되신 것이라고 추론하였다. 므낫세는 전에 마술을 행했는데도 용서를 받았으며, 바울은 전에 하

---

194) 'Illa quæ aliquando erat meretrix, jam Spiritu Sancto repleta est, et de præteritis quidem confitetur, de presentibus vero credit, prophetat et prænunciat de futuris.' —*Origen. Hom.* 3, *in Josuam.*

195) 'Non minæ civium, non bellorum pericula, non incendia patriæ, non suorum pericula terrent : disce, vir, disce, Christiane, quomodo verum Jesum sequi debeas, quando fæmina contempsit omnia sua.' —*Ambrose in Enarrat. Ps.* xxxvii.

196) Chrysostom. Homil. 3, in Matt.

나님을 모독했으나 용서를 받았다(딤전 1:13). 이 모든 예에서 하나님께서는 자비와 오래 참으심을 보여주셨는데, 본문의 라합의 경우도 마찬가지였다. 그런즉 "세리들과 창녀들이 너희보다 먼저 하나님의 나라에 들어가리라"(마 21:31)고 하신 말씀에 주의를 기울여야 한다. 가장 가증스럽고 경멸스러운 죄인도 회개하고 하나님께로 돌아서면, 그리스도의 마음에서 은혜와 거할 곳을 발견하게 된다.

강해 2

가장 작은 믿음이라 할지라도 행함과 은혜로 영향을 끼침으로써 스스로를 증명해야 한다. 이방인 개종자인 라합은 신앙고백을 했을 뿐만 아니라 정탐꾼들을 숨겨 주었다. 누구나 아브라함과 같지는 않다고 말하는 위선자가 되지 말자. 우리는 라합과 비슷한가? 우리는 믿음의 증거를 보여줄 수 있는가? 지극히 비천한 믿음도 이런저런 모양으로 그 행위를 보여줄 수 있다. 그리스도께서는 동산에서 '무화과나무의 푸른 열매'(아 2:13)를 주목하신다. 겨자씨만한 지극히 작은 믿음으로도 가지를 뻗을 수 있다.

강해 3

자신의 신앙고백을 행위로써 정당화했을지라도, 여전히 믿음은 하나님의 값없는 은혜의 소산이다. 라합이 행함으로써 의롭다 인정받았으나, 그녀는 여전히 '기생' 라합이다. 이전의 죄는 용서받아도 그 흔적은 남는 법이다. 그러나 이 흔적은 우리를 수치스럽게 만드는 것이 아니라, 하나님의 영광을 드러내는 것이다.

강해 4

믿음에 근거해서 순종하며 행했을 때에는 평범한 행위도 은혜로운 법이다. 예컨대 라합이 사자들을 영접한 것이 바로 그것인데, 그녀의 영접은 예의가 아니라 신앙이다. '제자의 이름으로 이 작은 자 중 하나에게 냉수 한 그릇이라도 주는 것'(마 10:42)은 예의가 아니라 순종이요, 그렇게 행한 사람은 상을 잃지 않는다. 전쟁에서 싸우는 일, 자녀들을 구해 내는 일 등 사회적이고 세속적인 많은 행위들도 믿음에서 비롯된다(히 11장)고 하는 이유는, 믿음에 의해 영적인 목적을 지향하면 초자연적인 힘을 얻어 그 일을 수행할 수 있기 때문이다. 육적인 사람은 종교적인 의무를 사회적인 목적을 위해 이행하지만, 경건한 사람은 사회적인 의무도 종교적인 목적으로 이행한다. 즉 자연적이고 인간적인 일도 영적으로 대한다. 확실히 은혜의 작용만큼 놀라운 화학 작용도 따로 없다. 은혜 가운데서는 놋쇠가 금이 되고, 장사하는 것도 예배하는 행위가 된다. 그런 만큼 그리스도인은 상점에서건 서점에서건 거룩한 일을 행하고 있으며, 인간과 관계하면서도 하나님께 순종하고 하나님을 영화롭게 하고 있다.

강해 5

가장 큰 믿음의 시련은 자기희생적 행위다. 자신의 안전보다 하나님의 뜻을 우선시한 라합의 경우가 그러했고, 그보다 앞에서 인용한 아브라함의 예가 그러했다. 자기희생 즉 자기 부인은 기독교 신앙을 갖는 데 있어 최초로 결단해야 할 일이다(마 16:24). 하나님과 인간의 길이 한데 합쳐지면 인간은 드러나지 않는다. 우리는 이렇게 질문해 보아야 한다. 나는 어떤 면에서 하나님을 위해 나 자신을 부인했는가? 욕망을 억제하였는가? 위험을 무릅쓰고서라도 어떤 중대한 일을 해낸 적이 있는가? 만약에 우리가 이런 일에서 조금이라도 편안함을 느낀다면, 그것은 시련이라고 할 수 없으며, 믿음에 합당한 격려가 되지 못한다.

강해 6

하나님의 자녀들의 행위와 순종은 분명한 결함으로 인해 때가 묻는 수가 많다. 예컨대, 라합은 정탐꾼들을 영접했으나 거짓말을 했다. 모세가 반석을 두 번 친(민 20:11) 행위에는 분노와 믿음이 혼재되어 있었다. 아브라함은 이삭을 제물로 바쳤지만 종들에게는 거짓말을 하였다. 아브라함은 "내가 아이와 함께 저기 가서 예배하고 우리가 너희에게로 돌아오리라"(창 22:5)고 말했지만, 사실은 이삭을 제물로 바칠 마음이었다.

강해 7

하나님께서는 우리가 선한 행위를 할 때 수반되는 잘못에 대해서는 눈을 감으신다. 본문에서도 라합이 사자들을 영접한 일에 대해서는 언급하고 있지만 거짓말을 한 사실에 대해서는 언급하지 않았다. 알렉산더 대왕은 얼굴에 흉터가 있었지만 그의 초상화를 그린 화가는 그가 손가락으로 흉터를 덮은 모습을 그렸다. 하나님께서는 우리의 결점을 자비의 손으로 가려 주신다. "인내하는 자를 우리가 복되다 하나니 너희가 욥의 인내를 들었고…"(약 5:11)라고 말하고 있지만, 실제로 우리는 욥이 더 이상 참지 못하고 자신이 태어난 날을 저주한 것을 알고 있다. 그러나 욥이 불평한 것은 성경에 언급되어 있지 않다. 사악한 군주들은 우리 주님과 얼마나 다른가! 그들은 자기 백성의 죄와 잘못을 강조하고 선행은 보지 않는다. 그런 자들은 썩어 문드러진 곳을 골라 앉는 쉬파리 또는 쾌락의 정원을 날아다니며 썩은 고기를 찾는 독수리와 같다. 그런 군주 앞에서는 한 가지 오점으로도 자신의 모든 영광을 더럽히게 된다. 그러나 우리 주님은 그 속에 은혜와 신실함이 조금이라도 있으면 많은 약점도 용서하신다. 이는 "사라가 아브라함을 주라 칭하여 순종한 것"(벧전 3:6) 같다. 이 말씀은 창 18:12을 가리키는 구절이다. 사라가 한 말은 온통 불신에 차 있다. "내가 노쇠하였고 내 주인도 늙었으니 내게 무슨 즐거움이 있으리요." 그러나 단 한 마디, 즉 주인이라는 말은 그녀의 남편에 대한 존경과 경외심을 나타내는 말이었으며, 하나님께서는 그것을 주목하셨다. 확실히 그 말은 우리의 행위 가운데 선을 즉각적으로 보상해 주시고 그중의 악을 용서해 주시는 주님을 올바르게 표현한 말이다.

[26] 영혼 없는 몸이 죽은 것같이 행함이 없는 믿음은 죽은 것이니라.

여기서 야고보는 행함이 없는 헛된 신앙고백이 얼마나 쓸모없는가를 보여줌으로써 전체 논의의 결론을 내리고 있다. 다시 말해서 야고보는, 행함이 없는 신앙고백은 생명의 원천인 영혼이 없는 몸, 즉 쓸데없고 악취 나는 송장과 같다고 단언한다. 본 구절의 내용은 17절과 20절에서 이미 논의되었으므로 더 설명할 필요는 없다.

영혼 없는 몸이…같이. 영혼에 해당하는 원어 *πνεύματος*의 의미에 대해서는 해석이 분분하다. 이것을 난외(欄外)에서는 호흡(생명)으로, 본문에서는 영혼으로 적고 있다. 많은 학자들은 난외 주석을 따르는데, 그 이유는 그 단어가 영혼이 없는 몸이라는 뜻의 *ψυχῆς*가 아니라, 생명 또는 호흡이 없는 몸이라는 뜻을 갖고 있기 때문이다. 가톨릭 신학자 카제탄도 이러한 견해를 따르고 있는데, 이는 개신교 교리와 부합된다는 점에서 주목할 만하다. 카제탄의 주장은 이러하다. "본문에서 뜻하는 것은 영혼이 아니라 숨(호흡)이다. 왜냐하면, 짐승은 숨을 쉬지 않을 때 그 몸이 죽은 것이듯, 믿음에도 행함이 없으면 역시 죽은 믿음이기 때문이다. 또한 숨을 쉬는 것은 생명이 있음을 의미하는 것과 마찬가지로, 행함은 살아 있는 믿음을 의미하기 때문이다. 그러므로 야고보가 행함이 없는 믿음은 죽은 믿음이라고 말할 때, 이 말이 의미하는 것이[197] 무엇인지는 분명히 알 수 있다. 즉, 숨을 생명과 분리할 수 없듯이 행함은 믿음의 생명이 아니라 믿음의 동반자라는 것을 말하고 있다." 이러한 설명에 비춰 볼 때 행함이 믿음의 생명이라는 위의 학자들의 교리, 그리고 그들이 형체 없는 믿음과 형체 있는 믿음을 구별하는 것 등은 근거 없는 주장이 되고 만다. 그러나 나는 본문에 사용된 *πνεύματος*가 숨(호흡)이 아니라 영혼으로 해석되어야 한다고 생각하고 싶다. 영혼은 성경의 다른 구절들에서도 나타나 있듯이, 몸에 활기를 띠게 하고 생기를 주는 실체다. 이 단어가 그러한 의미로 쓰인 성경 구절들을 보자. "아버지 내 영혼을 아버지 손에 부탁하나이다"(눅 23:46), "주 예수여 내 영혼을 받으시옵소서"(행 7:59). 그리고 생명의 결과인 호흡 작용은 다른 말, 즉 *πνοὴ*와 *ἀναπνοὴ*라는 단어로 표현되어 있다. 예컨대 행 17:25의 *ζωὴν καὶ πνοὴν καὶ τὰ πάντα*('생명과 호흡과 만물을 친히 주시는 이심이라')라는 문구가 그러하다. 그런즉 본 구절은 영혼이 없는 몸이 그러하듯이 행함이 없는 믿음은 죽은 것이라는 뜻

---

197) 'Unde apparet quo sensu dicit, fidem sine operibus mortuam esse, non quod sentiat opera esse formam fidei, sed quod sentit opera esse concomitantia fidei, sicut halitus concomitatur vitam corporis.' —*Cajetan in locum.*

이다. 그렇다고 해서 자선이나 행함이 믿음의 생명이라는 말은 아니다. 왜냐하면 본문에서는 생기를 불어 넣어 준다는 점에서 영혼과 행함을 비교하는 것이 아니라 그 효과를 비교하고 있기 때문이다. 영혼이 없는 몸에는 표면적인 모습만 있고 생명이 없는 것처럼, 헛된 신앙고백에는 믿음의 외형만 있을 뿐 진리와 생명의 열매는 없다. 송장과 인간이 다른 것처럼 헛된 신앙고백과 믿음 역시 전혀 다르다.

죽은. 즉, '생명체 또는 인간의 기능과 역할을 발휘할 수 없는' 의 의미다.

행함이 없는 믿음은. 가톨릭 교도들은 행함이 없어도 믿음은 있을 수 있다고 생각하며, 진실로 의롭게 하는 믿음이 따로 있다고 말한다. 그러나 송장이 진정한 인간이 아니듯이 죽은 믿음은 참된 믿음이 아니며, 참된 믿음에는 행위가 없을 수 없다(참조. 갈 5:6). 그런즉 참된 것과 다소 닮았다고 해서 믿음으로 불리는 외적인 신앙고백을 구분할 수 있어야 한다.

죽은 것이니라. 즉, '거짓되고 쓸모없어 믿음의 모든 목적을 이룰 수 없느니라' 의 뜻이다. 이에 관해 17절과 20절의 강해를 같이 참고하라.

강해

참된 믿음이 아니라 말뿐인 신앙고백은 죽은 몸이요 송장과 같을 뿐이다. 이는 다음의 두 가지 점에서 그렇다. (1) 죽은 믿음은 썩은 송장처럼 악취가 난다. 육적인 그리스도인은 참된 그리스도인과 비교해 볼 때 송장이나 다름없다. 송장이 사람에게 악취를 풍기듯, 신앙고백이라는 미명 아래 감춰진 불손한 삶은 하나님께 악취를 풍긴다. 우리가 불쾌한 것을 피하려 하듯 육적인 신앙고백자들이 그리스도께 다가가면 그리스도께서는 그들을 멀리하신다. "불법을 행하는 자들아 내게서 떠나가라"(마 7:23). 즉 '나는 네 모습을 차마 보지 못하겠다' 라고 하신다. 그들이 그리스도께 나아가 기도할 때, 그리스도께서는 그러한 '사악한 자의 기도' 는 썩은 허파에서 나오는 숨처럼 '불쾌하다' 라고 하실 것이다. (2) 죽은 믿음은 믿음의 모든 목적을 이루는 데 아무 쓸모도 없다. 그러한 죽은 믿음으로는 우리가 그리스도의 의를 우리 자신의 것으로 소유하고 그분의 영을 느낄 수 있도록 그리스도와 결합할 수 없다. 요컨대 죽은 믿음은 하나님을 영화롭게 하지 못하며, 그런 믿음을 지닌 자에게 위안이 되지 못할 뿐 아니라 다른 사람에게도 유익이 되지 못한다. 다시 말해서 영혼이 떠난 죽은 몸처럼 더 이상 아무 쓸모가 없다.

저자 소개

토마스 맨튼 (Thomas Manton, 1620-1677)

토마스 맨튼은 당대의 유명한 영국 청교도 목사 중의 한 사람이다. 맨튼은 1620년에 잉글랜드 남서부 서머싯 주의 리디아드 세인트로렌스(Lydeard St Lawrence)에서 출생했다. 옥스퍼드 대학의 워드햄(Wadham) 칼리지에 입학한 맨튼은 그 후 하트 홀(Hart Hall) 칼리지로 옮겨 그곳에서 1639년 문학사 학위(B.A.)를 취득했다. 대학을 졸업한 후에 조셉 홀 주교로부터 그의 나이 20세 때 목사 안수를 받았다.

맨튼은 지역 교구 설교자로 임명되어 데번 주 소우톤과 콜리톤에서 목회 사역을 성공적으로 수행했고, 이어서 런던 인근의 스토크 뉴윙톤에서 본격적으로 사역을 시작했다. 맨튼은 1656년에 웨스트민스터 교회의 설교 목사로 임명되어 런던으로 이주했다. 또한 맨튼은 코벤트 가든에 있는 세인트폴 교회의 교구 목사로 임명되어 오바댜 세즈윅의 후임자가 되었다.

맨튼은 영국의 공화정 기간 중 크롬웰 주변에서 활약하던 목회자 중의 한 사람이었다. 찰스 2세의 왕정복고 이후 1662년 청교도 대축출 사건 때, 맨튼은 청교도 신앙을 고수하는 2천여 명의 다른 목회자들과 함께 핍박을 받았다. 청교도들은 바로 그 해에 제정된 통일령(Act of Uniformity) 하에서 신앙 양심을 지키느라 고초를 당했다. 맨튼은 1677년 10월 18일에 57세의 나이로 생을 마감했다.

맨튼은 체계적인 본문 강해 설교자로 이름을 떨쳤다. 맨튼의 설교는 전형적인 개혁주의를 바탕에 둔 것으로, 본문으로 설명하고 그 성경 본문의 진리를 삶의 모든 일에 적용시키려는 시도를 특징으로 한다.

야 고 보 서 (하)

차 례

헨드릭슨 패턴 주석 시리즈

헨드릭슨 패턴 주석 시리즈

토마스 맨튼 성경주석
야고보서(상)

초판 1쇄 발행 1987년 2월 10일
개정판 1쇄 발행 2015년 8월 31일

지은이 토마스 맨튼
옮긴이 이길상

펴낸이 정형철
펴낸곳 아가페북스
등 록 제321-2011-000197호

주 소 (06698) 서울시 서초구 효령로8길 5 (방배동)
전 화 (02) 584-4835 (본사) / (02) 522-5148 (편집부)
팩 스 (02) 586-3078 (본사) / (02) 586-3088 (편집부)
홈페이지 www.iagape.co.kr

ISBN 978-89-97713-56-1 (04230)
ISBN 978-89-97713-42-4 (세트) (04230)

「이 도서의 국립중앙도서관 출판예정도서목록(CIP)은
서지정보유통지원시스템 홈페이지(http://seoji.nl.go.kr)와
국가자료공동목록시스템(http://www.nl.go.kr/kolisnet)에서
이용하실 수 있습니다. (CIP제어번호: CIP2015020878)」

아가페북스는 (주)아가페출판사의 단행본 전문브랜드입니다.

아가페 출판사